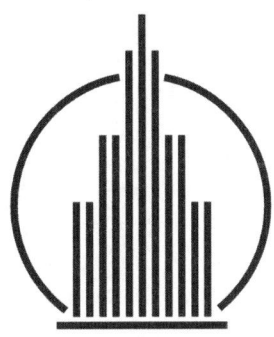

完善公司治理，赋能企业成长
预警投资风险，把握发展趋势
促进合规有序，融入全球体系

中国上市公司治理分类指数报告 | No.19 2020

ZHONGGUO SHAGNSHI GONGSI ZHILI
FENLEI ZHISHU BAOGAO No.19,2020

高明华 郭传孜 邵梦影 著

中国纺织出版社有限公司

内 容 提 要

《中国上市公司治理分类指数报告. No.19，2020》是第三方评价机构——北京师范大学公司治理与企业发展研究中心研制的，第19部全样本、全方位、多角度、分类并整体评价中国上市公司治理水平的指数研究报告。

本报告以国际通行的公司治理规范，同时基于中国的制度架构，将公司治理划分为6类，即中小投资者权益保护、董事会治理、企业家能力、财务治理、自愿性信息披露和高管薪酬，并分别设计了评价指标体系，每类指数含有 30～38 个二级指标，利用各种公开渠道，采集基础数据和指标数据近 100 万，在此基础上，运用科学的方法，计算出了 2019 年 3569 家上市公司（占 2019 年全部上市公司的 97.01%）的六类治理指数（其中高管薪酬指数的样本公司是 3560 家）和总指数，进而从总体、行业、地区、所有制、上市板块等角度分别进行了深入比较，分析了各类公司治理水平近年来的发展变化。全部被评价公司的六类指数和总指数数据（包括总体排名，以及按行业、按地区、按所有制、按上市板块的排名），以及高管薪酬绝对值排名可以通过北京师范大学公司治理与企业发展研究中心获取。

本报告在多个方面填补了国内外公司治理评价研究的空白，被国内外专家认为是"可以列入公司治理评级史册的重要研究成果"。其对于企业强化公司治理以保证可持续发展，助推产权平等保护以及国企混改有序推进，促使监管机构加强公司治理立法和执法，引导投资者理性投资以降低风险，为各类利益相关者提供公司治理风险预警，都具有重要的应用价值；也能够为公司治理理论和实证研究提供大数据支持。

图书在版编目（CIP）数据

中国上市公司治理分类指数报告. No.19，2020 / 高明华，郭传孜，邵梦影著. -- 北京：中国纺织出版社有限公司，2020.10

ISBN 978-7-5180-7928-5

Ⅰ.①中… Ⅱ.①高… ②郭… ③邵… Ⅲ.①上市公司—企业管理—研究报告—中国— 2020 Ⅳ.
① F279.246

中国版本图书馆 CIP 数据核字（2020）第 184027 号

策划编辑：史 岩　　责任编辑：段子君
责任校对：高 涵　　责任印制：储志伟

中国纺织出版社有限公司出版发行
地址：北京市朝阳区百子湾东里A407号楼　邮政编码：100124
销售电话：010—67004372　传真：010—87155801
http://www.c-textilep.com
中国纺织出版社天猫旗舰店
官方微博 http://weibo.com/2119887771
北京华联印刷有限公司印刷　各地新华书店经销
2020年10月第1版第1次印刷
开本：787×1092　1/16　印张：34
字数：656千字　定价：158.00元

凡购本书，如有缺页、倒页、脱页，由本社图书营销中心调换

北京师范大学"双一流"建设支持项目

高明华教授简历

高明华：北京师范大学公司治理与企业发展研究中心主任，经济与工商管理学院教授（二级），博士生导师，中国公司治理论坛主席。经济学博士（南开大学），经济学博士后（北京大学）。曾任国家社科基金重大项目首席专家，兼任教育部工商管理类专业教学指导委员会委员，国务院国资委国有经济研究智库学术委员，上海证券交易所首届信息披露咨询委员会委员，中国行为法学会企业治理分会副会长，中国产权协会董事分会主要发起人和首席经济学家，中国贸促会全国企业合规委员会专家委员，中国管理科学学会战略管理专业委员会委员，新华社特约经济分析师，凤凰财经研究院特邀经济学家，海南仲裁委员会仲裁员，中国社科院、清华大学等单位学术机构的学术委员或研究员，多个政府机构和企业的咨询专家，多家主流媒体的特约专家。先后就职于南开大学、北京大学和中国银行总行。

2001年初，高明华创立北京师范大学公司治理与企业发展研究中心，这是最早的公司治理专门研究机构之一。早在20世纪90年代初期，作为最早研究中国公司治理问题的学者之一，高明华就提出了国有资产三级运营体系的设想，对国企公司治理进行了较深入的探索。其关于国有资产三级运营体系、国企分类改革和分类治理、国企负责人分类和分层、董事会治理、企业负责人自我约束等观点均为国家及有关政府机构所采纳。30年来，作为中国公司治理理论的探索者和先行者，高明华及其研究团队取得了丰硕的成果，奠定了其在学术界的领先地位。2007年，在国内外率先提出"中国公司治理分类指数"概念，并创立"中国公司治理分类指数数据库"，推出"中国公司治理分类指数系列报告"，目前已出版6类19部指数报告，出版指数报告类型和数量均据国内首位，并建成了国内最大规模的公司治理分类指数专业性数据库。中国公司治理分类指数系列被国内外专家认为是"可以列入公司治理评级史册的重要研究成果"。2014年10月,发起成立"中国公司治理论坛"。

高明华主持及参与的国内外各类重要课题有40余项,独立、合作出版著译作55部,发表论文和研究报告近300篇。相关成果(包括合作)曾获第十届和第十一届孙冶方经济科学奖等各种奖励,其代表性著述主要有:《关于建立国有资产运营体系的构想》(1994)、《权利配置与企业效率》(1999)、《公司治理:理论演进与实证分析》(2001)、《公司治理学》(2009)、《中国国有企业公司治理分类指引》(2016)、《政府规制与国有垄断企业公司治理》(2016)、《公司治理与国有企业改革》(2017)、《深入推进国有经济战略性调整研究——基于国有企业分类改革的视角》(2020)、"中国上市公司分类治理指数报告系列"(2009～2020)(包括高管薪酬、自愿性信息披露、财务治理、企业家能力、董事会治理和中小投资者权益保护等6类19部),主编《治理译丛》(4本)和《公司治理与国企改革丛书》(8本)。

研究方向:公司治理、资本市场、国资监管与国企改革、民营企业发展等。

北京师范大学"双一流学科"建设支持项目

课 题 组 组 长：高明华
课 题 组 副 组 长：（按姓氏字母顺序排列）郭传孜　邵梦影
课 题 撰 稿 人：　高明华　郭传孜　邵梦影　任　辉　周炳羽　朱　玥
　　　　　　　　刘波波　高方喆　程恒森　谭祖坤　薛佳安　王远东
数据采集和录入：张为栋　崔思璇　李家瑞　杨博星　马　睿　胡寒宁
　　　　　　　　张梦倩　霍子怡　杨　珂　郝　苗　万　琳　韩　斐
　　　　　　　　薛佳安　苗宁柠　陆　萍　徐贺婧　徐　坤　朱　玥
　　　　　　　　万真真　侯玉娟　杨季枫　邵梦影　刘波波　方昕哲
　　　　　　　　杨　璐　郭传孜　杨慧瑶　丁大程　杨羽鸥　何　郡
　　　　　　　　张慧敏　贾洪图　贺美玲
数 据 核 实：　　程恒森　邵梦影　郭传孜　周炳羽　刘波波　王得文
　　　　　　　　王远东　薛佳安　朱　玥　郝　苗　胡寒宁　霍子怡
　　　　　　　　陆　萍　马　睿　任　辉
数据库开发：于学德　郎志强　李茂良
课题组秘书：郭传孜　邵梦影

目录
CONTENTS

第一篇　总论

导　论　/ 3
 0.1　为什么公司治理评价要分类　/ 4
 0.2　中小投资者权益保护指数　/ 7
 0.3　董事会治理指数　/ 11
 0.4　企业家能力指数　/ 14
 0.5　财务治理指数　/ 17
 0.6　自愿性信息披露指数　/ 20
 0.7　高管薪酬指数　/ 23
 0.8　本报告内容和特色　/ 25

第1章　中国公司治理分类指数指标体系、计算方法和评价范围　/ 32
 1.1　中国公司治理分类指数研究的两个关键问题　/ 32
 1.2　中国上市公司治理总指数计算方法　/ 33
 1.3　中小投资者权益保护指数指标体系及计算方法　/ 34
 1.4　董事会治理指数指标体系及计算方法　/ 40
 1.5　企业家能力指数指标体系及计算方法　/ 47
 1.6　财务治理指数指标体系及计算方法　/ 54
 1.7　自愿性信息披露指数指标体系及计算方法　/ 59
 1.8　高管薪酬指数变量及计算方法　/ 65
 1.9　中国公司治理分类指数评价范围及相关概念　/ 68

第2章 中国上市公司治理总指数排名及比较 / 71

  2.1 上市公司治理总指数分布及排名 / 71

  2.2 分地区上市公司治理总指数比较 / 76

  2.3 分行业上市公司治理总指数比较 / 77

  2.4 分所有制上市公司治理总指数比较 / 78

  2.5 分上市板块上市公司治理总指数比较 / 81

  2.6 上市公司治理总指数年度比较（2015～2019） / 82

  2.7 本章小结 / 88

第二篇 中小投资者权益保护指数

第3章 中小投资者权益保护总体指数排名及比较 / 93

  3.1 中小投资者权益保护指数总体分布及排名 / 93

  3.2 分地区中小投资者权益保护指数比较 / 99

  3.3 分行业中小投资者权益保护指数比较 / 100

  3.4 分上市板块中小投资者权益保护指数比较 / 102

  3.5 本章小结 / 103

第4章 中小投资者权益保护分项指数排名及比较 / 104

  4.1 中小投资者权益保护分项指数总体比较 / 104

  4.2 知情权分项指数排名及比较 / 105

  4.3 决策与监督权分项指数排名及比较 / 109

  4.4 收益权分项指数排名及比较 / 113

  4.5 维权环境分项指数排名及比较 / 117

  4.6 本章小结 / 121

第5章 中小投资者权益保护指数的所有制比较 / 122

  5.1 中小投资者权益保护指数总体的所有制比较 / 122

  5.2 分地区中小投资者权益保护指数的所有制比较 / 127

  5.3 分行业中小投资者权益保护指数的所有制比较 / 129

5.4 本章小结 / 133

第6章　中小投资者权益保护指数的年度比较（2014～2019） / 134
6.1 中小投资者权益保护指数总体的年度比较 / 134
6.2 分地区中小投资者权益保护指数的年度比较 / 135
6.3 分行业中小投资者权益保护指数的年度比较 / 138
6.4 分所有制中小投资者权益保护指数的年度比较 / 143
6.5 分上市板块中小投资者权益保护指数的年度比较 / 147
6.6 本章小结 / 149

第三篇　董事会治理指数

第7章　董事会治理总体指数排名及比较 / 153
7.1 董事会治理指数总体分布及排名 / 153
7.2 分地区董事会治理指数比较 / 158
7.3 分行业董事会治理指数比较 / 159
7.4 分上市板块董事会治理指数比较 / 161
7.5 本章小结 / 162

第8章　董事会治理分项指数排名及比较 / 163
8.1 董事会治理分项指数总体比较 / 163
8.2 董事会结构分项指数排名及比较 / 164
8.3 独立董事独立性分项指数排名及比较 / 168
8.4 董事会行为分项指数排名及比较 / 172
8.5 董事激励与约束分项指数排名及比较 / 176
8.6 本章小结 / 180

第9章　董事会治理指数的所有制比较 / 182
9.1 董事会治理指数总体的所有制比较 / 182
9.2 分地区董事会治理指数的所有制比较 / 187

9.3 分行业董事会治理指数的所有制比较 / 190

9.4 本章小结 / 194

第10章 董事会治理指数的年度比较（2012～2019） / 196

10.1 董事会治理指数总体的年度比较 / 196

10.2 分地区董事会治理指数的年度比较 / 197

10.3 分行业董事会治理指数的年度比较 / 200

10.4 分所有制董事会治理指数的年度比较 / 206

10.5 分上市板块董事会治理指数的年度比较 / 210

10.6 本章小结 / 213

第四篇 企业家能力指数

第11章 企业家能力总体指数排名及比较 / 217

11.1 企业家能力指数总体分布及排名 / 217

11.2 分地区企业家能力指数比较 / 223

11.3 分行业企业家能力指数比较 / 224

11.4 分上市板块企业家能力指数比较 / 225

11.5 本章小结 / 226

第12章 企业家能力分项指数排名及比较 / 228

12.1 企业家能力分项指数总体比较 / 228

12.2 企业家人力资本分项指数排名及比较 / 229

12.3 企业家关系网络能力分项指数排名及比较 / 233

12.4 企业家社会责任能力分项指数排名及比较 / 237

12.5 企业家战略领导能力分项指数排名及比较 / 241

12.6 本章小结 / 245

第13章 企业家能力指数的所有制比较 / 247

13.1 企业家能力指数总体的所有制比较 / 247

13.2 分地区企业家能力指数的所有制比较 / 252

13.3 分行业企业家能力指数的所有制比较 / 255

13.4 本章小结 / 259

第14章 企业家能力指数的年度比较（2011~2019） / 261

14.1 企业家能力指数总体的年度比较 / 261

14.2 分地区企业家能力指数的年度比较 / 263

14.3 分行业企业家能力指数的年度比较 / 265

14.4 分所有制企业家能力指数的年度比较 / 271

14.5 分上市板块企业家能力指数的年度比较 / 275

14.6 本章小结 / 277

第五篇 财务治理指数

第15章 财务治理总体指数排名及比较 / 281

15.1 财务治理指数总体分布及排名 / 281

15.2 分地区财务治理指数排名及比较 / 286

15.3 分行业财务治理指数排名及比较 / 287

15.4 分上市板块财务治理指数排名及比较 / 289

15.5 本章小结 / 290

第16章 财务治理分项指数排名及比较 / 291

16.1 财务治理分项指数总体比较 / 291

16.2 财权配置分项指数排名及比较 / 292

16.3 财务控制分项指数排名及比较 / 296

16.4 财务监督分项指数排名及比较 / 300

16.5 财务激励分项指数排名及比较 / 304

16.6 本章小结 / 308

第17章 财务治理指数的所有制比较 / 310

17.1 财务治理指数总体的所有制比较 / 310

17.2 分地区财务治理指数的所有制比较 / 315

17.3 分行业财务治理指数的所有制比较 / 318

17.4 本章小结 / 321

第18章 财务治理指数的年度比较（2010～2019）

18.1 财务治理指数总体的年度比较 / 323

18.2 分地区财务治理指数的年度比较 / 324

18.3 分行业财务治理指数的年度比较 / 327

18.4 分所有制财务治理指数的年度比较 / 334

18.5 分上市板块财务治理指数的年度比较 / 338

18.6 本章小结 / 341

第六篇 自愿性信息披露指数

第19章 自愿性信息披露总体指数排名及比较

19.1 自愿性信息披露指数总体分布及排名 / 345

19.2 分地区自愿性信息披露指数比较 / 351

19.3 分行业自愿性信息披露指数比较 / 352

19.4 分上市板块自愿性信息披露指数比较 / 353

19.5 本章小结 / 354

第20章 自愿性信息披露分项指数排名及比较

20.1 自愿性信息披露分项指数总体比较 / 355

20.2 自愿性信息披露治理结构分项指数排名及比较 / 356

20.3 自愿性信息披露治理效率分项指数排名及比较 / 360

20.4 自愿性信息披露利益相关者分项指数排名及比较 / 364

20.5 自愿性信息披露风险控制分项指数排名及比较 / 368

20.6 本章小结 / 372

第21章　自愿性信息披露指数的所有制比较　／ 374

21.1　自愿性信息披露指数总体的所有制比较　／ 374

21.2　分地区自愿性信息披露指数的所有制比较　／ 379

21.3　分行业自愿性信息披露指数的所有制比较　／ 382

21.4　本章小结　／ 385

第22章　自愿性信息披露指数的年度比较（2013～2019）　／ 387

22.1　自愿性信息披露指数总体的年度比较　／ 387

22.2　分地区自愿性信息披露指数的年度比较　／ 389

22.3　分行业自愿性信息披露指数的年度比较　／ 391

22.4　分所有制自愿性信息披露指数的年度比较　／ 397

22.5　分上市板块自愿性信息披露指数的年度比较　／ 400

22.6　本章小结　／ 402

第七篇　高管薪酬指数

第23章　高管薪酬指数排名及比较　／ 407

23.1　高管薪酬指数总体分布及排名　／ 407

23.2　分地区高管薪酬指数比较　／ 417

23.3　分行业高管薪酬指数比较　／ 419

23.4　分上市板块高管薪酬指数比较　／ 423

23.5　高管薪酬绝对值比较　／ 424

23.6　本章小结　／ 432

第24章　高管薪酬指数的所有制比较　／ 433

24.1　高管薪酬指数总体的所有制比较　／ 433

24.2　分地区高管薪酬指数的所有制比较　／ 441

24.3　分行业高管薪酬指数的所有制比较　／ 444

24.4　本章小结　／ 449

第25章 高管薪酬及指数的年度比较（2012~2019） / 451
  25.1 高管薪酬的年度比较 / 451
  25.2 高管薪酬指数的年度比较 / 468
  25.3 不同激励区间高管薪酬的年度比较 / 484
  25.4 本章小结 / 486

第八篇 政策建议

第26章 完善公司治理的政策建议 / 491
  26.1 完善的公司治理是最好的企业营商环境 / 491
  26.2 强化金融企业董事会独立性 / 494
  26.3 合伙人制度的公司治理之道 / 501
  26.4 由当当困境看家族企业控制权的市场化 / 506
  附：日企访问印象 / 510
  26.5 本章小结 / 515

附：中国上市公司治理分类指数报告系列 / 517

后 记 / 519

第一篇 总论

导 论

2020年，世界风云变幻，中美关系困难重重，企业运行下行压力加大，资本市场显露低迷。尤其是，瑞幸咖啡造假事件使中概股遭遇严重信任危机，银保监会接管9家金融机构也凸显金融企业的治理风险。值得庆幸的是，中国抗疫取得重大胜利，政府出台多项重振经济的政策，这为企业持续改革和发展提供了基础。公司治理是企业发展的基础工程，企业进一步改革的重心仍是公司治理。因此，全面评价上市公司的治理现状，是一个永恒的课题。

自2007年开始，中国公司治理分类指数研究已经历经14个年头。截至2020年度，我们的公司治理研究创造了四个全国之最的成绩：一是出版公司治理指数报告种类最多，有6类；二是出版公司治理指数报告数量最多，有19部；三是列入国家重点图书的公司治理指数报告最多，"十二五"期间的12部报告，全部被列入"十二五"国家重点图书，2017年度报告也被列入国家"十三五"重点图书；四是建成了全国最大规模的、专业性的"中国公司治理分类指数数据库"。也由此，"中国公司治理分类指数报告系列"被国内外专家认为是"可以列入公司治理评级史册的重要研究成果"。

已出版的中国公司治理指数报告包括：中国上市公司高管薪酬指数报告（2009/2011/2013）、中国上市公司（自愿性）信息披露指数报告（2010/2012/2014）、中国上市公司财务治理指数报告（2011/2013/2015）、中国上市公司企业家能力指数报告No.2012/2014）、中国上市公司董事会治理指数报告（2013/2015）、中国上市公司中小投资者权益保护指数报告（2015）、《中国公司治理分类指数报告No.15（2016）》（以后年份均同时涵盖六类指数）、《中国公司治理分类指数报告No.16（2017）》、《中国上市公司治理分类指数报告No.17（2018）》、《中国上市公司治理分类指数报告No.18（2019）》。

2015年及以前的公司治理指数报告都是按"类"出版的，每类指数报告不仅有大量的指数数据分析，更有对指数数据的各种有效性检验，而后者证明了指数数据的客观性和可靠性。由于这种有效性检验进行了多年，已无必要重复，更加之研究资源条件（主要是研究力量）和环境所限，使得之前按"类"出版公司治理指数报告已变得非常困难。更重要的是，作为一项探索性研究，每类隔年开发和出版一次，指数数据缺乏年度连贯性，不能完全建立起连续和平衡的面板数据，而社会对我们指数数据的需求越来越大。于是，从 2016 年开始，我们在过去 9 年开展中国上市公司治理水平评价成功经验的基础上，集中研究资源，同时开发 6 类公司治理指数，以对中国公司治理水平进行多维度、全景式评价，帮助使用者从不同维度了解中国公司治理，尤其便于为研究人员、投资者、政府和企业提供时间序列的大数据支持。基于这种考虑，2016 年开始我们把过去的 6 类独立的指数报告合并，每年的指数报告只出版一部，这部公司治理指数报告同时涵盖 6 类指数。

6 类指数报告的合并，无疑使报告的规模大幅扩张，为此，就只能撤下部分内容，包括已无多少必要的指数数据有效性检验和全部的 6 类指数排名。但其实，6 类指数排名并非撤下，2016 年和 2017 年制作成光盘附在报告中，自 2018 年度开始，则采用电子版形式。由于电子版没有容量限制，6 类指数的各种排名，包括按行业、按地区、按所有制、按上市板块，以及总体排名，都可以由读者自由选择。几年前有人建议我们在 6 类指数基础上构造一个综合的公司治理指数，以了解上市公司的整体治理水平。尽管我们一直不主张编制公司治理总指数（原因在下文分析），但 2019 年我们还是接受这个建议，开始编制中国上市公司治理总指数，并加入指数报告中。

2016 年的《中国公司治理分类指数报告》第一次以"新面目"问世，即把原来按"类"单独出版的公司治理指数报告整合到一个报告中，"类"没有变，但报告整体化了，指数数据全面化了，自此以后的各年度都沿用了这种整合化的报告。实际上，2016 年以来的报告更像是一部统计年鉴，在当下的大数据时代，这样的"统计年鉴"是非常稀缺的。另外，由于我们评价的对象是上市公司，所以从 2018 年开始书名更改为《中国上市公司治理分类指数报告》。

0.1 为什么公司治理评价要分类

公司治理研究属于多学科研究领域，包括经济学（主要是新制度经济学、微观金融学）、工商管理（主要是战略管理学、财务学）、法学（主要是民商法学、诉讼法学）、政治学（主要是政府监管）、社会学（主要是社会责任）等。在公司治理评价研究上，不同学科的研究者往往侧重点不同，如法学家侧重从国家层面来研究各国的公司治理相关法规是否健全和到位。法学家对公司治理的评价很难从微观的企业层面来研究，因为立法和执法都是国家层面的问题，不是企业所能左右的。经济学家和管理学家对公司治理评价的研究则主要着眼于微观的企业层面，但是，在如何评价公司治理上，却存在着分歧，有的学者侧重公司治理整体的评价，有的学者则侧重公司治理不同方面或类型的评价。

公司治理涉及投资者（股东）、董事会、监事会、经理层、财务治理、信息披露、利益相关者（或社会责任）、政府监管等许多方面，显然，要从整体上评价一个企业的公司治理水平，几乎是不可能的事情，即使做到了，也是不全面的。一方面，公司治理涉及面广泛，在评价中不可能考虑到所有方面；另一方面，也是更重要的，公司治理的不同方面，或者不同维度，没有清晰的界限，不同方面往往存在着交叉。比如，投资者权益保护（有学者称之为股东治理）不可能不涉及董事会，因为董事会是投资者的代理人；也不能不涉及财务治理，因为股东是重要的财务主体，其与其他财务主体存在财权配置问题；也不能不涉及信息披露，因为股东的一项重要权利就是知情权。再比如，董事会治理不能不涉及股东治理，因为董事是股东选举产生的，董事会的构成取决于股东不同的投票方式，有的国家则主要取决于股东持股比例（像中国）；也不能不涉及经理层，因为总经理（CEO）是董事会选聘的，其贡献是由董事会评估的，与贡献对应的报酬是由董事会决定的；也不能不涉及信息披露，因为独立董事是外在于企业的，需要充分的信息才能进行科学决策和对经理层进行有效监督。还比如，利益相关者涉及股东、董事、高管、员工、债权人、供应商、客户、社会居民（尤其是周边居民）等众多群体，他们与企业都有密切的关系，有的还贡献了专用性投资，评价利益相关者治理水平显然与股东治理、董事会治理、财务治理、社会责任等都有交叉。如此等等，不一而足。

公司治理不同方面或维度的界限不能严格分清，如何把这些方面或维度进行整合，一些指标到底应该放在哪个维度中，难以有一致的意见，从而在计算总指数时就容易出现一些指标的重复问题，而如要避免重复，就需要把某些维度的相同指标剔除，但这又造成这些维度的不完整或低估问题。而且，发布总指数有个缺陷，就是容易忽视薄弱环节，就类似于单纯看人均收入，从中无法判断高收入者和低收入者的收入差距，从而就容易忽视低收入者的贫困问题。同样道理，如果企业、投资者、监管者和其他利益相关者只注重公司治理总指数，就可能在表面光鲜的背后，掩盖公司治理的"病根"，导致久病不治，不利于公司的可持续发展，最终损害各利益相关者的利益。而分类指数却可以直指"病根"，从而有利于及时化解风险。

以上就是我们编制中国公司治理分类指数13年而未编制总指数的原因，直至2019年才考虑同时编制分类指数和总指数。

顺便提到一点，有学者提出"经理层治理"这个概念，我们认为这个概念是不成立的。经理层可以参与治理，如进入董事会，但进入董事会的经理人员不能太多，英美发达国家一般是1~2名，否则，董事会对经理层的监督就失去了意义，董事会就不能独立了。反过来，董事会也不能为了独立性而拒绝任何经理人员（尤其是总经理）进入，因为经理人员是走在市场最前沿的一群人，他们最了解市场，最了解竞争对手，最了解行业发展态势，因此，董事会的战略决策离不开经理人员，经理人员是战略决策的起草者，只不过不是战略决策的最终决定者，最终决定权掌握在董事会手中。由此，1~2名经理人员进入董事会足矣。经理人员是董事会战略决策的执行者，尽管拥有独立的日常经营决策权，但需要董事会的监督（不是干预）和指导。可见，总体上，经理人员属于被治理者。在公司治理结构中，治理主体主要是股东和董事会，不是经理层，经理层是治理的客体，因此，不存在"经理层治理"的概念。当然，经理层不总是被动的治理客体，他们有时也会发挥治理主体的作用。从此角度，区分治理主体和治理客体也没有多大的意义。

既然难以从整体上评价公司治理水平，分类评价就是必要的了。近年来，有学者专注于评价公司治理的某个方面，其中，对董事会治理水平、信息披露水平进行评价的相对较多，也有对社会责任进行评价的，但由于对社会责任的界定争议太大，加之绝大部分企业没有社会责任报告，在年报中体现的社会责任内容又没有一致的格式和标准，因此，社会责任评价难以做到客观。自2007年开始，我们开始对公司治理进行分类评价，在国内最早使用"中国公司治理分类指数"的概念。最初，我们设计了8类公司治理指数，包括投资者权益保护、董事会治理、企业家能力、财务治理、信息披露、高管薪酬、社会责任、政府监管。由于各方面限制，没有一次性研制，而是隔年研制一个"新类"，同时继续评估已开发的"旧类"。至2016年，我们研制完成前6类，出版了15部公司治理指数报告。之后便开始了6类指数的同时开发。需要说明的是，尽管我们没有专门研制社会责任指数，但在相关类型公司治理指数中，如企业家能力指数、自愿性信息披露指数中，都涵盖了社会责任的一些指标。

分类评价公司治理水平，不需要严格分清不同类型之间的界限（因为这种严格的界限是不存在的），而是允许不同公司治理方面评价时的部分指标（只是少部分）的交叉（这种交叉是必须的，原因在于公司治理的不同方面本身就有交叉），这一点，在整体评价时是难以做到的。由于允许少部分指标的交叉，从而分类评价对某一个方面来说，指标更全面，评价结果也更客观，这一点对于整体评价来说同样也是做不到的，因为指标过多就会出现不同方面的重复，而作为一个整体是不允许有重复指标的。更重要的是，分类评价可以使监管者、投资者、董事会、经理层等各利益相关者更容易判断公司治理问题到底出在哪里，从而精准给出解决的方案，这是公司治理分类评价的最大优点。

这里有必要提及一下目前正在兴起的ESG评价问题，因为它也是一种整体评价。所谓ESG，就是环境（Environment）、社会（Society）和治理（Governance）的简称。对于企业来说，"环境"是指企业对环境或生态的保护，"社会"是指企业的社会责任，"治理"就是指公司治理。其实，从严格的公司治理理论意义上，ESG是不成立的，因为它对公司治理的理解倒退了。

从20世纪末开始，原先狭义的公司治理就逐渐被广义的公司治理所替代。美国学者布莱尔（Blair, Margaret M., 1995）是较早地划分狭义公司治理和广义公司治理的学者。她认为，狭义的公司治理是"有关董事会的结构和权利，或者是股东在董事会决策中的权利和天赋特权"，而广义的公司治理则可归纳为"一种法律、文化和制度性安排的有机整合"，是"关于把哪些约束和要求强加给那些管理公司的人，公司经理必须服务于谁的利益，企业不同组成人员拥有哪些影响和追索权以及他们能在什么压力下去观察其利益是否被保护等一系列安排"。❶ 狭义的公司治理是基于对公司治理的传统的理解，即公司治理主要集中于股东所有权和经营权分离而可能导致的经营者对股东利益的损害问题，因此狭义的公司治理就是一种所谓的"股东价值观"（Shareholder-value Perspective）。广义的公司治理是从一个更宽泛的思维框架来理解公司治理，即公司不仅仅对股东，而且要对更多的利益相关者的预期做出反应，包括经理、雇员、债权人、顾客、政府和社区等。这些多元的利益必须协调，以实现公司长期的价值最大化。2019年8月19日，美国"商业圆桌会议"（Business Roundtable）发表《公司的目的》的宣言，强调企业要更重视履行对社会的责任，不再独尊股东利益。这项宣言已经获得美国188位顶尖企业CEO的联合签署。由于强调公司利益相关者的权利和利益，因此广义的公司治理被视为一种利益相关者价值观（Stakeholder-value Perspective）。由于公司不同利益相关者权益保护的客观存在，并且直接关系着企业的可持续发展，因此，广义的公司治理取代狭义的公司治理就成必然了。

从广义的公司治理理解，公司治理包括社会责任，而社会责任包括环境保护，因此，ESG不是一个科学的概念。从我们六类公司治理指数的评价看，其中就包括着公司的社会责任，如企业家能力指数中专门设有"社会责任"维度，自愿性信息披露指数中设有"利益相关者"维度（针对不同利益相关者的自愿性信息披露）。另外，独立董事也不是仅仅代表投资者，而应代表更广泛的利益相关者。因此，从实际意义上，我们的六类公司治理评价也可以说是ESG评价。当然，把"E"和"S"从公司治理中独立出来，也有其意义，它有助于突出这两个方面的重要性。

0.2 中小投资者权益保护指数

2015年，我们在国内首次对中国全部上市公司的中小投资者权益保护水平进行了测度，2016～2019年又进行了四次测度，本年度是第六次测度。六次测度结果表明，中国上市公司中小投资者权益保护水平尽管有所提高，但仍然非常不到位。

---

❶ [美]玛格丽特·M.布莱尔：《所有权与控制：面向21世纪的公司治理探索》，中国社会科学出版社1999年版，第2～3页。

在我们开发的6类公司治理指数中，按开发时间，中小投资者权益保护指数是最后一类，但本报告却把它列为首位，因为，我们认为，中小投资者权益保护在公司治理中应居于核心地位。尽管严格来说，各类投资者权益应该平等得到保护，这是各国法律尤其是市场经济发达国家的法律都明确规定的。然而，现实却是，中小投资者权益是最容易受到侵害的，尤其是在市场经济不成熟、法律不健全、存在一股独大和一致行动人或最终控制人的国家，中国无疑是在列的。公司的任何欺瞒、和欺诈行为，如瑞幸咖啡造假、健康元内幕交易，首当其冲受到损失的往往都是中小投资者。即使是西方市场经济成熟的国家，之所以有专门的保护中小投资者权益的法律规定，也是因为其弱势地位。当然，在英美习惯法系国家，投资者基本上都是"中小"的，甚至都是"小"的。当前，中国国企改革如火如荼，国企发展混合所有制必须要吸引更多的中小投资者参与，包括那些看起来很"牛"但一旦参与到国企混改中便会变"小"的投资者，而中小投资者参与国企混改的最大担忧就是其权益如何得到切实的和平等的保护；民营企业要发展壮大，同样需要吸引更多的中小投资者的参与，单纯依赖于"一股独大"来实现其增长，无异于缘木求鱼，自断双臂。因此，把中小投资者权益保护置于核心地位，不是要忽视大投资者的权益，而是为了更好地实现各类投资者权益，实现共同增长。

何为"中小投资者"？从字面上理解，中小投资者是相对于大投资者（大股东）而言的。但大投资者也是一个相对概念。在一个较小规模企业中的大投资者，置于一个规模很大的企业中，则可能就是中小投资者，甚至是小小投资者。因此，中小投资者只能是限定在一个企业内的相对概念，换言之，中小投资者是指某个企业内相对于大投资者的其他投资者。这里，还有两点需要进一步明晰：

（1）中小投资者概念应该限定在什么企业内

无疑，应该是有多个投资者或投资主体多元化的企业，但这样的企业大体有三类：一是合伙制企业；二是有限责任公司；三是股份制公司（包括非上市的股份制公司和上市的股份制公司）。

合伙制企业是指由两人或两人以上按照协议投资，共同经营、共负盈亏的企业。很显然，在合伙制企业里，由于信息共享，且共同经营，企业尽管有多个投资者，但不存在中小投资者权益保护的问题。尽管也可能有部分投资者不参与经营，从而可能遭受一定风险，但合伙制企业的出资人通常不会太多，而且具有参与经营的法定权力，因此这种风险在法律上是可以避免的。

有限责任公司由50个以下的股东出资设立，每个股东以其所认缴的出资额对公司承担有限责任。这类公司筹资规模小，一般适合于中小企业。这类企业不必发布年报，看似存在信息不对称，有些投资者因不参与决策和经营而可能遭受风险，但因投资者人数有限，出资额有限，且承担有限责任，而且，投资者参与决策和监督的成本低，因此，风险总体是可控的。从中小投资者权益保护角度，这类企业似乎也难以纳入考虑范围。

股份制公司是指由3人或3人以上（至少3人）的利益主体，以集股经营的方式自愿结合的一种企业组织形式。其主要特征是：发行股票、股东众多、所有权分散、风险较大、收益波动性大。尤其是其中的上市公司，由于投资者多而分散，参与决策和监督的成本较高，尽管要求依法公布公司信息，但信息不对称程度仍然很高，加之投资者的知识局限性，代理问题仍然严重，投资风险仍然较大。此时，中小投资者权益保护问题就变得相当突出。

综合三类企业的特点，从中小投资者权益保护角度，最应该针对的是股份制公司，尤其是其中的上市公司。

（2）与中小投资者相对的大投资者如何界定

没有大投资者或大股东的界定，就谈不上中小投资者及其权益保护问题。那么，哪个或哪些投资者可以被界定为大投资者？是第一大股东，还是前几大股东，比如前五大股东，抑或前十大股东？其实，这难以有一定之规，这要看投资者是否对企业具有实际控制力。现实的股份制公司尤其是上市的股份制公司中，更尤其是中国的上市公司中，普遍存在"一股独大"或实际控制人现象，这个"独大"的股东通常就是第一大股东或实际控制人（第一大股东和实际控制人也有不一致的），也就是一个公司中出资比例最大的投资者，对于这种公司，除了第一大股东，都可以列为中小投资者，他们的权益最容易受到侵害。但是，也存在"几股共大"的公司，即一个公司中共存几个持股比例相近的大股东，这几位出资者尽管也有大小之分，但由于比较接近，彼此可以互相制衡，他们的利益在公司中基本上可以得到保证。而除这几位股东之外的其他投资者，就可以认为是其权益容易侵害的中小投资者。从这个角度，中小投资者是指一个公司中除了拥有实际控制力的投资者之外的其他投资者。

总之，从权益保护角度，中小投资者可以界定为：股份制公司中，除对公司拥有实际控制力的大股东之外的其他投资者。

那么，如何评价中小投资者权益保护水平？

在目前存在的其他有关中小投资者权益保护的评价中，存在一些明显的缺陷，导致中小投资者权益保护的真实水平难以反映出来，主要表现在：一是评价依据的标准偏低，不能反映中国与发达国家之间的差距；二是评价指标不完整，不能完整反映中小投资者的权利以及保障中小投资者行权的制度环境；三是指标权重的确定过于主观，使得评价结果有些随意；四是数据来源缺乏可持续性，样本选择少或缺乏典型性，使得评价难以纵向比较；五是把公司治理与投资者权益保护的法律法规分割开来。

本报告借鉴国内外已有中小投资者权益保护评价研究成果，基于国内既有的相关法律法规，特别参照国际先进的中小投资者权益保护规范，提出了中小投资者权益保护四个维度的指标体系，即知情权、决策与监督权、收益权和维权环境。我们认为，信息不对称是大股东和经营者侵占的前提条件，中小投资者决策和监督权缺失是大股东和经营者侵占的权力基础，收益权是中小投资者权益保护的直接体现，维权环境体现了中小投资者权益保护的救济手段，因此，知情权、决策与监督权、收益权和维权环境是中小投资者权益保护的四个不可分割的组成部分。

知情权维度主要从公司定期报告披露的及时性、年报预披露时间与实际披露时间的一致性、预告业绩与实际业绩的一致性、公司是否因违规而被监管机构公开批评、谴责或行政处罚、外部审计是否出具标准无保留意见、公司是否建立与投资者沟通平台、分析师和媒体关注度、独立董事过去3年的任职经历是否详细披露、可预见的财务风险是否披露等方面，来考察中小投资者对于公司经营决策关键信息的知情权落实情况。

决策与监督权维度主要从是否采用网络投票制、是否实行累积投票制、是否采用中小投资者表决单独计票、独立董事比例、有无单独或者合计持有公司10%以上股份的股东提出召开临时股东大会、独立董事是否担任本公司董事长、有无单独或者合并持有公司3%以上股份的股东提出议案、三个委员会是否设立（审计、提名、薪酬）、审计委员会主席是否由独立董事担任、独立董事董事会实际出席率、董事长是否来自大股东单位等方面，来考察中小投资者行使权利和监督代理人的情况。

收益权维度主要从个股收益率是否大于或等于市场收益率、现金分红、股票股利、财务绩效、增长率、是否ST、是否有中小股东收益权的制度安排（分红权）等方面，来考察中小投资者的投资回报情况，包括现实的回报和可预期的回报。

维权环境维度主要从股东诉讼及赔偿情况、控制性股东是否因直接或者间接转移、侵占公司资产受到监管机构查处、是否建立违规风险准备金制度、投资者关系建设情况、董事会或股东大会是否定期评估内部控制、各专门委员会是否在内部控制中发挥作用、是否披露存在重大内部控制缺陷、风险控制委员会设置情况、股价异动等方面，来考察中小投资者权益维护方面的制度建设情况。

上述四个维度中，决策权、监督权、收益权是中小投资者的天然权利，任何国家的法律也都明确中小投资者享有这些权利，并非只有大股东才拥有这些权利。由于大股东经常处于控制地位，大股东的这些权利是可以得到保证的，但中小投资者的这些权利却经常丧失，甚至被人为侵占和剥夺。要实现这些权利，中小投资者还必须拥有公司经营信息的知情权，没有充分的知情权，决策权、监督权、收益权将无从谈起。即使有了充分的知情权，但如果维权环境偏紧，则这些权利仍然难以落实。因此，知情权、决策与监督权、收益权、维权环境四个方面应该作为一个不可分割的整体，构成完整的中小投资者权益保护系统。

评价中小投资者权益保护的目的是希望对广大中小投资者产生导向作用，促使中小投资者高度重视自身的权益维护，引导中小投资者理性投资，降低中小投资者的投资风险，帮助监管机构实现针对性监管。同时，促使中国公司按照国际规范，落实中小投资者的各项权益，实现公司的长期、有效和规范运作。具体包括以下几个方面：①帮助政府监管机构了解中小投资者遭遇的侵害类型及程度，促使政府加强中小投资者权益保护的立法和执法工作，使政府监管更加有的放矢；②帮助中小投资者降低信息不对称程度，使投资者更好地了解自己的代理人即董事会的治理情况以及由此产生的潜在风险，从而有效规避投资风险，发现有长期价值的投资对象，提升投资收益；③帮助公司了解自身对中小投资者权益保护的情况，督促自己不断提升对中小投资者权益保护的水平，避免类似内幕交易和利益输送等侵害行为，以增强中小投资者的投资信心，获得更多的融资机会；④防止股市炒作误导中小投资者，避免股市崩盘风险，促使资本市场真实反映公司信息，引导股票价格客观反映公司业绩，推动资本市场实现稳定发展并走向成熟；⑤助推国有企业发展混合所有制取得成功，国企混改是国资和民资的混合，进入国企的民资，基本上属于中小投资者，或者进入后只能做中小投资者，鉴于目前大股东和经营者侵害中小投资者的普遍性而造成的中小投资者的忧虑，如何有针对性地加强对进入国企的民资的保护，是政府和国企必须考虑的首要问题；⑥为上市公司中小投资者权益保护的实证研究提供数据支持。

0.3 董事会治理指数

2013～2019年，我们对中国全部上市公司的董事会治理水平进行了六次测度，本年度是第七次测度。七次测度结果表明，中国上市公司的董事会治理水平仍然偏低，董事会治理亟需改革和改进。

何谓董事会治理？我们认为，董事会治理是董事会作为治理主体，如何通过一系列正式或非正式制度安排，通过有效治理，实现委托人的利益诉求和公司的可持续发展。其主要内容包括：①董事会作为代理人如何做到对委托人尽职尽责？②董事会作为决策者如何做到科学决策？③董事会作为监督者如何做到监督到位而不会被经营者（被监督者）所干扰？④董事会作为利益主体如何做到既有动力又不被利益所"俘虏"（激励与约束）？⑤董事会作为责任主体如何对自己的决策和监督错误、失误独立承担责任？

目前理论界存在着把董事会治理泛化的现象，即把董事会治理混同于或基本混同于公司治理。这种混同在20世纪80年代之前的西方发达国家非常普遍，那时的公司治理在现今被称为"狭义的公司治理"。如前文所述，"狭义的公司治理"的核心是股东利益至上，董事会一切问题的核心就是股东利益，这就是所谓的公司治理的股东价值观。其实,那时不是把董事会治理混同于公司治理,而是等同于公司治理,这是那个时代公司治理研究的局限性所在。因为,由于所有权和经营权的分离,董事会作为股东的代理人,是不可能全心全意为股东服务的,尽管理论上他们应该如此。于是,20世纪80年代之后,有了更广义的公司治理。既然董事会不可能全心全意为股东服务,就必须有单独的股东治理以及其他利益相关者的参与治理。股东治理以及其他利益相关者的参与治理,意味着股东和其他利益相关者不能把全部希望都寄托在其代理人董事会身上,他们必须积极参与到公司治理中来。由此,股东治理和其他利益相关者的参与治理就与董事会治理成为互相补充的公司治理的重要方面。不同的主体,职责不同,从而治理的内容也就不同,需要区别对待,因此不能再回到20世纪80年代之前,把董事会治理等同于或混同于公司治理。

那么,如何评价董事会治理水平?

从根本上说,董事会治理评价是对董事会治理质量的评价,这种质量评价的实质是评估董事会在多大程度上代表投资者的利益。也就是说,是否代表投资者,在多大程度上代表投资者,是董事会治理评价的全部内容。需要强调的是,从企业可持续发展角度,董事会尤其是其中的独立董事也应该代表除股东以外的其他利益相关者。由于能够实现企业的可持续发展,董事会代表除股东以外的其他利益相关者,本质上也是代表投资者的利益,尤其是代表投资者的长期利益。

但在现有的董事会治理评价中,却存在严重的评价缺陷,导致董事会治理的真实水平难以反映出来,主要表现在:一是重形式评价轻实质评价,比如重点考察董事会组织结构是否完善,而不关注它们是否发挥了实质性作用;二是由于把董事会治理混同于公司治理,从而在董事会治理评价中,把一些不属于董事会治理范畴的指标纳入董事会治理评价指标体系中,如股权结构;三是把董事会治理评价等同于董事会业绩评价,或者把董事会业绩作为董事会治理评价的重要内容,而董事会业绩又往往等同于公司绩效,这无疑是对董事会治理的误解或错误认识;四是一些指标或者无法判断董事会治理的有效性,或者不具有可操作性,主观性很强,难以对董事会治理的有效性作出判断,如"董事会规模"和"董事会会议次数",它们并非越大(多)越好。

本报告借鉴国内外已有董事会治理评价研究成果,参照国际先进的董事会治理规范,同时也考虑国内既有的相关法律法规,提出了董事会治理四个维度的指标体系,即董事会结构、独立董事独立性、董事会行为和董事激励与约束。如此确定的指标体系和评价结果接近国际标准,高于国内既有法律和政策规定。

董事会结构维度主要从外部董事比例,有无外部非独立董事,两职是否合一,董事长是否来自大股东单位,有无小股东代表,有无职工董事,董事学历,年龄等于和超过60岁的董事比例,是否设置审计、薪酬、提名和合规委员会等方面来衡量董事会成员构成和机构设置情况，以此来评价董事会结构的有效性。

独立董事独立性维度主要从审计委员会主席是否由独立董事担任，独立董事中有无财务专家、法律专家、其他企业高管，是否存在政府背景，独立董事是否担任本公司董事长，是否同时在多家公司担任独立董事，独立董事实际出席董事会比例，独立董事津贴是否超过10万元，是否详细披露独立董事过去3年的任职经历等方面来衡量独立董事的专业素质和履职情况，以此来评价独立董事是否能够实现独立履职。

董事会行为维度主要从内部董事和外部董事是否有明确的沟通制度、投资者关系建设、是否存在董事会提交的决议事项或草案被股东大会撤销或者否决的情况、是否有规范的《董事会议事规则》、财务控制、董事会是否有明确的高管考评和激励制度、是否披露股东大会出席率等方面来衡量董事会行为相关制度的建立和执行情况，以此来评价董事会的实际履职情况。

董事激励与约束维度主要从执行董事薪酬是否与其业绩相吻合，股东诉讼及赔偿情况，董事会成员是否遭到监管机构处罚或谴责，是否有明确的董事考核或薪酬制度，是否公布董事考评/考核结果，是否披露董事薪酬情况，是否有董事会会议记录或者董事会备忘录，是否有董事行为准则相关的规章制度，独立董事是否明确保证年报内容的真实性、准确性和完整性或不存在异议等方面来衡量董事激励和约束制度的建立和执行情况，以此来评价董事激励与约束机制的健全程度和有效性，尤其是约束机制的健全程度和有效性。

在四个维度中，前两个维度侧重从形式上来评价董事会治理制度的健全程度，后两个维度则侧重从实质上来评价董事会治理的有效性。董事会治理制度没有形式上的健全，就不可能产生实质上的有效。但反过来，董事会治理制度有了形式上的健全，却未必产生实质上的有效。董事会治理制度只有在形式上健全后充分落到实处，才能实现董事会治理的真正有效。在现实中，从监管机构的要求看，中国上市公司董事会的设置近乎健全（并不等于完善），但董事会治理却仍然不断遭到诟病。在我们对2012年及2014～2019年期间七个年度董事会治理的评估中，及格公司（60分及以上）的比例分别只有11.32%、5.89%、6.33%、8.24%、9.12%、17.51%和30.32%。尽管近六年来及格率一直在提升，2019年还实现了较大幅度提升，但董事会治理水平仍然很低，2019年董事会治理指数均值也只有56.3849分，仍未达到60分的及格线，这恰恰反映了中国上市公司董事会治理形式和实质的高度背离和不对称。因此，要全面了解中国上市公司董事会治理的质量和效果，就不能仅仅满足于形式上的评价，更要重视实质上的评价，实现形式和实质的高度统一。

评价董事会治理的目的是希望对中国已上市公司和计划上市公司的董事会治理发挥导向作用，促使中国公司按照国际标准，不仅从形式上，更要从实质上，实现中国公司董事会的全方位规范化运作，并引导投资者的投资方向，降低投资者的投资风险，帮助监管机构实现针对性监管。具体包括以下几个方面：①帮助投资者尤其是中小投资者降低信息不对称程度，使投资者更好地了解自己的代理人即董事会的治理情况以及由此产生的潜在风险和价值，从而有效规避投资风险，发现有长期投资价值的企业，提升投资收益；②帮助政府监管机构了解上市公司董事会的运作和相关政策法规的执行情况，从而使政府监管更加有的放矢，并促使政府对公司董事会的运作施以规范化引导；③帮助公司了解自身董事会治理存在的问题，督促自己不断提高董事会治理的质量，以增强投资者的投资信心，获得更多的融资机会；④向投资者和其他利益相关者及时提供真实、完整的信息，是董事会的重要职责，市场获得可靠、及时和完整的信息，有利于保证股票价格与公司真实业绩的吻合度，而这种吻合是资本市场成熟的重要标志；⑤为上市公司董事会治理实证研究提供数据支持。

0.4 企业家能力指数

2012年，我们在国内首次对中国全部上市公司的企业家（CEO）能力进行了测度，2014~2019年又进行了五次测度，本年度是第七次测度。七次测度结果表明，中国上市公司CEO由于不具有独立性，以及责任机制不到位，CEO能力的发挥受到严重制约，企业家能力处于低下水平。

何谓企业家？熊彼特在1934年出版的《经济发展理论》中指出，企业家就是创新者。按照熊彼特的观点，社会任何领域都存在企业家，不仅有企业界企业家，也有政界企业家、教育界企业家、学界企业家等，这可以说是广义的企业家。本报告的企业家是指企业界企业家，这可以说是狭义的企业家。

在熊彼特的创新意义上，企业内的企业家显然不是一个人，也不是几个人，而是多个人，甚至是一种集体行为。那么，我们对企业家的评价是针对一个人，还是针对几个人，或者是针对一个企业家群体？

企业的发展需要创新，创新者越多，创新越活跃，企业发展就越充满生机和活力。不过，如果因此而评价多个企业家（即创新者），或者是评价一个企业家群体，那么我们的评价对于企业家市场的形成和发育就没有多少针对性意义。因此，对企业家的评价只能针对一个特定的创新者。

那么，如何选择这个特定的创新者？无疑，这个创新者只能是企业的领袖，因为企业的领袖是企业家的典型代表。在现实的企业中，企业的领袖一般有两个人选，或者是董事长，或者是总经理（或称CEO，或称总裁）。如果两职由同一人担任，那就不存在选择的难题；如果两职由两个不同的人担任（这是绝大多数企业的情况），那么选择哪一个来评价？

其实，这个难题是人为制造的，原因在于我们中很多人把董事长和总经理的职能误解了。在中国，董事长通常被确定为公司的"一把手"，董事长的权力要高于总经理。其实，公司治理层是通过契约来规范的，是没有"一把手"概念的，董事会是一个会议体，董事的权力是平等的，董事长仅仅是"董事会的发言人"或"董事会的召集人"，并不是凌驾于其他董事和总经理之上的领导者，向总经理授权进行企业正常经营管理工作的是董事会而不是董事长。因此，应在厘清董事会职能的前提下，高度重视总经理或CEO或总裁（为简便，以下均使用"CEO"）的独立性和能动性，应使CEO在法律框架和恪守董事会战略决策的前提下发挥其最大潜能。况且，在企业实践中，董事长也有很多属于兼职角色，这些董事长既不在公司领薪（一般在股东单位或自身所在单位领薪），也不负责公司经营管理工作，如果我们评价的对象是董事长，则意味着不是所有的董事长都能进入我们的评价范围，这就使评价失去了一般性。而CEO则是所有公司都具有的角色，况且我们评价的目的是引导政府、企业和投资者要高度重视总经理的地位，尊重总经理在不违反董事会决策下的自由裁量权并且独立承担责任，就此看来，我们所选择的企业家的典型代表就只能是CEO了。但需要说明的是，尽管评价对象是CEO个人，但其工作是离不了企业中众多的管理人员和职工的，因此，对CEO的评价其实也包含着对企业整体经营能力的评价。

那么，如何评价企业家能力？

近些年，国内外相关学者对企业家能力及评价进行了深入的研究。然而，已有研究却存在三个方面的不足：一是在理论研究方面，各个理论视角都仅仅停留在某一层面上对企业家的界定，没有一个完整的、有说服力的概念界定，或者仅把评估对象确定为相同规模的企业，或者忽视企业家关系网络能力的评估；二是在实证研究方面，大部分学者对企业家能力的研究主要聚焦在理论分析的定性研究层面，实证研究明显不足，因为缺少连续的、可比较的、客观性强的大数据支持；三是简单地将人力资源测评方法用于企业家能力评价。人力资源测评只是基于个人背景和经历（基本上都是个人提供的成功的经历，缺少失败的经历）所作的一种比较主观的潜在能力评价，至于被评对象的实际能力，尤其是其诚信水平，是难以测评出来的。

本报告借鉴国际先进的评价标准，基于中国国情，着眼于推动职业经理人市场，提出了企业家人力资本、关系网络能力、社会责任能力和战略领导能力四个维度的指标体系，力求对中国企业家能力作出全面的、客观的评价。

企业家人力资本维度主要从学历（最高学历）、工作年限、工作经历变更、是否担任其他公司的独立董事、是否有海外留学和工作经历、选聘路径等几个方面进行评价。这些方面对于一家要聘任CEO的公司来说，并非是现实的企业家能力，而是潜在的企业家能力。尽管如此，企业家人力资本却是企业家能力中最基础的能力。一旦存在某种或某些动力机制，这些潜在的企业家能力就会很快变成现实的企业家能力，如企业家的激励或约束机制，通过这些动力机制，能够促使CEO产生把潜在能力变成现实能力的欲望。当然，这些动力机制不属于企业家能力评价的范围。

企业家关系网络能力维度主要从政府官员是否到企业访问、CEO是否陪同政府官员出国访问、是否担任党代表、是否担任人大代表、是否担任政协委员、是否在军队任过职、CEO任职期间是否获得相关荣誉称号、是否在行业协会任职、是否曾经在政府部门任职等几个方面进行评价。从规范的市场规则角度，关系网络能力是不应该纳入企业家能力评价范围的，因为关系网络可能存在"寻租"问题。然而，关系网络并不必然产生"寻租"，而正常的关系网络也能够为企业带来资源，并进而能够促进企业发展。况且，把关系网络能力纳入评价范围，有助于我们判断中国企业家更偏重于哪个方面能力的培养，或者比较企业家哪个方面的能力更加突出。比如，人力资本与关系网络能力是否存在替代关系？关系网络能力是否更多地通过履行社会责任而获得？等等，了解这些问题对于发展和培养中国的经理人市场无疑是意义非凡的。

企业家社会责任能力维度主要从企业是否捐赠慈善事业、CEO是否在非营利组织兼职（如担任理事）、CEO个人有没有被证监会谴责、有没有产品质量或安全（含环境安全）等问题的重大投诉事件、员工的收入增长率是否不低于公司利润增长率、有无现金分红、有无债权人和股东诉讼等几个方面进行评价。企业的持续发展包含着众多利益相关者的努力和投入，其中很多投入具有高度的专用性，一旦损失将难以收回，如员工投入了专用技能和劳动、社区居民可能承受了企业释放的环境污染、顾客可能承担了因产品质量低劣对身心造成的损害等等，无疑这些利益相关者的努力和投入必须从企业得到回报。把社会责任能力考虑到企业家能力评价中，目的是引导企业家树立强烈的社会责任意识，承担起更多的社会责任。更重要的是，对利益相关者承担责任，是企业家诚信意识和水平的重要反映，没有这种责任担当，就不能称为企业家。

企业家战略领导能力维度主要从CEO贡献、国际化程度、企业员工数、企业总资产、企业在行业中的地位、企业有无完整的ERP系统、企业有无制定战略目标和计划等方面进行评价。企业家战略领导能力实际上是企业家各种能力的综合体现，企业家其他方面的能力最终要落实在其战略领导能力上。在存在一个成熟的经理人市场的情况下，CEO必须本着对企业利益相关者高度负责的精神，以其敏锐的市场和战略意识，恪尽职守，尽最大努力制定出科学的和可行的企业经营决策，一旦董事会批准该决策，CEO就必须坚决贯彻和执行。不过，需要特别强调的是，CEO绝不是被动地执行董事会批准的决策，被动接受董事会决策的CEO不是真正意义上的企业家。作为CEO，他（她）的企业家能力实际上更多地体现在日常经营决策的制定和执行中，战略性决策更多地是指明方向，是框架式的，具体如何落实，需要靠 CEO 的开拓和创新。也正是这一点，体现出我们把 CEO 作为评价对象的原因所在。

评价企业家能力的目的是希望对企业家市场选择发挥导向作用，进而促进中国经理人市场（或称企业家市场）的发展，具体说，就是要促使政府和社会各界认识到：①CEO 的独立性和能动性以及问责机制是至关重要的，这样才能促使 CEO 能够在恪守法律和董事会战略决策的前提下发挥其最大潜能；②高能力的企业家只能产生于职业化的经理人市场，从而高度重视职业经理人市场的建设；③经理人完备信息的披露是职业经理人市场建立的要件，这些信息中，不仅有潜在能力的信息，更有实际能力的信息，不仅有成功的信息，也有不成功的信息，在充分、真实的信息中，体现着企业家诚信经营、敢于创新和担当的品质和精神，经理人市场必须有惩戒机制，即必须能够让不诚信的经理人承担隐瞒信息的代价；④选聘 CEO 的权力必须回归董事会，只有在董事会独立选聘并对选错承担责任的情况下，董事会才有动力选出最有能力的企业家。

0.5　财务治理指数

2010 年，我们在国内首次对中国全部上市公司的财务治理水平进行了测度。2012～2019 年又进行了六次测度，本年度是第八次测度。八次测度结果表明，中国上市公司的财务治理仍然不理想，权利配置不合理，内控不力，监督不严，激励和约束不到位，中国上市公司的财务治理仍需要改进。

财务治理是关于企业财权配置、财务控制、财务监督和财务激励的一系列正式和非正式制度安排，这些制度安排通过财权配置将各个财务主体紧密联系起来，同时通过财务控制、财务监督和财务激励对财务主体形成合理的控制、监督和激励。较高的财务治理质量不仅能够合理配置各财务主体的权责利，有力控制各个财务环节，有效监督财务行为，还能适当激励财务主体，是公司正常运行的关键保障。

财权配置、财务控制、财务监督和财务激励是财务治理的四个不可分割的部分，是我们借鉴国内外已有财务治理研究成果，参照国际先进的财务治理规范，同时也考虑国内既有的相关法律法规而提出来的。其中，财权配置是指财务决策权在各个财务主体之间的配置和落实，主要的财务主体包括股东（股东大会）、董事会、总经理（CEO）、首席财务官（CFO）。当然还有其他利益相关者，如政府、员工、供应商等，但这些利益相关者的财权是可以包含在董事会中的，但这种"包含"必须有一个前提，那就是董事会是以股东为核心的所有利益相关者的代理人，作为这种代理人，董事会与经理层是监督与被监督的关系，进一步说，董事会是必须独立于经理层的，否则，就容易发生董事会和经理层"同体"现象，其他财务主体的利益将无法得到保证。在董事会治理缺乏独立性的情况下，即使形式上反映了各财务主体的利益，各财务主体的利益也得不到切实保证。因此，公允的财权配置可以实现公司分权制衡，杜绝独裁，保障财务活动的合法性和透明度。

财务控制是指财务权力的执行过程，具体包括企业的内部控制体系和风险控制体系。健全的财务控制能够从程序上保证财务信息生成的合法、合规，提高财务信息的真实性和准确性，从而保证财务主体决策的科学性和可行性。2001年和2002年，美国安然和世界通讯两家公司爆发财务丑闻，促成了萨班斯－奥克斯利法案（Sarbanes-Oxley Act）的出台。该法案的核心就是强化财务控制，包括三个方面：一是建立公众公司会计监察委员会，对会计师事务所提供的上市审计服务进行监管；二是对上市公司高管人员造假予以重罚；三是在美上市企业必须建立内部控制体系。这被认为是美国自20世纪30年代经济大萧条以来涉及范围最广、处罚措施最严厉、影响力最大的上市公司法案。该法案的全称是《公众公司会计改革投资者保护法案》。不难看出，财务控制在投资者权益保护中具有重要作用。

财务监督是指对财务权力执行的监督。这种监督需要相应的机制设计，包括企业内部监督机制和外部监督机制。内部监督主要来自董事会，尤其是其中的审计委员会；外部监督主要来自外部审计机构和政府监管部门，当然也包括广大投资者，甚至包括公众。而监督机制要有效发挥作用，有赖于信息的公开、全面和真实，有赖于董事会的独立性，有赖于外部审计机构的中立性，更有赖于政府监管部门的立法和执法的公信力。

财务激励是指对财务主体投入的回报，这种投入既包括资金资本的投入（如股东的资金投入），也包括人力资本的投入（如企业高管和员工的人力投入）。有投入就必须有相应的权利和利益，前者即财务权利，后者即财务激励。财务激励是财务治理的驱动器，适当的财务激励能够有效激发企业各利益主体的工作热情和积极性，降低经营者的道德风险。在财务激励中，核心的是股东利益，如果股东合理的回报得不到保证，将会影响股东投资的信心，进而会影响资本市场的稳定。

以上四个方面中，财权配置是财务治理的核心和基础，合理的、有效的财权配置能够协调各个利益相关者的利益，从而有利于形成合力；财务控制和财务监督是手段，前者重在财权执行，后者重在对财权执行的监督；财务激励是财权执行的结果，财权最终要落实在利益方面，没有财务激励，各财务主体就不可能形成合力。财务治理的四个维度，不是独立发挥作用的，它们共同构成了财务治理系统，只有系统性发挥作用，才能保证企业的健康和可持续发展。

那么，如何评价财务治理水平？

基于我们提出的财务治理的四个方面（或维度），即财权配置、财务控制、财务监督和财务激励，我们设计了既具有科学性和客观性，又具有可操作性和稳定性的指标体系。由于借鉴了国际先进的财务治理规范,因此,如此确定的指标体系和评价结果接近国际标准,高于国内既有法律和政策规定。

财权配置维度主要从关联交易是否提交(临时)股东大会讨论通过、独立董事薪酬和高管股票期权是否通过(临时)股东大会、两权分离度、董事会是否提出清晰的财务目标、内部董事与外部董事是否有明确的沟通交流制度、独立董事比例、独立董事中是否有财务或会计方面的专家、董事长和总经理是否两职分离、CFO是否具有高级职称或相关资格认证等方面来衡量各财务主体的权利是否得到合理配置,以此评价财权配置的有效性。需要注意的是,如果财权配置过于形式化,尽管表面上看各个财务主体都可以在财权配置中找到自己的"位置",但这并不能保证财权配置的有效性。

财务控制维度主要从董事会或股东大会是否定期评估内部控制、各专门委员会是否在内部控制中起作用、董事会或股东大会是否披露具体内部控制措施、风险控制委员会设置情况如何、公司财务弹性、公司对外部资金依赖程度、是否披露可预见的财务风险因素、是否ST公司等方面来衡量企业内部控制体系和风险控制体系的健全程度,以此评价财务主体决策的科学性、可行性和抗风险性。

财务监督维度主要从审计委员会设置,外部审计是否出具标准无保留意见,公司网站是否及时披露当年和过去连续三年财务报告,公司是否披露公司发展前景的相关信息,公司是否披露关联方交易状况,公司是否对会计政策的变化做出解释,公司是否因违规而被监管部门公开批评、谴责或行政处罚等方面来衡量企业内外部监督机制的到位情况,以此评价内外部监督机制的效果。

财务激励维度主要从现金分红、股票股利分配、高管薪酬支付的合理性、薪酬委员会设置情况、公司是否采用股票期权激励政策、员工报酬增长率是否不低于公司营业收入增长率等方面来衡量各财务主体的收益保障情况,以此评价财务主体的动力。

评价财务治理的目的是希望对中国已上市公司和计划上市公司的财务治理发挥导向作用,促使中国公司按照国际标准,尊重各财务主体的权益,实现中国公司财务运作的规范化,从而降低财务风险,提高抗风险能力。具体包括以下几个方面:①有助于投资者进行理性投资,塑造投资者长期投资的信心。财务治理评价可使投资者尤其是中小投资者认识到公司的潜在风险和价值,从而有效规避投资风险,发现有长期价值的投资对象,提升投资收益。由于中国目前中小投资者权益受到大股东和经营者的侵害比较普遍,因此,财务治理对于中国中小投资者权益保护,具有特殊的意义。②有助于监管者进行针对性监管,严防财务欺诈。财务治理评价可以帮助政府监管机构了解公司财务运作的规范化程度,尤其是能够洞悉国家有关财务运作的法律法规的落实情况,从而使政府监管更加有的放矢,并促使政府通过经济和法律手段对公司的财务运作施以规范化引导。③有助于企业及时发现潜在风险,防患于未然。财务治理评价可使公司了解自身财务治理中存在的问题，督促公司不断提高财务治理水平。不仅有助于发现本公司与其他公司财务治理的差距，而且也有助于发现本公司财务治理与国际水平的差距，从而及时弥补不足和缺陷，从而保证投资者的投资信心，获得更多的融资机会。④有助于资本市场反映公司真实信息，实现资本市场有序运行。财务治理评价可以发现信息失真，信息失真会加大投资者投资的财务风险，从而导致投资者转移投资方向。因此，财务治理评价能够引导公司披露真实信息，进而促使资本市场的股票价格反映公司真实绩效，股票价格和公司真实绩效的吻合是资本市场成熟的重要标志，也是防止股市动荡甚至"股灾"的重要因素。⑤有助于大数据平台建设，深化财务治理理论研究和实证分析。近些年财务治理研究总体落后于公司治理其他方面的研究，一个重要原因是缺乏财务治理的大数据支持。财务治理评价所赖以支撑的数据库提供了深化财务治理理论研究和实证分析的平台，而且基于大数据的财务治理研究更加符合现实。

0.6 自愿性信息披露指数

2010年和2012年，我们对中国全部上市公司的信息披露水平进行了测度，测度结果表明，中国"能不说就不说"的现象非常普遍。"能不说就不说"属于自愿性信息披露范畴，而强制性信息披露则不存在多大问题，于是，从2014年开始，我们对中国上市公司信息披露的评价改为专门对其中的自愿性信息披露的评价，2016～2019年又进行了四次评价，本年度是对自愿性信息披露水平的第六次评价（总计八次评价）。六次评价结果证明，在中国上市公司中，"能不说就不说"现象仍然非常普遍和严重。

自愿性信息披露（Voluntary Disclosures）是相对于强制性信息披露而言的。自愿性信息披露的关键词是"自愿"。"自愿"，顾名思义，就是可披露也可不披露。披露了，使用者欢迎；不披露，监管者也不会追究，因为监管者没有追究的法律依据，但并不意味着其他需求者（尤其是投资者）不追究或不计较。投资者追究与否，取决于投资者权益保护的法律是否健全（如有无集体诉讼和集体索赔法律）。更多的投资者是计较的，如何计较，这就涉及市场机制了，即投资者可以"用脚投票"。投资者是上市公司信息的最大需求者，也是上市公司的核心利益相关者，投资者不投资，公司上市就没有意义了。但投资者投资依赖于其所获取的信息，不同投资者的信息需求不同。随着市场的完善，越来越多的投资者的投资趋于理性，他们不再满足于监管机构强制要求公司披露的信息，而是通过更多的信息来最大限度地降低自己的投资风险，即追求所谓信息的"有用性"，而强制性披露难以满足许多投资者所要求的"有用性"。如果投资者难以获得他们认为"有用"的信息，他们就会认为投资有风险，从而不投、少投、转投，如果很多投资者不投、少投、转投，则这家公司就可能被并购或倒闭，这就是投资者的"用脚投票"。从这个角度讲,自愿性信息披露并不是可有可无的,是上市公司吸引投资者的不可或缺的重要方式。

不论是自愿性信息披露还是强制性信息披露,都没有统一的国际标准。在一个国家是自愿性披露的信息,在另一个国家可能是强制性披露的信息。一般来说,市场发育程度越高,相应的法律制度就越完善,就越注重自愿性信息披露,通过投资者"用脚投票"来促使上市公司自愿披露更多的信息;相反,市场发育程度越低,相应的法律制度就越不完善,"用脚投票"的效果就越低,通过自愿披露信息就难以满足投资者投资要求,从而就越强调强制性信息披露。但这是一种比较理想的状态,实际情况比理论推导的情况要糟糕得多。原因在于,企业都是追求最大利益的"经济人",都有投机取巧的本性,只要不违背法律规则,对自己不利的信息就尽量不披露。因此,即使在市场经济高度发达的英、美等国家,也通过大量的规则甚至法律,强制性要求上市公司披露更多的信息。我们不难看到,尽管英、美等国家市场经济很发达,但其强制性披露信息的范围远远大于市场经济还不太发达的中国。

然而,由于市场千变万化,投资者的信息需求也是多种多样,而规则和法律都是由人制定出来的,每个人的理性都是有限的,从而,再细致的强制性披露的信息也难以满足投资者理性投资对信息的需求。另外,企业外部的利益相关者也绝不仅仅是单一的投资者,供应商、客户、居民(尤其是企业周边居民)都是企业的重要利益相关者,他们对企业也有各种各样的信息需求,而其中很多信息难以纳入强制性范畴。显然,自愿性信息披露不是可有可无的,而是必须的。比如,高管薪酬结构及额度信息。该项信息在英美等国家的披露是很完整的,即不仅要披露高管薪酬总额,还要披露薪酬结构以及各部分的额度,如固定薪金、奖金、股票、股票期权、养老金等。但这些信息在中国属于自愿性披露范畴,在上市公司披露的信息中,几乎没有几家公司披露该项信息。那么,该项信息对于投资者是否必须?回答是肯定的,因为通过该项信息,投资者可以了解高管的长期薪酬和短期薪酬构成,并进而了解高管行为是满足于企业短期发展还是立足于企业长期发展。再比如,董事完整的任职经历,英美等国家的公司对该项信息的披露也很详细,但在中国则属于自愿性披露范畴。该项信息对投资者同样至关重要。原因在于:董事(会)是投资者的代理人,他们要代表投资者对经营者进行监督。通过董事任职经历的详细披露,投资者可以了解董事是否与经营者有关联,以此判断董事和经营者是否存在合谋的可能性;对于中小投资者而言,还需要了解董事是否与大股东有关联,以此判断董事是否仅代表大股东,进而可能侵害中小投资者的利益。

自愿性信息披露也是企业诚信经营的重要体现。诚信意味着企业必须向包括投资者在内的利益相关者及时披露真实、全面的信息,这不仅是为了使投资者降低投资风险,更是为了增强投资者的投资信心。因为,投资者"被骗"一次容易,第二次"被骗"就难了，多次"被骗"几乎不可能，而且，"被骗"具有扩散效应，失去投资者意味着企业经营的失败。对于供应商、客户等利益相关者来说，也是如此。

总之，自愿性信息披露尽管是"自愿"的，但不是可有可无的。企业要想获得可持续发展，就不能仅仅满足于强制性信息披露，而必须高度重视自愿性信息披露。尽管自愿性信息披露增加了信息披露的成本，但相对于企业所由此获得的投资者信心和其他利益相关者的信赖，以及企业的良好声誉和长期发展，则这些成本支出是非常值得的。

那么，如何评价自愿性信息披露水平？

在既有的其他相关研究中，主要采取三种形式对自愿性信息披露进行评价：一是由分析师和相关实践人员评价，但不公布指标体系和计算方法。显然这种评价的结果难以验证，而难以验证就不能让使用者监督，不能监督就难以保证其客观性，会有很大程度的主观性，投资者使用的针对性很差；二是选择年报中具有代表性的指标作为衡量自愿性信息披露的指标。这种评价用个别指标来替代范围较广的自愿性信息整体，有以偏概全的倾向，投资者难以通过这种评价克服自己的投资风险，与第一种形式的评价相同，投资者使用时基本没有针对性；三是自己构建体系庞大的自愿性信息披露指标体系，但很多指标难以获得数据，尤其是难以获得连续数据，因此，操作性较差，难以连续进行跟踪和比较分析。

本报告借鉴国内外已有的自愿性信息披露评价研究成果，基于国内信息披露相关法律法规，特别参照国际先进的信息披露规范，立足于投资者权益保护，提出了自愿性信息披露四个维度的指标体系，即治理结构、治理效率、利益相关者和风险控制。

治理结构维度主要评价董事会构成、董事学历和任职经历（不含兼职、社会称号等）、专门委员会构成、监事会构成和成员、高管层学历、高管层任职经历（不低于三年）（不含兼职、社会称号）等方面的信息披露情况。这些信息的披露对于投资者了解代理人（董事会、监事会、经理层）有无可能代表自己作为委托人的利益，以及是否着眼于企业发展（尤其是长期发展）具有重要价值。

治理效率维度主要评价股东大会（包括临时股东大会）股东出席率、股东大会（包括临时股东大会）投票机制、董事考评制度及结果、董事会议事规则、董事会召开方式、独立董事参与决策、高管薪酬结构及额度、高管层关系网络等方面的信息披露情况。这些信息的披露重在评估治理结构的有效性，对于投资者了解代理人的实际履职效果具有重要价值。

利益相关者维度主要评价投资者关系建设情况、社会责任、债权人情况、债务人情况、供应商情况、客户情况等方面的信息披露情况。这些信息的披露对于投资者了解自己的利益是否得到尊重和保护具有重要价值。其中，投资者关系信息是企业直接针对投资者的沟通渠道和沟通方式的信息，而社会责任以及债权人、债务人、供应商、客户等方面的信息，则能让投资者详细了解企业其他利益相关者对自己利益的影响，使投资者能够以更加理性的心态来对待多元化的企业经营，这无疑也是对投资者的一种尊重。

风险控制维度主要评价企业发展战略目标、盈利能力、营运能力、偿债能力、发展能力、会计师事务所、宏观形势对企业的影响、行业地位（或市场份额）、竞争对手等方面的信息披露情况。这些信息的披露对于投资者降低投资风险，获得稳定的投资回报具有重要价值。

不难看出，基于自愿性信息披露四个维度设计的指标体系，能够使投资者全方位了解企业，从而满足自己理性投资的信息需求。在这四个维度中，投资者不仅能够从形式上了解代理人是否有可能代表自己作为委托人的利益，而且能够了解到代理人的实际履职效果；不仅能够了解自己与企业的沟通渠道和方式，感觉到自己受到尊重的程度，而且能够了解自己投资的风险大小。显然，这种基于投资者保护的自愿性信息披露四维度评价，是一种全方位的评价，也是一种更客观的评价。

评价自愿性信息披露的目的是希望中国上市公司改变"能不说就不说"的旧观念，树立"能说的都要说"的新理念，具体包括如下几个方面：①自愿性信息披露不是可有可无的，它对投资者理性投资具有重要价值，而投资者基于"有用信息"而进行投资对企业的发展尤其是长期发展具有重要影响；②在市场不成熟尤其是法律不健全的情况下，自愿性信息披露应更多地转化为强制性信息披露，单纯靠自愿是不能满足投资者理性投资对信息的需求的；③法律规则要具有很强的威慑作用，如果因信息披露不到位而使投资者和其他利益相关者遭受严重损失，即使这些信息披露属于自愿性的，企业负责人也必须要承担重大责任，并给予高成本的处罚；④自愿性信息披露对董事会的科学决策，以及董事会对经理层的有效监督也具有重要影响。独立董事是外在于企业的，而独立董事拥有参与战略决策以及对经理层进行监督的权力。独立董事的科学决策和对经理层的有效监督高度依赖于充分、真实的信息披露，这其中也包括自愿披露的信息。否则，就会产生决策科学性差和监督失效的可能，而这些直接影响企业的发展。

0.7　高管薪酬指数

2007年，当我们开始进行中国公司治理分类评价时，首选的便是高管薪酬指数，即高管薪酬合理性评价。然而遗憾的是，由于当时没有开发数据库系统，只是运用传统的方法采集数据，加之经验不足，导致数据丢失严重。2008年，我们从头再来，仍是因首次开发，经验缺乏，研究工作进展缓慢，当我们于2009年5月完成《中国上市公司高管薪酬指数报告2008》的撰写时，各上市公司新一年度报告已经公布，出版的价值已经降低。于是，我们再次采集新年度的数据，最终完成并出版国内首部《中国上市公司高管薪酬指数报告 2009》；2011～2019 年，我们又进行了六次评价，本年度是第八次评价。八次评价结果表明，中国上市公司高管薪酬存在比较严重的不合理问题，包括激励过度和激励不足。

高管薪酬是一个敏感而又十分重要的问题。20 世纪 80 年代末 90 年代初，英国率先发起公司治理运动，并很快波及整个世界，其起因就是公司高管薪酬大幅超过公司绩效而过快增长，由此引起公众和股东的大为不满。在此背景下，1995 年 7 月 15 日英国发表了《格林伯里报告》(Greenbury Report)，其核心就是关于公司董事会报酬决定和相应说明的《最佳做法准则》。

20 多年后的今天，我们仍犯着当初公司治理运动发生时和发生前的错误。不过，这种错误在中国发生了部分变化，在一些企业高管薪酬过度增长的同时，还有一些企业的高管薪酬由于人为减少而导致公司业绩的更大幅度下滑。在规范的公司治理中，高管薪酬与公司业绩应该是吻合的。这说明，我们的公司治理还没有真正融入全球公司治理运动之中，公司化改革在较大程度上还是形式上的。

中国在高管薪酬上出现的问题，与市场（尤其是资本市场和经理人市场）不成熟、不完善存在着密切的关系。这种不完善主要表现在两个方面：一是对于国有企业来说，政府或大股东代理人干预或过度控制；二是对于民营企业（非国有企业）来说，则是家族或创始人干预或过度控制。

对于国有企业来说，一方面，政府仍然掌控着国有企业大部分决策的权力；另一方面，国有企业又总是处于失控之中。这两个方面看似一个悖论，其实二者之间具有必然的联系，前者是后者的直接原因。正是由于政府干预或控制过多，企业才会向政府隐瞒真实信息，或上报虚假信息，而政府与企业之间的代理链条过长，以及政府对企业的非现场决策又使这种隐瞒和虚报成为可能。在政府不了解企业真实信息的情况下，某些企业高管就可以利用其所控制的国有资产任意所为，如购置豪华的办公设施、发放过高的福利待遇和超标准的在职消费等。近几年，高管薪酬又部分走向了反面，即政府主导下的"一刀切"式的降薪，而这种方式的降薪，使得一些国有企业的高管薪酬由此偏离了其对企业的实际贡献，即出现了激励不足，由此产生的企业改革和发展不力，也严重侵害了投资者权益，其中也包括国有投资者的权益。显然，政府主导下的国有企业公司治理改革，其成本是很高的，效果则是不高的。

对于民营企业来说，尤其是家族或创始人过度控制下的上市公司，一是信息披露不充分，透明度不高；二是企业上市的主要（甚至是首要）目的是圈钱，而不是完善公司治理。这种不完善的市场会产生三个方面的负面效应：其一，高管人员（与家族大股东或创始人往往混同）不能及时地、充分地向投资者（尤其是中小投资者）报告公司的真实经营绩效；其二，高管人员可能会利用内部信息人为地操纵股价，甚至可能为了巨额套现而制造虚假信息；其三，董事会难以对高管人员进行有效监督，而是常常形成利益共同体。显然，在不成熟的市场上，试图使高管人员的未来利益与公司和投资者的利益有机结合起来，是很难实现的。

在完善的市场上，高管薪酬的高低并不是由某个政府机构或家族大股东和创始人说了算的。高管的薪酬可能很高，也可能很低，但不管高低，均是由市场决定的，也是投资者认可的。这是因为：第一，完善的市场使董事会可以在市场上选聘高管人员，并使董事会对选错人负起责任来；第二，完善的市场要求高管薪酬及其相关信息必须对外公开，以接受政府、投资者和公众的监督；第三，完善的市场意味着制度安排的强化，而强化的制度安排大大加大了高管的违规成本，使其远远高于违规的收益。

在涉及报酬问题时，很多国有企业还沿袭着过去的思维逻辑，即先讲贡献，再讲报酬。而市场选择恰恰相反，是先讲报酬，再讲贡献。但如果贡献达不到报酬支付的要求，则意味着经营者违反了合同，该经营者就要被解聘；如果贡献超过报酬支付要求，则会给予奖励。在这种情况下，经营者要求的薪酬与其贡献将是基本吻合的。

如何评价目前中国上市公司高管薪酬，这既是一个理论问题，又是一个技术问题。在现实中，人们总感觉高管的薪酬过高了，于是谴责声不断。其实，这种感觉正确与否，需要进行科学的分析。实际上，相对于公司绩效，高管的薪酬有偏高的，也有偏低的，当然，也有适度的。只是关注高管薪酬的绝对值是没有多少意义的，因为高管对企业的贡献不同。因此，有必要对高管薪酬的合理性进行科学评估。

如何评估高管薪酬的合理性？显然，对高管薪酬的评估难以采取前面五种指数的方法。对高管薪酬的合理性进行评估，只能基于企业绩效，或者准确地说，基于高管对企业的实际贡献。同时，由于各行业性质不同，还需要考虑不同行业对高管实际贡献的影响。本报告所做的工作就是考虑企业绩效，运用科学的方法，计算出上市公司的高管薪酬指数，以此评价高管薪酬的合理性。通过这一研究，既希望能对高管激励制度研究及公司治理理论的完善有所贡献，同时也希望能有效服务于公司治理实践，充分发挥其信号显示作用，为股东、董事会、经营者、政府及其他利益相关者提供一个高管薪酬治理的"晴雨表"。

0.8 本报告内容和特色

本报告是作为第三方评价机构的北京师范大学公司治理与企业发展研究中心研制和出版的年度公司治理指数成果。报告以国际通行的公司治理规范，尤其借鉴了《G20/OECD公司治理准则（2015）》的基本精神，同时基于中国的制度架构和现实国情，分类设计了中国公司治理评价指标体系，在此基础上，运用科学的方法，计算出了2019年

3569家上市公司的中小投资者权益保护指数、董事会治理指数、企业家能力指数、财务治理指数和自愿性信息披露指数，以及3560家上市公司的高管薪酬指数，进而在前五类指数基础上形成了公司治理总指数，并对六类指数和总指数进行了排序和比较分析。

本报告是对中国资本市场开放以来上市公司中小投资者权益保护、董事会治理、企业家能力、财务治理、自愿性信息披露和高管薪酬合理性，以及公司治理总水平的全面评估，在很多方面填补了国内外在公司治理评价研究方面的空白。报告全面评估了中国上市公司六方面治理的现状，深刻揭示了中国上市公司六方面治理存在的问题，对于全面、客观地反映中国上市公司的治理水平，了解政府在公司治理方面的立法和执法现状，具有非常重要的现实意义。同时，报告又构成了中国公司治理理论和实证研究的重要基础，是企业强化公司治理以保证企业可持续发展的重要依据，是监管机构加强公司治理立法和执法的重要参考。尤其是，它对于提升投资者尤其是中小投资者的权益保护意识，引导投资者理性投资，降低投资风险，具有重要的参考价值；对于助推国有企业全面深化改革，尤其是混合所有制改革，同样意义非凡。

这里需要说明一下国企混改与公司治理的关系。目前一些学者和政策部门把公司治理作为国企混改的目的，或者说，国企混改是为了完善公司治理，这是一种错误的认识。其实，二者是彼此促进的关系，国企混改确实有利于公司治理的进一步完善，但没有有效的公司治理，国企混改是不可能成功的。在很大程度上，有效的公司治理是国企混改的前提，因为在设计混改方案时，公司治理的合理设计是肯定不可缺失的，否则，就不可能吸引更多的投资者进入，也就谈不上下一步的混改推进。

0.8.1 本报告主要内容

本报告除了导论外，包括8篇26章内容。

报告的第一篇是总论，包括导论、第1章和第2章，第八篇只包括第26章，中间6篇23章是对六类公司治理指数的统计分析，这6篇的结构基本相同，包括总体指数统计分析、分项指数统计分析（高管薪酬指数没有分项指数，故没有该部分分析）、所有制比较统计分析、年度比较统计分析。具体内容如下：

①设计了全面、客观、专业、可连续、可验证、可重复的中小投资者权益保护、董事会治理、企业家能力、财务治理、自愿性信息披露评价指标体系。根据各指标体系计算出来的五类公司治理指数具有科学性、可靠性和可比性。据此，公司可以发现公司治理五个方面的成绩、不足和潜在风险，促使公司有针对性提升公司治理水平；投资者可以发现具有更大投资价值和更低投资风险的投资对象；监管机构可以发现资本市场中潜在的风险点和潜在的违规因素，并及时予以矫正，从而为投资者创造更好的投资环境。

②基于公司绩效计算了高管薪酬指数并进行了评价。本报告基于公司绩效，并考虑行业因素，计算出了高管薪酬指数，然后根据统计学的四分之一分位法，将高管薪酬激励划分为激励过度、激励不足和激励适中三个区间。与其他五类公司治理指数不同的是，高管薪酬指数不是越高越好，也不是越低越好，而是数值越接近100越好，表明激励与绩效是匹配的，而两端的数据表明激励与绩效偏离较大，薪酬制度是低效率的。从高管薪酬绝对值与高管薪酬指数的比较看，高管薪酬绝对值高的不一定激励过度，高管薪酬绝对值低的也不一定激励不足，衡量高管薪酬合理与否要结合公司业绩，即应该考虑相对薪酬，而不应该过度关注高管薪酬绝对值。

③全样本、全方位评估了中国上市公司中小投资者权益保护、董事会治理、企业家能力、财务治理、自愿性信息披露、高管薪酬六方面的治理水平。本报告对沪深两市近乎全部A股上市公司（只剔除退市、年报不完整，以及截至本报告撰写时仍未披露年报的少量公司），从总体、地区、行业、上市板块等多角度评价了中国上市公司六方面的治理水平。研究发现，2019年中国上市公司中小投资者权益保护指数、董事会治理指数、企业家能力指数、财务治理指数、自愿性信息披露指数都基本符合正态分布，总体指数均值无一达到60分，只有自愿性信息披露指数均值已经非常接近60分，为59.7517分，总体上仍处于低下水平，尤其是企业家能力，均值不到30分。在评价的样本公司中，2019年五类指数的及格率（60分及以上）分别是12.64%（比上年提高4.24个百分点）、30.32%（比上年提高12.81个百分点）、0%（与上年相同）、12.58%（比上年提高9.53个百分点）和51.86%（比上年提高36.07个百分点）。2019年高管薪酬指数均值189.3483分（比上年有所下降），其中激励适中、激励过度和激励不足三个区间的高管薪酬指数均值分别是85.8309分、570.2993分和15.4322分，均比上年有不同程度的下降，三个区间相差很大；激励适中、激励过度和激励不足三个区间的高管薪酬均值分别是101.6836万元、105.2609万元和112.3850万元，都比上年有所上升。通过高管薪酬指数和高管薪酬的对比，可以发现高管薪酬与高管激励之间未必一定是正向关系，这有利于纠正社会对较高或较低的高管薪酬存在的误区，即认为高薪酬就是激励过度，低薪酬就是激励不足，而这种误区导致一刀切的降薪或提薪。

④中小投资者权益保护、董事会治理、企业家能力、财务治理、自愿性信息披露都从四个维度或分项全面评估了中国上市公司五方面的治理水平。其中，中小投资者权益保护指数分解为知情权、决策与监督权、收益权和维权环境四个分项指数，2019年只有知情权分项指数略超60分，而对于中小投资者权益保护最具有实质意义的决策与监督权以及收益权两个分项指数的均值则很低，都未达到47分。董事会治理指数分解为董事会结构、独立董事独立性、董事会行为和董事激励与约束四个分项指数，2019年独立董事独立性和董事会行为两个分项指数略超60分。董事会行为分项指数提高意味

着董事会行为的进一步规范化;董事会结构分项指数均值仅为42.8039分,反映着董事会结构并未如人们想象中的那么健全;具有实质性治理意义的董事激励与约束分项指数均值为57.2274分,反映董事激励与约束机制还不到位。企业家能力指数分解为人力资本、关系网络能力、社会责任能力和战略领导能力四个分项指数,2019年未有一项达到60分的及格线,而且人力资本、关系网络能力和战略领导能力三个分项指数都在30分以下,这意味着CEO因不具有独立性而难以发挥最大潜能。财务治理指数分解为财权配置、财务控制、财务监督和财务激励四个分项指数,四个分项指数的均值差异较大。2019年财务监督和财务控制两个分项指数均值都达到了70分,财权配置分项指数均值略超45分,财务激励分项指数则刚到29分。自愿性信息披露指数分解为治理结构、治理效率、利益相关者、风险控制四个分项指数,2019年治理结构和治理效率两个分项指数略超65分,利益相关者和风险控制两个分项指数均值分别是55.9237分和51.1644分,都处于较低水平。

⑤从所有制角度对中国上市公司中小投资者权益保护、董事会治理、企业家能力、财务治理、自愿性信息披露、高管薪酬等六方面的治理水平作了深入的比较分析。2019年,从均值上比较,在董事会治理指数、企业家能力指数和自愿性信息披露指数上,都是非国有控股公司高于国有控股公司;而中小投资者权益保护指数和财务治理指数则是国有控股公司高于非国有控股公司。在这五个指数上,除了董事会治理指数,其他四个分项指数都是中央企业(或监管机构)控制的公司高于地方国企(或监管机构)控制的公司。对于高管薪酬指数,非国有控股公司大大高于国有控股公司,中央企业(或监管机构)控制的公司高于地方国企控制的公司;非国有控股公司薪酬激励适中和激励过度的比例都高于国有控股公司,而国有控股公司薪酬激励不足的比例远高于非国有控股公司,中央企业(或监管机构)和地方国企(或监管机构)控制的公司在薪酬激励适中、激励过度和激励不足中的占比相差不大。需要注意的是,在比较高管薪酬指数时,没有考虑客观存在的政府赋予部分国企的垄断因素。

⑥对中国上市公司中小投资者权益保护、董事会治理、企业家能力、财务治理、自愿性信息披露、高管薪酬等六方面的治理水平作了深入的年度比较分析。从均值上比较,对于中小投资者权益保护指数,2014~2017年连续上升,2018年小幅下降,2019年又小幅上升;对于董事会治理指数,2014和2015年连续下降,2016~2019年逐年上升;对于企业家能力指数,2011~2017年间连续下降,2018年有所上升,2019年再次下降;对于财务治理指数,2014~2017年连续上升,2018年微降,2019年上升;对于自愿性信息披露指数,2015年微降,2016年大幅上升,2017年再次微降,2018年和2019年连续上升,且上升速度加快。高管薪酬从绝对值上比较,2012~2019年均增长7.56%,2019年比2018年上升14.68%;从高管薪酬指数看,从2012年的130.49分,升至2016年

220.68 分，但是之后连续三年下降，2019 年降至 189.35 分。但这个期间，高管薪酬绝对值是持续增长的，高管薪酬指数与高管薪酬绝对值二者的增长并非总是一致，关注基于业绩的高管薪酬增长才是更重要的。

⑦对中国上市公司治理总指数进行了测算。本年度在六类公司治理指数的基础上，计算了 2015～2019 年中国上市公司治理总指数。五年来，上市公司治理总指数均值连续上升。2019 年比 2015 年提高 5.6194 分，比上年提高 2.0392 分，是五年中升幅最大的一年。其中，国有控股公司和非国有控股公司都在五年间连续上升，2015～2017 年国有控股公司都低于非国有控股公司，2018 年和 2019 年则是国有控股公司略高于非国有控股公司。

⑧结合本报告公司治理指数所揭示的问题，通过分析一些典型案例，提出了中国企业改进公司治理的政策建议。如提出完善的公司治理是企业最好的营商环境；金融企业公司治理要充分考虑金融企业利益相关者的特殊性，强化董事会独立性；合伙人制度的本质是一种治理合伙制，必须注意治理合伙人制度的潜在风险，包括责任风险和持股风险；推行经营控制权的市场化，是解决家族企业公司治理困境的重要途径，但实施经营控制权的市场化必须具备一些制度前提，如规范的公司治理、经理人可以分享企业发展的成果、经理人的职业化和经理人市场的透明化等。

0.8.2 本报告主要特色

本报告的最大特色就是对公司治理进行分类评价，把公司治理指数分为六类，六类公司治理指数既有共性也有各自的特色。

（1）六类公司治理指数的共性特色

①指标体系设计借鉴国际通行的公司治理规范。全球经济一体化是世界经济发展趋势，中国也有越来越多的企业走向海外或国外，与全球市场融为一体。同时，各国公司治理尽管有自己的特点，但趋同的方面越来越多，发达国家长期以来形成的规范的公司治理，正逐渐演化为国际通行的治理规范，像中国政府认同并与 G20 国家共同签署的《G20/OECD 公司治理准则》，正在世界许多国家得到重视和贯彻。在指标设计时引入国际通行的标准，有助于引导中国企业尽快融入国际体系，有助于中国企业的国际化。

②指标评分标准清晰。评分标准模糊、难以分层是指标评分之大忌，是产生主观评价的主要根源。为此，在确定指标体系时，一方面力求指标标准清晰可辨；另一方面，对于容易产生主观判断的部分指标，制定近乎苛刻的分层标准。由于评分标准清晰，加之对数据录入人员进行严格的培训，尽管评价对象是全部 A 股上市公司，数据量庞大，但仍能保证数据的高准确度。

③全样本评价。本报告的评价对象是沪深两市 A 股全部上市公司，这与既有研究只

是抽样评价形成明显区别。抽样评价得出的结果不能代表全部，尤其是其中的所谓"最佳"只能是抽样中的"最佳"，而不是真正的"最佳"，无法得到上市公司的普遍认同。更有甚者，个别评价依赖于部分专家的主观推荐，抽样并不具有客观性，指标体系只是针对推荐出来的公司，这种评价无疑是极不严肃的。

④数据来源公开可得，评价具有连续性。指标数据全部可以从证监会、公司年报、公司网站、官方指定媒体等公开的权威渠道取得，避免通过问卷调查等主观性很强、不能连续、调查对象不稳定的渠道获取数据，从而使公司治理指数评价具有连续性，评价对象高度稳定，评价结果更加客观，可以长期跟踪分析。

⑤评价标准全公开，评价结果可验证。这是本报告的最大特色。14年来，我们一直秉持这一做法，这种做法极具挑战性和风险性，因为标准全公开意味着每个公司和研究者都可以验证评价结果的准确性和客观性，从而容不得我们犯错误。该系列指数报告曾经是唯一全面公开评价标准的研究成果，现在已经产生示范效果，近年来也有其他相近研究公开其评价标准。

⑥避免模糊指标。在既有评价研究中，存在不少模糊指标。以董事会治理评价为例，有研究者把董事会规模、会议次数等纳入评价指标，这无异于假定董事会规模越大，董事会会议次数越多，董事会治理就越好。其实，这个假设是错误的。董事会规模多大、董事会会议次数多少才是最佳的，难以断定，从而无法给出公认的客观标准。没有公认的客观标准，就不能得出评价结果。像这类指标，只能说，它们对董事会治理有影响，而不是董事会治理本身。在本报告中，指标体系设计均按照既有法律法规，尤其是遵从国际规范，所有指标均有公认的标准，这保证了评价结果的客观性和可比性。

（2）六类公司治理指数各自的特色

①对于中小投资者权益保护指数，指标体系分为权利行使和权利行使保障两个层面。前者包括决策与监督权以及收益权两个维度，后者包括知情权和维权环境两个维度；前者对中小投资者更具有实质意义，后者则要保障中小投资者权益得到落实。这种指标体系的设计，可以全面评价中小投资者权益保护的实际水平。

②对于董事会治理指数，要回归"董事会"。董事会治理是公司治理的重要组成部分，甚至是核心范畴，但不是全部，因此，本报告克服了既有研究中混沌不清的缺陷，把不属于董事会治理的指标予以剔除（如股东大会、股权结构、监事会等），基于董事会作为股东的代理人和经营者的监督者以及本身作为利益主体的角度来设计指标体系，从形式上和实质上全面评价董事会治理的水平。

③对于企业家能力指数，指标体系设计充分考虑企业家的潜在能力和现实能力。为了反映企业家能力的全貌，在指标设计上，不仅有反映企业家潜在能力信息的指标，如教育水平、工作年限、工作经历、选聘路径等，更有反映企业家实际能力信息的指标，

如关系网络、社会责任、对企业的实际贡献等；不仅有反映企业家成功信息的指标，如被聘为独立董事、担任人大代表、国际化战略等，也有反映不成功信息的指标，如贷款诉讼（未按期偿还）、投资者低回报或无回报、被监管机构谴责等。指标体系的设计，要能够体现企业家诚信经营、敢于创新和担当的品质和精神。

④对于财务治理指数，指标体系设计借鉴国际财务报告准则。在全球资本市场趋于一体化的情况下，采用国际财务报告准则，财务报告将具有透明度和可比性，从而可以大大降低公司的会计成本，提高公司运营绩效。因此，将国际财务报告准则部分纳入财务治理指标体系，有助于加快企业财务治理的规范化程度，也有利于提升其国际化水平。

⑤对于自愿性信息披露指数，从投资者权益保护角度设计指标体系。信息披露的目的是吸引投资者的关注和投资，投资者理性投资的前提也是充分、真实和及时的信息披露，无疑，投资者是上市公司所披露的信息的主要使用者，因此，自愿性信息披露评价指标体系的设计必须紧密围绕投资者，以投资者为核心，使投资者使用时具有很强的针对性。基于这种考虑，指标体系要全面但又不宜过多，要使投资者利用有限的知识了解他们所需要的全面信息。同时，指标体系要具有可连续的数据支持，可以使投资者进行连续的跟踪分析，以引导投资者立足于公司的长远发展，而不是仅仅满足于短期回报。本报告的四个维度指标体系就是基于以上原则而设计的。其中，治理结构维度反映代理人是否可能代表投资者，治理效率维度反映代理人是否实际代表投资者，利益相关者维度反映投资者（以及其他利益相关者）是否得到尊重，风险控制维度反映投资者投资的实际结果。

⑥对于高管薪酬指数，基于绩效对高管薪酬进行客观评价。既有的高管薪酬研究大都基于高管薪酬绝对值，这种研究简单地把高薪酬等同于高激励，或者把低薪酬等同于低激励，其结果便是盲目攀比。而本报告的研究表明，考虑企业绩效因素后可以对高管的实际贡献做出客观评价，考虑到高管的实际贡献，则高薪酬未必高激励，低薪酬也未必低激励，这种评价有利于避免高管薪酬的攀比效应。

本报告强调公司治理评价要分类，但从2019年也开始测算中国上市公司治理总指数。但本报告特别指出，公司治理涉及领域很广，很难形成全面的各分类指数，且不同方面的界限不能严格分清，因此，编制总指数，只能是一个"大约数"。这也可视为本报告的一个不那么"特色"的特色吧。

第1章 中国公司治理分类指数指标体系、计算方法和评价范围

如导论所述，公司治理涉及很多方面，如投资者权益保护、董事会治理、企业家能力、财务治理、信息披露、高管薪酬、社会责任（包括环境保护责任）、政府监管等诸多方面，本报告基于已经相对成熟的、连续出版的"中国上市公司治理分类指数报告系列"，只包括其中的中小投资者权益保护、董事会治理、企业家能力（含企业家的社会责任）、财务治理（含涉及社会责任的财务监督）、自愿性信息披露（含利益相关者或社会责任信息披露）、高管薪酬六个方面。

1.1 中国公司治理分类指数研究的两个关键问题

与已经出版的六类18部指数报告一样，本报告采取的方法是"指数"形式。在指数研究中，有两大关键问题，分别是指数涉及的指标体系选择和指标权重设计，这两个方面构成了指数研究的核心内容。

在指标体系选择上，考虑到公司治理是一个国际话题，以及全球经济一体化的发展，本报告各类指数在制定指标体系上，既参照国际先进的公司治理规范，包括国际组织的公司治理准则和市场经济发达国家的公司治理准则，也借鉴国内外已有的公司治理评价研究结果，同时也考虑国内既有的相关法律法规。如此确定的指标体系和评价结果接近国际标准，高于国内既有法律和政策规定，是对各类公司治理水平的真实反映。本报告基本沿用已出版的六类18部公司治理指数报告的评价体系，并根据国际国内公司治理变化趋势对个别指标作了微调。

在指标权重设计上，目前常见的方法主要有专家打分法、因子分析法、层次分析法等。就技术层面而言，这些方法各有优劣，并没有一种公认的合理方法。具体而言，专家打分法是一种主观定权方法，其优势在于简单实用，容易构造指标权重，但是其不足在于这种方法主观性太强，对专家经验的依赖程度很高；因子分析法是一种客观定权方

法，其优势在于较为客观，通过提取主要因子的方法即可完成权重设计，但其劣势在于随着时间的推移和数据的变化，各指标权重将会发生变化，这将导致指数结果在年度之间不可比较，从而对跨年度分析带来困扰，而跨年度比较是本报告系列指数的一个重要内容；层次分析法是一种主观和客观相结合的方法，其优势在于将定性分析和定量分析相结合，用决策者的经验来判断和衡量目标能否实现的标准之间的相对重要程度，并给出每个决策方案的标准权重。它不仅适用于存在不确定性和主观信息的情况，还允许以合乎逻辑的方式运用经验、洞察力和直觉，由于其具有主观打分和客观定权相结合的特点，其劣势就在于同样会受到这两种因素的影响，同时其操作也相对复杂。

从近年来指数研究的情况来看，以算术平均值作为指标权重（即等权重）的处理方法得到了越来越多的青睐。例如，樊纲等（2011）[1]在其被广泛引用的《中国市场化指数》设计中，就使用算术平均值处理方法来替代以往使用的层次分析法，并且他们的稳健性分析表明，采用算数平均值处理方法得到的结果与其他方法是非常接近的，这说明算术平均值处理方法是可行的，特别是在评价指标较多的情况下，更是如此。其他类似的研究还包括美国传统基金会（The Heritage Foundation）和加拿大弗雷泽研究所（The Fraser Institute）的"经济自由度测度"，以及我国香港中文大学的"亚洲银行竞争力测度"等项目。

本报告在指标权重选择方法上，对中小投资者权益保护、董事会治理、财务治理、自愿性信息披露四类指数以及公司治理总指数，均采用目前国际通行的等权重方法。但企业家能力则采用了层次分析法（AHP）。这主要是因为企业家能力指数的四个维度具有明显的重要性区分。具体方法将在以下各节中说明。

1.2 中国上市公司治理总指数计算方法

我们编制"中国上市公司治理分类指数"已经 14 年，2019 年之前一直没有编制总指数，也一直不主张编制总指数，原因已在导论中分析。但是，公司治理总指数并非没有必要，它可以给人一种总体的认识，并且易于传播。只是，这种总指数一定是在分类指数的基础上汇总而成。问题在于，公司治理涉及领域很广，很难形成全面的各类指数，因此，即使编制总指数，也只能是一个"大约数"。我们编制了六类指数，尽管已经比较全面，但仍不能涵盖公司治理的全部内容，因此，尽管我们响应社会需求，从 2019 年度开始编制公司治理总指数，但仍是一个"约数"。

如何在已编制的六类公司治理指数的基础上，形成公司治理总指数，我们尝试了比较流行的因子分析法，但正如前文所述，由于各年度的权重不同，使得指数结果在年

---

[1] 樊纲，等：《中国市场化指数：各地区市场化相对进程 2011 年报告》，经济科学出版社，2011 年。

度之间的可比性较差。于是，我们又回归算数平均法。那么，六类公司治理指数如何取舍？不同类别的公司治理指数中的重复指标如何处理（尽管只是很少一部分）？在已开发的六类公司治理指数中，与其他五类公司治理指数都是百分制不同，高管薪酬指数由于衡量的是高管贡献与公司绩效的吻合度，因此 100 分是薪酬激励最适中的指数值。指数值越大，薪酬激励就越趋向过度；指数值越小，薪酬激励越趋向不足。据此，我们把高管薪酬激励区分为激励过度、激励适中、激励不足三个区间，并作为六类指数之一的财务治理指数的一个重要指标。因此，在编制公司治理总指数中就舍弃了高管薪酬指数，只把其他五类公司治理指数作为编制基础。至于不同类别公司治理指数中的重复指标，我们原计划只在某一类指数中计算，但这样会削弱放弃该指标的那一类指数的重要性，而这种重要性是不能忽视的。比如"股东诉讼及赔偿情况"是中小投资者权益保护的重要方面，同时也是对董事进行约束的重要方面（因为董事会是全体股东的代理人），因此，在中小投资者权益保护指数和董事会治理指数中都有这个指标，这两类指数中的任何一类放弃该指标，都意味着该类指数重要性的降低。于是，我们最终选择不放弃。这意味着，在五类公司治理指数进行算术平均时，其实加大了那几个重复指标的权重，我们认为，对于涉及领域很广泛的公司治理指数编制来说，这应该是更科学的做法。

基于以上考虑，我们将计算得到的中小投资者权益保护指数（$CCMII^{BNU}$）、董事会治理指数（$CCBI^{BNU}$）、企业家能力指数（$CCEI^{BNU}$）、财务治理指数（$CCFI^{BNU}$）和自愿性信息披露指数（$CCVDI^{BNU}$）进行加总，然后进行简单平均，得到中国上市公司治理总指数，其计算公式为：

$$CCGI^{BNU} = \frac{1}{5}(CCMII^{BNU} + CCBI^{BNU} + CCEI^{BNU} + CCFI^{BNU} + CCVDI^{BNU})$$

式中，$CCGI^{BNU}$ 代表中国上市公司治理总指数（"北京师范大学公司治理总指数"）。

1.3 中小投资者权益保护指数指标体系及计算方法

1.3.1 中小投资者权益保护指数指标体系

本报告基于国际规范的中小投资者权益保护规范，同时考虑中国中小投资者的立法和执法状况，从知情权、决策与监督权、收益权和维权环境四个维度来计算中小投资者权益保护指数，据此来评价上市公司的中小投资者权益保护质量，具体包括 4 个一级指标（维度），37 个二级指标。其中，知情权维度包括 10 个二级指标；决策与监督权维度包括 11 个二级指标；收益权维度包括 7 个二级指标；维权环境维度包括 9 个二级指标（参见表 1-1）。

表 1-1 中小投资者权益保护指数指标体系

一级指标	二级指标	评价标准
知情权（MIK）	1.是否按时披露公司定期报告	包括一季度报、半年报、三季度报和年报，每项分值0.25分
	2.年报预披露时间与实际披露时间是否一致	A.基本一致（延后在10天之内，包括提前，1分）； B.差距较大（延后在10~30天，0.5分）； C.差距很大（延后在30天以上，0分）
	3.预告业绩与实际业绩是否一致	A.实际的数据落入预测区间（1分）； B.没有落入预测区间（0分）
	4.公司是否因违规而被证监会、证交所等部门公开批评、谴责或行政处罚	A.是（-1分）；B.否（0分）
	5.外部审计是否出具标准无保留意见	A.是（1分）；B.否（0分）
	6.上市公司是否开通微信/微博/网站/投资者咨询电话或在线互动平台	重点关注网站、微博或微信、投资者咨询电话或在线互动平台三项，每一项分别赋分为0.34分、0.33分、0.33分
	7.分析师关注度	用会计年度内分析师发布研究报告的次数衡量，标准化处理为0~1区间数值
	8.是否详细披露独立董事过去3年的任职经历	A.详细披露（1分）； B.笼统披露（0.5分）； C.未披露（0分）
	9.媒体关注度	用会计年度内主要财经媒体*报道次数衡量，标准化处理为0~1区间数值
	10.是否披露可预见的财务风险因素	A.是（1分）；B.否（0分）
决策与监督权（MIE）	11.是否采用网络投票制	A.是（1分）；B.否（0分）
	12.是否实行累积投票制	A.是（1分）；B.否（0分）
	13.是否采用中小投资者表决单独计票	A.是（1分）；B.否（0分）
	14.独立董事比例	A.独立董事比例≥2/3（1分）； B.1/2独立董事比例<2/3（0.7分）； C.1/3独立董事比例<1/2（0.35分）； D.独立董事比例<1/3（0分）
	15.有无单独或者合计持有公司10%以上股份的股东提出召开临时股东大会	A.是（1分）；B.否（0分）

续表

一级指标	二级指标	评价标准
决策与监督权（MIE）	16.独立董事是否担任本公司董事长	A.是（1分）；B.否（0分）
	17.有无单独或者合并持有公司3%以上股份的股东提出议案	A.是（1分）；B.否（0分）
	18.三个委员会是否设立（审计、提名、薪酬）	A.0个（0分）； B.1个（0.35分）； C.2个（0.7分）； D.3个（1分）
	19.审计委员会主席是否由独立董事担任	A.是（1分）；B.否（0分）；C.未披露（0分）
	20.独立董事的董事会实际出席率	公司所有独立董事实际出席董事会次数的总和/公司所有独立董事应出席董事会次数的总和
	21.董事长是否来自大股东单位	A.否（1分）；B.是（0分）
收益权（MIR）	22.个股收益率是否大于或等于市场收益率	A.是（1分）；B.否（0分）
	23.现金分红	最近三年现金分红累计分配利润与最近三年实现的可分配利润的比例，标准化处理为0～1区间数值
	24.股票股利	股票股利情况，标准化处理为0～1区间数值
	25.财务绩效	取ROE，标准化处理为0～1区间数值
	26.增长率	取营业收入增长率，标准化处理为0～1区间数值
	27.是否ST	A.是（-1分）；B.否（0分）
	28.是否有中小股东收益权的制度安排（分红权）	A.是（1分）；B.否（0分）
维权环境（MII）	29.股东诉讼及赔偿情况	A.无股东诉讼（0分）； B.有股东诉讼无赔偿（-0.5分）； C.有股东诉讼且有赔偿（-1分）；
	30.控股股东（实际控制人）是否因直接或者间接转移、侵占上市公司资产受到监管机构查处	A.否（0分）；B.是（-1分）
	31.是否建立违规风险准备金制度	A.是（1分）；B.否（0分）

续表

一级指标	二级指标	评价标准
维权环境 （MII）	32.投资者关系建设情况	A. 详细披露投资者关系沟通细节或接待措施（1分）； B. 只说明有《投资者关系管理制度》，但没有具体内容（0.5分）； C. 关于投资者关系建设没有任何说明或者笼统说明（0分）
维权环境 （MII）	33.董事会或股东大会是否定期评估内部控制	A.有《报告》且有出处或全文（1分）； B.有《报告》但无出处或全文（0.5分）； C.没有《报告》（0分）
	34.各专门委员会是否在内部控制中发挥作用	A.是（1分）；B.否（0分）
	35.是否披露存在重大内部控制缺陷	A.重大缺陷（-1分）； B.重要缺陷（-0.7分）； C.一般缺陷（-0.35分）； D.无缺陷（0分）
	36.风险控制委员会设置情况如何	A.设置且独董比例不低于2/3（1分）； B.设置但独董比例低于2/3（0.5分）； C.未设置（0分）
	37.是否存在股价异动	A.否（0分）；B.是（-1分）

注：* 主要财经媒体包括中国证券报、证券时报、上海证券报、证券日报、中国改革报、金融时报、证券市场周刊，入选标准为中国证监会指定信息披露媒体。

对于中小投资者权益保护指数指标体系，简要解释如下：

（1）知情权维度

知情权维度包括10个二级指标，主要考察中小投资者对于公司经营决策关键信息的知情权。其中，指标1、2和3从定期报告角度，评价中小投资者对公司经营定期报告知情权的掌握情况；指标4和5是从外部监管和审计角度，评价中小投资者对重大监管和审计事项知情权的掌握情况；指标6～10则是从中小投资者参与决策所需要的其他重要信息来评价中小投资者的知情权。

（2）决策与监督权维度

决策与监督权维度包括11个二级指标，主要考察中小投资者行使权利和监督代理人的情况。其中，指标11、12和13从直接角度评价中小投资者行使权利和监督代理人情况；指标14至21从间接角度评价中小投资者行使权利和监督代理人情况。

（3）收益权维度

收益权维度包括7个二级指标，主要考察上市公司为中小投资者提供的投资回报情况，是中小投资者权益保护的目标。其中，指标22、23和24从直接收益角度评价上市公司中小投资者回报情况；指标24~28从间接收益和制度角度评价上市公司中小投资者回报情况。

（4）维权环境维度

维权环境维度包括9个二级指标，主要考察中小投资者权益维护方面的制度建设情况。其中，指标29和30主要是从行政司法角度反映中小投资者的权益维护；指标31~36主要是从内部治理角度反映中小投资者的权益维护；指标37则是从股价波动角度反映中小投资者的权益维护。

1.3.2 中小投资者权益保护指数计算方法

首先要考虑计分方法。按计分方法分类，中小投资者权益保护指数指标体系中的37个二级指标可以分为三类：一是0/1（或-1/0）变量，使用该种计分方法的二级指标有19个，包括指标3、4、5、10、11、12、13、15、16、17、19、21、22、27、28、30、31、34和37；二是程度变量，按照某个指标的质量高低对指标进行分层，使用该种计分方法的二级指标有11个，包括指标1、2、6、8、14、18、29、32、33、35和36；三是连续变量，有的比例指标数据本身就是连续数据，在[0，1]区间，可以直接采用原始数据，这类指标有1个，即指标20；有的指标数据尽管是连续数据，但超越[0，1]区间，通过标准化❶折算到[0，1]区间，这类指标有6个，包括指标7、9、23、24、25、26。

接着要考虑权重的确定。我们认为，本报告所选择的中小投资者权益保护指数的四个维度（一级指标）和37个指标（二级指标）并无孰轻孰重的区分，因此，为了避免主观性偏差，在计算中小投资者权益保护指数时，不论是四个维度还是每个维度内的单个指标，都采用算术平均值（等权重）处理方法来设定指标权重，即首先针对某个一级指标内的所有二级指标进行等权重计算，然后对四个一级指标进行等权重计算，以此得出中小投资者权益保护指数。具体计算方法如下：

（1）二级指标赋值

根据表1-1对每个二级指标I_i（i=1，2，…，37）进行打分和计算，使每个二级指标的取值均位于0~1的数值区间。

（2）计算四个分项指数

对隶属于同一个一级指标的二级指标的得分进行简单平均，并转化为百分制，得到四个一级指标得分，即中小投资者知情权分项指数、中小投资者决策与监督权分项指数、中小投资者收益权分项指数和中小投资者维权环境分项指数。具体计算公式如下：

---

❶ 标准化的方法为：标准化数值=（指标得分-样本最小值）/（样本最大值-样本最小值）。

$$MIK = \frac{1}{10}\left(\sum_{i=1}^{10} I_i + 1\right) \times 100$$

$$MIE = \frac{1}{11}\sum_{i=11}^{21} I_i \times 100$$

$$MIR = \frac{1}{7}\left(\sum_{i=22}^{28} I_i + 1\right) \times 100$$

$$MII = \frac{1}{9}\left(\sum_{i=29}^{37} I_i + 4\right) \times 100$$

其中，MIK、MIE、MIR 和 MII 分别代表知情权分项指数、决策与监督权分项指数、收益权分项指数和维权环境分项指数。

需要特别说明的是，由于知情权分项指数、收益权分项指数和维权环境分项指数中有几个二级指标（指标4、27、29、30、35、37）有部分负分取值，为了保证所有四个一级指标（维度）都位于 [0，100] 区间，在对每个一级指标（维度）进行分项指数计算时，对负值进行简单调整，即对负分指标加上一个相应的正值，从而使每个分项指数落在 [0，100] 区间，具体就是对涉及的一级指标 MIK、MIR 和 MII，分别加上正值 1、1、4。

但是，这种方法对于获得负分（即应处罚或谴责）的企业，无异于是一种"奖励"。因此，为保证真实性和客观性，在相应的分项指数计算出来后，需要对这些企业扣减与负分相对应的分值。对于每个负分项，扣减的分值是：$1/n \times 100$，式中，n 是负分项所在分项指数所包含的指标数。

具体而言，在知情权分项指数（MIK）中，有10个指标，其中有1个负分指标（二级指标4），对得负分的企业，需要在该分项指数中扣减 $1/10 \times 100$ 分。在收益权（MIR）中，有7个指标，其中有1个负分指标（二级指标27），需要在该分项指数中扣减 $1/7 \times 100$ 分。在维权环境（MII）中，有个9指标，其中有4个负分指标（二级指标29、30、35 和37），对于得 -1 分的企业，均扣减 $1/9 \times 100$ 分。需要注意的是，指标29和35是程度指标，以指标35为例，企业有 -1、-0.7、-0.35 和 0 四个不同得分，对于得分 -0.7 的企业，扣减 $0.7/9 \times 100$ 分；对于得分 -0.35 的企业，则扣减 $0.35/9 \times 100$ 分。如果扣减后分项指数出现负分情况，则该分项指数最低为 0 分。

这种扣减分方法从 2017 年开始采用，其中"29.股东诉讼及赔偿情况"是 2018 年评价时由原来的正分项调整为负分项的，为了使不同年度具有可比性，对之前年度的中小投资者权益保护指数数据库也进行了同样的调整。本次评价仍采用这种方法对指数进行调整。

（3）计算总指数

将根据二级指标计算得到的一级指标进行加总并进行简单平均，便得到中国上市公司中小投资者权益保护指数，其计算公式为：

$$CCMII^{BNU} = \frac{1}{4}(MIK + MIE + MIR + MII)$$

式中，$CCMII^{BNU}$ 代表中国上市公司中小投资者权益保护指数（"北京师范大学中小投资者权益保护指数"）。

1.4 董事会治理指数指标体系及计算方法

1.4.1 董事会治理指数指标体系

本报告以董事会治理质量评价为核心，以中国《上市公司治理准则》（2018）为基准，综合考虑《公司法》《证券法》《关于在上市公司建立独立董事制度的指导意见》等国内有关上市公司董事会治理的法律法规，以及《G20/OECD 公司治理准则》（2015）和标准普尔公司治理评级系统等国际组织和机构有关公司治理的准则指引，借鉴国内外已有的董事会评价指标体系，从董事会结构、独立董事独立性、董事会行为和董事激励与约束四个维度和 38 个指标对董事会治理质量通过指数形式做出评价。其中董事会结构维度包括 12 个二级指标，独立董事独立性维度包括 10 个二级指标，董事会行为维度包括 7 个二级指标，董事会激励与约束维度包括 9 个二级指标，参见表 1-2。

表 1-2 董事会治理指数指标体系

一级指标	二级指标	评价标准
董事会结构（BS）	1.外部董事比例	A.独立董事比例≥2/3（1分）； B.独立董事比例<2/3，外部董事（含独立董事）比例≥1/2（0.7分） C.1/3外部董事（含独立董事）比例<1/2（0.35分）； D.外部董事（含独立董事）比例<1/3（0分）
	2.有无外部非独立董事	A.有（1分）；B.无（0分）
	3.两职分离	A.是（1分）；B.否（0分）
	4.董事长是否来自大股东单位	A.否（1分）；B.是（0分）
	5.有无小股东代表（是否实行累积投票制）	A.是（1分）；B.否（0分）
	6.有无职工董事	A.有（1分）；B.无（0分）

续表

一级指标	二级指标	评价标准
董事会结构（BS）	7.董事学历	A.博士（1分）； B.MBA（1分）； C.EMBA（1分） D.其他类型硕士（1分） E.学术硕士（1分） F.本科（0.7分）； G.专科（0.35分）； H.高中及以下（0分）； I.未披露（0分）
	8.年龄超过60岁（包括60岁）的董事比例	A.比例≥1/3（0分）；B.比例<1/3（1分）
	9.审计委员会设置情况	A.设置且独立董事比例为100%（1分）； B.设置但独立董事比例低于100%或未披露独董比例（0.5分）； C.未设置或未披露（0分）
	10.薪酬委员会设置情况	A.设置且独立董事比例不低于50%（1分）； B.设置且独立董事比例低于50%或未披露独董比例（0.5分）； C.未设置或未披露（0分）
	11.提名委员会设置情况	A.设置且独立董事比例不低于50%（1分）； B.设置且独立董事比例低于50%或未披露独董比例（0.5分）； C.未设置或未披露（0分）
	12.合规委员会设置情况	A.在董事会下设置（1分）； B.在经营层下设置（0.5分）； C.未设置（0分）
独立董事独立性（BI）	13.审计委员会主席是否由独立董事担任	A.是（1分）； B.否（0分）； C.未披露（0分）
	14.独立董事中有无财务专家	A.有（1分）；B.无（0分）
	15.独立董事中有无法律专家	A.有（1分）；B.无（0分）
	16.独立董事中有无其他企业高管	A.有（1分）；B.无（0分）
	17.独立董事中是否有人曾就职于政府部门或人大、政协（人大、政协可以是现任）	A.否（1分）；B.是（0分）

续表

一级指标	二级指标	评价标准
独立董事独立性（BI）	18.独立董事是否担任本公司董事长	A.是（1分）；B.否（0分）
	19.在多家公司担任独立董事情况（包括本公司）	A.只有1家（1分）； B.2~3家（0.5分）； C.4家及以上（0分）
	20.独立董事董事会实际出席率	公司所有独立董事实际出席董事会次数的总和/公司所有独立董事应出席董事会次数的总和
	21.独立董事津贴是否超过10万元（税前，不包括10万）	A.是（0分）；B.否（1分）
	22.是否详细披露独立董事过去3年的任职经历	A.详细披露（1分）； B.笼统披露（0.5分）； C.未披露（0分）
董事会行为（BB）	23.内部董事与外部董事是否有明确的沟通制度	A.是（1分）；B.否（0分）
	24.投资者关系建设情况	A.详细披露投资者关系沟通细节或接待措施（1分）； B.只说明有《投资者关系管理制度》，但没有具体内容（0.5分）； C.关于投资者关系建设没有任何说明或者笼统说明（0分）
	25.是否存在董事会提交的决议事项或草案被股东大会撤销或者否决的情况	A.否（1分）；B.是（0分）
	26.《董事会议事规则》的说明	A.详细介绍议事规则（1分）； B.只作一般性说明（0.5分）； C.未披露任何信息（0分）
	27.财务控制	作者同期"财务治理指数"中"财务控制分项指数（FC）"[①]得分转化为[0，1]的得分区间，即FC/100
	28.董事会是否有明确的高管考评和激励制度	A.是（1分）；B.否（0分）
	29.股东大会（包括临时股东大会）股东出席率	A.完全披露（1分）； B.不完全披露（0.5分）； C.未披露（0分）

续表

一级指标	二级指标	评价标准
董事激励与约束（BIR）	30.执行董事薪酬是否与其业绩相吻合	根据作者同期"高管薪酬指数"[②]中"激励区间"进行判断，如激励适中，则得1分；过度或不足，则得0分
	31.股东诉讼及赔偿情况	A.无股东诉讼（0分）； B.有股东诉讼无赔偿（-0.5分）； C.有股东诉讼且有赔偿（-1分）
	32.董事会成员是否遭到监管机构处罚或谴责	A.否（0分）；B.是（-1分）
	33.是否有明确的董事考核或薪酬制度	A.是（1分）；B.否（0分）
	34.是否公布董事考评/考核结果	A.是（1分）；B.否（0分）
	35.是否披露董事薪酬情况	A.逐一披露（1分）； B.笼统披露（0.5分）； C.无披露（0分）
	36.是否有董事会会议记录或者董事会备忘录	A.是（1分）；B.否（0分）
	37.是否有董事行为准则相关的规章制度	A.是（1分）；B.否（0分）
	38.独立董事是否明确保证年报内容的真实性、准确性和完整性或不存在异议	A.是（1分）；B.否（0分）

注：①作者同期完成的"中国上市公司财务治理指数"从财权配置、财务控制、财务监督和财务激励四个方面来评价上市公司财务治理水平，其中财务控制包括8个二级指标，主要考察企业的财务权力执行过程，包括企业是否有一个健全的内部控制体系和风险控制体系等；②作者同期完成的"中国上市公司高管薪酬指数"以调整后的高管薪酬与营业总收入的比值作为高管薪酬合理性评价标准，并按照四分之一分位数法将所有上市公司分为激励不足、激励适中和激励过度三类。由于执行董事均为公司高管，高管薪酬与执行董事薪酬基本上是等价的。

对于董事会治理指数指标体系，简要解释如下：

（1）董事会结构维度

董事会结构维度衡量董事会成员构成和机构设置情况，侧重从形式上评价董事会结构的有效性，包括编号1～12的12个二级指标。其中指标1和2衡量董事会成员构成中独立董事和外部董事情况。指标3和4衡量董事长的独立性。指标5和6衡量董事会中有无小股东和职工等利益相关者代表。由于很多公司没有明确说明哪位董事是小股东代表，而累积投票制是反映小股东参与治理的重要指标，因此，可以用指标"是否实行累积投票制"来代替指标"有无小股东代表"。指标7和8衡量董事成员的学历和年龄构成。指标9～12衡量董事会下设专门委员会情况，主要包括审计、薪酬、提名和合规四个委员会，尤其是合规委员会为2018年评价时新增的指标，以反映近年来合规管理在董事会治理中日益突出的重要性。

（2）独立董事独立性维度

独立董事独立性维度衡量独立董事专业素质和履职情况，主要从形式上来评价独立董事的独立性，包括指标编号13～22的10个二级指标。指标13"审计委员会主席是否由独立董事担任"之所以单独提出来，是因为审计委员会的设置主要是为了提高公司财务信息的可靠性和诚信度，提高审计师的独立性，防范舞弊或其他违规和错误等。对于审计委员会来说，它的独立性可以说是确保审计委员会有效性的前提，审计委员会的主席由独立董事来担任相对另外两个委员会来说更重要。指标14～17反映独立董事的背景及来源。指标18反映独立董事作用的发挥和董事长参与决策和监督的独立性。指标19反映独立董事的时间、精力投入程度，同时在多家公司担任独立董事可能会限制独立董事时间和精力的分配。指标20是反映独立董事履职情况的非常重要的指标。指标21从报酬上反映独立董事独立于公司的情况。独立董事要保证其独立性，就不应该以从公司领取报酬为目的，津贴只是对独立董事履职的一种象征性鼓励，与公司规模或利润无关。10万元津贴标准的制定参考了纽约证券交易所10万美元的相关规定。指标22反映董事会对独立董事任职情况的披露是否详细，以使股东尤其是中小股东能够判断独立董事是否满足独立性的基本要求。

（3）董事会行为维度

董事会行为维度侧重从实质上来衡量董事会的实际履职情况，主要是相关制度的建立及其执行情况，包括编号23～29的7个二级指标。其中，指标23反映外部董事信息获取及其与内部董事沟通制度的建设情况。指标24反映董事会作为投资人的代理人对投资者关系的重视和维护情况。指标25反映董事会的决策质量和违反股东意志的情况。指标26衡量董事会运作的规范性。《上市公司治理准则》对此有明确规定，其中第二十九条明确指出"上市公司应当制定董事会议事规则，报股东大会批准，并列入公司章程或者作为章程附件"。指标27反映董事会对公司内部控制和风险控制的监督和执行情况。《G20/OECD公司治理准则》（2015）对此给予特别强调，该《准则》指出：董事会应"确保公司会计和财务报告系统（包括独立审计）的完整性，并确保适当的管理控制系统到位，特别是风险管理系统、财务和经营控制系统，以及合规系统"。指标28反映董事会关于高管考评制度的建立情况，因为对高管的考评是董事会的重要职能。指标29反映董事会作为股东大会的召集人，对股东大会召开效果的披露情况。

（4）董事激励与约束维度

董事激励与约束维度衡量董事激励和约束制度的建立和执行情况，主要从实质上评价董事激励与约束机制，尤其是约束机制的有效性，包括编号 30～38 的 9 个二级指标。其中指标 30 考察执行董事薪酬激励的合理性。执行董事是公司经营者，经营者的薪酬必须与其贡献相对应，对此，标准普尔公司治理评价系统中有明确说明，即薪酬应该与绩效匹配（performance based pay）。指标 31 考察董事会对股东是否尽到了受托责任，其中赔偿情况反映董事会对股东利益诉求的反馈是否到位。指标 32 是通过考察外部监管机构的介入来反映董事会的履职是否合规。指标 33、34 和 35 考察董事薪酬制度的建立和执行情况。《G20/OECD 公司治理准则》（2015）、《标准普尔公司治理评价系统》，以及中国的《上市公司治理准则》对于董事薪酬制度都有相关规定。中国《上市公司治理准则》第五十七条规定："董事会、监事会应当向股东大会报告董事、监事履行职责的情况、绩效评价结果及其薪酬情况，并由上市公司予以披露"。指标 36 考察董事会的履职程序是否完备。董事会会议记录或董事会备忘录一旦经董事会通过，便对董事具有法律约束力。中国《上市公司治理准则》第三十二条规定："董事会会议记录应当真实、准确、完整，出席会议的董事、董事会秘书和记录人员应当在会议记录上签名。董事会会议记录应当妥善保存"。指标 37 考察董事行为准则等制度的完备和执行。《G20/OECD 公司治理准则》（2015）中指出："董事会应当适用严格的职业道德标准，应当考虑利益相关者的利益"。指标 38 考察独立董事对董事会的约束作用。《G20/OECD 公司治理准则》（2015）明确指出："董事会应当对公司风险管理系统的监督以及确保报告系统的完整性承担最终责任"。该指标对独立董事自身（涉及明晰责任问题）和董事会整体均具有约束作用。

1.4.2　董事会治理指数计算方法

首先是计分方法。董事会治理指数指标体系中的 38 个二级指标，按赋值方法可以分为三类。第一类是 0/1（或 -1/0）变量，使用该种赋值方法的指标有 23 个，包括指标 2、3、4、5、6、8、13、14、15、16、17、18、21、23、25、28、30、32、33、34、36、37、38，这类指标以董事会治理有效性作为判断依据，有利于董事会治理有效性得 1 分，否则 0 分，例如指标"3. 两职合一"，董事长和总经理两职分离有利于董事长和总经理各自独立性的发挥，本指标如果选"是"则赋值 1 分，否则赋值 0 分。指标"32. 董事会成员是否遭到监管机构处罚或谴责"为 -1/0 指标，即惩罚性指标，如果受到处罚或谴责，则赋值 -1 分，否则赋值 0 分。需要说明的是，有些指标，如"13. 审计委员会主席是否由独立董事担任"，对于董事会的独立性非常重要，应该向其委托人（即全体股东）披露，对于未披露者，要赋值 0 分，以促使公司向全体股东披露这些信息。第二类是程度变量，按照某个指标的质量高低对指标分层赋值，使用该种赋值方法的指标有 13 个，包括指标 1、7、9、10、11、12、19、22、24、26、29、31、35。其中，指标 9、

10、11、26、29 在 2013 年和 2015 年两次评估时为 0/1 变量，2016 年起改为程度变量，以使评价更加严谨。其中，指标 12 为 2018 年增加指标，使得对董事会结构的考察更加全面。另外，本年度对指标 1 的取值做了微调，主要是考虑到中国一些企业聘请了外部非独立董事，使得外部董事包括了独立董事和外部非独立董事，尽管外部非独立董事不具有独立性，但相比内部执行董事，其具有更好的中立性。第三类是连续变量，有 2 个指标，即指标 20 和 27，取值在 [0, 1] 区间内。

其次是权重确定。我们认为，本报告所选择的董事会治理指数的四个维度（一级指标）和 38 个指标（二级指标）并无孰轻孰重的区分，因此，为了避免主观性偏差，在计算董事会治理指数时，不论是四个维度还是每个维度内的单个指标，都采用算术平均值（等权重）处理方法来设定指标权重，即首先针对某个一级指标内的所有二级指标进行等权重计算，然后对所有一级指标进行等权重计算，以此得出董事会治理指数。具体计算方法如下：

（1）二级指标赋值

根据赋值标准对每个上市公司的二级指标 B_i（$i=1, 2, \cdots, 38$）进行打分和计算，使每个二级指标的取值均位于 0～1 的数值区间。其中指标 B_{27} "财务控制" 调用作者同期 "财务治理指数" 中 "财务控制分项指数（FC）" 得分，指标 B_{30} "执行董事薪酬是否与其业绩相吻合" 调用作者同期 "高管薪酬指数" 中 "激励区间" 数据。

（2）计算四个分项指数

对隶属于同一个一级指标的二级指标的得分进行简单平均，并转化为百分制，得到四个一级指标得分，即董事会结构分项指数、独立董事独立性分项指数、董事会行为分项指数和董事激励与约束分项指数。具体计算公式如下：

$$BS = \frac{1}{12}\sum_{i=1}^{12} B_i \times 100$$

$$BI = \frac{1}{10}\sum_{i=13}^{22} B_i \times 100$$

$$BB = \frac{1}{7}\sum_{i=23}^{29} B_i \times 100$$

$$BIR = \frac{1}{9}\left(\sum_{i=30}^{38} B_i + 2\right) \times 100$$

式中，BS、BI、BB 和 BIR 分别代表董事会结构分项指数、独立董事独立性分项指数、董事会行为分项指数、董事激励与约束分项指数。

需要特别说明的是，在董事激励与约束分项指数中，指标 31 和 32 为负分取值。为保证该分项指数与其他三个分项指数一样都位于 [0, 100] 区间，对负值进行简单调整，即对得负分的指标 31 和 32 分别加上一个相应的正值，具体而言就是对涉及负分指标的

一级指标 BIR 加上正值 2。

但是，这种方法对于获得负分（即应处罚或谴责）的企业，无异于是一种"奖励"。因此，为保证真实性和客观性，在董事激励与约束分项指数计算出来后，需要对这些企业扣减与负分相对应的分值 1/9×100 分，式中，9 是该分项指数的指标数。对于指标 31 "股东诉讼及赔偿情况"，其评分为 -1、-0.5 和 0，对于得分为 -1 的企业需要在该分项指数扣减 1/9×100 分，对于得分 -0.5 的企业需要扣减 0.5/9×100 分。如果扣减后该分项指数出现负分情况，则该分项指数最低为 0 分。

这种扣减分方法从 2017 年开始采用，其中"31. 股东诉讼及赔偿情况"是 2018 年评价时由原来的正分项调整为负分项的，为了使不同年度具有可比性，对之前年度的董事会治理指数数据库也进行了同样的调整。本次评价仍采用这种方法对指数进行调整。

（3）计算总指数

四个一级指标（董事会结构、独立董事独立性、董事会行为、董事激励与约束）的得分简单平均，得到中国上市公司董事会治理指数。

$$CCBI^{BNU} = \frac{1}{4}(BS + BI + BB + BIR)$$

式中，$CCBI^{BNU}$ 代表中国上市公司董事会治理指数（"北京师范大学董事会治理指数"）。

1.5 企业家能力指数指标体系及计算方法

1.5.1 企业家能力指数指标体系

企业家能力并不是孤立的单一能力，而是多种能力的集合，即企业家能力是一种能力束。第一，企业家的人力资本是企业家能力的基础，可以通过其受教育程度、相关工作经验、在位工作时间等来测量。第二，企业家的战略领导能力对企业发展具有关键作用，尤其是在当今企业内外部环境瞬息万变的时代，企业家是否具有战略领导能力成为企业能否获得持续发展的决定性因素。第三，关系网络能力也是企业家能力的一个重要方面。人们常常发现，一个企业的成败往往与企业家是否拥有广泛的社会交往和联系紧密相关。国外许多研究发现，公司高管的社会背景作为公司的一个特征性质，如同公司的股权结构、多元化经营一样，会对公司价值产生影响。第四，企业家的社会责任能力是企业作为社会细胞对社会的贡献能力。企业发展史不断警示人们，企业想要实现可持续发展，应着眼于企业社会责任的建设，其中不仅包括对股东的经济责任，还包括对企业其他利益相关者的社会责任，包括保护生态环境、提供高质量产品、优良的工作环境、诚信经营等。

基于此，本报告从企业家的人力资本、关系网络能力、社会责任能力和战略领导能力四个方面来计算企业家能力指数，据此来评价上市公司的企业家能力，具体包括四个一级指标（维度）和31个二级指标。其中，人力资本维度包括7个二级指标，关系网络能力维度包括9个二级指标，社会责任能力维度包括8个二级指标，战略领导能力维度包括7个二级指标（参见表1-3）。

表1-3 企业家能力指数指标体系

一级指标	二级指标	评价标准
人力资本（EH）	1.企业家（CEO）的最高学历	A.博士（1分）； B.MBA（1分）； C.EMBA（1分）； D.其他类型硕士（1分） E.学术硕士（1分） F.本科（0.7分）； G.专科（0.35分）； H.高中及以下（0分）； I.未披露（0分）
	2.企业家工作年限	A.0~10年（0分）； B.10~20年（0.35分）； C.20~30年（0.7分）； D.30年及以上（1分）
	3.企业家工作经历的变更	A.3家及以上（1分）； B.1~2家（0.5分）； C.0家（0分）
	4.是否担任其他公司的独立董事	A.是（1分）；B.否（0分）
	5.是否有海外留学经历（半年以上）	A.是（1分）；B.否（0分）
	6.是否有海外工作经历（半年以上）	A.是（1分）；B.否（0分）
	7.CEO的选聘路径	A.外部选聘（1分）； B.内部提拔（0分）； C.未披露（0分）
关系网络能力（EN）	8.政府官员是否到企业访问	A.省部级及以上（1分）； B.地市及以下（0.5分）； C.否（0分）
	9.CEO是否陪同政府官员出国访问	A.省部级及以上（1分）； B.地市及以下（0.5分）； C.否（0分）

续表

一级指标	二级指标	评价标准
关系网络能力（EN）	10.是否担任党代表	A.全国及省级（1分）；B.地市及以下（0.5分）；C.否（0分）
	11.是否担任人大代表	A.全国及省级（1分）；B.地市及以下（0.5分）；C.否（0分）
	12.是否担任政协委员	A.全国及省级（1分）；B.地市及以下（0.5分）；C.否（0分）
	13.是否在军队任过职	A.是（1分）；B.否（0分）
	14.CEO任职期间是否获得相关荣誉称号	A.全国及省级（1分）；B.地市及以下（0.5分）；C.否（0分）
	15.是否在行业协会任职	A.全国及省级（1分）；B.地市及以下（0.5分）；C.否（0分）
	16.是否曾经在政府部门任职	A.全国及省级（1分）；B.地市及以下（0.5分）；C.否（0分）
社会责任能力（ER）	17.企业是否在本年度捐赠慈善事业	A.是（1分）；B.否（0分）
	18.是否在非营利组织兼职（如理事等）	A.是（1分）；B.否（0分）
	19.本年度CEO个人是否被证监会谴责	A.否（0分）；B.是（-1分）
	20.企业是否有产品质量、安全和环境投诉事件	A.否（0分）；B.是（-1分）
	21.员工收入增长率是否不低于公司利润增长率	A.是（1分）；B.否（0分）
	22.现金分红	最近三年现金分红累计分配利润与最近三年实现的可分配利润的比例。标准化
	23.是否有贷款诉讼	A.否（0分）；B.是（-1分）
	24.股东诉讼及赔偿情况	A.无股东诉讼（0分）；B.有股东诉讼无赔偿（-0.5分）；C.有股东诉讼且有赔偿（-1分）

续表

一级指标	二级指标	评价标准
战略领导能力（ES）	25.高管贡献	实际企业业绩与估计企业业绩的差值。标准化
	26.国际化程度	海外收入/总收入，标准化
	27.企业员工数	标准化
	28.企业总资产	标准化
	29.企业在行业中的地位	按行业（19）标准化
	30.企业有无完整的ERP系统	A.有（1分）；B.无（0分）
	31.企业有无制定战略目标和计划	A.有（或披露）（1分）；B.无（或没有披露）（0分）

对于企业家能力指数指标体系，简要解释如下：

（1）人力资本指维度

企业家人力资本维度包括7个二级指标，可以通过其受教育程度、相关工作经验、在位工作时间等来测量。其中，指标1和5从教育角度评价企业家的人力资本水平；指标2从工作年限角度评价企业家人力资本水平；指标3、4、6和7从企业家个人工作经历角度评价其人力资本水平。这里需要说明的是，指标7中，集团内或企业内的选聘，大股东派出并任命的CEO均属于内部任命。

（2）关系网络能力维度

企业家关系网络能力维度包括9个二级指标，主要包括企业家是否有完善的政府关系和社会关系等。其中，指标8、9、10、11、12、13和16评价企业家与政府的关系网络能力；指标14和15评价企业家在行业中的关系网络能力。

（3）社会责任能力维度

企业家社会责任能力维度包括8个二级指标，主要考察企业家在社会责任方面做出的贡献。其中，指标17和18从公益事业角度评价企业家的社会责任；指标19、20、21、22和23从公司主要利益相关者（政府、客户、员工、股东、债权人等）角度评价企业家的社会责任；指标24评价股东的诉讼请求及实现，该指标是2016年评价时新增加的指标，为了体现对股东权益保护的重视，从2018年评价开始特将存在股东诉讼的公司调整为负分取值。需要注意的是，企业家对社会公益的贡献不是以绝对额来衡量的，而是以公益行为来衡量的，因为企业规模和利润不同，对社会公益的贡献额度必然有差异，但爱心无价。

（4）战略领导能力维度

企业家战略领导能力维度包括 7 个二级指标。其中，指标 25 "高管贡献"指的是剔除企业资产规模、负债比率、增长机会、第一大股东持股比例、政府补贴和行业等影响因素后，高管对企业业绩的实际贡献，反映了高管努力的实际结果。该指标利用企业业绩回归的残差（即实际企业业绩与估计企业业绩的差值）代表高管贡献，由于残差有正有负，因此我们将残差形式的高管贡献指标进一步标准化，将其转化为位于 [0，1] 区间的小数。指标 26 评价企业家在任期间公司的国际化水平；指标 27 和 28 评价企业家对企业人员和资产的控制能力；指标 29 评价企业家在任期间企业的行业地位，是由企业的营业收入按行业（19 个❶）进行标准化来计算；指标 30 评价企业家在任期间企业的办公现代化的程度；指标 31 评价企业家在任期间企业的战略规划，反映企业家的长远规划能力。

1.5.2 企业家能力指数计算方法

首先是计分方法。企业家能力指数指标体系中的 31 个二级指标可以分为四类：第一类是 0/1（或 -1/0）变量，使用该种计分方法的二级指标有 13 个，包括指标 4、5、6、7、13、17、18、19、20、21、23、30 和 31。第二类是程度变量，按照某个指标的质量高低对指标进行分层，使用该种计分方法的二级指标有 12 个，包括指标 1、2、3、8、9、10、11、12、14、15、16 和 24。第三类变量为连续变量，为便于分析，我们将其标准化为 [0，1] 区间，使用该种计分方法的二级指标有 6 个，包括指标 22、25、27、28、29。需要说明的是，第 22 个指标在 2016 年之前的评价中是 0/1 变量，2016 年评价开始改为标准化后的连续变量，这种改变更能反映公司现金分红的客观实际。第四类变量是比值，使用该变量的指标只有 1 个，即指标 26。考虑到该指标过小，为便于分析，也进行了标准化。

然后是权重确定。我们认为，企业家能力指数的四个维度具有明显的重要性区分。最重要的当属企业家的战略领导能力，这是企业家自身能力大小的最重要的现实体现；其次是企业家的社会责任能力，它关系到企业的可持续发展；再次是企业家的人力资本，它反映的是企业家的潜在能力，需要一些因素（如市场竞争、权责清晰、薪酬和声誉激励、内外部约束等）把它们激发出来；最后是企业家的关系网络能力。在中国，关系网络曾被视为企业家的重要能力，在畸形的政商关系下往往被异化，但正常的关系网络还是有必要的。总之，企业家能力指数的四个维度按重要性依次是：战略领导能力、社会责任能力、人力资本、关系网络能力。

---

❶ 按中国证监会《上市公司行业分类指引》（2012 年修订），上市公司分为 19 个行业。

由于能够很容易确定四个维度重要性的顺序，因此，本报告采用 AHP 方法来确定四个维度的权重，但每个维度内的二级指标是难以区分重要性的，因此，仍然采用等权重方法。

AHP 方法是国际上比较常用的一种确定权重的方法，由美国学者萨蒂（T. L. Saaty）于 20 世纪 70 年代初提出。AHP 方法是一种解决多目标复杂问题的定性与定量相结合的决策分析方法。它不仅适用于存在不确定性和主观信息的情况，还允许以合乎逻辑的方式运用经验、洞察力和直觉。使用 AHP 方法的基本步骤如下：

（1）建立层次结构模型

在深入分析的基础上，将各个因素按照不同属性自上而下地分解成若干层次，同一层的因素从属于上一层的因素或对上层因素有影响，同时又支配下一层的因素或受到下层因素的作用。最上层为目标层，通常只有 1 个因素，最下层通常为方案或对象层，中间可以有一个或几个层次，通常为准则或指标层。当准则过多时（譬如多于 9 个）应进一步分解出子准则层。

（2）构造成对比较阵

从层次结构模型的第 2 层开始，对于从属于上一层每个因素的同一层因素，用成对比较法和 1 ~ 9 比较尺度构建成对比较矩阵，直到最下层。

（3）计算权向量并做一致性检验

对每个成对比较矩阵计算最大特征根及对应特征向量，利用一致性指标、随机一致性指标和一致性比率做一致性检验。若检验通过，特征向量（归一化后）即为权向量；若不通过，需重新构建成对比较阵。

（4）计算组合权向量并作组合一致性检验

计算最下层对目标的组合权向量，并根据公式作组合一致性检验，若检验通过，则可按照组合权向量表示的结果进行决策，否则需要重新考虑模型或重新构造那些一致性比率较大的成对比较阵。

在实际应用 AHP 法时，可使用已有的计算机软件来处理相关数据。因此，大多数情况下，我们要做的工作是对相关指标之间的重要性进行排序。在本报告中，为了计算企业家能力指数，需要确定各项指标在其所属体系中的权重。由于企业家能力指数指标体系的层次关系非常明确，我们仅需要确定指标的重要性比较矩阵。二级指标数目较多，各指标之间的重要性不易排序，因此将属于同一个一级指标的二级指标视为重要性相同。而对于四个一级指标（维度）而言，其重要性排序已如前所述。

本报告企业家能力指数的具体计算方法如下：

（1）二级指标赋值

根据评价标准对每个上市公司的 31 个二级指标 E_i（$i=1, 2, \cdots, 31$）进行打分和计算,使各个二级指标的取值均位于0~1的数值区间。

(2)计算四个分项指数

将隶属于同一个一级指标的二级指标得分进行相加,然后将该二级指标的得分转化成百分制,得到企业家人力资本分项指数、企业家关系网络能力分项指数、企业家社会责任能力分项指数、企业家战略领导能力分项指数。具体计算公式如下:

$$EH = \frac{1}{7}\sum_{i=1}^{7}E_i \times 100$$

$$EN = \frac{1}{9}\sum_{i=8}^{16}E_i \times 100$$

$$ER = \frac{1}{8}\left(\sum_{i=17}^{24}E_i + 4\right) \times 100$$

$$ES = \frac{1}{7}\sum_{i=25}^{31}E_i \times 100$$

式中,EH代表人力资本分项指数,EN代表关系网络能力分项指数,ER代表社会责任能力分项指数,ES代表战略领导能力分项指数。

需要特别说明的是,由于企业家社会责任能力分项指数(维度)有四个二级指标(指标19、20、23、24)有部分负分取值,为保证该分项指数与其他三个分项指数都位于[0,100]区间,在对企业家社会责任能力分项指数进行计算时,对负值进行简单调整,即对负分指标加上一个相应的正值。由于该分项指数有四个负分指标,故加上正值4。

但是,这种方法对于获得负分(即应处罚或谴责)的企业,无异于是一种"奖励"。因此,为保证真实性和客观性,在企业家能力分项指数计算出来后,对得负分的企业,需要扣减与负分相对应的分值。对于每个负分指标,扣减的分值是:1/8×100,式中,8是企业家社会责任能力分项指数(维度)的二级指标数目。对于社会责任维度的二级指标24"股东诉讼及赔偿情况",其取值为-1、-0.5和0,因此,对于得分为-1的企业需要在该分项指数扣减1/8×100分,对于得分-0.5的企业需要扣减0.5/8×100分。如果扣减后该分项指数出现负分情况,则该分项指数最低为0分。

这种扣减分方法在2017年评价时开始采用,其中"24.股东诉讼及赔偿情况"是2018年评价时由原来的正分项调整为负分项的,为了使不同年度具有可比性,对之前年度的企业家能力指数数据库也进行了同样的调整。本次评价仍采用这种方法对指数进行调整。

(3)计算总指数

将四个一级指标(人力资本、关系网络能力、社会责任能力、战略领导能力)按照重要性进行排序。如前所述,我们认为,战略领导能力最为重要,其次是社会责任能力,再次是人力资本,最后是关系网络能力,我们据此构造成对比较矩阵,如表1-4所示。

表 1-4 企业家能力指数四个一级指标成对比较矩阵

企业家能力指数	人力资本	关系网络	社会责任	战略领导
人力资本	1	2	1/2	1/3
关系网络	1/2	1	1/3	1/4
社会责任	2	3	1	1/2
战略领导	3	4	2	1

我们通过计算权向量，并做了一致性检验，获得通过。最后，用AHP方法计算所得的权重依次为：人力资本0.2207，关系网络能力0.1804，社会责任能力0.2695，战略领导能力0.3294，由此得到某上市公司企业家能力指数：

$$CCEI^{BNU} = 0.2207 \times EH + 0.1804 \times EN + 0.2695 \times ER + 0.3294 \times ES$$

式中，$CCEI^{BNU}$代表中国上市公司企业家能力指数（"北京师范大学企业家能力指数"）。

1.6 财务治理指数指标体系及计算方法

1.6.1 财务治理指数指标体系

本报告基于国际财务报告准则和通行的财务治理规范，同时参考中国既有法律和规定，从财权配置、财务控制、财务监督和财务激励四个维度（一级指标）和31个二级指标来计算财务治理指数，据此来评价上市公司的财务治理质量。其中，财权配置维度包括9个二级指标，财务控制维度包括8个二级指标，财务监督维度包括8个二级指标，财务激励维度包括6个二级指标（见表1-5）。

表 1-5 财务治理指数指标体系

一级指标	二级指标	评价标准
财权配置（FA）	1.关联交易是否提交（临时）股东大会讨论通过	A.是（1分）；B.否（0分）
财权配置（FA）	2.独立董事薪酬和高管股票期权是否通过（临时）股东大会	A.两项都通过股东大会（如果没有高管股票期权，则只独董薪酬一项）（1分）； B.独立董事报酬和股票期权其中任一项通过股东大会（0.5分）； C.两项都没有通过股东大会（0分）

续表

一级指标	二级指标	评价标准
财权配置（FA）	3.两权分离度①	现金流权/控制权
	4.董事会是否提出清晰的财务目标	A.是（1分）；B.否（0分）
	5.内部董事与外部董事是否有明确的沟通交流	A.是（1分）；B.否（0分）
	6.独立董事比例	A.独立董事比例≥2/3（1分）； B.1/2≤独立董事比例<2/3（0.7分）； C.1/3≤独立董事比例<1/2（0.35分）； D.独立董事比例<1/3（0分）
	7.独立董事中是否有财务或会计方面的专家	A.是（1分）；B.否或未披露（0分）
	8.董事长和总经理是否两职分离	A.是（1分）；B.否（0分）
	9.CFO是否具有高级职称或相关资格认证	A.是（1分）；B.否或未披露（0分）
财务控制（FC）	10.董事会或股东大会是否定期评估内部控制	A.有《报告》且有出处或全文（1分）； B.有《报告》但无出处或全文（0.5分）； C.没有《报告》（0分）
	11.各专门委员会是否在内部控制中起作用	A.是（1分）；B.否（0分）
	12.董事会或股东大会是否披露具体内部控制措施	A.详细说明（1分）； B.笼统说明（0.5分）； C.无说明（0分）
	13.风险控制委员会设置情况如何	A.设置且独立董事比例不低于2/3（1分）； B.设置但独立董事比例低于2/3（0.5分）； C.未设置（0分）
	14.公司财务弹性②	标准化
	15.公司对外部资金依赖程度③	标准化
	16.是否披露可预见的财务风险因素	A.是（1分）；B.否（0分）
	17.是否ST	A.是（-1分）；B.否（0分）
财务监督（FS）	18.审计委员会设置情况如何	A.设置且独立董事比例为100%（1分）； B.设置但独立董事比例低于100%或未披露独立董事比例（0.5分）； C.未设置或未披露（0分）
	19.外部审计是否出具标准无保留意见	A.是（1分）；B.否（0分）
	20.公司网站是否及时披露当年财务报告	A.是（1分）；B.否（0分）
	21.公司网站是否披露过去连续三年财务报告	A.是（1分）；B.否（0分）

续表

一级指标	二级指标	评价标准
财务监督（FS）	22.公司是否披露公司发展前景的相关信息	A.是（1分）；B.否（0分）
	23.公司是否披露关联方交易状况	A.是（1分）；B.否（0分）
	24.当公司会计政策发生变化时，是否做出解释	A.未变更（1分）；B.变更并做出解释（0.5分）；C.变更但未做解释（0分）
	25.公司是否因违规而被证监会、证交所等监管部门公开批评、谴责或行政处罚	A.是（-1分）；B.否（0分）
财务激励（FI）	26.现金分红	最近三年现金分红累计分配利润与最近三年实现的可分配利润的比例。标准化
	27.股票股利分配	标准化
	28.高管薪酬支付是否合理④	A.是（1分）；B.否（0分）
财务激励（FI）	29.薪酬委员会设置情况如何	A.设置且独立董事比例不低于50%（1分）；B.设置但独立董事比例低于50%或未披露独立董事比例（0.5分）；C.未设置或未披露（0分）
	30.公司是否采用股票期权激励政策	A.是（1分）；B.否（0分）
	31.员工报酬增长率是否不低于公司营业收入增长率	A.是（1分）；B.否（0分）

注：①本报告采用与拉-波塔、洛佩兹-德-西拉内斯和施莱弗（La Porta, Lopez-de-Silanes & Shleifer, 1999）类似的方法❶，通过层层追溯上市公司股权控制链（Control Chain）的方式来找出最终控制人。两权分离度是所有权与控制权的比值。其中，控制权又称投票权，用控制链条上最弱的一环表示；所有权又称现金流权，用控制链条上各所有权比例的乘积表示。②本报告采用"经营活动产生的现金流量净额/总资产"表示财务弹性。③本报告采用"（投资产生的现金流出-经营活动产生的现金流出）/投资产生的现金流出"表示外部资金依赖度。④据作者同期完成的"中国上市公司高管薪酬指数"中"激励区间"进行判断，如激励适中，则视为合理，得1分；如过度或不足，则视为不合理，得0分。

对于财务治理指数指标体系，简要解释如下：

（1）财权配置维度

财权配置维度包括9个二级指标，主要考察上市公司的各利益相关主体是否有适当的财务决策权，是否能够行使好自己的财务决策权。其中，指标1、2和3从股东角度出发，评价上市公司的股东是否有效执行了财务决策权；指标4、5、6和7从董事会角度出发，评价上市公司的董事会是否有效执行了财务决策权；指标8从总经理角度出发，评价上市公司的总经理是否有效执行了财务决策权；指标9从首席财务官（CFO）角度

---

❶ La Porta, Lopez-de-Silanes and Shleifer, 1999. Corporate ownership around the world", The Journal of Finance, Vol. 54, No. 2. pp. 471-517.

出发，评价上市公司的 CFO 是否有效执行了财务决策权。需要说明的是，2016 年开始，指标 2 评价内容与之前评价相比略做调整，由只关注董事薪酬是否通过股东大会改变为同时关注独立董事薪酬和高管股票期权是否都通过股东大会，这种变化可以更加准确地反映股东在独立董事报酬和高管股票期权方面的决策权，因为二者都属于股东大会的决策范畴。尤其对于高管股票期权，流行的认识是认为它是董事会的决策范畴，这是认识是错误的，因为高管股票期权涉及股东持股比例的变化和股东利益的调整，因此其决策权无疑是应归属于股东的。

（2）财务控制维度

财务控制维度包括 8 个二级指标，主要考察企业的财务权力执行过程，包括企业是否有一个健全的内部控制体系和风险控制体系等。其中，指标 10、11 和 12 评价上市公司内部控制制度及其运行的有效性；指标 13 评价上市公司风险控制委员会的建立和健全情况；指标 14、15、16 和 17 评价上市公司的财务风险状况。

（3）财务监督维度

财务监督维度包括 8 个二级指标，主要考察企业各个职能部门及其他利益相关者对财务权力执行过程的监督，包括企业的内部监督机制（审计委员会、财务信息披露）以及外部监督机制（外部审计师）。其中，指标 18 评价上市公司内部监督机制运行状况；指标 19 评价上市公司外部监督机制运行状况；指标 20、21、22、23、24 和 25 评价上市公司财务信息披露质量。这里需要说明的是"指标 24：当公司会计政策发生变化时，是否做出解释"，我们认为，严格意义上讲，在法律、法规以及国家会计制度既定的情况下，会计政策是不允许随意变更的。上市公司会计政策变更本身就是财务治理质量较差的表现。如果上市公司变更了会计政策且未做出任何解释，情况就更加严重了。

（4）财务激励维度

财务激励维度包括 6 个二级指标，主要考察企业是否具有足够有效的财务激励机制。其中，指标 26、27 评价上市公司对股东的激励情况；指标 28、29 和 30 评价上市公司对高管的激励情况；指标 31 评价上市公司对员工的激励情况。需要说明的是，指标 30 "公司是否采用股票期权激励政策"，虽然目前实施股票期权激励的上市公司还是少数，股票期权激励的效果也有待商榷，但国际经验告诉我们，随着资本市场的成熟，股权激励是一种有效的激励手段。因此，我们将股票期权激励纳入指标体系，以反映上市公司对高管人员的财务激励。

1.6.2 财务治理指数计算方法

首先是计分方法。财务治理指数指标体系中的 31 个二级指标可以分为四类：一是 0/1（或 -1/0）变量，使用该种计分方法的二级指标有 18 个，包括指标 1、4、5、7、8、9、11、16、17、19、20、21、22、23、25、28、30 和 31。需要说明的是，指标 28 "高管薪酬支付是否合理"，该指标利用本年度对高管薪酬指数的评价结果，若高管薪酬激励适中，认为其高管薪酬支付合理，赋值 1；若高管薪酬激励不足或过度，则认为其高管薪酬支付不合理，赋值 0。二是程度变量，按照某个指标的质量高低对指标进行分层，使用该种计分方法的二级指标有 8 个，包括指标 2、6、10、12、13、18、24 和 29。需要说明的是，指标 6 "独立董事比例"，根据中国证监会的规定要达到 1/3，由于要求很低，几乎每家上市公司的独立董事比例都达到了 1/3，这使得独立董事比例这个指标失去了可分性。为了区分不同上市公司董事会的独立性，我们按照国际规范，采用了更加严格的独立性标准。指标 10 "董事会或股东大会是否定期评估内部控制"，考虑到年报对内部控制的披露程度不同，我们将原来的 0/1 变量改为程度变量，以准确反映上市公司对内部控制的重视程度。三是连续变量，为便于分析，我们将其标准化，使用该种计分方法的二级指标有 4 个，包括指标 14、15、26、27。四是实际值变量，即实际值就是得分，这类只有一个指标，即指标 3。

然后是权重确定。我们在 2011 年和 2013 年评估中国上市公司财务治理时，曾采用 AHP 方法确定权重，后来课题组讨论认为，四个维度难以区分孰重孰轻，即使区分，也难免有主观性，于是在 2015 年评价时改为等权重。具体方法如下：

（1）二级指标赋值

根据表 1-5 对各个二级指标 F_i（$i=1, 2, \cdots, 31$）进行打分和计算，使各个二级指标的取值均位于 0～1 的数值区间。

（2）计算四个分项指数

对隶属于同一个一级指标的二级指标的得分进行简单平均，并转化为百分制，得到四个一级指标得分，即财权配置分项指数、财务控制分项指数、财务监督分项指数和财务激励分项指数。具体计算公式如下：

$$FA = \frac{1}{9}\sum_{i=1}^{9} F_i \times 100$$

$$FC = \frac{1}{8}\left(\sum_{i=10}^{17} F_i + 1\right) \times 100$$

$$FS = \frac{1}{8}\left(\sum_{i=18}^{25} F_i + 1\right) \times 100$$

$$FI = \frac{1}{6}\sum_{i=26}^{31} F_i \times 100$$

式中，*FA*代表财权配置分项指数，*FC*代表财务控制分项数，*FS*代表财务监督分项指数，*FI*代表财务激励分项指数。

需要特别说明的是，在财务控制和财务监督两个分项指数中，各有一个二级指标有负分取值（即指标 17 和 25），为了保证每个一级指标（维度）都位于 [0，100] 区间，在对每个一级指标（维度）进行分项指数计算时，对负值进行简单调整，即对每个负分指标各加上一个相应的正值 1，从而使每个分项指数落在 [0，100] 区间。

但是，这种方法对于获得负分（即应处罚或谴责）的企业，无异于是一种"奖励"。因此，为保证真实性和客观性，在财务控制和财务监督两个分项指数计算出来后，需要对这些企业扣减与负分相对应的分值 $1/8 \times 100$，式中，8 是财务控制和财务监督两个分项指数的指标数目。如果扣减后该分项指数出现负分情况，则该分项指数最低为 0 分。

这种扣减分方法在 2017 年评价时开始采用，为了使不同年度具有可比性，对之前年度的财务治理指数数据库也进行了同样的调整。

（3）计算总指数

将四个一级指标（财权配置、财务控制、财务监督和财务激励）的得分简单平均，得到中国上市公司财务治理指数：

$$CCFI^{BNU} = \frac{1}{4}(FA+FC+FS+FI)$$

式中，$CCFI^{BNU}$ 代表中国上市公司财务治理指数（"北京师范大学财务治理指数"）。

1.7 自愿性信息披露指数指标体系及计算方法

1.7.1 自愿性信息披露指标体系

本报告借鉴国内外已有的自愿性信息披露评价研究成果，基于国内信息披露相关法律法规，特别参照国际先进的信息披露规范，立足于投资者权益保护，提出了自愿性信息披露四个一级指标（维度）和 31 个二级指标的指标体系，即治理结构方面的自愿性信息披露（简称"治理结构"）、治理效率方面的自愿性信息披露（简称"治理效率"）、利益相关者方面的自愿性信息披露（简称"利益相关者"）和风险控制方面的自愿性信息披露（简称"风险控制"）。其中治理结构维度包括 8 个二级指标，治理效率包括 8 个二级指标，利益相关者维度包含 6 个二级指标，风险控制维度标包括 9 个二级指标，参见表 1-6。

表 1-6 自愿性信息披露指数指标体系

一级指标	二级指标	评价标准
治理结构（GS）	1.董事会构成	A.明确披露董事会构成（1分）； B.未披露或模糊披露董事会构成（0分）
	2.董事学历	A.完全披露（1分）； B.不完全披露（0.5分）； C.未披露（0分）
	3.董事任职经历（不含兼职、社会称号等）	A.完全披露（1分）； B.笼统披露（0.5分）； C.未披露（0分）
	4.专门委员会构成	A.详细介绍委员会成员的情况（1分）； B.只作一般性说明（0.5分）； C.未披露任何信息（0分）
	5.监事会构成	A.明确披露监事会构成（1分）； B.未披露或模糊披露监事会构成（0分）
	6.监事会成员	A.既披露个人背景信息也披露履职情况（1分）； B.只披露个人背景信息或只披露履职情况（0.5分）； C.未披露任何信息（0分）
	7.高管层学历	A.完全披露（1分）； B.不完全披露（0.5分）； C.未披露（0分）
	8.高管层任职经历（不低于三年）（不含兼职、社会称号）	A.完全披露（1分）； B.笼统披露（0.5分）； C.未披露（0分）
治理效率（GE）	9.股东大会（包括临时股东大会）股东出席率	A.完全披露（1分）； B.不完全披露（0.5分）； C.未披露（0分）
	10.股东大会（包括临时股东大会）投票机制的说明	A.完全披露（1分）； B.不完全披露（0.5分）； C.未披露（0分）
	11.是否有明确的董事考核或薪酬制度	A.未披露任何信息（0分）； B.只披露考评制度但没有考评结果（0.5分）； C.既披露考评制度也披露考评结果（1分）
	12.《董事会议事规则》的说明	A.详细介绍议事规则（1分）； B.只作一般性说明（0.5分）； C.未披露任何信息（0分）

续表

一级指标	二级指标	评价标准
治理效率（GE）	13.董事会召开方式的说明	A.披露（1分）； B.未披露（0分）
	14.独立董事同意、质疑或否决董事会某项决议的说明	A.披露（1分）； B.未披露（0分）
	15.高管薪酬结构及额度	A.完全披露（1分）； B.未完全披露（0.5分）； C.未披露（0分）
	16.高管层关系网络	A.明确披露高管层关系网络（1分）； B.未披露任何信息（0分）
利益相关者（SH）	17.投资者关系建设情况的说明	A.详细披露投资者关系沟通细节或接待措施（1分）； B.只说明有《投资者关系管理制度》，但没有具体内容（0.5分）； C.关于投资者关系建设没有任何说明或者笼统说明（0分）
	18.社会责任	A.披露社会责任报告或可持续发展报告（1分）； B.只披露参与社会公益或环保情况（0.5分）； C.未披露任何信息（0分）
	19.债权人情况	A.披露（1分）； B.部分披露（0.5分） C.未披露（0分）
	20.债务人情况	A.披露（1分）； B.部分披露（0.5分） C.未披露（0分）
	21.供应商情况	A.披露（1分）； B.未披露（0分）
	22.客户情况	A.披露（1分）； B.未披露（0分）
风险控制（RC）	23.企业发展战略目标	A.披露（1分）； B.未披露（0分）
	24.盈利能力分析	A.披露（1分）； B.未披露（0分）
	25.营运能力分析	A.披露（1分）； B.未披露（0分）
	26.偿债能力分析	A.披露（1分）； B.未披露（0分）

续表

一级指标	二级指标	评价标准
风险控制（RC）	27.发展能力分析	A.披露（1分）； B.未披露（0分）
	28.关于现聘会计师事务所的说明	A.详细披露（1分）； B.笼统披露（0.5分）； C.没有任何说明（0分）
	29.宏观形势对公司业绩影响的分析	A.披露（1分）； B.未披露（0分）
	30.行业地位（或市场份额）分析	A.披露（1分）； B.未披露（0分）
	31.竞争对手分析	A.披露（1分）； B.未披露（0分）

对于自愿性信息披露指数指标体系，简要解释如下：

（1）治理结构信息披露维度

治理结构信息披露维度衡量与公司治理结构相关的信息披露情况，包括董事会和监事会的构成及成员情况、高层管理人员学历及经历情况，以及专门委员会的构成情况，包括编号1~8的8个二级指标，这些指标所反映的信息对于投资者和其他利益相关者了解代理人是否能够着眼于企业发展和满足各利益相关者的利益诉求具有重要价值。其中指标1衡量上市公司是否明确披露了董事会结构，包括董事类型（执行董事或内部董事、独立董事、外部非独立董事），以及相应的人数和兼职情况。指标2和3衡量关于董事个人背景的相关信息的披露情况。指标4衡量董事会下设的各专门委员会的信息披露情况，包括专门委员会召集人信息、委员会成员构成等。指标5和6衡量有关监事类型（外部监事、内部监事，股东监事、员工监事等），以及监事会成员方面的自愿性信息披露情况。指标7和8衡量有关高层管理人员个人背景信息的披露情况。

（2）治理效率信息披露维度

治理效率信息披露维度衡量关于股东大会和董事会的召开情况、独立董事履职情况、董事考评，以及高层管理人员薪酬和关系网络等与公司治理效率相关信息的披露情况，包括编号9~16的8个指标。这些指标所反映的信息对于投资者和其他利益相关者评估公司的治理效率有着至关重要的作用。其中指标9和10考察公司股东大会召开及投票机制（包括法定投票、累积投票、网络投票、举手表决、代理投票等）方面的信息披露情况。只有公司详细说明了每次股东大会（包括临时股东大会）的股东出席率以及投票机制，现有的和潜在的投资者，以及其他利益相关者才能判断股东大会的合法性和有效性。指标11衡量公司和投资者对董事的约束是否到位，反映董事的实际履职情况。指标12和13衡量公司董事会决策和监督的有效性，其中董事会召开方式包括通讯会议和现场会议等，会议方式不同，董事会履职的效果就会不同。指标14衡量独立董事提出的意见是否能被公司记录并进行披露，也反映着独立董事的独立性情况。指标15衡量高层管理人员薪酬的合理性，以及高管是否着眼于公司长期发展。指标16衡量高层管理人员的社会影响力，该类信息也有助于判断高层管理人员是否存在不规范交易问题。

（3）利益相关者信息披露维度

利益相关者信息披露维度衡量公司对投资者、债权人、债务人、供应商、客户等利益相关者利益保护有关的信息的披露情况，包括编号17～22的6个指标。其中，指标17衡量公司在投资者保护方面的措施是否到位，如公司是否披露与投资者的沟通或接待措施，或者是否建立《投资者关系管理制度》。指标18考察公司履行社会责任的情况，如节能环保、参与社会公益，以及是否发布社会责任报告等。指标19、20、21和22衡量公司对于排名前几位的主要债权人、债务人、供应商及客户信息的披露情况，其中对于债权人和债务人，公司还应披露他们与公司是否具有关联关系。

（4）风险控制信息披露维度

风险控制信息披露维度衡量公司经营风险及控制方面的信息分析与披露情况，包括编号23～31的9个指标。其中，指标23衡量公司是否明确披露至少三年的发展战略目标及经营计划。指标24、25、26和27衡量公司是否对自身的财务状况进行了分析并且进行了披露。指标28衡量公司对于会计师事务所聘任情况的说明。会计师事务所对公司进行独立审计，是投资人权益的重要维护者，对其聘任的相关信息进行披露，可以防止出现会计师事务所与公司存在私下交易的现象，有效地控制风险。指标29、30和31衡量宏观环境对企业发展的影响、行业竞争优势或劣势，以及竞争对手的竞争策略等，这些信息有助于投资者了解公司所处环境及地位，并对公司日后的发展做出预测。

1.7.2 自愿性信息披露指数计算方法

首先是计分方法。自愿性信息披露指数指标体系中的31个二级指标得分区间都为[0，1]，按赋值方法可以分为两类。第一类是0/1变量，使用该种赋值方法的指标有15个，包括指标1、5、13、14、16、21、22、23、24、25、26、27、29、30、31。这类指标以企业年报中是否披露了理应披露的相关信息作为判断依据。明确披露相关信息的得1分，否则得0分。第二类是程度变量，按照某个指标的信息披露程度高低对指标分层赋值，使用该种赋值方法的指标有16个，包括指标2、3、4、6、7、8、9、10、11、12、15、17、18、19、20、28。这类指标将年报中的相关信息披露程度分为三种，并按照披露程度的高低进行得分高低的赋值。其中，指标3、8、19、20在往年评估时为

0/1 变量，本年度评价改为程度变量，以使评价更加严谨。

然后是权重确定。我们认为，自愿性信息披露指数的四个维度具有基本同等的重要性，每个维度内的二级指标也具有基本同等的重要性，为了避免主观性偏差，本报告计算自愿性信息披露指数时所涉及的所有一级指标和二级指标都设置为等权重。首先针对某个一级指标内的所有二级指标进行等权重计算，然后对所有四个一级指标进行等权重计算，以此得出自愿性信息披露指数。具体计算方法如下：

（1）二级指标赋值

根据赋值标准对每个上市公司的 31 个二级指标 V_i（i=1，2，…，31）进行打分和计算，使各个二级指标的取值均位于 0～1 的数值区间。

（2）计算四个分项指数

对隶属于同一个一级指标的二级指标的得分先进行加总，再简单平均，然后转化为百分制，得到四个一级指标得分，即治理结构分项指数、治理效率分项指数、利益相关者分项指数和风险控制分项指数。

$$GS = \frac{1}{8}\sum_{i=1}^{8} V_i \times 100$$

$$GE = \frac{1}{8}\sum_{i=9}^{16} V_i \times 100$$

$$SH = \frac{1}{6}\sum_{i=17}^{22} V_i \times 100$$

$$RC = \frac{1}{9}\sum_{i=23}^{31} V_i \times 100$$

式中，GS 代表治理结构分项指数，GE 代表治理效率分项指数，SH 代表利益相关者分项指数，RC 代表风险控制分项指数。

（3）计算总指数

对四个一级指标（治理结构、治理效率、利益相关者和风险控制）的得分进行简单平均，得到上市公司自愿性信息披露指数。

$$CCVDI^{BNU} = \frac{1}{4}(GS + GE + SH + RC)$$

式中，$CCVDI^{BNU}$ 代表中国上市公司自愿性信息披露指数（"北京师范大学自愿性信息披露指数"）。

1.8 高管薪酬指数变量及计算方法[1]

1.8.1 高管薪酬指数评价变量

评价高管薪酬，必须首先对公司高管作出界定。对于如何界定公司高管，理论界有不同的认识和理解，主要有五种观点：①董事长；②总经理（或CEO）；③董事长和总经理两人；④除董事长和总经理外，还包括党委书记和工会主席；⑤所有高层管理人员，既包括董事长和总经理，也包括副职。我们认为，从研究高管薪酬角度，不能把研究仅集中于某个高管，把研究扩展到高级管理层，更易于得到普遍适用的规律性结论。而且，高管的绩效是整个团队共同努力的结果。因此，我们将高管激励延伸至高管团队的激励，本报告所评价的高管是指公司执行层，包括总经理（或CEO）、副总经理，以及执行董事（含担任执行董事的董事长）和董事会秘书。由于各公司高管人员的人数并不一致，为了保证评价的客观性和统一性，本报告在计算高管薪酬指数时，仅包括年报披露的薪酬最高的前三位高管成员。如无特别说明，本报告提及的高管薪酬均为薪酬最高的前三位高管的平均薪酬。

本报告对高管薪酬的评价不是单纯针对薪酬总额，而是在企业经营业绩的基础上对高管薪酬进行比较研究。换言之，本报告是基于经营业绩的薪酬评价，即用高管薪酬与企业营业收入之比来计算高管薪酬指数。相关变量说明如下：① 2019年年报披露的薪酬最高的前三名高管的薪酬（不含股权激励）；② 2019年年报披露的公司年度营业总收入。

对于实施期权激励的公司，先将高管的股权收入折算成货币形式，然后将股权收入与披露的年薪相加，最终确定前三名高管的薪酬。期权激励主要包括股票期权、虚拟股票、限定股票、股票增值权、股票奖励和业绩股票。由于目前中国公司高管期权激励基本上都是股票期权，因此，本报告只计算股票期权。需要特别指出的是，由于公开信息披露中没有直接提供针对前三名高管的股票期权激励数据，只有针对整个高管团队的股票期权激励总和，如果直接把整个高管团队的期权激励收入总和当作薪酬最高的前三名高管的期权激励收入会使得后者的期权收入偏大，从而导致前三名高管薪酬指数偏高。因此，为了保证研究的准确性，我们对股票期权激励收入根据行权人数进行调整，薪酬最高的高管赋予最高权重，对薪酬次高的高管赋予次高权重，以此类推。具体计算公式如下：

---

[1] 本指数所使用的原始数据来自公司年报，无法考虑某些公司可能存在的业绩造假情况。

$$\text{行权人数调整系数} = \frac{3n-3}{n(n+1)/2}$$

式中，n 为行权人数，分子代表行权的薪酬最高前三位的高管赋值，分母代表公司所有行权人的总赋值。需要强调，这种方法只是相对准确。我们寄希望于上市公司能够公开每位高管的具体行权额度。

期权激励按行权人数调整方法从 2018 年评价时开始采用，为了使不同年度具有可比性，对之前年度的高管薪酬指数数据库也进行了同样的调整。

此外，将股票期权折算成货币收入的方法是：

高管的期权收入=2019年年末可以行权的股票数量×（年均股价–行权股价）

前三位高管平均薪酬的具体计算方法：

前三位高管平均薪酬=薪酬最高的前三位高管薪酬之和（含股票期权）÷3

1.8.2 高管薪酬指数计算方法

本报告在高管薪酬指数设计方法上采用基准法，即首先选择每个行业的基准公司，得到每个行业的调整系数，然后计算各行业全部公司的基准值，最后以该基准值为标杆，计算出各公司高管人员薪酬指数，并按照数值大小来排序。计算步骤和公式如下：

（1）计算第 j 个行业第 i 个上市公司薪酬最高前三位高管的平均薪酬与营业收入的比值，计算公式是：

$$X_{ij} = \frac{i\text{公司薪酬最高前三位高管的薪酬平均值}}{i\text{公司营业总收入}}$$

其中，高管薪酬是折算成货币形式的收入，包括基本工资、各项奖金、福利、补贴和各种津贴，以及股票期权。

（2）找出 X_{ij} 的中位值，以位居该中位值的那家公司作为第 j 个行业的基准公司，该中位值即行业调整系数，令：

$$Y_j = X_j \text{ 的中位值}$$

（3）把 Y_j 相加，再除以行业总数，得到所有上市公司薪酬最高前三位高管的薪酬平均值与营业总收入的比值（Z），计算公式是：

$$Z = \frac{\sum Y_j}{n}$$

其中，n 是行业总数，根据《上市公司行业分类指引（2012 年修订）》，上市公司分为 19 大类行业，2019 年样本中有 19 个行业有上市公司，故行业数定为 19。

（4）将 X_{ij} 除以 Z，得到第 j 个行业第 i 个上市公司的高管薪酬指数，计算公式是：

$$CCECI^{BNU} = \frac{X_{ij}}{Z} \times 100 \text{ ❶}$$

式中，$CCECI^{BNU}$ 代表中国上市公司高管薪酬指数（"北京师范大学高管薪酬指数"）

将 $CCECI^{BNU}$ 值按照大小进行排名，即可得到基于经营业绩的上市公司高管薪酬指数排名。理论上讲，某家上市公司的 $CCECI^{BNU}$ 值越接近100，该公司的高管薪酬激励越适度。在排名中，对所有上市公司按照四分位法进行分类，即按照高管薪酬指数将3560家上市公司进行降序排列，排名在前四分之一的公司确定为激励过度，排名在后 1/4 的公司确定为激励不足，中间的公司定为激励适中，这样的划分考虑了行业差距的影响。

1.8.3 高管薪酬指数比较方法

为了进一步找出不同行业、不同地区、不同控股类型、不同板块上市公司高管薪酬指数的特点，分别比较不同类别上市公司的高管薪酬指数，具体方法如下：

（1）将上市公司高管薪酬指数按行业进行排名

①各行业中激励适中公司所占比重的行业间排名：将各行业中激励适中公司数目除以该行业所有公司的数目，得出百分比，然后按照百分比的大小对各行业进行排名。百分比越大，说明该行业激励适中的公司数量相对越多，该行业整体的薪酬激励水平越合理。

②各行业中激励过度公司所占比重的行业间排名：将各行业中激励过度公司数目除以该行业所有公司的数目，得出百分比，然后按照百分比的大小对各行业进行排名。百分比越大，说明该行业激励过度的公司数量相对越多，该行业整体的薪酬水平越趋于激励过度。

③各行业中激励不足公司所占比重的行业间排名：将各行业中激励不足公司数目除以该行业所有公司的数目，得出百分比，然后按照百分比的大小对各行业进行排名。百分比越大，说明该行业激励不足的公司数量相对越多，该行业整体的薪酬水平越趋于激励不足。

④行业间高管薪酬指数排名：用各个行业的公司高管薪酬指数排名的中位值来代表各个行业的公司高管薪酬指数，然后把各个行业的公司高管薪酬指数中位值按照由高到低的顺序进行排名。理论上讲，将每个行业的中位值与100来比较，如果越接近100，则该行业的高管薪酬越适度。

（2）将上市公司高管薪酬指数按地区进行排名

以东部、中部、西部和东北上市公司高管薪酬指数的中位值分别代表四个地区的公

---

❶ 此处乘以100，是因为假设全部上市公司的高管薪酬指数为100。

司高管薪酬指数，然后按照该中位值的大小进行排名。

（3）将上市公司高管薪酬指数按控股类型进行排名

为了更细致地进行比较，我们将所有公司按控股类型划分为国有绝对控股公司、国有强相对控股公司、国有弱相对控股公司、国有参股公司、无国有股份公司等五种类型（关于所有制的定义详见本章1.9节），分别确定出激励适中、激励过度和激励不足的公司在各类型上市公司中所占的比重，然后按照比重的大小对这五种所有制的公司进行排名。

1.9 中国公司治理分类指数评价范围及相关概念

1.9.1 评价范围

本报告的数据截至2019年12月31日，评价样本也是截至这个日期的全部A股上市公司。截至2019年12月31日，沪深两市有上市公司3696家，其中只在B股上市的公司有17家，A、B股同时上市的公司有77家。考虑到年报的完整性，剔除2019年4月1日之后上市的100家公司，同时剔除只在B股上市的17家公司，得到初始样本3579家。需要说明的是，截至本报告撰写时，初始样本中仍然有10家公司未出2019年年报或者退市停牌，导致相关数据难以获得，故一并予以剔除，得到最终样本3569家，占全部A股上市公司的97.01%，占全部A、B股上市公司的96.56%，可以说，基本等同于全样本评价。3569家A股上市公司中，沪市主板1446家，深市主板（不含中小企业板）458家，深市中小企业板922家，深市创业板743家。需要注意的是，高管薪酬指数样本是3560家上市公司，原因是年报出现了9家公司高管零薪酬或未披露高管薪酬的不正常现象，故予以剔除。

1.9.2 相关概念

中国公司治理分类指数评价，可能会受到控股类型、地区和行业等方面的影响，因此，需要对数据统计和指数计算中涉及的相关概念做出界定。

（1）控股或所有制类型

中国上市公司有不同的控股或所有制类型，不同控股类型对公司治理有不尽相同的影响。我们将所有公司按控股情况分为国有绝对控股公司、国有强相对控股公司、国有弱相对控股公司、国有参股公司和无国有股份公司等五种类型。参照《股份有限公司国有股股东行使股权行为规范意见》第五条规定，并结合本报告研究的实际情况，我们对这五种所有制类型的界定是：

A. 国有绝对控股公司：国有股东为第一股东，其持股比例下限为50%（不含50%）；

B. 国有强相对控股公司：国有股股东为第一股东，其持股比例上限为50%（含50%），下限为30%（不含30%）；

C. 国有弱相对控股公司：国有股股东为第一大股东，其持股比例小于30%（含30%）；

D. 国有参股公司：有国有股东，但国有股东不符合上述三条标准；

E. 无国有股份公司：上述四种情形以外的公司。

在上述五类公司中，最后两类其实就是典型的民有或民营控股上市公司，或称非国有控股上市公司。

（2）地区

处于不同地区的公司的市场化程度、制度完善程度、环境条件等是不同的，所以地区也是影响公司治理指数的基本因素。按照中华人民共和国行政区域划分，中国内地有31个省、直辖市和自治区（不包括台湾、香港和澳门）。这些行政区域又可以划分为东部、中部、西部和东北等四个地区，其中，东部地区包括北京、福建、广东、海南、河北、江苏、山东、上海、天津、浙江等10个行政区域，中部地区包括安徽、河南、湖北、湖南、江西、山西等6个行政区域，西部地区包括重庆、甘肃、广西、贵州、内蒙古、宁夏、青海、陕西、四川、西藏、新疆、云南等12个行政区域，东北地区包括黑龙江、吉林、辽宁等3个行政区域。

（3）行业

中国证监会2012年修订的《上市公司行业分类指引》将上市公司行业分为19个门类，具体分类结构与代码如下：A. 农、林、牧、渔业；B. 采矿业；C. 制造业；D. 电力、热力、燃气及水生产和供应业；E. 建筑业；F. 批发和零售业；G. 交通运输、仓储和邮政业；H. 住宿和餐饮业；I. 信息传输、软件和信息技术服务业；J. 金融业；K. 房地产业；L. 租赁和商务服务业；M. 科学研究和技术服务业；N. 水利、环境和公共设施管理业；O. 居民服务、修理和其他服务业；P. 教育；Q. 卫生和社会工作；R. 文化、体育和娱乐业；S. 综合。在本报告的3569家样本上市公司中，19个行业均有上市公司。

在19个大类行业中，制造业是上市公司最多的行业。本报告3569家公司样本中，制造业企业共2231家。按照中国证监会2012年修订的《上市公司行业分类指引》，制造业还可以细分为31个小类，分别是C13. 农副食品加工业；C14. 食品制造业；C15. 酒、饮料和精制茶制造业；C16. 烟草制品业；C17. 纺织业；C18. 纺织服装、服饰业；C19. 皮革、毛皮、羽毛及其制品和制鞋业；C20. 木材加工和木、竹、藤、棕、草制品业；C21. 家具制造业；C22. 造纸和纸制品业；C23. 印刷和记录媒介复制业；C24. 文教、工美、体育和娱乐用品制造业；C25. 石油加工、炼焦和核燃料加工业；C26. 化学原料和化学制品制造业；C27. 医药制造业；C28. 化学纤维制造业；C29. 橡胶和塑料制品业；C30. 非金属矿物制品业；C31. 黑色金属冶炼和压延加工业；C32.有色金属冶炼和压延加工业；C33.金属制品业；C34.通用设备制造业；C35.专用设备制造业；C36.汽车制造业；C37.铁路、船舶、航空航天和其他运输设备制造业；C38.电气机械和器材制造业；C39.计算机、通信和其他电子设备制造业；C40.仪器仪表制造业；C41.其他制造业；C42.废弃资源综合利用业；C43.金属制品、机械和设备修理业。目前制造业上市公司涉及29个小类，尚没有C16（烟草制品业）和C43（金属制品、机械和设备修理业）上市公司。2015年及之前我们出版的指数报告对制造业细分行业都有分析，自2016年度报告开始，限于篇幅，不再对制造业细分类型进行分析。

第2章　中国上市公司治理总指数排名及比较

根据第1章确定的中国上市公司治理总指数计算方法，我们对2015～2019年五个年度中国上市公司治理水平进行了测度。本章先对2019年度上市公司治理总指数进行排名，然后分别从地区、行业、所有制和上市板块四个角度进行比较分析，最后再从总体、地区、行业、所有制和上市板块五个角度比较分析2015～2019年五个年度中国上市公司治理水平的变化。

2.1　上市公司治理总指数分布及排名

基于上市公司2019年的公开数据，对3569家上市公司治理总指数进行计算，从而得到中国上市公司治理总指数的整体排名情况。

2.1.1　上市公司治理总指数分布

2019年上市公司治理总指数的总体得分情况参见表2-1。

表2-1　2019年上市公司治理总指数的总体情况

项目	公司数目	平均值	中位值	最大值	最小值	标准差	偏度系数	峰度系数
数值	3569	50.4173	50.9178	65.1858	29.0895	4.7436	−0.5750	0.4963

从表2-1可以看出，2019年上市公司治理总指数最大值65.1858分，最小值29.0895分，平均值50.4173分，中位值50.9178分，样本均值未及格（60分为及格线），得分整体偏低。

为进一步了解上市公司治理总指数在各个得分区间的分布情况，我们将上市公司治理总指数以5分为间隔，划分为[0，25)、[25，30)、[30，35)、[35，40)、[40，45)、[45，50)、[50，55)、[55，60)、[60，65)、[65，70)和[70，100]11个区间（公司数目为0的指数区间合并），每个指数区间的企业数目和所占比重参见表 2-2 和图 2-1。

表 2-2 2019 年上市公司治理总指数区间分布

指数区间	公司数目	占比（%）	累计占比（%）
[0，25）	0	0.00	0.00
[25，30）	2	0.06	0.06
[30，35）	12	0.34	0.39
[35，40）	81	2.27	2.66
[40，45）	376	10.54	13.20
[45，50）	1030	28.86	42.06
[50，55）	1496	41.92	83.97
[55，60）	546	15.30	99.27
[60，65）	25	0.70	99.97
[65，70）	1	0.03	100.00
[70，100）	0	0.00	100.00
总计	3569	100	—

从表 2-2 和图 2-1 可以看出，上市公司治理总指数在 [45，55）区间的公司数量最多，总计为 2526 家，占到总数的 70.78%。及格的公司有 26 家，及格率为 0.73%，比上年（0.26%）提高 0.47 个百分点，且及格的分数大多在 [60，65）区间，只有一家公司得分超过 65 分，没有得分超过 70 分的公司。这说明中国上市公司治理总水平依然很低。从表 2-1 反映出来的整体分布偏离正态分布的程度来看，偏度系数为 -0.5750，峰度系数为 0.4963，上市公司治理总指数分布为负偏态分布，基本满足正态分布。

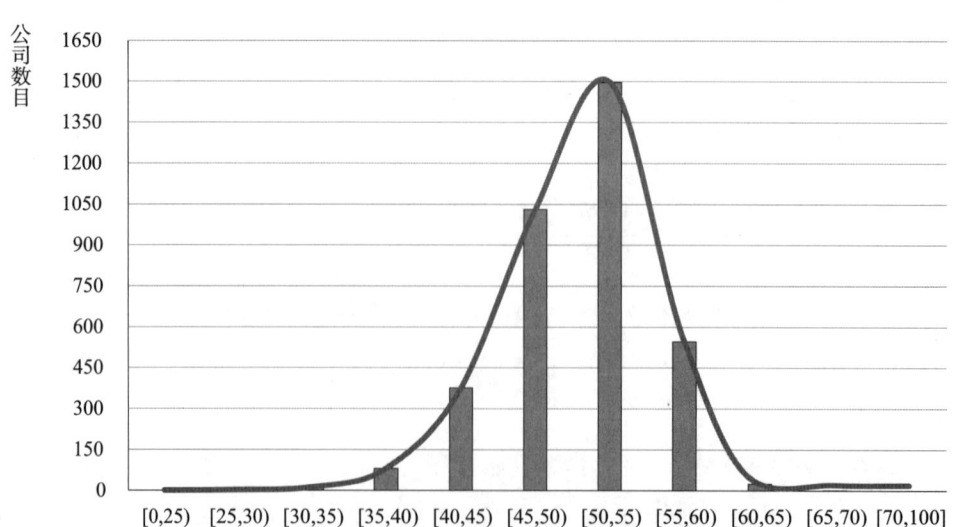

图 2-1 2019 年上市公司治理总指数区间分布

2.1.2 上市公司治理总指数前100名

表2-3列出了3569家上市公司中排名前100家公司的总指数情况。可以看出，前100名公司的治理总指数均值为59.4746分，也没有达到及格线（60分），但比上年（57.4221分）提高2.0525分。

表 2-3 2019 年上市公司治理总指数前 100 名情况

项目	平均值	中位值	最大值	最小值	标准差
前100名	59.4746	59.1138	65.1858	58.1320	1.3190
总体	50.4173	50.9178	65.1858	29.0895	4.7436

我们对3569家上市公司治理总指数进行从大到小降序排列，上市公司治理总指数越高，说明上市公司治理综合水平越高。表2-4是上市公司治理总指数排名前100的上市公司情况。

表 2-4 2019 年上市公司治理总指数排名前 100 名

排名	代码	公司简称	指数	排名	代码	公司简称	指数
1	300498	温氏股份	65.1858	14	600026	中远海能	60.9310
2	002938	鹏鼎控股	63.6059	15	000157	中联重科	60.9187
3	000039	中集集团	62.8486	16	601628	中国人寿	60.8750
4	002250	联化科技	62.5133	17	000513	丽珠集团	60.7276
5	600837	海通证券	62.0744	18	300012	华测检测	60.6627
6	002847	盐津铺子	61.9073	19	300082	奥克股份	60.4081
7	300197	铁汉生态	61.7336	20	002146	荣盛发展	60.2974
8	600548	深高速	61.6635	21	000878	云南铜业	60.1272
9	002233	塔牌集团	61.6434	22	300284	苏交科	60.1123
10	002615	哈尔斯	61.4461	23	300398	飞凯材料	60.0854
11	000598	兴蓉环境	61.3781	24	300327	中颖电子	60.0756
12	300253	卫宁健康	61.0718	25	002179	中航光电	60.0346
13	600029	南方航空	60.9799	26	300347	泰格医药	60.0278

续表

排名	代码	公司简称	指数	排名	代码	公司简称	指数
27	000756	新华制药	59.8986	55	002549	凯美特气	59.0465
28	000876	新希望	59.8927	56	002926	华西证券	59.0454
29	300383	光环新网	59.8225	57	002320	海峡股份	59.0406
30	000630	铜陵有色	59.7833	58	000026	飞亚达	58.9141
31	300177	中海达	59.7602	59	002093	国脉科技	58.9101
32	002273	水晶光电	59.7022	60	000090	天健集团	58.8830
33	002386	天原集团	59.6762	61	002936	郑州银行	58.8680
34	600115	东方航空	59.6720	62	000155	川能动力	58.7590
35	300047	天源迪科	59.6451	63	002449	国星光电	58.7484
36	300456	赛微电子	59.5467	64	300453	三鑫医疗	58.7204
37	300470	中密控股	59.5392	65	002300	太阳电缆	58.6785
38	601390	中国中铁	59.5282	66	300463	迈克生物	58.6410
39	001965	招商公路	59.5171	67	002165	红宝丽	58.6314
40	300504	天邑股份	59.3966	68	002339	积成电子	58.6253
41	300296	利亚德	59.3676	69	300070	碧水源	58.5690
42	300298	三诺生物	59.3603	70	600050	中国联通	58.5604
43	300062	中能电气	59.3141	71	000967	盈峰环境	58.5597
44	300236	上海新阳	59.2767	72	000936	华西股份	58.5162
45	300627	华测导航	59.2755	73	300034	钢研高纳	58.4814
46	000061	农产品	59.2444	74	002579	中京电子	58.4516
47	002937	兴瑞科技	59.2396	75	002106	莱宝高科	58.4351
48	300005	探路者	59.2230	76	000027	深圳能源	58.4151
49	600036	招商银行	59.1297	77	601688	华泰证券	58.3997
50	002153	石基信息	59.1189	78	601633	长城汽车	58.3951
51	600104	上汽集团	59.1087	79	000006	深振业A	58.3891
52	300722	新余国科	59.0925	80	002022	科华生物	58.3635
53	002091	江苏国泰	59.0734	81	300072	三聚环保	58.3631
54	601988	中国银行	59.0561	82	002001	新和成	58.3415

续表

排名	代码	公司简称	指数	排名	代码	公司简称	指数
83	002422	科伦药业	58.3223	92	601318	中国平安	58.2104
84	300014	亿纬锂能	58.3215	93	300196	长海股份	58.2032
85	603259	药明康德	58.3156	94	300376	易事特	58.1917
86	000933	神火股份	58.2828	95	300002	神州泰岳	58.1806
87	600028	中国石化	58.2802	96	300303	聚飞光电	58.1722
88	600326	西藏天路	58.2784	97	300019	硅宝科技	58.1694
89	601336	新华保险	58.2587	98	000959	首钢股份	58.1689
90	601111	中国国航	58.2572	99	000548	湖南投资	58.1561
91	001872	招商港口	58.2153	100	002438	江苏神通	58.1320

从表 2-4 可以看出，上市公司治理总指数最高的是深市创业板上市公司温氏股份，排在第二、三位的分别是深市中小企业板的鹏鼎控股和深市主板的中集集团。有 23 家公司 2019 年和 2018 年连续两年出现在前 100 名中，它们是温氏股份、中集集团、盐津铺子、铁汉生态、深高速、塔牌集团、哈尔斯、中联重科、丽珠集团、苏交科、天源迪科、中国中铁、农产品、石基信息、中国银行、国脉科技、国星光电、碧水源、华西股份、华泰证券、中国石化、新华保险、中国平安。其中，有 13 家公司近三年连续出现在前 100 名中，它们是中集集团、铁汉生态、深高速、哈尔斯、中联重科、丽珠集团、天源迪科、农产品、石基信息、国星光电、中国石化、新华保险、中国平安。

从地区看，前 100 名中，东部、中部、西部和东北各有 76 家、11 家、12 家和 1 家，各占所在地区上市公司总数的 3.07%、2.37%、2.53% 和 0.66%。从行业来看，前 100 名公司主要分布在制造业（55 家），金融业（9 家），交通运输、仓储和邮政业（9 家），各占所在行业上市公司总数的 2.47%、8.41% 和 8.82%。从控股类型来看，国有控股公司有 46 家、非国有控股公司有 54 家，分别占两类公司总数的 4.14% 和 2.20%。从上市板块看，深市主板（不含中小企业板）、深市中小企业板、深市创业板和沪市主板各有 21 家、27 家、33 家和 19 家，分别占所在板块上市公司总数的 4.59%、2.93%、4.44% 和 1.31%。

需要注意的是，上市公司治理总指数最高的前 100 名在地区、行业和控股类型中的分布，并不能完全说明某个地区、行业和控股类型整体表现就好，因为各地区、行业和控股类型的上市公司数量不同。比如，制造业进入前 100 名的公司数多于交通运输、仓储和邮政业，但交通运输、仓储和邮政业进入前 100 名的占比更高，无疑交通运输、仓储和邮政业表现更好。再如,国有控股公司进入前100名的公司数少于非国有控股公司,但前者占比却高于后者,显然国有控股的公司表现较好。

2.2 分地区上市公司治理总指数比较

根据东部、中部、西部和东北四个地区的划分,得出四个地区上市公司治理总指数总体情况,参见表2-5。

表2-5 2019年不同地区上市公司治理总指数比较

排序	地区	公司数目	平均值	中位值	最大值	最小值	标准差
1	东部	2478	50.6770	51.0909	65.1858	31.7759	4.6170
2	中部	465	50.3420	50.9964	61.9073	33.8974	4.7892
3	西部	475	49.9013	50.6351	61.3781	34.5825	4.8013
4	东北	151	48.0117	48.6461	60.4081	29.0895	5.5787
	总体	3569	50.4173	50.9178	65.1858	29.0895	4.7436

由表2-5可知,上市公司治理总指数均值最高的地区为东部,东北排在最后一位,上市公司治理总指数最大值出自东部地区,最小值出自东北地区。总体来看,上市公司治理总指数的地区间差异不是很大。

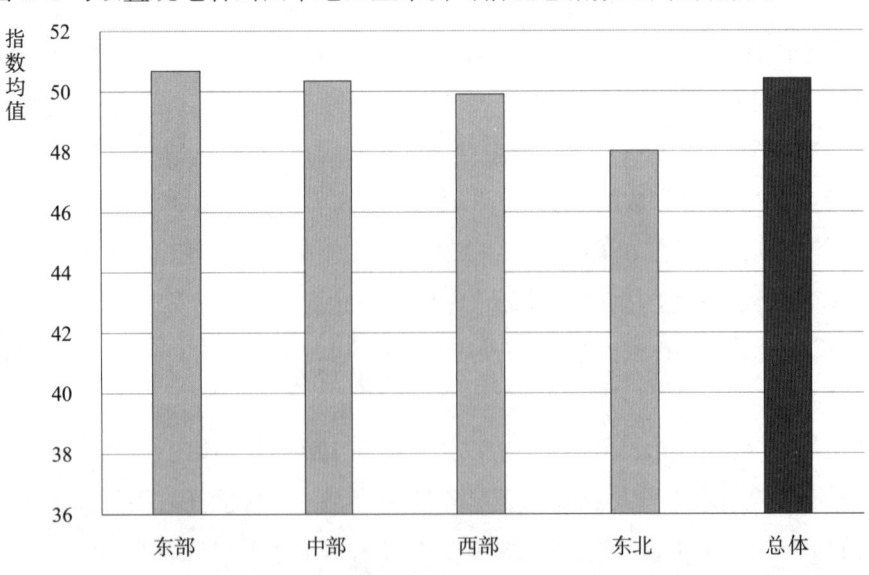

由图2-2可以直观地看出四个地区上市公司治理总指数之间的差异。

图2-2 2019年不同地区上市公司治理总指数比较

从图 2-2 可以看出，四个地区中，除东部地区外，中部、西部和东北地区上市公司治理总指数均值都低于总体均值。东部地区上市公司治理总指数高于其他三个地区，这说明东部地区上市公司治理更好一些。

2.3 分行业上市公司治理总指数比较

用各个行业上市公司治理总指数的平均值来代表各个行业上市公司治理的总指数，然后将各行业上市公司治理总指数的平均值按照从高到低的顺序进行排名，具体排名结果参见表 2-6。

表 2-6 2019 年不同行业上市公司治理总指数比较

排名	行业名称	公司数目	平均值	中位值	最大值	最小值	标准差
1	金融业（J）	107	52.2700	52.5340	62.0744	40.3089	4.4642
2	水利、环境和公共设施管理业（N）	54	51.8529	52.2748	61.7336	41.1169	4.3109
3	科学研究和技术服务业（M）	45	51.5161	51.4561	60.6627	41.8786	3.8913
4	交通运输、仓储和邮政业（G）	102	51.2703	51.6024	61.6635	37.8524	4.8390
5	建筑业（E）	95	51.1857	51.8945	59.5282	40.7549	4.3409
6	教育（P）	8	50.6767	51.8119	57.0935	40.6608	4.7370
7	制造业（C）	2231	50.4389	50.8948	63.6059	29.2558	4.5910
8	信息传输、软件和信息技术服务业（I）	273	50.4051	51.3541	61.0718	29.0895	5.2613
9	住宿和餐饮业（H）	9	50.2659	50.9296	56.3687	43.9533	3.4844
10	卫生和社会工作（Q）	12	50.1942	50.6533	60.0278	36.6555	6.1860
11	房地产业（K）	120	49.9792	50.8678	60.2974	33.9081	5.0738
12	电力、热力、燃气及水生产和供应业（D）	109	49.9120	50.4374	61.3781	34.3134	4.8660
13	文化、体育和娱乐业（R）	57	49.8258	50.7178	57.4949	34.7100	4.5558
14	采矿业（B）	75	49.5695	50.1568	58.2802	35.6994	4.8781
15	租赁和商务服务业（L）	52	49.5320	50.1722	59.2444	35.4761	5.1403
16	农、林、牧、渔业（A）	41	49.5108	50.1066	65.1858	35.5884	5.6531
17	批发和零售业（F）	161	49.3037	49.3598	59.0734	36.4535	5.0448

续表

排名	行业名称	公司数目	平均值	中位值	最大值	最小值	标准差
18	综合（S）	17	46.9385	47.1473	53.7468	37.5055	4.1445
	总体	3569	50.4173	50.9178	65.1858	29.0895	4.7436

注：居民服务、修理和其他服务业（O）只有1家上市公司，难以代表该行业整体水平，故排名时剔除。

从表2-6可以看出，18个行业中有7个行业的上市公司治理总指数均值高于总体均值，这7个行业的行业最大均值与总体均值的绝对差距为1.8527分；低于总体均值的行业有11个，总体均值与这11个行业的行业最小均值之间的绝对差距为3.4788分。显然，高分区行业的内部差距略小于低分区行业。上市公司治理总指数最高的三个行业是金融业（J），水利、环境和公共设施管理业（N），科学研究和技术服务业（M）。上市公司治理总指数最低的三个行业是综合（S），批发和零售业（F），农、林、牧、渔业（A）。

图2-3显示了上市公司治理总指数在行业间的差异。可以看出，除综合（S）上市公司治理总指数均值明显低于其他行业外，其他各行业上市公司治理总指数呈现较平缓的变化。

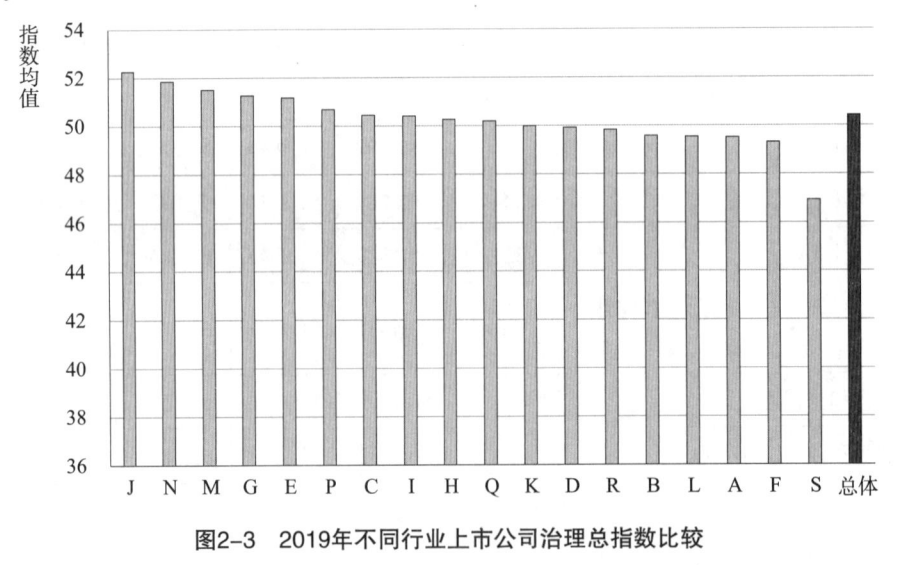

图2-3　2019年不同行业上市公司治理总指数比较

2.4　分所有制上市公司治理总指数比较

根据第1章的所有制类型划分，中国的上市公司可以分为国有绝对控股公司、国有强相对控股公司、国有弱相对控股公司、国有参股公司和无国有股份公司五种类型。按照不同所有制上市公司治理总指数均值进行降序排列，如表2-7所示。

表 2-7 2019 年不同所有制上市公司治理总指数排名及比较

排名	所有制性质	公司数目	平均值	中位值	最大值	最小值	标准差
1	国有绝对控股公司	266	51.1712	51.1752	60.8750	41.2153	4.0093
2	国有强相对控股公司	426	50.7655	50.8026	61.6635	37.8524	4.5059
3	国有参股公司	903	50.7436	51.3773	62.8486	29.0895	4.8412
4	国有弱相对控股公司	418	50.6571	50.9372	62.0744	34.4153	4.7109
5	无国有股份公司	1556	49.9394	50.5757	65.1858	31.7759	4.8276
	总体	3569	50.4173	50.9178	65.1858	29.0895	4.7436

根据表 2-7，从整体上看，五类上市公司治理总指数均值没有很大的差异，也都未达到及格线。其中，国有绝对控股公司治理总指数均值最高，为 51.1712 分，无国有股份公司治理总指数均值最低，为 49.9394 分。从中位值看，上市公司治理总指数中位值从高到低依次为国有参股公司、国有绝对控股公司、国有弱相对控股公司、国有强相对控股公司和无国有股份公司。从标准差看，五类公司差别不大，都略高于 4，说明各所有制类型上市公司的内部差距不是很大。

为了更直观地反映不同所有制上市公司治理总指数的差异，图 2-4 按照第一大股东中的国有股份比例从大到小进行了排序。可以看出，随着国有股比例降低，在三种国有控股公司中，上市公司治理水平略有下降，但国有参股公司却出现上升，再到无国有股份公司，又略有下降，总体呈现出"S"型，这说明在当前市场和制度条件下，国有持股对于上市公司治理水平提高有一定意义。

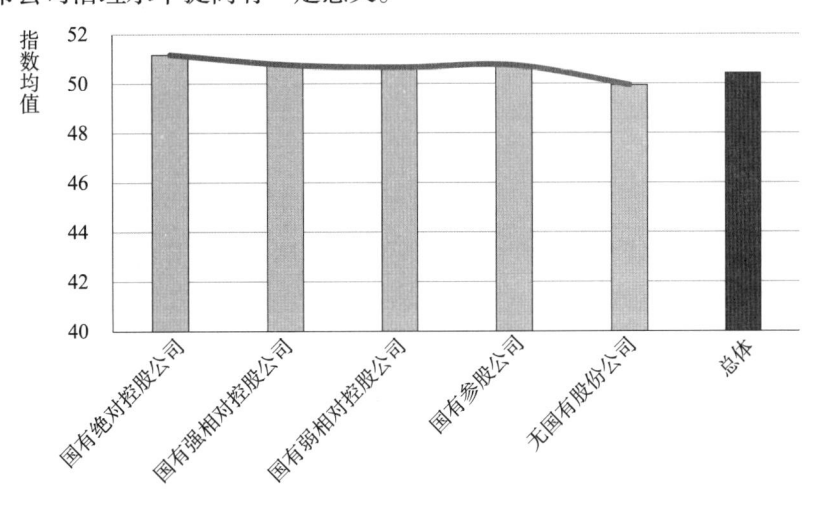

图2-4 2019年不同所有制上市公司治理总指数均值比较

我们进一步将国有绝对控股公司、国有强相对控股公司和国有弱相对控股公司归类为国有控股公司,将国有参股公司和无国有股份公司归类为非国有控股公司,比较两大类公司的公司治理总指数情况,如表2-8所示。

表2-8 2019年国有控股和非国有控股公司的治理总指数排名及比较

排名	所有制性质	公司数目	平均值	中位值	最大值	最小值	标准差
1	国有控股公司	1110	50.8219	51.0218	62.0744	34.4153	4.4768
2	非国有控股公司	2459	50.2347	50.8948	65.1858	29.0895	4.8481
	总体	3569	50.4173	50.9178	65.1858	29.0895	4.7436

从表2-8可以看出,2019年上市公司中,国有控股公司与非国有控股公司在平均值、中位值上的差距都很小,且都未达到及格线(60分)。其中,国有控股公司治理总指数均值和中位值都略高于非国有控股公司。

根据最终控制人的不同,我们进一步将上市公司划分为中央企业(或监管机构)、地方国企(或监管机构)和非国有企业或自然人三类。表2-9比较了三类上市公司治理总指数情况。

表2-9 2019年不同最终控制人上市公司治理总指数排名及比较

排名	最终控制人	公司数目	平均值	中位值	最大值	最小值	标准差
1	中央企业(或监管机构)	393	51.3128	51.6491	62.8486	34.4153	4.4761
2	地方国企(或监管机构)	753	50.5484	50.7212	62.0744	34.9573	4.4522
3	非国有企业或自然人	2423	50.2314	50.8952	65.1858	29.0895	4.8543
	总体	3569	50.4173	50.9178	65.1858	29.0895	4.7436

从表2-9可以看出,中央企业(或监管机构)控制的公司的治理总指数均值最高,非国有企业或自然人控制的公司的治理总指数均值最低,且低于总体均值,三类公司的治理总指数总体差异并不明显。

2.5 分上市板块上市公司治理总指数比较

按照深市主板（不含中小企业板）、深市中小企业板、深市创业板和沪市主板的划分，来比较不同板块上市公司的治理总指数情况，结果参见表2-10。

表2-10 2019年不同板块上市公司治理总指数比较

排序	上市板块	公司数目	平均值	中位值	最大值	最小值	标准差
1	深市创业板	743	52.3505	52.6137	65.1858	37.1607	3.6380
2	深市中小企业板	922	52.0814	52.7751	63.6059	31.7759	4.2330
3	深市主板（不含中小企业板）	458	51.6660	52.4317	62.8486	34.7912	4.5690
4	沪市主板	1446	47.9675	48.1458	62.0744	29.0895	4.5297
	总体	3569	50.4173	50.9178	65.1858	29.0895	4.7436

从表2-10可以看出，3569家上市公司中，上市公司治理总指数平均值从高到低排列依次为深市创业板、深市中小企业板、深市主板（不含中小企业板）和沪市主板。从整体上看，深市上市公司治理水平好于沪市。

图2-5更直观地反映了不同板块上市公司治理总指数的差异。可以看到，深市三个板块上市公司治理总指数均值都高于总体均值，而沪市主板上市公司治理总指数均值低于总体均值。

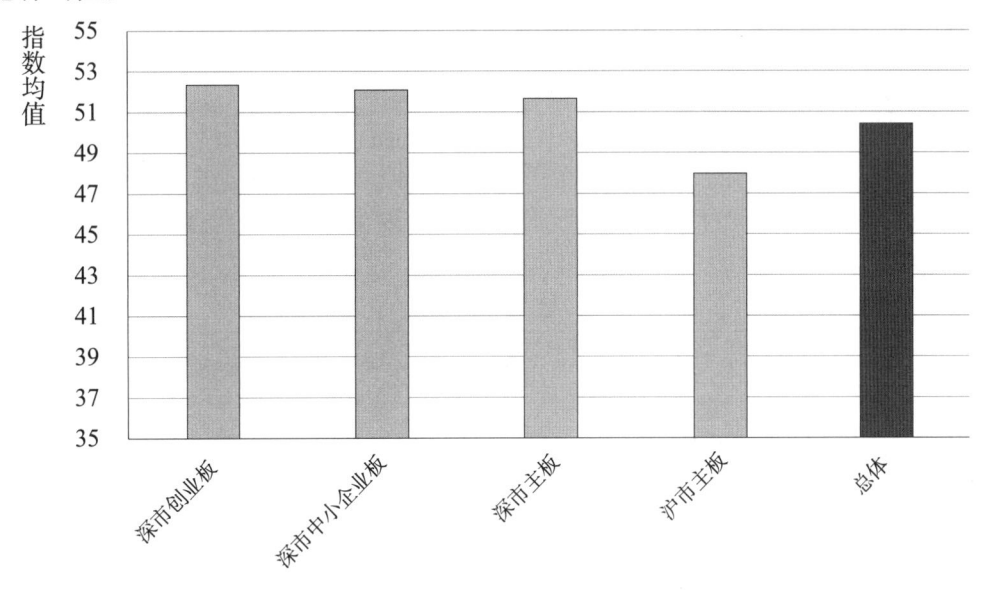

图2-5 2019年不同板块上市公司治理总指数比较

注：深市中小企业板是深市主板的一部分，但本图中的深市主板不含中小企业板。

2.6 上市公司治理总指数年度比较（2015～2019）

本节将从总体、地区、行业、所有制和上市板块五个角度，比较分析2015～2019年五个年度的上市公司治理水平，以了解上市公司治理水平的发展趋势，进而对提高中国上市公司治理水平提供参考。

2.6.1 上市公司治理总指数总体的年度比较

对2015～2019年五个年度中国上市公司治理总指数的评价，样本公司数分别是2655家、2840家、3147家、3490家和3569家，基本上是对全部上市公司的评价。比较2015～2019年五个年度的样本上市公司治理总指数，结果参见表2-11。

表2-11　2015～2019年上市公司治理总指数均值比较

年份	样本量	总指数	年份	样本量	总指数
2015	2655	44.7979	2018	3490	48.3781
2016	2840	46.5700	2019	3569	50.4173
2017	3147	47.3617	—	—	—

由表2-11可知，2015～2019年，上市公司治理总指数均值连续上升。2019年比2015年提高5.6194分，比上年提高2.0392分，是五年中升幅最大的一年。

2.6.2 分地区上市公司治理总指数的年度比较

按照四个地区的划分，将2015～2019年五个年度不同地区的上市公司治理总指数进行比较，从而更清晰地了解不同地区上市公司治理在不同年度的变化，如表2-12和图2-6所示。

表2-12　2015～2019年不同地区上市公司治理总指数均值比较

地区	年份	总指数	排名	地区	年份	总指数	排名
东部	2015	45.2749	1	西部	2015	43.8561	3
东部	2016	46.9829	1	西部	2016	45.5967	3
东部	2017	47.6095	1	西部	2017	46.9486	3

续表

地区	年份	总指数	排名	地区	年份	总指数	排名
东部	2018	48.6765	1	西部	2018	47.6438	3
	2019	50.6770	1		2019	49.9013	3
中部	2015	44.3856	2	东北	2015	42.5554	4
	2016	46.4443	2		2016	44.2987	4
	2017	47.1061	2		2017	45.7307	4
	2018	48.2448	2		2018	46.2540	4
	2019	50.3420	2		2019	48.0117	4

由表 2-12 和图 2-6 可知，四个地区上市公司治理总指数均值都在五年间连续上升。东部连续五年都位居第一，表现相对较好；东北连续五年都排名最后，表现相对较差。

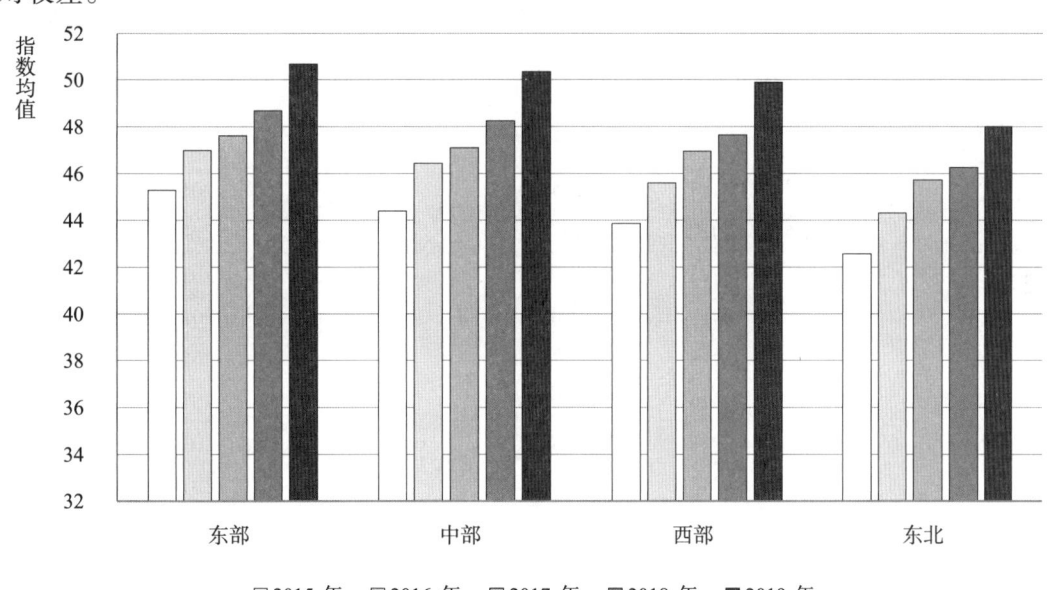

图2-6　2015~2019年不同地区上市公司治理总指数均值比较

2.6.3　分行业上市公司治理总指数的年度比较

将 2015～2019 年五个年度不同行业的上市公司治理总指数进行比较，以了解不同行业上市公司治理在不同年度的变化，结果如表 2-13 所示。

表 2-13　2015～2019 年分行业上市公司治理总指数均值比较

行业	年份	总指数	行业	年份	总指数
农、林、牧、渔业（A）	2015	43.3215	金融业（J）	2015	46.0245
	2016	47.0187		2016	48.4510
	2017	47.3798		2017	49.3286
	2018	47.1771		2018	50.3019
	2019	49.5108		2019	52.2700
采矿业（B）	2015	43.6547	房地产业（K）	2015	42.4970
	2016	45.4024		2016	45.2722
	2017	46.5260		2017	46.8601
	2018	47.6700		2018	47.4921
	2019	49.5695		2019	49.9792
制造业（C）	2015	45.2163	租赁和商务服务业（L）	2015	44.6028
	2016	46.8367		2016	46.2162
	2017	47.4135		2017	46.1985
	2018	48.5271		2018	47.7451
	2019	50.4389		2019	49.5320
电力、热力、燃气及水生产和供应业（D）	2015	43.6875	科学研究和技术服务业（M）	2015	46.7473
	2016	45.3104		2016	47.1494
	2017	46.5905		2017	47.7314
	2018	47.2329		2018	48.7302
	2019	49.9120		2019	51.5161
建筑业（E）	2015	45.0863	水利、环境和公共设施管理业（N）	2015	45.9741
	2016	47.0780		2016	46.9769
	2017	47.3808		2017	48.5319
	2018	47.9556		2018	49.1929
	2019	51.1857		2019	51.8529
批发和零售业（F）	2015	43.2514	教育（P）	2015	41.8153
	2016	44.6720		2016	43.4211
	2017	45.8534		2017	48.4660
	2018	47.3093		2018	45.7363
	2019	49.3037		2019	50.6767
交通运输、仓储和邮政业（G）	2015	44.7660	卫生和社会工作（Q）	2015	45.0161
	2016	46.6015		2016	48.4448
	2017	47.6008		2017	47.2958
	2018	48.6263		2018	50.2964
	2019	51.2703		2019	50.1942

续表

行业	年份	总指数	行业	年份	总指数
住宿和餐饮业（H）	2015	41.6794	文化、体育和娱乐业（R）	2015	44.4233
	2016	42.8766		2016	46.5139
	2017	45.9096		2017	48.4323
	2018	47.3351		2018	48.9379
	2019	50.2659		2019	49.8258
信息传输、软件和信息技术服务业（I）	2015	45.3806	综合（S）	2015	40.9329
	2016	47.0894		2016	44.0360
	2017	48.0193		2017	45.6561
	2018	48.6658		2018	43.7331
	2019	50.4051		2019	46.9385

注：①由于教育（P）在2015年只有1家上市公司，2016~2017年各有3家和4家上市公司，2018年和2019年均有8家上市公司，所以，2015年该行业数据难以反映该行业的实际平均水平，故只比较2016~2019年；②居民服务、修理和其他服务业（O）只有1家上市公司，难以代表该行业整体水平，故排名时剔除。

由表2-13可知，从上市公司治理总指数的均值来看，在18个行业中，有13个行业五年间连续上升；有3个行业2016年和2017年连续上升，2018年小幅下降，2019年又上升；有1个行业2016年上升，2017年下降，2018年和2019年连续上升；有1个行业在2016年和2018年上升，2017年和2019年小幅下降。

图2-7显示了18个行业五个年度上市公司治理总指数变化，可以看出，金融业（J）在2015年排名第二，在2016~2019年四个年度中都排名第一，反映其上市公司治理水平相对较好且较稳定。

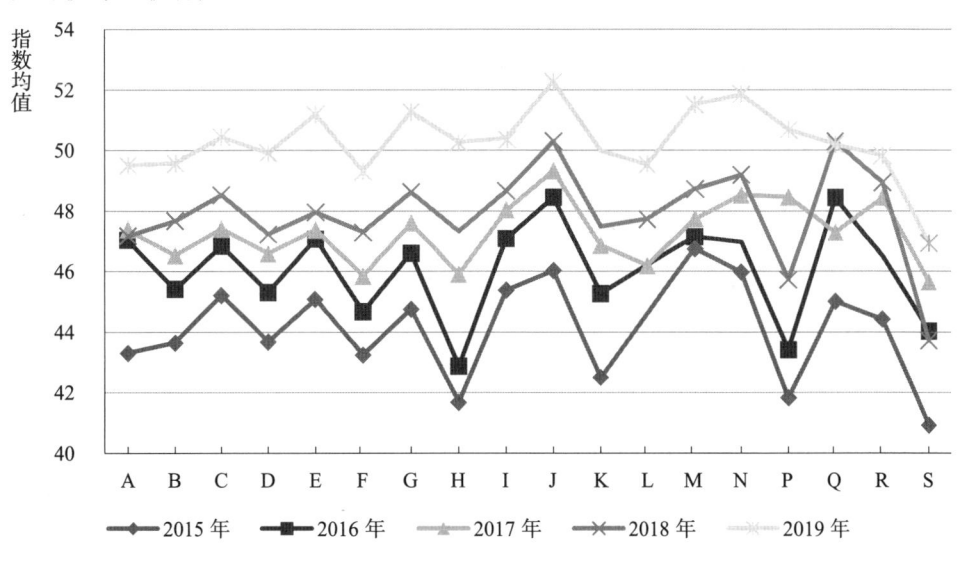

图2-7 2015~2019年不同行业上市公司治理总指数均值比较

2.6.4 分所有制上市公司治理总指数的年度比较

依照第 1 章的五种所有制类型的划分，对 2015～2019 年五个年度上市公司治理总指数进行所有制比较，结果参见表 2-14 Panel A。另外，进一步将样本按照国有控股公司和非国有控股公司分类，统计信息见表 2-14 Panel B。

表 2-14　2015～2019 年不同所有制上市公司治理总指数均值比较

所有制类型	年份	总指数	排名	所有制类型	年份	总指数	排名
Panel A 按照五类所有制公司分类							
国有绝对控股公司	2015	44.3893	3	国有参股公司	2015	45.4219	1
	2016	46.3438	3		2016	47.4933	1
	2017	47.7064	2		2017	47.7603	1
	2018	48.8425	1		2018	48.6786	2
	2019	51.1712	1		2019	50.7436	3
国有强相对控股公司	2015	44.2443	4	无国有股份公司	2015	45.0507	2
	2016	45.9479	4		2016	46.5351	2
	2017	47.2565	3		2017	47.1690	4
	2018	48.3422	3		2018	48.1694	5
	2019	50.7655	2		2019	49.9394	5
国有弱相对控股公司	2015	43.8464	5				
	2016	45.7212	5				
	2017	47.1369	5				
	2018	48.2842	4				
	2019	50.6571	4				
Panel B 按照国有控股公司和非国有控股公司分类							
国有控股公司	2015	44.1757	2	非国有控股公司	2015	45.1879	1
	2016	45.9701	2		2016	46.9108	1
	2017	47.3266	2		2017	47.3794	1
	2018	48.4435	1		2018	48.3501	2
	2019	50.8219	1		2019	50.2347	2

从表 2-14 Panel A 可知，五类所有制上市公司治理总指数均值都在五年间连续上升，其中国有弱相对控股公司五年间的升幅最大，极差❶为 6.8107 分；2019 年，国有绝对控股公司治理总指数均值最高，为 51.1712 分。

图 2-8 则更清晰地反映了五类所有制上市公司在 2015～2019 年五个年度上市公司治理总指数均值的变化。可以看到，五类所有制上市公司总指数均值差别不大。

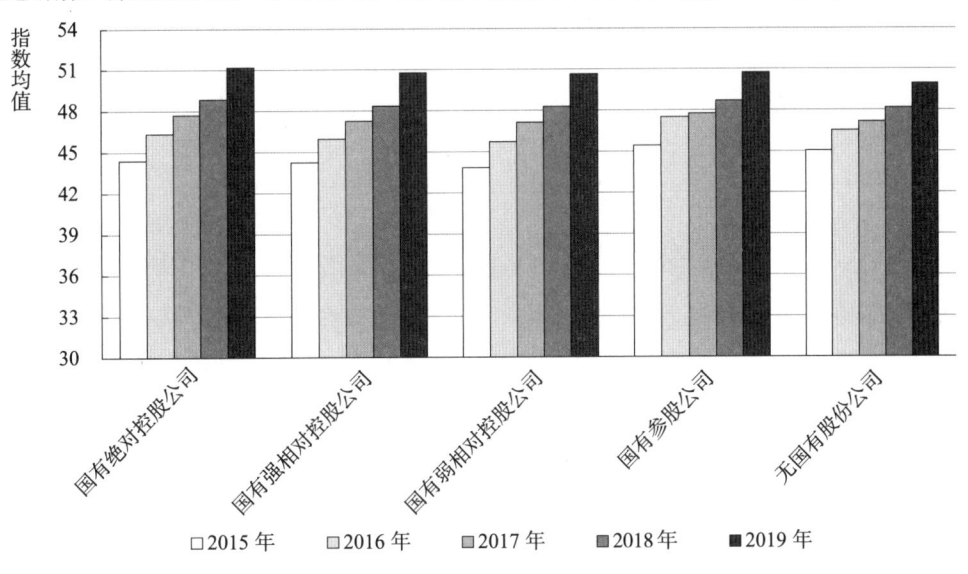

图2-8　2015～2019年不同所有制上市公司治理总指数比较

从表 2-14 Panel B 可知，把五类所有制公司归纳为国有控股公司和非国有控股公司后，在公司治理总指数均值上，两类公司都在五年间连续上升，2015～2017 年国有控股公司都低于非国有控股公司，2018 年和 2019 年则是国有控股公司略高于非国有控股公司。

2.6.5　分板块上市公司治理总指数的年度比较

按照深市主板（不含中小企业板）、深市中小企业板、深市创业板和沪市主板的划分，对 2015～2019 年不同板块上市公司治理总指数进行比较，结果参见表 2-15。

表 2-15　2015～2019 年不同板块上市公司治理总指数均值比较

上市板块	年份	总体指数	总体指数排名	上市板块	年份	总体指数	总体指数排名
深市主板（不含中小企业板）	2015	45.6073	3	深市创业板	2015	46.4665	2
	2016	48.1122	3		2016	48.5328	2
	2017	48.3779	3		2017	49.2872	1

❶ 极差是一组数据最大值和最小值之差，也称全距。

续表

上市板块	年份	总体指数	总体指数排名	上市板块	年份	总体指数	总体指数排名
深市主板（不含中小企业板）	2018	49.5397	3	深市创业板	2018	50.3996	1
	2019	51.6660	3		2019	52.3505	1
深市中小企业板	2015	47.3341	1	沪市主板	2015	41.8693	4
	2016	48.7981	1		2016	43.3887	4
	2017	48.6794	2		2017	45.1218	4
	2018	49.9897	2		2018	45.9117	4
	2019	52.0814	2		2019	47.9675	4

由表2-15可见，深市主板（不含中小企业板）、深市创业板和沪市主板的上市公司治理总指数均值都在五年间连续上升；深市中小企业板在2017年曾略有下降，2018年和2019年连续两年上升。在这四个板块中，沪市主板五年中的升幅最大，极差达到6.0982分。

图2-9更直观地反映出四个板块上市公司治理总指数在2015～2019年五个年度的变化。可以看到，四个板块上市公司治理总指数均值从整体上来看都是上升的。

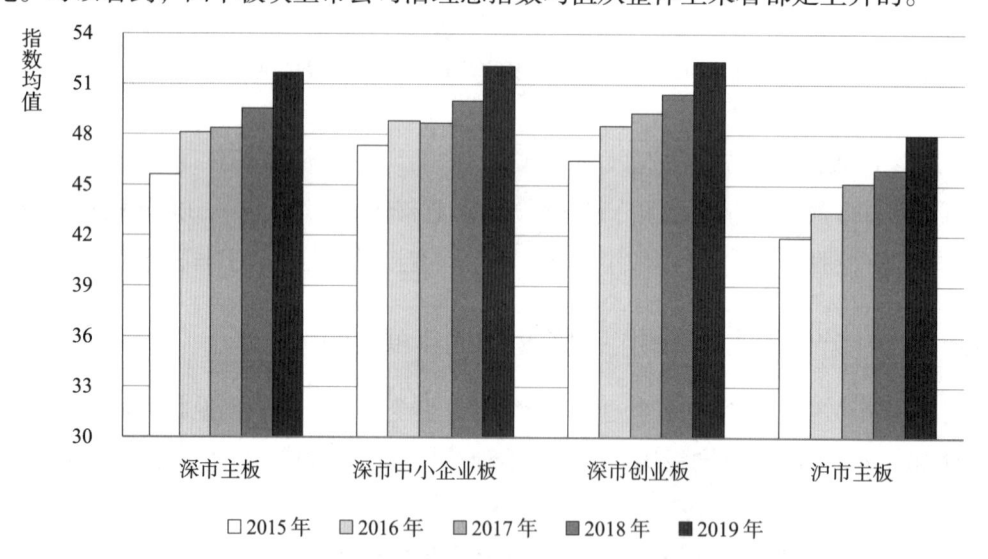

图2-9 2015～2019年不同板块上市公司治理总指数均值比较

2.7 本章小结

本章分别从总体、地区、行业、所有制、上市板块等方面对2019年以及2015～2019年上市公司的治理总指数进行了截面和年度比较分析。主要结论如下：

①从总体看，2019年上市公司治理总指数最大值65.1858分，最小值29.0895分，

平均值 50.4173 分，中位值 50.9178 分，样本均值未及格（60 分为及格线），得分整体偏低。上市公司治理总指数分布较为集中，有 70.78% 的公司集中在 [45，55）区间，及格率仅为 0.73%，及格率很低，但比上年提高 0.47 个百分点。

②从地区看，2019 年各地区上市公司治理总指数均值最高的地区为东部，东北排在最后一位。总体来看，上市公司治理总指数的地区间差异不是很大。

③从行业看，2019 年上市公司治理总指数最高的三个行业是金融业（J），水利、环境和公共设施管理业（N），科学研究和技术服务业（M）。上市公司治理总指数最低的三个行业是综合（S），批发和零售业（F），农、林、牧、渔业（A）。

④从所有制类型看，2019 年五类上市公司治理总指数均值均未达到及格水平；随着国有股比例降低，在三种国有控股公司中，上市公司治理水平略有下降，但国有参股公司却出现上升，再到无国有股份公司，又略有下降，总体呈现出"S"型，这说明在当前市场和制度条件下，国有持股对于上市公司治理水平提高有一定意义。

⑤从上市板块看，2019 年上市公司治理总指数平均值从高到低排列依次为深市创业板、深市中小企业板、深市主板（不含中小企业板）和沪市主板。从整体上看，深市上市公司治理水平好于沪市。

⑥对 2015～2019 年上市公司治理总指数进行比较分析，主要结论有：a. 2015～2019 年，上市公司治理总指数均值连续上升，其中 2019 年升幅最大。b. 四个地区上市公司治理总指数均值都在五年间连续上升；东部连续五年都位居第一，东北连续五年都排名最后。c. 在 18 个行业中，有 13 个行业五年间连续上升。d. 国有控股公司和非国有控股公司的治理总指数都在五年间连续上升，2015～2017 年国有控股公司都低于非国有控股公司，2018 年和 2019 年则是国有控股公司高于非国有控股公司。e. 深市主板（不含中小企业板）、深市创业板和沪市主板上市公司治理总指数均值都在五年间连续上升；深市中小企业板在 2016 年上升，2017 年略有下降，2018 年和 2019 年连续两年上升。

第二篇 中小投资者权益保护指数

第3章　中小投资者权益保护总体指数排名及比较

根据第1章确定的中小投资者权益保护指数评价方法，以及我们评估获得的2019年度3569家样本上市公司治理指数数据，本章对这些公司的中小投资者权益保护指数进行排名，然后分别从地区、行业、上市板块三个角度进行比较分析。

3.1 中小投资者权益保护指数总体分布及排名

基于上市公司2019年的公开数据，根据本报告构建的中小投资者权益保护指数指标体系和指数计算方法，对3569家上市公司中小投资者权益保护指数进行计算，从而得到中国上市公司中小投资者权益保护指数的整体排名情况。

3.1.1 中小投资者权益保护指数总体分布

2019年上市公司中小投资者权益保护指数的总体得分情况参见表3-1。

表3-1　2019年上市公司中小投资者权益保护指数总体情况

项目	公司数目	平均值	中位值	最大值	最小值	标准差	偏度系数	峰度系数
数值	3569	52.1392	53.0159	70.9984	13.8216	7.8061	−1.0408	1.9301

从表3-1可以看出，2019年上市公司中小投资者权益保护指数最大值70.9984分，最小值13.8216分，平均值52.1392分，中位值53.0159分，样本均值未及格（60分为及格线），得分整体偏低。

为进一步了解中小投资者权益保护指数在各个得分区间的分布情况，我们将中小投资者权益保护指数在有分布的区间以5分为间隔，划分为[0，10）、[10，15）、[15，20）、[20，25）、[25，30）、[30，35）、[35，40）、[40，45）、[45，50）、[50，55）、[55，60）、

[60，65)、[65，70)、[70，75)和[75，100]15个区间（公司数目为0的指数区间合并），每个指数区间的企业数目和所占比重参见表3-2和图3-1。

表3-2 2019年上市公司中小投资者权益保护指数区间分布

指数区间	公司数目	占比（%）	累计占比（%）
[0，10)	0	0.00	0.00
[10，15)	1	0.03	0.03
[15，20)	4	0.11	0.14
[20，25)	19	0.53	0.67
[25，30)	52	1.46	2.13
[30，35)	60	1.68	3.81
[35，40)	111	3.11	6.92
[40，45)	252	7.06	13.98
[45，50)	666	18.66	32.64
[50，55)	1029	28.83	61.47
[55，60)	924	25.89	87.36
[60，65)	382	10.70	98.07
[65，70)	68	1.91	99.97
[70，75)	1	0.03	100.00
[75，100]	0	0.00	100.00
总计	3569	100	—

从表3-2和图3-1可以看出，中小投资者权益保护指数主要集中在[45，60)区间，总计为2619家，占样本总数的73.38%。其中在[50，55)区间的公司数量最多，有1029家，占样本总数的28.83%。及格（大于或等于60分）的公司有451家，及格率为12.64%，比2018年8.40%的及格率上升4.24个百分点；并且达到及格的指数值大多在[60，65)、[65，70)两个区间，只有一家得分超过70分的公司。这说明中国上市公司中小投资者权益保护水平整体依然很低。从表3-1反映出来的整体分布偏离正态分布的程度来看，偏度系数为-1.0408，峰度系数为1.9301，中小投资者权益保护指数分布为负偏态分布，基本满足正态分布。

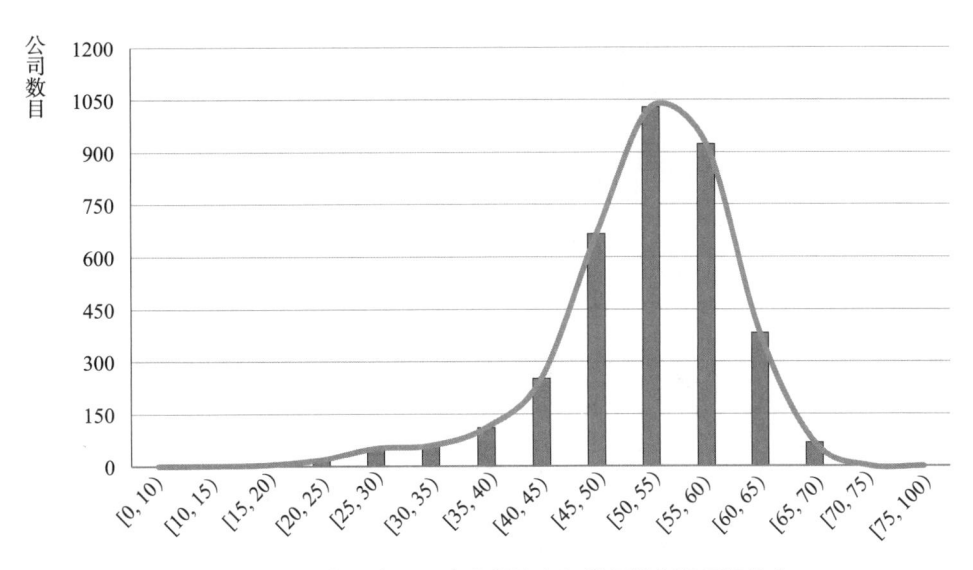

图3-1　2019年上市公司中小投资者权益保护指数区间分布

3.1.2　中小投资者权益保护指数前100名

表3-3列出了3569家上市公司中排名前100家公司的中小投资者权益保护指数情况。可以看出，前100名公司的中小投资者权益保护指数均值为65.9629分，比2018年的均值64.0955分上升1.8674分。

表3-3　2019年上市公司中小投资者权益保护指数前100名情况

项目	平均值	中位值	最大值	最小值	标准差
前100名	65.9629	65.5354	70.9984	64.3024	1.4060
总体	52.1392	53.0159	70.9984	13.8216	7.8061

我们对3569家上市公司的中小投资者权益保护指数进行从大到小降序排列，中小投资者权益保护指数越高，说明上市公司中小投资者权益保护水平越高。表3-4是中小投资者权益保护指数排名前100的上市公司情况。

表3-4　2019年上市公司中小投资者权益保护指数排名前100名

排名	代码	公司简称	指数	排名	代码	公司简称	指数
1	000157	中联重科	70.9984	4	600548	深高速	68.7967
2	600115	东方航空	69.5951	5	300285	国瓷材料	68.7951
3	000063	中兴通讯	69.0417	6	600837	海通证券	68.7064

续表

排名	代码	公司简称	指数	排名	代码	公司简称	指数
7	002880	卫光生物	68.6455	35	600188	兖州煤业	66.2264
8	300383	光环新网	68.5117	36	002019	亿帆医药	66.1277
9	300012	华测检测	68.0564	37	002847	盐津铺子	66.1043
10	002508	老板电器	67.9844	38	300639	凯普生物	66.0957
11	601318	中国平安	67.9595	39	300750	宁德时代	66.0174
12	300015	爱尔眼科	67.9184	40	300142	沃森生物	65.9885
13	002233	塔牌集团	67.8390	41	000656	金科股份	65.9735
14	300760	迈瑞医疗	67.5952	42	002410	广联达	65.9506
15	002081	金螳螂	67.5905	43	002643	万润股份	65.8593
16	000513	丽珠集团	67.4167	44	601688	华泰证券	65.8389
17	000967	盈峰环境	67.3338	45	000090	天健集团	65.8334
18	300212	易华录	67.2737	46	002405	四维图新	65.7577
19	002518	科士达	67.2601	47	300326	凯利泰	65.7024
20	000039	中集集团	67.1810	48	000876	新希望	65.6787
21	002398	垒知集团	67.1746	49	601111	中国国航	65.6499
22	600754	锦江酒店	67.1539	50	002677	浙江美大	65.5384
23	300316	晶盛机电	67.1202	51	300144	宋城演艺	65.5325
24	002507	涪陵榨菜	67.0466	52	300215	电科院	65.5121
25	002179	中航光电	67.0158	53	600690	海尔智家	65.4854
26	002317	众生药业	66.9597	54	002938	鹏鼎控股	65.4442
27	002851	麦格米特	66.8404	55	000031	大悦城	65.4052
28	002430	杭氧股份	66.6163	56	002299	圣农发展	65.3872
29	300271	华宇软件	66.5951	57	300308	中际旭创	65.3755
30	300607	拓斯达	66.5464	58	300572	安车检测	65.3503
31	002607	中公教育	66.4072	59	600585	海螺水泥	65.3377
32	300613	富瀚微	66.3120	60	600763	通策医疗	65.3341
33	002250	联化科技	66.2976	61	603060	国检集团	65.2442
34	300463	迈克生物	66.2677	62	300601	康泰生物	65.2418

续表

排名	代码	公司简称	指数	排名	代码	公司简称	指数
63	300685	艾德生物	65.2190	82	600999	招商证券	64.6339
64	002831	裕同科技	65.1223	83	002727	一心堂	64.6314
65	601881	中国银河	65.0976	84	002683	宏大爆破	64.5999
66	002925	盈趣科技	65.0827	85	000888	峨眉山A	64.5974
67	300277	海联讯	65.0777	86	002500	山西证券	64.5882
68	300578	会畅通讯	65.0587	87	000731	四川美丰	64.5703
69	002007	华兰生物	65.0337	88	002120	韵达股份	64.5160
70	002850	科达利	64.9696	89	002669	康达新材	64.5047
71	300653	正海生物	64.9584	90	300387	富邦股份	64.4755
72	000712	锦龙股份	64.9283	91	300390	天华超净	64.4604
73	300327	中颖电子	64.9021	92	600779	水井坊	64.4333
74	000858	五粮液	64.8988	93	002465	海格通信	64.4105
75	002203	海亮股份	64.8706	94	002171	楚江新材	64.4009
76	300315	掌趣科技	64.8278	95	603303	得邦照明	64.3790
77	002146	荣盛发展	64.7533	96	300590	移为通信	64.3706
78	600030	中信证券	64.7127	97	000878	云南铜业	64.3342
79	600026	中远海能	64.7119	98	002839	张家港行	64.3276
80	002181	粤传媒	64.6963	99	002273	水晶光电	64.3087
81	002489	浙江永强	64.6839	100	002609	捷顺科技	64.3024

从表3-4可以看出，中小投资者权益保护指数最高的前三家公司分别是中联重科、东方航空和中兴通讯。有21家公司近两年连续出现在前100名中，它们是中联重科、深高速、国瓷材料、卫光生物、华测检测、中国平安、爱尔眼科、易华录、中集集团、涪陵榨菜、中航光电、华泰证券、天健集团、圣农发展、通策医疗、艾德生物、裕同科技、中信证券、招商证券、山西证券、水井坊。有9家公司近三年连续出现在前100名中，分别是中联重科、深高速、国瓷材料、中国平安、爱尔眼科、易华录、中集集团、涪陵榨菜、水井坊。

在前100家上市公司中，从地区来看，东部、中部和西部各有79家、10家和11家，各占所在地区上市公司总数的3.19%、2.15%和2.32%，东北地区没有公司进入前100名；

从行业来看，主要分布在制造业（56家），信息传输、软件和信息技术服务业（10家），金融业（9家），交通运输、仓储和邮政业（5家），各占所在行业上市公司总数的2.51%、3.66%、8.41%和4.90%；从所有制类型来看，国有控股公司有35家、非国有控股公司有65家，分别占两类公司总数的3.15%和2.64%。从最终控制人类型看，中央企业（或监管机构）、地方国企（或监管机构）、非国有企业或自然人控制的公司分别有15家、21家和64家，分别占同类最终控制人类型公司总数的3.82%、2.79%和2.64%；从上市板块看，深市主板（不含中小企业板）、深市中小企业板、深市创业板和沪市主板各有14家、39家、29家和18家，分别占所在板块上市公司总数的3.06%、4.23%、3.90%和1.24%。

需要注意的是，中小投资者权益保护指数最高的前100名在地区、行业和控股类型中的分布，并不能完全说明某个地区、行业和控股类型整体表现就好，因为各地区、行业和控股类型的上市公司数量不同。比如，制造业进入前100名的公司数多于金融业，但金融业进入前100名的占比更高，无疑金融业表现更好。再如，国有控股公司进入前100名的公司数少于非国有控股公司，但前者占比却高于后者，显然国有控股公司表现较好。

图3-2直观地反映了中小投资者权益保护指数前100名的变化。可以看出，前100名上市公司的中小投资者权益保护指数的分布并不平坦，最高分70.9984分，最低分64.3024分，绝对差距6.6960分，前100名中排名在前40的企业间的指数波动较大，但排在40名之后的企业间得分差距并不大。此次，中小投资者权益保护指数前100名均为60分以上，相比于2018年度，2019年整体得分略有上升，绝大多数企业分数仍在65分附近浮动。

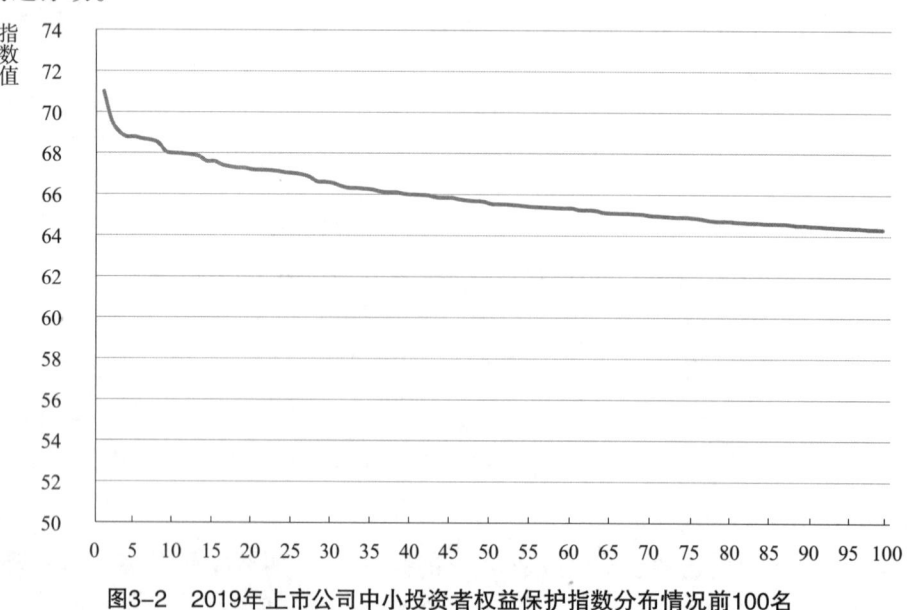

图3-2　2019年上市公司中小投资者权益保护指数分布情况前100名

3.2 分地区中小投资者权益保护指数比较

根据东部、中部、西部和东北四大地区的划分，得出四个地区上市公司中小投资者权益保护指数总体情况，参见表 3-5。

表 3-5 2019 年不同地区上市公司中小投资者权益保护指数比较

排名	地区	公司数目	平均值	中位值	最大值	最小值	标准差
1	东部	2478	52.6838	53.4703	69.5951	13.8216	7.4856
2	中部	465	51.6169	52.4823	70.9984	17.8244	7.9580
3	西部	475	50.8862	52.1759	67.0466	19.1155	8.5352
4	东北	151	48.7524	49.8233	62.9415	17.8014	8.6253
	总体	3569	52.1392	53.0159	70.9984	13.8216	7.8061

由表 3-5 可知，上市公司中小投资者权益保护指数均值最高的地区为东部，东北排在最后一位，中小投资者权益保护指数最大值出于中部，最小值出于东部。总体来看，除东北以外，其他地区中小投资者权益保护指数的差异不是很大。

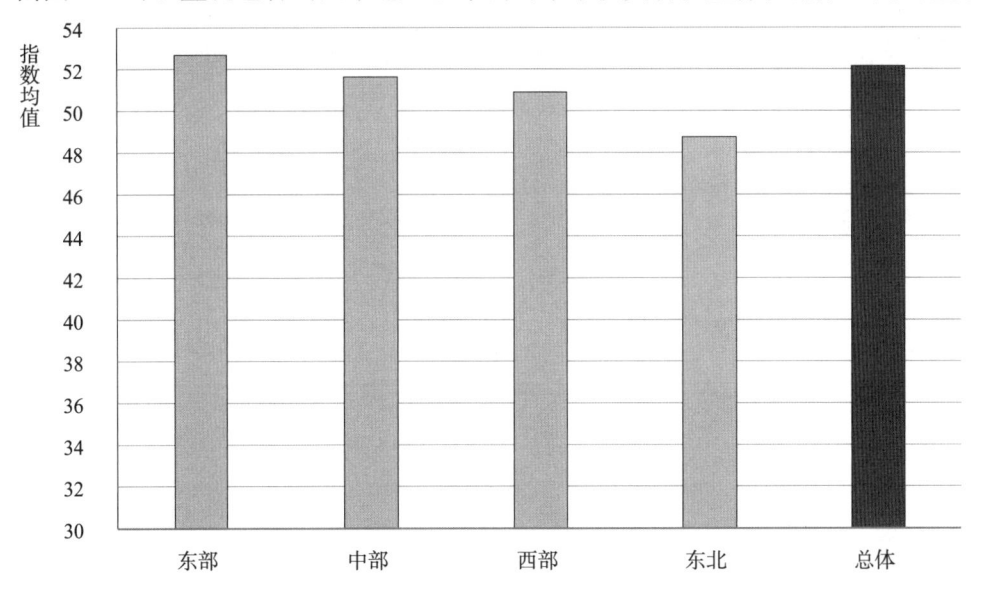

由图 3-3 可以直观地看出四个地区上市公司中小投资者权益保护指数之间的差异。

图3-3 2019年不同地区上市公司中小投资者权益保护指数比较

从图 3-3 可以看出，四个地区中，除东部外，中部、西部和东北三个地区上市公司中小投资者权益保护指数均值都低于总体均值。东部中小投资者权益保护指数高于其他三个地区，这说明由于东部地区经济发达，市场经济发展较其他地区相对更为成熟，对中小投资者权益保护也更好一些。

3.3 分行业中小投资者权益保护指数比较

用各个行业上市公司中小投资者权益保护指数的平均值来代表各个行业的上市公司中小投资者权益保护指数，然后将各行业的上市公司中小投资者权益保护指数平均值按照从高到低的顺序进行排名，具体排名结果参见表3-6。

表3-6　2019年不同行业上市公司中小投资者权益保护指数比较

排名	行业名称	公司数目	平均值	中位值	最大值	最小值	标准差
1	金融业（J）	107	56.9225	58.2674	68.7064	30.6065	6.7422
2	住宿和餐饮业（H）	9	54.7548	58.5334	67.1539	32.6725	9.2361
3	教育（P）	8	54.4682	52.4771	66.4072	44.8214	6.9498
4	水利、环境和公共设施管理业（N）	54	54.0122	54.9958	67.3338	35.0877	5.6656
5	交通运输、仓储和邮政业（G）	102	53.9607	54.0232	69.5951	31.0871	6.6732
6	建筑业（E）	95	53.3895	53.7691	67.5905	27.7118	6.7365
7	科学研究和技术服务业（M）	45	53.2124	52.8101	68.0564	36.8982	7.0540
8	采矿业（B）	75	52.5341	52.5979	66.2264	34.4385	6.9263
9	房地产业（K）	120	52.0086	52.5064	65.9735	23.4286	7.2657
10	制造业（C）	2231	51.9867	52.7904	70.9984	17.8014	7.7075
11	电力、热力、燃气及水生产和供应业（D）	109	51.9143	52.7602	63.9134	24.2697	7.1836
12	信息传输、软件和信息技术服务业（I）	273	51.5666	53.4435	68.5117	19.1155	8.9222
13	租赁和商务服务业（L）	52	51.2806	52.3362	64.6963	28.0380	8.5723
14	卫生和社会工作（Q）	12	51.2304	51.4699	67.9184	31.1076	11.3388
15	批发和零售业（F）	161	51.1308	53.1664	64.6314	20.4664	8.2478
16	文化、体育和娱乐业（R）	57	50.7697	51.8919	65.5325	13.8216	8.8146

续表

排名	行业名称	公司数目	平均值	中位值	最大值	最小值	标准差
17	农、林、牧、渔业（A）	41	49.2819	48.8836	65.3872	23.7646	7.6933
18	综合（S）	17	47.0534	49.0772	58.4479	28.7873	8.0517
	总体	3569	52.1392	53.0159	70.9984	13.8216	7.8061

注：居民服务、修理和其他服务业（O）只有1家上市公司，难以代表该行业整体水平，故排名时剔除。

从表3-6可以看出，在18个行业中，有8个行业的中小投资者权益保护指数均值高于总体均值，这8个行业的行业最大均值与总体均值的绝对差距为4.7833分；低于总体均值的行业有10个，总体均值与这10个行业的行业最小均值之间的绝对差距为5.0858分。显然，低分区行业的内部差距略大于高分区行业。上市公司中小投资者权益保护指数最高的三个行业是金融业（J）、住宿和餐饮业（H）、教育（P），其中金融业（J）连续六年排名第一。中小投资者权益保护水平最差的三个行业是综合（S），农、林、牧、渔业（A），文化、体育和娱乐业（R）。

图3-4进一步显示了中小投资者权益保护指数在行业间的差异。可以看出，除金融业（J）明显高于整体水平，以及综合（S），农、林、牧、渔业（A）明显低于整体水平以外，其他各行业上市公司中小投资者权益保护指数呈现平缓的变化。

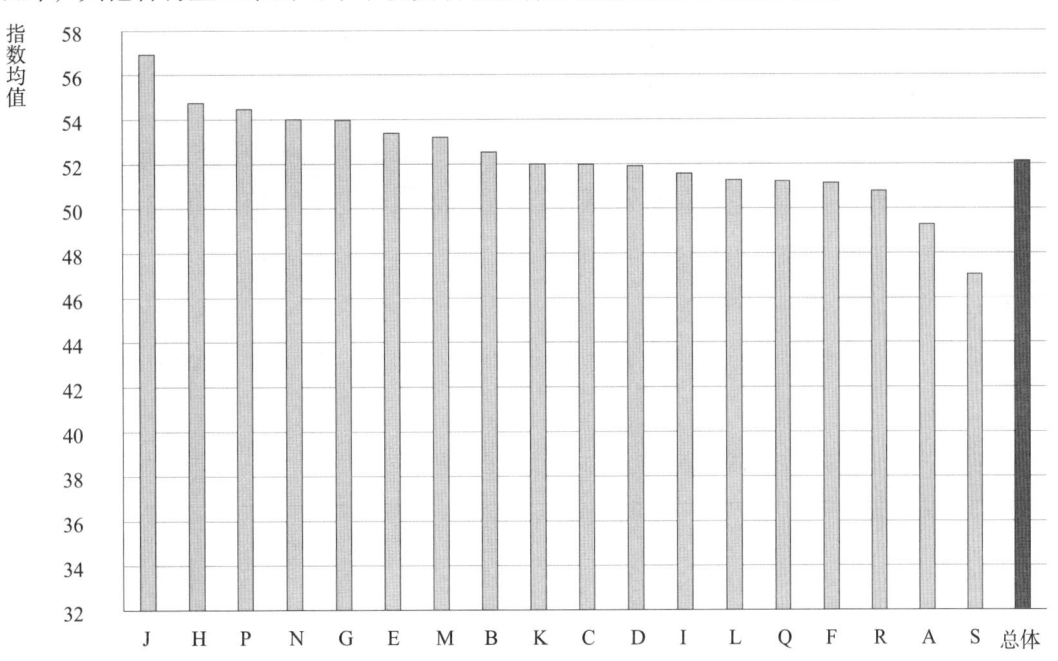

图3-4 2019年分行业上市公司中小投资者权益保护指数比较

3.4 分上市板块中小投资者权益保护指数比较

按照深市主板（不含中小企业板）、深市中小企业板、深市创业板和沪市主板的划分，来比较不同板块上市公司的中小投资者权益保护指数，结果参见表3-7。

表 3-7 2019 年不同板块上市公司中小投资者权益保护指数比较

排名	上市板块	公司数目	平均值	中位值	最大值	最小值	标准差
1	深市创业板	743	54.2429	54.8371	68.7951	29.0527	6.3003
2	深市中小企业板	922	52.9289	54.4380	68.6455	13.8216	8.3462
3	深市主板（不含中小企业板）	458	52.1598	53.3481	70.9984	19.1155	8.4123
4	沪市主板	1446	50.5482	51.3820	69.5951	17.8014	7.6138
	总体	3569	52.1392	53.0159	70.9984	13.8216	7.8061

从表3-7可以看出，四个板块中，中小投资者权益保护指数平均值从高到低排列依次为深市创业板、深市中小企业板、深市主板（不含中小企业板）和沪市主板。深市在中小投资者权益保护方面的表现好于沪市，深市创业板和中小企业板中小投资者权益保护水平好于沪深主板上市公司（深市主板不含中小企业板）。

图3-5更直观地反映了不同板块上市公司中小投资者权益保护指数的差异。可以看到，深市创业板、深市中小企业板和深市主板上市公司的中小投资者权益保护指数均高于总体均值，沪市主板的中小投资者权益保护指数则低于总体均值。

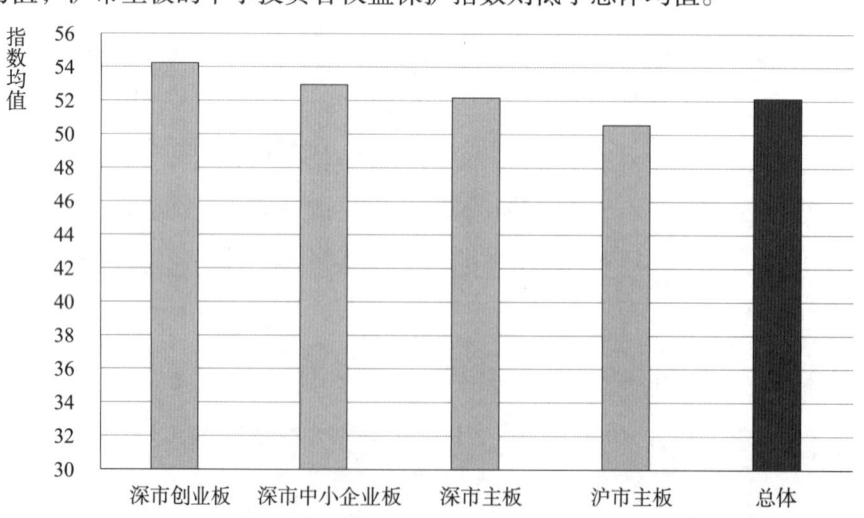

注：深市中小企业板是深市主板的一部分，但本图中的深市主板不含中小企业版。

图3-5 2019年不同板块上市公司中小投资者权益保护指数比较

3.5 本章小结

本章分别从总体、地区、行业及上市板块等方面对 2019 年上市公司的中小投资者权益保护指数进行了比较分析。主要结论如下：

①从总体看，中国上市公司中小投资者权益保护指数最大值 70.9984 分，最小值 13.8216 分，平均值 52.1392 分，中位值 53.0159 分；中小投资者权益保护指数主要集中在 [45，60）区间，占样本总数的 73.38%；及格率为 12.64%，相较去年的及格率（8.40%）有所上升，但中小投资者权益保护整体水平仍然很低。

②从地区看，东部上市公司中小投资者权益保护指数均值最高，为 52.6838 分，明显高于其他三个地区；东北最低，为 48.7524 分。除东北地区以外，其他地区中小投资者权益保护指数的差异不是很大。

③从行业看，上市公司中小投资者权益保护指数最高的三个行业是金融业（J）、住宿和餐饮业（H）、教育（P），其中金融业（J）中小投资者权益保护指数连续六年排名第一；最低的三个行业是综合（S），农、林、牧、渔业（A），文化、体育和娱乐业（R）。

④从上市板块看，中小投资者权益保护指数均值从大到小依次是深市创业板、深市中小企业板、深市主板（不含中小企业板）和沪市主板。深市创业板和中小企业板中小投资者权益保护水平好于沪深主板上市公司（深市主板不含中小企业板）。

第4章 中小投资者权益保护分项指数排名及比较

第3章从总体上对中国上市公司中小投资者权益保护指数做了排名，并从地区、行业、以及上市板块三个角度进行了分类汇总和分析。本章按照中小投资者权益保护指数四个维度的划分，把中小投资者权益保护指数分为知情权、决策与监督权、收益权和维权环境四个分项指数，对2019年四个分项指数进行排名和比较分析。

4.1 中小投资者权益保护分项指数总体比较

本报告以2019年沪深主板（含中小企业板）和深市创业板3569家上市公司样本，计算获得了2019年中国上市公司中小投资者权益保护的四个分项指数，其描述性统计结果参见表4-1。

表4-1 2019年上市公司中小投资者权益保护分项指数描述性统计

分项指数	公司数目	平均值	中位值	最大值	最小值	标准差
知情权	3569	61.1028	62.5000	87.9805	7.5000	11.8604
决策与监督权	3569	46.6984	48.6364	79.0909	21.3636	7.9685
收益权	3569	43.5789	42.8386	69.0770	0.0000	12.4644
维权环境	3569	57.1766	58.8889	88.8889	0.0000	16.6381

从表4-1中可以看出，四个分项指数中知情权分项指数的平均值最大，略超及格分60分，其余三个分项指数均未达到及格线。收益权分项指数的平均值最小。知情权和维权环境两个分项指数的平均值明显高于决策与监督权以及收益权两个分项指数，说明上市公司在知情权和维权环境方面做得相对好一点，而在决策与监督权以及收益权方面表现较差。从标准差看，维权环境分项指数的标准差最大，说明上市公司维权

环境分项指数的离散度高于其他三个分项指数。

图 4-1 直观地反映了中小投资者权益保护四个分项指数的平均值和中位值的差异。可以看出，四个分项指数的平均值和中位值的排序一致。

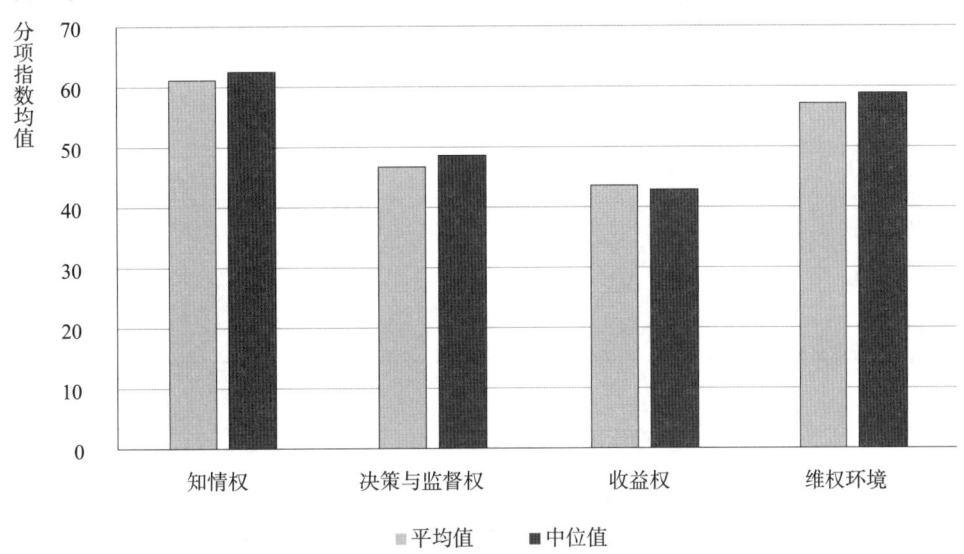

图4-1　2019年上市公司中小投资者权益保护四个分项指数比较

4.2　知情权分项指数排名及比较

中小投资者知情权分项指数考察中小投资者对于公司重要信息的可获取程度，以了解中小投资者知情权的落实状况。本节对知情权分项指数的总体情况进行说明，并分地区和行业进行比较。

4.2.1　知情权分项指数总体分布

基于 3569 家上市公司中小投资者知情权的各项指标，我们得出了每家上市公司中小投资者知情权分项指数。以 10 分为间隔，可以将知情权分项指数划分为 10 个区间段，每个分数区间段的公司数目和所占比重参见表 4-2。

表 4-2　2019 年上市公司中小投资者知情权分项指数区间分布

指数组别	公司数目	占比（%）	累计占比（%）
[0，10)	2	0.06	0.06
[10，20)	20	0.56	0.62
[20，30)	52	1.46	2.07

续表

指数组别	公司数目	占比（%）	累计占比（%）
[30，40）	130	3.64	5.72
[40，50）	322	9.02	14.74
[50，60）	597	16.73	31.47
[60，70）	1676	46.96	78.43
[70，80）	667	18.69	97.11
[80，90）	103	2.89	100.00
[90，100]	0	0.00	100.00
总计	3569	100.00	—

由表4-2可见，2019年上市公司中小投资者知情权分项指数分布比较集中，主要集中在[50，80）区间，有2940家公司，占样本总数的82.38%。及格（达到60分）的公司有2446家，及格率为68.53%，比上年（74.67%）下降6.14个百分点。

图4-2直观地描绘了中小投资者知情权分项指数的分布区间。可以看出，2019年上市公司中小投资者知情权分项指数从低分到高分，公司数目呈负偏态分布，偏度系数是-1.0166。

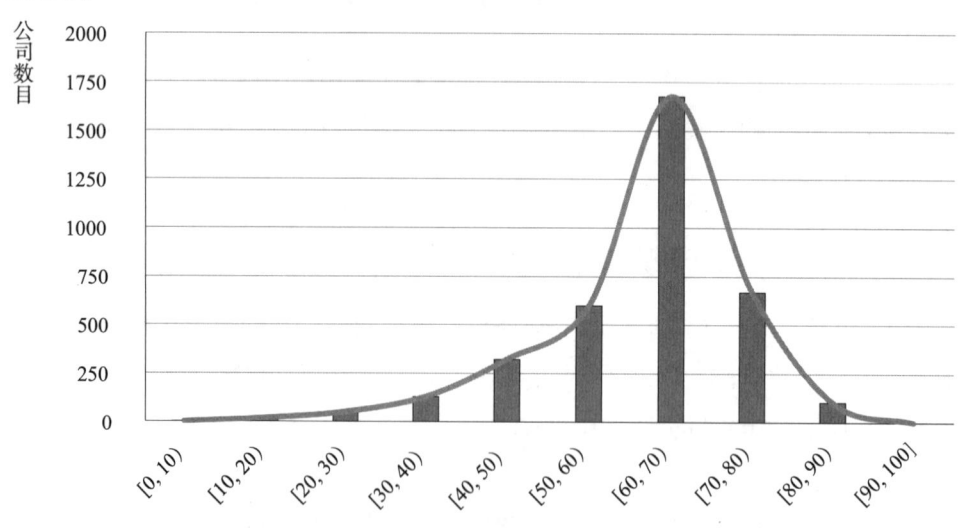

图4-2 2019年上市公司中小投资者知情权分项指数区间分布

4.2.2 分地区知情权分项指数比较

按照东部、中部、西部和东北四个地区的划分，我们进一步统计了不同地区上市公司中小投资者知情权分项指数，参见表4-3。

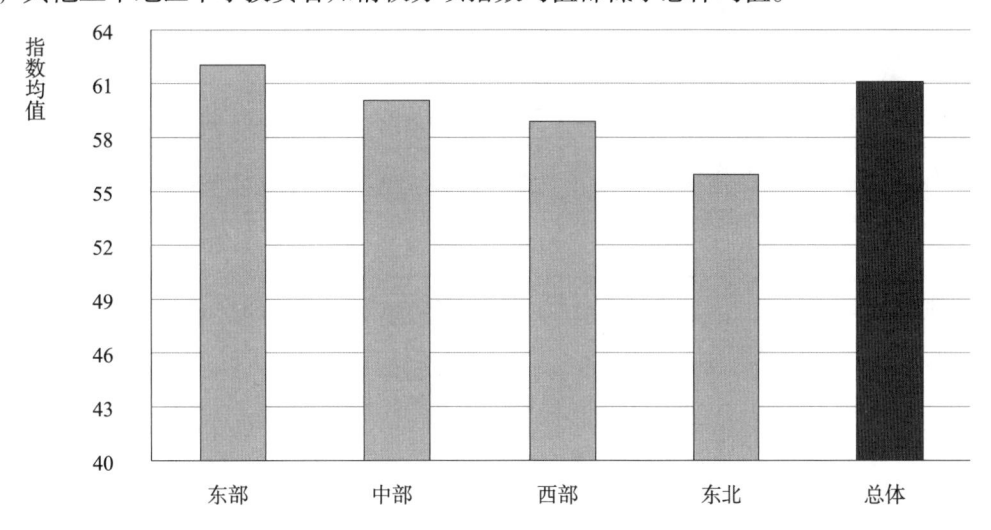

表 4-3　2019 年不同地区上市公司中小投资者知情权分项指数比较

排序	地区	公司数目	平均值	中位值	最大值	最小值	标准差
1	东部	2478	62.0380	65.0000	87.9805	7.5000	11.5098
2	中部	465	60.0543	61.8737	82.2865	10.1235	11.5784
3	西部	475	58.8946	61.7000	87.0368	7.6235	12.7391
4	东北	151	55.9305	60.2171	76.5774	12.6235	12.9466
	总体	3569	61.1028	62.5000	87.9805	7.5000	11.8604

从表 4-3 可以看到，2019 年中小投资者知情权分项指数在四个地区的差别较大。其中，东部上市公司中小投资者知情权分项指数均值最高，东北最低，二者绝对差距为 6.1075 分。

图 4-3 直观地反映了四个地区上市公司中小投资者知情权分项指数均值的差异。可以看到，不同地区上市公司中小投资者知情权分项指数均值相差比较明显，除东部地区外，其他三个地区中小投资者知情权分项指数均值都低于总体均值。

图4-3　2019年不同地区上市公司中小投资者知情权分项指数比较

4.2.3　分行业知情权分项指数比较

用各个行业内的上市公司中小投资者知情权分项指数的平均值来代表各个行业的上市公司中小投资者知情权分项指数，然后把各个行业的上市公司中小投资者知情权分项指数按照由高到低的顺序进行排名，具体排名结果参见表 4-4。

表 4-4　2019 年不同行业上市公司中小投资者知情权分项指数比较

排名	行业	公司数目	平均值	中位值	最大值	最小值	标准差
1	金融业（J）	107	66.2494	65.7041	87.4173	35.4938	12.7849
2	教育（P）	8	65.3946	65.2594	81.7149	43.3294	11.7291
3	科学研究和技术服务业（M）	45	63.5535	65.0000	81.3893	36.9469	9.1555
4	交通运输、仓储和邮政业（G）	102	62.1656	62.2590	82.7795	25.0000	10.4190
5	水利、环境和公共设施管理业（N）	54	61.8266	63.1009	80.5142	22.9938	11.0697
6	建筑业（E）	95	61.4782	62.2807	84.0182	32.6510	8.6301
7	制造业（C）	2231	61.4265	62.9608	87.9805	7.5000	11.4086
8	住宿和餐饮业（H）	9	61.3940	60.2103	79.1900	46.7000	10.0757
9	信息传输、软件和信息技术服务业（I）	273	60.9077	65.0000	83.5456	7.6235	13.8854
10	电力、热力、燃气及水生产和供应业（D）	109	60.2092	61.8235	80.0868	23.1173	10.5333
11	采矿业（B）	75	59.7480	61.7434	81.8090	19.2000	13.4391
12	文化、体育和娱乐业（R）	57	59.3759	62.8722	80.5947	15.7407	14.4466
13	房地产业（K）	120	58.9917	61.7000	82.2096	21.7000	11.0438
14	批发和零售业（F）	161	58.4746	61.7000	82.7352	12.6235	12.5987
15	卫生和社会工作（Q）	12	58.2698	64.1464	82.5999	22.9346	20.4586
16	农、林、牧、渔业（A）	41	58.1250	61.7000	80.4138	24.2000	11.5567
17	租赁和商务服务业（L）	52	56.0039	60.4597	80.0818	27.7469	14.2069
18	综合（S）	17	51.9161	56.7000	70.2469	25.1235	13.9804
	总体	3569	61.1028	62.5000	87.9805	7.5000	11.8604

注：居民服务、修理和其他服务业（O）只有 1 家上市公司，难以代表该行业整体水平，故排名时剔除。

从表 4-4 可以看出，18 个行业中，有 8 个行业的中小投资者知情权分项指数均值高于总体均值，这 8 个行业的行业最大均值与总体均值的绝对差距为 5.1466 分；其他 10 个行业的上市公司中小投资者知情权分项指数均值低于总体均值，总体均值与这10个行业的行业最小均值的绝对差距为9.1867分。显然，知情权分项指数的高分区行业内部差距小于低分区行业。中小投资者知情权分项指数均值排名前三位的行业分别是金融业（J），教育（P），科学研究和技术服务业（M）；排名最后三位的行业分别是综合（S），租赁和商务服务业（L），农、林、牧、渔业（A）。中小投资者知情权分项指数最大值和最小值均出自制造业（C）。

图4-4直观地反映了不同行业中小投资者知情权分项指数均值的差异。可以看到，排名前两位行业的中小投资者知情权分项指数均值较明显高于其他行业；排名最低的两个行业的中小投资者知情权分项指数均值则明显低于其他行业。

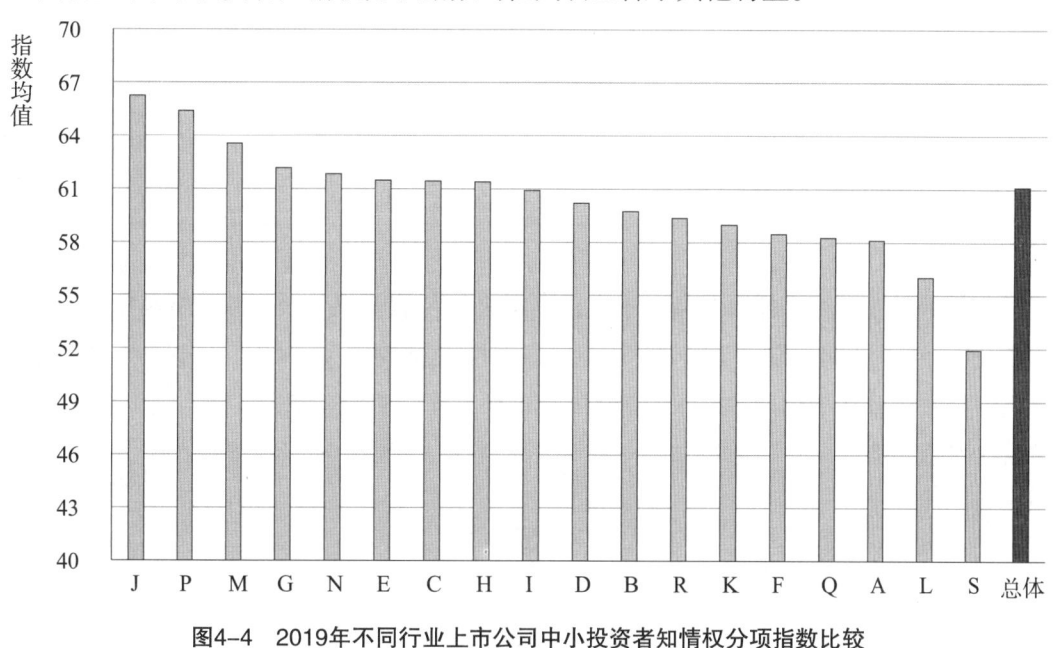

图4-4 2019年不同行业上市公司中小投资者知情权分项指数比较

4.3 决策与监督权分项指数排名及比较

中小投资者决策和监督权分项指数考察中小投资者参与决策的机制及其监督代理人的情况，以测度中小投资者决策与监督权的落实情况。本节对决策与监督权分项指数的总体情况进行说明，并分地区和行业进行比较。

4.3.1 决策与监督权分项指数总体分布

我们将中小投资者决策与监督权分项指数得分以10分为间隔，划分成8个区间段（公司数目为0的指数区间合并），得到的结果参见表4-5。

表 4-5　2019 年上市公司中小投资者决策与监督权分项指数区间分布

指数区间	公司数目	占比（%）	累计占比（%）
[0，20）	0	0.00	0.00
[20，30）	14	0.39	0.39
[30，40）	1278	35.81	36.20
[40，50）	1475	41.33	77.53
[50，60）	662	18.55	96.08
[60，70）	125	3.50	99.58
[70，80）	15	0.42	100.00
[80，100]	0	0.00	100.00
总体	3569	100.00	—

由表 4-5 与图 4-5 可以看出，中小投资者决策与监督权分项指数非常集中，主要集中在 [30，50) 区间，总计有 2753 家公司，占样本总数的 77.14%。中小投资者决策与监督权分项指数在 60 分及以上的公司共 140 家，及格率为 3.92%，比上年（4.10%）下降 0.18 个百分点。

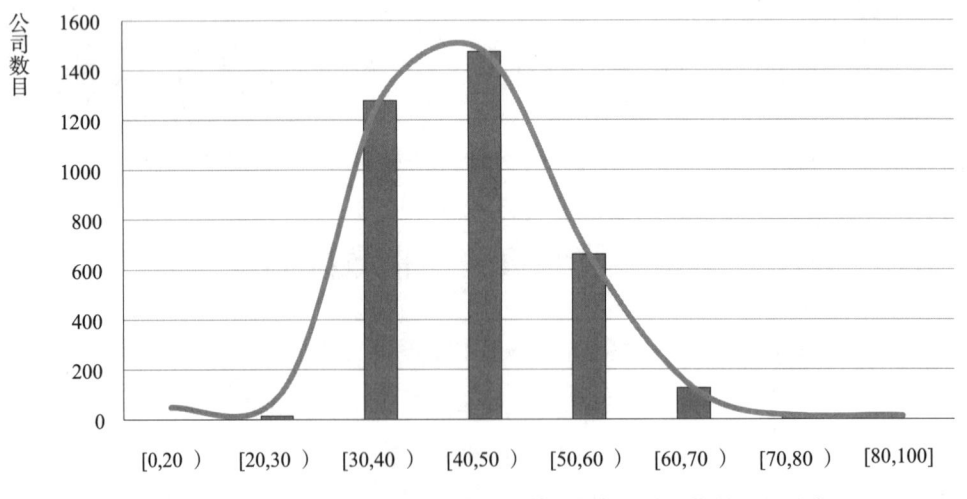

图4-5　2019年上市公司中小投资者决策与监督权分项指数区间分布

4.3.2　分地区决策与监督权分项指数比较

将上市公司按照东部、中部、西部和东北四个地区划分，我们进一步统计了不同地区上市公司中小投资者决策与监督权分项指数，参见表 4-6。

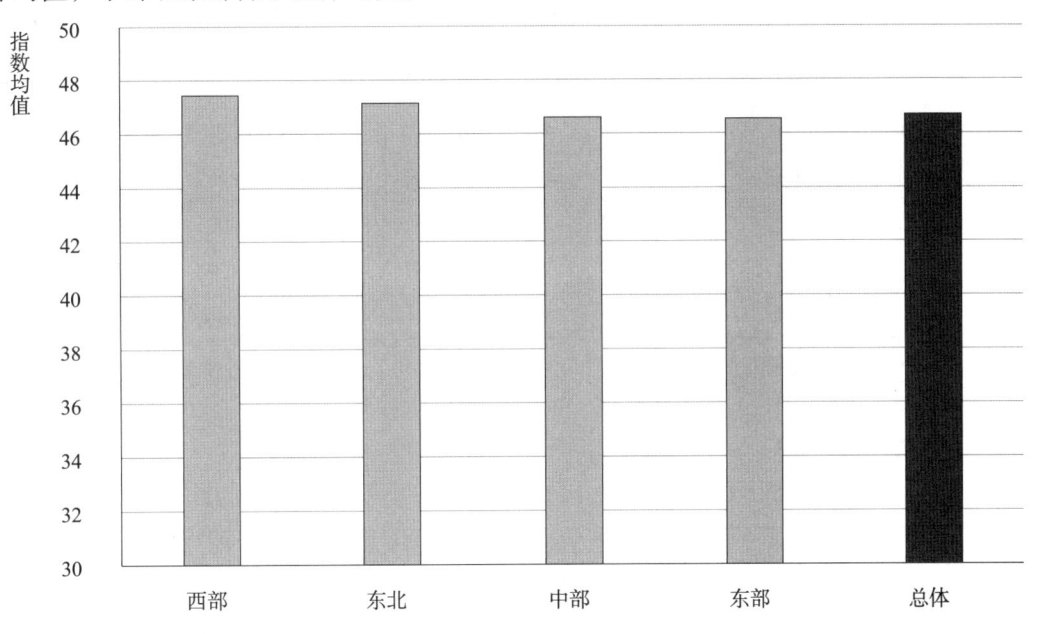

表 4-6 2019 年不同地区上市公司中小投资者决策与监督权分项指数比较

排序	地区	公司数目	平均值	中位值	最大值	最小值	标准差
1	西部	475	47.4450	48.6364	75.9091	27.2727	8.1256
2	东北	151	47.1428	48.6364	75.9091	30.0216	8.2578
3	中部	465	46.6010	48.3609	75.9091	21.3636	7.8661
4	东部	2478	46.5465	48.4145	79.0909	21.3636	7.9302
	总体	3569	46.6984	48.6364	79.0909	21.3636	7.9685

由表 4-6 可以看出，西部上市公司中小投资者决策与监督权分项指数均值最高，东部最低，二者之间的绝对差距为 0.8985 分，差别很小。中小投资者决策与监督权分项指数最大值出自东部，最小值出自中部和东部（两地区并列）。

图 4-6 更直观地反映了四个地区上市公司中小投资者决策与监督权分项指数均值的差异。可以看出，西部和东北的上市公司中小投资者决策与监督权分项指数均值高于总体均值，中部和东部低于总体均值。

图4-6 2019年不同地区上市公司中小投资者决策与监督权分项指数比较

4.3.3 分行业决策与监督权分项指数比较

按照 18 个行业的划分，不同行业上市公司中小投资者决策与监督权分项指数均值排名参见表 4-7。

表4-7　2019年不同行业上市公司中小投资者决策与监督权分项指数比较

排名	行业	公司数目	平均值	中位值	最大值	最小值	标准差
1	金融业（J）	107	53.4708	56.8182	66.8182	35.9524	7.9664
2	教育（P）	8	50.1074	48.6364	75.9091	39.0404	11.2848
3	综合（S）	17	49.3462	48.6364	75.9091	33.6364	9.6994
4	租赁和商务服务业（L）	52	48.4699	48.6364	75.9091	36.1448	8.8524
5	水利、环境和公共设施管理业（N）	54	48.0235	48.6364	57.7273	30.0216	6.7220
6	建筑业（E）	95	47.8341	48.6364	66.8182	29.9495	7.0218
7	交通运输、仓储和邮政业（G）	102	47.7296	48.4345	66.8182	30.4545	7.9216
8	房地产业（K）	120	47.4979	48.6364	66.8182	30.4545	7.6599
9	农、林、牧、渔业（A）	41	47.4498	48.6364	75.6336	33.1579	8.2942
10	信息传输、软件和信息技术服务业（I）	273	47.2409	48.6364	79.0909	30.4545	7.9696
11	采矿业（B）	75	47.1842	48.3609	66.8182	29.4444	8.9779
12	卫生和社会工作（Q）	12	47.1311	48.4681	66.8182	33.6364	8.6800
13	电力、热力、燃气及水生产和供应业（D）	109	47.1036	48.6364	66.8182	29.2975	8.4067
14	批发和零售业（F）	161	47.0959	48.6364	70.0000	24.5455	7.2918
15	住宿和餐饮业（H）	9	46.6667	48.6364	57.7273	30.4545	9.4330
16	科学研究和技术服务业（M）	45	46.6463	48.6364	66.8182	30.4545	7.7282
17	制造业（C）	2231	46.0095	48.0303	75.9091	21.3636	7.8086
18	文化、体育和娱乐业（R）	57	45.7940	48.2576	57.7273	33.6364	6.8431
	总体	3569	46.6984	48.6364	79.0909	21.3636	7.9685

注：居民服务、修理和其他服务业（O）只有1家上市公司，难以代表该行业整体水平，故排名时剔除。

由表4-7可知，18个行业中，有14个行业的中小投资者决策与监督权分项指数均值高于总体均值，这14个行业的最大均值与总体均值的绝对差距为6.7724分；其他4个行业的决策与监督权分项指数均值低于总体均值，总体均值与这4个行业的最小均值的绝对差距为0.9044分。显然，中小投资者决策与监督权分项指数高分区行业的内部差距远大于低分区行业。18个行业中，中小投资者决策与监督权分项指数均值排名前三的行业分别是金融业（J），教育（P），综合（S）；排在最后三位的分别是文化、体育和娱乐业（R），制造业（C），科学研究和技术服务业（M）。中小投资者决策与监督权分项指数最大值出自信息传输、软件和信息技术服务业（I），最小值出自制造业（C）。

图 4-7 直观地反映了不同行业上市公司中小投资者决策与监督权分项指数均值的差异。可以看到，除了排名第一的金融业（J）中小投资者决策与监督权分项指数均值远高于其他行业外，其他行业中小投资者决策与监督权分项指数均值从大到小差别不大，较为平缓。

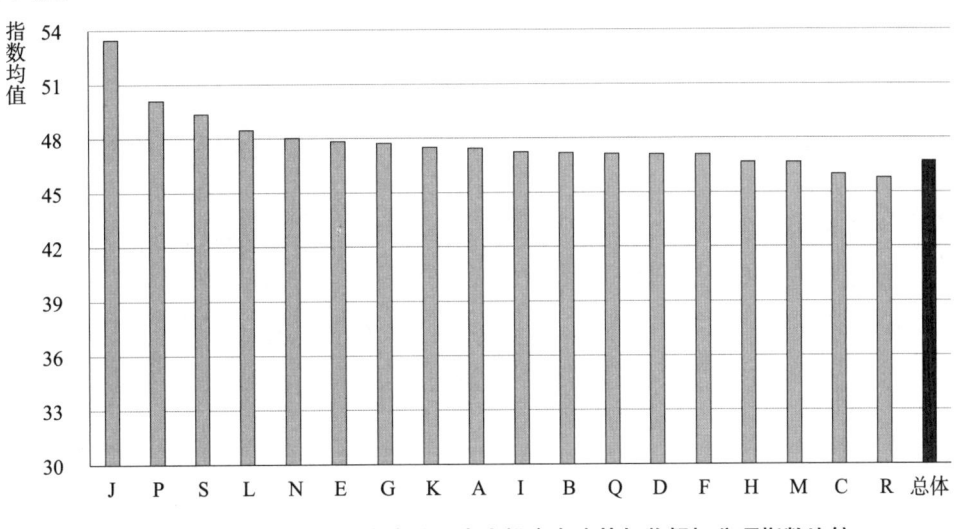

图4-7　2019年不同行业上市公司中小投资者决策与监督权分项指数比较

4.4　收益权分项指数排名及比较

中小投资者收益权分项指数考察中小投资者收益权的保障和落实情况。本节对收益权分项指数的总体情况进行说明，并分地区和行业进行比较。

4.4.1　收益权分项指数总体分布

我们将中小投资者收益权分项指数以 10 分为间隔，划分为 8 个区间段（公司数目为 0 的指数区间合并），所有上市公司的中小投资者收益权分项指数分布如表 4-8 和图 4-8 所示。

表 4-8　2019 年上市公司中小投资者收益权分项指数区间分布

指数组别	公司数目	占比（%）	累计占比（%）
[0，10）	87	2.44	2.44
[10，20）	102	2.86	5.30
[20，30）	425	11.91	17.20
[30，40）	10	0.28	17.48

续表

指数组别	公司数目	占比（%）	累计占比（%）
[40，50）	1872	52.45	69.94
[50，60）	1061	29.73	99.66
[60，70）	12	0.34	100.00
[70，100]	0	0.00	100.00
总计	3569	100.00	—

由表4-8和图4-8可知，2019年上市公司中小投资者收益权分项指数区间分布并不规则，主要集中在[40，60）区间，共计有2933家公司，占样本总数的82.18%；达到60分及格线的公司有12家，及格率为0.34%，比上年（0.43%）下降0.09个百分点。

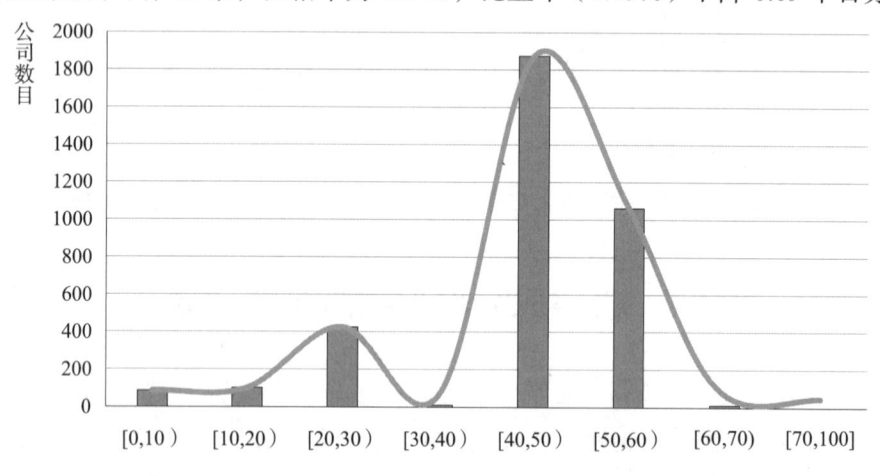

图4-8 2019年上市公司中小投资者收益权分项指数区间分布

4.4.2 分地区收益权分项指数比较

将上市公司按照东部、中部、西部和东北四个地区划分，不同地区上市公司中小投资者收益权分项指数的得分情况参见表4-9。

表4-9 2019年不同地区上市公司中小投资者收益权分项指数比较

排序	地区	公司数目	平均值	中位值	最大值	最小值	标准差
1	东部	2478	44.3346	42.8511	69.0770	0.0000	11.6663
2	中部	465	43.0550	42.8341	64.3862	0.0000	13.5272
3	西部	475	41.4344	42.8119	66.6167	0.0000	13.9714
4	东北	151	39.5373	42.7461	63.0952	0.0000	14.8340
	总体	3569	43.5789	42.8386	69.0770	0.0000	12.4644

由表 4-9 可知，东部中小投资者收益权分项指数均值最高，东北排在最后，二者之间的绝对差距为 4.7973 分。中小投资者收益权分项指数最大值为 69.0770 分，出自东部地区；最小值为 0.0000 分，四个地区都出现了最小值。

图 4-9 更直观地反映了不同地区上市公司中小投资者收益权分项指数均值的差异。可以看出，除东部地区中小投资者收益权分项指数均值高于总体均值外，其他地区均低于总体均值，四个地区之间有一定的差距。

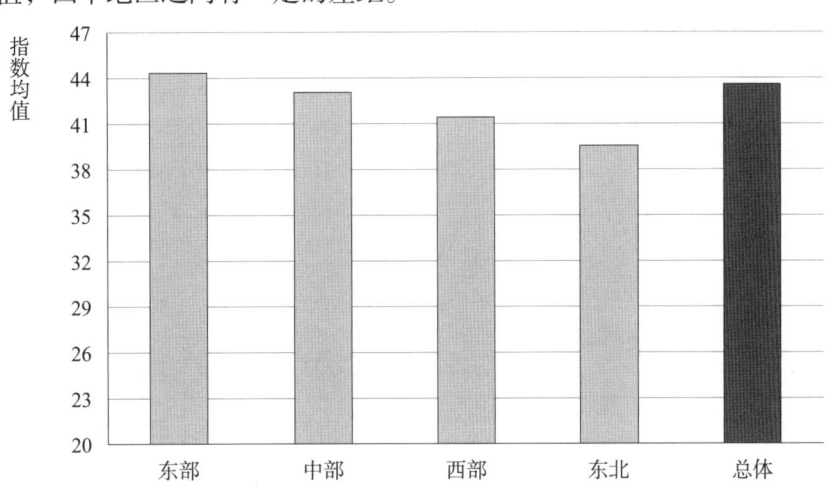

图4-9 2019年不同地区上市公司中小投资者收益权分项指数比较

4.4.3 分行业收益权分项指数比较

按照中小投资者收益权分项指数均值从大到小的顺序，将不同行业上市公司中小投资者收益权分项指数均值的排名列在表 4-10 中。

表 4-10 2019 年不同行业上市公司中小投资者收益权分项指数比较

排名	行业	公司数目	平均值	中位值	最大值	最小值	标准差
1	金融业（J）	107	46.8274	42.9541	59.1531	13.5075	9.7567
2	水利、环境和公共设施管理业（N）	54	45.8902	42.8550	59.4430	27.8973	9.7733
3	交通运输、仓储和邮政业（G）	102	45.3918	42.8456	57.9611	13.5396	10.5354
4	采矿业（B）	75	45.3375	42.8905	59.1638	0.0000	11.6291
5	教育（P）	8	44.8708	42.8279	57.4996	42.6692	4.7973
6	卫生和社会工作（Q）	12	44.5206	42.7886	64.3862	28.2960	10.2479
7	建筑业（E）	95	44.5145	42.8445	57.4828	2.5949	11.6252

续表

排名	行业	公司数目	平均值	中位值	最大值	最小值	标准差
8	电力、热力、燃气及水生产和供应业（D）	109	44.1468	42.8388	66.6167	0.0000	12.7547
9	制造业（C）	2231	43.4676	42.8366	69.0770	0.0000	12.4276
10	文化、体育和娱乐业（R）	57	43.2307	42.8110	57.6024	0.0000	14.1624
11	科学研究和技术服务业（M）	45	43.0201	42.8783	64.2845	0.4995	11.1322
12	批发和零售业（F）	161	42.8794	42.8256	57.4184	0.0000	13.3234
13	信息传输、软件和信息技术服务业（I）	273	42.7944	42.8349	61.9428	0.0000	13.6906
14	租赁和商务服务业（L）	52	42.7211	42.7895	57.4367	0.0000	12.9108
15	房地产业（K）	120	42.7024	42.8205	59.7756	0.0000	11.7957
16	综合（S）	17	41.7224	42.8190	57.3323	13.9310	15.9434
17	住宿和餐饮业（H）	9	41.2055	42.7418	57.1878	0.0000	18.3835
18	农、林、牧、渔业（A）	41	39.8726	42.8099	63.0952	0.0000	14.1552
	总体	3569	43.5789	42.8386	69.0770	0.0000	12.4644

注：居民服务、修理和其他服务业（O）只有1家上市公司，难以代表该行业整体水平，故排名时剔除。

从表4-10中可以看出，18个行业中，有8个行业的中小投资者收益权分项指数均值高于总体均值，这8个行业的最大均值与总体均值的绝对差距为3.2485分；其他10个行业的收益权分项指数均值低于总体均值，总体均值与这10个行业的最小均值的绝对差距为3.7063分，中小投资者收益权分项指数低分区行业的内部差距略高于高分区行业。中小投资者收益权分项指数均值排名前三位的行业分别是金融业（J），水利、环境和公共设施管理业（N），以及交通运输、仓储和邮政业（G）；最后三位分别是农、林、牧、渔业（A），住宿和餐饮业（H），以及综合（S）。中小投资者收益权分项指数最大值出自制造业（C），最小值为0分，有10个行业有最小值（并列）。

图4-10更直观地反映了不同行业上市公司中小投资者收益权分项指数均值的差异。除了金融业（J）中小投资者收益权分项指数均值较明显高于其他行业，农、林、牧、渔业（A）中小投资者收益权分项指数均值明显低于其他行业外，其余行业间差距较小，呈现较为平缓的变动趋势。

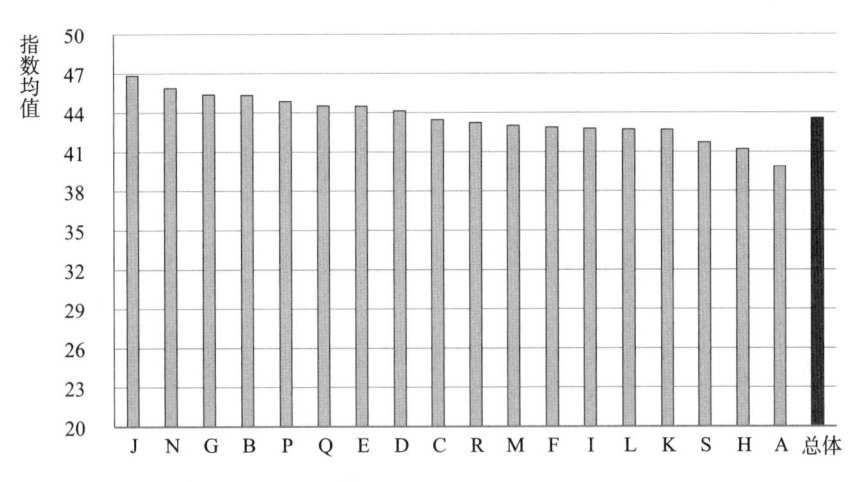

图4-10　2019年不同行业上市公司中小投资者收益权分项指数比较

4.5　维权环境分项指数排名及比较

中小投资者维权环境分项指数考察中小投资者权利受到侵害时是否可以得到充分的维权。本节对维权环境分项指数的总体情况进行说明，并分地区和行业进行比较。

4.5.1　维权环境分项指数总体分布

我们把中小投资者维权环境分项指数以10分为间隔划分为10个组，10个区间的公司分布如表4-11所示。

表4-11　2019年上市公司中小投资者维权环境分项指数区间分布

指数区间	公司数目	占比（%）	累计占比（%）
[0，10）	24	0.67	0.67
[10，20）	52	1.46	2.13
[20，30）	153	4.29	6.42
[30，40）	331	9.27	15.69
[40，50）	610	17.09	32.78
[50，60）	831	23.28	56.07
[60，70）	594	16.64	72.71
[70，80）	906	25.39	98.09
[80，90）	68	1.91	100.00
[90，100]	0	0.00	100.00
总计	3569	100.00	—

由表4-11可知，上市公司中小投资者维权环境分项指数主要分布在[40，80）区间，共有2941家公司，占样本总数的82.40%。达到60分及格线的公司有1568家，及格率为43.93%，比上年（45.62%）下降1.69个百分点。

图4-11直观地描绘了中小投资者维权环境分项指数的分布区间。可以看出，中小投资者维权环境分项指数分布比较分散，但不规则。

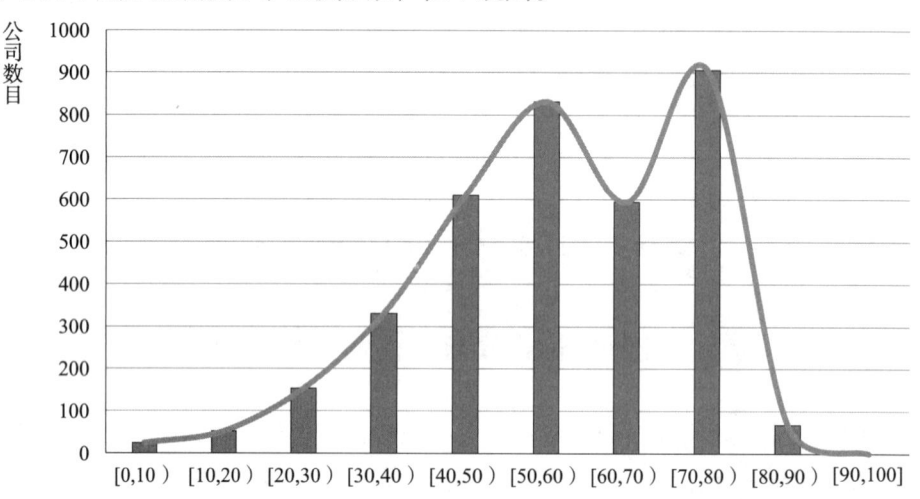

图4-11　2019年上市公司中小投资者维权环境分项指数区间分布

4.5.2　分地区维权环境分项指数比较

按照东部、中部、西部和东北四个地区的划分，各地区上市公司中小投资者维权环境分项指数比较参见表4-12。

表4-12　2019年不同地区上市公司中小投资者维权环境分项指数比较

排序	地区	公司数目	平均值	中位值	最大值	最小值	标准差
1	东部	2478	57.8159	58.8889	88.8889	0.0000	16.6062
2	中部	465	56.7575	58.8889	83.3333	3.3333	15.8003
3	西部	475	55.7708	55.5556	88.8889	0.0000	17.1535
4	东北	151	52.3988	55.5556	83.3333	0.0000	16.9361
	总体	3569	57.1766	58.8889	88.8889	0.0000	16.6381

由表4-12可知，东部中小投资者维权环境分项指数均值最高，为57.8159分；东北最低，为52.3988分，二者之间的绝对差距为5.4171分。在四个地区中，中小投资者维权环境分项指数最大值出自东部和西部，最小值为0分，东部、西部和东北地区均有最小值。

图 4-12 更直观地反映了不同地区上市公司中小投资者维权环境分项指数均值的差异。可以看到，只有东部地区中小投资者维权环境分项指数均值超过总体均值，其他三个地区都低于总体均值。

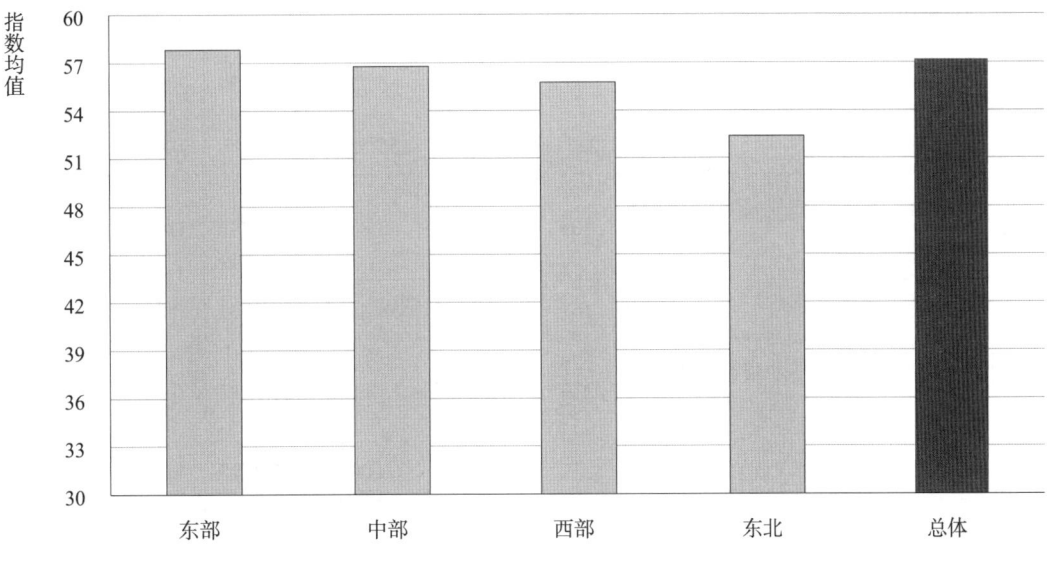

图4-12　2019年不同地区上市公司中小投资者维权环境分项指数比较

4.5.3　分行业维权环境分项指数比较

按照 18 个行业大类划分，各行业上市公司中小投资者维权环境分项指数排名见表 4-13。

表 4-13　2019 年不同行业上市公司中小投资者维权环境分项指数比较

排名	行业	公司数目	平均值	中位值	最大值	最小值	标准差
1	住宿和餐饮业（H）	9	69.7531	77.7778	77.7778	44.4444	10.8333
2	金融业（J）	107	61.1422	64.4444	88.8889	3.3333	15.7116
3	交通运输、仓储和邮政业（G）	102	60.5556	62.7778	88.8889	16.6667	14.6745
4	水利、环境和公共设施管理业（N）	54	60.3087	66.6667	83.3333	25.5556	14.9338
5	建筑业（E）	95	59.7310	66.6667	83.3333	0.0000	17.7739
6	科学研究和技术服务业（M）	45	59.6296	58.8889	77.7778	25.5556	15.0171
7	房地产业（K）	120	58.8426	61.1111	83.3333	11.1111	16.2177

续表

排名	行业	公司数目	平均值	中位值	最大值	最小值	标准差
8	租赁和商务服务业（L）	52	57.9274	57.2223	83.3333	11.1111	17.4571
9	采矿业（B）	75	57.8667	58.8889	83.3333	22.2222	13.0473
10	教育（P）	8	57.5000	62.7778	77.7778	28.8889	17.0579
11	制造业（C）	2231	57.0432	55.5556	88.8889	0.0000	16.5580
12	电力、热力、燃气及水生产和供应业（D）	109	56.1978	58.8889	83.3333	11.1111	14.7883
13	批发和零售业（F）	161	56.0732	58.8889	83.3333	0.0000	16.7710
14	信息传输、软件和信息技术服务业（I）	273	55.3236	55.5556	83.3333	0.0000	18.4642
15	卫生和社会工作（Q）	12	55.0000	60.0000	77.7778	3.3333	23.3267
16	文化、体育和娱乐业（R）	57	54.6784	55.5556	77.7778	0.0000	16.8415
17	农、林、牧、渔业（A）	41	51.6802	55.5556	83.3333	22.2222	16.5354
18	综合（S）	17	45.2288	47.7778	66.6667	0.0000	16.2263
	总体	3569	57.1766	58.8889	88.8889	0.0000	16.6381

注：居民服务、修理和其他服务业（O）只有1家上市公司，难以代表该行业整体水平，故排名时剔除。

由表4-13可以看出，18个行业中，有10个行业的中小投资者维权环境分项指数均值高于总体均值，这10个行业的最大均值与总体均值的绝对差距为12.5765分；其他8个行业的维权环境分项指数均值低于总体均值，总体均值与这8个行业的最小均值的绝对差距为11.9478分。显然，中小投资者维权环境分项指数高分区行业的内部差距略大于低分区行业。中小投资者维权环境分项指数均值排在前三位的行业分别是住宿和餐饮业（H），金融业（J），交通运输、仓储和邮政业（G）；排在最后三位的行业是综合（S），农、林、牧、渔业（A），文化、体育和娱乐业（R）。中小投资者维权环境分项指数最大值为88.8889分，出自金融业（J），交通运输、仓储和邮政业（G）和制造业（C）（并列）；最小值为0.0000分，出自建筑业（E）等六个行业（并列）。

图4-13直观地反映了不同行业上市公司中小投资者维权环境分项指数均值的差异。可以看到，中小投资者维权环境分项指数最高的行业和最低的行业之间的差距较大。住宿和餐饮业（H）远高于其他行业，综合（S）明显低于其他行业。

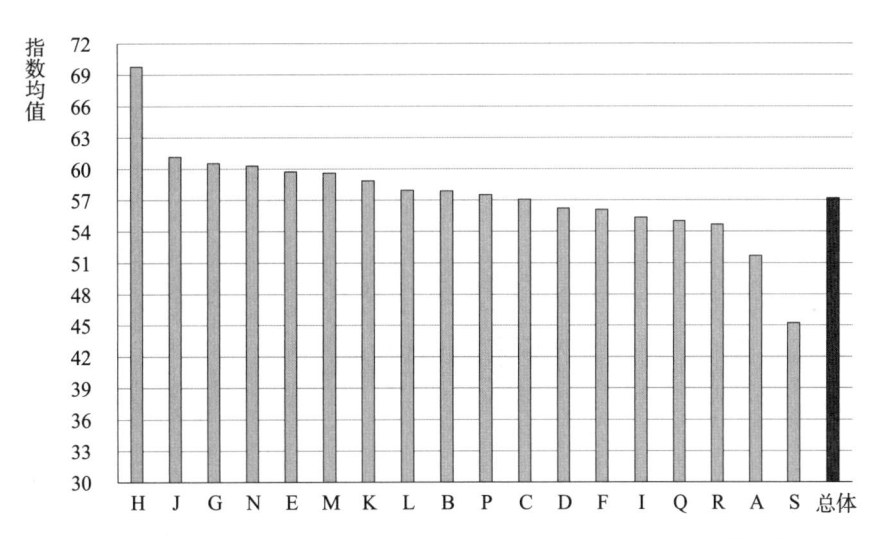

图4-13　2019年不同行业上市公司中小投资者维权环境分项指数比较

4.6　本章小结

本章从总体、地区和行业三个方面，对2019年中小投资者权益保护的四个分项指数，即知情权、决策与监督权、收益权和维权环境进行了比较分析，通过分析我们发现：

①从中小投资者权益保护四个分项指数比较来看，2019年知情权分项指数的平均值最大，略超及格分60分，其余三个分项指数均未达到及格线，收益权分项指数的平均值最小。从指数分布区间来看，知情权分项指数主要集中在[50，80）区间，占样本总数的82.38%；决策与监督权分项指数主要集中在[30，50）区间，占样本总数的77.14%；收益权分项指数主要集中在[40，60）区间，占样本总数的82.18%；维权环境分项指数主要分布在[40，80）区间，占样本总数的82.40%。

②从地区来看，东部在知情权、收益权和维权环境三个分项指数中都排名第一，表现较好；东北除了在决策与监督权分项指数中排在第二外，在其他三个分项指数中都位居最后，表现较差。

③从行业来看，18个行业（剔除居民服务、修理和其他服务业）中，知情权分项指数均值排名前三位的行业分别是金融业（J），教育（P），科学研究和技术服务业（M）；决策与监督权分项指数均值排名前三位的行业分别是金融业（J），教育（P），综合（S）；收益权分项指数均值排名前三位的行业分别是金融业（J），水利、环境和公共设施管理业（N），以及交通运输、仓储和邮政业（G）；维权环境分项指数均值排名前三位的行业分别是住宿和餐饮业（H），金融业（J），交通运输、仓储和邮政业（G）。其中，金融业（J）在四个分项指数中都位居前三，说明金融业（J）上市公司在中小投资者权益保护方面表现相对较好。

第5章　中小投资者权益保护指数的所有制比较

根据第 1 章的控股或所有制类型划分，本章对 2019 年 3569 家样本上市公司的中小投资者权益保护及四个分项指数从所有制角度进行比较分析，以了解国有控股公司和非国有控股公司在中小投资者权益保护方面存在的异同。

5.1 中小投资者权益保护指数总体的所有制比较

5.1.1 中小投资者权益保护总体指数比较

不同的所有制会对上市公司中小投资者权益保护产生影响，表 5-1 比较了不同所有制上市公司的中小投资者权益保护指数，并按照均值从高到低的顺序进行了排名。

表 5-1　2019 年不同所有制上市公司中小投资者权益保护指数比较

排名	所有制性质	公司数目	平均值	中位值	最大值	最小值	标准差
1	国有绝对控股公司	266	53.9891	54.1542	68.6455	38.6403	5.3926
2	国有强相对控股公司	426	53.3470	53.3500	69.5951	31.0871	6.3740
3	国有弱相对控股公司	418	52.7641	53.3481	70.9984	25.8265	7.6750
4	国有参股公司	903	52.0354	53.2065	69.0417	13.8216	8.2819
5	无国有股份公司	1556	51.3847	52.3675	68.7951	17.8014	8.1473
	总体	3569	52.1392	53.0159	70.9984	13.8216	7.8061

根据表 5-1，从整体上看，五类上市公司的中小投资者权益保护指数均值没有很大的差异，也都未达到及格线，说明中小投资者权益保护水平仍普遍较低。其中，国有

绝对控股公司的中小投资者权益保护指数均值最高，为 53.9891 分，无国有股份公司的中小投资者权益保护指数均值最低，为 51.3847 分。从中位值看，五类上市公司中小投资者权益保护指数中位值从高到低的顺序与均值的高低顺序相同。从标准差看，五类公司标准差均在 5 分以上，最大的国有参股公司与最小的国有绝对控股公司之间相差 2.8893 分，说明各所有制类型上市公司的内部差距不大。

为了更直观地反映不同所有制上市公司中小投资者权益保护指数的差异，图 5-1 按照第一大股东中的国有股比例从大到小进行了排序。可以看出，随着国有股比例的降低，中小投资者权益保护水平随之下降，但总体降幅不大。这意味着，国有股比例越高，中小投资者权益保护越好。不过，由于五种类型所有制公司的中小投资者权益保护指数差距很小，所以这个结论还需要进一步验证。

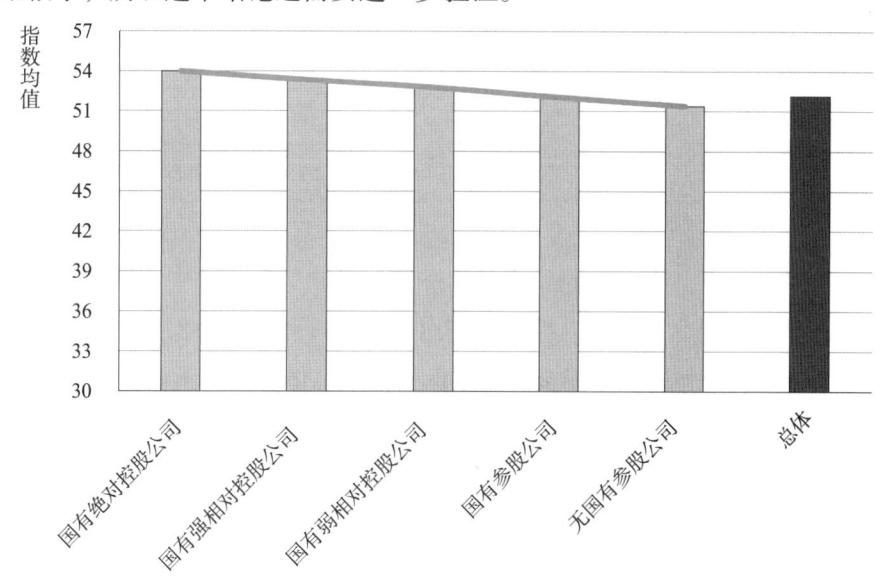

图5-1　2019年不同所有制上市公司中小投资者权益保护指数均值比较

我们进一步将国有绝对控股公司、国有强相对控股公司和国有弱相对控股公司归类为国有控股公司，将国有参股公司和无国有股份公司归类为非国有控股公司，比较两大类公司的中小投资者权益保护水平，如表 5-2 所示。

表 5-2　2019 年国有与非国有控股公司中小投资者权益保护指数比较

排名	所有制性质	公司数目	平均值	中位值	最大值	最小值	标准差
1	国有控股公司	1110	53.2814	53.6044	70.9984	25.8265	6.7057
2	非国有控股公司	2459	51.6236	52.7447	69.0417	13.8216	8.2030
	总体	3569	52.1392	53.0159	70.9984	13.8216	7.8061

从表 5-2 可以看出，2019 年上市公司中，国有控股公司与非国有控股公司在平均值、中位值上的差距都很小，都未达到及格线（60 分）。不管是平均值还是中位值，国有控股公司都高于非国有控股公司。

根据实际控制人的性质，我们还可以将上市公司进一步区分为中央企业（或监管机构）、地方国企（或监管机构）和非国有企业或自然人控制的上市公司三类。表 5-3 比较了三类公司的中小投资者权益保护指数。

表 5-3　2019 年不同最终控制人上市公司中小投资者权益保护指数比较

排名	最终控制人	公司数目	平均值	中位值	最大值	最小值	标准差
1	中央企业（或监管机构）	393	54.0472	54.1547	69.5951	26.2309	6.6195
2	地方国企（或监管机构）	753	52.8221	53.3392	70.9984	25.1758	6.7565
3	非国有企业或自然人	2423	51.6175	52.7400	69.0417	13.8216	8.2131
	总体	3569	52.1392	53.0159	70.9984	13.8216	7.8061

从表 5-3 可以看出，中央企业（或监管机构）控制的公司的中小投资者权益保护指数均值最高，非国有企业或自然人控制的公司的中小投资者权益保护指数均值最低，且低于总体均值，三类公司的中小投资者权益保护指数总体差异并不明显。

5.1.2　中小投资者权益保护分项指数总体比较

中小投资者权益保护指数包括知情权、决策与监督权、收益权和维权环境四个分项指数，对五类所有制上市公司的四个分项指数进行比较，如表 5-4 所示。

表 5-4　2019 年不同所有制上市公司中小投资者权益保护分项指数均值比较

所有制类型	知情权	决策与监督权	收益权	维权环境
国有绝对控股公司	64.1042	47.1744	46.0980	58.5798
国有强相对控股公司	62.2476	47.1735	45.4483	58.5185
国有弱相对控股公司	61.0520	49.3471	43.2039	57.4535
国有参股公司	60.3730	47.1485	42.8520	57.7680
无国有股份公司	60.7135	45.5143	43.1591	56.1518
总体	61.1028	46.6984	43.5789	57.1766

从表 5-4 可以看出，除了知情权分项指数以外，五类所有制公司中小投资者权益保护指数的其他三个分项指数都未达到及格水平。图 5-2 更直观地反映了不同所有制类型上市公司中小投资者权益保护四个分项指数的差异。可以看出，五类所有制上市公司在四个分项指数上，都是知情权分项指数最高，其次是维权环境分项指数，决策与监督权分项指数和收益权分项指数则明显低于其他两个分项指数。各所有制类型上市公司在每个分项指数上的差别较小。

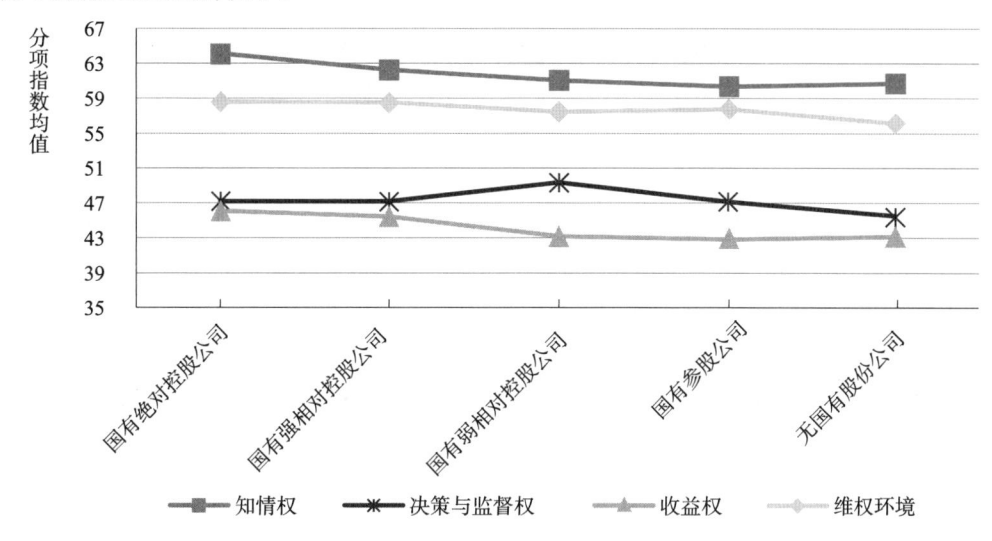

图5-2 2019年不同所有制上市公司中小投资者权益保护分项指数变化趋势

我们进一步将国有绝对控股公司、国有强相对控股公司和国有弱相对控股公司合并，归为国有控股公司，将国有参股公司和无国有股份公司合并，归为非国有控股公司，两者的比较见表 5-5 和图 5-3。可以看出，国有控股公司在四个分项指数上都高于非国有控股公司。

表 5-5 2019 年国有与非国有控股上市公司中小投资者权益保护分项指数均值比较

所有制类型	知情权	决策与监督权	收益权	维权环境
国有控股公司	62.2423	47.9922	44.7588	58.1321
非国有控股公司	60.5885	46.1144	43.0463	56.7453
总体	61.1028	46.6984	43.5789	57.1766

根据实际控制人性质划分为三种类型，对三类上市公司中小投资者权益保护在四个分项指数上进行比较，参见表 5-6 和图 5-4。可以看出，中央企业（或监管机构）控制的公司在四个分项指数上都高于地方国企（或监管机构）和非国有企业或自然人控制的

公司；地方国企（或监管机构）控制的公司在四个分项指数上也都高于非国有企业或自然人控制的公司。不同最终控制人控制的上市公司在四个分项指数上的均值差异不大。

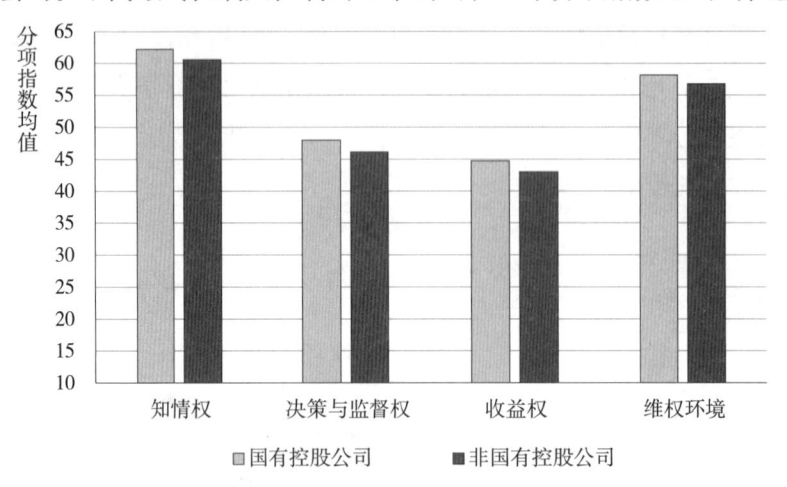

图5-3 2019年国有与非国有控股上市公司中小投资者权益保护分项指数均值比较

表5-6 2019年不同最终控制人上市公司中小投资者权益保护分项指数均值比较

最终控制人	知情权	决策与监督权	收益权	维权环境
中央企业（或监管机构）	63.0106	48.1670	46.0008	59.0105
地方国企（或监管机构）	61.5943	48.0816	43.9248	57.6878
非国有企业或自然人	60.6406	46.0304	43.0786	56.7203
总体	61.1028	46.6984	43.5789	57.1766

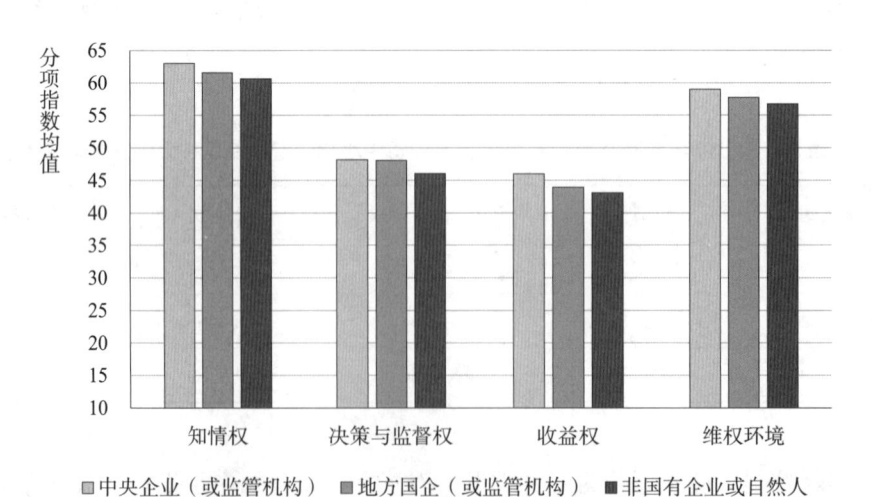

图5-4 2019年不同最终控制人上市公司中小投资者权益保护分项指数均值比较

5.2 分地区中小投资者权益保护指数的所有制比较

5.2.1 分地区中小投资者权益保护总体指数比较

按照四个地区的划分标准，我们比较四个地区上市公司中小投资者权益保护指数的差异，参见表 5-7。

表 5-7 2019 年不同地区国有与非国有控股上市公司中小投资者权益保护指数比较

地区	所有制类型	公司数目	平均值	中位值	最大值	最小值	标准差
东部	国有控股公司	649	53.9351	54.3772	69.5951	25.8265	6.7230
	非国有控股公司	1829	52.2397	53.1045	69.0417	13.8216	7.6894
	总体	2478	52.6838	53.4703	69.5951	13.8216	7.4856
中部	国有控股公司	195	52.6681	52.6490	70.9984	29.3813	6.3718
	非国有控股公司	270	50.8577	52.0125	67.9184	17.8244	8.8528
	总体	465	51.6169	52.4823	70.9984	17.8244	7.9580
西部	国有控股公司	206	52.7369	53.6176	67.0466	32.9242	6.5259
	非国有控股公司	269	49.4690	51.6687	66.2677	19.1155	9.5600
	总体	475	50.8862	52.1759	67.0466	19.1155	8.5352
东北	国有控股公司	60	50.0726	50.2145	62.9415	26.2309	6.9028
	非国有控股公司	91	47.8819	49.1328	61.1524	17.8014	9.4934
	总体	151	48.7524	49.8233	62.9415	17.8014	8.6253

从表 5-7 可以看出，四个地区国有控股公司中小投资者权益保护指数的均值和中位值都高于非国有控股公司。

图 5-5 更直观地反映了四个地区中不同所有制上市公司中小投资者权益保护指数均值的差异。可以看到，四个地区的国有控股公司与非国有控股公司中小投资者权益保护水平存在 1.69～3.27 分的差异，总体上差距不大。

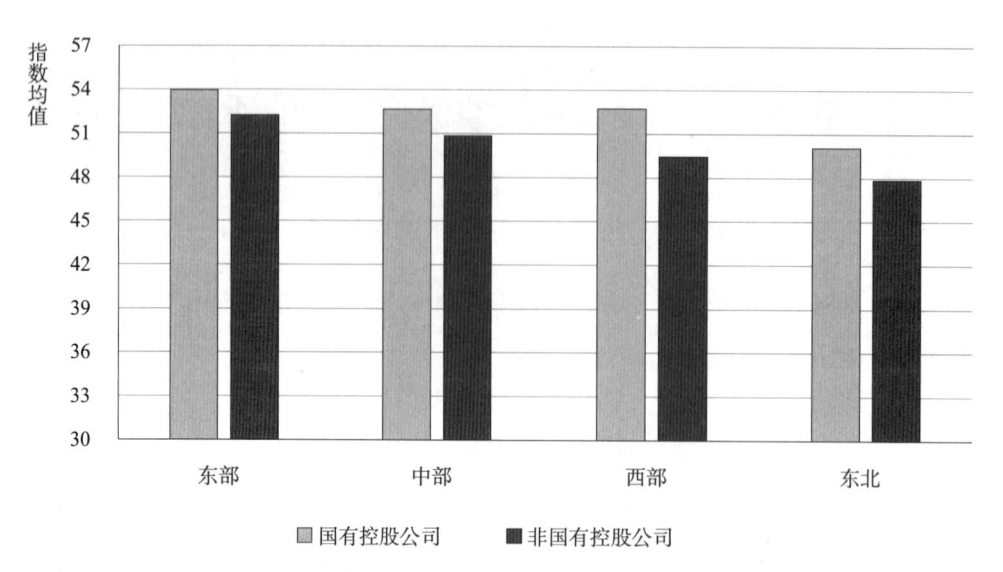

图5–5　2019年不同地区国有与非国有控股上市公司中小投资者权益保护指数均值比较

5.2.2 分地区中小投资者权益保护分项指数比较

我们继续对四个地区国有控股与非国有控股上市公司的中小投资者权益保护分项指数均值进行比较分析，参见表5-8。

表5-8　2019年不同地区国有与非国有控股公司中小投资者权益保护分项指数均值比较

地区	所有制类型	知情权	决策与监督权	收益权	维权环境
东部	国有控股公司	63.2987	48.1951	45.7446	58.5020
	非国有控股公司	61.5907	45.9616	43.8343	57.5725
	总体	62.0380	46.5465	44.3346	57.8159
中部	国有控股公司	62.0804	47.1441	43.9778	57.4701
	非国有控股公司	58.5909	46.2087	42.3885	56.2428
	总体	60.0543	46.6010	43.0550	56.7575
西部	国有控股公司	60.6744	48.6133	43.2026	58.4574
	非国有控股公司	57.5317	46.5504	40.0804	53.7134
	总体	58.8946	47.4450	41.4344	55.7708
东北	国有控股公司	56.7245	46.4222	41.9770	55.1667
	非国有控股公司	55.4069	47.6180	37.9287	50.5739
	总体	55.9305	47.1428	39.5373	52.3988

由表5-8可知，四个地区两类所有制上市公司在中小投资者权益保护指数四个分项指数上并没有一致的排序。为了便于比较，我们计算出四个地区非国有控股公司中小投资者权益保护四个分项指数均值与对应的国有控股公司中小投资者权益保护四个分项指数均值的差值，由此可以反映四个地区两类所有制上市公司中小投资者权益保护四个分项指数的差异，如图5-6所示。可以看出，在东部、中部和西部地区，国有控股公司在四个分项指数上的表现均好于非国有控股公司；在东北地区，非国有控股公司在决策与监督权分项指数上的表现好于国有控股公司，在其余三个分项指数上的表现均不如国有控股公司。

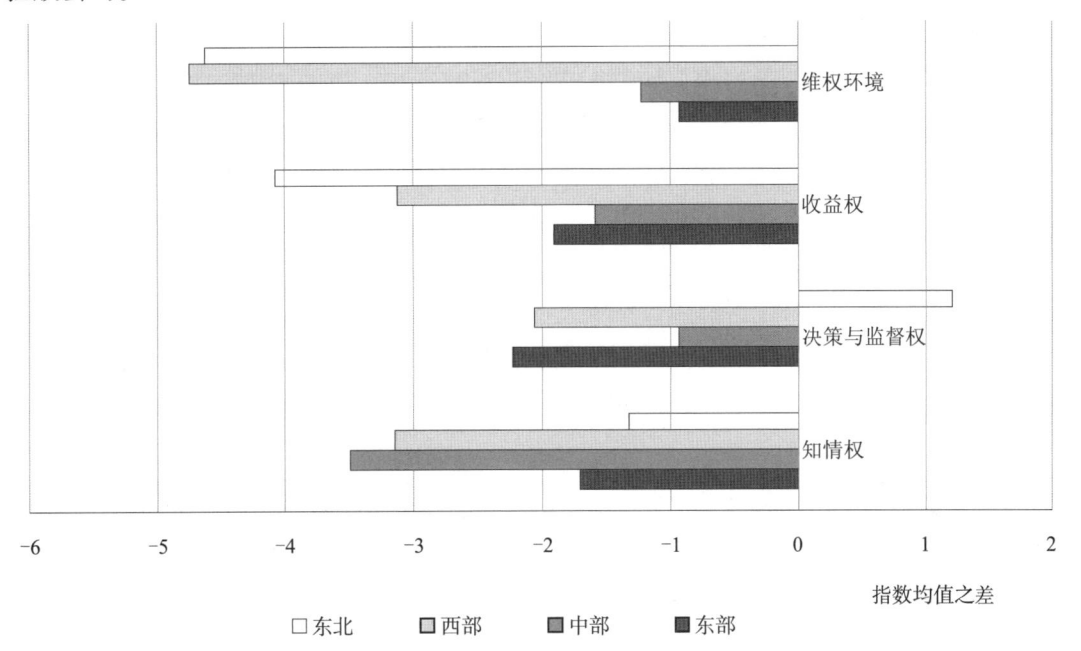

注：指数均值之差 = 非国有控股公司中小投资者权益保护分项指数均值 − 国有控股公司中小投资者权益保护分项指数均值。

图5-6 2019年不同地区国有与非国有控股公司中小投资者权益保护分项指数差值比较

5.3 分行业中小投资者权益保护指数的所有制比较

5.3.1 分行业中小投资者权益保护总体指数比较

我们选择制造业（C），电力、热力、燃气及水生产和供应业（D），交通运输、仓储和邮政业（G），信息传输、软件和信息技术服务业（I），金融业（J）和房地产业（K）这六个上市公司较多且具有代表性的行业，对这六个行业上市公司中小投资者权益保护指数进行比较，结果如表5-9所示。

表 5-9　2019 年不同行业国有与非国有控股公司中小投资者权益保护指数比较

行业	所有制类型	公司数目	平均值	中位值	最大值	最小值	标准差
制造业（C）	国有控股公司	520	52.5894	53.1355	70.9984	29.3813	6.7731
	非国有控股公司	1711	51.8036	52.6190	69.0417	17.8014	7.9608
	总体	2231	51.9867	52.7904	70.9984	17.8014	7.7075
电力、热力、燃气及水生产和供应业（D）	国有控股公司	79	53.4177	53.7756	63.9134	35.2056	5.3395
	非国有控股公司	30	47.9554	51.4477	60.7045	24.2697	9.5287
	总体	109	51.9143	52.7602	63.9134	24.2697	7.1836
交通运输、仓储和邮政业（G）	国有控股公司	70	54.7920	54.3179	69.5951	31.0871	6.2601
	非国有控股公司	32	52.1420	52.8113	64.5160	31.9895	7.1694
	总体	102	53.9607	54.0232	69.5951	31.0871	6.6732
信息传输、软件和信息技术服务业（I）	国有控股公司	44	53.0398	53.5801	67.2737	25.8265	8.8709
	非国有控股公司	229	51.2836	53.4400	68.5117	19.1155	8.9041
	总体	273	51.5666	53.4435	68.5117	19.1155	8.9222
金融业（J）	国有控股公司	71	58.4337	59.5340	68.7064	40.1186	5.4812
	非国有控股公司	36	53.9420	55.4829	64.9283	30.6065	7.9037
	总体	107	56.9225	58.2674	68.7064	30.6065	6.7422
房地产业（K）	国有控股公司	58	52.0847	51.5632	63.7108	37.0254	5.4959
	非国有控股公司	62	51.9375	53.5340	65.9735	23.4286	8.5970
	总体	120	52.0086	52.5064	65.9735	23.4286	7.2657

从表 5-9 可以看出，在全部六个行业中，国有控股公司中小投资者权益保护指数均值都高于非国有控股公司。

图 5-7 更直观地反映了六个行业国有控股公司与非国有控股公司中小投资者权益保护指数的差异。六个行业中，国有控股公司和非国有控股公司中小投资者权益保护指数均值最高的都是金融业（J），而国有控股公司中小投资者权益保护指数均值最低的是房地产业（K），非国有控股公司均值最低的是电力、热力、燃气及水生产和供应业（D）。

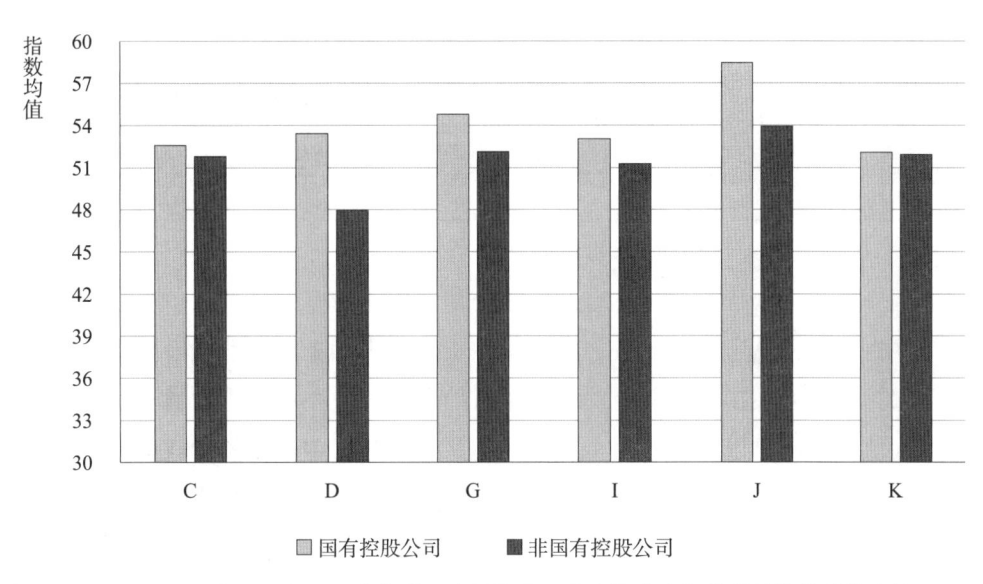

图5-7 2019年不同行业国有与非国有控股公司中小投资者权益保护指数均值比较

5.3.2 分行业中小投资者权益保护分项指数比较

表5-10对六个行业国有控股公司与非国有控股公司的中小投资者权益保护分项指数进行了比较。

表5-10 2019年不同行业国有与非国有控股公司中小投资者权益保护分项指数比较

行业	所有制类型	知情权	决策与监督权	收益权	维权环境
制造业（C）	国有控股公司	61.9687	47.4012	43.6713	57.3163
	非国有控股公司	61.2617	45.5866	43.4057	56.9602
	总体	61.4265	46.0095	43.4676	57.0432
电力、热力、燃气及水生产和供应业（D）	国有控股公司	61.5671	46.7237	47.1663	58.2138
	非国有控股公司	56.6335	48.1038	36.1954	50.8889
	总体	60.2092	47.1036	44.1468	56.1978
交通运输、仓储和邮政业（G）	国有控股公司	62.4993	48.1946	46.0615	62.4127
	非国有控股公司	61.4357	46.7125	43.9268	56.4931
	总体	62.1656	47.7296	45.3918	60.5556
信息传输、软件和信息技术服务业（I）	国有控股公司	64.2158	48.4911	45.2351	54.2172
	非国有控股公司	60.2721	47.0007	42.3255	55.5362
	总体	60.9077	47.2409	42.7944	55.3236
金融业（J）	国有控股公司	69.0548	54.2876	48.4206	61.9718
	非国有控股公司	60.7166	51.8598	43.6855	59.5062
	总体	66.2494	53.4708	46.8274	61.1422

续表

行业	所有制类型	知情权	决策与监督权	收益权	维权环境
房地产业（K）	国有控股公司	60.2368	47.2380	42.6838	58.1801
	非国有控股公司	57.8268	47.7409	42.7199	59.4624
	总体	58.9917	47.4979	42.7024	58.8426

与地区一样，六个行业两类所有制上市公司在中小投资者权益保护指数四个分项指数上的排序也不一致。为便于比较，我们进一步计算出六个行业非国有控股公司中小投资者权益保护四个分项指数均值与对应的国有控股公司中小投资者权益保护四个分项指数均值的差值，由此可以反映这六个行业两类所有制公司中小投资者权益保护四个分项指数的差异，参见图5-8。可以看出，在知情权分项指数上，六个代表性行业均为国有控股公司高于非国有控股公司；在决策与监督权分项指数上，电力、热力、燃气及水生产和供应业（D），房地产业（K）两个行业的非国有控股公司高于国有控股公司，其他四个行业均为国有控股公司高于非国有控股公司；在收益权分项指数上，除房地产业（K）的非国有控股公司略高于国有控股公司外，其他五个行业均为国有控股公司高于非国有控股公司；在维权环境分项指数上，信息传输、软件和信息技术服务业（I），房地产业（K）两个行业的非国有控股公司高于国有控股公司，其他四个行业都是国有控股公司均值高于非国有控股公司。总体看，电力、热力、燃气及水生产和供应业（D）国有控股公司在收益权分项指数上优势较明显；金融业（J）国有控股公司在知情权分项指数上优势较明显。

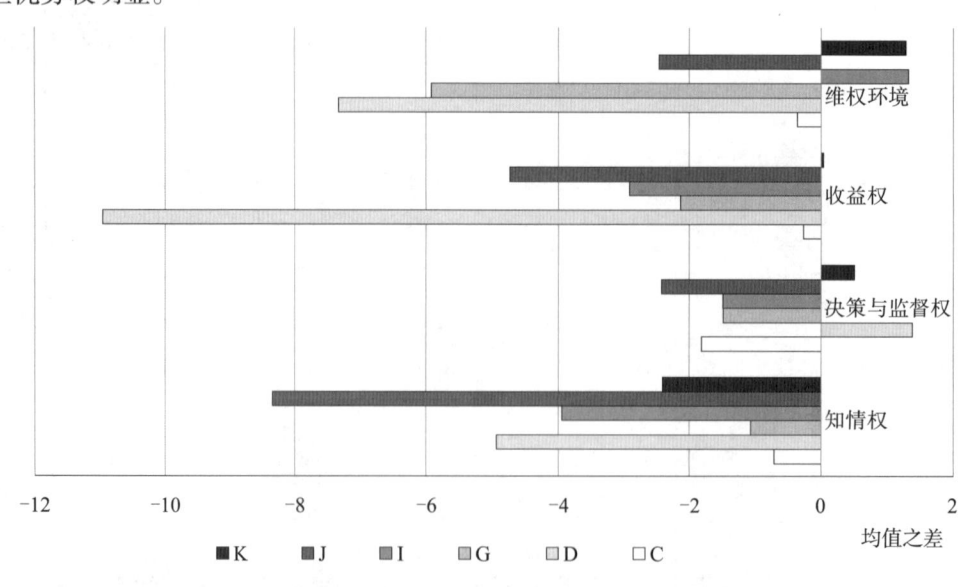

图5-8 2019年不同行业国有与非国有控股公司中小投资者权益保护分项指数差值比较

注：指数均值之差 = 非国有控股公司中小投资者权益保护分项指数均值 − 国有控股公司中小投资者权益保护分项指数均值。

5.4 本章小结

本章从所有制或控股类型角度对 2019 年沪深两市 3569 家上市公司中小投资者权益保护指数及四个分项指数进行了统计和分析，主要结论如下：

（1）关于中小投资者权益保护总体指数

①国有控股公司和非国有控股公司的中小投资者权益保护指数均值均未达到及格水平；②随着国有股比例的降低，中小投资者权益保护水平随之下降，但总体降幅不大，这意味着，国有股比例越高，中小投资者权益保护越好，但由于五类公司差距很小，这个结论需要进一步验证；③国有控股公司中小投资者权益保护水平总体上好于非国有控股公司；④中央企业（或监管机构）控制的公司的中小投资者权益保护指数均值高于地方国企（或监管机构）和非国有企业或自然人控制的公司，非国有企业或自然人控制的公司的中小投资者权益保护指数均值最低；⑤从地区看，四个地区的国有控股公司中小投资者权益保护指数均值都略高于非国有控股公司；⑥从行业看，六个代表行业均是国有控股公司中小投资者权益保护指数均值高于非国有控股公司。

（2）关于中小投资者权益保护分项指数

①五类所有制公司在四个分项指数中都是知情权分项指数最高，而决策与监督权、收益权两个分项指数则明显低于其他两个分项指数；②国有控股公司在四个分项指数上都高于非国有控股公司；③中央企业（或监管机构）控制的公司在四个分项指数上都高于地方国企（或监管机构）和非国有企业或自然人控制的公司，地方国企（或监管机构）控制的公司在四个分项指数上也都高于非国有企业或自然人控制的公司；④从地区看，东部、中部和西部地区国有控股公司在四个分项指数上的表现均好于非国有控股公司，东北地区非国有控股公司在决策与监督权分项指数上的表现好于国有控股公司，其余三个分项指数上表现均不如国有控股公司；⑤从行业看，电力、热力、燃气及水生产和供应业（D）国有控股公司在收益权分项指数上优势较明显，金融业（J）国有控股公司在知情权分项指数上优势较明显。

第6章 中小投资者权益保护指数的年度比较（2014~2019）

2015~2019年，我们连续五年对2014~2018年中国上市公司中小投资者权益保护水平进行了测度，本年度是第六次评价。本章将从总体、地区、行业、所有制和上市板块五个角度，比较分析2014~2019年六个年度的中国上市公司中小投资者权益保护水平，以了解中小投资者权益保护水平的发展趋势，进而对完善中国中小投资者权益保护制度提供参考。

6.1 中小投资者权益保护指数总体的年度比较

对2014~2019年六个年度中国上市公司中小投资者权益保护的评价，样本公司数分别是2514家、2655家、2840家、3147家、3490家和3569家，基本上是对全部上市公司的评价。比较2014~2019年六个年度的样本上市公司中小投资者权益保护总体指数，以及知情权、决策与监督权、收益权和维权环境四个分项指数，结果参见表6-1和图6-1。

表6-1　2014~2019年上市公司中小投资者权益保护指数均值比较

年份	样本量	总体指数	分项指数			
			知情权	决策与监督权	收益权	维权环境
2014年	2514	43.0725	54.7728	35.6674	27.7833	54.0666
2015年	2655	45.6560	57.2432	40.0962	40.9259	44.3587
2016年	2840	47.6505	57.9181	38.2866	38.5055	55.8920
2017年	3147	52.4006	62.1646	44.2825	43.8235	59.3320
2018年	3490	51.7099	60.8504	46.5092	41.2533	58.2267
2019年	3569	52.1392	61.1028	46.6984	43.5789	57.1766

由表 6-1 和图 6-1 可知：

第一，从中小投资者权益保护总体指数看，2014～2019 年间，其中 2014～2017 年连续上升，然后在 2018 年小幅下降，2019 年又小幅上升，但上升后的总体指数均值仍低于 2017 年的均值。2017～2019 年中小投资者权益保护总体指数均值明显高于 2016 年及之前的各个年度。相比 2014 年，2019 年上升 9.0667 分；相比 2018 年，2019 年上升 0.4293 分。

第二，从知情权分项指数看，2019 年该分项指数均值为 61.1028 分，连续六年在四个分项指数中始终保持最高位置。相比 2014 年，2019 年上升 6.3300 分；相比 2018 年，2019 年上升 0.2524 分。

第三，从决策与监督权分项指数看，2019 年该分项指数均值为 46.6984 分。相比 2014 年，2019 年上升 11.0310 分；相比 2018 年，2019 年上升 0.1892 分。

第四，从收益权分项指数看，2019 年该分项指数均值为 43.5789 分。相比 2014 年，2019 年上升 15.7956 分，提升幅度较大；相比 2018 年，2019 年上升 2.3256 分，相比其他三个分项指数，提升幅度最大。

第五，从维权环境分项指数看，2019 年该分项指数均值为 57.1766 分。相比 2014 年，2019 年上升 3.1100 分，在四个分项指数中提升幅度最小；相比 2018 年，2019 年下降 1.0501 分，是四个分项指数中唯一下降的。

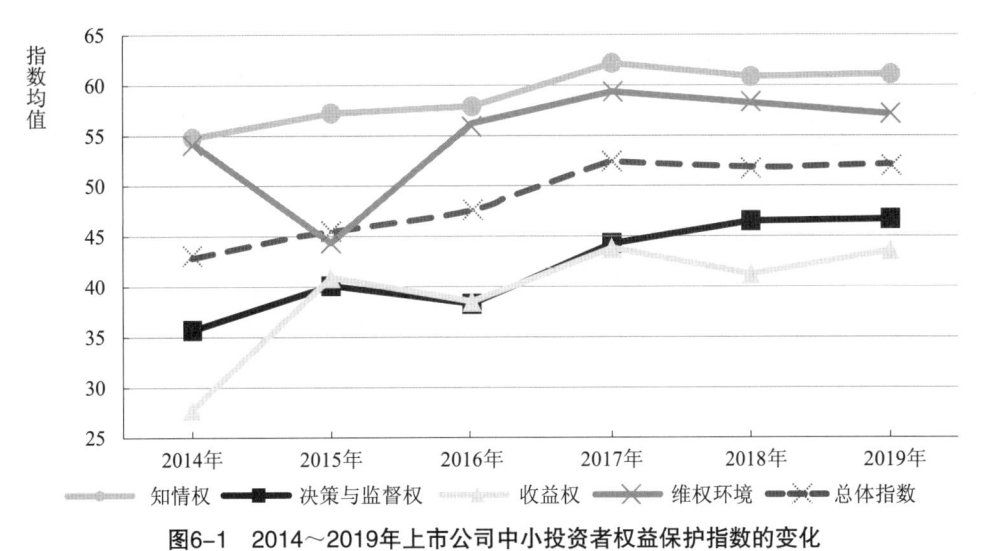

图 6-1 2014～2019 年上市公司中小投资者权益保护指数的变化

6.2 分地区中小投资者权益保护指数的年度比较

按照四个地区的划分，将 2014～2019 年六个年度不同地区的中小投资者权益保护总体指数及四个分项指数进行比较，从而更清晰地了解不同地区中小投资者权益保护在不同年度的变化，如表 6-2 和图 6-2 所示。

表 6-2　2014～2019 年不同地区上市公司中小投资者权益保护指数均值比较

地区	年份	总体指数	分项指数				总体指数排名
			知情权	决策与监督权	收益权	维权环境	
东部	2014	43.2961	55.2955	35.4075	28.3215	54.1601	1
	2015	46.2340	58.3801	40.4071	41.4665	44.6824	1
	2016	48.2532	58.8827	38.5090	38.8172	56.8039	1
	2017	52.9653	62.8001	44.4178	44.7009	59.9422	1
	2018	52.2622	61.4184	46.6153	41.9750	59.0401	1
	2019	52.6838	62.0380	46.5465	44.3346	57.8159	1
中部	2014	42.9013	53.5783	35.5611	27.4429	55.0227	2
	2015	44.8437	55.3368	39.2081	40.8048	44.0252	2
	2016	47.3800	57.3843	37.7459	38.9148	55.4750	2
	2017	51.2938	60.7612	43.8306	42.6928	57.8907	3
	2018	50.8880	60.0220	46.0800	39.9829	57.4670	2
	2019	51.6169	60.0543	46.6010	43.0550	56.7575	2
西部	2014	42.4465	54.0067	36.5027	26.3563	52.9205	4
	2015	44.4869	55.2858	39.8204	39.0671	43.7743	3
	2016	45.7351	55.3216	37.8067	37.0314	52.7805	4
	2017	51.0253	60.8751	44.0761	41.1949	57.9552	4
	2018	50.4963	59.1655	46.7014	40.0106	56.1076	3
	2019	50.8862	58.8946	47.4450	41.4344	55.7708	3
东北	2014	42.5138	53.7344	36.8494	26.0320	53.4395	3
	2015	43.8495	53.5918	39.3779	39.5957	42.8326	4
	2016	45.9410	54.1600	38.2276	37.4613	53.9153	3
	2017	51.5016	60.8573	44.2536	42.1351	58.7604	2
	2018	49.0716	59.4601	45.4907	37.3235	54.0119	4
	2019	48.7524	55.9305	47.1428	39.5373	52.3988	4

由表 6-2 和图 6-2 可知：

第一，从中小投资者权益保护总体指数看，四个地区的总体指数均值在 2014～2017 年间连续上升，2018 年全部下降，2019 年除东北地区继续下降外，其他三个地区都有小幅上升。东部地区连续六年位居第一，中部地区除 2017 年被东北地区赶超外，其余年份均位居第二。相比 2014 年，2019 年四个地区都上升，升幅为 6.23～9.39 分，东部升幅最大；相比 2018 年，2019 年除了东北略微下降外，其他三个地区都上升，但升幅都未超过 1 分。

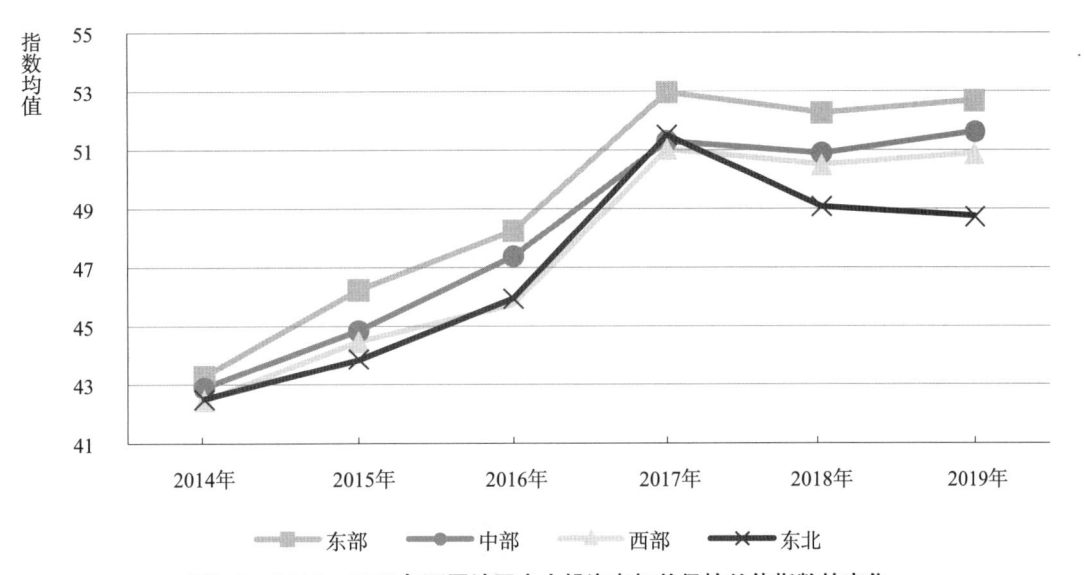

图6-2 2014～2019年不同地区中小投资者权益保护总体指数的变化

第二，从知情权分项指数看，相比 2014 年，2019 年四个地区都上升，升幅为 2.19～6.75 分，东部升幅最大，东北升幅最小。相比 2018 年，2019 年东部和中部分别上升 0.6196 分和 0.0323 分；西部和东北分别下降 0.2709 分和 3.5296 分。

第三，从决策与监督权分项指数看，相比 2014 年，2019 年四个地区都上升，升幅在 11 分左右，东部升幅最大，为 11.1390 分。相比 2018 年，2019 年除了东部略微下降 0.0688 分以外，其他三个地区都上升，升幅为 0.52～1.66 分，东北升幅最大。

第四，从收益权分项指数看，相比 2014 年，2019 年四个地区都较大幅度上升，升幅为 13.50～16.02 分，东部升幅最大。相比 2018 年，2019 年四个地区也都上升，升幅为 1.42～3.08 分，中部升幅最大。尽管比 2014 年升幅较大，但在四个分项指数中仍是最低的。

第五，从维权环境分项指数看，相比 2014 年，2019 年除了东北下降 1.0407 分外，其他三个地区都上升，升幅为 1.73～3.66 分，东部升幅最大。相比 2018 年，2019 年四个地区全部出现下降，降幅为 0.33～1.62 分，东北降幅最大。

6.3 分行业中小投资者权益保护指数的年度比较

将 2014～2019 年六个年度不同行业的中小投资者权益保护总体指数及四个分项指数进行比较,以了解不同行业中小投资者权益保护在不同年度的变化,结果参见表 6-3 和图 6-3。

表 6-3 2014～2019 年分行业上市公司中小投资者权益保护指数均值比较

行业	年份	总体指数	分项指数			
			知情权	决策与监督权	收益权	维权环境
农、林、牧、渔业（A）	2014	42.6878	54.2903	36.5568	24.3763	55.5278
	2015	43.9545	54.4538	38.5939	39.7808	42.9894
	2016	48.0790	56.2953	40.0940	40.5481	55.3788
	2017	51.9558	60.3654	44.0942	41.2474	62.1164
	2018	49.9627	58.4681	46.8614	37.2856	57.2358
	2019	49.2819	58.1250	47.4498	39.8726	51.6802
采矿业（B）	2014	43.4506	56.0581	35.7773	27.2650	54.7021
	2015	43.3604	55.6446	39.3508	35.7367	42.7093
	2016	46.9354	58.1810	38.8115	39.9273	50.8219
	2017	51.0282	58.9822	44.7944	43.2191	57.1171
	2018	50.9246	58.2563	48.0406	41.9339	55.4679
	2019	52.5341	59.7480	47.1842	45.3375	57.8667
制造业（C）	2014	43.0682	54.7994	35.2801	27.6051	54.5879
	2015	45.7615	57.3809	40.0348	40.8581	44.7721
	2016	47.6475	57.9955	37.9521	38.7978	55.8448
	2017	52.3584	62.3935	43.8405	43.6790	59.5206
	2018	51.8138	61.1018	46.0843	41.2946	58.7746
	2019	51.9867	61.4265	46.0095	43.4676	57.0432
电力、热力、燃气及水生产和供应业（D）	2014	43.9841	56.6041	36.0883	28.4067	54.8374
	2015	45.0464	56.7773	40.7022	39.4727	43.2335

续表

行业	年份	总体指数	分项指数			
			知情权	决策与监督权	收益权	维权环境
电力、热力、燃气及水生产和供应业（D）	2016	47.2367	59.1396	37.4903	38.6593	53.6574
	2017	51.5463	61.7235	44.3705	44.5031	55.5879
	2018	50.2860	59.5096	46.3320	40.4135	54.8889
	2019	51.9143	60.2092	47.1036	44.1468	56.1978
建筑业（E）	2014	42.8735	56.4913	35.1240	27.7911	52.0875
	2015	46.2280	59.4730	40.9465	40.6584	43.8341
	2016	48.5287	60.2079	38.8874	41.0512	53.9683
	2017	52.3568	62.2868	45.3193	44.9323	56.8889
	2018	52.1518	61.1636	46.9618	42.2347	58.2469
	2019	53.3895	61.4782	47.8341	44.5145	59.7310
批发和零售业（F）	2014	42.9961	53.6763	37.6602	27.0239	53.6242
	2015	43.6555	54.7753	39.1890	39.4786	41.1791
	2016	46.2264	55.5094	38.5842	38.3045	52.5075
	2017	51.5923	60.8199	43.7733	43.6607	58.1153
	2018	51.2555	60.5460	46.9859	41.5280	55.9621
	2019	51.1308	58.4746	47.0959	42.8794	56.0732
交通运输、仓储和邮政业（G）	2014	43.3420	55.9543	35.4714	27.1274	54.8148
	2015	45.7789	56.9287	39.9482	42.0821	44.1564
	2016	49.0615	57.6401	39.5360	39.6575	59.4125
	2017	52.5764	62.3319	44.3302	45.2116	58.4321
	2018	51.8326	61.1299	46.9120	40.9494	58.3391
	2019	53.9607	62.1656	47.7296	45.3918	60.5556
住宿和餐饮业（H）	2014	40.7078	45.9368	40.1653	24.7090	52.0202
	2015	40.3651	50.2985	37.1610	35.0109	38.9899
	2016	43.3241	49.2260	39.0040	32.2381	52.8283
	2017	51.5338	63.1685	41.6162	41.1038	60.2469
	2018	50.0270	59.7025	46.5758	35.0644	58.7655
	2019	54.7548	61.3940	46.6667	41.2055	69.7531

续表

行业	年份	总体指数	分项指数			
			知情权	决策与监督权	收益权	维权环境
信息传输、软件和信息技术服务业（I）	2014	40.0978	52.3039	31.0482	30.0656	46.9735
	2015	47.3074	59.2932	39.6315	44.4273	45.8774
	2016	47.5175	58.3390	38.0992	35.2264	58.4055
	2017	53.1794	63.0199	45.4522	44.9275	59.3181
	2018	52.0608	61.2502	46.3995	41.2467	59.3467
	2019	51.5666	60.9077	47.2409	42.7944	55.3236
金融业（J）	2014	49.4602	58.4564	46.5328	32.4900	60.3618
	2015	52.8519	62.3184	49.4680	46.6960	52.9252
	2016	54.0216	60.2975	47.2256	41.3118	67.2515
	2017	56.5470	63.5600	51.4082	45.7942	65.4257
	2018	55.2126	60.7994	53.3699	44.6229	62.0581
	2019	56.9225	66.2494	53.4708	46.8274	61.1422
房地产业（K）	2014	43.5303	54.6224	38.4435	27.3010	53.7542
	2015	43.3686	53.9639	39.4199	39.7010	40.3897
	2016	46.3376	56.2299	37.2436	37.5390	54.3378
	2017	50.9716	59.8344	43.9913	42.3095	57.7511
	2018	51.3034	60.0411	46.9873	41.5006	56.6846
	2019	52.0086	58.9917	47.4979	42.7024	58.8426
租赁和商务服务业（L）	2014	45.5304	58.5542	33.9394	31.2484	58.3796
	2015	47.4210	59.9429	39.4378	43.6796	46.6239
	2016	47.4160	57.3663	38.7163	36.0257	57.5556
	2017	51.8522	60.7869	42.8836	42.9709	60.7672
	2018	49.2588	57.8548	46.6298	38.6305	53.9204
	2019	51.2806	56.0039	48.4699	42.7211	57.9274
科学研究和技术服务业（M）	2014	41.6164	56.0100	31.5702	27.8752	51.0101
	2015	46.9269	59.7685	42.1362	41.0500	44.7531
	2016	47.2647	58.7895	37.1881	36.4143	56.6667

续表

行业	年份	总体指数	分项指数			
			知情权	决策与监督权	收益权	维权环境
科学研究和技术服务业（M）	2017	52.6212	61.4582	45.8274	44.1715	59.0278
	2018	52.3594	61.9718	47.7334	40.9594	58.7732
	2019	53.2124	63.5535	46.6463	43.0201	59.6296
水利、环境和公共设施管理业（N）	2014	43.4407	51.5356	37.0280	29.2164	55.9829
	2015	48.0286	60.5654	40.3220	44.1530	47.0741
	2016	49.0338	61.6964	38.7842	36.0251	59.6296
	2017	54.1087	65.2039	45.8909	43.0901	62.2500
	2018	52.1890	63.7909	46.5538	40.5891	57.8222
	2019	54.0122	61.8266	48.0235	45.8902	60.3087
教育（P）	2014	40.9927	60.4084	30.4545	28.6632	44.4444
	2015	34.1289	60.9806	21.3636	23.0600	31.1111
	2016	44.7326	62.5587	39.4636	25.7970	51.1111
	2017	54.0706	64.6162	44.0909	49.7974	57.7778
	2018	47.8354	55.0035	42.9546	37.6891	55.6945
	2019	54.4682	65.3946	50.1074	44.8708	57.5000
卫生和社会工作（Q）	2014	43.6228	55.3054	27.5000	43.0745	48.6111
	2015	51.4727	61.9884	43.1818	52.9427	47.7778
	2016	51.4501	62.1515	41.7532	37.9273	63.9683
	2017	55.1697	65.3379	45.9659	44.3749	65.0000
	2018	53.3775	62.6594	49.9243	38.3338	62.5926
	2019	51.2304	58.2698	47.1311	44.5206	55.0000
文化、体育和娱乐业（R）	2014	43.3422	53.1464	38.0251	31.1627	51.0345
	2015	46.6340	60.2488	38.8541	44.5011	42.9321
	2016	47.0785	59.3870	37.0328	35.7968	56.0976
	2017	53.1773	63.9599	43.5339	45.2387	59.9769
	2018	50.7747	61.7793	45.2919	42.1388	53.8889
	2019	50.7697	59.3759	45.7940	43.2307	54.6784

续表

行业	年份	总体指数	分项指数			
			知情权	决策与监督权	收益权	维权环境
综合（S）	2014	41.1202	54.8146	37.6894	22.6711	49.3056
	2015	43.2707	52.9961	40.2557	37.1196	42.7111
	2016	45.4401	52.3574	38.9236	38.4504	52.0290
	2017	51.2537	58.2376	44.8265	40.6946	61.2560
	2018	46.0179	52.0886	46.9601	38.1975	46.8254
	2019	47.0534	51.9161	49.3462	41.7224	45.2288

注：①由于教育（P）在2014年和2015年只有1家上市公司，2016～2019年各有3家、4家、8家、8家上市公司，所以，2014年和2015年该行业数据难以反映该行业的实际平均水平，故只比较2016～2019年；②居民服务、修理和其他服务业（O）只有1家上市公司，难以代表该行业整体水平，故排名时剔除。

由表6-3和图6-3可知：

第一，从中小投资者权益保护总体指数看，18个行业中，大部分行业上升和下降不断交替，但金融业（J）连续六年排名第一，反映其中小投资者权益保护相对较好且较稳定。相比2014年，2019年全部17个行业（剔除教育）都上升，升幅为5.75～14.05分，升幅最大的是住宿和餐饮业（H），升幅最小的是租赁和商务服务业（L）。相比2018年，2019年有13个行业上升，升幅为0.17～6.64分，升幅最大的是教育（P），升幅最小的是制造业（C）；有5个行业下降，降幅为0.00～2.15分，降幅最大的是卫生和社会工作（Q），降幅最小的是文化、体育和娱乐业（R）。

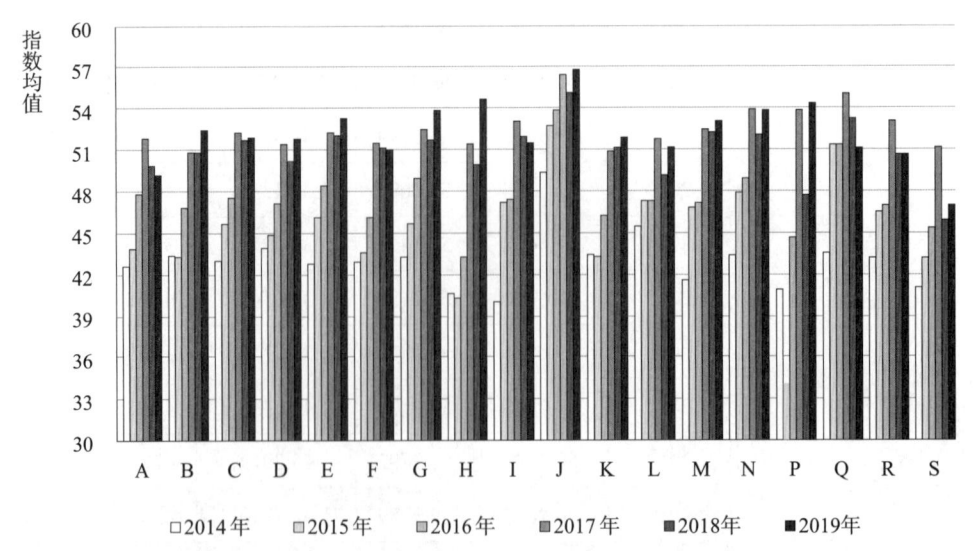

图6-3 2014～2019年不同行业上市公司中小投资者权益保护总体指数的变化

第二，从知情权分项指数看，相比2014年，2019年除了租赁和商务服务业（L）、综合（S）两个行业外，其他15个行业（剔除教育）都上升，升幅为2.96～15.46分，升幅最大的是住宿和餐饮业（H）。相比2018年，2019年有9个行业上升，升幅为0.31～10.40分，升幅最大的是教育（P）；另外9个行业下降，降幅为0.17～4.39分，降幅最大的是卫生和社会工作（Q）。

第三，从决策与监督权分项指数看，相比2014年，2019年全部17个行业（剔除教育）都上升，升幅为6.50～19.64分，升幅最大的是卫生和社会工作（Q）。相比2018年，2019年有14个行业上升，升幅为0.09～7.16分，升幅最大的是教育（P）；其他4个行业下降，降幅为0.07～2.80分，降幅最大的是卫生和社会工作（Q）。

第四，从收益权分项指数看，相比2014年，2019年全部17个行业（剔除教育）都上升，升幅为1.44～19.06分，升幅最大的是综合（S）。相比2018年，2019年全部18个行业都上升，升幅为1.09～7.19分，升幅最大的是教育（P）。

第五，从维权环境分项指数看，相比2014年，2019年14个行业（剔除教育）上升，升幅为0.78～17.74分，升幅最大的是住宿和餐饮业（H）；其他3个行业下降，降幅为0.45～4.08分，降幅最大的是综合（S）。相比2018年，2019年12个行业上升，升幅为0.11～10.99分，升幅最大的是住宿和餐饮业（H）；其他6个行业下降，降幅为0.91～7.60分，降幅最大的是卫生和社会工作（Q）。

6.4 分所有制中小投资者权益保护指数的年度比较

依照第1章的五种所有制类型的划分，对2014～2019年六个年度中小投资者权益保护总体指数和四个分项指数进行比较，结果参见表6-4 Panel A 和图6-4。另外，进一步将样本按照国有控股公司和非国有控股公司分类，统计信息见表6-4 Panel B。

表6-4 2014～2019年不同所有制上市公司中小投资者权益保护指数均值比较

所有制类型	年份	总体指数	分项指数				总体指数排名
			知情权	决策与监督权	收益权	维权环境	
Panel A 按照五类所有制公司分类							
国有绝对控股公司	2014	44.1752	56.7246	36.7554	27.7777	55.4433	1
	2015	45.1921	57.5453	39.0220	38.9280	45.2731	3
	2016	48.3373	60.0109	38.2954	39.4784	55.5644	1
	2017	52.8579	62.6613	44.8942	45.6745	58.2015	2

续表

所有制类型	年份	总体指数	分项指数				总体指数排名
			知情权	决策与监督权	收益权	维权环境	
国有绝对控股公司	2018	53.1814	62.0645	47.3011	44.3664	58.9935	1
	2019	53.9891	64.1042	47.1744	46.0980	58.5798	1
国有强相对控股公司	2014	43.7867	55.5650	36.8703	26.8723	55.8393	2
	2015	44.9070	56.5195	40.2755	40.5484	42.2848	4
	2016	47.6521	57.4672	38.2481	39.5509	55.3424	3
	2017	52.2775	62.3197	44.5057	43.5494	58.7351	3
	2018	52.4392	61.3870	46.7357	42.2029	59.4314	2
	2019	53.3470	62.2476	47.1735	45.4483	58.5185	2
国有弱相对控股公司	2014	43.4083	55.5650	36.8703	26.8723	53.9878	4
	2015	44.6300	55.6476	40.0769	39.0277	43.7676	5
	2016	46.9666	56.1515	38.7106	37.8721	55.1323	5
	2017	51.6304	60.5512	45.3812	41.2575	59.3314	5
	2018	51.4971	59.7675	48.1688	39.8365	58.2156	4
	2019	52.7641	61.0520	49.3471	43.2039	57.4535	3
国有参股公司	2014	43.5952	54.4938	36.8887	27.4342	55.5642	3
	2015	46.2574	57.9186	40.1177	41.8617	45.1317	1
	2016	47.9983	58.2605	38.3502	38.3261	57.0563	2
	2017	52.9646	62.5253	43.8845	43.8006	61.6480	1
	2018	51.6692	60.4933	46.1155	40.4080	59.6600	3
	2019	52.0354	60.3730	47.1485	42.8520	57.7680	4
无国有股份公司	2014	42.2440	54.0019	33.9210	28.5129	52.5400	5
	2015	46.0429	57.5134	40.3196	41.6370	44.7014	2
	2016	47.4784	57.9427	38.1296	38.1728	55.6686	4
	2017	52.2421	62.2366	44.0271	44.2386	58.4660	4
	2018	51.3465	60.9581	46.1485	41.2882	56.9912	5
	2019	51.3847	60.7135	45.5143	43.1591	56.1518	5
Panel B 按照国有控股公司和非国有控股公司分类							
国有控股公司	2014	43.7916	55.7356	37.1371	27.1073	55.1863	1
	2015	44.9123	56.5732	39.8589	39.6590	43.5582	2

续表

所有制类型	年份	总体指数	分项指数				总体指数排名
			知情权	决策与监督权	收益权	维权环境	
国有控股公司	2016	47.5948	57.6556	38.4106	38.9851	55.3277	2
	2017	52.2047	61.8174	44.8903	43.3087	58.8024	2
	2018	52.2891	60.9836	47.3759	41.8987	58.8984	1
	2019	53.2814	62.2423	47.9922	44.7588	58.1321	1
非国有控股公司	2014	42.5912	54.1283	34.6836	28.2357	53.3171	2
	2015	46.1221	57.6631	40.2450	41.7200	44.8604	1
	2016	47.6822	58.0673	38.2161	38.2329	56.2127	1
	2017	52.4993	62.3394	43.9763	44.0827	59.5987	1
	2018	51.4610	60.7932	46.1368	40.9759	57.9380	2
	2019	51.6236	60.5885	46.1144	43.0463	56.7453	2

从表 6-4 Panel A 和图 6-4 可知：

第一，从中小投资者权益保护总体指数看，国有绝对控股公司和国有强相对控股公司 2014～2019 年间连续上升；国有弱相对控股公司、国有参股公司和无国有股份公司 2014～2017 年连续上升，2018 年有所下降，2019 年又有所上升，但三类公司 2019 年上升幅度都较小。相比 2014 年，2019 年五类公司都上升，升幅都在 9 分左右，升幅最大的是国有绝对控股公司，升幅为 9.8139 分。相比 2018 年，2019 年五类公司也都上升，但升幅都不大，升幅最大的是国有弱相对控股公司，升幅为 1.2670 分。

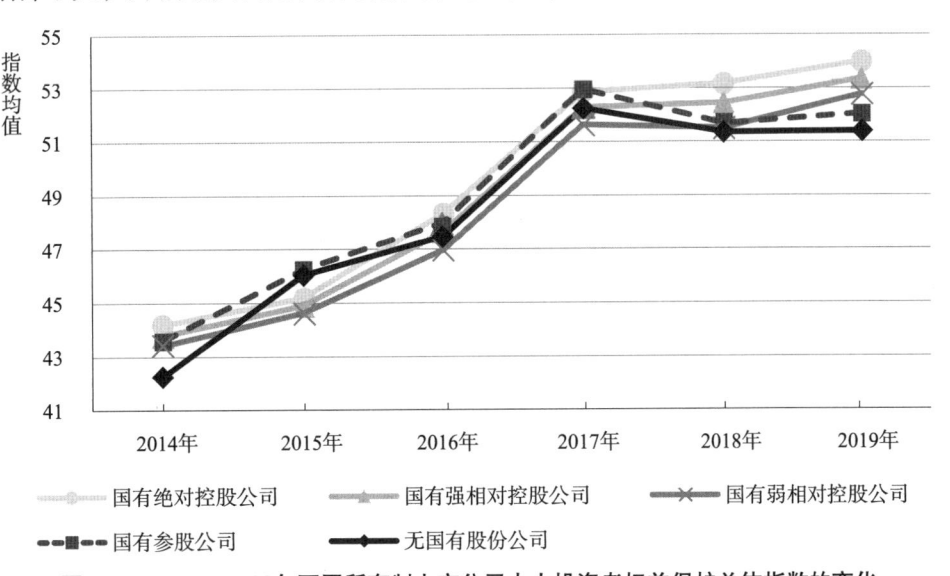

图6-4 2014～2019年不同所有制上市公司中小投资者权益保护总体指数的变化

第二，从知情权分项指数看，相比 2014 年，2019 年五类公司都上升，升幅为 5.48～7.38 分，升幅最大的是国有绝对控股公司。相比 2018 年，2019 年国有参股公司和无国有股份公司有轻微的下降，降幅都未超过 0.25 分，其他三类公司都上升，升幅为 0.86～2.04 分，升幅最大的仍是国有绝对控股公司。

第三，从决策与监督权分项指数看，相比 2014 年，五类公司都上升 11 分左右，升幅最大的是国有弱相对控股公司，上升 12.4768 分。相比 2018 年，国有绝对控股公司和无国有股份公司分别下降 0.1267 分和 0.6342 分，其他 3 个行业都上升，升幅为 0.43～1.18 分，升幅最大的也是国有弱相对控股公司。

第四，从收益权分项指数看，相比 2014 年，2019 年五类公司都上升，升幅为 14.64～18.58 分，升幅最大的是国有强相对控股公司。相比 2018 年，2019 年五类公司也都上升，升幅为 1.73～3.37 分，升幅最大的是国有弱相对控股公司。

第五，从维权环境分项指数看，相比 2014 年，2019 年五类公司都上升，升幅都在 3 分左右，升幅最大的是无国有股份公司，升幅为 3.6118 分。相比 2018 年，2019 年五类公司都下降，但降幅不大，为 0.41～1.90 分，降幅最大的是国有参股公司。

从表 6-4 Panel B 可知：

第一，从总体指数看，2014～2019 年间，国有控股公司连续上升，非国有控股公司除了 2018 年出现下降外，总体也呈上升趋势。相比 2014 年，两类公司上升都略超 9 分，国有控股公司升幅大于非国有控股公司；相比 2018 年，2019 年两类公司都上升不到 1 分，同样是国有控股公司升幅大于非国有控股公司。

第二，从知情权分项指数看，相比 2014 年，两类公司上升都略超 6 分，国有控股公司升幅大于非国有控股公司；相比 2018 年，2019 年国有控股公司上升 1.2587 分，而非国有控股公司下降 0.2047 分。

第三，从决策与监督权分项指数看，相比 2014 年，两类公司都上升 11 分左右，国有控股公司升幅小于非国有控股公司；相比 2018 年，2019 年国有控股公司上升 0.6163 分，而非国有控股公司下降 0.0224 分。

第四，从收益权分项指数看，相比 2014 年，国有控股公司和非国有控股公司分别上升 17.6515 分和 14.8106 分，上升幅度较大；相比 2018 年，2019 年国有控股公司和非国有控股公司分别上升 2.8601 分和 2.0704 分。

第五，从维权环境分项指数看，相比 2014 年，两类公司都上升 3 分左右，国有控股公司升幅小于非国有控股公司；相比 2018 年，2019 年两类公司都下降 1 分左右，国有控股公司降幅小于非国有控股公司。

6.5 分上市板块中小投资者权益保护指数的年度比较

按照深市主板（不含中小企业板）、深市中小企业板、深市创业板和沪市主板的划分，对 2014～2019 年不同板块上市公司中小投资者权益保护总指数及四个分项指数进行比较，结果参见表 6-5 和图 6-5。

表 6-5　2014～2019 年不同板块上市公司中小投资者权益保护指数均值比较

上市板块	年份	总体指数	分项指数				总体指数排名
			知情权	决策与监督权	收益权	维权环境	
深市主板（不含中小企业板）	2014	44.4340	53.6672	39.1315	26.4006	58.5368	2
	2015	44.5578	54.3768	38.9154	38.9398	45.9990	3
	2016	47.3942	56.4455	38.3352	36.3437	58.4526	3
	2017	51.8816	60.4497	44.2213	41.0503	61.8049	3
	2018	51.7593	59.6304	47.9817	38.2874	61.1377	3
	2019	52.1598	59.0474	49.3829	39.8378	60.3712	3
深市中小企业板	2014	45.3232	54.5416	38.6694	28.4326	59.6492	1
	2015	47.8514	59.4683	41.3580	41.6503	48.9292	1
深市中小企业板	2016	48.9765	59.3544	38.8637	38.7055	58.9824	1
	2017	53.6183	62.4504	44.3827	44.3846	63.2554	2
	2018	52.5326	60.3057	46.2431	40.8523	62.7294	2
	2019	52.9289	61.1020	47.3438	42.0430	61.2268	2
深市创业板	2014	37.7138	53.4384	23.8954	32.1317	41.3896	4
	2015	47.3502	59.7012	39.1573	43.6499	46.8925	2
	2016	48.3551	60.1635	36.6357	37.8381	58.7831	2
	2017	54.3961	63.6305	44.7530	45.9558	63.2449	1
	2018	54.1474	62.5636	47.5609	43.3396	63.1256	1
	2019	54.2429	62.3047	46.4001	46.2016	62.0652	1
沪市主板	2014	42.8373	56.0248	36.3895	26.2351	52.6999	3
	2015	43.8401	55.8943	40.1094	40.1596	39.1970	4

续表

上市板块	年份	总体指数	分项指数				总体指数排名
			知情权	决策与监督权	收益权	维权环境	
沪市主板	2016	46.4763	56.4710	38.6152	39.5984	51.2206	4
	2017	50.7647	61.8740	44.0015	43.4052	53.7780	4
	2018	49.9049	60.7207	45.6561	41.4116	51.8313	4
	2019	50.5482	61.1368	45.5899	44.3956	51.0704	4

由表 6-5 和图 6-5 可以看出：

第一，从中小投资者权益保护总体指数看，四个板块都是在 2014～2017 年连续上升，然后在 2018 年有所下降，2019 年又略有上升。除 2014 年深市创业板最低之外，其余年份，深市创业板和深市中小企业板都占据了四个板块中的前两名，沪市主板历年表现都相对较差。相比 2014 年，2019 年四个板块都上升，升幅为 7.71～16.53 分，升幅最大的是深市创业板；相比 2018 年，2019 年也都上升，但上升幅度都很小，升幅最大的是沪市主板，也仅上升 0.6433 分。

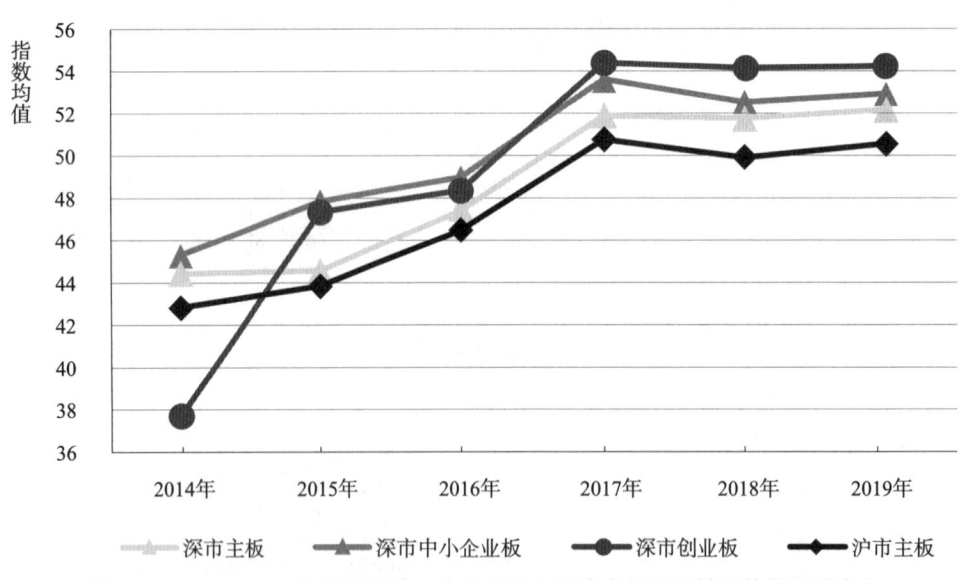

图6-5　2014～2019年不同板块上市公司中小投资者权益保护总体指数的变化

第二，从知情权分项指数看，相比 2014 年，2019 年四个板块都上升，升幅为 5.11～8.87 分，升幅最大的是深市创业板；相比 2018 年，2019 年深市中小板和沪市主板分别上升 0.7963 分和 0.4161 分，而深市主板（不含深市中小板）和深市创业板分别下降 0.583 分和 0.2589 分。

第三，从决策与监督权分项指数看，相比 2014 年，2019 年四个板块都上升，升幅为 8.67～22.51 分，升幅最大的是深市创业板；相比 2018 年，2019 年深市主板（不含中小板）和深市中小板分别上升 1.4012 分和 1.1007 分，而深市创业板和沪市主板分别下降 1.1608 分和 0.0662 分。

第四，从收益权分项指数看，相比 2014 年，2019 年四个板块上升幅度都较大，升幅为 13.43～18.17 分，升幅最大的是沪市主板；相比 2018 年，2019 年四个板块也都上升，升幅为 1.19～2.99 分，同样是沪市主板升幅最大。

第五，从维权环境分项指数看，相比 2014 年，2019 年除了沪市主板下降 1.6295 分外，其他三个板块都上升，其中深市主板（不含深市中小板）和深市中小板上升都不到 2 分，升幅最大的是深市创业板，上升 20.6756 分；相比 2018 年，2019 年四个板块都下降，降幅为 0.76～1.51 分，降幅最大的是深市中小板。

6.6 本章小结

本章分别从总体、地区、行业、所有制和上市板块五个角度，对 2014～2019 年上市公司中小投资者权益保护总体指数及四个分项指数进行了比较分析，主要结论如下：

①从总体来看，2014～2019 年，中小投资者权益保护总体指数均值先是在 2014～2017 年持续上升，然后在 2018 年小幅下降，2019 年又小幅上升。相比 2014 年，2019 年上升 9.0667 分；相比 2018 年，2019 年上升 0.4293 分。在四个分项指数上，六年中最高的始终是知情权分项指数。相比 2014 年，2019 年四个分项指数都是上升的，升幅最大的是收益权分项指数；相比 2018 年，2019 年除了维权环境分项指数下降外，其他三个分项指数都是上升的，升幅最大的仍是收益权分项指数。

②从地区来看，四个地区的总体指数均值在 2014～2017 年间连续上升，2018 年全部下降，2019 年除东北小幅下降外，其他三个地区都小幅上升。相比 2014 年，2019 年四个地区都上升，东部升幅最大；相比 2018 年，2019 年除了东北略微下降外，其他三个地区都上升，但升幅都未超过 1 分。在知情权分项指数上，相比 2014 年，2019 年四个地区都上升；相比 2018 年，2019 年东部和中部上升，西部和东北下降。在决策与监督权分项指数上，相比 2014 年，2019 年四个地区都上升；相比 2018 年，2019 年除东部略微下降外，其他三个地区都上升。在收益权分项指数上，相比 2014 年，2019 年四个地区都较大幅度上升；相比 2018 年，2019 年四个地区也都上升。在维权环境分项指数上，相比 2014 年，2019 年除东北下降外，其他三个地区都上升；相比 2018 年，2019 年四个地区全部出现下降。

③从行业来看，在总体指数上，18 个行业中，金融业（J）连续六年排名第一。相比 2014 年，2019 年全部 17 个行业（剔除教育）都上升；相比 2018 年，2019 年有 13 个

行业上升。在知情权分项指数上，相比2014年，2019年有15个行业（剔除教育）上升；相比2018年，2019年有9个行业上升。在决策与监督权分项指数上，相比2014年，2019年全部17个行业（剔除教育）都上升；相比2018年，2019年有14个行业上升。在收益权分项指数上，相比2014年，2019年全部17个行业（剔除教育）都上升；相比2018年，2019年全部18个行业都上升。在维权环境分项指数上，相比2014年，2019年14个行业（剔除教育）上升；相比2018年，2019年12个行业上升。

④从所有制来看，在总体指数上，2014~2019年间，国有控股公司连续上升，非国有控股公司除了2018年出现下降外，总体也呈上升趋势。相比2014年和2018年，2019年两类公司都上升，且国有控股公司升幅都大于非国有控股公司。在知情权分项指数上，相比2014年，2019年两类公司都上升，且国有控股公司升幅大于非国有控股公司；相比2018年，2019年国有控股公司上升，非国有控股公司下降。在决策与监督权分项指数上，相比2014年，2019年两类公司都上升，国有控股公司升幅小于非国有控股公司；相比2018年，2019年国有控股公司上升，非国有控股公司下降。在收益权分项指数上，相比2014年和2018年，2019年两类公司都上升，且国有控股公司升幅大于非国有控股公司。在维权环境分项指数上，相比2014年，2019年两类公司都上升，国有控股公司升幅小于非国有控股公司；相比2018年，2019年两类公司都下降，国有控股公司降幅小于非国有控股公司。

⑤从上市板块来看，在总体指数上，相比2014年和2018年，2019年四个板块都上升。在知情权分项指数上，相比2014年，2019年四个板块都上升；相比2018年，2019年深市中小板和沪市主板上升，而深市主板（不含深市中小板）和深市创业板则下降。在决策与监督权分项指数上，相比2014年，2019年四个板块都上升；相比2018年，2019年深市主板（不含中小板）和深市中小板上升，而深市创业板和沪市主板下降。在收益权分项指数上，相比2014年和2018年，2019年四个板块都上升。在维权环境分项指数上，相比2014年，2019年除沪市主板下降外，其他三个板块都上升；相比2018年，2019年四个板块都下降。

第三篇　董事会治理指数

第7章　董事会治理总体指数排名及比较

根据第1章确定的董事会治理指数评价方法，以及我们评估获得的2019年度3569家样本上市公司治理指数数据，本章对这些上市公司的董事会治理指数进行排名，然后分别从地区、行业、上市板块三个角度进行比较分析。

7.1　董事会治理指数总体分布及排名

基于上市公司2019年的公开数据，根据本报告构建的董事会治理指数指标体系和指数计算方法，我们对3569家上市公司董事会治理指数进行计算，可以得到中国上市公司董事会治理指数的整体排名情况。

7.1.1　董事会治理指数总体分布

2019年上市公司董事会治理指数的总体情况参见表7-1。

表7-1　2019年上市公司董事会治理指数总体情况

项目	公司数目	平均值	中位值	最大值	最小值	标准差	偏度系数	峰度系数
数值	3569	56.3849	56.7394	77.3720	30.9064	6.2328	−0.2518	−0.1271

从表7-1可以看出，2019年上市公司董事会治理指数最大值为77.3720分，最小值为30.9064分，平均值为56.3849分，中位值为56.7394分，全部样本得分整体偏低。

为进一步了解董事会治理总体指数在各个得分区间的分布情况，我们将董事会治理指数以5分为间隔，划分为[0, 30)、[30, 35)、[35, 40)、[40, 45)、[45, 50)、[50, 55)、[55, 60)、[60, 65)、[65, 70)、[70, 75)、[75, 80)和[80, 100]12个区间（公司数目为0的指数区间合并），每个得分区间的企业数目和所占比重参见表7-2和图7-1。

表 7-2　2019 年上市公司董事会治理指数区间分布

指数区间	公司数目（家）	占比（%）	累计占比（%）
[0，30)	0	0.00	0.00
[30，35)	3	0.08	0.08
[35，40)	18	0.50	0.59
[40，45)	119	3.33	3.92
[45，50)	433	12.13	16.05
[50，55)	856	23.98	40.04
[55，60)	1058	29.64	69.68
[60，65)	818	22.92	92.60
[65，70)	243	6.81	99.41
[70，75)	20	0.56	99.97
[75，80)	1	0.03	100.00
[80，100]	0	0.00	100.00
总计	3569	100	—

从表 7-2 和图 7-1 可以看出，上市公司董事会治理指数在 [55，60) 区间的公司数量最多，有 1058 家，占样本总数的 29.64%。董事会治理指数主要集中在 [50，65) 区间，共有 2732 家公司，占样本总数的 76.55%。值得关注的是，达到 60 分及格线的公司有 1082 家，及格率为 30.32%，比上年的 17.51% 大幅提升 12.81 个百分点，尽管如此，中国上市公司董事会治理水平仍然整体偏低，还有很大的提升空间。从表 7-1 反映的整体分布偏离正态分布的程度看，偏度系数为 -0.2518，董事会治理指数分布基本满足正态分布，略呈负偏态。

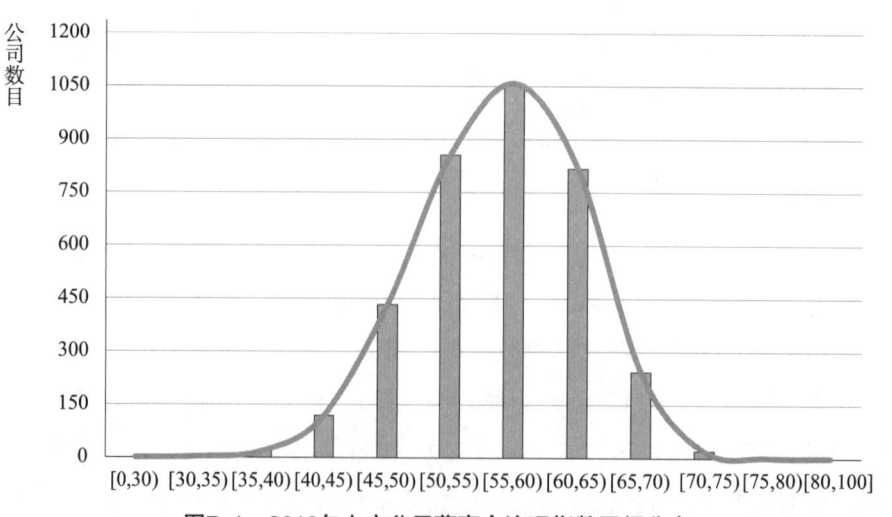

图7-1　2019年上市公司董事会治理指数区间分布

7.1.2 董事会治理指数前100名

表 7-3 显示了 3569 家上市公司中排名前 100 位的公司的情况。可以看出，前 100 名公司的董事会治理指数均值为 69.0021 分，比 2018 年提高 1.9952 分。

表 7-3　2019 年上市公司董事会治理指数前 100 名情况

项目	平均值	中位值	最大值	最小值	标准差
前100名	69.0021	68.4695	77.3720	67.2019	1.7307
总体	56.3849	56.7394	77.3720	30.9064	6.2328

我们对 3569 家上市公司的董事会治理指数从大到小降序排列，董事会治理指数越高，说明上市公司董事会治理水平越高。表 7-4 是董事会治理指数排名前 100 的上市公司情况。

表 7-4　2019 年上市公司董事会治理指数排名前 100 名

排名	代码	公司简称	指数	排名	代码	公司简称	指数
1	000776	广发证券	77.3720	14	300014	亿纬锂能	70.5571
2	300211	亿通科技	74.2427	15	300157	恒泰艾普	70.5084
3	000886	海南高速	73.9566	16	300106	西部牧业	70.4700
4	002936	郑州银行	73.9478	17	002507	涪陵榨菜	70.3951
5	601598	中国外运	72.2915	18	300347	泰格医药	70.3389
6	600876	洛阳玻璃	72.0383	19	002593	日上集团	70.0705
7	002483	润邦股份	71.3988	20	300602	飞荣达	70.0506
8	002096	南岭民爆	71.1584	21	601211	国泰君安	70.0400
9	002850	科达利	71.0116	22	000039	中集集团	69.9641
10	300062	中能电气	70.9891	23	300559	佳发教育	69.9579
11	002386	天原集团	70.8904	24	002091	江苏国泰	69.8347
12	000949	新乡化纤	70.8899	25	002300	太阳电缆	69.8064
13	000969	安泰科技	70.7036	26	300253	卫宁健康	69.7856

续表

排名	代码	公司简称	指数	排名	代码	公司简称	指数
27	002339	积成电子	69.7596	54	000972	ST中基	68.4302
28	002186	全聚德	69.6472	55	000750	国海证券	68.4111
29	300453	三鑫医疗	69.5896	56	300383	光环新网	68.3941
30	000156	华数传媒	69.5888	57	300255	常山药业	68.3756
31	300327	中颖电子	69.5397	58	000978	桂林旅游	68.3666
32	000878	云南铜业	69.5066	59	002105	信隆健康	68.3016
33	002093	国脉科技	69.5021	60	000502	绿景控股	68.2989
34	002250	联化科技	69.4810	61	000806	*ST银河	68.2321
35	000836	富通鑫茂	69.3949	62	002926	华西证券	68.1691
36	002500	山西证券	69.3669	63	000006	深振业A	68.0459
37	600999	招商证券	69.2264	64	300260	新莱应材	68.0191
38	300612	宣亚国际	69.0629	65	002732	燕塘乳业	68.0137
39	002937	兴瑞科技	69.0373	66	002736	国信证券	68.0121
40	002948	青岛银行	68.9470	67	601066	中信建投	68.0076
41	300080	易成新能	68.9392	68	300214	日科化学	67.9519
42	600958	东方证券	68.8817	69	300540	深冷股份	67.9373
43	002785	万里石	68.8271	70	300057	万顺新材	67.8998
44	300686	智动力	68.7400	71	601198	东兴证券	67.8664
45	002388	新亚制程	68.6824	72	300027	华谊兄弟	67.8213
46	300649	杭州园林	68.6258	73	300752	隆利科技	67.8034
47	002190	成飞集成	68.6233	74	000803	*ST金宇	67.7956
48	002392	北京利尔	68.5593	75	300504	天邑股份	67.7740
49	002649	博彦科技	68.4995	76	002336	ST人乐	67.6978
50	300268	佳沃股份	68.4911	77	601878	浙商证券	67.6779
51	000993	闽东电力	68.4479	78	002818	富森美	67.6177
52	300275	梅安森	68.4365	79	002362	汉王科技	67.6052
53	300573	兴齐眼药	68.4335	80	300128	锦富技术	67.5817

续表

排名	代码	公司简称	指数	排名	代码	公司简称	指数
81	000902	新洋丰	67.5267	91	000612	焦作万方	67.3662
82	002458	益生股份	67.5120	92	002623	亚玛顿	67.3653
83	300005	探路者	67.4969	93	002718	友邦吊顶	67.3563
84	300082	奥克股份	67.4750	94	002301	齐心集团	67.3287
85	002811	郑中设计	67.4708	95	601628	中国人寿	67.3149
86	002485	希努尔	67.4690	96	000766	通化金马	67.3022
87	300072	三聚环保	67.4638	97	300180	华峰超纤	67.2617
88	000045	深纺织A	67.4309	98	002379	宏创控股	67.2189
89	000676	智度股份	67.4128	99	300356	光一科技	67.2126
90	000638	万方发展	67.4111	100	002442	龙星化工	67.2019

从表 7-4 可以看出，董事会治理指数最高的前三名是广发证券、亿通科技和海南高速。有 22 家公司 2019 年和 2018 年连续两年出现在前 100 名中，它们是广发证券、洛阳玻璃、润邦股份、科达利、涪陵榨菜、国泰君安、国脉科技、山西证券、招商证券、东方证券、杭州园林、博彦科技、*ST 银河、新莱应材、天邑股份、汉王科技、益生股份、希努尔、深纺织 A、智度股份、万方发展、龙星化工。其中，有 9 家公司近三年连续出现在前 100 名中，它们是广发证券、涪陵榨菜、国泰君安、国脉科技、东方证券、*ST 银河、汉王科技、益生股份、深纺织 A。

从地区看，在前 100 名公司中，东部、中部、西部和东北各有 70 家、10 家、16 家和 4 家，分别占四个地区上市公司总数的 2.82%、2.15%、3.37% 和 2.65%；从行业看，前 100 名公司主要分布在制造业（58 家），信息传输、软件和信息技术服务业（8 家），金融业（14 家），分别占所在行业上市公司总数的 2.60%、2.93% 和 13.08%；从控股类型看，国有控股公司有 34 家，非国有控股公司有 66 家，分别占同类上市公司总数的 3.06% 和 2.68%；从最终控制人类型看，最终控制人为中央企业（或监管机构）、地方国企（或监管机构）、非国有企业或自然人的公司分别有 10 家、28 家和 62 家，分别占同类最终控制人类型上市公司总数的 2.54%、3.72% 和 2.56%；从上市板块看，深市主板（不含中小企业板）、深市中小企业板、深市创业板和沪市主板各有 22 家、36 家、33 家和 9 家，分别占所在板块全部上市公司的 4.80%、3.90%、4.44% 和 0.62%。

需要注意的是，董事会治理指数得分最高的前 100 名在地区、行业和控股类型中的分布，并不能完全说明某个地区、行业和控股类型整体表现就好，因为各地区、行业和控股类型的上市公司数量不同。比如，制造业尽管有 58 家公司进入前 100，但比例却低于金融业，虽然后者只有 14 家公司进入前 100，但是比例更高，达到了 13.08%。从这个角度，金融业反而表现更好一些。

图 7-2 为前 100 名上市公司董事会治理指数的分布情况。可以看出，在前 100 名中，排在前几位的上市公司董事会治理指数下降较快，而后平缓下降。最高分 77.3720 分，最低分 67.2019 分，绝对差距 10.1701 分，说明有一定的差异。

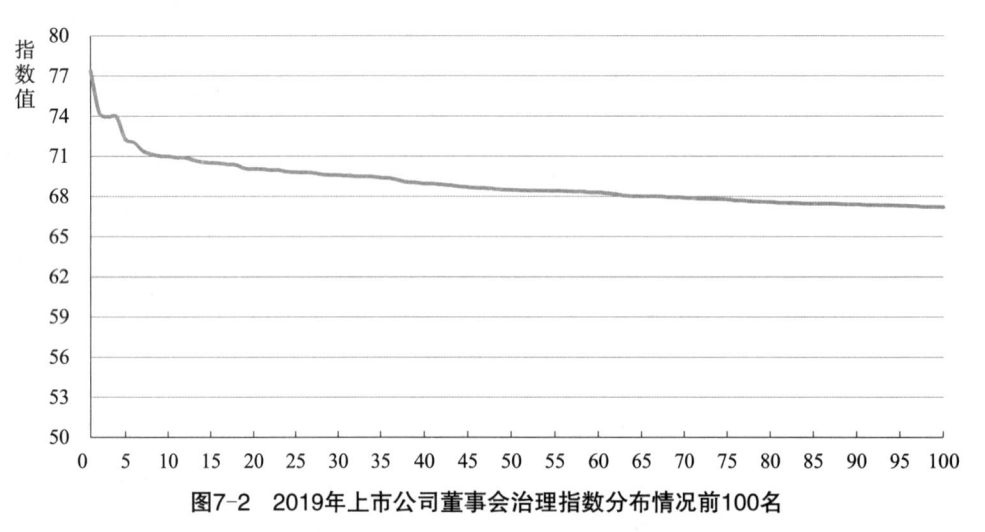

图7-2 2019年上市公司董事会治理指数分布情况前100名

7.2 分地区董事会治理指数比较

根据东部、中部、西部和东北四个地区的划分，来比较四个地区上市公司董事会治理指数，结果参见表 7-5。

表 7-5 2019 年不同地区上市公司董事会治理指数比较

排序	地区	公司数目	平均值	中位值	最大值	最小值	标准差
1	东部	2478	56.5438	56.9564	77.3720	31.8660	6.1780
2	西部	475	56.4096	56.4589	70.8904	37.7954	6.0351
3	中部	465	56.2139	56.7792	73.9478	35.3646	6.3429
4	东北	151	54.2269	54.5667	68.4335	30.9064	6.9448
	总体	3569	56.3849	56.7394	77.3720	30.9064	6.2328

由表 7-5 可知，各地区上市公司董事会治理指数均值由大到小分别为东部、西部、中部和东北。董事会治理指数的最大值出自东部，最小值出自东北。总体来看，除了东北地

区董事会治理指数均值较低之外，其他三个地区之间差异不大。

图 7-3 更直观地反映了四个地区上市公司董事会治理之间的差异。可以看出，四个地区中，东部和西部上市公司董事会治理指数均值高于总体均值；中部和东北则低于总体均值。

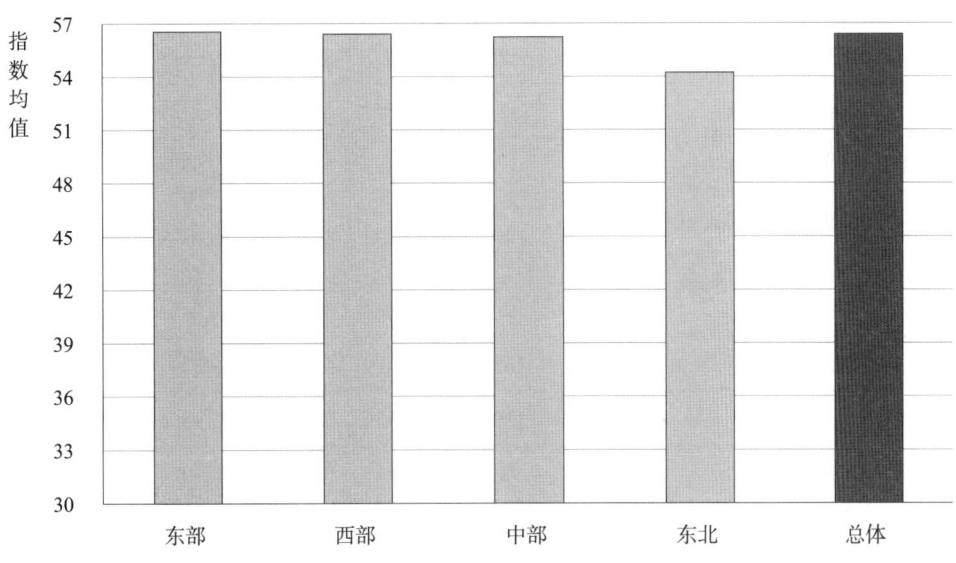

图7-3 2019年不同地区上市公司董事会治理指数比较

7.3 分行业董事会治理指数比较

用各个行业上市公司董事会治理指数的平均值来代表各个行业的上市公司董事会治理水平，然后将各行业的上市公司董事会治理指数平均值按照从高到低的顺序进行排名，具体排名结果参见表 7-6。

表 7-6 2019 年不同行业上市公司董事会治理指数比较

排名	行业名称	公司数目	平均值	中位值	最大值	最小值	标准差
1	金融业（J）	107	59.1768	59.7092	77.3720	36.5961	6.9796
2	水利、环境和公共设施管理业（N）	54	58.3625	59.7305	68.3666	44.6772	5.7823
3	科学研究和技术服务业（M）	45	57.5174	58.0249	65.8645	42.8617	5.4804
4	建筑业（E）	95	57.4384	57.4759	68.6258	44.2034	5.6326
5	教育（P）	8	57.3004	55.5494	66.2878	49.1574	6.0080
6	信息传输、软件和信息技术服务业（I）	273	57.2286	57.4627	69.9579	30.9064	6.0189

续表

排名	行业名称	公司数目	平均值	中位值	最大值	最小值	标准差
7	交通运输、仓储和邮政业（G）	102	56.6206	57.6211	72.2915	41.1834	5.8022
8	农、林、牧、渔业（A）	41	56.5859	55.5673	70.4700	42.4210	7.0414
9	制造业（C）	2231	56.3655	56.7970	74.2427	31.8660	6.1788
10	租赁和商务服务业（L）	52	56.3078	57.0471	69.0629	45.2491	5.9009
11	卫生和社会工作（Q）	12	56.0562	56.4484	70.3389	39.9323	8.8509
12	文化、体育和娱乐业（R）	57	55.7991	56.0531	69.5888	43.9720	5.8873
13	电力、热力、燃气及水生产和供应业（D）	109	55.6033	55.6350	68.4479	37.8140	6.5808
14	住宿和餐饮业（H）	9	55.3964	56.0679	69.6472	43.6863	6.4879
15	批发和零售业（F）	161	55.0499	54.7568	69.8347	40.6304	5.7419
16	房地产业（K）	120	54.6456	54.4706	73.9566	36.4264	6.5283
17	采矿业（B）	75	54.1713	54.6203	70.5084	40.7428	6.3557
18	综合（S）	17	53.3912	53.9339	65.8418	46.0821	5.0488
	总体	3569	56.3849	56.7394	77.3720	30.9064	6.2328

注：居民服务、修理和其他服务业（O）只有1家上市公司，难以代表该行业整体水平，故排名时剔除。

从表7-6可以看出，在18个行业中，董事会治理指数均值高于总体均值的行业有8个，这8个行业的最大均值与总体均值的绝对差距是2.7919分；董事会治理指数均值低于总体均值的行业有10个，总体均值与这10个行业的最小均值的绝对差距是2.9937分。显然，高分区的行业间差距略小于低分区的行业间差距。董事会治理指数最高的三个行业是金融业（J），水利、环境和公共设施管理业（N），科学研究和技术服务业（M）；董事会治理指数最低的三个行业是综合（S），采矿业（B），房地产业（K）。

整体来看，各行业上市公司董事会治理水平差异不大。由于近几年全社会金融风险防范意识增强，对水利、环境、公共设施等的关注度提升，金融业（J），水利、环境和公共设施管理业（N）等行业的董事会治理得以强化；而综合（S）及采矿业（B）等可能由于行业不景气，间接导致董事会治理水平较低。

图7-4进一步显示了行业间上市公司董事会治理指数的差别。可以看出，各行业上市公司董事会治理指数中的大部分（15个行业）集中在[54，58]这一范围内，占到样本公司总数的94.98%，各行业上市公司董事会治理水平之间差距不大。

图7-4 2019年不同行业上市公司董事会治理指数比较

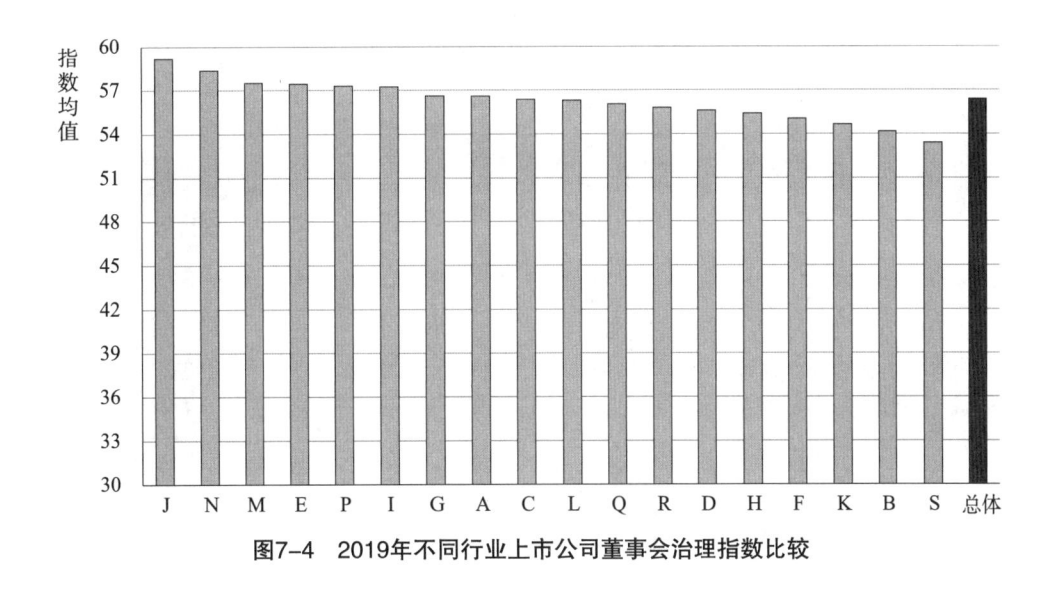

7.4 分上市板块董事会治理指数比较

按照深市主板（不含中小企业板）、深市中小企业板、深市创业板和沪市主板的上市板块划分，我们比较了不同板块上市公司的董事会治理指数，结果参见表 7-7。

表 7-7 2019 年不同板块上市公司董事会治理指数比较

排序	上市板块	公司数目	平均值	中位值	最大值	最小值	标准差
1	深市中小企业板	922	59.5448	59.8091	73.9478	38.8187	4.7798
2	深市创业板	743	59.3148	59.2258	74.2427	44.8584	4.7129
3	深市主板（不含中小企业板）	458	58.4817	58.6529	77.3720	41.8192	5.4430
4	沪市主板	1446	52.2005	52.0826	72.2915	30.9064	5.5535
	总体	3569	56.3849	56.7394	77.3720	30.9064	6.2328

从表 7-7 可以看出，董事会治理指数平均值从高到低排列依次为深市中小企业板、深市创业板、深市主板（不含中小企业板）和沪市主板。整体上看，深市上市公司董事会治理水平明显好于沪市上市公司，这说明深交所对所辖公司的监管力度大于上交所。另一方面，在深交所的三个板块中，深市中小企业板的董事会治理平均水平高于深市创业板和深市主板（不含中小企业板）。

图 7-5 更直观地反映了不同上市板块上市公司董事会治理指数的差异。可以看到，深市中小企业板、深市创业板和深市主板（不含中小企业板）上市公司的董事会治理指

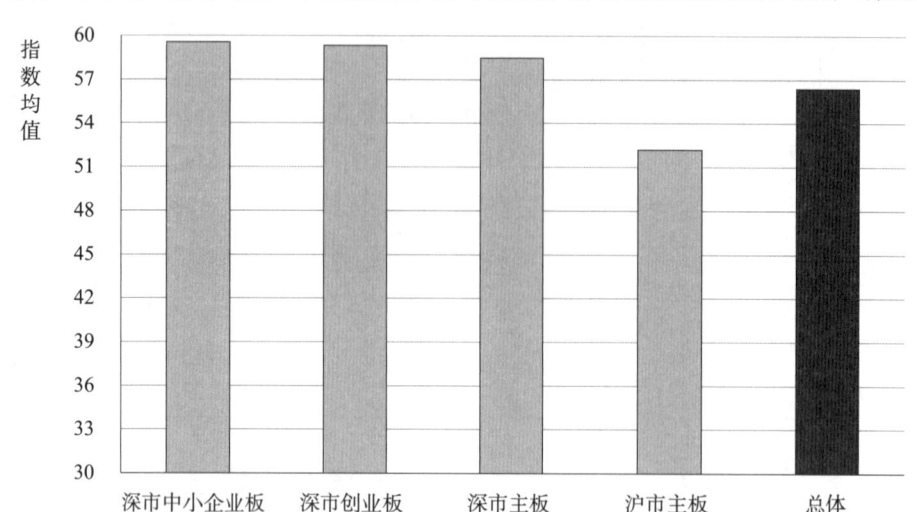

数均值都高于总体均值；而沪市主板上市公司的董事会治理指数则低于总体均值。

图7-5 2019年不同板块上市公司董事会治理指数比较

注：深市中小企业板是深市主板的一部分，但本图中的深市主板不含中小企业板。

7.5 本章小结

本章计算了沪深两市2019年共计3569家上市公司的董事会治理指数，并分别从总体、地区、行业、上市板块四个角度全面评价了中国上市公司董事会治理水平，结论如下：

① 2019年上市公司董事会治理指数最大值为77.3720分，最小值为30.9064分，平均值为56.3849分，中位值为56.7394分。董事会治理指数主要集中在[50，65）区间，占样本总数的76.55%；及格率为30.32%，比上年的17.51%有较大幅提升，但董事会治理水平整体仍然偏低。

② 从地区看，东部上市公司董事会治理指数均值最高，为56.5438分；东北值最低，为54.2269分。除了东北，其他三个地区上市公司董事会治理指数差异不大。

③ 从行业看，上市公司董事会治理指数最高的三个行业是金融业（J），水利、环境和公共设施管理业（N），科学研究和技术服务业（M）；董事会治理指数最低的三个行业是综合（S），采矿业（B），房地产业（K）。总体来看，各行业上市公司董事会治理水平之间差距不大。

④ 从上市板块看，董事会治理指数均值从高到低依次为深市中小企业板、深市创业板、深市主板（不含中小企业板）和沪市主板。深市上市公司董事会治理水平明显好于沪市上市公司。

第8章 董事会治理分项指数排名及比较

第7章从总体上对中国上市公司董事会治理指数进行了排名，并从地区、行业、上市板块三个角度进行了分类汇总和分析。本章按照对董事会治理四个维度的划分，把董事会治理指数分解为董事会结构、独立董事独立性、董事会行为和董事激励与约束四个分项指数，根据上市公司董事会治理分项指数数据，对2019年上市公司在不同维度下的董事会治理分项指数进行排名和比较分析。

8.1 董事会治理分项指数总体比较

依据我们评估的3569家上市公司董事会治理指数数据，2019年中国上市公司董事会治理四个分项指数的描述性统计结果参见表8-1。

表8-1 2019年上市公司董事会治理分项指数描述性统计

维度	公司数目	平均值	中位值	最大值	最小值	标准差
董事会结构	3569	42.8039	40.4167	86.6667	10.4924	9.8737
独立董事独立性	3569	61.1200	60.0000	90.0000	25.0000	10.5648
董事会行为	3569	64.3884	68.7282	97.4296	18.8096	14.7001
董事激励与约束	3569	57.2274	55.5556	88.8889	0.0000	10.2988

从表8-1中可以看出，董事会治理四个分项指数的平均值相差较大。其中董事会行为和独立董事独立性分项指数均值达到60分的及格水平，其他两个分项指数的平均值均未达到60分的及格水平。董事会结构分项指数均值最小，为42.8039分。董事会行为分项指数的标准差最大，说明各上市公司在董事会行为方面的差距高于其他三个分项指数。需要注意的是，董事会结构虽然是董事会建设和发展的基础，但因其内部结构的不

规范、下设机构的缺失、对利益相关者的忽视，使得董事会结构分项指数在四个分项指数中最低。

图 8-1 直观地反映了董事会治理四个分项指数的均值和中位值的差异。可以看出，四个分项指数的均值和中位值是一致的，董事会行为分项指数的均值和中位值都是最高的，而董事会结构分项指数的均值和中位值都是最低的。

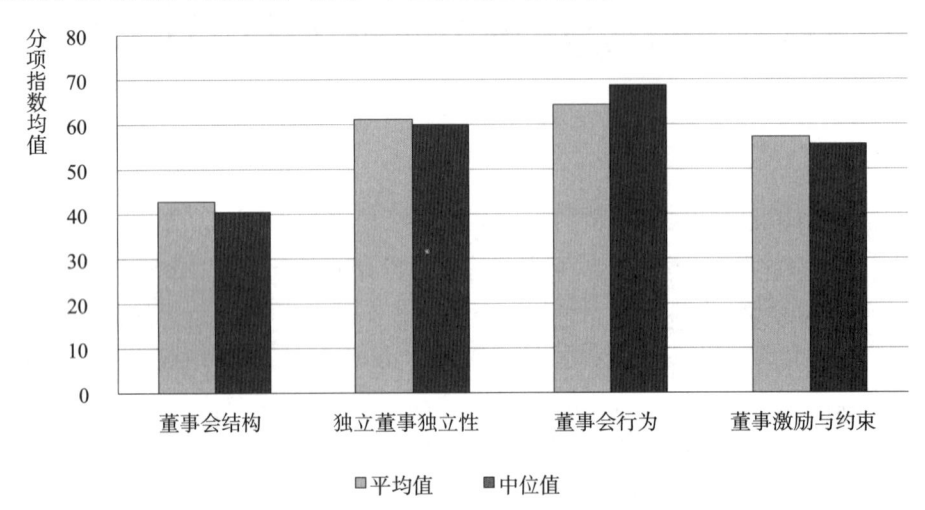

图8-1 2019年上市公司董事会治理四个分项指数比较

8.2 董事会结构分项指数排名及比较

董事会结构分项指数侧重从形式上考察上市公司董事会成员构成和机构设置的合理性和有效性。本节主要是对董事会结构分项指数排名的各种情况进行比较说明和分析。

8.2.1 董事会结构分项指数总体分布

基于3569家上市公司董事会结构的各项指标，我们得出了每家上市公司董事会结构分项指数。以10分为间隔，可以将董事会结构分项指数划分为10个区间，每个分数区间段的公司数目和所占比重参见表 8-2。

表 8-2 2019 年上市公司董事会结构分项指数区间分布

指数区间	公司数目	占比（%）	累计占比（%）
[0，10)	0	0.00	0.00
[10，20)	23	0.64	0.64
[20，30)	203	5.69	6.33

续表

指数区间	公司数目	占比（%）	累计占比（%）
[30，40）	1136	31.83	38.16
[40，50）	1615	45.25	83.41
[50，60）	438	12.27	95.69
[60，70）	119	3.33	99.02
[70，80）	28	0.78	99.80
[80，90）	7	0.20	100.00
[90，100]	0	0.00	100.00
总计	3569	100.00	—

由表 8-2 可见，2019 年董事会结构分项指数在除 [0，10) 和 [90，100] 以外的各个区间都有上市公司存在，主要集中在 [30，50) 区间，共计 2751 家公司，占样本总数的 77.08%。及格（达到 60 分）的公司有 154 家，及格率为 4.31%，比上年（2.23%）提高 2.08 分百分点。

图 8-2 可以直观地看出上市公司董事会结构分项指数的区间分布。可以看到，2019 年上市公司董事会结构分项指数从低分到高分呈现正偏态分布，偏度系数是 0.4001。

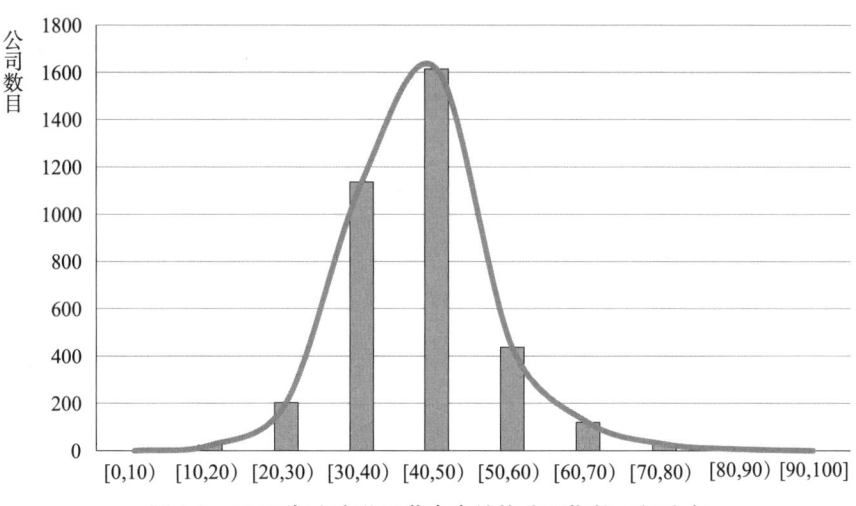

图8-2　2019年上市公司董事会结构分项指数区间分布

8.2.2　分地区董事会结构分项指数比较

按照四个地区的划分，我们统计了不同地区上市公司的董事会结构分项指数，参见表 8-3。

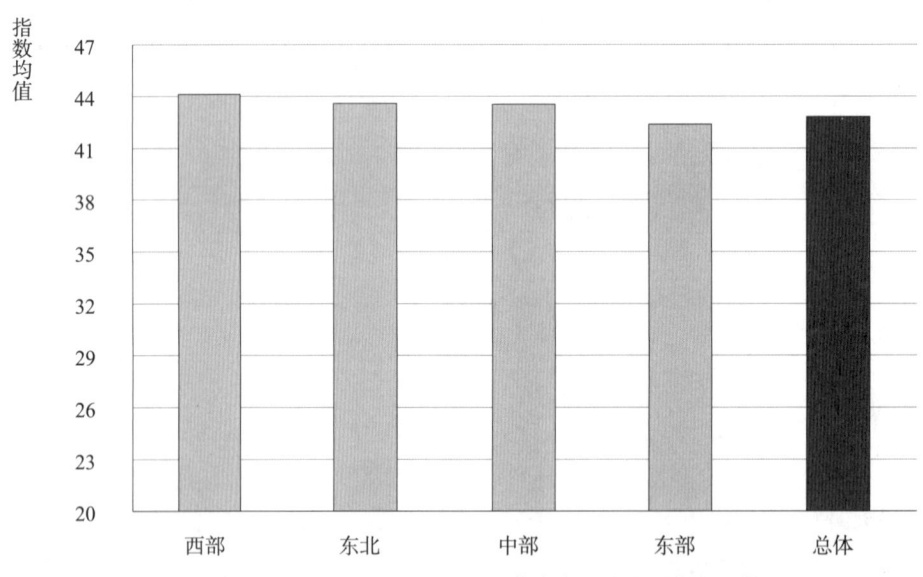

表 8-3 2019 年不同地区上市公司董事会结构分项指数比较

排序	地区	公司数目	平均值	中位值	最大值	最小值	标准差
1	西部	475	44.0976	43.5417	79.3182	15.3241	9.6005
2	东北	151	43.5676	44.3056	63.5648	19.5833	9.2592
3	中部	465	43.5256	42.7778	86.6667	17.6786	9.5686
4	东部	2478	42.3739	40.4167	85.0000	10.4924	9.9850
	总体	3569	42.8039	40.4167	86.6667	10.4924	9.8737

从表 8-3 可以看到，四个地区中，西部上市公司董事会结构分项指数均值最高，为 44.0976 分；东部上市公司董事会结构分项指数均值最低，为 42.3739 分，二者绝对差距为 1.7237 分。董事会结构分项指数的最大值出自中部，最小值出自东部。

图 8-3 直观地反映了四个地区上市公司董事会结构分项指数均值的差异。可以看到，不同地区上市公司董事会结构分项指数均值相差不是很大，东部的董事会结构分项指数均值低于总体均值，其余三个地区的董事会结构分项指数都高于总体均值。

图8-3 2019年不同地区上市公司董事会结构分项指数比较

8.2.3 分行业董事会结构分项指数比较

我们用各个行业内的上市公司董事会结构分项指数的平均值来代表各个行业的上市公司董事会结构分项指数，然后把各个行业的上市公司董事会结构分项指数按照由高到低的顺序进行排名，具体排名结果参见表 8-4。

表 8-4 2019 年不同行业上市公司董事会结构分项指数比较

排名	行业	公司数目	平均值	中位值	最大值	最小值	标准差
1	金融业（J）	107	57.0289	57.0833	85.0000	23.7500	13.2473
2	教育（P）	8	47.5089	44.4048	65.4167	40.1042	8.6857
3	交通运输、仓储和邮政业（G）	102	46.4183	47.8241	80.8333	19.5833	10.7609
4	电力、热力、燃气及水生产和供应业（D）	109	45.7948	46.8981	73.7500	22.0833	10.1968
5	建筑业（E）	95	45.7636	48.1944	68.0556	22.3611	8.7011
6	综合（S）	17	45.5767	46.3690	65.4167	31.8056	9.1132
7	水利、环境和公共设施管理业（N）	54	44.8177	47.0503	59.7222	23.4722	8.2789
8	房地产业（K）	120	44.4991	44.2882	65.4167	23.7500	8.8878
9	采矿业（B）	75	44.2752	44.5833	71.5741	22.1354	11.5745
10	卫生和社会工作（Q）	12	43.9837	46.7659	65.1389	22.8241	12.0798
11	批发和零售业（F）	161	43.4977	43.8258	76.6667	19.0833	9.2265
12	科学研究和技术服务业（M）	45	43.3611	43.3333	65.4167	23.4375	8.7461
13	租赁和商务服务业（L）	52	43.1814	43.4954	65.4167	27.5595	9.6258
14	农、林、牧、渔业（A）	41	43.0215	44.2262	65.1389	19.4907	9.3377
15	信息传输、软件和信息技术服务业（I）	273	42.7021	40.4167	65.4167	19.5833	8.4529
16	文化、体育和娱乐业（R）	57	42.2695	40.4167	57.0833	22.5595	8.4454
17	制造业（C）	2231	41.4251	40.4167	86.6667	10.4924	9.2615
18	住宿和餐饮业（H）	9	38.5638	39.4318	56.0000	19.5833	9.6201
	总体	3569	42.8039	40.4167	86.6667	10.4924	9.8737

注：居民服务、修理和其他服务业（O）只有 1 家上市公司，难以代表该行业整体水平，故排名时剔除。

从表 8-4 可以看出，18 个行业中，有 14 个行业的董事会结构分项指数均值高于总体均值，这 14 个行业的董事会结构分项指数最大均值与总体均值的绝对差距为 14.2250 分；其他 4 个行业的上市公司董事会结构分项指数均值低于总体均值，总体均值与这 4 个行业的最低均值的绝对差距为 4.2401 分。显然，董事会结构分项指数高分区行业的内部差距远高于低分区行业。上市公司董事会结构分项指数均值排名前三位的行业分别是金融业（J）、教育（P），以及交通运输、仓储和邮政业（G）；排名最后三位的行业是住宿和餐饮业（H）、制造业（C），以及文化、体育和娱乐业（R）。董事会结构分项指数最大值与最小值均出自制造业（C）。

图 8-4 直观地反映了不同行业上市公司董事会结构分项指数均值的差异。可以看到，得分最高的金融业（J）与其他行业相比，差异非常明显；得分最低的住宿和餐饮业（H）与其他行业也有一定差距；其他各行业董事会结构分项指数均值相差较小。

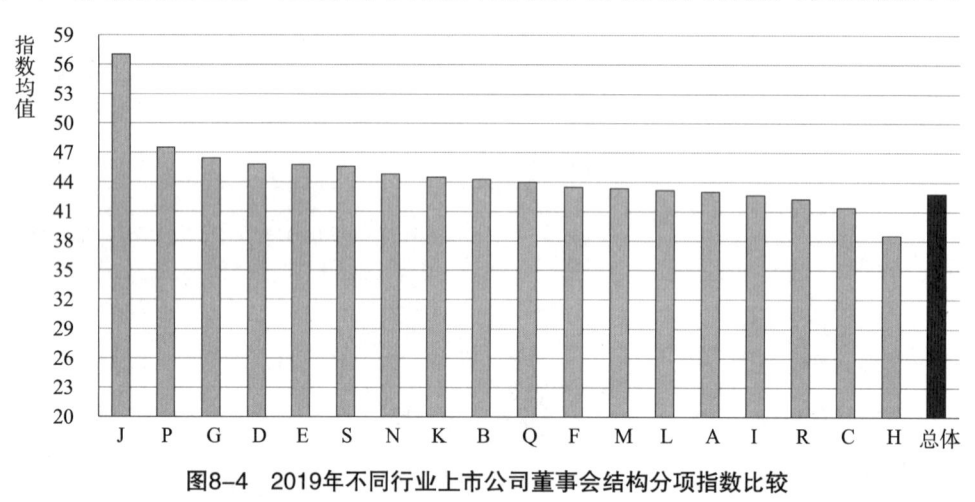

图8-4　2019年不同行业上市公司董事会结构分项指数比较

8.3　独立董事独立性分项指数排名及比较

独立董事独立性分项指数衡量独立董事的专业素质和履职情况，主要从形式上来评价独立董事的独立性。本节主要对独立董事独立性分项指数排名的各种情况进行比较分析。

8.3.1　独立董事独立性分项指数总体分布

根据独立董事独立性分项指数的分布，我们将独立董事独立性分项指数以 10 分为间隔，划分成 9 个区间（公司数目为 0 的指数区间合并），得到的结果参见表 8-5。

表 8-5　2019 年上市公司独立董事独立性分项指数区间分布

指数区间	公司数目	占比（%）	累计占比（%）
[0，20)	0	0.00	0.00
[20，30)	8	0.22	0.22
[30，40)	56	1.57	1.79

续表

指数区间	公司数目	占比（%）	累计占比（%）
[40，50)	332	9.30	11.10
[50，60)	905	25.36	36.45
[60，70)	1276	35.75	72.21
[70，80)	842	23.59	95.80
[80，90)	148	4.15	99.94
[90，100]	2	0.06	100.00
总计	3569	100.00	—

由表8-5可以看出，独立董事独立性分项指数主要分集中在[50，80)区间，总计有3023家公司，占样本总数的84.70%。及格（达到60分）的公司有2268家，及格率为63.54%。比上年（67.94%）下降4.4个百分点。

图8-5直观地反映出上市公司独立董事独立性分项指数的区间分布。可以看出，2019年上市公司独立董事独立性分项指数从低分到高分呈负偏态分布，偏度系数是-0.2801。

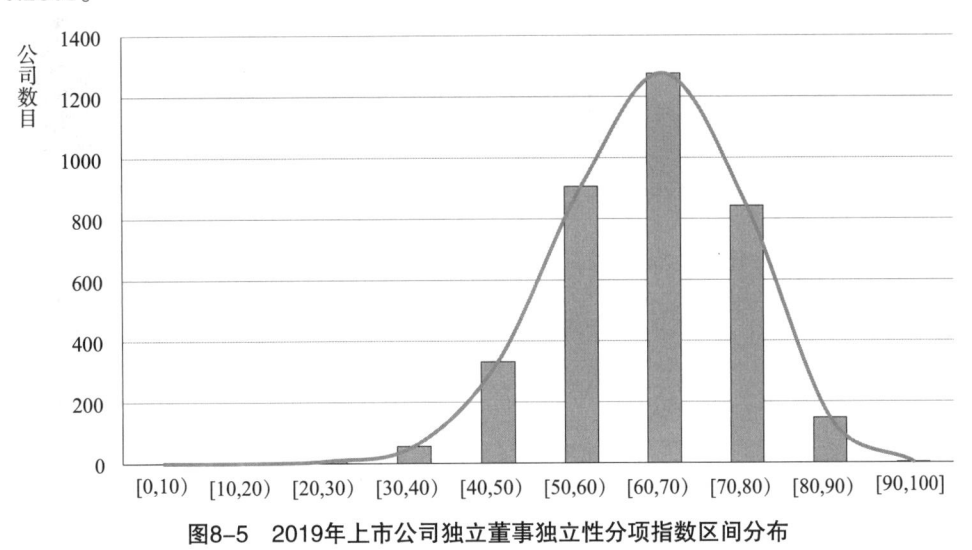

图8-5 2019年上市公司独立董事独立性分项指数区间分布

8.3.2 分地区独立董事独立性分项指数比较

从东部、中部、西部和东北四个地区的划分来看，西部上市公司的独立董事独立性分项指数均值最高，为62.2295分；东北最低，为59.4134分。最高的西部与最低的东北之间的绝对差距为2.8161分，参见表8-6。

表 8-6　2019 年不同地区上市公司独立董事独立性分项指数比较

排序	地区	公司数目	平均值	中位值	最大值	最小值	标准差
1	西部	475	62.2295	65.0000	85.0000	30.0000	10.4569
2	东部	2478	61.0837	60.0000	90.0000	25.0000	10.5118
3	中部	465	60.7342	60.0000	85.0000	30.0000	10.6845
4	东北	151	59.4134	60.0000	90.0000	25.0000	11.0447
	总体	3569	61.1200	60.0000	90.0000	25.0000	10.5648

图 8-6 更直观地反映了四个地区上市公司独立董事独立性分项指数均值的差异。可以看出，只有西部上市公司的独立董事独立性分项指数均值高于总体均值，其他三个地区都低于总体均值。

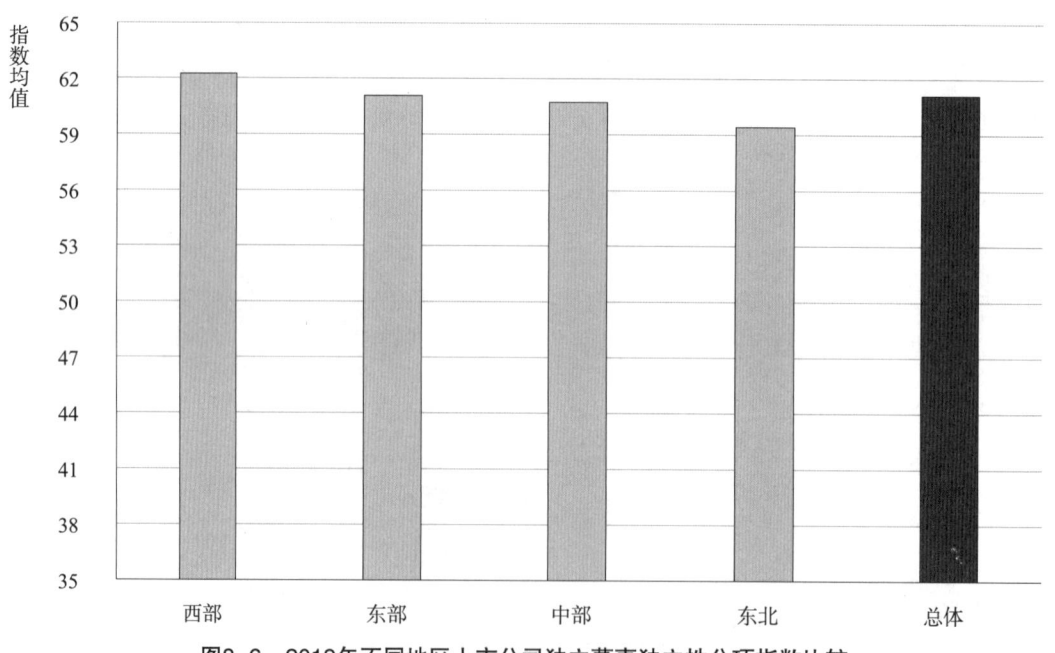

图8-6　2019年不同地区上市公司独立董事独立性分项指数比较

8.3.3　分行业独立董事独立性分项指数比较

用各个行业内的上市公司独立董事独立性分项指数的平均值来代表各个行业的上市公司独立董事独立性分项指数，然后把各个行业的上市公司独立董事独立性分项指数按照由高到低的顺序进行排名，具体排名结果参见表 8-7。

表 8-7 2019 年不同行业上市公司独立董事独立性分项指数比较

排名	行业	公司数目	平均值	中位值	最大值	最小值	标准差
1	住宿和餐饮业（H）	9	64.4444	60.0000	80.0000	50.0000	9.2630
2	科学研究和技术服务业（M）	45	64.1331	65.0000	85.0000	40.0000	9.2194
3	教育（P）	8	63.0556	65.0000	70.0000	49.4444	6.2423
4	农、林、牧、渔业（A）	41	62.1215	60.0000	80.0000	39.4444	10.4672
5	交通运输、仓储和邮政业（G）	102	62.0173	60.0000	85.0000	38.5714	10.0967
6	建筑业（E）	95	61.7701	60.0000	85.0000	30.0000	11.6726
7	水利、环境和公共设施管理业（N）	54	61.6591	62.5000	80.0000	35.0000	9.9914
8	信息传输、软件和信息技术服务业（I）	273	61.6444	60.0000	90.0000	30.0000	10.4797
9	制造业（C）	2231	61.3879	60.0000	90.0000	25.0000	10.4486
10	批发和零售业（F）	161	61.1160	64.2593	85.0000	30.0000	10.4868
11	文化、体育和娱乐业（R）	57	60.7330	64.5833	80.0000	40.0000	9.7760
12	电力、热力、燃气及水生产和供应业（D）	109	60.3644	60.0000	80.0000	25.0000	11.5864
13	综合（S）	17	59.7514	60.0000	79.4118	35.0000	12.3337
14	采矿业（B）	75	59.5426	60.0000	85.0000	35.0000	9.9141
15	金融业（J）	107	59.0982	59.7778	80.0000	30.0000	10.2598
16	租赁和商务服务业（L）	52	58.8361	60.0000	80.0000	25.0000	9.5880
17	卫生和社会工作（Q）	12	57.0525	55.0000	80.0000	40.0000	10.5210
18	房地产业（K）	120	56.8810	55.0000	85.0000	25.0000	11.9779
	总体	3569	61.1200	60.0000	90.0000	25.0000	10.5648

注：居民服务、修理和其他服务业（O）只有 1 家上市公司，难以代表该行业整体水平，故排名时剔除。

由表 8-7 可知，18 个行业中，有 9 个行业的独立董事独立性分项指数均值高于总体均值，这 9 个行业的行业均值最大值与总体均值的绝对差距是 3.3244 分；其他 9 个行业的独立董事独立性分项指数均值低于总体均值，总体均值与这9个行业的最小均值的绝对差距是4.2390分。独立董事独立性分项指数高分区行业的内部差距小于低分区行业，但相差不大。上市公司独立董事独立性分项指数均值排名前三位的行业分别是住宿和餐饮业（H）、科学研究和技术服务业（M），以及教育（P）；排在后三位的分别是及房地产业（K）、卫生和社会工作（Q），以及租赁和商务服务业（L）。独立董事独立性分项指数最大值出自信息传输、软件和信息技术服务业（I），以及制造业（C）（并列）；最小值同时出现在制造业（C）等四个行业（并列）。

图 8-7 直观地反映了不同行业上市公司独立董事独立性分项指数均值的差异。可以看到，除最后两位外，各行业上市公司独立董事独立性分项指数均值从大到小差别不大，较为平缓。

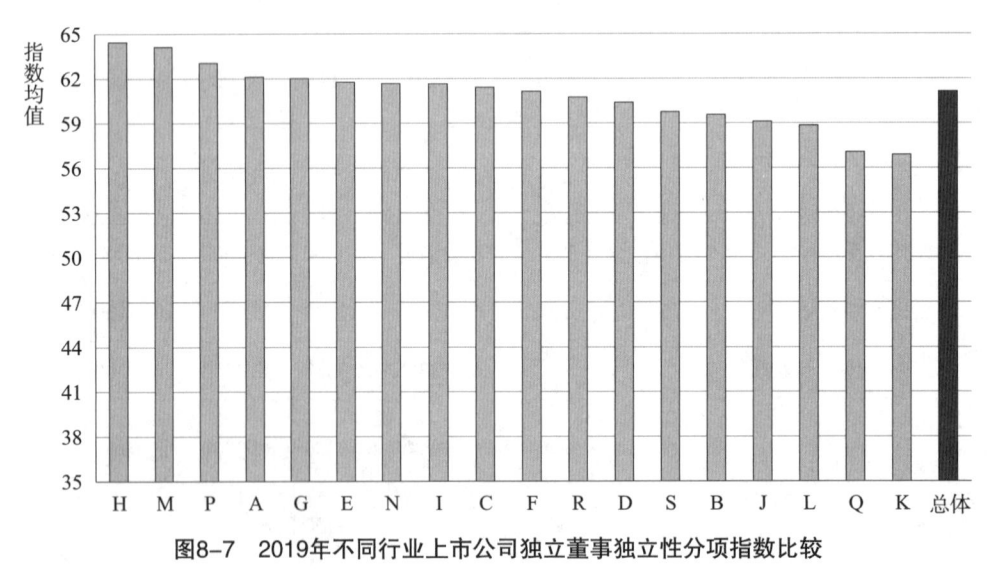

图8-7 2019年不同行业上市公司独立董事独立性分项指数比较

8.4 董事会行为分项指数排名及比较

董事会行为分项指数主要衡量董事会行为相关制度的建立及其执行情况，侧重从实质上来衡量董事会的实际履职情况。本节就董事会行为分项指数从不同角度进行比较和分析。

8.4.1 董事会行为分项指数总体分布

根据3569家样本上市公司的董事会行为分项指数，我们将其划分为10个区间，每个区间以10分为间隔，所有上市公司的董事会行为分项指数分布如表8-8所示。

表 8-8　2019 年上市公司董事会行为分项指数区间分布

指数区间	公司数目	占比（%）	累计占比（%）
[0，10）	0	0.00	0.00
[10，20）	1	0.03	0.03
[20，30）	18	0.50	0.53
[30，40）	295	8.27	8.80
[40，50）	367	10.28	19.08
[50，60）	702	19.67	38.75
[60，70）	582	16.31	55.06
[70，80）	1317	36.90	91.96
[80，90）	141	3.95	95.91
[90，100]	146	4.09	100.00
总计	3569	100.00	—

由表 8-8 可知，董事会行为分项指数主要集中在 [50，80）区间内，有 2601 家公司，占上市公司样本总数的 72.88%。及格（达到 60 分）的公司有 2186 家，及格率为 61.25%，比上年（56.53%）提高 4.72 个百分点。

图 8-8 直观地反映了上市公司董事会行为分项指数的分布情况。可以看到，各区间的公司数呈不规则分布。

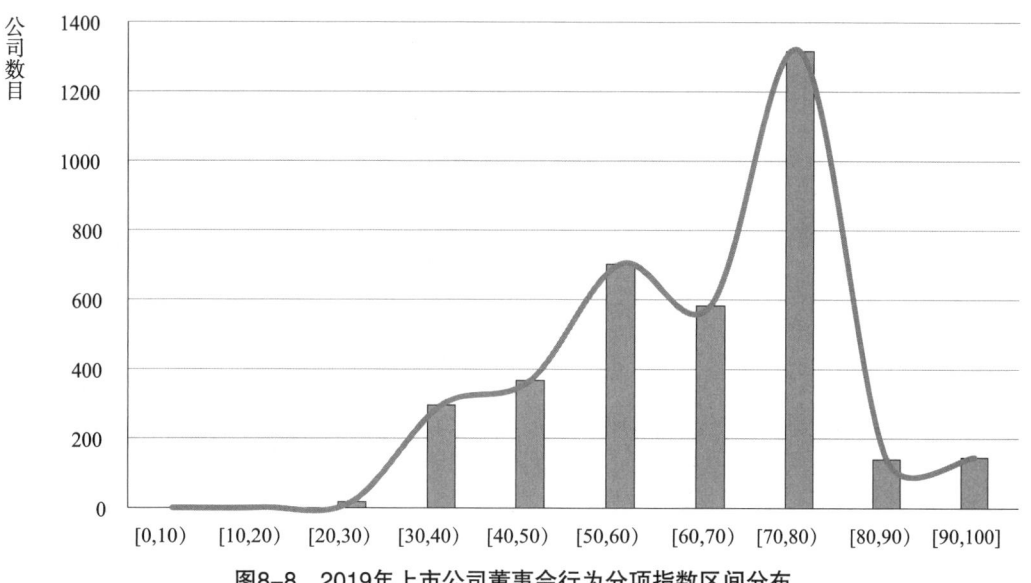

图8-8　2019年上市公司董事会行为分项指数区间分布

8.4.2 分地区董事会行为分项指数比较

将上市公司按照东部、中部、西部和东北四个地区划分，不同地区上市公司董事会行为分项指数均值参见表 8-9。

表 8-9 2019 年不同地区上市公司董事会行为分项指数比较

排序	地区	公司数目	平均值	中位值	最大值	最小值	标准差
1	东部	2478	65.0859	68.8234	97.3975	18.8096	14.5767
2	中部	465	63.9173	68.7063	97.4296	23.3111	14.8347
3	西部	475	63.0421	62.5206	97.3673	24.1346	14.4350
4	东北	151	58.6287	59.0356	90.2617	23.3081	15.4875
	总体	3569	64.3884	68.7282	97.4296	18.8096	14.7001

由表 8-9 可知，东部上市公司的董事会行为分项指数均值最高，为 65.0859 分；东北地区董事会行为分项指数均值最低，为 58.6287 分，最高与最低地区的绝对差距为 6.4572 分。在四个地区中，董事会行为分项指数最大值出自中部，最小值出自东部。

图 8-9 更直观地反映了四个地区上市公司董事会行为分项指数均值的差异。可以看出，除东北地区明显低于其他三个地区外，东部、中部和西部地区的上市公司的董事会行为分项指数均值的差别不大。其中，仅东部上市公司的董事会行为分项指数均值高于总体均值，其他三个地区的董事会行为分项指数均值都低于总体均值。

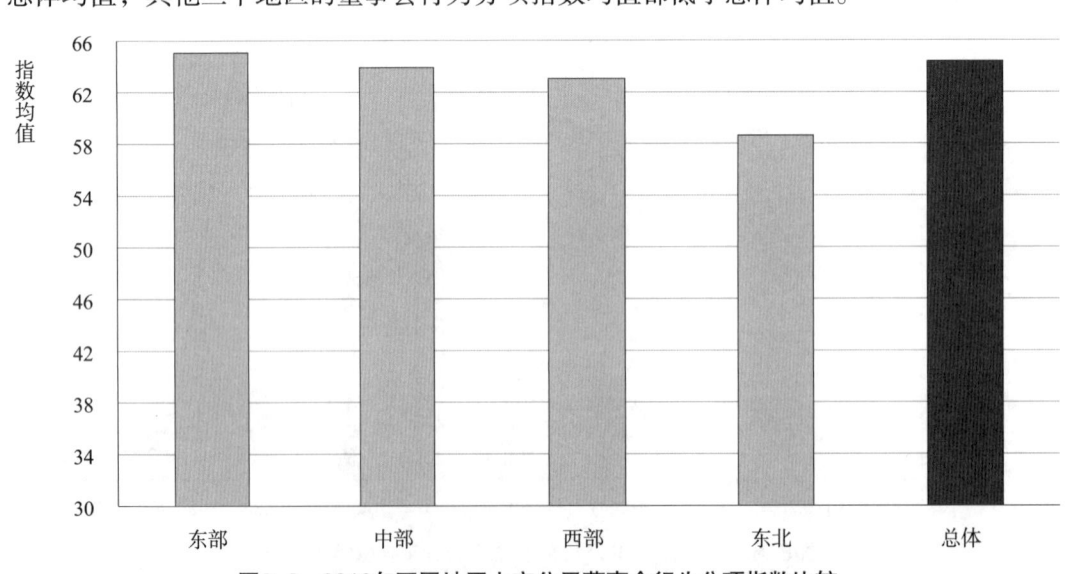

图8-9 2019年不同地区上市公司董事会行为分项指数比较

8.4.3 分行业董事会行为分项指数比较

按照董事会行为分项指数均值从大到小的顺序，将不同行业上市公司董事会行为分项指数均值的排名列在表 8-10 中。

表 8-10　2019 年不同行业上市公司董事会行为分项指数比较

排名	行业	公司数目	平均值	中位值	最大值	最小值	标准差
1	卫生和社会工作（Q）	12	69.4849	71.4530	90.2445	37.4606	16.2285
2	租赁和商务服务业（L）	52	68.1922	74.1955	90.1084	37.4973	13.1644
3	信息传输、软件和信息技术服务业（I）	273	67.8728	74.1709	91.1346	35.7355	12.9367
4	水利、环境和公共设施管理业（N）	54	66.4795	74.1553	95.5702	36.7883	16.4841
5	建筑业（E）	95	65.9625	68.7824	90.2657	37.4612	14.1961
6	住宿和餐饮业（H）	9	65.4908	68.7993	75.9544	38.4952	12.0254
7	制造业（C）	2231	65.3677	68.8696	97.4296	18.8096	14.7855
8	农、林、牧、渔业（A）	41	65.1032	66.9615	90.4595	37.4372	15.3308
9	科学研究和技术服务业（M）	45	62.3284	61.6523	76.8383	23.2524	14.1349
10	文化、体育和娱乐业（R）	57	62.0068	60.8407	90.3263	36.6706	15.2671
11	房地产业（K）	120	61.5541	59.9751	90.2635	28.7495	13.3501
12	教育（P）	8	60.9982	59.3556	76.1423	38.4969	12.7079
13	金融业（J）	107	60.7667	60.7450	89.4094	23.1437	12.6129
14	批发和零售业（F）	161	59.7886	59.0304	90.3530	23.2161	14.3660
15	交通运输、仓储和邮政业（G）	102	59.4955	59.4457	90.2212	36.6768	11.9869
16	电力、热力、燃气及水生产和供应业（D）	109	57.6405	54.5251	90.2534	30.4272	15.4434
17	采矿业（B）	75	57.0897	58.9787	90.3248	23.3323	14.4990
18	综合（S）	17	53.3347	52.6982	74.0943	30.3843	11.8439
	总体	3569	64.3884	68.7282	97.4296	18.8096	14.7001

注：居民服务、修理和其他服务业（O）只有 1 家上市公司，难以代表该行业整体水平，故排名时剔除。

从表 8-10 中可以看出，18 个行业中，有 8 个行业的董事会行为分项指数均值高于总体均值，这8个行业的行业均值最大值与总体均值的绝对差距是5.0965分；其他10个行业的董事会行为分项指数均值低于总体均值，总体均值与这10个行业的最小均值的绝对差距是11.0537分。董事会行为分项指数高分区行业的内部差距低于低分区行业。上市公司董事会行为分项指数均值排名前三位的行业分别是卫生和社会工作（Q），租赁和商务服务业（L），以及信息传输、软件和信息技术服务业（I）；最后三位分别是综合（S），采矿业（B），以及电力、热力、燃气及水生产和供应业（D）。董事会行为分项指数最大值与最小值均出自制造业（C）。

图8-10更直观地反映了不同行业上市公司董事会行为分项指数均值的差异。可以看出，董事会行为分项指数行业均值逐次递减，后10位行业的董事会行为分项指数均值较明显低于前8个行业，尤其是最低的综合（S）明显低于其他行业。

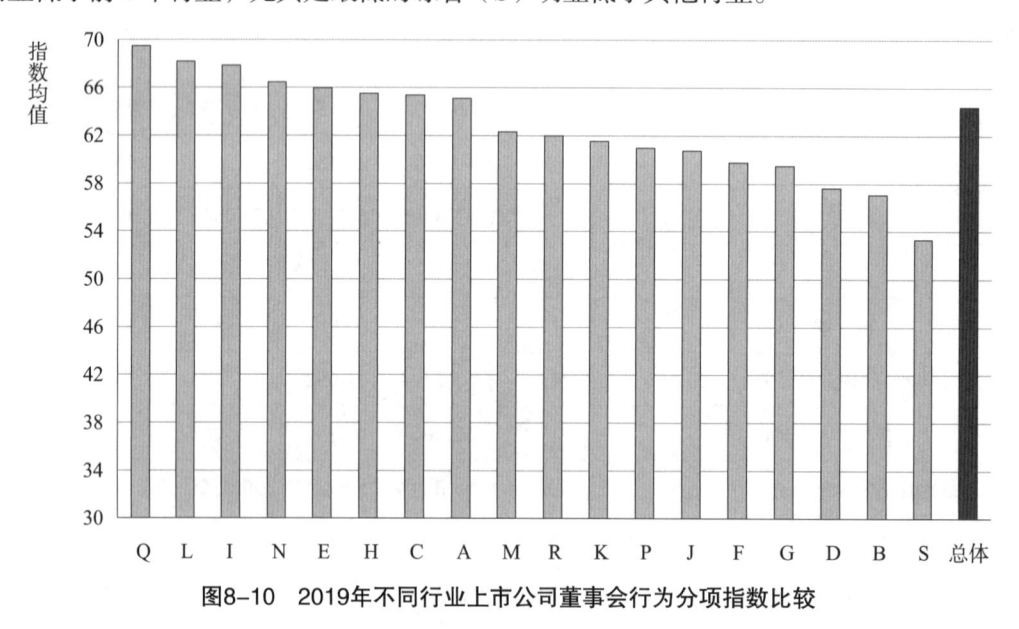

图8-10　2019年不同行业上市公司董事会行为分项指数比较

8.5　董事激励与约束分项指数排名及比较

董事激励与约束分项指数衡量董事激励和约束制度的建立和执行情况，主要从实质上评价董事激励与约束机制，尤其是约束机制的有效性。本节就董事激励与约束分项指数从不同角度进行比较和分析。

8.5.1　董事激励与约束分项指数总体分布

根据3569家样本上市公司的董事激励与约束分项指数，我们将其划分为10个区间，每个区间以10分为间隔，所有上市公司的董事激励与约束分项指数分布如表8-11所示。

表 8-11　2019 年上市公司董事激励与约束分项指数区间分布

指数区间	公司数目	占比（%）	累计占比（%）
[0，10）	4	0.11	0.11
[10，20）	8	0.22	0.34
[20，30）	46	1.29	1.63
[30，40）	158	4.43	6.05
[40，50）	367	10.28	16.34
[50，60）	1586	44.44	60.77
[60，70）	1317	36.90	97.67
[70，80）	80	2.24	99.92
[80，90）	3	0.08	100.00
[90，100]	0	0.00	100.00
总计	3569	100.00	—

由表 8-11 可知，董事激励与约束分项指数主要集中在 [50，70）区间内，共有 2903 家公司，占样本上市公司总数的 81.34%，其中在 [50，60）区间的上市公司数量最多，共 1586 家，占样本总数的 44.44%。及格（达到 60 分）的公司有 1400 家，及格率为 39.23%，比上年（25.21%）大幅提升 14.02 个百分点。

从图 8-11 中可以更直观地看出，董事激励与约束分项指数分布较集中，偏度系数为 -1.0602，呈负偏态分布。

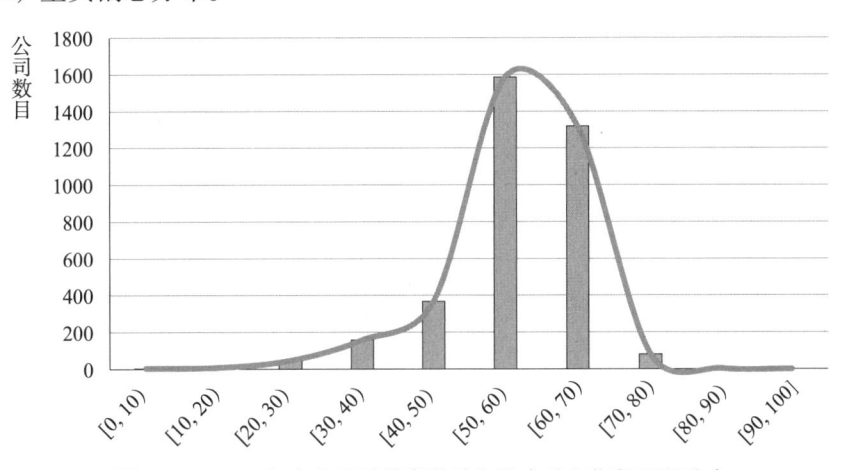

图8-11　2019年上市公司董事激励与约束分项指数区间分布

8.5.2 分地区董事激励与约束分项指数比较

按照东部、中部、西部和东北四个地区的划分，各地区上市公司董事激励与约束分项指数比较参见表8-12。

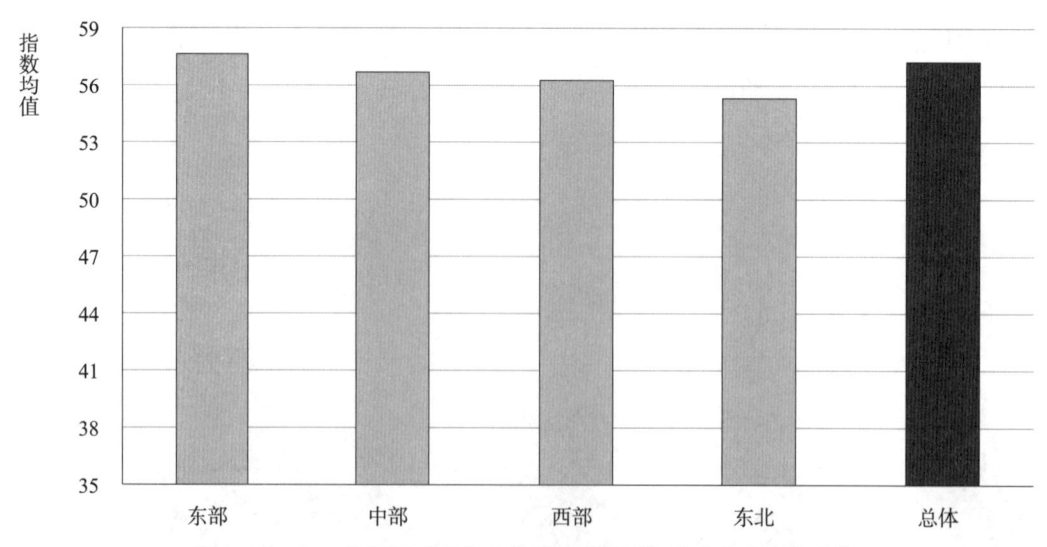

表8-12 2019年不同地区上市公司董事激励与约束分项指数比较

排序	地区	公司数目	平均值	中位值	最大值	最小值	标准差
1	东部	2478	57.6316	55.5556	88.8889	0.0000	10.0839
2	中部	465	56.6786	55.5556	77.7778	11.1111	10.5818
3	西部	475	56.2690	55.5556	88.8889	11.1111	10.4330
4	东北	151	55.2980	55.5556	77.7778	0.0000	11.8644
	总体	3569	57.2274	55.5556	88.8889	0.0000	10.2988

由表8-12可知，东部上市公司的董事激励与约束分项指数均值最高，为57.6316分；东北地区上市公司的董事激励与约束分项指数均值最低，为55.2980分，最高与最低之间的绝对差距为2.3336分，差别不大。在四个地区中，董事激励与约束分项指数最大值出自东部和西部（并列），最小值出自东部和东北（并列）。

图8-12更直观地反映了四个地区上市公司董事激励与约束分项指数均值的差异。可以看到，东部上市公司董事激励与约束分项指数均值高于总体均值，其他三个地区的上市公司董事激励与约束分项指数均值则低于总体均值，整体差异不大。

图8-12 2019年不同地区上市公司董事激励与约束分项指数比较

8.5.3 分行业董事激励与约束分项指数比较

按照董事激励与约束分项指数均值从大到小的顺序，将不同行业上市公司董事激励与约束分项指数均值的排名列在表 8-13 中。

表 8-13　2019 年不同行业上市公司董事激励与约束分项指数比较

排名	行业	公司数目	平均值	中位值	最大值	最小值	标准差
1	水利、环境和公共设施管理业（N）	54	60.4939	55.5556	77.7778	38.8889	7.6851
2	科学研究和技术服务业（M）	45	60.2469	55.5556	77.7778	38.8889	8.5230
3	金融业（J）	107	59.8131	55.5556	77.7778	33.3333	10.2067
4	电力、热力、燃气及水生产和供应业（D）	109	58.6137	55.5556	77.7778	33.3333	8.8878
5	交通运输、仓储和邮政业（G）	102	58.5512	55.5556	77.7778	22.2222	9.2267
6	文化、体育和娱乐业（R）	57	58.1872	55.5556	88.8889	11.1111	10.9691
7	教育（P）	8	57.6389	55.5556	66.6667	44.4445	6.7686
8	制造业（C）	2231	57.2813	55.5556	88.8889	0.0000	10.3061
9	信息传输、软件和信息技术服务业（I）	273	56.6952	55.5556	77.7778	22.2222	10.5179
10	建筑业（E）	95	56.2573	55.5556	77.7778	22.2222	9.7480
11	农、林、牧、渔业（A）	41	56.0976	55.5556	77.7778	22.2222	12.7400
12	批发和零售业（F）	161	55.7971	55.5556	77.7778	22.2222	10.3120
13	采矿业（B）	75	55.7778	55.5556	77.7778	33.3333	9.2269
14	房地产业（K）	120	55.6482	55.5556	66.6667	22.2222	9.5415
15	租赁和商务服务业（L）	52	55.0214	55.5556	77.7778	5.5556	13.3111
16	综合（S）	17	54.9020	55.5556	66.6667	22.2222	10.9270
17	卫生和社会工作（Q）	12	53.7037	55.5556	77.7778	22.2222	16.8712
18	住宿和餐饮业（H）	9	53.0864	50.0000	66.6667	44.4444	8.3276
	总体	3569	57.2274	55.5556	88.8889	0.0000	10.2988

注：居民服务、修理和其他服务业（O）只有 1 家上市公司，难以代表该行业整体水平，故排名时剔除。

由表 8-13 可以看出，18 个行业中，董事激励与约束分项指数均值高于总体均值的行业有 8 个，这 8 个行业董事激励与约束分项指数最大均值与总体均值的绝对差距为 3.2665 分；低于总体均值的行业有 10 个，总体均值与这 10 个行业董事激励与约束分项指数最小均值的绝对差距为 4.1410 分。高分区行业的内部差距低于低分区行业。董事激励与约束分项指数均值排名前三位的行业分别是水利、环境和公共设施管理业（N），科学研究和技术服务业（M），以及金融业（J）；排名最后三位的行业分别是住宿和餐饮业（H），卫生和社会工作（Q），以及综合（S）。董事激励与约束分项指数最大值出现在文化、体育和娱乐业（R），以及制造业（C）（并列），最小值出自制造业（C）。

图 8-13 直观地反映了不同行业上市公司董事激励与约束分项指数均值的差异。可以看到，除了前三位和最后两位外，其他行业的董事激励与约束分项指数均值逐次递减，曲线比较平坦。

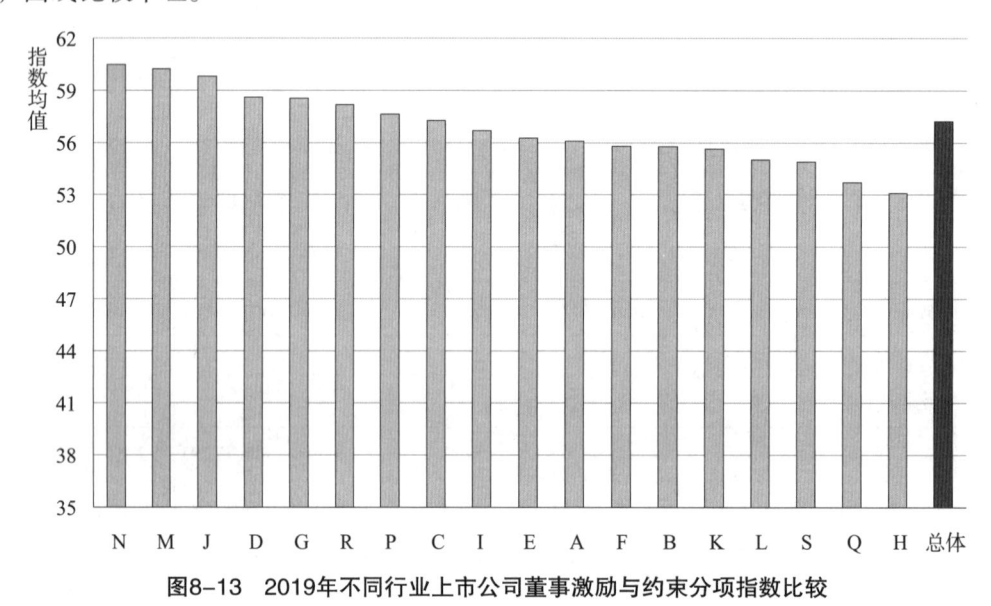

图8-13 2019年不同行业上市公司董事激励与约束分项指数比较

8.6 本章小结

本章从总体、地区、行业三个方面，对 2019 年董事会治理的四个分项指数，即董事会结构、独立董事独立性、董事会行为、董事激励与约束进行了全面分析，主要结论如下：

①比较董事会治理四个分项指数，2019 年董事会行为分项指数最高，董事会结构分项指数最低。从指数分布区间来看，董事会结构分项指数主要集中在 [30，50) 区间，占样本总数的 77.08%；独立董事独立性分项指数主要集中在 [50，80) 区间，占样本总数的 84.70%；董事会行为分项指数主要集中在 [50，80) 区间内，占样本总数的 72.88%；

董事激励与约束分项指数主要集中在[50，70)区间内，占样本上市公司总数的81.34%。总体上看，四个分项指数分布都比较集中。

②从地区来看，西部上市公司在主要衡量董事会治理形式的董事会结构和独立董事独立性两个分项指数上表现较好，而东部上市公司在主要衡量董事会治理实质的董事会行为和董事激励与约束两个分项指数上表现更好。东北地区上市公司除了在董事会结构分项指数的平均值排名中位列第二外，在其他三个分项指数均值排名中都位居最后。

③从行业来看，董事会结构分项指数均值最高的三个行业分别是金融业（J），教育（P），以及交通运输、仓储和邮政业（G）；独立董事独立性分项指数均值最高的三个行业分别是住宿和餐饮业（H），科学研究和技术服务业（M），以及教育（P）；董事会行为分项指数均值最高的三个行业分别卫生和社会工作（Q），租赁和商务服务业（L），以及信息传输、软件和信息技术服务业（I）；董事激励与约束分项指数均值最高的三个行业分别是水利、环境和公共设施管理业（N），科学研究和技术服务业（M），以及金融业（J）。总体来看，各行业在四个分项指数中的表现各有侧重。

第9章 董事会治理指数的所有制比较

根据第1章的控股或所有制类型划分，本章对2019年3569家样本上市公司的董事会治理指数及四个分项指数从所有制角度进行比较分析，以了解国有控股公司和非国有控股公司在董事会治理方面存在的异同。

9.1 董事会治理指数总体的所有制比较

9.1.1 董事会治理总体指数比较

不同的所有制会对上市公司董事会治理产生影响，表9-1比较了不同所有制上市公司总体的董事会治理指数，并按照均值从高到低的顺序进行了排名。

表9-1 2019年不同所有制上市公司董事会治理指数比较

排序	所有制类型	公司数目	平均值	中位值	最大值	最小值	标准差
1	国有参股公司	903	57.0257	57.2617	77.3720	30.9064	6.1426
2	国有弱相对控股公司	418	56.8324	57.0869	73.9566	39.8254	6.3247
3	无国有股份公司	1556	56.2722	56.7447	71.3988	31.8660	6.1788
4	国有强相对控股公司	426	55.6540	55.7387	72.2915	36.5961	6.6714
5	国有绝对控股公司	266	55.3361	55.0797	68.9392	40.7428	5.6522
	总体	3569	56.3849	56.7394	77.3720	30.9064	6.2328

从表9-1可以看出，中国上市公司董事会治理指数总体较低，平均值56.3849分，未达到60分的及格水平。五类所有制公司的董事会治理指数均值差异不大，最大值和最小值之差仅为1.6896分。国有参股公司的董事会治理指数均值最高，为57.0257分，

国有绝对控股公司的董事会治理指数均值最低，为 55.3361 分；国有参股公司董事会治理指数的中位值也最高，为 57.2617 分，国有绝对控股公司董事会治理指数的中位值也最低，为 55.0797 分。董事会治理指数的最大值和最小值均来自国有参股公司。从标准差来看，五类所有制公司的离散程度差别较小。

图 9-1 按照第一大股东中的国有股比例从大到小进行了排序。可以发现，国有绝对控股和国有强相对控股公司是董事会治理指数最低的两类公司，而后随着第一大股东中国有股比例的降低，董事会治理指数先逐渐上升，到国有参股公司达到最高，然后降低，大致呈现"倒 U"型关系。这说明，适度降低国有股权比例可能是提高公司董事会治理水平的比较有效的方式。国有参股公司由于存在着国有股东和非国有股东之间的制衡，有利于董事会治理水平的提升。这与我们之前历年出版的中国公司治理分类指数报告的结论是完全一致的。

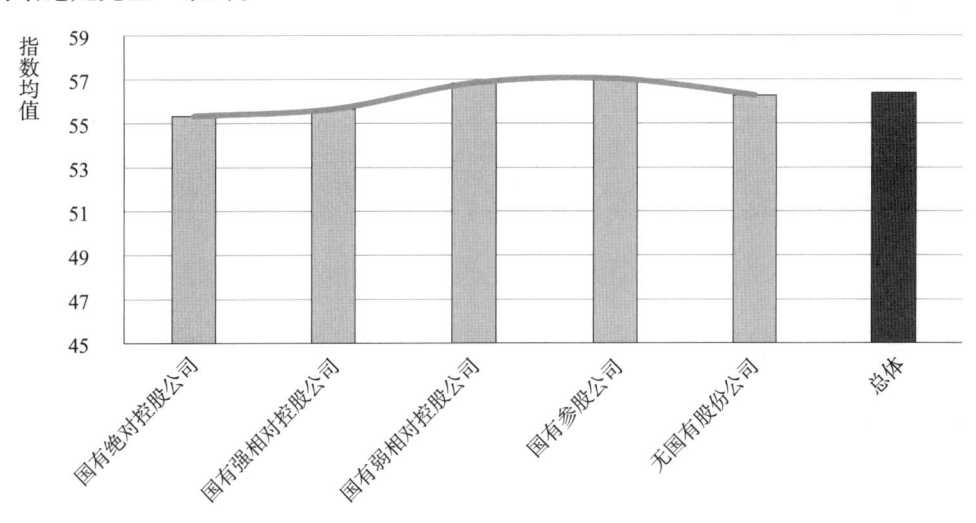

图9-1 2019年不同所有制上市公司董事会治理指数均值比较

我们进一步将国有绝对控股公司、国有强相对控股公司和国有弱相对控股公司归类为国有控股公司，将国有参股公司和无国有股份公司归类为非国有控股公司，表 9-2 比较了国有控股公司和非国有控股公司董事会治理指数的差异。

表 9-2 2019 年国有与非国有控股上市公司董事会治理指数比较

排序	控股类型	公司数目	平均值	中位值	最大值	最小值	标准差
1	非国有控股公司	2459	56.5489	56.9741	77.3720	30.9064	6.1762
2	国有控股公司	1110	56.0216	56.1176	73.9566	36.5961	6.3414
	总 体	3569	56.3849	56.7394	77.3720	30.9064	6.2328

从表 9-2 可知，国有控股公司与非国有控股公司的董事会治理指数均值差距不大，二者相差仅为 0.5273 分。非国有控股公司董事会治理指数均值略高于国有控股公司。

我们进一步按照实际控制人划分为中央企业（或监管机构）、地方国有企业（或监管机构）和非国有企业或自然人，表 9-3 对这三类不同最终控制人控制的上市公司进行了比较，并按照均值从高到低的顺序进行了排序。可以发现，最终控制人为非国有企业或自然人的上市公司的董事会治理指数最高，其次为地方国有企业（或监管机构）控制的上市公司，中央企业（或监管机构）控制的上市公司的董事会治理指数最低。

表 9-3　2019 年不同实际控制人上市公司董事会治理指数比较

排序	最终控制人	公司数目	平均值	中位值	最大值	最小值	标准差
1	非国有企业或自然人	2423	56.5402	56.9803	77.3720	30.9064	6.1725
2	地方国有企业（或监管机构）	753	56.1491	56.1504	73.9566	36.5961	6.3256
3	中央企业（或监管机构）	393	55.8793	56.0306	72.2915	37.8140	6.3810
	总体	3569	56.3849	56.7394	77.3720	30.9064	6.2328

9.1.2　董事会治理分项指数总体比较

董事会治理指数包括董事会结构、独立董事独立性、董事会行为和董事激励与约束四个分项指数，表 9-4 对五类所有制上市公司的四个董事会治理分项指数进行了比较。

表 9-4　2019 年不同所有制上市公司董事会治理分项指数均值比较

所有制类型	董事会结构	独立董事独立性	董事会行为	董事激励与约束
国有绝对控股公司	46.1908	59.4839	57.6288	58.0410
国有强相对控股公司	46.1572	60.4694	58.7644	57.2249
国有弱相对控股公司	47.6163	60.5509	62.2113	56.9511
国有参股公司	42.5524	60.7841	67.8758	56.8906
无国有股份公司	40.1599	61.9256	65.6447	57.3586
总体	42.8039	61.1200	64.3884	57.2274

从表 9-4 可以看出，四个分项指数中，独立董事独立性和董事会行为分项指数均值刚达到 60 分的及格水平，董事会结构和董事激励与约束分项指数均值均未及格，且董事会结构分项指数与及格线差距较大。

图 9-2 更直观地反映了不同所有制上市公司董事会治理四个分项指数均值的差异。可以发现，在四个分项指数中，对于国有绝对控股公司和国有强相对控股公司，独立董事独立性分项指数最高；对于国有弱相对控股公司和两类非国有控股公司，则是董事会行为分项指数最高；五类所有制中都是董事会结构分项指数最低。从各分项指数来看，独立董事独立性和董事会行为两个分项指数，都是两类非国有控股公司高于三类国有控股公司；而董事会结构分项指数，三类国有控股公司好于两类非国有控股公司；董事激励与约束分项指数得分最高的是国有绝对控股公司，得分最低的是国有参股公司，二者的差异不大。随着国有股份逐渐降低，董事会结构分项指数总体有下降趋势；独立董事独立性分项指数总体有上升趋势；董事会行为分项指数是先逐渐上升，到国有参股公司达到最高，然后出现下降；董事激励与约束分项指数变化不大。

我们进一步将国有绝对控股公司、国有强相对控股公司和国有弱相对控股公司归类为国有控股公司，将国有参股公司和无国有股份公司归类为非国有控股公司，两类所有制上市公司董事会治理分项指数均值的比较参见表 9-5 和图 9-3。可以看出，在独立董事独立性和董事会行为两个分项指数上，非国有控股公司都高于国有控股公司，尤其在董事会行为分项指数上高出较多，差距为 6.6737 分；在董事会结构和董事激励与约束分项指数上，国有控股公司都高于非国有控股公司，尤其在董事会结构分项指数上高出较多，差距为 5.6762 分。

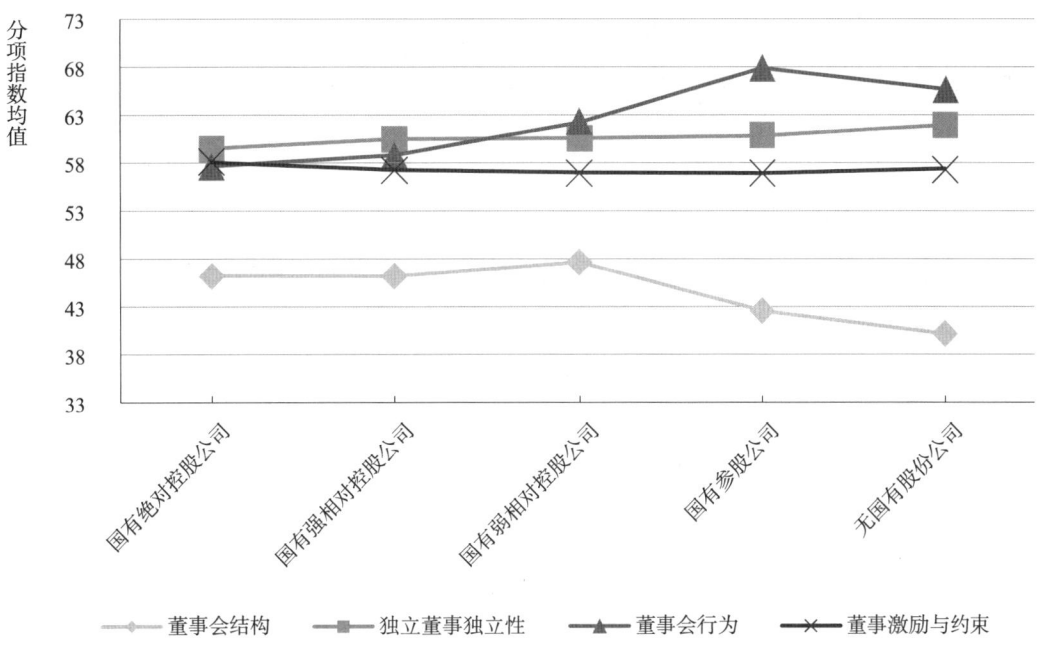

图9-2 2019年不同所有制上市公司董事会治理分项指数变化趋势

表 9-5　2019 年国有与非国有控股上市公司董事会治理分项指数均值比较

控股类型	董事会结构	独立董事独立性	董事会行为	董事激励与约束
国有控股公司	46.7147	60.2639	59.7903	57.3173
非国有控股公司	41.0385	61.5064	66.4640	57.1868
总体	42.8039	61.1200	64.3884	57.2274

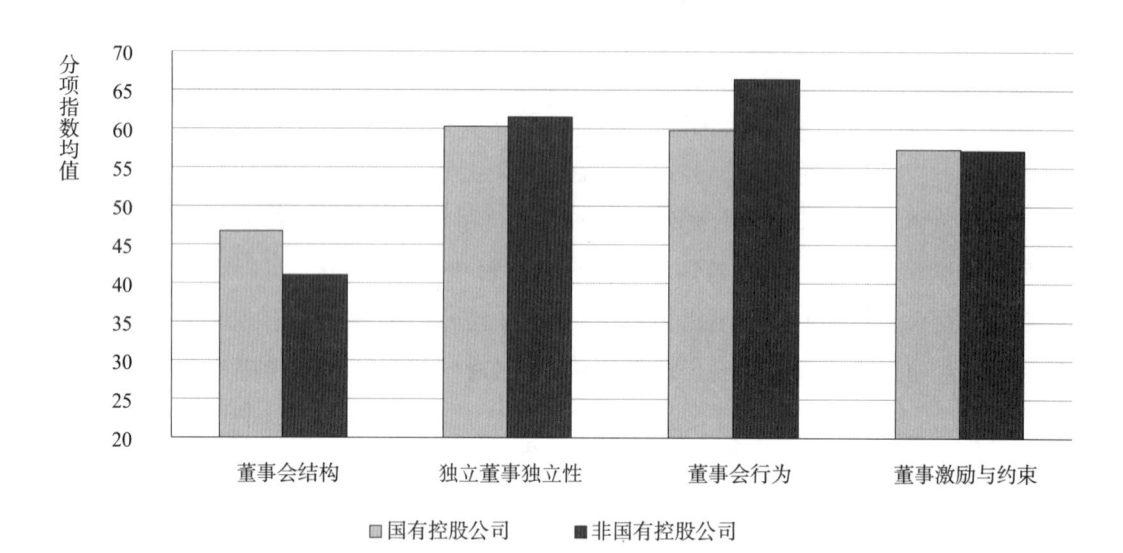

图9-3　2019年国有与非国有控股上市公司董事会治理分项指数均值比较

以上分析不难看出，国有控股公司相对比较重视董事会结构方面的形式化治理，而非国有控股公司则相对比较重视董事会行为方面的实质性治理。

我们进一步按照实际控制人将上市公司划分为中央企业（或监管机构）、地方国有企业（或监管机构）和非国有企业或自然人，三者比较参见表 9-6 和图 9-4。可以看出，在董事会结构分项指数上，最终控制人是中央企业（或监管机构）的上市公司好于最终控制人是地方国企（或监管机构）和非国有企业或自然人的上市公司。在董事激励与约束分项指数上，最终控制人是地方国企（或监管机构）的上市公司好于其他两类上市公司，且最终控制人是非国有企业或自然人的上市公司得分最低。而在独立董事独立性和董事会行为两个分项指数上，最终控制人是非国有企业或自然人的上市公司好于最终控制人是中央企业（或监管机构）和地方国企（或监管机构）的上市公司。这说明，对于最终控制人是非国有企业或自然人的上市公司来说，它们对独立董事独立性和董事会行为更重视一些，这与上面的结论基本一致。

表 9-6　2019 年不同实际控制人上市公司董事会治理分项指数均值比较

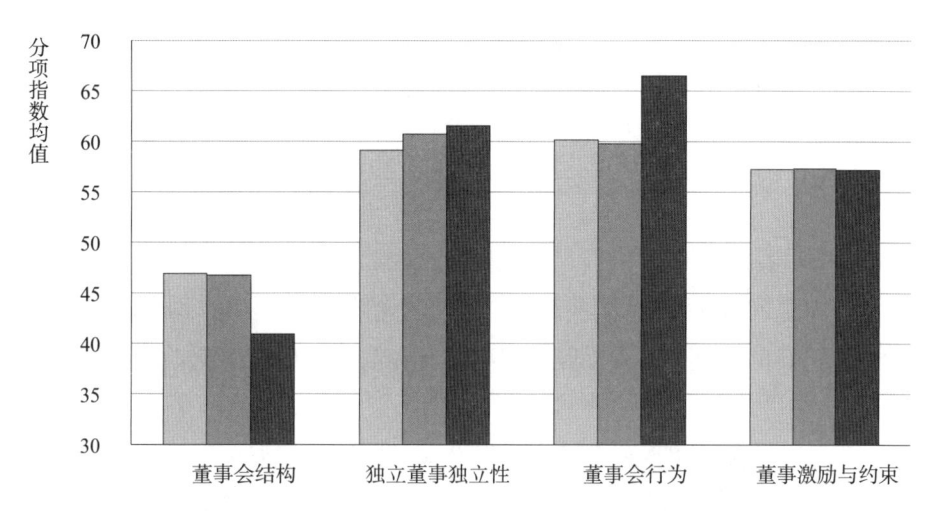

最终控制人	董事会结构	独立董事独立性	董事会行为	董事激励与约束
中央企业（或监管机构）	46.9413	59.1478	60.1619	57.2661
地方国有企业（或监管机构）	46.7559	60.7190	59.7876	57.3337
非国有企业或自然人	40.9046	61.5645	66.5037	57.1881
总体	42.8039	61.1200	64.3884	57.2274

图9-4　2019年不同实际控制人上市公司董事会治理分项指数均值比较

9.2　分地区董事会治理指数的所有制比较

9.2.1　分地区董事会治理总体指数比较

按照四个地区的划分，我们进一步统计了不同地区国有控股和非国有控股上市公司的董事会治理指数，参见表 9-7。

表 9-7　2019 年不同地区国有与非国有控股上市公司董事会治理指数比较

地区	所有制类型	公司数目	平均值	中位值	最大值	最小值	标准差
东部	国有控股公司	649	55.8497	55.5901	73.9566	36.5961	6.4009
	非国有控股公司	1829	56.7901	57.2028	77.3720	31.8660	6.0778
	总体	2478	56.5438	56.9564	77.3720	31.8660	6.1780

续表

地区	所有制类型	公司数目	平均值	中位值	最大值	最小值	标准差
中部	国有控股公司	195	56.5267	56.9633	73.9478	41.6628	6.1628
	非国有控股公司	270	55.9880	56.4255	72.0383	35.3646	6.4604
	总体	465	56.2139	56.7792	73.9478	35.3646	6.3429
西部	国有控股公司	206	56.8918	57.0552	70.8904	41.2871	6.0753
	非国有控股公司	269	56.0403	55.6812	69.9579	37.7954	5.9779
	总体	475	56.4096	56.4589	70.8904	37.7954	6.0351
东北	国有控股公司	60	53.2509	53.1475	66.5813	37.8140	6.2586
	非国有控股公司	91	54.8705	55.2785	68.4335	30.9064	7.2912
	总体	151	54.2269	54.5667	68.4335	30.9064	6.9448

从表9-7可以看出，东部和东北地区非国有控股公司的董事会治理指数均值高于国有控股公司，中部和西部地区非国有控股公司的董事会治理指数均值低于国有控股公司。相比之下，东北地区非国有控股公司与国有控股公司的董事会治理指数均值的差异较为明显。

图9-5直观地反映了四个地区国有控股公司与非国有控股公司董事会治理指数均值的差异。可以看出，在国有控股公司董事会治理上，西部最好，其后依次是中部和东部，东北最差；在非国有控股公司董事会治理上，东部最好，其后依次是西部和中部，东北地区依旧最差。

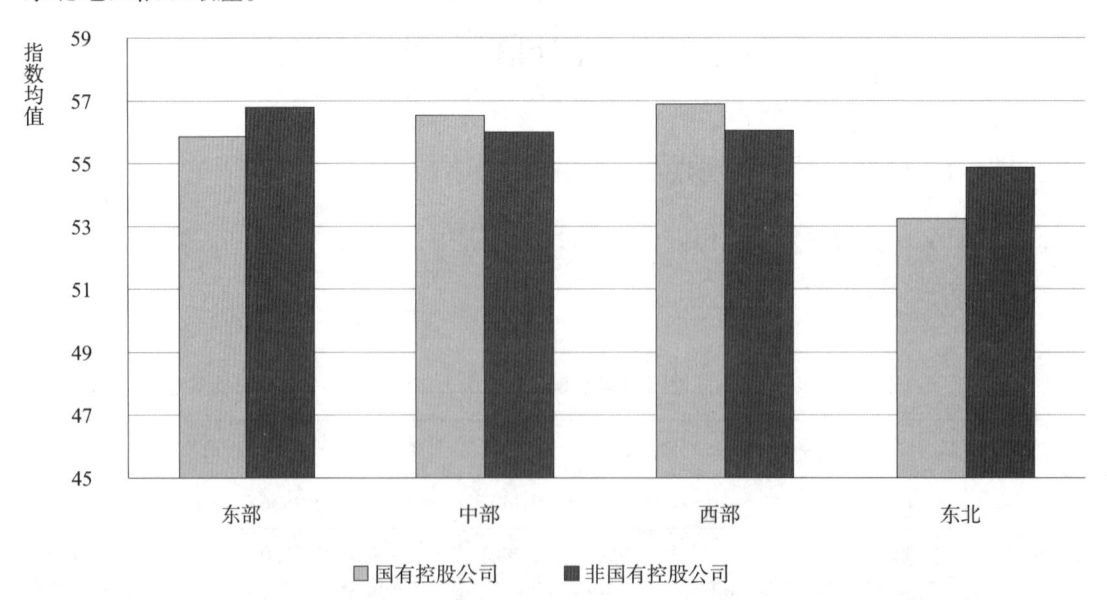

图9-5 2019年不同地区国有与非国有控股上市公司董事会治理指数均值比较

9.2.2 分地区董事会治理分项指数比较

接下来,我们对四个地区国有控股与非国有控股上市公司的董事会治理分项指数均值进行比较分析,参见表9-8。

表9-8　2019年不同地区国有与非国有控股上市公司董事会治理分项指数均值比较

地区	所有制类型	董事会结构	独立董事独立性	董事会行为	董事激励与约束
东部	国有控股公司	47.0819	59.4868	59.4170	57.4131
	非国有控股公司	40.7033	61.6503	67.0974	57.7092
	总体	42.3739	61.0837	65.0859	57.6316
中部	国有控股公司	46.2395	61.5918	60.6689	57.6069
	非国有控股公司	41.5656	60.1148	66.2634	56.0083
	总体	43.5256	60.7342	63.9173	56.6786
西部	国有控股公司	46.7045	62.4018	61.4491	57.0119
	非国有控股公司	42.1013	62.0976	64.2620	55.7002
	总体	44.0976	62.2295	63.0421	56.2690
东北	国有控股公司	44.3224	57.0144	55.2778	56.3889
	非国有控股公司	43.0700	60.9952	60.8382	54.5788
	总体	43.5676	59.4134	58.6287	55.2980

由表9-8可以看出,在四个分项指数中,总体看,东部、中部、西部地区三个地区的董事会行为分项指数均为最高;东北地区的独立董事独立性分项指数最高;四个地区都是董事会结构分项指数最低。

为了便于比较国有和非国有控股公司的地区差异,我们计算出四个地区非国有控股公司董事会治理四个分项指数均值与对应的国有控股公司董事会治理四个分项指数均值的差值,由此可以反映四个地区两类所有制上市公司董事会治理四个分项指数的差异,如图9-6所示。

由图9-6可以看出,在董事会结构分项指数上,四个地区均是国有控股公司优于非国有控股公司,且东部地区国有控股公司表现更为突出;在独立董事独立性分项指数上,中部地区和西部地区的国有控股公司优于非国有控股公司,东部和东北地区的非国有控股公司表现优于国有控股公司,且东北地区非国有控股公司表现更为突出;在董事会行为分项指数上,四个地区均是非国有控股公司表现优于国有控股公司,东部地区非国有控股公司表现更为突出;在董事激励与约束分项指数上,除东部地区,其他三个地区均是国有控股公司优于非国有控股公司。总体看,在四个地区中,国有控股公司董事会结构表现较好,而非国有控股公司董事会行为表现较好,且东部地区的国有控股公司和非国有控股公司在这两个分项指数上的差异尤为明显。

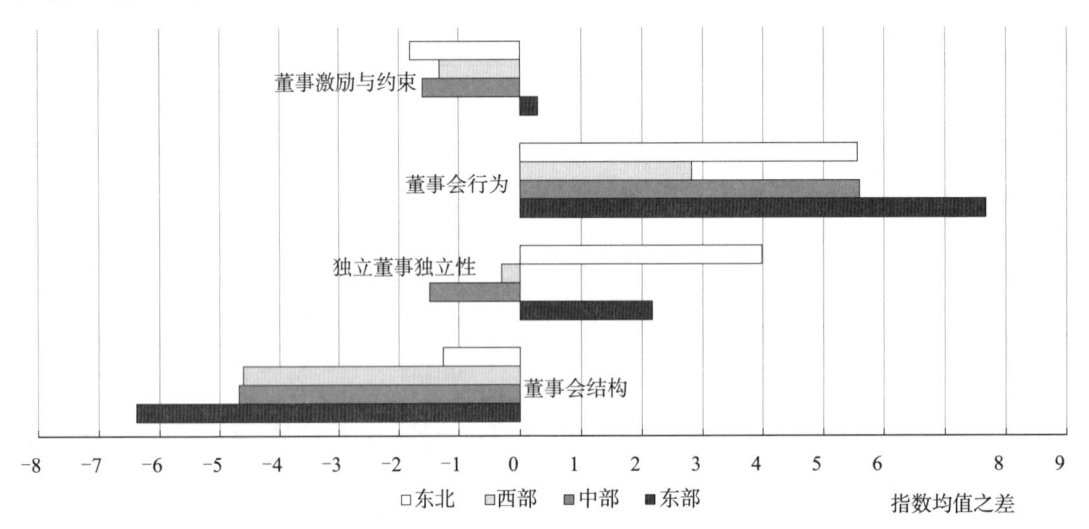

注:指数均值之差 = 非国有控股公司董事会治理分项指数均值 − 国有控股公司董事会治理分项指数均值。

图9-6 2019年不同地区国有与非国有控股上市公司董事会治理分项指数差值比较

9.3 分行业董事会治理指数的所有制比较

9.3.1 分行业董事会治理总体指数比较

我们选择上市公司数量较多、且具有代表性的六个行业,即制造业(C)、电力、热力、燃气及水生产和供应业(D)、交通运输、仓储和邮政业(G)、信息传输、软件和信息技术服务业(I)、金融业(J)和房地产业(K),对这六个行业上市公司的董事会治理指数进行比较,参见表9-9。

表9-9 2019年不同行业国有与非国有控股上市公司董事会治理指数比较

行业	所有制类型	公司数目	平均值	中位值	最大值	最小值	标准差
制造业(C)	国有控股公司	520	55.9183	56.0217	71.1584	37.9135	6.2381
	非国有控股公司	1711	56.5014	56.9628	74.2427	31.8660	6.1542
	总体	2231	56.3655	56.7970	74.2427	31.8660	6.1788

续表

行业	所有制类型	公司数目	平均值	中位值	最大值	最小值	标准差
电力、热力、燃气及水生产和供应业（D）	国有控股公司	79	55.1418	54.3245	68.4479	37.8140	6.8416
	非国有控股公司	30	56.8186	56.7036	64.9350	46.7602	5.6613
	总体	109	55.6033	55.6350	68.4479	37.8140	6.5808
交通运输、仓储和邮政业（G）	国有控股公司	70	56.6163	56.7716	72.2915	41.1834	6.1375
	非国有控股公司	32	56.6300	58.2406	65.7098	46.0115	4.9908
	总体	102	56.6206	57.6211	72.2915	41.1834	5.8022
信息传输、软件和信息技术服务业（I）	国有控股公司	44	55.4882	55.0631	66.5813	41.4951	5.9397
	非国有控股公司	229	57.5630	57.8398	69.9579	30.9064	5.9762
	总体	273	57.2286	57.4627	69.9579	30.9064	6.0189
金融业（J）	国有控股公司	71	59.8603	60.6022	73.9478	36.5961	6.9697
	非国有控股公司	36	57.8286	58.0949	77.3720	43.0466	6.8006
	总体	107	59.1768	59.7092	77.3720	36.5961	6.9796
房地产业（K）	国有控股公司	58	54.9233	54.6608	73.9566	44.1000	6.0780
	非国有控股公司	62	54.3858	54.2258	68.2989	36.4264	6.9130
	总体	120	54.6456	54.4706	73.9566	36.4264	6.5283

从表9-9可以看出，六个行业中，制造业（C），电力、热力、燃气及水生产和供应业（D），交通运输、仓储和邮政业（G），以及信息传输、软件和信息技术服务业（I）四个行业的非国有控股公司董事会治理指数均值高于国有控股公司；其他两个行业则是国有控股公司董事会治理指数高于非国有控股公司。

图9-7更直观地反映了六个行业国有控股公司与非国有控股公司董事会治理指数的差异。可以看到，六个行业中，国有控股公司和非国有控股公司董事会治理指数均值最高的行业都是金融业（J），最低的行业都是房地产业（K）。总体看，国有控股公司和非国有控股公司在金融业（J）的董事会治理水平都比较高，非国有控股公司在信息传输、软件和信息技术服务业（I）这样的高科技行业的董事会治理水平较高。

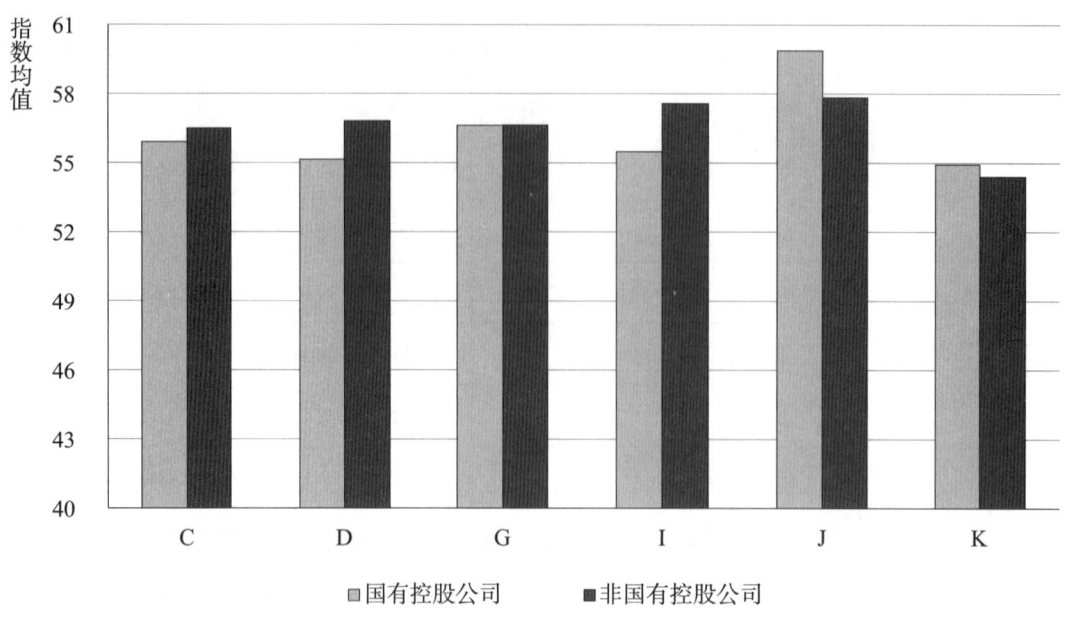

图9-7 2019年不同行业国有与非国有控股上市公司董事会治理指数均值比较

9.3.2 分行业董事会治理分项指数比较

接下来,我们对六个行业国有控股与非国有控股上市公司的董事会治理分项指数进行比较,参见表9-10。

表9-10 2019年不同行业国有与非国有控股上市公司董事会治理分项指数比较

行业	所有制类型	董事会结构	独立董事独立性	董事会行为	董事激励与约束
制造业（C）	国有控股公司	45.3044	60.2365	61.1343	56.9979
	非国有控股公司	40.2462	61.7378	66.6543	57.3674
	总体	41.4251	61.3879	65.3677	57.2813
电力、热力、燃气及水生产和供应业（D）	国有控股公司	46.1985	59.5227	56.5480	58.2982
	非国有控股公司	44.7317	62.5809	60.5175	59.4445
	总体	45.7948	60.3644	57.6405	58.6137
交通运输、仓储和邮政业（G）	国有控股公司	48.5931	61.6140	57.9246	58.3334
	非国有控股公司	41.6609	62.8993	62.9320	59.0278
	总体	46.4183	62.0173	59.4955	58.5512

续表

行业	所有制类型	董事会结构	独立董事独立性	董事会行为	董事激励与约束
信息传输、软件和信息技术服务业（I）	国有控股公司	44.7820	60.6469	60.3368	56.1869
	非国有控股公司	42.3025	61.8361	69.3208	56.7928
	总体	42.7021	61.6444	67.8728	56.6952
金融业（J）	国有控股公司	59.9475	60.9769	58.5012	60.0157
	非国有控股公司	51.2729	55.3930	65.2349	59.4136
	总体	57.0289	59.0982	60.7667	59.8131
房地产业（K）	国有控股公司	46.6427	56.6256	60.1988	56.2261
	非国有控股公司	42.4938	57.1198	62.8220	55.1076
	总体	44.4991	56.8810	61.5541	55.6482

可以看出，四个分项指数中，总体看，电力、热力、燃气及水生产和供应业（D），以及交通运输、仓储和邮政业（G）行业的上市公司在独立董事独立性分项指数上最高；制造业（C），信息传输、软件和信息技术服务业（I），金融业（J），以及房地产业（K）则是董事会行为分项指数最高；董事会结构分项指数则在六个行业的四个分项指数中都是最低的。

为了便于比较国有和非国有控股公司的行业差异，我们计算了六个行业非国有控股公司董事会治理四个分项指数均值与对应的国有控股公司董事会治理四个分项指数均值的差值，由此可以反映这六个代表性行业两类所有制上市公司董事会治理四个分项指数的差异，如图9-8所示。

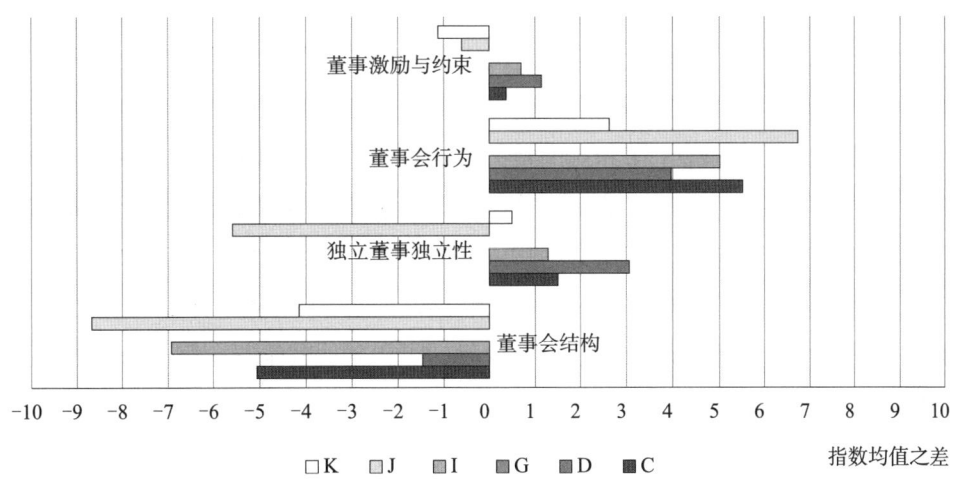

注：指数均值之差＝非国有控股公司董事会治理分项指数均值－国有控股公司董事会治理分项指数均值。

图9-8　2019年不同行业国有与非国有控股上市公司董事会治理分项指数差值比较

由图 9-8 可知，在董事会结构分项指数上，六个行业的国有控股公司都明显优于非国有控股公司，尤其是金融业（J）表现更为突出；在独立董事独立性分项指数上，除金融业（J）之外的五个行业的非国有控股公司都优于国有控股公司，尤其是电力、热力、燃气及水生产和供应业（D）表现较为突出；在董事会行为分项指数上，六个行业的非国有控股公司都明显优于国有控股公司，尤其在信息传输、软件和信息技术服务业（I）中非国有控股公司的表现尤为突出；在董事激励与约束分项指数上，除金融业（J）和房地产业（K）之外的四个行业的非国有控股公司都优于国有控股公司。总体看，在六个行业中，国有控股公司在董事会结构分项指数上好于非国有控股公司；在董事会行为、独立董事独立性、董事激励与约束三个分项指数上，则是非国有控股公司表现相对更好。

9.4　本章小结

本章对 2019 年沪深两市国有控股公司与非国有控股公司的董事会治理指数及四个分项指数进行了统计和比较分析，主要结论如下：

（1）关于董事会治理总体指数

①国有绝对控股和国有强相对控股公司是董事会治理指数最低的两类公司。随着第一大股东中的国有股比例的降低，董事会治理指数先逐渐上升，到国有参股公司达到最高，然后降低，大致呈现"倒 U"型关系。这说明，适度降低国有股权比例可能是提高公司董事会治理水平的比较有效的方式。国有参股公司由于存在着国有股东和非国有股东之间的制衡，有利于董事会治理水平的提升。②国有控股公司与非国有控股公司的董事会治理指数均值差距不大，非国有控股公司董事会治理指数均值略高于国有控股公司。③最终控制人为非国有企业或自然人的上市公司的董事会治理指数最高，其次为地方国有企业（或监管机构）控制的上市公司，中央企业（或监管机构）控制的上市公司的董事会治理指数最低。④东部和东北地区非国有控股公司的董事会治理指数均值高于国有控股公司，中部和西部地区非国有控股公司的董事会治理指数均值低于国有控股公司。⑤六个行业中，制造业（C），电力、热力、燃气及水生产和供应业（D），交通运输、仓储和邮政业（G），以及信息传输、软件和信息技术服务业（I）四个行业的非国有控股公司董事会治理指数均值高于国有控股公司；其他两个行业则是国有控股公司董事会治理指数高于非国有控股公司。

（2）关于董事会治理分项指数

①四个分项指数中，独立董事独立性和董事会行为分项指数均值刚达到 60 分的及格水平，董事会结构和董事激励与约束分项指数均值均未及格，且董事会结构分项指数

与及格线差距较大。②从所有制来看，国有控股公司相对比较重视董事会结构方面的形式化治理，而非国有控股公司则相对比较重视董事会行为方面的实质性治理。③从地区看，在四个分项指数中，东部、中部、西部地区三个地区的董事会行为分项指数均为最高；东北地区的独立董事独立性分项指数最高；四个地区都是董事会结构分项指数最低。④从行业看，在六个行业中，国有控股公司在董事会结构分项指数上好于非国有控股公司；在董事会行为、独立董事独立性、董事激励与约束三个分项指数上，则是非国有控股公司表现相对更好。

第10章 董事会治理指数的年度比较（2012～2019）

2013～2019年，我们对2012～2018年中国上市公司董事会治理水平进行了六次测度，今年是第七次测度。本章将从总体、地区、行业、所有制和上市板块五个角度，比较分析七个年度中国上市公司董事会治理水平，以便了解董事会治理质量是否有所改进以及改进程度，以期对董事会治理的完善有所启示。

10.1 董事会治理指数总体的年度比较

我们对2012年及2014～2019年七个年度董事会治理进行了评价，样本公司数分别是2314家、2514家、2655家、2840家、3147家、3490家和3569家，基本上涵盖了全部上市公司。比较2012年以及2014年至2019年样本上市公司的董事会治理指数，以及董事会结构、独立董事独立性、董事会行为和董事激励与约束四个分项指数，结果参见表10-1和图10-1。

表10-1 2012～2019年上市公司董事会治理指数均值比较

年份	样本量	总体指数	分项指数			
			董事会结构	独立董事独立性	董事会行为	董事激励与约束
2012	2314	51.8220	49.6966	58.8121	47.4252	51.3541
2014	2514	50.1722	49.0601	57.0975	42.6572	51.8740
2015	2655	50.1344	40.2751	60.5699	48.6130	51.0797
2016	2840	50.7269	40.5016	59.3846	51.0926	51.9288
2017	3147	51.4107	37.8602	60.7244	54.8657	52.1926
2018	3490	54.2273	38.5042	62.3343	61.7488	54.3219
2019	3569	56.3849	42.8039	61.1200	64.3884	57.2274

由表 10-1 和图 10-1 可知：

第一，从董事会治理总体指数看，2019 年董事会治理指数均值为 56.3849 分。2012～2019 年七年间，2014～2015 年连续下降，2016～2019 年逐年上升。相比 2012 年，2019 年提高 4.5629 分；相比 2018 年，2019 年提高 2.1576 分。

第二，从董事会结构分项指数看，2019 年该分项指数均值为 42.8039 分。相比 2012 年，2019 年下降 6.8927 分，降幅较大；相比 2018 年，2019 年上升 4.2997 分。

第三，从独立董事独立性分项指数看，2019 年该分项指数均值为 61.1200 分。相比 2012 年，2019 年上升 2.3079 分；相比 2018 年，2019 年下降 1.2143 分。

第四，从董事会行为分项指数看，2019 年该分项指数均值为 64.3884 分。相比 2012 年，2019 年大幅上升 16.9632 分；相比 2018 年，2019 年上升 2.6396 分。

第五，从董事激励与约束分项指数看，2019 年该分项指数均值为 57.2274 分。相比 2012 年，2019 年上升 5.8733 分；相比 2018 年，2019 年上升 2.9055 分。

从近几年的变化看，董事会行为和董事激励与约束两个分项指数上升幅度总体上大于董事会结构和独立董事独立性两个分项指数，反映了董事会实质性治理水平的提升。

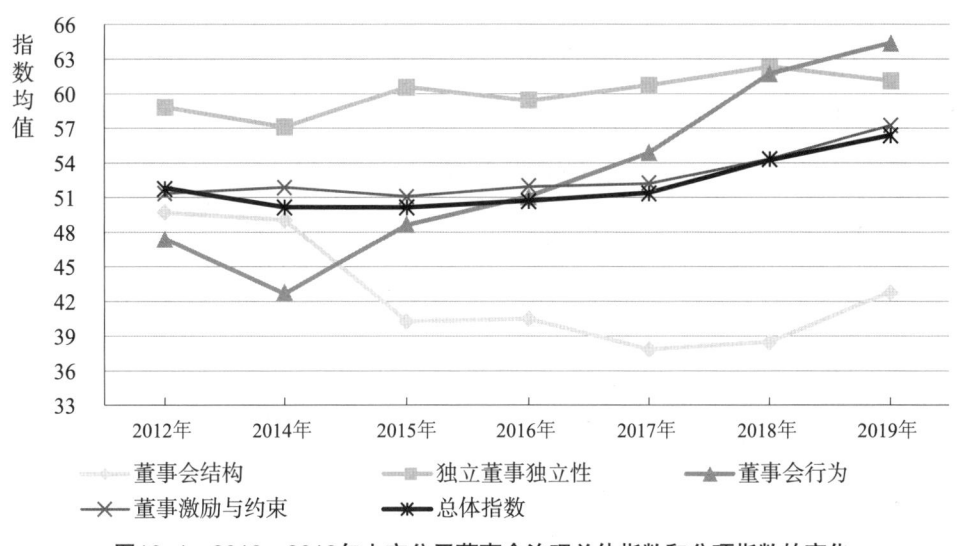

图10-1　2012～2019年上市公司董事会治理总体指数和分项指数的变化

10.2　分地区董事会治理指数的年度比较

用各地区上市公司董事会治理总体指数，以及董事会结构、独立董事独立性、董事会行为和董事激励与约束四个分项指数的平均值来代表各地区上市公司董事会治理情况，分别比较不同地区 2012 年、2014 年至 2019 年董事会治理的差异，结果见表 10-2。

表 10-2　2012～2019 年不同地区中国上市公司董事会治理指数均值比较

地区	年份	总体指数	分项指数				总体指数排名
			董事会结构	独立董事独立性	董事会行为	董事激励与约束	
东部	2012	52.0972	49.6929	59.0708	48.0436	51.5814	1
	2014	50.1932	48.9373	56.7206	42.8083	52.3067	2
	2015	50.3104	40.3700	60.4467	49.1716	51.2533	2
	2016	50.8815	40.4096	59.3311	51.5273	52.2581	2
	2017	51.4961	37.6673	60.5910	55.2672	52.4590	2
东部	2018	54.4635	38.2736	62.2958	62.4688	54.8158	1
	2019	56.5438	42.3739	61.0837	65.0859	57.6316	1
中部	2012	51.0924	48.9875	57.9780	46.3752	51.0288	3
	2014	49.6033	48.0151	57.3733	41.9351	51.0899	4
	2015	49.7729	39.6478	60.4903	48.1033	50.8502	3
	2016	50.2845	40.2714	59.0042	50.0014	51.8611	3
	2017	51.1395	37.9105	60.6155	54.0047	52.0272	3
	2018	53.9416	38.6664	61.8476	61.5447	53.7078	3
	2019	56.2139	43.5256	60.7342	63.9173	56.6786	3
西部	2012	51.9320	50.8373	58.5893	47.3086	50.9926	2
	2014	50.8464	50.9167	58.1421	43.3402	50.9866	1
	2015	50.3193	40.7816	61.4578	48.1095	50.9283	1
	2016	51.0356	41.3930	60.5308	51.2470	50.9715	1
	2017	51.9956	38.9828	62.1469	55.0524	51.8004	1
	2018	54.0059	39.8362	63.3193	60.0252	52.8429	2
	2019	56.4096	44.0976	62.2295	63.0421	56.2690	2
东北	2012	50.3528	48.6091	58.7010	43.5027	50.5983	4
	2014	49.6385	48.3695	58.1005	40.9401	51.1438	3

续表

地区	年份	总体指数	分项指数				总体指数排名
			董事会结构	独立董事独立性	董事会行为	董事激励与约束	
东北	2015	48.4310	39.4127	59.9072	44.4432	49.9609	4
	2016	49.0936	39.8477	57.9415	48.0560	50.5291	4
	2017	49.2499	37.2143	58.8014	51.0218	49.9622	4
	2018	51.9616	37.5595	61.3417	56.1113	52.8337	4
	2019	54.2269	43.5676	59.4134	58.6287	55.2980	4

根据表10-2可以看出：

第一，从董事会治理总体指数看，2012年、2018年和2019年东部地区位居第一；2014～2017年西部地区连续四年居首位；东北除2014年获第三外，其他年度都位于末位。2012年以来，四个地区的董事会治理指数在经历2014年或2015年的下降后逐渐提升，2019年均成为七个年度以来的最高值。相比2012年，2019年四个地区都上升，升幅为3.87～5.13分，中部升幅最大；相比2018年，2019年四个地区也都上升，升幅都略超2分，西部升幅最大，上升2.4037分。

第二，从董事会结构分项指数看，相比2012年，2019年四个地区都较大幅度下降，降幅为5.04～7.32分，东部降幅最大；相比2018年，2019年四个地区都上升，升幅为4.10～6.01分，东北升幅最大。不过，2019年四个地区的董事会结构分项指数仍未达到60分的及格水平，反映了董事会结构水平较上年有所提升，但距离完善仍有较大差距。

第三，从独立董事独立性分项指数看，相比2012年，2019年四个地区都上升，升幅为0.71～3.65分，西部升幅最大；相比2018年，2019年四个地区都出现下降，降幅为1.08～1.93分，东北降幅最大。

第四，从董事会行为分项指数看，相比2012年，2019年四个地区都大幅度提升，升幅为15.12～17.55分，中部升幅最大；相比2018年，2019年四个地区也都上升，升幅为2.37～3.02分，西部地区升幅最大。

第五，从董事激励与约束分项指数看，相比2012年，2019年四个地区都上升，升幅为4.69～6.06分，东部升幅最大；相比2018年，2019年四个地区也均上升，升幅为2.46～3.43分，西部升幅最大。

图10-2显示了四个地区董事会治理总体指数的变化趋势。可以看出，东部与中部自2015年起连续五年呈现上升趋势，西部与东北自2016年起连续四年上升，四个地区

近两年均增长较快。

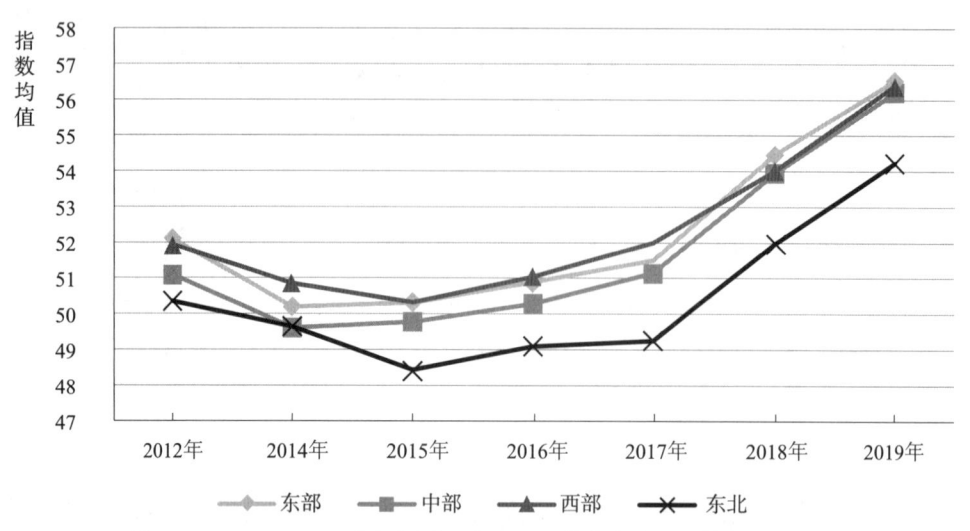

图10-2　2012~2019年不同地区上市公司董事会治理总体指数的变化

10.3　分行业董事会治理指数的年度比较

用各行业上市公司董事会治理总体指数，以及董事会结构、独立董事独立性、董事会行为和董事激励与约束四个分项指数的平均值来代表各行业上市公司董事会治理情况，分别比较不同行业2012年以及2014~2019年董事会治理水平的差异，结果参见表10-3。

表10-3　2012~2019年不同行业上市公司董事会治理指数均值比较

行业	年份	总体指数	分项指数			
			董事会结构	独立董事独立性	董事会行为	董事激励与约束
农、林、牧、渔业（A）	2012	51.9521	49.2741	58.9423	47.1230	52.4691
	2014	53.3154	51.5785	60.5000	46.1830	55.0000
	2015	49.4305	38.7398	59.3818	49.4681	50.1323
	2016	51.4685	39.3256	60.8079	53.9731	51.7677
	2017	52.9386	36.5136	63.0869	58.7147	53.4392
	2018	53.3793	37.4688	62.4133	62.1446	51.4905
	2019	56.5859	43.0215	62.1215	65.1032	56.0976

续表

行业	年份	总体指数	分项指数			
			董事会结构	独立董事独立性	董事会行为	董事激励与约束
采矿业（B）	2012	51.6178	49.7309	57.0607	48.9975	50.6823
	2014	50.2761	50.2145	59.0580	44.0864	47.7456
	2015	48.8876	41.0768	58.1763	45.6125	50.6849
	2016	48.8156	43.3075	57.7475	46.5665	47.6408
	2017	49.4091	41.1089	58.1252	49.6036	48.7988
	2018	52.7054	43.0336	61.4236	55.1949	51.1696
	2019	54.1713	44.2752	59.5426	57.0897	55.7778
制造业（C）	2012	51.7430	49.1963	58.8384	47.4177	51.5196
	2014	50.1734	48.3955	57.0059	42.7593	52.5329
	2015	50.4672	39.7456	61.2551	49.5624	51.3058
	2016	50.9133	39.7612	59.8062	51.7508	52.3349
	2017	51.5549	36.8884	61.1907	55.5838	52.5569
	2018	54.4380	37.3672	62.7634	62.8998	54.7215
	2019	56.3655	41.4251	61.3879	65.3677	57.2813
电力、热力、燃气及水生产和供应业（D）	2012	51.2467	50.6491	58.5701	43.8196	51.9481
	2014	50.1653	49.6323	58.8008	41.5505	50.6775
	2015	49.8174	41.9915	59.6376	44.0825	53.5581
	2016	49.2991	40.8815	57.6248	46.4333	52.2569
	2017	50.2894	40.3068	59.2347	49.4044	52.2114
	2018	53.0315	40.6809	62.1890	54.9173	54.3386
	2019	55.6033	45.7948	60.3644	57.6405	58.6137
建筑业（E）	2012	53.0903	49.4457	58.5202	52.3119	52.0833
	2014	50.3517	50.8567	59.6818	44.6158	50.2525
	2015	50.5815	40.1488	59.5975	49.6061	52.9734
	2016	50.9310	40.7111	59.8865	51.8999	51.2266
	2017	51.3453	39.2290	60.5902	54.2656	51.2963
	2018	53.5216	39.8273	61.1524	59.2794	53.8272
	2019	57.4384	45.7636	61.7701	65.9625	56.2573

续表

行业	年份	总体指数	分项指数			
			董事会结构	独立董事独立性	董事会行为	董事激励与约束
批发和零售业（F）	2012	51.4891	50.1455	60.0271	49.0060	50.7778
	2014	49.4314	49.4804	57.8591	40.9456	49.4407
	2015	48.4862	39.8619	59.7678	44.3528	49.9622
	2016	48.5603	40.0607	58.6859	46.5834	48.9114
	2017	48.5385	37.0769	58.8595	50.3272	47.8903
	2018	52.0216	39.0713	61.5717	55.8176	51.6260
	2019	55.0499	43.4977	61.1160	59.7886	55.7971
交通运输、仓储和邮政业（G）	2012	53.0385	50.5281	58.9228	49.0955	53.6075
	2014	50.8385	49.8959	58.3951	43.4854	51.5775
	2015	50.4096	42.6532	58.4677	48.1856	52.3320
	2016	51.1708	43.4555	59.9494	48.4687	52.8097
	2017	51.8444	40.3825	62.7243	50.6906	53.5802
	2018	54.0475	41.5655	63.4434	56.1982	54.9828
	2019	56.6206	46.4183	62.0173	59.4955	58.5512
住宿和餐饮业（H）	2012	54.2590	54.5959	62.6717	47.9167	51.8519
	2014	49.2138	52.4703	59.5455	43.4253	41.4141
	2015	49.5306	40.3565	60.6044	46.1513	51.0101
	2016	49.4225	42.0253	59.9498	51.7755	43.9394
	2017	48.3821	33.8777	55.5556	55.9471	48.1481
	2018	52.9774	36.7428	63.2333	64.4024	47.5309
	2019	55.3964	38.5638	64.4444	65.4908	53.0864
信息传输、软件和信息技术服务业（I）	2012	49.2696	47.3182	59.8364	49.7390	48.1848
	2014	47.9860	49.8415	53.5821	39.8254	52.6949
	2015	50.3573	40.4353	59.5740	50.4239	50.9962
	2016	51.7482	40.8666	60.4599	54.1596	51.5066
	2017	52.4564	37.5968	61.6949	58.1498	52.3844
	2018	55.1900	38.0854	63.0151	65.4358	54.2239
	2019	57.2286	42.7021	61.6444	67.8728	56.6952

续表

行业	年份	总体指数	分项指数			
			董事会结构	独立董事独立性	董事会行为	董事激励与约束
金融业（J）	2012	56.0669	62.6741	56.4566	54.5950	50.5420
	2014	53.0054	61.3309	59.3488	47.2799	48.0620
	2015	49.7628	49.5428	56.7413	50.1367	42.6304
	2016	52.6134	52.7567	53.1850	52.2702	52.2417
	2017	54.2745	52.7050	58.1334	55.3937	50.8658
	2018	56.5689	52.6008	59.1330	58.8599	55.6818
	2019	59.1768	57.0289	59.0982	60.7667	59.8131
房地产业（K）	2012	52.5244	51.0853	60.0771	47.7616	51.1737
	2014	50.3785	51.8365	57.6894	41.6937	50.2946
	2015	48.3869	40.4784	59.1977	44.9496	48.9221
	2016	49.3171	40.6999	55.6560	49.5790	51.3333
	2017	50.1663	38.3241	56.8705	53.0705	52.4000
	2018	52.2568	39.2682	58.4562	58.2563	53.0466
	2019	54.6456	44.4991	56.8810	61.5541	55.6482
租赁和商务服务业（L）	2012	52.7840	49.4709	57.8812	51.4031	52.3810
	2014	51.4592	49.8702	58.5417	45.5729	51.8519
	2015	49.7562	40.0187	58.4777	50.7422	49.7863
	2016	51.1025	40.4422	58.8629	52.8828	52.2222
	2017	49.9175	36.7750	58.1481	55.2759	49.4709
	2018	54.6110	37.4306	60.9154	66.1148	53.9832
	2019	56.3078	43.1814	58.8361	68.1922	55.0214
科学研究和技术服务业（M）	2012	50.8180	41.6093	62.5116	53.4722	45.6790
	2014	50.6820	46.9216	57.7273	45.0487	53.0303
	2015	52.3374	42.2470	65.6276	50.2403	51.2346
	2016	51.9371	40.9034	63.2982	52.8222	50.7246
	2017	52.6849	40.5183	63.3945	54.3961	52.4306
	2018	55.4178	40.8660	65.5275	62.0367	53.2408
	2019	57.5174	43.3611	64.1331	62.3284	60.2469

续表

行业	年份	总体指数	分项指数			
			董事会结构	独立董事独立性	董事会行为	董事激励与约束
水利、环境和公共设施管理业（N）	2012	52.2696	51.4597	61.3366	46.0404	50.2416
	2014	51.7255	50.7598	56.1539	45.5014	54.4872
	2015	51.6046	41.8793	61.3376	50.6089	52.5926
	2016	51.8127	42.6087	58.4960	53.2842	52.8620
	2017	53.1349	39.6493	60.5300	56.9436	55.4167
	2018	55.2796	40.1499	60.4792	63.3781	57.1111
	2019	58.3625	44.8177	61.6591	66.4795	60.4939
教育（P）	2012	60.4969	62.9798	71.6667	51.7857	55.5556
	2014	54.8061	45.4546	70.0000	48.2143	55.5556
	2015	51.2003	40.9091	70.0000	38.3366	55.5556
	2016	52.0097	41.4941	69.9099	37.3755	59.2593
	2017	52.5554	36.1921	67.5000	50.9737	55.5556
	2018	53.0014	34.9933	64.3750	62.6374	50.0000
	2019	57.3004	47.5089	63.0556	60.9982	57.6389
卫生和社会工作（Q）	2012	47.3709	46.9096	53.2222	37.5000	51.8519
	2014	45.0260	46.2695	53.7500	31.4732	48.6111
	2015	51.0602	41.6111	64.0000	49.7409	48.8889
	2016	49.6250	40.7941	59.2857	47.6267	50.7937
	2017	51.2785	42.4424	59.3750	53.9911	49.3056
	2018	57.5180	43.2240	63.3333	65.6443	57.8704
	2019	56.0562	43.9837	57.0525	69.4849	53.7037
文化、体育和娱乐业（R）	2012	53.1762	51.6794	59.1406	49.1071	52.7778
	2014	50.8285	51.0905	58.6207	41.6872	51.9157
	2015	49.4388	41.0871	60.2256	43.2019	53.2407
	2016	51.2896	41.8678	59.0287	48.7065	55.5556
	2017	51.7777	38.0063	59.7102	54.6490	54.7454

续表

行业	年份	总体指数	分项指数			
			董事会结构	独立董事独立性	董事会行为	董事激励与约束
文化、体育和娱乐业（R）	2018	53.8054	39.5882	59.6400	60.6296	55.3640
	2019	55.7991	42.2695	60.7330	62.0068	58.1872
综合（S）	2012	50.1483	49.7220	58.6950	41.9237	50.2525
	2014	49.5376	48.8417	56.6667	40.3274	52.3148
	2015	48.2421	40.1366	59.0013	41.6082	52.2222
	2016	50.0251	39.4016	61.9899	45.3271	53.3816
	2017	50.9541	36.9862	61.9830	50.2580	54.5894
	2018	50.1189	38.5633	61.2989	51.4072	49.2063
	2019	53.3912	45.5767	59.7514	53.3347	54.9020

注：①由于教育（P）在2012～2015年只有1家上市公司，2016～2019年各有3家、4家、8家和8家上市公司，所以，2012～2015年该行业数据难以反映该行业的实际平均水平，故只比较2016～2019年；②居民服务、修理和其他服务业（O）只有1家上市公司，难以代表该行业整体水平，故排名时剔除。

我们从表10-3中可以看出：

第一，从董事会治理总体指数看，相比2012年，2019年全部17个行业（剔除教育）都上升（参见图10-3），升幅为1.13～8.69分，升幅最大的是卫生和社会工作（Q）；相比2018年，2019年除卫生和社会工作（Q）之外的17个行业都上升，升幅为1.46～4.30分，升幅最大的是教育（P）。

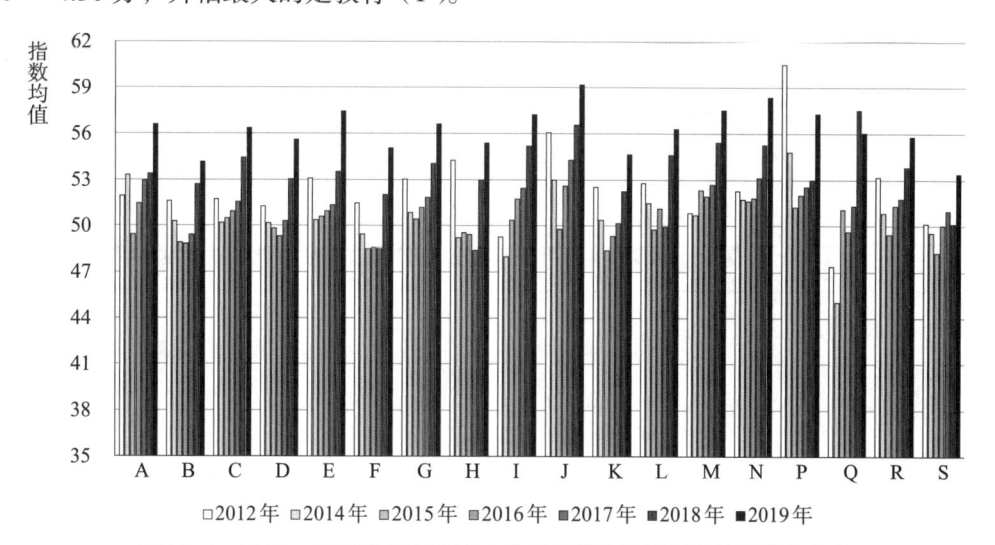

图10-3　2012～2019年不同行业上市公司董事会治理总体指数的变化

第二，从董事会结构分项指数看，相比2012年，2019年除科学研究和技术服务业（M）之外的16个行业（剔除教育）都是下降的，降幅为2.92~16.04分，降幅最大的是住宿和餐饮业（H）；仅有科学研究和技术服务业（M）略有上升，上升1.7518分。相比2018年，2019年全部行业都上升，升幅为0.75~12.52分，升幅最大的为教育（P）。

第三，从独立董事独立性分项指数看，相比2012年，2019年有16个行业上升，升幅为0.32~3.84分，升幅最大的是卫生和社会工作（Q）；只有（剔除教育）房地产业（K）下降，下降3.1961分。相比2018年，2019年有4个行业上升，升幅为0.61~1.22分，升幅最大的是住宿和餐饮业（H）；有14个行业下降，降幅为0.03~6.29分，降幅最大的是卫生和社会工作（Q）行业。

第四，从董事会行为分项指数看，相比2012年，2019年全部17个行业（剔除教育）都上升，升幅为6.17~31.99分，升幅最大的是卫生和社会工作（Q）。相比2018年，2019年只有教育（P）行业下降，下降1.6392分，其他17个行业都上升，升幅为0.29~6.69分，升幅最大的是建筑业（E），上升6.6831分。

第五，从董事激励与约束分项指数看，相比2012年，2019年全部17个行业（剔除教育）都上升，升幅为1.23~14.57分，升幅最大的是科学研究和技术服务业（M）。相比2018年，2019年有17个行业上升，升幅为1.03~7.64分，升幅最大的是教育（P）；只有卫生和社会工作（Q）下降，下降4.1667分。

10.4 分所有制董事会治理指数的年度比较

按照五类所有制的划分，用各所有制上市公司董事会治理总体指数，以及董事会结构、独立董事独立性、董事会行为和董事激励与约束四个分项指数的平均值来代表各所有制上市公司董事会治理情况，分别比较2012年、2014年至2019年不同所有制上市公司的董事会治理水平的差异，结果参见表10-4 Panel A。另外，进一步将样本按照国有控股公司和非国有控股公司分类，统计信息见表10-4 Panel B。

表10-4 2012~2019年不同所有制上市公司董事会治理指数均值比较

所有制类型	年份	总体指数	分项指数				总体指数排名
			董事会结构	独立董事独立性	董事会行为	董事激励与约束	
Panel A 按照五类所有制公司分类							
国有绝对控股公司	2012	51.3830	50.2349	57.4871	47.4476	50.3623	4
	2014	49.9327	51.1554	56.9731	42.2198	49.3827	4

续表

所有制类型	年份	总体指数	分项指数				总体指数排名
			董事会结构	独立董事独立性	董事会行为	董事激励与约束	
国有绝对控股公司	2015	49.2353	41.2992	58.3869	45.5225	51.7326	5
	2016	49.1661	42.8285	57.2369	46.0658	50.5333	5
	2017	50.4530	41.3879	59.1268	50.0866	51.2105	5
	2018	53.1976	42.5491	61.4174	55.4253	53.3987	4
	2019	55.3361	46.1908	59.4839	57.6288	58.0410	5
国有强相对控股公司	2012	52.4214	51.8172	58.7547	46.9145	52.1991	2
	2014	50.8110	51.7851	57.4272	42.4139	51.6176	2
	2015	50.0703	42.3986	59.8447	45.9109	52.1271	3
	2016	50.0440	42.9489	58.0943	47.6279	51.5049	4
	2017	50.7400	40.9798	59.1147	51.2285	51.6369	4
	2018	53.0426	41.8266	60.5982	56.0682	53.6776	5
	2019	55.6540	46.1572	60.4694	58.7644	57.2249	4
国有弱相对控股公司	2012	53.0391	51.6198	59.7199	48.2375	52.5794	1
	2014	51.0383	51.4312	58.8584	42.3985	51.4650	1
	2015	50.4304	42.6243	60.9209	46.6504	51.5258	2
	2016	50.9194	42.7188	58.9894	48.9435	53.0258	2
	2017	51.7115	41.5564	59.8778	52.3871	53.0245	2
	2018	54.2528	42.9966	61.6174	58.1703	54.2271	3
	2019	56.8324	47.6163	60.5509	62.2113	56.9511	2
国有参股公司	2012	51.6720	49.1394	59.2114	46.7108	51.6264	3
	2014	50.6939	49.0825	58.0491	43.7062	51.9380	3
	2015	50.6870	39.5999	60.9727	50.7473	51.4280	1
	2016	51.5811	39.8906	60.4916	54.0329	51.9092	1
	2017	51.9251	36.8569	61.2354	57.5425	52.0656	1
	2018	54.8313	37.5838	62.2570	64.9102	54.5740	1
	2019	57.0257	42.5524	60.7841	67.8758	56.8906	1

续表

所有制类型	年份	总体指数	分项指数				总体指数排名
			董事会结构	独立董事独立性	董事会行为	董事激励与约束	
无国有股份公司	2012	51.3783	48.3006	58.7642	47.6497	50.7986	5
	2014	49.5901	46.8572	56.2183	42.5691	52.7157	5
	2015	50.0144	38.8125	61.1757	49.9558	50.1134	4
	2016	50.7465	38.7060	59.7982	52.3879	52.0941	3
	2017	51.4541	35.7484	61.5006	56.1480	52.4192	3
	2018	54.3764	36.4071	63.1624	63.4069	54.5291	2
	2019	56.2722	40.1599	61.9256	65.6447	57.3586	3
Panel B 按照国有控股公司和非国有控股公司分类							
国有控股公司	2012	52.3219	51.3032	58.7004	47.4875	51.7964	1
	2014	50.6181	51.4971	57.7080	42.3523	50.9149	1
	2015	49.9295	42.1442	59.7231	46.0042	51.8464	2
	2016	50.1166	42.8445	58.1783	47.6780	51.7655	2
	2017	50.9917	41.2702	59.3704	51.3337	51.9924	2
	2018	53.5049	42.4127	61.1549	56.6494	53.8026	2
	2019	56.0216	46.7147	60.2639	59.7903	57.3173	2
非国有控股公司	2012	51.4625	48.5412	58.8924	47.3805	51.0360	2
	2014	49.8738	47.4291	56.6888	42.8613	52.5159	2
	2015	50.2629	39.1034	61.1007	50.2483	50.5991	1
	2016	51.0737	39.1704	60.0700	53.0328	52.0216	1
	2017	51.6217	36.1430	61.4062	56.6444	52.2934	1
	2018	54.5378	36.8245	62.8412	63.9402	54.5451	1
	2019	56.5489	41.0385	61.5064	66.4640	57.1868	1

从表 10-4 Panel A 可以看出：

第一，从董事会治理总体指数看，2012 年和 2014 年国有弱相对控股公司位居第一，自 2015 年起，国有参股公司上升为第一。相比 2012 年，2019 年五类公司均上升，增幅为 3.23～5.36 分，国有参股公司升幅最大；相比 2018 年，2019 年五类公司也都上升，升幅为 1.89～2.62 分，国有强相对控股公司升幅最大。

第二，从董事会结构分项指数看，相比2012年，2019年五类公司全部下降，降幅为4.00～8.15分，降幅最大的是无国有股份公司；相比2018年，2019年五类公司都上升，升幅为3.64～4.97，升幅最大的是国有参股公司。

第三，从独立董事独立性分项指数看，相比2012年，2019年五类公司全部上升，升幅为0.83～3.17分，升幅最大的是无国有股份公司；相比2018年，2019年五类公司全部下降，降幅为0.12～1.94分，降幅最大的是国有绝对控股公司。

第四，从董事会行为分项指数看，相比2012年，2019年五类公司全部大幅上升，升幅为10.18～21.17分，升幅最大的是国有参股公司；相比2018年，2019年五类公司也都上升，升幅为2.20～4.05分，升幅最大是国有弱相对控股公司。

第五，从董事激励与约束分项指数看，相比2012年，2019年五类公司都上升，升幅为4.37～7.68分，升幅最大的是国有绝对控股公司；相比2018年，2019年五类公司也均上升，升幅为2.31～4.65分，升幅最大的也是国有绝对控股公司。

图10-4显示了五类所有制公司董事会治理总体指数的变化。可以看出，国有绝对控股公司和国有强相对控股公司2012～2016年连续下降，2017～2019年连续上升；国有弱相对控股公司和国有参股公司2012～2015年连续下降，2016～2019年连续上升；无国有股份公司仅2014年下降，2015～2019年连续五年上升。值得注意的是，近两年五类公司的董事会治理指数均上升较快，说明随着国企混改不断推进，以及公司治理逐渐与国际接轨，在一定程度上促进了董事会治理水平的提升。

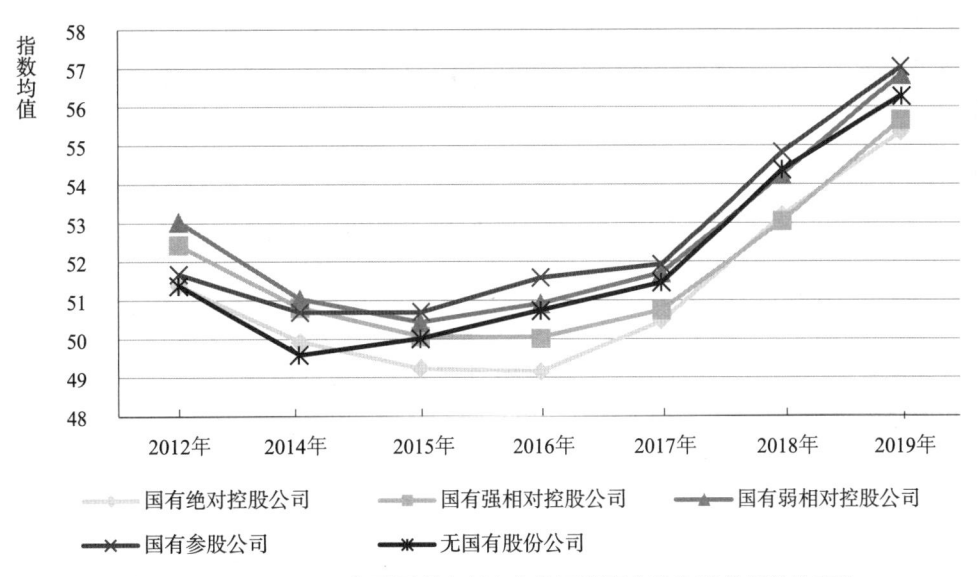

图10-4 2012～2019年不同所有制上市公司董事会治理总体指数的变化

从表10-4 Panel B可以看出：

第一，从董事会治理总体指数看，国有控股公司在2014年和2015年连续下降后，自 2016 年起连续上升；非国有控股公司在 2014 年下降后，自 2015 年起连续上升，并且在 2015 年开始超过国有控股公司。相比 2012 年，2019 年国有控股公司和非国有控股公司分别上升 3.6997 分和 5.0864 分；相比 2018 年，2019 年国有控股公司和非国有控股公司分别上升 2.5167 分和 2.0111 分。

第二，从董事会结构分项指数看，相比 2012 年，2019 年国有控股公司和非国有控股公司均有所下降，分别下降 4.5885 分和 7.5027 分，非国有控股公司降幅大于国有控股公司；相比 2018 年，2019 年国有控股公司上升 4.3020 分，非国有控股公司上升 4.2140 分。

第三，从独立董事独立性分项指数看，相比 2012 年，2019 年国有控股公司和非国有控股公司分别上升 1.5635 分和 2.6140 分，非国有控股公司升幅大于国有控股公司；相比 2018 年，2019 年国有控股公司和非国有控股公司均下降，分别下降 0.8910 分和 1.3348 分。

第四，从董事会行为分项指数看，两类公司都是 2014 年有较大幅度的下降，此后五年连续上升。经过五年的上升，国有控股公司距离 60 分的及格水平还差 0.2097 分；而非国有控股公司已于 2018 年超过及格线，2019 年进一步上升为 66.4640 分。相比 2012 年，2019 年国有控股公司和非国有控股公司分别上升 12.3028 分和 19.0835 分，非国有控股公司升幅远大于国有控股公司；相比 2018 年，2019 年国有控股公司和非国有控股公司分别上升 3.1409 分和 2.5238 分。

第五，从董事激励与约束分项指数看，国有控股公司 2012～2016 年有所波动，但此后持续上升；非国有控股公司 2012～2015 年有所波动，但此后持续上升。相比 2012 年，2019 年国有控股公司和非国有控股公司分别上升 5.5209 分和 6.1508 分，非国有控股公司升幅略大于国有控股公司；相比 2018 年，2019 年国有控股公司和非国有控股公司分别上升 3.5147 分和 2.6417 分。

10.5　分上市板块董事会治理指数的年度比较

用各板块上市公司董事会治理总体指数，以及董事会结构、独立董事独立性、董事会行为和董事激励与约束四个分项指数的平均值来代表各板块上市公司董事会治理情况，分别比较不同板块 2012 年、2014 年至 2019 年董事会治理的差异，结果见表 10-5。

表 10-5　2012～2019 年不同板块上市公司董事会治理指数均值比较

板块	年份	总体指数	分项指数				总体指数排名
			董事会结构	独立董事独立性	董事会行为	董事激励与约束	
深市主板（不含中小板）	2012	52.5989	51.7457	60.1841	47.8039	50.6619	2

续表

板块	年份	总体指数	分项指数				总体指数排名
			董事会结构	独立董事独立性	董事会行为	董事激励与约束	
深市主板（不含中小板）	2014	51.6543	52.6955	59.1442	43.6831	51.0945	2
	2015	52.2052	42.8089	61.7426	53.3751	50.8941	2
	2016	53.5858	43.8781	60.2642	58.1860	52.0148	1
	2017	53.3785	41.2446	59.9207	60.3596	51.9893	3
	2018	56.2447	42.9503	61.9266	67.2033	52.8986	3
	2019	58.4817	47.2112	61.6509	70.3946	54.6701	3
深市中小企业板	2012	54.5555	51.6751	60.6847	52.7491	53.1132	1
	2014	52.2100	50.2642	58.3194	46.6633	53.5930	1
	2015	52.2187	39.9465	61.7237	55.7185	51.4860	1
	2016	52.8799	40.3595	60.0511	57.8212	53.2880	2
	2017	53.4419	37.2835	62.4291	61.1153	52.9396	2
	2018	57.0775	38.1477	62.8012	71.2850	56.0762	2
	2019	59.5448	43.2292	61.8222	75.4454	57.6826	1
深市创业板	2012	46.7867	42.6673	54.2004	43.6007	46.6785	4
	2014	46.6467	41.9404	50.1979	39.1420	55.3064	4
	2015	51.4645	39.6964	61.6840	52.9851	51.4927	3
	2016	52.5617	38.9836	60.9967	57.8303	52.4361	3
	2017	54.1269	36.5039	62.5944	64.2708	53.1385	1
	2018	57.3351	38.0087	64.5573	72.2885	54.4860	1
	2019	59.3148	41.3857	62.7642	74.7347	58.3745	2
沪市主板	2012	51.0411	49.4066	58.2028	44.6526	51.9023	3
	2014	49.3069	49.2023	57.9199	40.5210	49.5844	3
	2015	47.1010	39.5979	58.7196	39.3928	50.6938	4
	2016	47.0944	39.8599	57.7779	40.0645	50.6753	4
	2017	47.9345	37.6739	58.9244	43.8547	51.2852	4
	2018	50.1181	37.5305	61.0203	48.3526	53.5689	4
	2019	52.2005	41.8654	59.6592	50.1196	57.1577	4

从表 10-5 可以看出：

第一，从董事会治理总体指数看，深市主板（不含中小企业板）近六年虽略有起伏，但总体趋势仍为上升；深市中小企业板和深市创业板两个板块均在 2014 年下降，自 2015 年起持续上升，其中深市创业板 2015 年超过沪市主板成为第三名，2017 年和 2018 年超过深市中小企业板成为第一名，2019 年又降为第二名；深市中小企业板除 2016~2018 年位居第二外，其余年度均排名第一；沪市主板则在 2012~2016 年连续下降后，2017~2019 年有所上升。需要引起注意的是，沪市主板近五年明显低于其他三个板块上市公司（见图 10-5）。相比 2012 年，2019 年四个板块均有上升，升幅为 1.15~12.53 分，深市创业板升幅最大。相比 2018 年，四个板块也都上升，升幅为 1.97~2.47 分，深市中小企业板升幅最大。

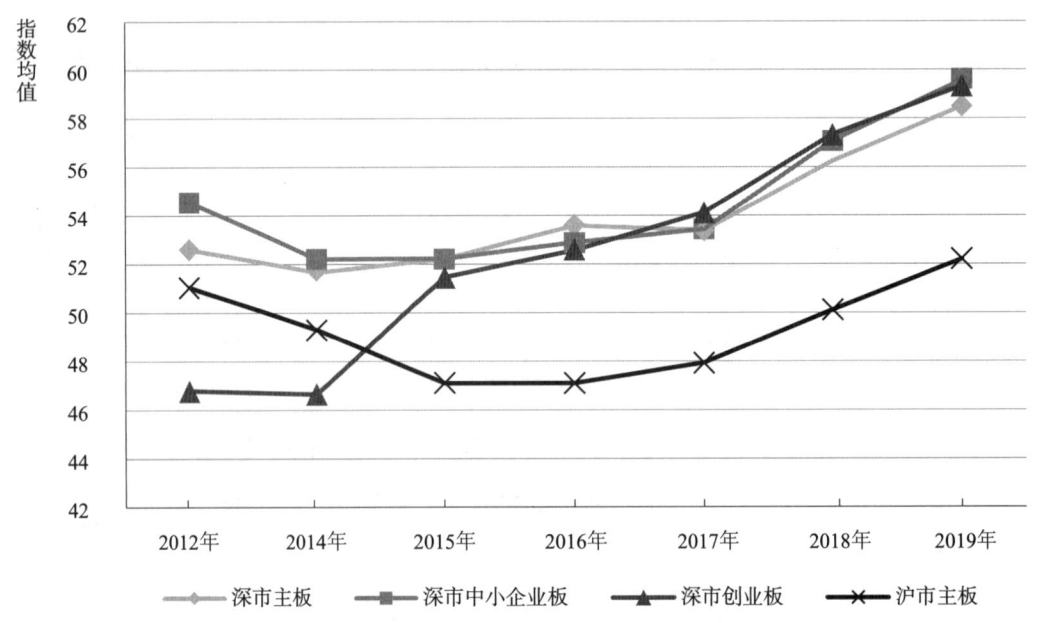

注：深市中小企业板是深市主板的一部分，但本图中深市主板不含中小企业板。

图 10-5　2012~2019 年不同板块上市公司董事会治理总体指数的变化

第二，从董事会结构分项指数看，相比 2012 年，2019 年四个板块全部下降，降幅为 1.28~8.45 分，深市中小企业板降幅最大；相比 2018 年，2019 年四个板块均上升，升幅为 3.37~5.09 分，深市中小企业板升幅最大。

第三，从独立董事独立性分项指数看，相比 2012 年，2019 年四个板块均上升，升幅为 1.13~8.57 分，深市创业板升幅最大；相比 2018 年，2019 年四个板块均下降，降幅为 0.27~1.80 分，深市创业板降幅最大。

第四，从董事会行为分项指数看，相比 2012 年，2019 年四个板块均有提升，升幅为 5.46~31.14 分，除沪市主板外的其他三个板块提升幅度都很大，其中深市创业板升幅最大；相比 2018 年，2019 年四个板块也均上升，升幅为 1.76～4.17 分，深市中小企业板升幅最大。

第五，从董事激励与约束分项指数看，相比 2012 年，2019 年四个板块均上升，升幅为 4.00～11.70 分，深市创业板升幅最大；相比 2018 年，2019 年四个板块也都上升，升幅为 1.60～3.89 分，也是深市创业板升幅最大。

10.6 本章小结

本章从总体、地区、行业、所有制和上市板块五个角度分别比较了 2012～2019 年七个年度的中国上市公司的董事会治理水平，主要结论如下：

①从总体看，2014～2015 年上市公司董事会治理指数均值逐年下降，2016～2019 年则逐年上升。相比 2012 年，2019 年提高 4.5629 分；相比 2018 年，2019 年提高 2.1576 分。四个分项指数中，相比 2012 年，2019 年董事会结构分项指数下降，独立董事独立性、董事会行为以及董事激励与约束三个分项指数上升，其中董事会行为分项指数提升幅度较大；相比 2018 年，2019 年董事会结构、董事会行为和董事激励与约束三个分项指数均上升，独立董事独立性分项指数有所下降。从近几年的变化看，董事会行为和董事激励与约束两个分项指数上升幅度总体上大于董事会结构和独立董事独立性两个分项指数，反映了董事会实质性治理水平的提升。

②从地区看，在董事会治理总体指数上，2012 年以来，四个地区的董事会治理指数在经历 2014 年或 2015 年的下降后逐渐提升，2019 年均成为七个年度以来的最高值。相比 2012 年，2019 年四个地区都上升，中部升幅最大；相比 2018 年，2019 年四个地区也都上升，西部升幅最大。在董事会结构分项指数上，相比 2012 年，2019 年四个地区都较大幅度下降，东部降幅最大；相比 2018 年，2019 年四个地区都上升，东北升幅最大。在独立董事独立性分项指数上，相比 2012 年，2019 年四个地区都上升，西部升幅最大；相比 2018 年，2019 年四个地区都出现下降，东北降幅最大。在董事会行为分项指数上，相比 2012 年，2019 年四个地区都大幅度提升，中部升幅最大；相比 2018 年，升幅在 2.37-3.02 分之间，西部地区升幅最大。在董事激励与约束分项指数上，相比 2012 年，2019 年都上升，东部升幅最大；相比 2018 年，2019 年四个地区也均上升，西部升幅最大。

③从行业看，在董事会治理总体指数上，相比 2012 年，2019 年全部 17 个行业（剔除教育）都上升；相比 2018 年，2019 年有 17 个行业上升。在董事会结构分项指数上，相比 2012 年，2019 年有 16 个行业（剔除教育）下降，仅有 1 个行业略有上升；相比 2018 年，2019 年全部行业都上升。在独立董事独立性分项指数上，相比 2012 年，

2019年有16个行业上升，只有1个行业（剔除教育）下降；相比2018年，2019年有4个行业上升，有14个行业下降。在董事会行为分项指数上，相比2012年，2019年全部17个行业（剔除教育）都上升；相比2018年，2019年1个行业下降，其他17个行业都上升。在董事激励与约束分项指数上，相比2012年，2019年全部17个行业（剔除教育）都上升；相比2018年，2019年有17个行业上升，只有1个行业下降。

④从所有制看，在董事会治理总体指数上，国有控股公司在2014年和2015年连续下降后，自2016年起连续上升；非国有控股公司在2014年下降后，自2015年起连续上升，并且在2015年开始超过国有控股公司。相比2012年和2018年，2019年两类公司都上升。在董事会结构分项指数上，相比2012年，2019年两类公司都下降；相比2018年，2019年两类公司都上升。在独立董事独立性分项指数上，相比2012年，2019年两类公司都上升；相比2018年，2019年两类公司都下降。在董事会行为分项指数上，两类公司都是2014年有较大幅度的下降，此后五年连续上升，国有控股公司接近及格水平，而非国有控股公司已于2018年超过及格线；相比2012年和2018年，2019年两类公司都上升。在董事激励与约束分项指数上，相比2012年和2018年，2019年两类公司都上升。

⑤从上市板块看，在董事会治理总体指数上，沪市主板近五年明显低于其他三个板块上市公司。相比2012年和2018年，2019年四个板块均有上升。在董事会结构分项指数上，相比2012年，2019年四个板块全部下降；相比2018年，2019年四个板块均上升。在独立董事独立性分项指数上，相比2012年，2019年四个板块均上升；相比2018年，2019年四个板块均下降。在董事会行为分项指数上，相比2012年和2018年，2019年四个板块均有提升。在董事激励与约束分项指数上，相比2012年和2018年，2019年四个板块均上升。

第四篇　企业家能力指数

第11章 企业家能力总体指数排名及比较

根据第1章确定的企业家能力指数评价方法，以及我们评估获得的2019年度3569家样本上市公司指数数据，本章对这些上市公司的企业家能力指数进行总体排名和分析，然后分别从地区、行业和上市板块三个角度依次进行比较和分析。

11.1 企业家能力指数总体分布及排名

基于上市公司2019年的公开数据，根据本报告构建的企业家能力指数指标体系和指数计算方法，对3569家上市公司企业家能力指数进行计算，可以得到中国上市公司企业家能力指数的整体排名情况。

11.1.1 企业家能力指数总体分布

2019年上市公司企业家能力指数总体得分情况参见表11-1。

表 11-1 2019 年上市公司企业家能力指数总体情况

项目	公司数目	平均值	中位值	最大值	最小值	标准差	偏度系数	峰度系数
数值	3569	29.6270	30.0924	47.8930	6.1156	6.1734	-0.4023	0.2424

从表11-1可以看出，2019年上市公司企业家能力指数最大值47.8930，最小值6.1156，平均值29.6270，中位值30.0924，全部样本得分整体偏低。并且相对于2018年，本年度企业家能力指数有所下降，平均值从30.6824分下降至29.6270分，下降1.0554分，这意味着经理层的独立性不仅没有好转反而出现倒退，需要相关机构和企业进一步落实经理层的独立经营权，避免大股东、董事会（尤其是董事长）的过度干预。

为进一步了解企业家能力指数在各个区间的分布情况,我们将企业家能力指数以5分为间隔进行区间划分,由于企业家能力指数最大值为47.8930,最小值为6.1156,故可以划分为[0, 5)、[5, 10)、[10, 15)、[15, 20)、[20, 25)、[25, 30)、[30, 35)、[35, 40)、[40, 45)、[45, 50)和[50, 100]11个区间(公司数目为0的指数区间合并),每个得分区间的企业数目和所占比重参见表11-2。

表11-2 2019年上市公司企业家能力指数区间分布

指数区间	公司数目	占比(%)	累计占比(%)
[0, 5)	0	0.00	0.00
[5, 10)	8	0.22	0.22
[10, 15)	50	1.40	1.63
[15, 20)	203	5.69	7.31
[20, 25)	517	14.49	21.80
[25, 30)	982	27.51	49.31
[30, 35)	1140	31.94	81.26
[35, 40)	558	15.63	96.89
[40, 45)	100	2.80	99.69
[45, 50)	11	0.31	100.00
[50, 100]	0	0.00	100.00
总计	3569	100.00	—

从表11-2可以看出,企业家能力指数主要集中在[20, 40)区间,有3197家公司,占样本总数的89.58%。其中,在[30, 35)区间的公司最多,有1140家公司,占样本总数的31.94%。值得关注的是,在3569家上市公司中,没有一家公司的企业家能力指数达到60分及格线以上。这说明中国上市公司企业家能力水平整体偏低,还有很大的提升空间。

图11-1更直观地显示了企业家能力指数在各个区间的分布情况。结合表11-1,可以看出,企业家能力指数的偏度系数为-0.4023,峰度系数为0.2424,峰度系数与标准差的比值是0.0393,基本符合正态分布,且分布较集中。

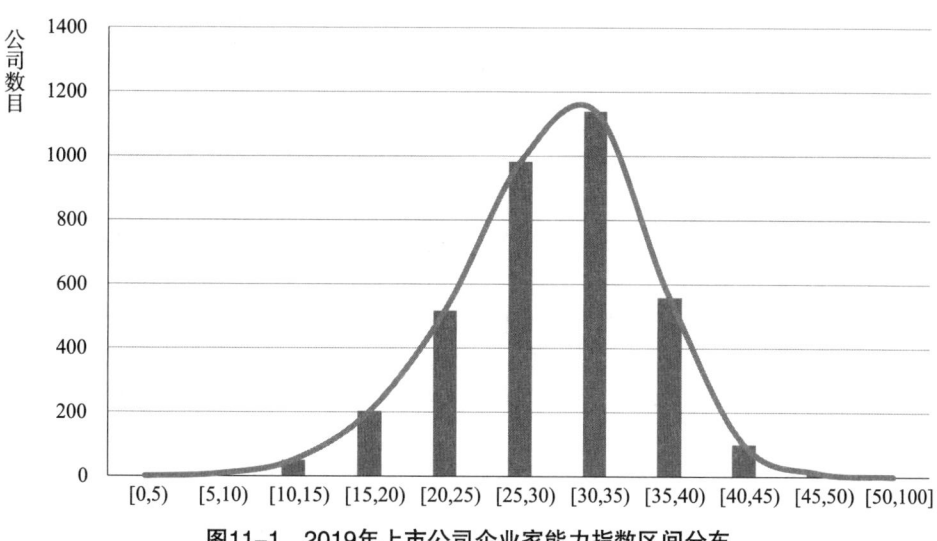

图 11-1　2019 年上市公司企业家能力指数区间分布

11.1.2　企业家能力指数前 100 名

表 11-3 给出了 3569 家上市公司中排名前 100 名公司的企业家能力指数情况。可以看出，前 100 名公司的企业家能力指数均值为 42.3791，比 2018 年下降 1.7232 分。

表 11-3　2019 年上市公司企业家能力指数前 100 名

项目	平均值	中位值	最大值	最小值	标准差
前100名	42.3791	41.9644	47.8930	40.2907	1.8181
总体	29.6270	30.0924	47.8930	6.1156	6.1734

我们对 3569 家上市公司的企业家能力指数从大到小降序排列，企业家能力指数越高，说明上市公司企业家能力水平越高。表 11-4 是企业家能力指数排名前 100 的上市公司情况。

表 11-4　2019 年上市公司企业家能力指数排名前 100 名

排名	代码	公司简称	CEO	指数值	排名	代码	公司简称	CEO	指数值
1	600050	中国联通	李国华	47.8930	5	300218	安利股份	姚和平	46.0631
2	300040	九洲集团	赵晓红	47.8862	6	600104	上汽集团	王晓秋	45.9633
3	300498	温氏股份	严居然	46.7975	7	300236	上海新阳	方书农	45.7602
4	600028	中国石化	马永生	46.3898	8	600029	南方航空	马须伦	45.3783

续表

排名	代码	公司简称	CEO	指数值	排名	代码	公司简称	CEO	指数值
9	002847	盐津铺子	张学武	45.3686	35	300244	迪安诊断	黄柏兴	42.7597
10	002335	科华恒盛	陈成辉	45.3256	36	600579	克劳斯	Frank Stieler	42.6898
11	600067	冠城大通	韩孝捷	45.1563	37	601766	中国中车	孙永才	42.6323
12	603106	恒银金融	江浩然	44.9960	38	000651	格力电器	董明珠	42.6138
13	603259	药明康德	李革	44.7582	39	300654	世纪天鸿	任志鸿	42.3077
14	002363	隆基机械	张海燕	44.5802	40	002250	联化科技	Andreas Winterfeldt	42.2786
15	002930	宏川智慧	林海川	44.2521	41	300323	华灿光电	周建会	42.2615
16	300022	吉峰科技	王新明	44.1641	42	600728	佳都科技	刘伟	42.2431
17	002864	盘龙药业	谢晓林	44.1494	43	000513	丽珠集团	唐阳刚	42.1750
18	000055	方大集团	熊建明	44.1358	44	601058	赛轮轮胎	袁仲雪	42.1443
19	601127	小康股份	张兴海	44.1323	45	600383	金地集团	黄俊灿	42.1333
20	300374	恒通科技	王秋艳	44.1038	46	300595	欧普康视	陶悦群	42.1229
21	603609	禾丰牧业	丁云峰	43.9347	47	002403	爱仕达	陈合林	42.0645
22	002938	鹏鼎控股	沈庆芳	43.8703	48	002801	微光股份	何平	42.0571
23	603999	读者传媒	赵金云	43.8397	49	002582	好想你	石聚彬	42.0519
24	600439	瑞贝卡	郑文青	43.3866	50	002367	康力电梯	王友林	41.9797
25	600315	上海家化	张东方	43.3782	51	300429	强力新材	李军	41.9491
26	002625	光启技术	赵治亚	43.2731	52	603737	三棵树	洪杰	41.9387
27	300452	山河药辅	尹正龙	43.2573	53	300002	神州泰岳	冒大卫	41.8951
28	300298	三诺生物	李少波	43.1047	54	300476	胜宏科技	陈涛	41.8127
29	002404	嘉欣丝绸	徐鸿	43.0982	55	300308	中际旭创	刘圣	41.7981
30	002082	万邦德	赵守明	43.0000	56	600824	益民集团	杨传华	41.6978
31	002001	新和成	胡柏剡	42.9166	57	300296	利亚德	李军	41.6642
32	600500	中化国际	刘红生	42.8928	58	300735	光弘科技	唐建兴	41.6329
33	600851	海欣股份	应政	42.8659	59	601939	建设银行	刘桂平	41.5816
34	601877	正泰电器	南存辉	42.8224	60	002245	澳洋顺昌	陈锴	41.5346

续表

排名	代码	公司简称	CEO	指数值	排名	代码	公司简称	CEO	指数值
61	002123	梦网集团	余文胜	41.4798	81	002010	传化智联	徐冠巨	40.7184
62	002781	奇信股份	余少雄	41.3491	82	002144	宏达高科	沈国甫	40.6861
63	000550	江铃汽车	王文涛	41.3416	83	600429	三元股份	张学庆	40.6157
64	002449	国星光电	王森	41.3334	84	300133	华策影视	赵依芳	40.5870
65	002103	广博股份	王君平	41.3237	85	300582	英飞特	F Marshall Miles	40.5856
66	000902	新洋丰	黄镇	41.3134	86	300438	鹏辉能源	夏信德	40.5686
67	603989	艾华集团	王安安	41.1977	87	300566	激智科技	张彦	40.5344
68	300272	开能健康	王铁	41.1524	88	601005	重庆钢铁	李永祥	40.5051
69	601857	中国石油	侯启军	41.1278	89	002221	东华能源	吴银龙	40.4962
70	300640	德艺文创	吴体芳	41.1230	90	603991	至正股份	李现春	40.4624
71	002472	双环传动	吴长鸿	41.1179	91	603882	金域医学	梁耀铭	40.4593
72	601668	中国建筑	王祥明	40.9484	92	002536	飞龙股份	孙耀忠	40.4471
73	300024	机器人	曲道奎	40.9477	93	002380	科远智慧	胡歙眉	40.4246
74	002714	牧原股份	秦英林	40.8762	94	600645	中源协和	李德福	40.4161
75	002675	东诚药业	忻红波	40.8601	95	600196	复星医药	吴以芳	40.4049
76	002360	同德化工	邬庆文	40.8148	96	300162	雷曼光电	李漫铁	40.4009
77	300529	健帆生物	董凡	40.7932	97	000338	潍柴动力	谭旭光	40.3978
78	300723	一品红	李捍雄	40.7465	98	601633	长城汽车	王凤英	40.3574
79	603606	东方电缆	夏峰	40.7350	99	300616	尚品宅配	周淑毅	40.3265
80	002126	银轮股份	夏军	40.7290	100	600552	凯盛科技	倪植森	40.2907

从表11-4可以看出，企业家能力指数最高的前三名分别是中国联通的李国华（47.8930）、九洲集团的赵晓红（47.8862）和温氏股份的严居然（46.7975）。2018年企业家能力指数评价结果的前三位是李国华（中国联通）、宋尚龙（亚泰集团）和林海川（宏川智慧），其中中国联通的总经理在2019年和2018年都进入了前3名。有28位（按公司计算则是31家）总经理（CEO）连续出现在2019年和2018年两个年度的前100名，他们分别是中国联通的李国华、温氏股份的严居然、中国石化的马永生、安利股份的姚和平、隆基机械的张海燕、宏川智慧的林海川、盘龙药业的谢晓林、读者传媒的赵金云、瑞贝卡的郑文青、三诺生物的李少波、万邦德的赵守明、中化国际的刘红生、中国

中车的孙永才、格力电器的董明珠、欧普康视的陶悦群、爱仕达的陈合林、好想你的石聚彬、康力电梯的王友林、强力新材的李军、中际旭创的刘圣、利亚德的李军、光弘科技的唐建兴、广博股份的王君平、开能健康的王铁、中国石油的侯启军、传化智联的徐冠巨、华策影视的赵依芳和潍柴动力的谭旭光。另外，有7位（按公司计算则是11家）CEO连续出现在2019年、2018年与2017年三个年度的前100名，他们分别是安利股份的姚和平、三诺生物的李少波、中化国际的刘红生、格力电器的董明珠、欧普康视的陶悦群、康力电梯的王友林和华策影视的赵依芳。

从地区看，前100家上市公司中，东部、中部、西部和东北各有76家、15家、5家和4家，分别占所在地区上市公司数的3.07%、3.23%、1.05%和2.65%。从行业看，制造业（C）有71家，信息传输、软件和信息技术服务业（I）有5家，分别占所在行业全部上市公司数的3.18%和1.83%，其他行业都在3家及以下。从控股类型看，国有控股公司有18家，非国有控股公司有82家，分别占同类型上市公司总数的1.62%和3.33%。从最终控制人看，中央企业（或监管机构）控股的公司有11家，地方国企（或监管机构）控股的公司有8家，非国有企业或自然人控股的公司有81家，分别占同类型公司总数的2.80%、1.06%和7.07%。从上市板块来看，深市主板（不含中小企业板）、深市中小企业板、深市创业板和沪市主板分别有6家、30家、29家和35家，分别占所在板块全部上市公司数的1.31%、3.25%、3.90%和2.42%。

图11-2为前100名上市公司企业家能力指数分布情况。可以看出，前100名上市公司企业家能力指数分布在40-48分，最高分47.8930，最低分40.2907，绝对差距7.6023，差距较上年减小（上年差距为10.0298）。绝大多数分布在43分上下，前几名相对比较突出。

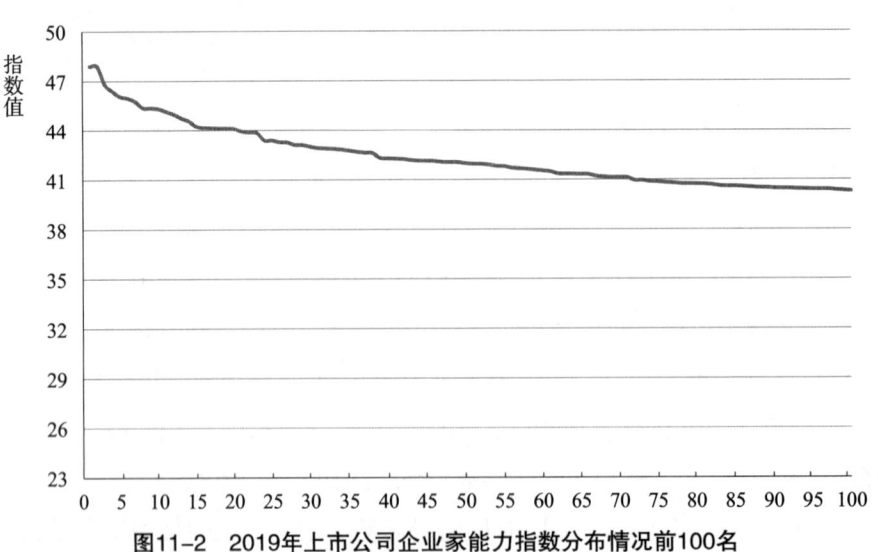

图11-2　2019年上市公司企业家能力指数分布情况前100名

11.2 分地区企业家能力指数比较

按照东部、中部、西部、东北的地区划分，对各地区上市公司的企业家能力指数进行比较，结果参见表 11-5。

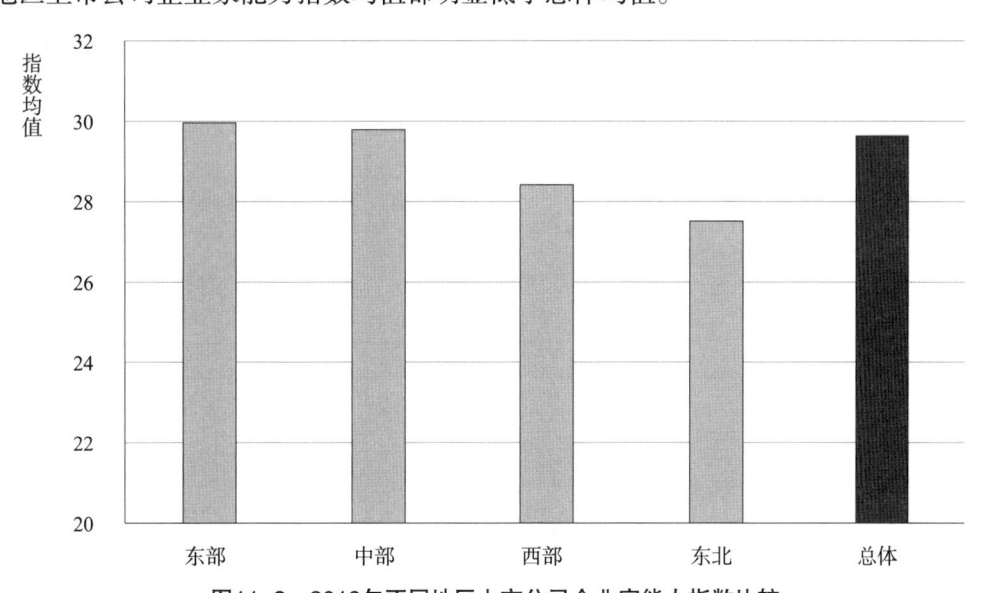

表 11-5 2019 年不同地区上市公司企业家能力指数比较

排序	地区	公司数目	平均值	中位值	最大值	最小值	标准差
1	东部	2478	29.9584	30.4793	47.8930	6.4182	5.9998
2	中部	465	29.7909	30.0707	46.0631	10.6221	6.3330
3	西部	475	28.4092	28.9314	44.1641	6.1156	6.4677
4	东北	151	27.5127	27.2619	47.8862	8.6357	6.6269
	总体	3569	29.6270	30.0924	47.8930	6.1156	6.1734

由表 11-5 可知，各地区上市公司企业家能力指数均值由大到小分别为东部、中部、西部和东北。企业家能力指数最大值来自东部，最小值来自西部。

图 11-3 可以直观地看出四个地区上市公司企业家能力之间的差异。可以看出，四个地区中，东部和中部地区的上市公司企业家能力指数均值略高于总体均值；西部和东北地区上市公司企业家能力指数均值都明显低于总体均值。

图 11-3 2019 年不同地区上市公司企业家能力指数比较

11.3 分行业企业家能力指数比较

用各个行业上市公司企业家能力指数的平均值来代表各个行业的上市公司企业家能力指数，然后将各行业的上市公司企业家能力指数平均值按照从高到低的顺序进行排名，具体排名结果参见表11-6。

表11-6 2019年不同行业上市公司企业家能力指数比较

排名	行业名称	公司数目	平均值	中位值	最大值	最小值	标准差
1	制造业（C）	2231	30.3745	30.8077	47.8862	6.1156	5.8493
2	科学研究和技术服务业（M）	45	30.1692	29.3420	44.7582	19.4328	5.7868
3	水利、环境和公共设施管理业（N）	54	29.9725	29.5488	40.0575	17.4352	5.4829
4	农、林、牧、渔业（A）	41	29.8897	31.1051	46.7975	15.7782	7.8076
5	批发和零售业（F）	161	29.8730	30.8236	44.1641	15.3949	6.0516
6	卫生和社会工作（Q）	12	29.8317	29.6142	42.7597	20.5002	6.9655
7	教育（P）	8	29.0055	28.3782	37.8026	11.3343	8.6114
8	房地产业（K）	120	28.7836	29.1381	45.1563	9.5556	6.3770
9	交通运输、仓储和邮政业（G）	102	28.4198	28.7149	45.3783	9.2336	4.6966
10	文化、体育和娱乐业（R）	57	28.2663	28.9124	43.8397	11.3294	7.2692
11	建筑业（E）	95	28.2234	27.7285	41.3491	13.3697	5.6955
12	信息传输、软件和信息技术服务业（I）	273	28.1201	28.9309	47.8930	6.4182	6.5509
13	住宿和餐饮业（H）	9	27.9047	28.8484	35.8317	19.8588	7.0134
14	电力、热力、燃气及水生产和供应业（D）	109	27.7393	28.0391	40.2428	10.5285	6.2442
15	采矿业（B）	75	27.4415	28.2781	46.3898	12.5179	6.4151
16	综合（S）	17	27.4389	27.3698	39.2054	14.2616	7.2340
17	租赁和商务服务业（L）	52	26.7631	26.6173	41.3237	7.0977	7.7606
18	金融业（J）	107	26.4030	26.2184	41.5816	10.8544	6.4539
	总体	3569	29.6270	30.0924	47.8930	6.1156	6.1734

注：居民服务、修理和其他服务业（O）只有1家上市公司，难以代表该行业整体水平，故排名时剔除。

从表 11-6 可以看出，18 个行业中，只有 6 个行业的上市公司企业家能力指数均值高于总体均值，这 6 个行业的行业最大均值与总体均值之间的绝对差距为 0.7475；有 12 个行业的上市公司企业家能力指数均值低于总体均值，总体均值与这 12 个行业的最小均值之间的绝对差距为 3.2240。前 6 个行业的内部差距小于后 12 个行业，即企业家能力指数行业低分区的内部差距较大。企业家能力指数最高的三个行业是制造业（C）、科学研究和技术服务业（M）、水利、环境和公共设施管理业（N）。企业家能力指数最低的三个行业是金融业（J）、租赁和商务服务业（L）、综合（S）。

图 11-4 进一步显示了行业间上市公司企业家能力指数的差别。可以看出，各行业上市公司企业家能力指数中的大部分集中在 [27，30] 这一范围内，除了排名第一的制造业（C），以及排名最后两位的金融业（J）及租赁和商务服务业（L）以外，图形整体呈现出较为平缓的变动趋势。

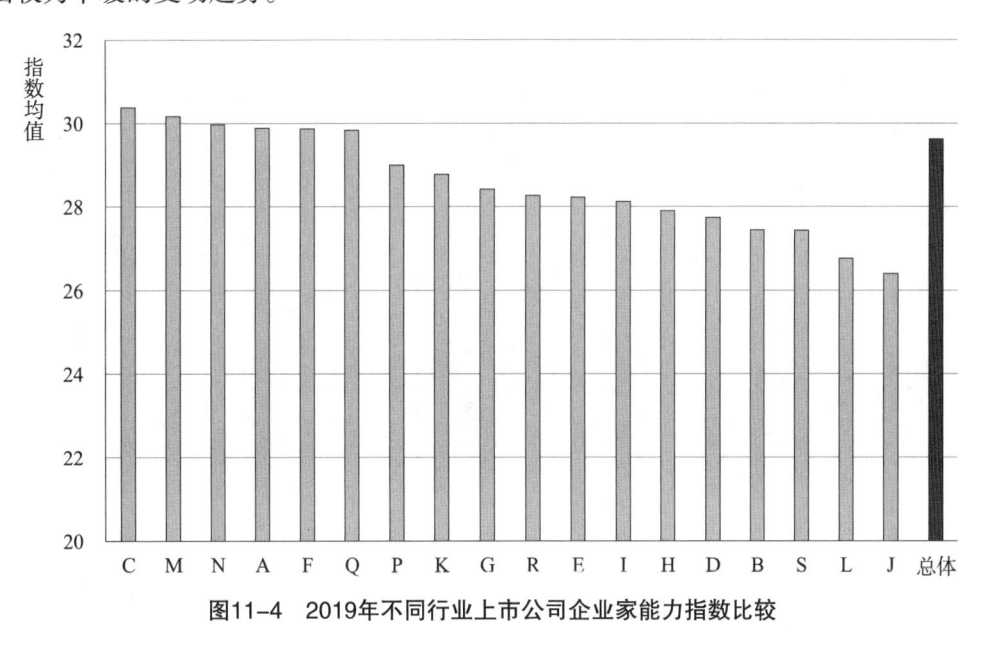

图11-4　2019年不同行业上市公司企业家能力指数比较

11.4　分上市板块企业家能力指数比较

根据深市主板（不含中小企业板）、深市中小企业板、深市创业板和沪市主板四个上市板块的划分，来比较不同板块上市公司的企业家能力指数，结果参见表 11-7。

表 11-7　2019 年不同板块上市公司企业家能力指数比较

排序	上市板块	公司数目	平均值	中位值	最大值	最小值	标准差
1	深市中小企业板	922	29.9027	30.3185	45.3686	8.4704	6.2498

续表

排序	上市板块	公司数目	平均值	中位值	最大值	最小值	标准差
2	沪市主板	1446	29.7984	30.2341	47.8930	8.6357	5.8838
3	深市创业板	743	29.7433	30.4143	47.8862	6.4182	6.2003
4	深市主板（不含中小企业板）	458	28.3416	28.8663	44.1358	6.1156	6.7159
	总计	3569	29.6270	30.0924	47.8930	6.1156	6.1734

图 11-5 更直观地反映了不同板块上市公司企业家能力指数的差异。从表 11-7 和图 11-5 可以看出，企业家能力指数平均值从高到低排列依次为深市中小企业板、沪市主板、深市创业板和深市主板（不含中小企业板），深市主板企业家能力指数均值明显低于其他三个板块。深市中小企业板、沪市主板和深市创业板上市公司的企业家能力指数均值高于总体均值，而深市主板（不含中小企业板）的企业家能力指数均值低于总体均值。

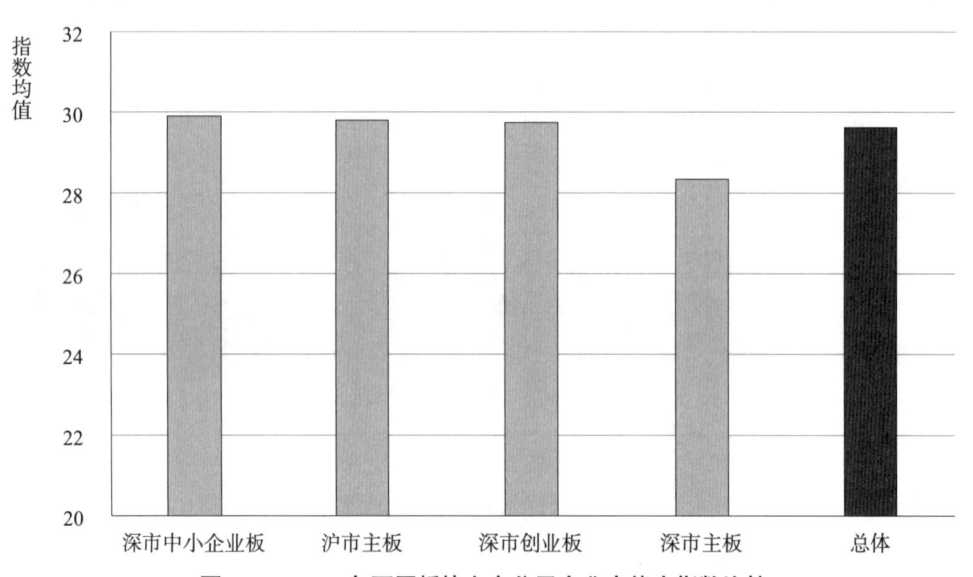

图 11-5　2019年不同板块上市公司企业家能力指数比较

11.5　本章小结

本章计算了沪深两市 2019 年共计 3569 家上市公司的企业家能力指数，并分别从总体、地区、行业和上市板块的角度评价了中国上市公司企业家能力水平。主要结论如下：

①从总体看，2019 年中国上市公司企业家能力指数均值是 29.6270，得分较低，并且比 2018 年略有下降，所有上市公司企业家能力指数都处于不及格的区间。企业家能

力指数主要集中在[20，40）区间，占样本总数的89.58%。

②从地区看，上市公司企业家能力指数均值由大到小分别为东部、中部、西部和东北，西部和东北企业家能力指数明显低于东部和中部。

③从行业看，上市公司企业家能力指数最高的三个行业是制造业（C），科学研究和技术服务业（M），水利、环境和公共设施管理业（N）。企业家能力指数最低的三个行业是金融业（J），租赁和商务服务业（L），综合（S）。

④从上市板块看，企业家能力指数平均值从高到低依次为深市中小企业板、沪市主板、深市创业板和深市主板（不含中小企业板），深市主板（不含中小企业板）企业家能力指数均值明显低于其他三个板块。

第12章　企业家能力分项指数排名及比较

第 11 章从总体上对中国上市公司企业家能力指数作了排名,并从地区、行业、上市板块三个角度进行了分类汇总和分析。本章按照对企业家能力指数四个维度的划分,把企业家能力指数分解为人力资本、关系网络能力、社会责任能力和战略领导能力四个分项指数,对 2019 年四个分项指数进行排名和比较分析。

12.1　企业家能力分项指数总体比较

本报告以 2019 年沪深主板(含中小企业板)和深市创业板 3569 家上市公司样本,计算获得了 2019 年中国上市公司企业家能力四个分项指数,其描述性统计结果参见表 12-1。

表 12-1　2019 年上市公司企业家能力分项指数描述性统计

分项指数	公司数目	平均值	中位值	最大值	最小值	标准差
人力资本	3569	29.6109	28.5714	85.7143	5.0000	10.1959
关系网络能力	3569	7.0094	5.5556	66.6667	0.0000	9.4550
社会责任能力	3569	55.7632	62.5129	87.6440	0.0000	17.7911
战略领导能力	3569	20.6410	22.8938	57.8561	0.0060	7.0541

从表 12-1 中可以看出,企业家能力四个分项指数均值都未达到 60 分的及格水平。企业家社会责任能力分项指数均值最大,为 55.7632 分,与及格线(60 分)相差较小,而其他三个分项指数距离及格线相差还很大。企业家社会责任能力指数的标准差也最大,说明各企业企业家社会责任能力彼此之间差异较大。企业家关系网络能力分项指数均值最低,仅为个位数,这反映着目前社会对关系网络的一些偏差认识。企业家人力资

本和战略领导能力两个分项指数的均值分别为 29.6109 分和 20.6410，也处于偏低水平。需要特别说明的是，企业家社会责任能力分项指数较高，与本报告对社会责任的认识以及相应的指标设计有关。企业家社会责任能力指标包括 8 个二级指标，主要涉及两个角度，一是公益行为；二是对主要利益相关者（政府、客户、员工、股东、债权人等）的责任。关于企业家对社会公益的贡献，不能以绝对额来评价，而是以公益行为来评价，因为企业规模和利润不同，对社会公益的贡献额度必然有差异，但爱心无价；对于利益相关者的责任，有的可能因信息披露缺陷而使得分较高，如指标"企业是否有产品质量、安全和环境投诉事件"，没有投诉并不意味着产品质量绝对没有问题；再比如指标"是否有贷款诉讼"，没有贷款诉讼也不意味着企业征信水平一定很高。这是社会责任评价方面的一个难以避免的缺憾。

图 12-1 直观地反映了企业家能力四个分项指数的均值差异。可以明显看出，四个分项指数均值的差异较大。但需要注意的是，由于各分项指标体系的设计不同，不同指标之间的可比性有限。

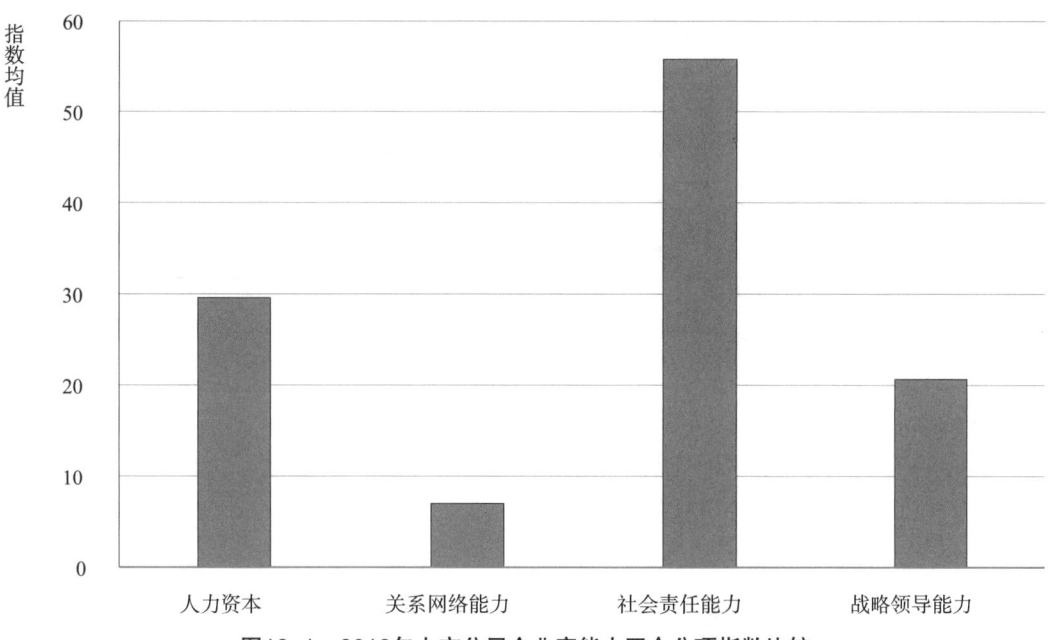

图12-1　2019年上市公司企业家能力四个分项指数比较

12.2　企业家人力资本分项指数排名及比较

企业家人力资本分项指数侧重评价企业家以往的教育和工作经历，以及选聘路径。本节主要是对企业家人力资本分项指数排名的各种情况进行比较说明和分析。

12.2.1 企业家人力资本分项指数总体分布

基于3569家上市公司企业家人力资本的各项指标，我们得出了每家上市公司企业家人力资本分项指数。以10分为间隔，可以将企业家人力资本分项指数划分为10个区间段，每个分数区间段的公司数目和所占比重参见表12-2和图12-2。

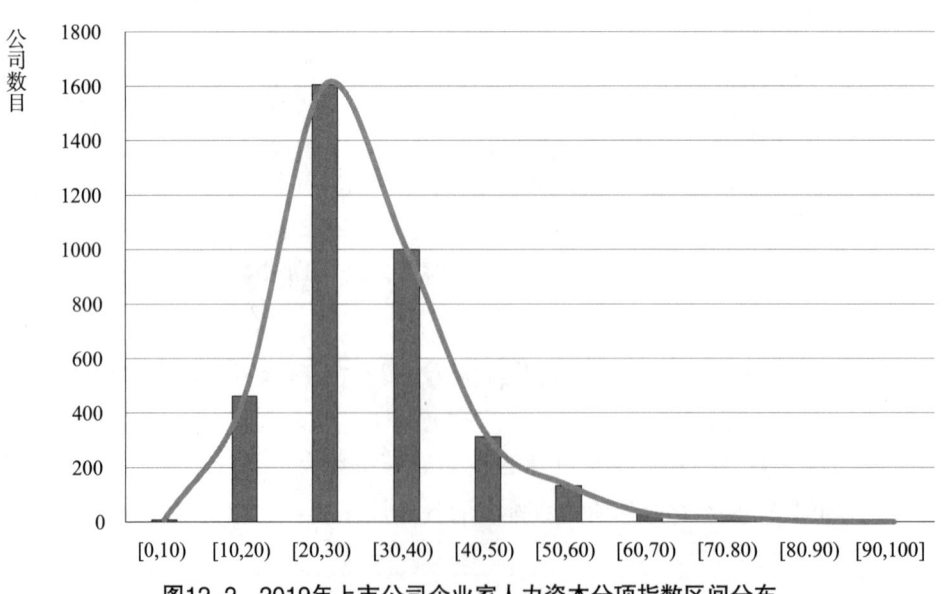

表12-2　2019年上市公司企业家人力资本分项指数区间分布

指数区间	公司数目	占比（%）	累计占比（%）
[0，10）	7	0.20	0.20
[10，20）	461	12.92	13.11
[20，30）	1606	45.00	58.11
[30，40）	1000	28.02	86.13
[40，50）	313	8.77	94.90
[50，60）	134	3.75	98.66
[60，70）	31	0.87	99.52
[70，80）	15	0.42	99.94
[80，90）	2	0.06	100.00
[90，100]	0	0.00	100.00
总计	3569	100.00	—

图12-2可以直观地看出上市公司企业家人力资本分项指数的分布区间。

图12-2　2019年上市公司企业家人力资本分项指数区间分布

由表 12-2 和图 12-2 可见，2019 年企业家人力资本分项指数在 9 个分数段上有分布，但主要集中在 [20，40）区间，有 2606 家公司，占样本总数的 73.02%。及格（达到 60 分）的公司有 48 家，及格率为 1.34%，仅比上年（1.29%）提高 0.05 个百分点。

12.2.2 分地区企业家人力资本分项指数比较

按照四个地区的划分，我们统计了不同地区上市公司企业家人力资本分项指数，参见表 12-3。

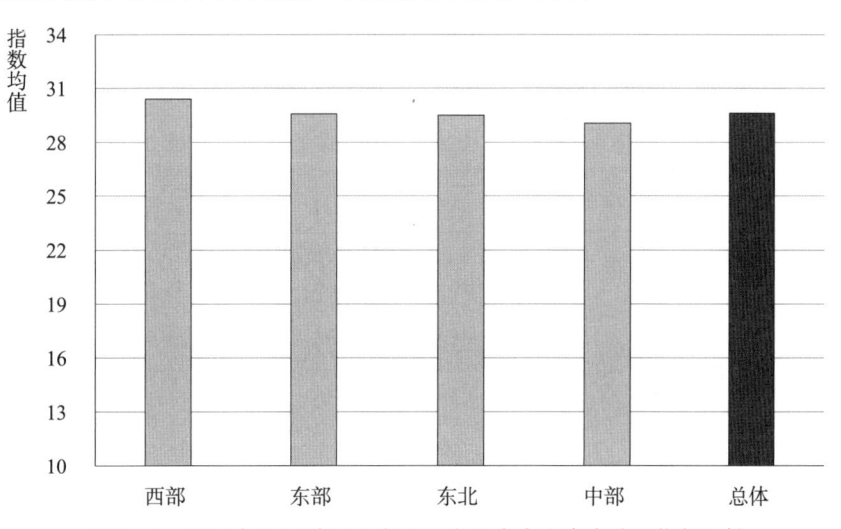

表 12-3　2019 年不同地区上市公司企业家人力资本分项指数比较

排序	地区	公司数目	平均值	中位值	最大值	最小值	标准差
1	西部	475	30.3940	28.5714	85.7143	10.0000	9.8182
2	东部	2478	29.5740	28.5714	85.7143	5.0000	10.5162
3	东北	151	29.4891	28.5714	60.0000	10.0000	9.4855
4	中部	465	29.0476	28.5714	74.2857	5.0000	8.9398
	总体	3569	29.6109	28.5714	85.7143	5.0000	10.1959

从表 12-3 可以看到，四个地区中，西部地区企业家人力资本分项指数均值最高，中部地区企业家人力资本分项指数均值最低，二者绝对差距为 1.3464 分，地区间差距相对较小。

图 12-3 直观地反映了四个地区上市公司企业家人力资本分项指数均值的差异。可以看到，只有西部地区的企业家人力资本分项指数均值大于总体均值，而东部、东北与中部地区的企业家人力资本分项指数均值则低于总体均值。

图12-3　2019年不同地区上市公司企业家人力资本分项指数比较

12.2.3 分行业企业家人力资本分项指数比较

用各个行业内的上市公司企业家人力资本分项指数的平均值来代表各个行业的上市公司企业家人力资本分项指数,然后把各个行业的上市公司企业家人力资本分项指数按照由高到低的顺序进行排名,具体排名结果参见表12-4。

表12-4　2019年不同行业上市公司企业家人力资本分项指数比较

排名	行业	公司数目	平均值	中位值	最大值	最小值	标准差
1	住宿和餐饮业(H)	9	36.4286	35.7143	45.7143	27.1429	7.7225
2	教育(P)	8	33.8393	29.2858	52.8571	19.2857	11.6657
3	卫生和社会工作(Q)	12	33.5119	30.0000	50.7143	20.0000	11.9147
4	金融业(J)	107	32.4099	31.4286	57.1429	15.0000	8.3986
5	综合(S)	17	31.8487	29.2857	62.1429	15.0000	11.3259
6	房地产业(K)	120	31.8036	31.4286	71.4286	10.0000	10.5797
7	采矿业(B)	75	31.3333	28.5714	78.5714	15.0000	9.6018
8	电力、热力、燃气及水生产和供应业(D)	109	31.1533	31.4286	71.4286	10.0000	9.2516
9	科学研究和技术服务业(M)	45	30.9683	28.5714	74.2857	5.0000	14.5921
10	水利、环境和公共设施管理业(N)	54	30.7672	27.1429	78.5714	15.0000	11.5018
11	批发和零售业(F)	161	30.2529	28.5714	71.4286	10.0000	10.3875
12	建筑业(E)	95	29.9774	28.5714	60.0000	10.0000	9.8672
13	文化、体育和娱乐业(R)	57	29.7744	27.1429	52.8571	15.0000	9.7894
14	交通运输、仓储和邮政业(G)	102	29.5098	28.5714	60.0000	10.0000	8.2709
15	信息传输、软件和信息技术服务业(I)	273	29.4924	28.5714	71.4286	14.2857	9.4830
16	农、林、牧、渔业(A)	41	29.4599	28.5714	52.8571	14.2857	9.1660
17	制造业(C)	2231	29.1039	28.5714	85.7143	5.0000	10.2522
18	租赁和商务服务业(L)	52	26.3736	24.2857	57.1429	10.0000	9.3235
	总体	3569	29.6109	28.5714	85.7143	5.0000	10.1959

注:居民服务、修理和其他服务业(O)只有1家上市公司,难以代表该行业整体水平,故排名时剔除。

从表 12-4 可以看出，18 个行业中最大均值与最小均值的差距为 10.0550 分，差距比较大。有 13 个行业的企业家人力资本分项指数均值高于总体均值，这 13 个行业的行业均值最大值与总体均值的绝对差距是 6.8177 分。其他 5 个行业的上市公司企业家人力资本分项指数均值低于总体均值，总体均值与这 5 个行业的最小均值的绝对差距是 3.2373 分。企业家人力资本分项指数行业高分区的内部差距大于低分区。上市公司企业家人力资本分项指数均值排名前三位的行业分别是住宿和餐饮业（H）、教育（P）、卫生和社会工作（Q）；排名最后三位的行业是租赁和商务服务业（L）、制造业（C）、农、林、牧、渔业（A）。

图 12-4 直观地反映了不同行业企业家人力资本分项指数均值的差异。不难发现，第一名的住宿和餐饮业（H）企业家人力资本指数明显地高于其他行业，而租赁和商务服务业（L）的企业家人力资本指数则明显地低于其他各个行业。

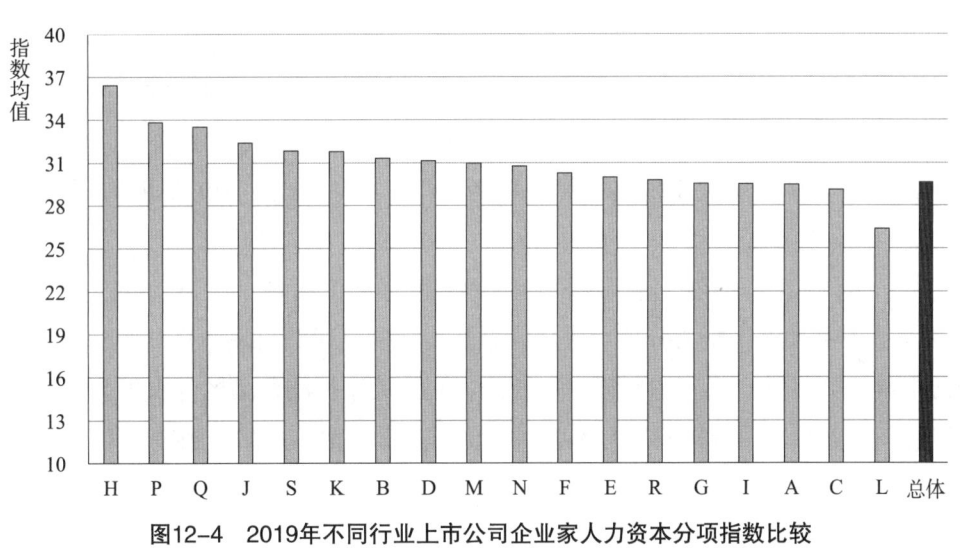

图12-4　2019年不同行业上市公司企业家人力资本分项指数比较

12.3　企业家关系网络能力分项指数排名及比较

企业家关系网络能力分项指数侧重评价企业家曾经的政府和社会任职、目前的社会兼职及其影响。本节主要对企业家关系网络能力分项指数排名的各种情况进行比较说明和分析。

12.3.1　企业家关系网络能力分项指数总体分布

基于 3569 家上市公司企业家关系网络能力的各项指标，我们得出了每家上市公司企业家关系网络能力分项指数。以 10 分为间隔，可以将企业家关系网络能力分项指数划分为 8 个区间段（公司数目为 0 的指数区间合并），每个分数区间段的公司数目和所占比重参见表 12-5。

表 12-5 2019 年上市公司企业家关系网络能力分项指数区间分布

指数区间	公司数目	占比（%）	累计占比（%）
[0，10)	2308	64.67	64.67
[10，20)	883	24.74	89.41
[20，30)	256	7.17	96.58
[30，40)	85	2.38	98.96
[40，50)	21	0.59	99.55
[50，60)	12	0.34	99.89
[60，70)	4	0.11	100.00
[70，100]	0	0.00	100.00
总计	3569	100.00	—

由表 12-5 可见，2019 年企业家关系网络能力分项指数只分布在 [0，70) 区间，且主要集中在 [0，20) 区间，有 3191 家公司，占样本总数的 89.41%。及格（达到 60 分）的公司有 4 家，及格率为 0.11%，仅比上年（0.03%）提高 0.08 个百分点。特别需要指出的是，2019 年企业家关系网络能力分项指数中，有 1692 家上市公司得分为 0，占全体上市公司的 47.41%。

图 12-5 可以直观地看出企业家关系网络能力分项指数的分布区间。可以看到，2019 年企业家关系网络能力分项指数从低到高的公司数目呈明显下降趋势，大部分公司的指数得分很低，得分主要集中在低分区间。关系网络能力的低水平与近些年的强力反腐有一定关系，尽管反腐很有必要，但也使正常的关系网络受到很大影响。

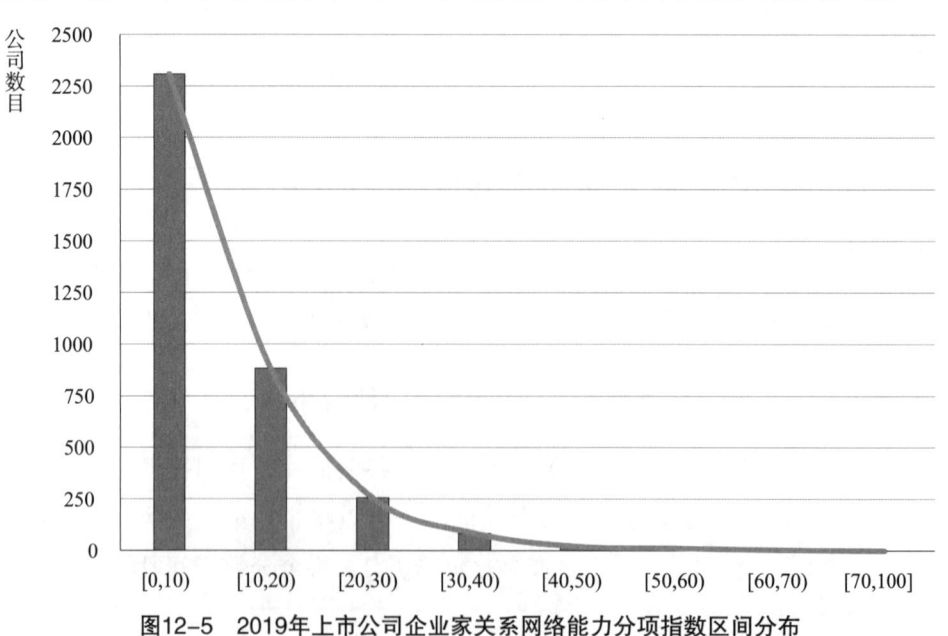

图12-5 2019年上市公司企业家关系网络能力分项指数区间分布

12.3.2 分地区企业家关系网络能力分项指数比较

按照四个地区的划分,我们进一步统计了四个地区上市公司企业家关系网络能力分项指数,参见表12-6。

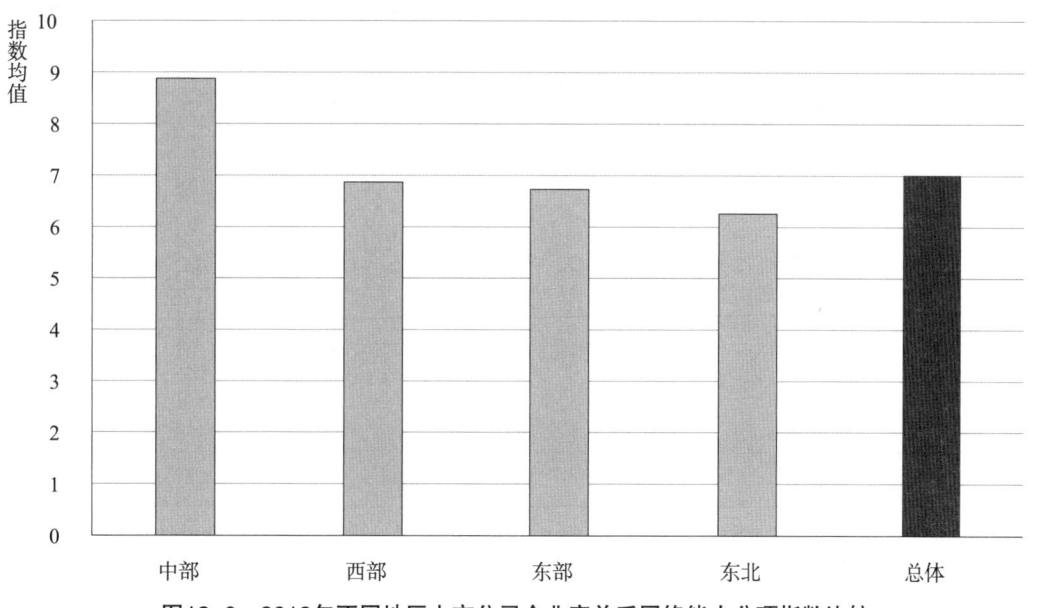

表12-6 2019年不同地区上市公司企业家关系网络能力分项指数比较

排序	地区	公司数目	平均值	中位值	最大值	最小值	标准差
1	中部	465	8.8769	5.5556	66.6667	0.0000	10.5214
2	西部	475	6.8655	5.5556	61.1111	0.0000	9.1681
3	东部	2478	6.7326	5.5556	61.1111	0.0000	9.2555
4	东北	151	6.2546	0.0000	61.1111	0.0000	9.4468
	总体	3569	7.0094	5.5556	66.6667	0.0000	9.4550

从表12-6可以看到,四个地区中,中部地区企业家关系网络能力分项指数均值最高,东北地区企业家关系网络能力分项指数均值最低,二者绝对差距为2.6223分,差距不大。

图12-6直观地反映了四个地区上市公司企业家关系网络能力分项指数均值的差异。可以看到,中部地区企业家关系网络能力分项指数明显地高于总体均值,而西部、东部和东北三个地区的企业家关系网络能力分项指数比较接近,都低于总体均值。

图12-6 2019年不同地区上市公司企业家关系网络能力分项指数比较

12.3.3 分行业企业家关系网络能力分项指数比较

用各个行业内的上市公司企业家关系网络能力分项指数的平均值来代表各个行业的上市公司企业家关系网络能力分项指数，然后把各个行业的上市公司企业家关系网络能力分项指数按照由高到低的顺序进行排名，具体排名结果参见表12-7。

表12-7 2019年不同行业上市公司企业家关系网络能力分项指数比较

排名	行业	公司数目	平均值	中位值	最大值	最小值	标准差
1	农、林、牧、渔业（A）	41	10.9756	5.5556	44.4444	0.0000	12.5425
2	水利、环境和公共设施管理业（N）	54	9.0535	5.5556	55.5556	0.0000	10.5461
3	租赁和商务服务业（L）	52	8.9744	5.5556	50.0000	0.0000	11.3831
4	科学研究和技术服务业（M）	45	8.8889	5.5556	33.3333	0.0000	10.4363
5	建筑业（E）	95	7.7193	5.5556	50.0000	0.0000	8.9868
6	文化、体育和娱乐业（R）	57	7.5049	5.5556	44.4444	0.0000	11.1350
7	制造业（C）	2231	7.3858	5.5556	66.6667	0.0000	9.8019
8	房地产业（K）	120	6.8519	5.5556	50.0000	0.0000	8.6285
9	金融业（J）	107	5.7113	0.0000	38.8889	0.0000	9.0337
10	批发和零售业（F）	161	5.6936	0.0000	44.4444	0.0000	8.3293
11	信息传输、软件和信息技术服务业（I）	273	5.6777	0.0000	50.0000	0.0000	8.7154
12	交通运输、仓储和邮政业（G）	102	5.6100	5.5556	38.8889	0.0000	6.7144
13	卫生和社会工作（Q）	12	5.5556	5.5556	16.6667	0.0000	5.5556
14	电力、热力、燃气及水生产和供应业（D）	109	5.3007	5.5556	22.2222	0.0000	5.9439
15	住宿和餐饮业（H）	9	4.3210	5.5556	11.1111	0.0000	4.3649
16	教育（P）	8	4.1667	0.0000	27.7778	0.0000	9.1076
17	采矿业（B）	75	4.1481	0.0000	22.2222	0.0000	5.3743
18	综合（S）	17	3.9216	0.0000	16.6667	0.0000	5.3098
	总计	3569	7.0094	5.5556	66.6667	0.0000	9.4550

注：居民服务、修理和其他服务业（O）只有1家上市公司，难以代表该行业整体水平，故排名时剔除。

从表 12-7 可以看出，18 个行业中，行业最大均值与最小均值的差距为 7.0540 分。有 7 个行业的企业家关系网络能力分项指数均值高于总体均值，这 7 个行业的最大均值与总体均值的绝对差距是 3.9662 分；其他 11 个行业的企业家关系网络能力分项指数均值低于总体均值，总体均值与这 11 个行业最小均值的绝对差距为 3.0878 分。这说明企业家关系网络能力分项指数高分区行业的内部差距略大于低分区行业。上市公司企业家关系网络能力分项指数均值排名前三位的行业分别是农、林、牧、渔业（A），水利、环境和公共设施管理业（N），租赁和商务服务业（L）；排名最后三位的行业是综合（S），采矿业（B），教育（P）。

图 12-7 直观地反映了不同行业企业家关系网络能力分项指数均值的差异。可以看到，各行业上市公司企业家关系网络能力分项指数相互之间有一定的差距，排名第一位的农、林、牧、渔业（A）明显高于其他行业，而排名最后的综合（S）、采矿业（B）、教育（P）、住宿和餐饮业（H）四个行业则明显低于其他行业。

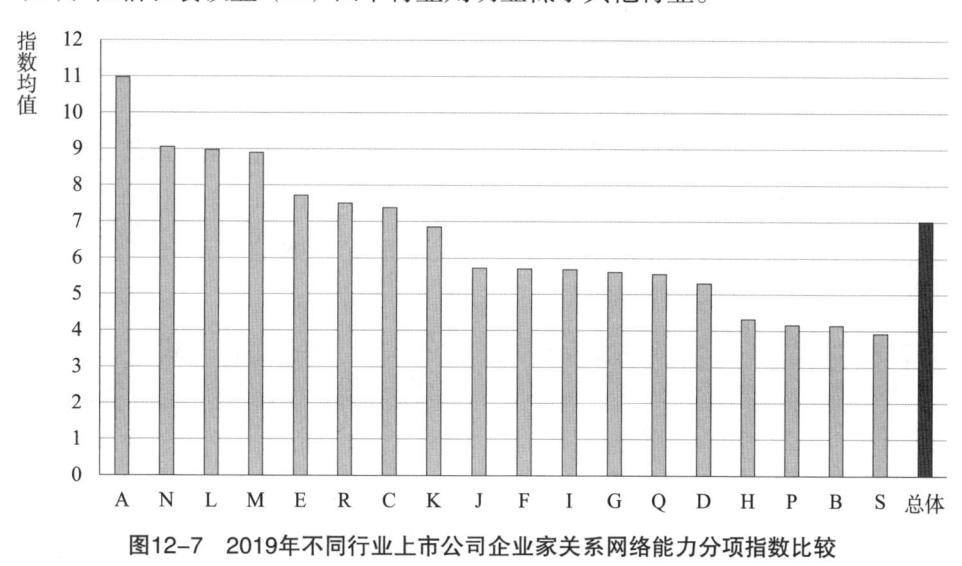

图12-7　2019年不同行业上市公司企业家关系网络能力分项指数比较

12.4　企业家社会责任能力分项指数排名及比较

企业家社会责任能力分项指数侧重评价企业家对利益相关者的回报和义务。本节主要对企业家社会责任能力分项指数排名的各种情况进行比较和分析。

12.4.1　企业家社会责任能力分项指数总体分布

基于 3569 家上市公司企业家社会责任能力的各项指标，我们得出了每家上市公司企业家社会责任能力分项指数。以 10 分为间隔，可以将企业家社会责任能力分项指数划分为 10 个区间段，每个区间段的公司数目和所占比重参见表 12-8。

表 12-8　2019 年上市公司企业家社会责任能力分项指数区间分布

指数区间	公司数目	占比（%）	累计占比（%）
[0，10）	39	1.09	1.09
[10，20）	111	3.11	4.20
[20，30）	192	5.38	9.58
[30，40）	500	14.01	23.59
[40，50）	0	0.00	23.59
[50，60）	729	20.43	44.02
[60，70）	1017	28.50	72.51
[70，80）	952	26.67	99.19
[80，90）	29	0.81	100.00
[90，100]	0	0.00	100.00
总计	3569	100.00	—

从表 12-8 可以发现，2019 年企业家社会责任能力分项指数区间分布与其他几个分项指数相比更加分散，分布在 8 个区间，但主要集中在 [50，80) 区间，共有 2698 家公司，占样本总数的 75.60%。及格（达到 60 分）公司有 1998 家，及格率为 55.98%，比上年（64.30%）下降 8.32 个百分点。

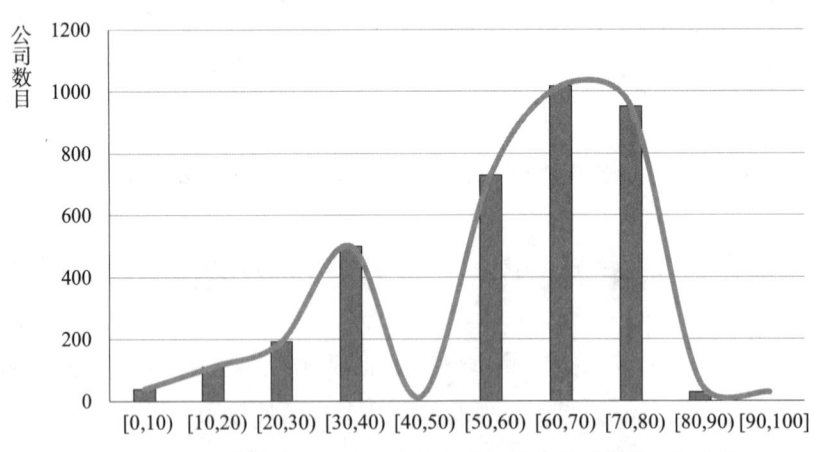

图 12-8 可以直观地看出企业家社会责任能力分项指数的区间分布。

图12-8　2019年上市公司企业家社会责任能力分项指数区间分布

12.4.2　分地区企业家社会责任能力分项指数比较

按照四个地区的划分，我们进一步统计了不同地区上市公司企业家社会责任能力分项指数，参见表 12-9。

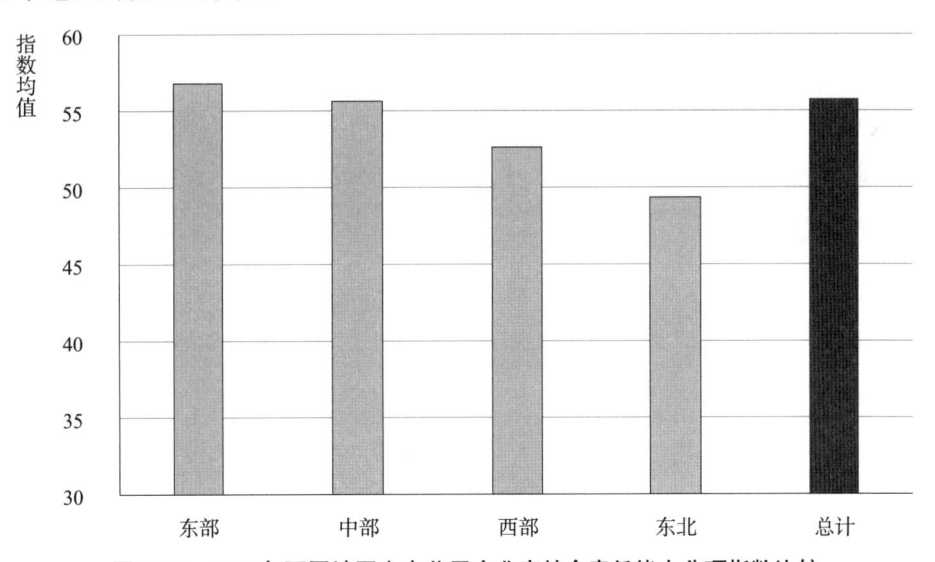

表 12-9 2019 年不同地区上市公司企业家社会责任能力分项指数比较

排序	地区	公司数目	平均值	中位值	最大值	最小值	标准差
1	东部	2478	56.7806	62.5204	87.6440	0.0000	17.3599
2	中部	465	55.6368	62.5000	87.5763	0.0000	18.0122
3	西部	475	52.6136	50.0468	87.5542	0.0000	18.3600
4	东北	151	49.3641	50.0364	87.5763	0.0000	19.6713
	总计	3569	55.7632	62.5129	87.6440	0.0000	17.7911

从表 12-9 可以看到，四个地区中，东部地区企业家社会责任能力分项指数均值最高，东北地区企业家社会责任能力分项指数均值最低。

图 12-9 直观地反映了四个地区企业家社会责任能力分项指数均值的差异。可以看到，东部地区的企业家社会责任能力分项指数高于总体均值，而中部、西部和东北地区的企业家社会责任能力分项指数则低于总体均值。东北企业家社会责任能力分项指数与其他三个地区的差距比较大。

图12-9 2019年不同地区上市公司企业家社会责任能力分项指数比较

12.4.3 分行业企业家社会责任能力分项指数比较

用各个行业上市公司企业家社会责任能力分项指数的平均值来代表各个行业的上市公司企业家社会责任能力分项指数，然后把各个行业的上市公司企业家社会责任能力分项指数按照由高到低的顺序进行排名，具体排名结果参见表 12-10。

表 12-10　2019 年不同行业上市公司企业家社会责任能力分项指数比较

排名	行业	公司数目	平均值	中位值	最大值	最小值	标准差
1	水利、环境和公共设施管理业（N）	54	58.8299	62.5141	87.5621	25.0315	14.9422
2	制造业（C）	2231	57.9797	62.5284	87.6440	0.0000	17.2288
3	科学研究和技术服务业（M）	45	56.9737	62.5170	75.0410	25.0000	13.8344
4	农、林、牧、渔业（A）	41	55.5178	62.5300	87.5616	12.5000	20.6771
5	房地产业（K）	120	54.4094	62.5000	87.5763	0.0000	17.5148
6	交通运输、仓储和邮政业（G）	102	53.9571	56.2870	87.5671	0.0395	17.8522
7	批发和零售业（F）	161	53.3751	50.0648	75.5167	0.0000	16.9466
8	信息传输、软件和信息技术服务业（I）	273	53.2767	62.5000	87.5491	0.0000	18.1391
9	电力、热力、燃气及水生产和供应业（D）	109	52.2132	50.0620	87.5389	0.0000	19.0029
10	文化、体育和娱乐业（R）	57	51.3393	50.0390	75.0508	0.0000	18.2498
11	教育（P）	8	50.0264	56.2833	75.0000	0.0000	21.6604
12	卫生和社会工作（Q）	12	48.9758	56.2556	75.0431	12.5000	20.6966
13	建筑业（E）	95	48.9756	50.0206	75.3072	12.5137	16.4929
14	租赁和商务服务业（L）	52	48.8250	50.0219	75.0680	0.0000	21.4162
15	采矿业（B）	75	46.8692	50.0000	75.3421	0.0098	18.2782
16	金融业（J）	107	46.2934	50.0126	75.0642	0.0000	17.0254
17	住宿和餐饮业（H）	9	45.8684	37.5720	62.5841	25.0000	15.6150
18	综合（S）	17	44.8696	50.0000	75.0197	0.0000	17.1815
	总体	3569	55.7632	62.5129	87.6440	0.0000	17.7911

注：居民服务、修理和其他服务业（O）只有 1 家上市公司，难以代表该行业整体水平，故排名时剔除。

从表 12-10 可以看出，行业最大均值与最小均值的差距为 13.9603 分，差距较大。有 3 个行业的企业家社会责任能力分项指数均值高于总体均值，这 3 个行业的最大均值与总体均值之间的绝对差距是 3.0667 分；其他 15 个行业的企业家社会责任能力分项指数均值低于总体均值，总体均值与这 15 个行业的最小均值之间的绝对差距是 10.8936。

这说明企业家社会责任能力分项指数行业低分区的内部差距较大。上市公司企业家社会责任能力分项指数均值排名前三位的行业分别是水利、环境和公共设施管理业（N）、制造业（C），科学研究和技术服务业（M）；排名最后三位的行业是综合（S），住宿和餐饮业（H），金融业（J）。

图 12-10 直观地反映了不同行业企业家社会责任能力分项指数均值的差异。可以看到，各个行业的社会责任能力分项指数均值从高到低平缓下降，没有特别突出的行业。

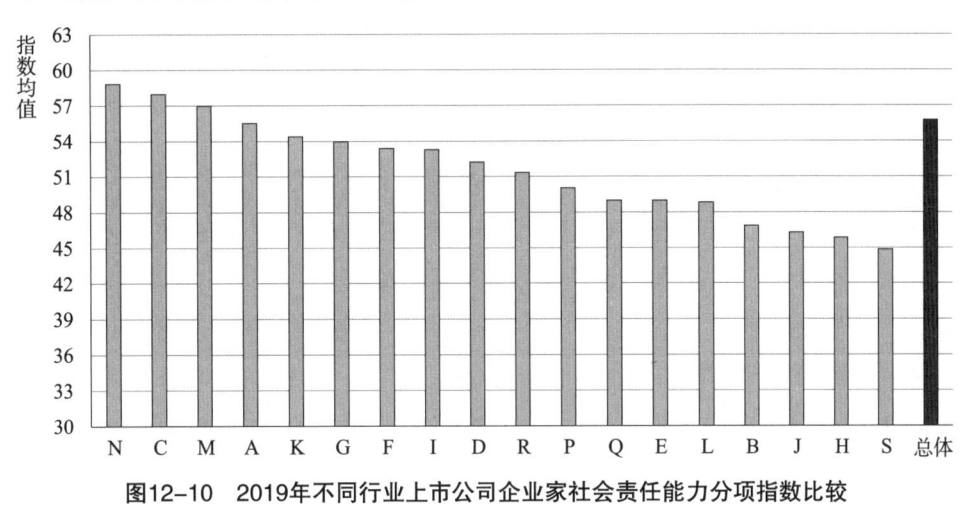

图12-10 2019年不同行业上市公司企业家社会责任能力分项指数比较

12.5 企业家战略领导能力分项指数排名及比较

企业家战略领导能力分项指数侧重评价企业家的实际贡献及其对企业发展战略的掌控能力。本节主要对企业家战略领导能力分项指数排名的各种情况进行比较和分析。

12.5.1 企业家战略领导能力分项指数总体分布

基于3569家上市公司企业家战略领导能力的各项指标，我们得出了每家上市公司企业家战略领导能力分项指数。以10分为间隔，可以将企业家战略领导能力分项指数划分为7个区间段（公司数目为0的指数区间合并），每个区间段的公司数目和所占比重参见表12-11。

表 12-11 2019 年上市公司企业家战略领导能力分项指数区间分布

指数区间	公司数目	占比（%）	累计占比（%）
[0, 10)	636	17.82	17.82
[10, 20)	183	5.13	22.95

续表

指数区间	公司数目	占比（%）	累计占比（%）
[20, 30)	2639	73.94	96.89
[30, 40)	89	2.49	99.38
[40, 50)	14	0.39	99.78
[50, 60)	8	0.22	100.00
[60, 100]	0	0.00	100.00
总计	3569	100.00	—

由表 12-11 可见，2019 年企业家战略领导能力分项指数只分布在 [0, 60) 的区间，且主要集中在 [0, 10) 和 [20, 30) 区间，共有 3275 家公司，占样本总数的 91.76%。没有及格（达到 60 分）的公司，而上年及格率为 0.06%。

图 12-11 直观地显示了企业家战略领导能力分项指数的分布区间。可以看出，企业家战略领导能力分项指数分布较为集中，而且没有公司能够达到 60 分及格线，说明 2019 年各上市公司企业家战略领导能力表现不佳，这与近几年持续的经济下行有一定关系。

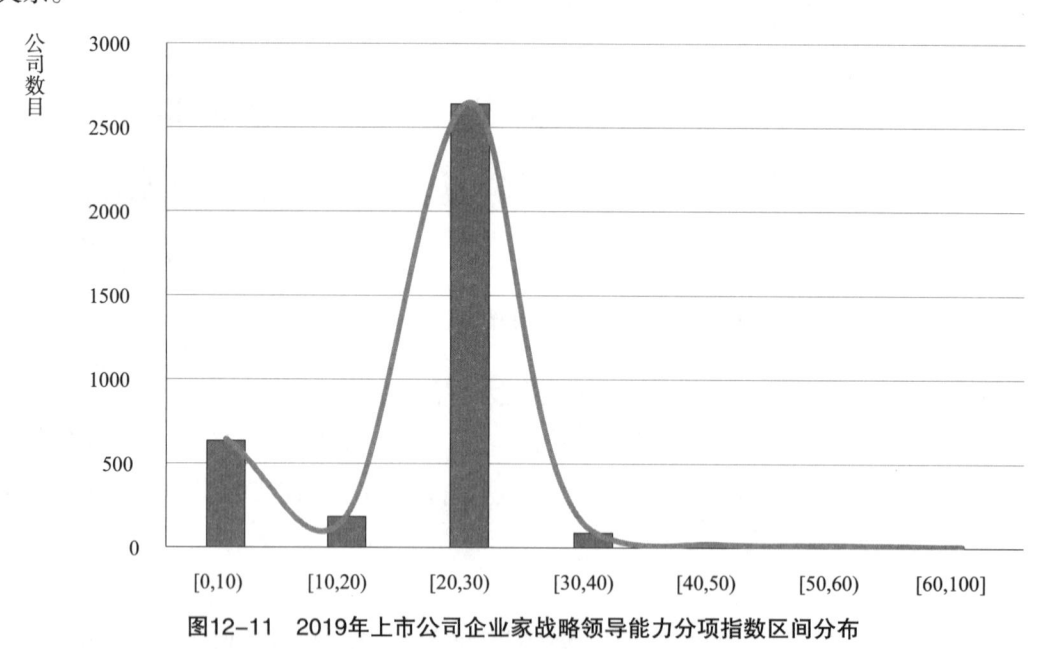

图12-11　2019年上市公司企业家战略领导能力分项指数区间分布

12.5.2　分地区企业家战略领导能力分项指数比较

按照四个地区的划分，我们进一步统计了不同地区上市公司的企业家战略领导能力分项指数，参见表 12-12。

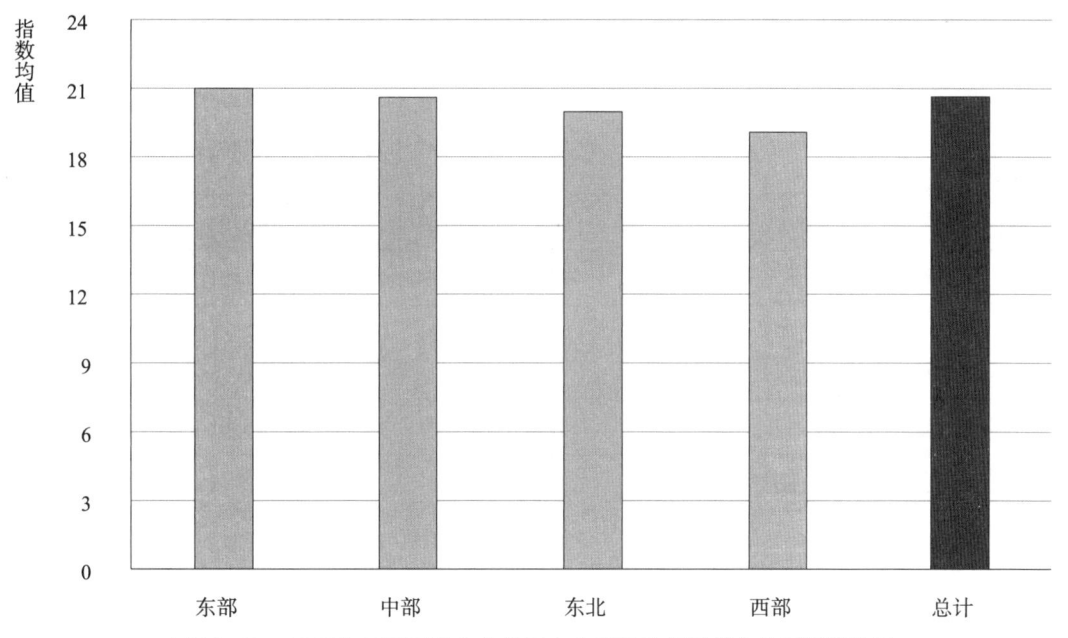

表 12-12 2019 年不同地区上市公司企业家战略领导能力分项指数比较

排序	地区	公司数目	平均值	中位值	最大值	最小值	标准差
1	东部	2478	20.9913	23.0364	57.8561	0.0060	7.0432
2	中部	465	20.5968	22.9126	40.1077	4.5892	6.7117
3	东北	151	19.9531	22.2451	40.0665	1.7415	7.5778
4	西部	475	19.0752	22.4737	37.9166	2.9640	7.0352
	总计	3569	20.6410	22.8938	57.8561	0.0060	7.0541

从表 12-12 可以看到，四个地区企业家战略领导能力分项指数差距不大。东部上市公司企业家战略领导能力分项指数均值最高，其次是中部和东北，西部最低。

图 12-12 直观地反映了四个地区企业家战略领导能力分项指数均值的差异。可以看到，东部地区企业家战略领导能力分项指数均值高于总体均值，中部、东北和西部地区企业家战略领导能力分项指数均值低于总体均值。

图12-12 2019年不同地区上市公司企业家战略领导能力分项指数比较

12.5.3 分行业企业家战略领导能力分项指数比较

用各个行业的上市公司企业家战略领导能力分项指数的平均值来代表各个行业的上市公司企业家战略领导能力分项指数，然后把各个行业的上市公司企业家战略领导能力分项指数按照由高到低的顺序进行排名，具体排名结果参见表 12-13。

表 12-13 2019 年不同行业上市公司企业家战略领导能力分项指数比较

排名	行业	公司数目	平均值	中位值	最大值	最小值	标准差
1	卫生和社会工作（Q）	12	24.9982	25.5155	38.6659	7.1874	9.8337
2	批发和零售业（F）	161	23.6323	24.7625	46.4120	1.7415	6.8557
3	综合（S）	17	23.1028	23.8448	38.1195	6.8431	5.9594
4	教育（P）	8	22.1717	22.3080	39.3532	7.9472	8.7736
5	采矿业（B）	75	21.6959	23.1807	53.5245	5.9045	8.3086
6	建筑业（E）	95	21.2990	23.0498	50.1567	5.0273	8.0702
7	制造业（C）	2231	21.2307	23.1128	46.3661	2.9640	5.8897
8	住宿和餐饮业（H）	9	20.4123	17.0626	38.6530	6.6871	12.6652
9	文化、体育和娱乐业（R）	57	19.7488	22.3790	38.3485	0.0060	9.2384
10	农、林、牧、渔业（A）	41	19.5686	21.8644	54.7734	4.8608	9.2474
11	科学研究和技术服务业（M）	45	19.3581	22.6882	31.6488	4.6868	7.2955
12	交通运输、仓储和邮政业（G）	102	19.2881	21.9389	41.5888	4.5742	8.7513
13	信息传输、软件和信息技术服务业（I）	273	18.9097	22.2320	45.7005	4.6546	6.9069
14	租赁和商务服务业（L）	52	18.7162	21.2069	41.6304	5.2617	7.8375
15	房地产业（K）	120	17.8054	21.3472	39.7101	0.5313	8.4463
16	电力、热力、燃气及水生产和供应业（D）	109	17.7173	21.1818	39.6346	4.9066	8.3879
17	金融业（J）	107	17.4371	19.5072	57.8561	0.0237	11.3700
18	水利、环境和公共设施管理业（N）	54	17.2867	20.9127	47.2768	3.4946	9.5500
	总计	3569	20.6410	22.8938	57.8561	0.0060	7.0541

注：居民服务、修理和其他服务业（O）只有 1 家上市公司，难以代表该行业整体水平，故排名时剔除。

从表 12-13 可以看出，18 个行业中，行业最大均值与最小均值的差距为 7.7115 分。有 7 个行业的企业家战略领导能力分项指数均值高于总体均值，这 7 个行业的最大均值与总体均值的绝对差距是 4.3572 分；其他 11 个行业的企业家战略领导能力分项指数均值低于总体均值，总体均值与这 11 个行业的最小均值的绝对差距是 3.3543 分。这说明企业家战略领导能力分项指数高分区行业的内部差距略大于低分区行业。上市公司企业家战略领导能力分项指数均值排名前三位的行业分别是卫生和社会工作（Q），批发和零售业（F），综合（S）；排名最后三位的是水利、环境和公共设施管理业（N），金融业（J），电力、热力、燃气及水生产和供应业（D）。

图12-13直观地反映了不同行业上市公司企业家战略领导能力分项指数均值的差异。可以看到，除了第一名卫生和社会工作（Q）明显高于其他行业之外，其余各行业上市公司企业家战略领导能力分项指数均值自高到低，曲线比较平缓，各行业之间差距不大。

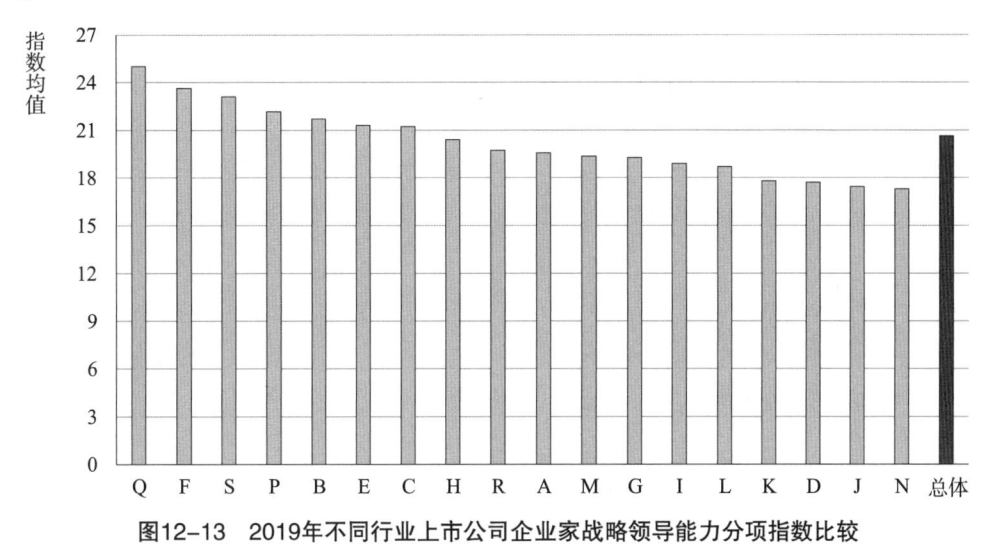

图12-13　2019年不同行业上市公司企业家战略领导能力分项指数比较

12.6　本章小结

本章从总体、地区和行业三个方面，对2019年企业家能力的四个分项指数，即人力资本、关系网络能力、社会责任能力和战略领导能力进行了比较分析，通过分析我们发现：

①从企业家能力四个分项指数比较看，2019年企业家社会责任能力分项指数均值最大，关系网络能力分项指数均值最低。从指数分布区间来看，企业家人力资本分项指数主要集中在[20，40）区间，占样本总数的73.02%；企业家关系网络能力分项指数主要集中在[0，20）区间，占样本总数的89.41%；企业家社会责任能力分项指数主要集中在[50，80）区间，占样本总数的75.60%；企业家战略领导能力分项指数主要集中在[0，10）和[20，30）区间，占样本总数的91.76%。

②从地区来看，企业家人力资本分项指数均值从高到低依次是西部、东部、东北和中部；企业家关系网络能力分项指数均值从高到低依次是中部、西部、东部和东北；企

业家社会责任能力分项指数均值从高到低依次是东部、中部、西部和东北；企业家战略领导能力分项指数均值从高到低依次是东部、中部、东北和西部。总体看，在四个分项指数中，东北的表现都相对较差。

③从行业来看，企业家人力资本分项指数均值排名前三位的行业分别是住宿和餐饮业（H），教育（P），卫生和社会工作（Q）；企业家关系网络能力分项指数均值排名前三位的行业分别是农、林、牧、渔业（A），水利、环境和公共设施管理业（N），租赁和商务服务业（L）；企业家社会责任能力分项指数均值排名前三位的行业分别是水利、环境和公共设施管理业（N），制造业（C），科学研究和技术服务业（M）；企业家战略领导能力分项指数均值排名前三位的行业分别是卫生和社会工作（Q），批发和零售业（F），综合（S）。在四个分项指数中，各行业排名并没有表现出特别的规律性。

第13章 企业家能力指数的所有制比较

根据第1章的控股或所有制类型划分，本章对2019年3569家样本上市公司的企业家能力指数及四个分项指数从所有制角度进行比较，以了解国有控股公司和非国有控股公司在企业家能力方面存在的异同。

13.1 企业家能力指数总体的所有制比较

13.1.1 企业家能力总体指数比较

不同的所有制会对上市公司企业家能力产生影响，表13-1比较了不同所有制上市公司的企业家能力指数，并按照均值从高到低的顺序进行了排序。

表13-1 2019年不同所有制上市公司企业家能力指数比较

排序	所有制类型	公司数目	平均值	中位值	最大值	最小值	标准差
1	国有参股公司	903	29.7873	30.3998	47.8862	6.1156	6.3665
2	无国有股份公司	1556	29.7233	30.3711	46.7975	6.4182	6.2644
3	国有强相对控股公司	426	29.6020	30.1085	47.8930	13.6826	5.3525
4	国有绝对控股公司	266	29.4823	29.1666	46.3898	14.6631	5.9143
5	国有弱相对控股公司	418	29.0393	29.0061	42.6138	10.8544	6.3128
	总体	3569	29.6270	30.0924	47.8930	6.1156	6.1742

从表13-1可以看出，五种所有制上市公司的企业家能力指数均值都远低于60分的及格线。国有参股公司的企业家能力指数均值最高，为29.7873分，国有弱相对控股公司的企业家能力指数均值最低，为29.0393分。最大均值与最小均值的绝对差距为0.7480分，差距不大。从中位值看，国有参股公司企业家能力指数最大，国有弱相对控

股公司企业家能力指数最小。从标准差看，也是国有参股公司的标准差最大，国有强相对控股公司的标准差最小，但五类公司的标准差之间的差异很小，即离散程度差不多。

图 13-1 更直观地反映了不同所有制上市公司企业家能力指数的差异。可以看出，不同所有制上市公司的企业家能力指数均值相差很小。国有参股公司和无国有股份公司的企业家能力指数均值高于总体均值，国有绝对控股公司、国有强相对控股公司和国有弱相对控股公司的企业家能力指数均值低于总体均值。

如果按照第一大股东中的国有股份比例从大到小排列，可以看出，随着第一大股东中的国有持股比例的降低，企业家能力指数均值先上升，再下降，又上升，再下降，大体呈比较平缓的"S"状。这意味着，两类非国有控股公司对企业家的吸引力在增强，尤其是国有参股公司，可能由于国有股东的限制较小，薪酬激励较高，会激发较多的企业家更好地施展自己的才华，有利于企业家的成长，而国有控股公司尤其是国有强相对控股公司由于其资源优势，仍会吸引很多较优秀的企业家。

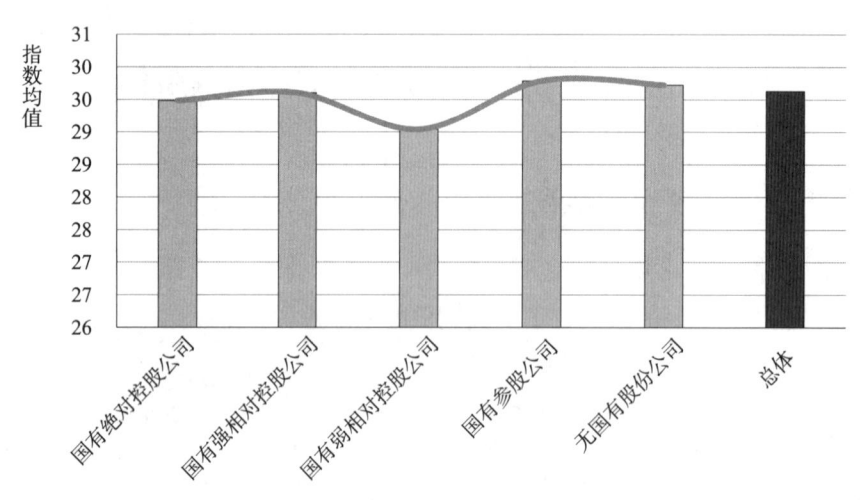

图13-1 2019年不同所有制上市公司企业家能力指数均值比较

我们进一步将国有绝对控股公司、国有强相对控股公司和国有弱相对控股公司归类为国有控股公司，将国有参股公司和无国有股份公司归类为非国有控股公司，表13-2比较了国有控股公司和非国有控股公司的企业家能力指数。

表 13-2 2019 年国有与非国有控股上市公司企业家能力指数比较

排序	所有制	公司数目	平均值	中位值	最大值	最小值	标准差
1	非国有控股公司	2459	29.7468	30.3733	47.8862	6.1156	6.3021
2	国有控股公司	1110	29.3614	29.4195	47.8930	10.8544	5.8694
	总体	3569	29.6270	30.0924	47.8930	6.1156	6.1742

从表13-2可以看出，2019年上市公司中，非国有控股公司企业家能力指数均值与中位值都略高于国有控股公司，均值前者高出后者0.3854分，中位值前者高出后者0.9538分。就标准差反映的离散程度看，非国有控股公司的离散程度稍高。

按照最终控制人类型，可以将上市公司划分为最终控制人为中央企业（或监管机构）、地方国企（或监管机构）、非国有企业或自然人控制的上市公司。表13-3比较了最终控制人不同的上市公司的企业家能力指数。可以看出，非国有企业或自然人最终控制的上市公司的企业家能力指数的均值和中位值都高于中央企业（或监管机构）和地方国企（或监管机构）最终控制的上市公司。不过，它们之间的差距很小。

表13-3 2019年不同最终控制人上市公司企业家能力指数比较

排序	最终控制人	公司数目	平均值	中位值	最大值	最小值	标准差
1	非国有企业或自然人	2423	29.7849	30.4388	47.8862	6.1156	6.3001
2	中央企业（或监管机构）	393	29.6666	29.5329	47.8930	10.8544	6.0313
3	地方国企（或监管机构）	753	29.0980	29.3509	45.9633	11.5318	5.7938
	总体	3569	29.6270	30.0924	47.8930	6.1156	6.1742

13.1.2 企业家能力分项指数总体比较

企业家能力指数包括人力资本、关系网络能力、社会责任能力和战略领导能力四个分项指数，表13-4对五类所有制上市公司的四个企业家能力分项指数进行了比较。

表13-4 2019年不同所有制上市公司企业家能力分项指数均值比较

所有制类型	人力资本	关系网络能力	社会责任能力	战略领导能力
国有绝对控股公司	30.4377	5.9106	53.5198	22.0851
国有强相对控股公司	30.7294	5.9468	54.4077	21.5068
国有弱相对控股公司	30.8766	6.8505	53.5515	20.2542
国有参股公司	29.7659	7.2167	55.6187	21.0286
无国有股份公司	28.7335	7.4122	57.2982	20.0451
总体	29.6109	7.0094	55.7632	20.6410

从表13-4可以看出，五类所有制上市公司的四个企业家能力分项指数存在一定差异。图13-2更直观地反映了不同所有制上市公司企业家能力四个分项指数的差异。可

以看出，五类所有制上市公司中，四个分项指数中最高的都是社会责任能力分项指数，关系网络能力分项指数则普遍很低。随着第一大股东中的国有股比例的降低，人力资本分项指数呈现先上升后下降态势，呈"倒U型"，国有弱相对控股公司的人力资本分项指数最高，且三类国有控股公司相对于两类非国有控股公司，有较好的人力资本优势；在关系网络能力分项指数上，随着第一大股东中的国有股比例的降低，基本上呈上升趋势，两类非国有控股公司高于三类国有控股公司，这意味着非国有控股公司有较强的意愿建立关系网络；在社会责任能力分项指数上，随着第一大股东中的国有股比例的降低，呈现先上升后下降然后再上升的"N型"，但总体呈上升趋势，两类非国有控股公司比三类国有控股公司有更好的社会责任表现；在战略领导能力分项指数上，随着第一大股东中的国有股比例的降低，大体呈现下降趋势，无国有股份公司的表现相对比较差，这与国有控股公司通常有比较大的体量有一定关系。总体看，国有绝对控股公司、国有强相对控股公司和国有弱相对控股公司更偏重于企业家人力资本和战略领导能力，而国有参股公司和无国有股份公司则更偏重于关系网络能力和社会责任能力。

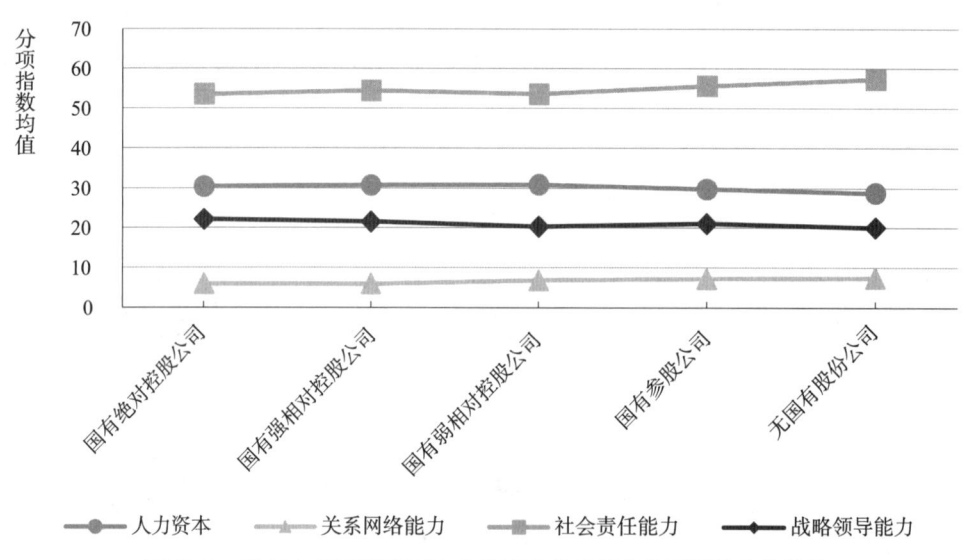

图13-2 2019年不同所有制上市公司企业家能力分项指数变化趋势

我们进一步将国有绝对控股公司、国有强相对控股公司和国有弱相对控股公司归类为国有控股公司，将国有参股公司和无国有股份公司归类为非国有控股公司，两者的比较见表13-5和图13-3。可以看出，在人力资本和战略领导能力两个分项指数上，国有控股公司高于非国有控股公司；在关系网络能力和社会责任能力两个分项指数上，则是国有控股公司低于非国有控股公司。两类公司除了社会责任能力有较明显差别外，在其他三个分项指数上差距并不是很大。

表 13-5　2019 年国有与非国有控股上市公司企业家能力分项指数均值比较

所有制类型	人力资本	关系网络能力	社会责任能力	战略领导能力
国有控股公司	30.7149	6.2763	53.7291	21.1609
非国有控股公司	29.1126	7.3404	56.6814	20.4062
总体	29.6109	7.0094	55.7632	20.6410

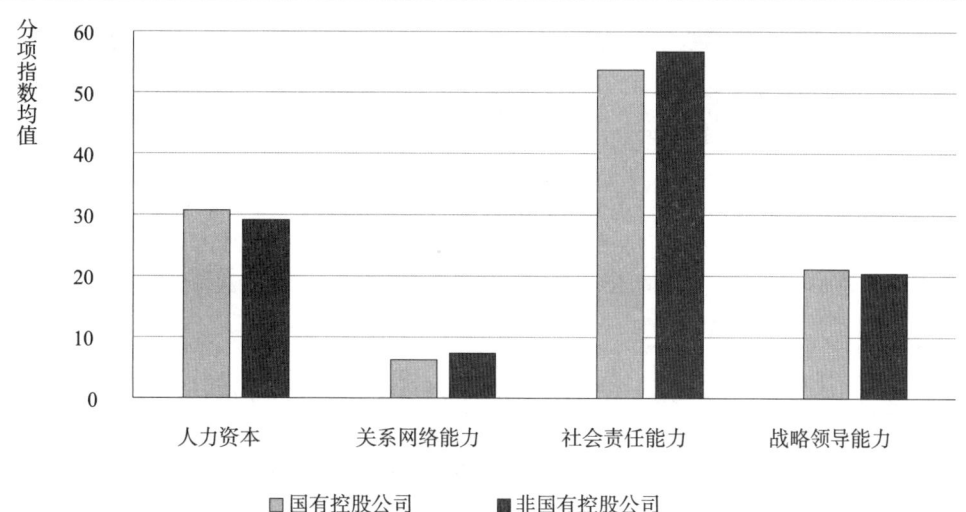

图13-3　2019年国有与非国有控股上市公司企业家能力分项指数均值比较

按照三类最终控制人划分，三类最终控制人控制的上市公司企业家能力的四个分项指数均值的比较参见表13-6和图13-4。可以看到，中央企业（或监管机构）最终控制的上市公司在人力资本和战略领导能力两个分项指数上高于地方国企（或监管机构）最终控制的上市公司，而且这两类公司在这两个分项指数上都高于非国有企业或自然人最终控制的上市公司；在关系网络能力和社会责任能力两个分项指数上，则是中央企业（或监管机构）最终控制的上市公司低于地方国企（或监管机构）最终控制的上市公司，并且这两类公司都低于非国有企业或自然人最终控制的上市公司。三类最终控制人控制的上市公司除了在社会责任能力上有较明显的差别外，在其他三个分项指数上的差距都不太大。

表 13-6　2019 年不同最终控制人上市公司企业家能力分项指数均值比较

最终控制人	人力资本	关系网络能力	社会责任能力	战略领导能力
中央企业（或监管机构）	31.5812	5.5697	52.8318	22.6281
地方国企（或监管机构）	30.2798	6.4630	53.8874	20.4208
非国有企业或自然人	29.0835	7.4128	56.8216	20.3871
总体	29.6109	7.0094	55.7632	20.6410

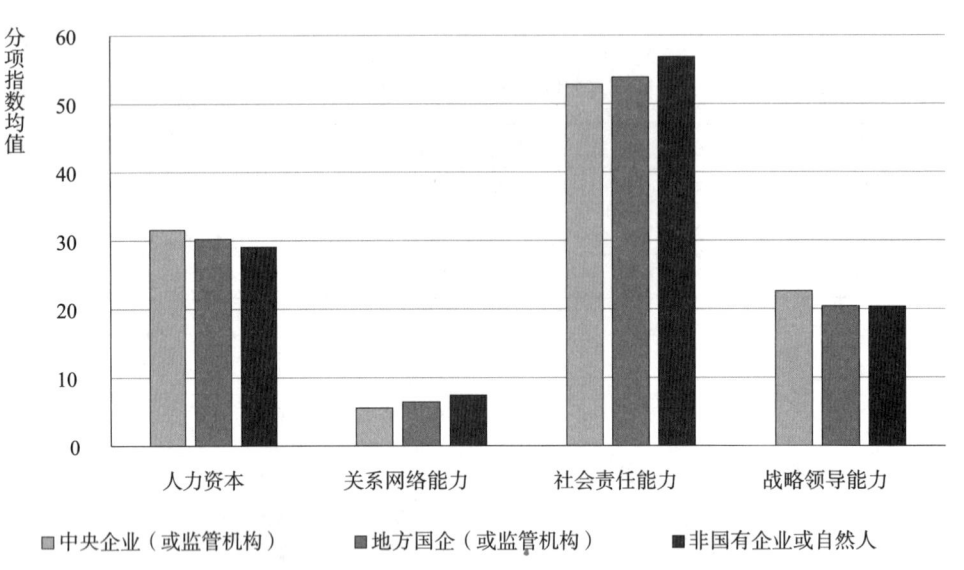

图13-4 2019年不同最终控制人上市公司企业家能力分项指数均值比较

13.2 分地区企业家能力指数的所有制比较

根据四个地区的划分，我们对各个地区不同所有制上市公司企业家能力指数及其分项指数进行比较分析。

13.2.1 分地区企业家能力总体指数比较

根据四个地区的划分，我们对四个地区上市公司企业家能力总体指数进行了统计，参见表13-7。

表13-7 2019年不同地区国有与非国有控股上市公司企业家能力指数比较

地区	所有制类型	公司数目	平均值	中位值	最大值	最小值	标准差
东部	国有控股公司	649	29.8001	30.0170	47.8930	11.0721	5.8312
	非国有控股公司	1829	30.0146	30.6264	46.7975	6.4182	6.0575
	总体	2478	29.9584	30.4793	47.8930	6.4182	5.9998
中部	国有控股公司	195	29.2029	29.5228	41.3416	14.9701	5.9654
	非国有控股公司	270	30.2156	30.6766	46.0631	10.6221	6.5530
	总体	465	29.7909	30.0707	46.0631	10.6221	6.3330

续表

地区	所有制类型	公司数目	平均值	中位值	最大值	最小值	标准差
西部	国有控股公司	206	28.6094	28.7981	43.8397	10.8544	5.7936
西部	非国有控股公司	269	28.2559	29.0845	44.1641	6.1156	6.9359
西部	总体	475	28.4092	28.9314	44.1641	6.1156	6.4677
东北	国有控股公司	60	27.7142	27.2502	40.9477	16.6074	5.6392
东北	非国有控股公司	91	27.3799	27.5052	47.8862	8.6357	7.2013
东北	总体	151	27.5127	27.2619	47.8862	8.6357	6.6269

从表 13-7 可以看出，西部和东北国有控股公司企业家能力指数的均值都高于非国有控股公司，东部和中部国有控股公司企业家能力指数的均值和中位值都低于非国有控股公司，东北地区企业家能力指数落后于其他三个地区。

图 13-5 直观地反映了四个地区不同所有制上市公司企业家能力指数均值的差异。可以看出，东部国有控股公司企业家能力指数最高，中部非国有控股公司企业家能力最高。

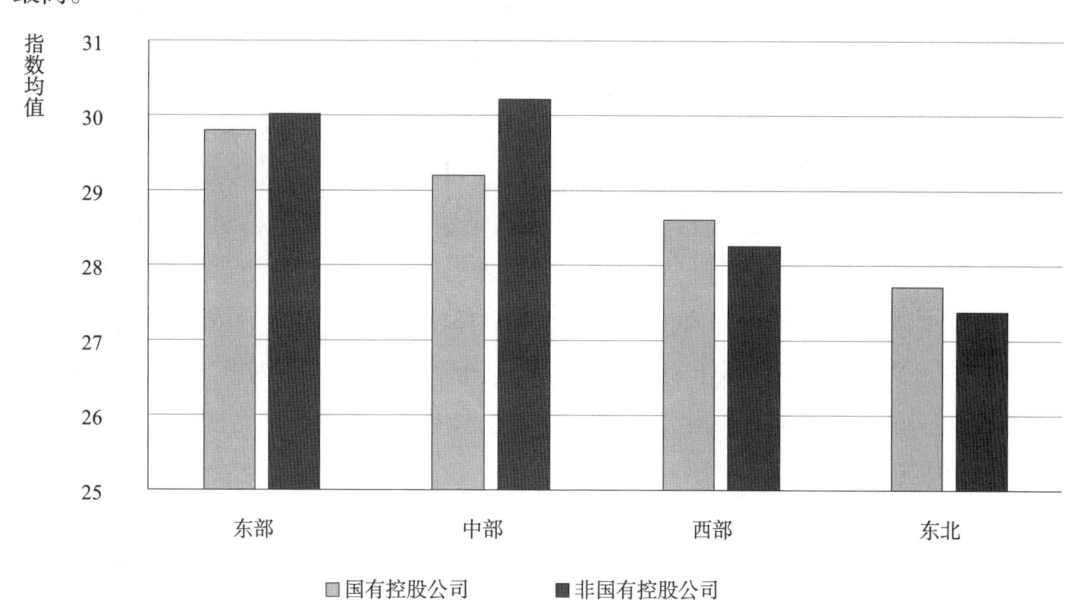

图13-5　2019年不同地区国有与非国有控股上市公司企业家能力指数均值比较

13.2.2　分地区企业家能力分项指数比较

接下来，我们对四个地区国有与非国有控股上市公司的企业家能力分项指数均值进行比较分析，参见表 13-8。

表13-8　2019年不同地区国有与非国有控股上市公司企业家能力分项指数均值比较

地区	所有制类型	人力资本	关系网络能力	社会责任能力	战略领导能力
东部	国有控股公司	31.2822	5.9493	54.2158	21.8933
	非国有控股公司	28.9678	7.0105	57.6908	20.6712
	总体	29.5740	6.7326	56.7806	20.9913
中部	国有控股公司	29.4359	7.4929	54.1323	20.5403
	非国有控股公司	28.7672	9.8765	56.7233	20.6376
	总体	29.0476	8.8769	55.6368	20.5968
西部	国有控股公司	30.4924	6.3107	53.0142	19.5930
	非国有控股公司	30.3186	7.2904	52.3068	18.6786
	总体	30.3940	6.8655	52.6136	19.0752
东北	国有控股公司	29.5000	5.7407	49.6089	20.6384
	非国有控股公司	29.4819	6.5934	49.2027	19.5012
	总体	29.4891	6.2546	49.3641	19.9531

由表13-8可知，四个地区两类所有制上市公司在企业家能力指数四个分项指数上的排序并不一致。为了便于比较，我们计算出四个地区非国有控股公司企业家能力四个分项指数均值与对应的国有控股公司企业家能力四个分项指数均值的差值，由此可以反映四个地区两类所有制上市公司企业家能力四个分项指数的差异，如图13-6所示。可以看出，在人力资本分项指数上，四个地区都是国有控股公司好于非国有控股公司，且东部国有控股公司比非国有控股公司有较大的领先优势；在关系网络能力分项指数上，四个地区都是非国有控股公司好于国有控股公司；在社会责任能力分项指数上，东部和中部非国有控股公司好于国有控股公司，而西部和东北则是国有控股公司好于非国有控股公司；在战略领导能力分项指数上，东部、西部和东北三个地区均是国有控股公司好于非国有控股公司，而中部则是非国有控股公司好于国有控股公司。进一步来说，中部上市公司在除人力资本分项指数以外的其他三个分项指数上，都是非国有控股公司好于国有控股公司；西部和东北在除关系网络分项指数以外的其他三个分项指数上，都是国有控股公司好于非国有控股公司；东部在人力资本和战略领导能力两个分项指数上国有控股公司好于非国有控股公司，在关系网络和社会责任能力两个分项指数上非国有控股公司好于国有控股公司。

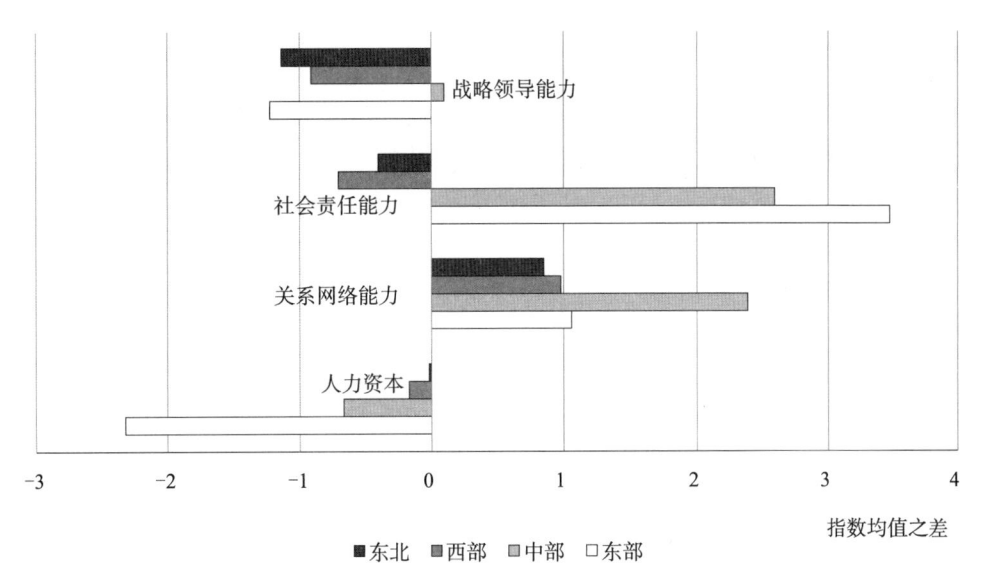

注：指数均值之差 = 非国有控股公司企业家能力分项指数均值 − 国有控股公司企业家能力分项指数均值。

图13-6　2019年不同地区国有与非国有控股上市公司企业家能力分项指数差值比较

13.3　分行业企业家能力指数的所有制比较

我们选择上市公司较多且具有代表性的六个行业，即制造业（C），电力、热力、燃气及水生产和供应业（D），交通运输、仓储和邮政业（G），信息传输、软件和信息技术服务业（I），金融业（J）和房地产业（K），从所有制角度对这六个行业上市公司的企业家能力指数以及分项指数进行比较分析。

13.3.1　分行业企业家能力总体指数比较

六个代表性行业不同所有制上市公司的企业家能力指数比较参见表13-9。

表 13-9　2019 年不同行业国有与非国有控股上市公司企业家能力指数比较

行业	所有制类型	公司数目	平均值	中位值	最大值	最小值	标准差
制造业（C）	国有控股公司	520	30.2734	30.5545	45.9633	13.9457	5.5911
	非国有控股公司	1711	30.4053	30.9301	47.8862	6.1156	5.9235
	总体	2231	30.3745	30.8077	47.8862	6.1156	5.8479
电力、热力、燃气及水生产和供应业（D）	国有控股公司	79	28.6799	28.7189	40.2428	14.4082	5.9605
	非国有控股公司	30	25.2624	25.8347	35.9271	10.5285	6.1922
	总体	109	27.7393	28.0391	40.2428	10.5285	6.2155

续表

行业	所有制类型	公司数目	平均值	中位值	最大值	最小值	标准差
交通运输、仓储和邮政业（G）	国有控股公司	70	27.9586	27.8041	45.3783	14.2236	5.5608
	非国有控股公司	32	29.4287	29.5671	44.2521	9.2336	7.4095
	总体	102	28.4198	28.7149	45.3783	9.2336	6.2378
信息传输、软件和信息技术服务业（I）	国有控股公司	44	28.5902	28.2096	47.8930	12.7569	6.4355
	非国有控股公司	229	28.0298	29.1708	42.2431	6.4182	6.5547
	总体	273	28.1201	28.9309	47.8930	6.4182	6.5389
金融业（J）	国有控股公司	71	26.9416	26.7020	41.5816	10.8544	6.8417
	非国有控股公司	36	25.3408	25.1729	35.0992	14.5698	5.3502
	总体	107	26.4030	26.2184	41.5816	10.8544	6.4236
房地产业（K）	国有控股公司	58	28.5581	28.6699	39.9892	15.6921	5.1053
	非国有控股公司	62	28.9945	29.3670	45.1563	9.5556	7.3196
	总体	120	28.7836	29.1381	45.1563	9.5556	6.3503

从表13-9可以看出，六个代表性行业中，制造业（C），交通运输、仓储和邮政业（G），房地产业（K）国有控股公司企业家能力指数均值低于非国有控股公司，另外三个行业的国有控股公司企业家能力指数均值高于非国有控股公司，但差异都不是很大。

图13-7更直观地反映了六个行业国有控股公司与非国有控股公司企业家能力指数均值的差异。可以看出，六个行业中，国有控股公司企业家能力指数均值最高的是制造业（C），最低的是金融业（J）；非国有控股公司企业家能力指数均值最高的是制造业（C），最低的是电力、热力、燃气及水生产和供应业（D）。

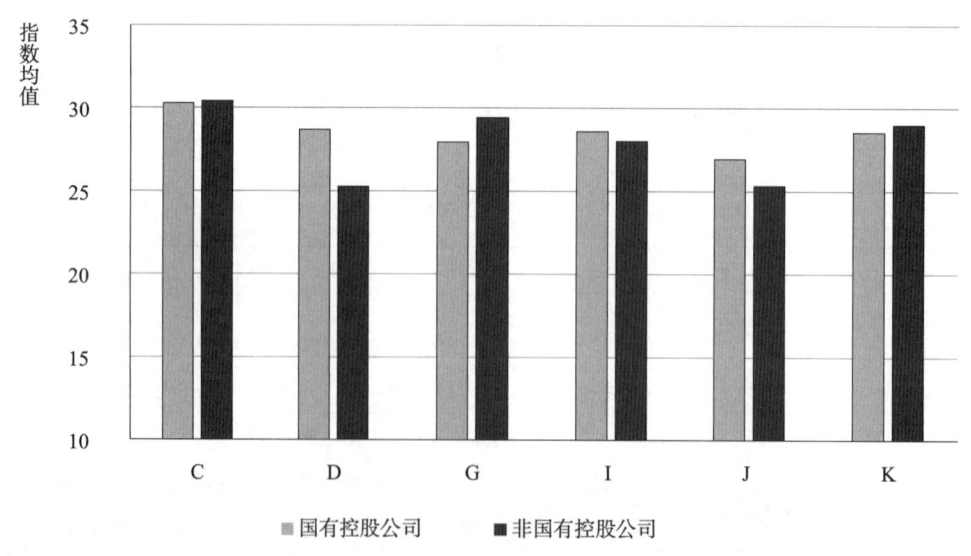

图13-7 2019年不同行业国有与非国有控股上市公司企业家能力指数均值比较

13.3.2 分行业企业家能力分项指数比较

六个行业国有与非国有控股上市公司的企业家能力分项指数比较结果参见表13-10。

表 13-10　2019 年不同行业国有与非国有控股上市公司企业家能力分项指数比较

行业	所有制类型	人力资本	关系网络能力	社会责任能力	战略领导能力
制造业（C）	国有控股公司	30.2390	6.5919	55.9989	22.2184
	非国有控股公司	28.7589	7.6271	58.5817	20.9305
	总体	29.1039	7.3858	57.9797	21.2307
电力、热力、燃气及水生产和供应业（D）	国有控股公司	31.7993	5.3446	53.2017	19.3073
	非国有控股公司	29.4524	5.1852	49.6102	13.5304
	总体	31.1533	5.3007	52.2132	17.7173
交通运输、仓储和邮政业（G）	国有控股公司	30.0408	5.2381	53.0685	18.4628
	非国有控股公司	28.3482	6.4236	55.9008	21.0933
	总体	29.5098	5.6100	53.9571	19.2881
信息传输、软件和信息技术服务业（I）	国有控股公司	29.3019	6.9444	54.5839	18.7012
	非国有控股公司	29.5290	5.4343	53.0255	18.9498
	总体	29.4924	5.6777	53.2767	18.9097
金融业（J）	国有控股公司	32.7767	6.2598	46.1605	18.6348
	非国有控股公司	31.6865	4.6296	46.5556	15.0750
	总体	32.4099	5.7113	46.2934	17.4371
房地产业（K）	国有控股公司	33.0049	5.5556	54.3387	17.0837
	非国有控股公司	30.6797	8.0645	54.4756	18.4806
	总体	31.8036	6.8519	54.4094	17.8054

为了便于比较，我们计算出六个行业非国有控股公司企业家能力四个分项指数均值与对应的国有控股公司企业家能力四个分项指数均值的差值，由此可以反映六个行业两类所有制上市公司企业家能力四个分项指数的差异，参见图13-8。

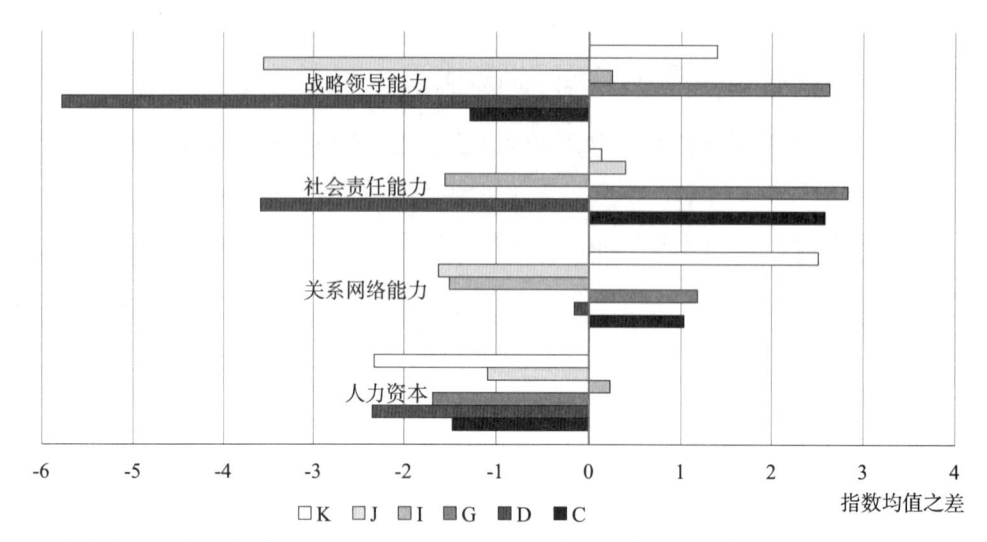

注：指数均值之差 = 非国有控股公司企业家能力分项指数均值 - 国有控股公司企业家能力分项指数均值。

图13-8　2019年不同行业国有与非国有控股上市公司企业家能力分项指数差值比较

由图13-8可以看出，在人力资本分项指数上，除了信息传输、软件和信息技术服务业（I）之外，其余五个行业的国有控股公司均高于非国有控股公司；在关系网络能力分项指数上，制造业（C）、交通运输、仓储和邮政业（G）、房地产业（K）三个行业的国有控股公司低于非国有控股公司，其他三个行业都是国有控股公司高于非国有控股公司；在社会责任能力分项指数上，电力、热力、燃气及水生产和供应业（D）以及信息传输、软件和信息技术服务业（I）两个行业的国有控股公司高于非国有控股公司，其他四个行业的国有控股公司均低于非国有控股公司；在战略领导能力分项指数上，交通运输、仓储和邮政业（G），信息传输、软件和信息技术服务业（I）以及房地产业（K）的非国有控股公司高于国有控股公司，其他三个行业则是国有控股公司高于非国有控股公司。总体看，六个代表性行业中，在人力资本分项指数上，电力、热力、燃气及水生产和供应业（D），房地产业（K）的国有控股公司表现比非国有控股公司较为突出；在关系网络能力分项指数上，房地产业（K）的非国有控股公司表现比国有控股公司较为突出；在社会责任能力分项指数上，电力、热力、燃气及水生产和供应业（D）国有控股公司表现比非国有控股公司较为突出；在战略领导能力分项指数上，电力、热力、燃气及水生产和供应业（D），金融业（J）国有控股公司表现比非国有控股公司较为突出。

13.4 本章小结

本章从所有制角度对 2019 年沪深两市 3569 家上市公司企业家能力指数及四个分项指数进行了统计和分析，结论如下：

（1）关于企业家能力总体指数

①随着第一大股东中的国有持股比例的降低，企业家能力指数均值先上升，再下降，又上升，再下降，大体呈比较平缓的"S"状。这意味着，国有参股公司可能由于国有股东的限制较小，薪酬激励较高，会有较多的优秀企业家涌现，而国有控股公司由于其资源优势，仍会吸引很多较优秀的企业家。②总体上，非国有控股公司企业家能力指数均值与中位值都略高于国有控股公司。③非国有企业或自然人最终控制的上市公司的企业家能力指数的均值和中位值都高于中央企业（或监管机构）和地方国企（或监管机构）最终控制的上市公司。不过，它们之间的差距很小。④从地区看，西部和东北国有控股公司企业家能力指数均值都高于非国有控股公司，东部和中部国有控股公司企业家能力指数的均值和中位值都低于非国有控股公司，东北地区企业家能力指数落后于其他三个地区。⑤从行业看，六个代表性行业中，制造业（C），交通运输、仓储和邮政业（G），房地产业（K）国有控股公司企业家能力指数均值低于非国有控股公司，另外三个行业的国有控股公司企业家能力指数均值高于非国有控股公司，但差异都不是很大。

（2）关于企业家能力分项指数

①在人力资本和战略领导能力两个分项指数上，国有控股公司高于非国有控股公司；在关系网络能力和社会责任能力两个分项指数上，则是国有控股公司低于非国有控股公司。两类公司除了社会责任能力有较明显差别外，在其他三个分项指数上差距并不是很大。②中央企业（或监管机构）最终控制的上市公司在人力资本和战略领导能力两个分项指数上高于地方国企（或监管机构）最终控制的上市公司，而且这两类公司在两个分项指数上都高于非国有企业或自然人最终控制的上市公司；在关系网络能力和社会责任能力两个分项指数上，则是中央企业（或监管机构）最终控制的上市公司低于地方国企（或监管机构）最终控制的上市公司，并且这两类公司都低于非国有企业或自然人最终控制的上市公司。③从地区看，中部上市公司在除人力资本分项指数以外的其他三个分项指数上，都是非国有控股公司好于国有控股公司；西部和东北在除关系网络分项指数以外的其他三个分项指数上，都是国有控股公司好于非国有控股公司；东部在人力资本和战略领导能力两个分项指数上国有控股公司好于非国有控股公司，在关系网络和社会责任能力两个分项指数上非国有控股公司好于国有控股公司。④从行业看，六个代表性行业中，在人力资本分项指数上，电力、热力、燃气及水生产和供应业（D），房地产

业（K）的国有控股公司表现比非国有控股公司较为突出；在关系网络能力分项指数上，房地产业（K）的非国有控股公司表现比非国有控股公司较为突出；在社会责任能力分项指数上，电力、热力、燃气及水生产和供应业（D）国有控股公司表现比非国有控股公司较为突出；在战略领导能力分项指数上，电力、热力、燃气及水生产和供应业（D）以及金融业（J）国有控股公司表现比非国有控股公司较为突出。

第14章 企业家能力指数的年度比较（2011～2019）

2012～2019年，我们对2011年、2013年，以及2015～2018年六个年度的中国上市公司企业家能力水平进行了六次测度，今年是第七次测度。本章将从总体、地区、行业、所有制和上市板块等多个角度，比较分析七个年度中国上市公司企业家能力水平，以便了解企业家能力水平是否有所提高以及提高程度，以期对企业家能力的完善有所启示。需要说明的是，由于评价对象是CEO（或总经理），而很多公司的CEO可能有变化，所以这种比较不是对同一CEO的纵向比较，而是一定程度上反映公司选择CEO方式的变化。

14.1 企业家能力指数总体的年度比较

七次评估的样本公司不断增加，2011年度有1939家，2013年度有2293家，2015～2018年度分别有2655家、2840家、3147家和3490家，2019年度（即本年度评价）有3569家，基本上是对全部上市公司CEO的评价。比较七年样本上市公司的企业家能力指数，以及人力资本、关系网络能力、社会责任能力和战略领导能力四个分项指数，结果见表14-1和图14-1。这里需要指出的是，因为2011年、2013年我们在计算企业家能力指数时使用的是均值法，而我们在计算2015～2019年企业家能力指数时则使用AHP方法，所以本章涉及的所有2011年和2013年企业家能力指数都是利用第1章里提到的AHP方法重新计算的。

表14-1 2011～2019年上市公司企业家能力指数均值比较

年份	样本量	总体指数	分项指数			
			人力资本	关系网络能力	社会责任能力	战略领导能力
2011	1939	35.7148	31.1754	12.7898	65.0234	27.3325
2013	2293	34.8096	29.2561	8.4286	67.3003	26.3960

续表

年份	样本量	总体指数	分项指数			
			人力资本	关系网络能力	社会责任能力	战略领导能力
2015	2655	34.0589	28.4504	6.9136	61.1558	30.5138
2016	2840	30.6948	27.7907	6.0452	61.9025	20.6075
2017	3147	29.7777	28.0476	6.3323	60.3379	18.7740
2018	3490	30.6824	29.1210	6.6635	58.1174	22.4366
2019	3569	29.6270	29.6109	7.0094	55.7632	20.6410

由表14-1和图14-1可知：

第一，从企业家能力总体指数看，2019年指数均值为29.6270分。七年中，2011～2017年连续下降，2018年有所上升，2019年再次下降。相比2011年，2019年下降6.0878分；相比2018年，2019年下降1.0554分。

第二，从人力资本分项指数看，2019年该分项指数均值为29.6109分。2011～2016年连续下降，2017～2019年连续上升。相比2011年，2019年下降1.5645分；相比2018年，2019年上升0.4899分。

第三，从关系网络能力分项指数看，2019年该分项指数均值为7.0094分。2011～2016年连续下降，2017～2019年连续上升。相比2011年，2019年下降5.7804分；相比2018年，2019年上升0.3459分。

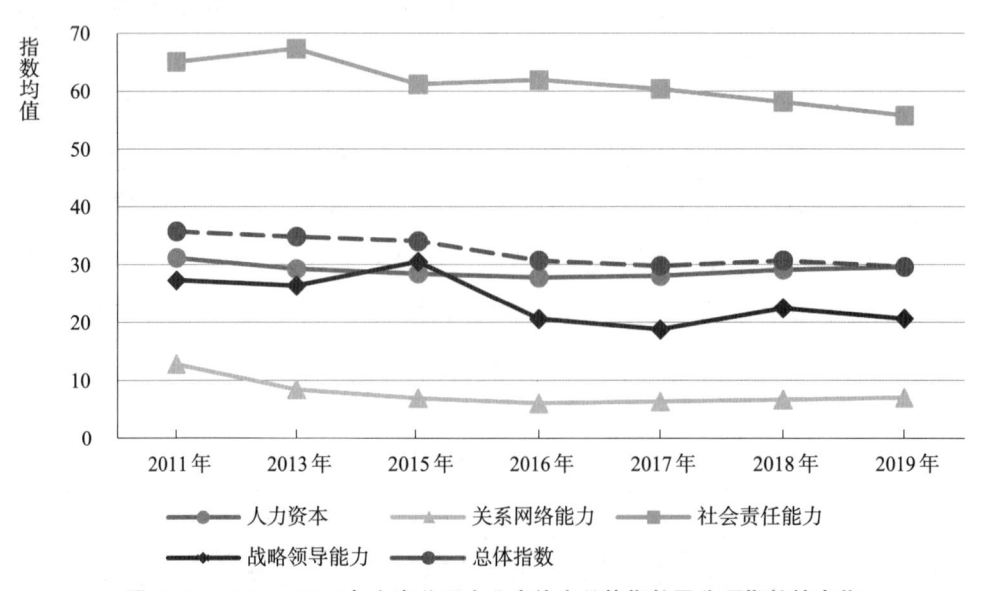

图14-1 2011～2019年上市公司企业家能力总体指数及分项指数的变化

第四,从社会责任能力分项指数看,2019年该分项指数均值为55.7632分。相比2011年,2019年下降9.2602分,在四个分项指数中下降最多;相比2018年,2019年下降2.3542分。

第五,从战略领导能力分项指数看,2019年该分项指数均值为20.6410分。相比2011年,2019年下降6.6915分;相比2018年,2019年下降1.7956分。

在七个年度中,企业家社会责任能力分项指数都是最高的,人力资本和战略领导能力两个分项指数比较接近,而关系网络能力则都是最低的,这与政府的强力反腐行动应该有一定关联,正常的关系网络也受到了较大影响。

14.2 分地区企业家能力指数的年度比较

为体现不同地区上市公司企业家能力情况,我们统计了各地区上市公司企业家能力指数,以及人力资本、关系网络能力、社会责任能力和战略领导能力四个分项指数的平均值,用来分别比较不同地区2011年、2013年,以及2015～2019年企业家能力的差异,结果见表14-2。

表14-2 2011～2019年不同地区中国上市公司企业家能力指数均值比较

地区	年份	总体指数	分项指数				总体指数排名
			人力资本	关系网络能力	社会责任能力	战略领导能力	
东部	2011	37.0764	31.8740	13.3074	66.9994	29.0979	1
	2013	35.2368	29.4781	8.2526	68.2440	26.8683	1
	2015	34.5315	28.4254	6.6235	61.9865	31.4443	1
	2016	31.1775	27.7371	5.7790	62.9578	21.3912	1
	2017	29.9032	27.9301	6.0786	60.6884	19.0860	2
	2018	31.0305	29.0054	6.3551	58.9722	23.0403	1
	2019	29.9584	29.5740	6.7326	56.7806	20.9913	1
中部	2011	33.9689	29.2953	12.7987	62.6896	25.1964	2
	2013	34.5201	28.0449	10.0252	67.5119	25.2811	2
	2015	34.3358	28.0531	8.9871	61.8937	29.8810	2
	2016	31.0231	27.8429	7.9472	62.0490	20.4075	2
	2017	30.4743	28.1904	8.7247	60.7675	19.1316	1

续表

地区	年份	总体指数	分项指数				总体指数排名
			人力资本	关系网络能力	社会责任能力	战略领导能力	
中部	2018	30.9326	29.1929	8.5781	57.5645	22.5519	2
	2019	29.7909	29.0476	8.8769	55.6368	20.5968	2
西部	2011	32.9734	29.9420	11.2642	61.0806	23.8978	4
	2013	33.3583	29.1603	6.8552	64.0466	25.5780	4
	2015	32.3076	28.9519	6.1198	58.1052	27.7916	3
	2016	28.8794	28.0542	5.5405	58.4952	17.9840	3
	2017	28.8755	28.6210	5.2855	59.1122	17.2272	3
	2018	29.2565	29.6817	6.2781	55.8338	19.8117	3
	2019	28.4092	30.3940	6.8655	52.6136	19.0752	3
东北	2011	33.0709	31.8843	11.3815	60.5721	23.2441	3
	2013	34.3554	30.0510	10.5247	64.1865	25.8840	3
	2015	32.2167	28.4658	7.0970	57.1713	28.0703	4
	2016	28.6188	27.6093	5.6803	57.3679	18.3365	4
	2017	28.5537	27.6482	6.0469	57.5842	17.7351	4
	2018	28.7592	29.0125	7.0470	53.1187	20.5505	4
	2019	27.5127	29.4891	6.2546	49.3641	19.9531	4

由表 14-2 可以看出:

第一,从企业家能力总体指数看,七个年度中,东部 2011～2019 年整体处于下降趋势,仅 2018 年有小幅上升,2019 年再次下降;中部、西部和东北三个地区整体呈现缓慢下降趋势,2013 年上升,2015～2017 年连续下降,2018 年略有回升后 2019 年再次下降。相比 2011 年,四个地区都下降,东部下降幅度最大,下降 7.1180 分;相比 2018 年,四个地区都下降,东北降幅最大,下降 1.2465 分。

第二,从人力资本分项指数看,相比 2011 年,2019 年仅西部地区上升 0.4520 分,其他三个地区为下降趋势,东北降幅最大,下降 2.3952 分;相比 2018 年,2019 年仅中部地区下降 0.1453 分,其他三个地区为上升趋势,西部升幅最大,上升 0.7123 分。

第三,从关系网络能力分项指数看,相比 2011 年,2019 年四个地区都下降,东部降幅最大,下降 6.5748 分;相比 2018 年,2019 年仅东北地区下降 0.7924 分,其他三个地区都上升，西部升幅最大，为 0.5874 分。

第四，从社会责任能力分项指数看，相比 2011 年，2019 年四个地区都下降，东北降幅最大，下降 11.2080 分；相比 2018 年，2019 年四个地区也都下降，东北降幅最大，下降 3.7546 分。

第五，从战略领导能力分项指数看，相比 2011 年，2019 年四个地区都下降，东部降幅较大，下降 8.1066 分；相比 2018 年，2019 年四个地区都是下降的，东部降幅最大，下降 2.0490 分。

图 14-2 显示了四个地区企业家能力总体指数的变化。从总体指数排名看，2011 年和 2013 年的排名是相同的，自高到低依次是东部、中部、东北和西部；2015 年后，西部超越东北成为第三名；七个年度中，东部和中部地区一直保持前两位，中部地区仅在 2017 年超越东部成为第一名，其余年份东部地区均为第一名。

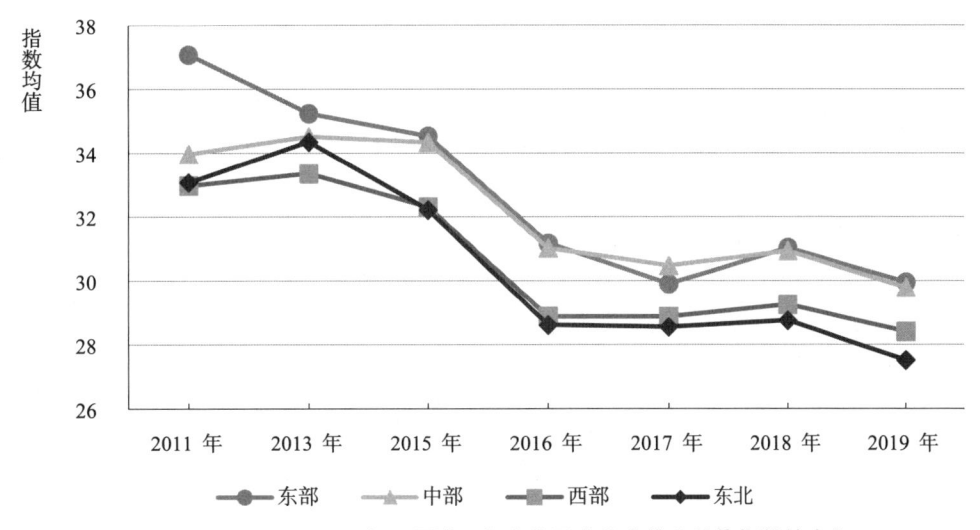

图 14-2　2011～2019 年不同地区上市公司企业家能力总体指数的变化

14.3　分行业企业家能力指数的年度比较

用各行业上市公司企业家能力总体指数，以及人力资本、关系网络能力、社会责任能力和战略领导能力四个分项指数的平均值来代表各行业上市公司企业家能力情况，分别比较不同行业不同年度企业家能力水平的差异。需要说明的是，由于《中国上市公司企业家能力指数报告 2012》使用的是《上市公司行业分类（2001 年）》，与之后报告使用的《上市公司行业分类（2012 年）》有所不同，因此，2011 年企业家能力指数不再纳入本年度比较分析，只比较 2013 年以及 2015～2019 年六个年度的企业家能力指数，结果参见表 14-3。

表14-3 2013~2019年不同行业上市公司企业家能力指数均值比较

行业	年份	总体指数	分项指数			
			人力资本	关系网络能力	社会责任能力	战略领导能力
农林牧渔业（A）	2013	35.4346	30.8776	12.7302	67.3980	24.7712
	2015	32.8621	27.2959	10.2249	61.3434	25.6870
	2016	32.6173	28.9935	10.9722	65.4099	20.0702
	2017	29.7496	27.1259	10.8466	60.8899	16.3825
	2018	29.7458	27.7700	11.7886	54.5958	20.5729
	2019	29.8897	29.4599	10.9756	55.5178	19.5686
采矿业（B）	2013	33.8269	30.5300	6.3710	65.3802	25.2571
	2015	33.2365	30.9198	3.9041	62.0402	27.2870
	2016	30.0147	29.9902	3.3409	60.1597	19.9760
	2017	29.4619	29.1795	4.1291	59.2397	19.1619
	2018	30.2459	29.9060	4.4591	55.8156	23.6760
	2019	27.4415	31.3333	4.1481	46.8692	21.6959
制造业（C）	2013	35.2253	28.3266	8.8984	68.7298	26.8539
	2015	35.0164	27.8084	7.5701	62.6837	32.2409
	2016	31.3063	27.4962	6.5427	62.7810	21.6700
	2017	30.2219	27.6314	6.8126	61.1016	19.5135
	2018	31.2851	28.7033	6.8896	59.1849	23.5491
	2019	30.3745	29.1039	7.3858	57.9797	21.2307
电力、热力、燃气及水生产和供应业（D）	2013	33.2295	30.9524	6.8357	65.9679	22.4249
	2015	31.2371	28.7560	6.1486	58.2017	24.5782
	2016	28.5166	26.9866	5.2025	58.7826	17.5476
	2017	28.2160	29.2926	4.9083	57.1963	16.5491
	2018	28.9009	30.7959	6.2963	55.6513	18.1249
	2019	27.7393	31.1533	5.3007	52.2132	17.7173

续表

行业	年份	总体指数	分项指数			
			人力资本	关系网络能力	社会责任能力	战略领导能力
建筑业（E）	2013	32.7491	27.5370	9.7031	61.2377	25.5546
	2015	32.1820	28.5714	8.1612	54.2603	29.6930
	2016	29.8184	27.2727	8.6219	57.9894	20.0842
	2017	28.7725	27.4603	6.7901	56.9375	18.6473
	2018	28.8088	28.8413	7.0370	52.8182	21.0673
	2019	28.2234	29.9774	7.7193	48.9756	21.2990
批发和零售业（F）	2013	33.9472	30.8424	7.2682	62.4754	27.2980
	2015	34.0337	29.2906	5.0076	59.9260	31.9244
	2016	30.7258	29.0299	4.4144	60.0068	22.3155
	2017	29.6670	28.4268	4.5007	57.7603	21.2961
	2018	31.1373	30.4443	5.6233	56.5709	24.7663
	2019	29.8730	30.2529	5.6936	53.3751	23.6323
交通运输、仓储和邮政业（G）	2013	33.9336	31.1317	5.0072	63.4045	24.5052
	2015	32.2609	30.6526	5.0480	60.0899	25.4735
	2016	29.0787	27.9228	4.2593	59.6759	18.4127
	2017	28.4385	29.8016	5.7407	58.3700	15.4674
	2018	29.1927	29.7496	4.5819	56.8768	19.6480
	2019	28.4198	29.5098	5.6100	53.9571	19.2881
住宿和餐饮业（H）	2013	33.9200	31.4286	5.8025	65.4762	25.1705
	2015	31.2901	34.2857	6.8182	52.3120	25.4861
	2016	24.9495	26.6883	6.5657	46.6133	16.1283
	2017	27.1153	32.7778	4.3210	48.8005	18.0632
	2018	27.7038	33.2540	4.3210	47.2351	20.8115
	2019	27.9047	36.4286	4.3210	45.8684	20.4123
信息传输、软件和信息技术服务业（I）	2013	35.0535	30.3480	9.0313	67.5214	25.8937
	2015	33.4360	27.9902	5.6475	61.8588	29.0493
	2016	29.7844	27.6231	4.3252	62.5047	18.4054

续表

行业	年份	总体指数	分项指数			
			人力资本	关系网络能力	社会责任能力	战略领导能力
信息传输、软件和信息技术服务业（I）	2017	28.8666	27.8847	4.8879	59.8190	17.3328
	2018	29.6980	29.3071	5.7636	58.0602	19.8634
	2019	28.1201	29.4924	5.6777	53.2767	18.9097
金融业（J）	2013	37.0652	37.7992	8.4384	63.6583	30.4940
	2015	29.1822	33.0904	4.4785	44.9430	27.1982
	2016	30.7738	33.3459	4.3762	60.5586	19.1390
	2017	28.4293	32.3377	4.7619	55.9856	16.2271
	2018	28.8896	32.1023	5.6818	54.1565	18.7749
	2019	26.4030	32.4099	5.7113	46.2934	17.4371
房地产业（K）	2013	32.5684	29.8229	5.5005	63.6659	23.7895
	2015	31.1584	29.4456	4.1915	57.9848	25.1266
	2016	28.2079	28.5200	4.5378	59.2513	15.5638
	2017	29.7686	29.0971	5.3778	63.2934	16.1481
	2018	28.8615	30.1382	5.6452	56.6119	18.0166
	2019	28.7836	31.8036	6.8519	54.4094	17.8054
租赁和商务服务业（L）	2013	35.3286	27.9643	10.8333	69.0179	26.1149
	2015	31.0658	28.3242	6.2179	52.9344	28.6190
	2016	29.6661	26.0893	4.7500	64.4093	17.2829
	2017	28.1306	27.1429	6.6138	55.2155	18.4166
	2018	29.6292	25.6604	6.7086	58.5092	21.2127
	2019	26.7631	26.3736	8.9744	48.8250	18.7162
科学研究和技术服务业（M）	2013	37.6685	31.2338	10.4040	71.4286	29.2905
	2015	35.4892	29.5238	11.4815	63.9329	29.3629
	2016	30.0951	25.7764	5.3623	57.6518	23.9881
	2017	28.7492	28.5938	8.1597	58.5216	15.7710
	2018	30.4198	30.0446	8.3333	55.7333	20.6507
	2019	30.1692	30.9683	8.8889	56.9737	19.3581
水利、环境和公共设施管理业（N）	2013	36.0363	31.2500	9.2361	74.4792	22.4685
	2015	33.5916	30.9762	7.8333	62.5295	25.7750
	2016	28.7023	28.8745	7.7946	62.1871	12.6414
	2017	30.0726	29.5893	8.0556	62.7335	15.7326

续表

行业	年份	总体指数	分项指数			
			人力资本	关系网络能力	社会责任能力	战略领导能力
水利、环境和公共设施管理业（N）	2018	30.4198	30.7286	8.6667	59.5066	18.3288
	2019	29.9725	30.7672	9.0535	58.8299	17.2867
教育（P）	2013	37.7685	60.0000	0.0000	57.1429	27.7064
	2015	40.5919	31.4286	5.5556	75.0000	37.7381
	2016	30.9630	16.4286	10.7407	66.6849	22.5502
	2017	33.3152	30.8929	8.3333	62.6271	24.6381
	2018	30.1647	25.4464	10.4167	57.8264	21.5096
	2019	29.0055	33.8393	4.1667	50.0264	22.1717
卫生和社会工作（Q）	2013	37.4562	27.6190	6.2963	76.1905	29.4217
	2015	31.4771	31.4286	3.7778	57.5447	25.3521
	2016	34.3330	30.2041	5.3968	67.8772	25.5022
	2017	30.4832	28.0357	5.5556	57.9393	23.3115
	2018	30.9759	35.7143	7.8704	53.1346	22.3259
	2019	29.8317	33.5119	5.5556	48.9758	24.9982
文化、体育和娱乐业（R）	2013	37.5355	36.9156	9.8485	67.2890	28.7712
	2015	33.9998	31.8056	9.4290	61.8405	26.1486
	2016	30.4291	27.8746	6.3550	63.1432	18.5601
	2017	30.3603	29.1369	6.9444	64.4430	16.1189
	2018	31.8038	29.1502	8.7165	61.2225	22.1705
	2019	28.2663	29.7744	7.5049	51.3393	19.7488
综合（S）	2013	32.8815	31.8012	6.7150	57.2981	27.9592
	2015	28.7070	29.0571	2.8000	49.5269	25.6269
	2016	27.5760	25.9627	3.7198	54.9167	19.3530
	2017	26.8156	23.7888	2.4155	58.7906	16.0460
	2018	25.6433	27.7211	5.5556	42.8603	21.1661
	2019	27.4389	31.8487	3.9216	44.8696	23.1028

注：①由于教育（P）在2013年和2015年只有1家上市公司，2016~2019年由3家、4家、8家和8家上市公司，所以，2013年和2015年该行业数据难以反映该行业的实际平均水平，故只比较2016~2019年；②居民服务、修理和其他服务业（O）只有1家上市公司，难以代表该行业整体水平，故排名时剔除。

从表14-3可以看出：

第一，从企业家能力总体指数看，18个行业中，有9个行业（剔除教育）2013~2017年连续下降，2018年有所上升，2019年再次下降。相比2013年，2019年除了代表意义有限的教育（P）以外的17个行业都是下降的，其中降幅最大的是金融业（J），下降10.6622分；相比2018年，2019年有15个行业下降，其中文化、体育和娱乐业（R）降幅最大，下降3.5375分；仅有3个行业上升，为农林牧渔业（A）、住宿和餐饮业（H）和综合（S），综合（S）增幅最大，为1.7956分。

第二，从人力资本分项指数看，相比2013年，2019年只有采矿业（B）等8个行业是上升的，其中卫生和社会工作（Q）升幅最大，上升5.8929分；其他9个行业（剔除教育）都是下降的，降幅最大的是文化、体育和娱乐业（R），下降7.1412分。相比2018年，2019年有15个行业上升，教育（P）升幅最大为8.3929分，其次是综合（S），上升4.1276分；另外3个行业是下降的，降幅最大的是卫生和社会工作（Q），下降2.2024分。

第三，从关系网络能力分项指数看，相比2013年，2019年有15个行业下降，其中信息传输、软件和信息技术服务业（I）降幅最大，下降3.3536分；其他2个行业（剔除教育）是上升的，房地产业（K）上升1.3514分，交通运输、仓储和邮政业（G）仅上升0.6028分。相比2018年，2019年有9个行业上升，升幅最大的是租赁和商务服务业（L），上升2.2658分；有8个行业下降，降幅最大的是教育（P），下降6.2500分，其次为卫生和社会工作（Q），下降2.3148分；住宿和餐饮业（H）持平。

第四，从社会责任能力分项指数看，相比2013年，2019年全部17个行业（剔除教育）都是下降的，降幅最大的是卫生和社会工作（Q），下降27.2147分。相比2018年，2019年仅农林牧渔业（A）、科学研究和技术服务业（M）和综合（S）三个行业为上升，升幅最大的是综合（S），上升2.0093分；其他15个行业都是下降的，降幅最大的行业是文化、体育和娱乐业（R），下降9.8832分。

第五，从战略领导能力分项指数看，相比2013年，2019年全部17个行业（剔除教育）都是下降的，其中降幅最大的行业是金融业（J），下降13.0569分。相比2018年，2019年14个行业是下降的，其中降幅最大的是租赁和商务服务业（L），下降2.4965分；4个行业为上升，升幅最大的行业是卫生和社会工作（Q），上升2.6723分。

图13-3显示了18个行业企业家能力总体指数的变化。除了代表性有限的教育行业（P）外，2013年科学和技术服务业（M），文化、体育和娱乐业（R），卫生和社会工作（Q）排名前三；2015年科学和技术服务业（M），制造业（C），批发和零售业（F）排名前三；2016年卫生和社会工作（Q），农、林、牧、渔业（A），制造业（C）排名前三；2017年，卫生和社会工作（Q），文化、体育和娱乐业（R），制造业（C）排名前三；2018年，文化、体育和娱乐业（R），制造业（C），批发和零售业（F）排名前三；2019年，制造业（C），科学和技术服务业（M），水利、环境和公共设施管理业（N）排名前三。

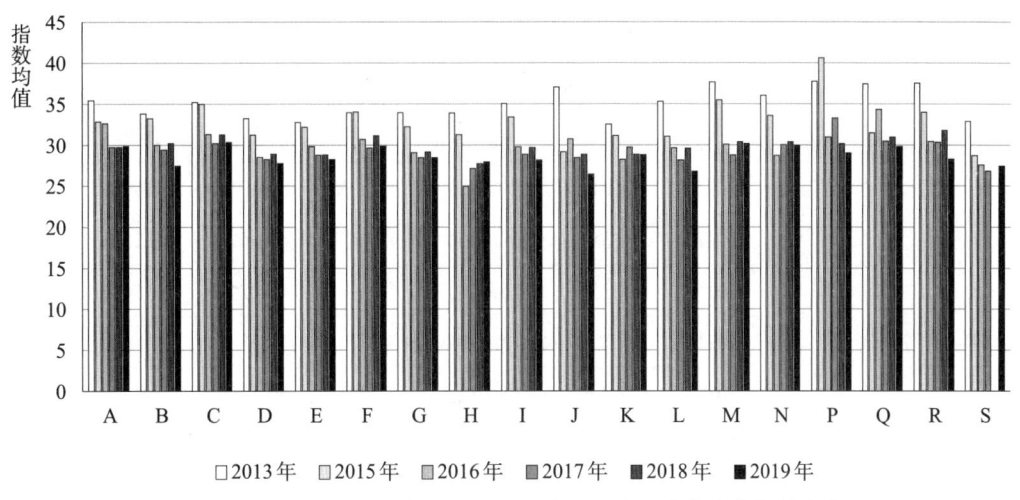

图14-3　2013～2019年不同行业上市公司企业家能力指数的变化

14.4　分所有制企业家能力指数的年度比较

按照五类所有制或控股类型的划分，用各所有制上市公司企业家能力总体指数，以及人力资本、关系网络能力、社会责任能力和战略领导能力四个分项指数的平均值来代表各所有制上市公司企业家能力情况，分别比较2011年、2013年，以及2015～2019年不同所有制上市公司的企业家能力水平的差异，结果参见表14-4Panel A。另外，进一步将样本按照国有控股公司和非国有控股公司分类，统计信息见表14-4Panel B。

表14-4　2011～2019年不同所有制上市公司企业家能力指数均值比较

所有制类型	年份	总体指数	分项指数				总体指数排名
			人力资本	关系网络能力	社会责任能力	战略领导能力	
Panel A 按照五类所有制公司分类							
国有绝对控股公司	2011	36.6200	30.8870	11.9411	66.6021	29.4469	2
	2013	35.0605	31.2867	7.7628	65.5724	27.5756	2
	2015	33.5482	29.4649	5.9379	60.2598	29.5511	3
	2016	31.1328	28.8857	5.6622	60.4623	22.5915	2
	2017	30.3042	29.5970	5.9014	59.6134	20.1631	1
	2018	30.8418	29.6751	5.6645	57.4401	23.6505	1
	2019	29.4823	30.4377	5.9106	53.5198	22.0851	4

续表

所有制类型	年份	总体指数	分项指数				总体指数排名
			人力资本	关系网络能力	社会责任能力	战略领导能力	
国有强相对控股公司	2011	34.6124	29.8701	12.2300	62.1758	27.4967	4
	2013	34.3110	30.4860	7.4047	64.0029	27.3169	3
	2015	33.2207	28.6551	5.8896	60.2390	29.1427	4
	2016	30.3597	28.3908	5.2671	59.9801	21.1870	4
	2017	29.8292	28.8425	5.0595	60.5392	18.9303	3
	2018	30.3090	30.0620	5.0209	57.4175	22.1449	5
	2019	29.6020	30.7294	5.9468	54.4077	21.5068	3
国有弱相对控股公司	2011	33.5773	30.0183	13.4119	59.8940	25.4746	5
	2013	33.8378	29.2576	7.5459	64.1803	26.4809	5
	2015	32.9314	28.6846	6.9366	58.6606	28.9628	5
	2016	29.5753	27.3618	5.9226	59.7691	19.3089	5
	2017	29.3766	28.1253	6.3356	58.8970	18.6815	5
	2018	30.4272	30.4639	6.5519	56.4107	22.2198	4
	2019	29.0393	30.8766	6.8448	53.1707	20.2203	5
国有参股公司	2011	36.0996	32.0099	14.5207	65.3461	26.7294	3
	2013	34.2035	28.8689	8.4327	66.3176	25.6172	4
	2015	34.6433	29.1045	7.3125	61.7948	31.1083	1
	2016	31.2702	28.2294	6.7668	62.9059	20.8444	1
	2017	30.0960	27.8159	7.0321	60.7474	19.1772	2
	2018	30.7267	28.7752	7.2684	57.9195	22.6336	3
	2019	29.7873	29.7659	7.2167	55.6187	21.0286	1
无国有股份公司	2011	36.6351	31.9971	12.2375	67.8597	27.5576	1
	2013	35.3275	28.4158	9.1546	69.9090	25.9994	1
	2015	34.5358	27.6232	7.3950	62.1225	31.4610	2
	2016	30.7007	27.1487	6.0173	63.0071	20.1673	3
	2017	29.5881	27.5959	6.4499	60.5559	18.2584	4
	2018	30.7928	28.6531	6.9630	58.9240	22.2613	2
	2019	29.7233	28.7335	7.4122	57.2982	20.0451	2

续表

所有制类型	年份	总体指数	分项指数				总体指数排名
			人力资本	关系网络能力	社会责任能力	战略领导能力	
Panel B 按照国有控股公司和非国有控股公司分类							
国有控股公司	2011	34.8450	30.2017	12.5250	62.6886	27.3994	2
	2013	34.4258	30.4028	7.5642	64.5760	27.1650	2
	2015	33.2349	28.8968	6.1942	59.8068	29.2106	2
	2016	30.2914	28.1751	5.5772	60.0283	20.9150	2
	2017	29.7952	28.7890	5.6873	59.7697	19.1485	1
	2018	30.4800	30.1089	5.7144	57.0698	22.5372	2
	2019	29.3614	30.7149	6.2763	53.7291	21.1609	2
非国有控股公司	2011	36.4528	32.0015	13.0145	67.0043	27.2757	1
	2013	35.0540	28.5261	8.9789	69.0349	25.9064	1
非国有控股公司	2015	34.5755	28.1705	7.3645	62.0014	31.3307	1
	2016	30.9240	27.5724	6.3111	62.9674	20.4327	1
	2017	29.7689	27.6742	6.6571	60.6241	18.5854	2
	2018	30.7693	28.6964	7.0713	58.5676	22.3934	1
	2019	29.7468	29.1126	7.3404	56.6814	20.4062	1

从表14-4 Panel A 可以看出：

第一，从企业家能力总体指数看，七个年度中，国有绝对控股公司、国有强相对控股公司和无国有股份公司2011~2017年连续下降，2018年有所回升，2019年再次下降；国有弱相对控股公司2013年上升，然后2013~2017年连续下降，2018年回升后2019年下降；国有参股公司呈波动状态。相比2011年，2019年五类公司企业家能力总体指数都是下降的，其中降幅最大的是国有绝对控股公司，下降7.1377分；相比2018年，2019年五类公司企业家能力总体指数均下降，降幅最大的是国有弱相对控股公司，下降了1.3879分。

第二，从人力资本分项指数看，相比2011年，2019年国有绝对控股公司、国有参股公司、无国有股份公司下降，其中降幅最大的是无国有股份公司，下降3.2636分；国有强相对控股公司和国有弱相对控股公司上升，但升幅都很小。相比2018年，2019年五类公司都上升，但升幅都不大，升幅最大的是国有参股公司，上升0.9907分。

第三，从关系网络能力分项指数看，相比2011年，2019年五类公司全部下降，其中降幅最大的是国有参股公司，下降7.3040分；相比2018年，2019年除国有参股公司下降0.0517分外，其他四类公司略有上升，升幅最大的是国有强相对控股公司，只上升0.9259分。

第四，从社会责任能力分项指数看，相比2011年，2019年五类公司全部下降，其中降幅最大的是国有绝对控股公司，下降13.0823分；相比2018年，2019年五类公司也均下降，其中降幅最大的仍为国有绝对控股公司，下降3.9203分。

第五，从战略领导能力分项指数看，相比2011年，2019年五类公司全部下降，其中降幅最大的是无国有股份公司，下降7.5125分；相比2018年，2019年五类公司也均下降，其中降幅最大的是无国有股份公司，下降2.2162分。

图14-4显示了五类所有制上市公司企业家能力总体指数的变化。可以看出，五类公司整体呈下降趋势，2015~2017年五类所有制公司均连续下降，2018年均有所回升，2019年再次下降。

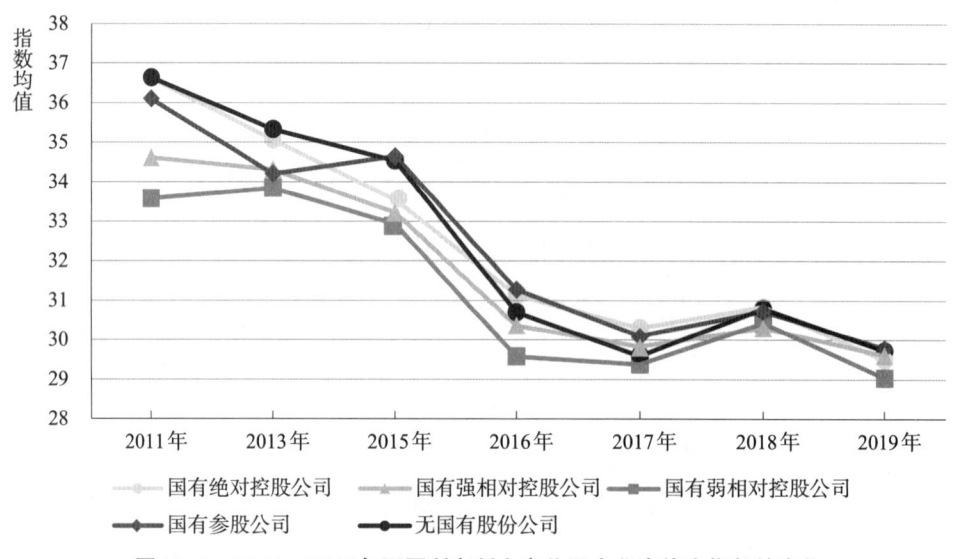

图14-4 2011~2019年不同所有制上市公司企业家能力指数的变化

从表14-4 Panel B可以看出：

第一，从企业家能力总体指数看，国有控股公司和非国有控股公司都是2011~2017年连续下降，2018年上升后2019年再次下降。相比2018年，2019年国有控股公司降幅略大于非国有控股公司。

第二，从人力资本分项指数看，2019年与2011年相比，国有控股公司略有上升，而非国有控股公司下降；相比2018年，2019年两类公司都略有上升。

第三，从关系网络能力分项指数看，2019年两类公司比2011年都下降较多，国有控股公司降幅略大于非国有控股公司,降幅均在6分左右;相比2018年,2019年两类公司都略有上升,但升幅均未超过1分。

第四,从社会责任能力分项指数看,2019年两类公司比2011年也都下降较多,非国有控股公司降幅大于国有控股公司,降幅均在9分左右;相比2018年,2019年两类公司也都下降,国有控股公司降幅大于非国有控股公司。

第五,从战略领导能力分项指数看,2019年两类公司比2011年同样都下降,降幅都超过6分;相比2018年,两类公司都下降,非国有控股公司降幅略大于国有控股公司。

14.5 分上市板块企业家能力指数的年度比较

用各板块上市公司企业家能力指数,以及人力资本、关系网络能力、社会责任能力和战略领导能力四个分项指数的平均值来代表各板块上市公司企业家能力情况,分别比较不同板块2011年、2013年,以及2015~2019年企业家能力的差异,结果见表14-5。

表 14-5 2011~2019年不同板块上市公司企业家能力指数均值比较

板块	年份	总体指数	分项指数				总体指数排名
			人力资本	关系网络能力	社会责任能力	战略领导能力	
深市主板(不含中小板)	2011	32.4615	29.6929	13.0458	58.6690	23.5082	4
	2013	34.0280	31.2929	7.0513	62.5215	27.3226	4
	2015	32.5809	30.5303	5.3433	57.2759	28.6676	4
	2016	29.7675	29.8130	5.6354	59.5395	18.5951	4
	2017	29.4276	30.6691	5.7618	57.9093	18.2543	4
	2018	29.8668	31.1599	5.7850	55.4938	21.2223	4
	2019	28.3416	31.1432	6.0286	51.8102	19.4836	4
深市中小企业板	2011	38.6635	30.2065	15.5903	71.2896	30.2729	1
	2013	35.5365	26.4512	9.0651	72.7881	25.6435	1
	2015	35.4605	26.9912	8.3124	64.6691	32.1059	1
	2016	31.5897	26.9406	7.5184	63.7877	21.5447	1
深市中小企业板	2017	30.1005	27.5488	7.8280	61.0226	18.7090	1
	2018	31.0844	28.4446	7.7974	58.5580	23.1289	1
	2019	29.9027	29.0882	8.0321	55.8078	21.2319	1

续表

板块	年份	总体指数	分项指数				总体指数排名
			人力资本	关系网络能力	社会责任能力	战略领导能力	
深市创业板	2011	37.5760	36.3633	10.0835	73.9613	23.6763	2
	2013	35.4176	27.8615	11.2732	70.4787	25.0179	2
	2015	35.1422	28.9903	8.0556	62.8472	31.4313	2
	2016	31.4809	28.4793	6.6556	64.8129	19.8171	2
	2017	29.7976	27.9615	6.7821	61.0468	18.0659	2
	2018	30.7422	28.8079	6.9252	59.0603	21.9193	2
	2019	29.7433	29.0540	7.4249	57.0740	20.0674	3
沪市主板	2011	35.2654	31.6598	11.3264	62.8061	28.2592	3
	2013	34.4077	30.9134	7.5433	64.2635	27.0349	3
	2015	33.2549	28.3376	6.1291	59.6516	29.8088	3
	2016	30.0818	27.2172	4.8742	60.2048	21.1612	3
	2017	29.6775	27.4565	5.2985	60.4189	19.3657	3
	2018	30.6580	29.0507	6.0830	58.2077	22.6537	3
	2019	29.7984	29.7451	6.4546	56.3133	20.9254	2

从表 14-5 可以看出：

第一，从企业家能力总体指数看，七个年度中，四个板块均呈现下降趋势，除深市主板（不含中小企业板）2013 年有所上升外，其余三个板块都在 2011～2017 年连续下降，四个板块在 2018 年有所上升，2019 年均再次下降；相比 2011 年，2019 年四个板块都是下降的，降幅最大的是深市中小企业板，下降 8.7608 分；相比 2018 年，2019 年四个板块都小幅下降，其中深市主板（不含中小企业板）降幅最大，下降 1.5252 分。

第二，从人力资本分项指数看，相比 2011 年，2019 年除了深市主板（不含中小企业板）上升外，其他三个板块都是下降的，降幅最大的是深市创业板，下降 7.3093 分；相比 2018 年，2019 年四个板块仅深市主板（不含中小企业板）略有下降，其余三个板块均上升，沪市主板升幅最大，为 0.6944 分。

第三，从关系网络能力分项指数看，相比 2011 年，2019 年四个板块都下降，降幅最大的是深市中小企业板，下降 7.5582 分；相比 2018 年，2019 年四个板块均略有上升，升幅均未超过 0.5 分。

第四，从社会责任能力分项指数看，相比 2011 年，2019 年四个板块都下降，降幅最大的是深市创业板，下降 16.8873 分；相比 2018 年，2019 年四个板块也都是下降的，深市主板（不含中小企业板）降幅最大，为 3.6836 分。

第五，从战略领导能力分项指数看，相比2011年，2019年四个板块都下降，其中降幅最大的是深市中小企业板，下降9.0410分。相比2018年，2019年四个板块都是下降的，降幅均为1.72~1.90分，降幅最大的也是深市中小企业板。

图14-5显示了四个板块六个年度中的企业家能力总体指数变化情况。从排名中看到，在七个年度中，从2011年至2018年不同上市板块的企业家能力指数排名没有变化，由大到小依次保持为深市中小企业板、深市创业板、沪市主板和深市主板（不含中小企业板）；2019年沪市主板超过深市创业板成为第二名，深市中小企业板仍为第一名。

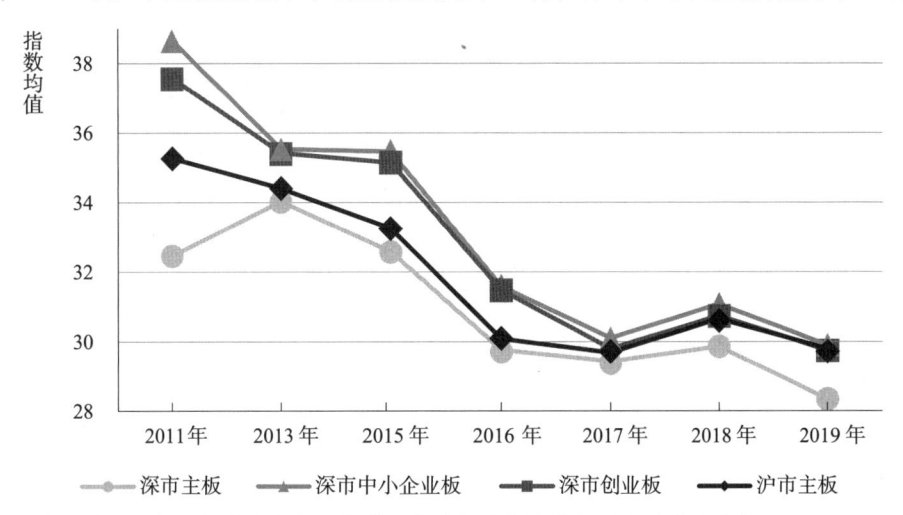

注：深市中小企业板是深市主板的一部分，但本图中深市主板不含中小企业板。

图14-5　2011~2019年不同板块上市公司企业家能力指数的变化

14.6　本章小结

本章从总体、地区、行业、所有制和上市板块等角度分别比较了2011年、2013年，以及2015~2019年中国上市公司的企业家能力水平，主要结论如下：

①从总体看，企业家能力总体指数整体呈下降趋势，在2011~2017年连续下降，2018年有所上升，2019年再次下降。在四个分项指数上，人力资本和关系网络能力两个分项指数在2011~2016年连续下降，2017~2019年连续上升；社会责任能力和战略领导能力两个分项指数处于波动状态。相比2011年，2019年四个分项指数都是下降的，社会责任能力分项指数降幅最大；相比2018年，2019年社会责任能力和战略领导能力分项指数为下降，人力资本和关系网络能力分项指数略有上升。

②从地区看，在企业家能力总体指数上，相比2011年，四个地区都下降，东部下降幅度最大；相比2018年，四个地区也均下降，东北降幅最大。在分项指数上，相比2011年，2019年仅有西部地区的人力资本分项指数略有上升，其他三个地区的人力资本

指数，以及四个地区的其余三个分项指数都是下降的；相比2018年，2019年在社会责任能力和战略领导能力两个分项指数上，四个地区都下降；人力资本分项指数除中部下降外，其他三个地区都上升；关系网络能力分项指数除东北下降外，其他三个地区都上升。

③从行业看，在企业家能力总体指数上，18个行业中，有9个行业（剔除教育）2013～2017年连续下降，2018年有所上升，2019年再次下降；相比2013年，所有17个行业（剔除教育）均下降；相比2018年，2019年有15个行业下降，3个行业上升。在分项指数上，人力资本分项指数上，相比2013年，2019年有9个行业（剔除教育）下降；相比2018年，2019年有15个行业上升。关系网络能力分项指数上，相比2013年，2019年有15个行业下降；相比2018年，2019年有9个行业上升。社会责任能力分项指数上，相比2013年，2019年全部17个行业（剔除教育）下降；相比2018年，2019年有15个行业下降。战略领导能力分项指数上，相比2013年，2019年全部17个行业（剔除教育）都是下降的；相比2018年，2019年有14个行业下降。

④从所有制看，国有控股公司和非国有控股公司都是2011～2017年连续下降，2018年有所上升，2019年再次下降。相比2018年，2019年国有控股公司降幅略大于非国有控股公司。在分项指数上，人力资本分项指数2019年与2011年相比，国有控股公司略有上升，而非国有控股公司下降；相比2018年，2019年两类公司都略有上升。关系网络能力分项指数2019年比2011年均下降，国有控股公司降幅略大于非国有控股公司；相比2018年，两类公司都略有上升。社会责任能力分项指数2019年比2011年也都下降，非国有控股公司降幅大于国有控股公司；相比2018年，2019年两类公司也都下降，国有控股公司降幅大于非国有控股公司。战略领导能力分项指数2019年比2011年同样都下降，两类公司降幅都超过6分；相比2018年，两类公司都下降，非国有控股公司降幅略大于国有控股公司。

⑤从上市板块看，在企业家能力总体指数上，相比2011年，2019年四个板块都是下降的，降幅最大的是深市中小企业板；相比2018年，2019年四个板块都小幅下降，其中深市主板（不含中小企业板）降幅最大。在人力资本分项指数上，相比2011年，2019年除了深市主板（不含中小企业板）上升外，其他三个板块都是下降的；相比2018年，2019年仅深市主板（不含中小企业板）略有下降，其余三个板块均上升。在关系网络能力分项指数上，相比2011年，2019年四个板块都下降；相比2018年，2019年四个板块都略有上升。在社会责任能力分项指数上，相比2011年，2019年四个板块都下降，降幅最大的是深市创业板；相比2018年，2019年四个板块也都下降，深市主板（不含中小企业板）降幅最大。在战略领导能力分项指数上，相比2011年和2018年，2019年四个板块也都是下降的，降幅最大的都是深市中小企业板。

第五篇　财务治理指数

第15章 财务治理总体指数排名及比较

根据第 1 章确定的财务治理指数评价方法，以及我们评估获得的 2019 年度 3569 家样本上市公司治理指数数据，本章将对这些公司的财务治理指数进行排名分析，然后分别从地区、行业及上市板块三个角度进行比较分析。

15.1 财务治理指数总体分布及排名

基于上市公司 2019 年的公开数据，根据第 1 章构建的财务治理指标体系和指数计算方法，我们对 3569 家上市公司的财务治理指数进行了计算，得到 2019 年中国上市公司财务治理指数的总体排名情况。

15.1.1 财务治理指数总体分布

在 3569 家上市公司中，财务治理指数最大值为 78.0296，最小值为 20.0164，平均值为 54.1839，中位值为 54.4916。整体而言，全部样本的绝对差距较大，最大值高出最小值 58.0132 分，详见表 15-1。

表 15-1 2019 年上市公司财务治理指数总体情况

项目	公司数目	平均值	中位值	最大值	最小值	标准差	偏度系数	峰度系数
数值	3569	54.1839	54.4916	78.0296	20.0164	7.4548	−0.3566	0.5240

为进一步了解财务治理指数在各个得分区间的分布情况，我们将财务治理指数在有分布的区域按 5 分一个区间划分为 [0, 20)、[20, 25)、[25, 30)、[30, 35)、[35, 40)、[40, 45)、[45, 50)、[50, 55)、[55, 60)、[60, 65)、[65, 70)、[70, 75)、[75, 80) 以及 [80, 100] 共 14 个区间（其中 [0, 20) 和 [80, 100] 的公司数目为 0，因此将指数区间合并），每个得分区间的企业数目和所占比重参见表 15-2 和图 15-1。

表 15-2 2019 年上市公司财务治理指数分布情况

指数区间	公司数目	占比（%）	累计占比（%）
[0，20）	0	0.00	0.00
[20，25）	2	0.06	0.06
[25，30）	9	0.25	0.31
[30，35）	36	1.01	1.32
[35，40）	85	2.38	3.70
[40，45）	253	7.09	10.79
[45，50）	553	15.49	26.28
[50，55）	944	26.45	52.73
[55，60）	898	25.16	77.89
[60，65）	590	16.53	94.42
[65，70）	159	4.46	98.88
[70，75）	36	1.01	99.89
[75，80）	4	0.11	100.00
[80，100]	0	0.00	100.00
总计	3569	100.00	100.00

由表 15-2 可知，财务治理指数分值主要集中在 [45，65）区间，共有 2985 家公司，占全部样本的 83.64%。其中在 [50，55）区间的公司数量最多，有 944 家，占样本总数的 26.45%。及格（大于或等于 60 分）的公司有 789 家，占比为 22.11%，比 2018 年提高 9.53 个百分点（2018 年及格率为 12.58%），这反映了 2019 年中国上市公司财务治理水平有所上升。

图 15-1 直观地反映了 2019 年上市公司财务治理指数的分布。可以看出，2019 年上市公司财务治理指数的区间分布相对比较集中，整体财务治理水平低于及格线。从表 15-1 可知，上市公司财务治理指数的偏度系数为 -0.3566，峰度系数为 0.5240，财务治理指数整体分布基本满足正态分布，指数分布为负偏态，分布曲线较标准正态分布稍微陡峭。

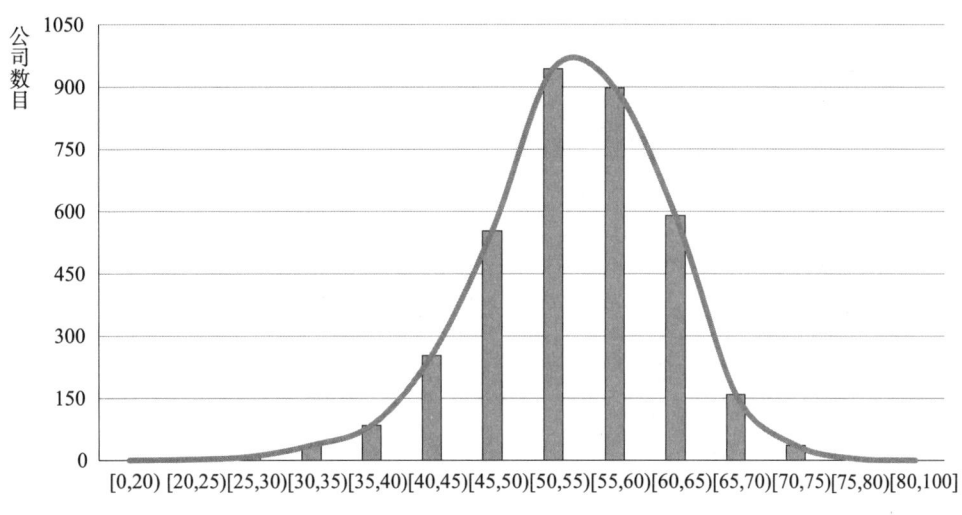

图15-1　2019年上市公司财务治理指数区间分布

15.1.2　财务治理指数前100名

表 15-3 给出了 3569 家上市公司中排名前 100 位公司的财务治理指数的基本统计数据。可以看出，前 100 名公司的财务治理指数均值为 70.0300，较 2018 年上升 3.4363 分；指数中位值为 69.3893，较上年上升 3.3348 分。

表 15-3　2019 年上市公司财务治理指数前 100 名情况

项目	平均值	中位值	最大值	最小值	标准差
前100名	70.0300	69.3893	78.0296	67.5003	2.4263
总体	54.1839	54.4916	78.0296	20.0164	7.4548

我们对 3569 家上市公司的财务治理指数从大到小降序排列，财务治理指数越高，说明上市公司财务治理水平越高。表 15-4 是财务治理指数排名前 100 的上市公司情况。

表 15-4　2019 年上市公司财务治理指数总体排名前 100 名

排名	代码	公司简称	指数值	排名	代码	公司简称	指数值
1	600029	南方航空	78.0296	5	002233	塔牌集团	74.7421
2	600026	中远海能	77.1554	6	600548	深高速	74.7275
3	300498	温氏股份	77.0053	7	002937	兴瑞科技	74.6191
4	300197	铁汉生态	76.2346	8	300082	奥克股份	74.1928

续表

排名	代码	公司简称	指数值	排名	代码	公司简称	指数值
9	601390	中国中铁	73.9805	37	001965	招商公路	70.3287
10	002938	鹏鼎控股	73.9774	38	002059	云南旅游	70.3024
11	000630	铜陵有色	73.8684	39	002320	海峡股份	70.2572
12	300034	钢研高纳	73.7840	40	000513	丽珠集团	70.1340
13	600406	国电南瑞	73.0007	41	601088	中国神华	69.9451
14	002615	哈尔斯	72.7768	42	600251	冠农股份	69.9155
15	000039	中集集团	72.7068	43	300012	华测检测	69.8685
16	300253	卫宁健康	72.4021	44	300298	三诺生物	69.8501
17	300217	东方电热	72.3653	45	000027	深圳能源	69.8188
18	000026	飞亚达	72.2110	46	300196	长海股份	69.7629
19	002415	海康威视	71.8279	47	000959	首钢股份	69.6842
20	000530	冰山冷热	71.6369	48	601333	广深铁路	69.6681
21	002250	联化科技	71.4886	49	300456	赛微电子	69.6297
22	000750	国海证券	71.3521	50	000021	深科技	69.4494
23	600028	中国石化	71.2871	51	600655	豫园股份	69.3293
24	002051	中工国际	71.1851	52	000961	中南建设	69.2447
25	002093	国脉科技	70.9983	53	002003	伟星股份	69.1554
26	002179	中航光电	70.9942	54	300043	星辉娱乐	69.1070
27	300062	中能电气	70.9858	55	000703	恒逸石化	69.0294
28	300417	南华仪器	70.8559	56	002273	水晶光电	69.0151
29	600998	九州通	70.8251	57	002119	康强电子	69.0151
30	601800	中国交建	70.7685	58	300019	硅宝科技	68.9851
31	002165	红宝丽	70.7398	59	300296	利亚德	68.9577
32	000962	东方钽业	70.4738	60	000825	太钢不锈	68.9509
33	600104	上汽集团	70.4556	61	300236	上海新阳	68.8848
34	002026	山东威达	70.3948	62	300638	广和通	68.7300
35	300722	新余国科	70.3847	63	601919	中远海控	68.6984
36	601866	中远海发	70.3416	64	600845	宝信软件	68.4841

续表

排名	代码	公司简称	指数值	排名	代码	公司简称	指数值
65	000680	山推股份	68.4787	83	000632	三木集团	67.7683
66	000623	吉林敖东	68.4617	84	300644	南京聚隆	67.6852
67	300504	天邑股份	68.4357	85	002185	华天科技	67.6573
68	300601	康泰生物	68.3868	86	300444	双杰电气	67.6507
69	601607	上海医药	68.3425	87	000155	川能动力	67.6457
70	300586	美联新材	68.3337	88	000753	漳州发展	67.6405
71	300470	中密控股	68.2823	89	002825	纳尔股份	67.6396
72	001872	招商港口	68.2329	90	600520	文一科技	67.6228
73	000936	华西股份	68.2219	91	002498	汉缆股份	67.5953
74	000999	华润三九	68.1821	92	002752	昇兴股份	67.5924
75	000567	海德股份	68.1111	93	300299	富春股份	67.5865
76	000876	新希望	68.1062	94	002472	双环传动	67.5728
77	002146	荣盛发展	67.9986	95	600019	宝钢股份	67.5637
78	300398	飞凯材料	67.9909	96	002438	江苏神通	67.5547
79	600036	招商银行	67.9875	97	002623	亚玛顿	67.5466
80	002350	北京科锐	67.9276	98	000046	泛海控股	67.5291
81	000157	中联重科	67.8697	99	300001	特锐德	67.5059
82	603181	皇马科技	67.8184	100	300068	南都电源	67.5003

由表15-4可以看出，财务治理指数最高的前三家公司分别是南方航空、中远海能和温氏股份。有24家公司近两年连续出现在前100名中，它们是温氏股份、铁汉生态、塔牌集团、深高速、中国中铁、中集集团、东方电热、中国石化、中工国际、国脉科技、红宝丽、山东威达、中远海发、丽珠集团、三诺生物、广深铁路、伟星股份、星辉娱乐、美联新材、华西股份、北京科锐、皇马科技、汉缆股份、特锐德。有7家公司近三年连续出现在前100名中，他们是铁汉生态、中国中铁、中集集团、丽珠集团、三诺生物、伟星股份和华西股份。

从地区分布来看，前100名中，东部、中部、西部和东北地区各有78家、8家、11家、和3家，分别占各地区上市公司总数的3.15%、1.72%、2.32%和1.99%。其中，排在前10名的公司当中有9家来自东部地区，有1家来自东北地区。从行业来看，制造业62家，交通运输、仓储和邮政业9家，信息传输、软件和信息技术服务业以及批发和零售业各 6 家，金融业 4 家，分别占所在行业上市公司总数的 2.78%、8.82%、2.20%、3.73% 和 3.74%。从所有制看，国有控股公司 41 家，非国有控股公司 59 家，分别占两类所有制公司总数的 3.69% 和 2.40%。从最终控制人看，中央企业（或监管机构）控制的有 26 家，地方国企（或监管机构）控制的有 17 家，非国有企业或自然人控制的有 57 家，分别占三类控制人控制公司总数的 6.62%、2.26% 和 2.35%。从上市板块来看，深市主板（不含中小企业板）、深市中小企业板、深市创业板和沪市主板分别有 26 家、25 家、28 家和 21 家，分别占所在板块全部上市公司数的 5.68%、2.71%、3.77% 和 1.45%。

需要注意的是，财务治理指数最高的前 100 名在地区、行业和控股类型中的分布，并不能完全说明某个地区、行业和控股类型表现更好，因为各地区、行业和控股类型的上市公司数量不同。比如，制造业进入前 100 名的公司数多于交通运输、仓储和邮政业，但后者进入前 100 名的占比更高，无疑交通运输、仓储和邮政业的表现更好。

图 15-2 为前 100 名上市公司财务治理指数分布情况。从图 15-2 可以看出，排在前几位的上市公司财务治理指数分值下降很快，之后下降趋势逐步平缓。最高分 78.0296，最低分 67.5003，绝对差距 10.5293。

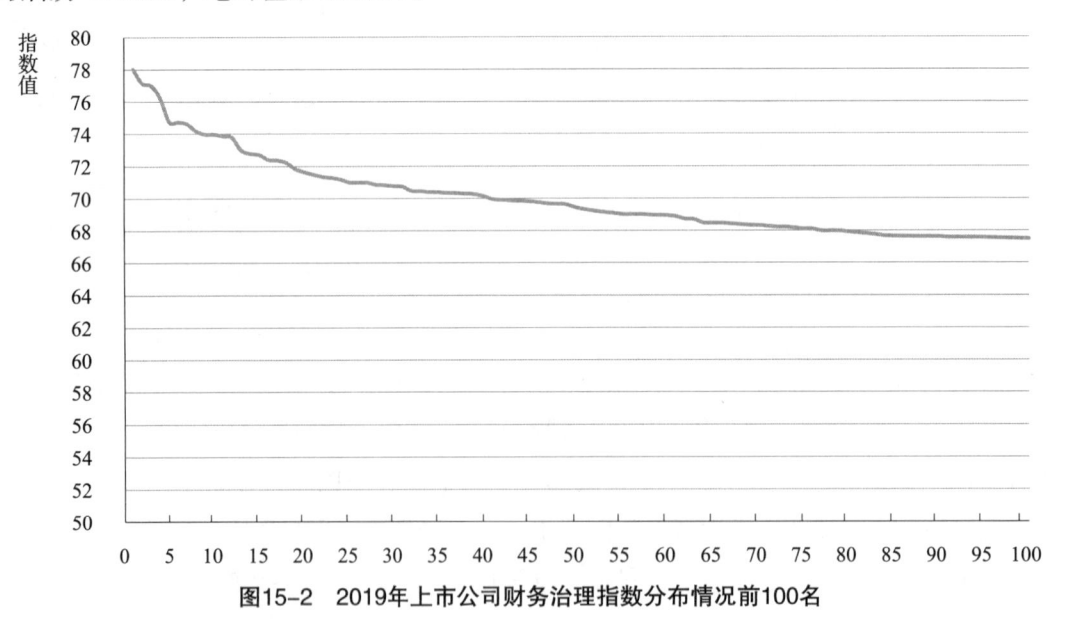

图15-2 2019年上市公司财务治理指数分布情况前100名

15.2 分地区财务治理指数排名及比较

根据东部、中部、西部和东北四大地区的划分，来比较四个地区上市公司财务治理指数情况，结果参见表 15-5。

表 15-5　2019 年不同地区上市公司财务治理指数比较

排名	地区	公司数目	平均值	中位值	最大值	最小值	标准差
1	东部	2478	54.4790	54.6252	78.0296	20.0164	7.3143
2	中部	465	53.9052	54.4277	73.8684	20.4379	7.5453
3	西部	475	53.6784	53.9922	71.3521	28.7605	7.6164
4	东北	151	51.7896	51.8702	74.1928	27.5671	8.3410
	总体	3569	54.1839	54.4916	78.0296	20.0164	7.4548

由表 15-5 可见，各地区上市公司财务治理指数均值由大到小分别为东部、中部、西部和东北。各地区之间财务治理指数略有差异。

图 15-3 对四个地区财务治理指数的差异体现得更加直观。可以明显看到，只有东部地区的财务治理指数均值高于总体均值，其他三个地区都低于总体均值，尤其是东北地区明显低于其他三个地区。

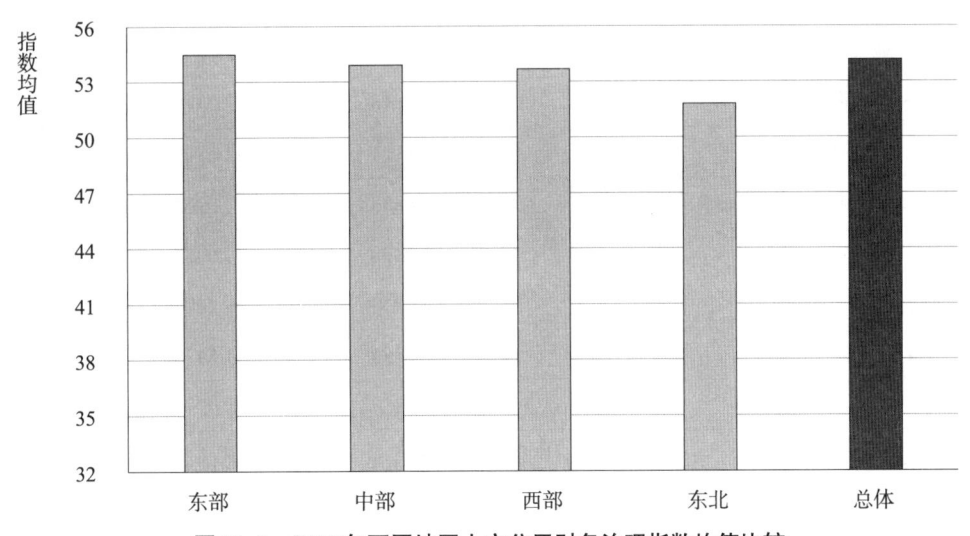

图15-3　2019年不同地区上市公司财务治理指数均值比较

15.3　分行业财务治理指数排名及比较

以各行业上市公司财务治理指数的平均值来代表各个行业的上市公司财务治理指数，然后将各行业的上市公司财务治理指数按照从高到低的顺序进行排名，排名结果见表 15-6。

表 15-6　2019 年不同行业上市公司财务治理指数比较

排名	行业名称	公司数目	平均值	中位值	最大值	最小值	标准差
1	金融业（J）	107	57.3374	57.6804	71.3521	36.2455	6.4498
2	交通运输、仓储和邮政业（G）	102	56.7842	56.2412	78.0296	32.7756	7.9991
3	科学研究和技术服务业（M）	45	55.9676	55.5643	69.8685	41.4234	5.8414
4	建筑业（E）	95	55.5176	56.4866	73.9805	38.9542	6.9796
5	水利、环境和公共设施管理业（N）	54	54.7483	54.6788	76.2346	33.2273	7.3744
6	信息传输、软件和信息技术服务业（I）	273	54.4313	54.5278	73.0007	27.7683	7.6292
7	卫生和社会工作（Q）	12	54.3477	52.4560	65.7895	42.6515	7.9547
8	房地产业（K）	120	54.1746	54.6165	69.2447	27.5671	7.4305
9	文化、体育和娱乐业（R）	57	54.0479	55.3326	66.3349	38.3260	6.8749
10	制造业（C）	2231	54.0106	54.2857	74.7421	20.0164	7.3650
11	电力、热力、燃气及水生产和供应业（D）	109	53.9868	54.2242	69.8188	31.2091	7.4385
12	采矿业（B）	75	53.7029	53.8790	71.2871	28.7605	7.6373
13	批发和零售业（F）	161	52.9674	53.5442	72.2110	29.6247	8.1415
14	租赁和商务服务业（L）	52	52.9121	52.4955	65.4806	31.8974	7.2056
15	教育（P）	8	52.8870	53.5510	57.8905	44.6385	3.9115
16	农、林、牧、渔业（A）	41	52.5398	53.4027	77.0053	33.0854	7.8971
17	住宿和餐饮业（H）	9	50.4842	51.2831	56.4899	36.2257	5.8560
18	综合（S）	17	49.4460	47.9846	63.5470	25.7758	8.9574
	总体	3569	54.1839	54.4916	78.0296	20.0164	7.4548

注：居民服务、修理和其他服务业（O）只有 1 家上市公司，难以代表该行业整体水平，故排名时剔除。

从表 15-6 可以看出，在 18 个行业中，有 7 个行业的上市公司财务治理指数均值高于总体均值，这 7 个行业的最大均值与总体均值的绝对差距是 3.1535；另外 11 个行业的上市公司财务治理指数均值低于总体均值，总体均值与这 11 个行业的最小均值的绝对差距是 4.7379。显然，财务治理指数的高分区行业的内部差距小于低分区行业。上市公司财务治理水平最好的三个行业是金融业（J），交通运输、仓储和邮政业（G），科学研究和技术服务业（M）。财务治理水平最差的三个行业是综合（S），住宿和餐饮业

（H），农、林、牧、渔业（A）。

图 15-4 进一步显示了行业间上市公司财务治理水平的差别。可以看出，各行业上市公司财务治理指数主要集中在 [52，57] 这一范围内，各行业财务治理水平整体而言波动不大，行业指数均值最高的金融业（J）与最低的综合行业（S）只相差 7.8914 分。

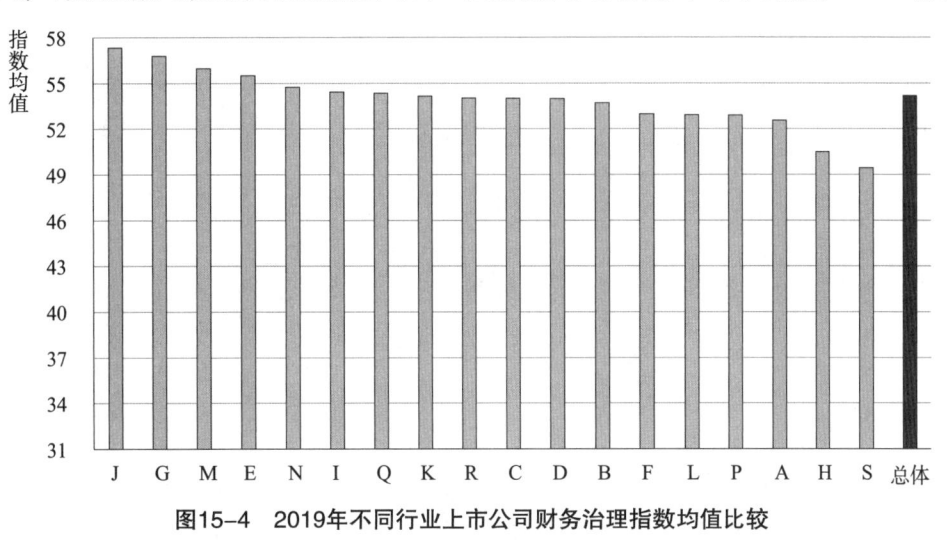

图15-4　2019年不同行业上市公司财务治理指数均值比较

15.4　分上市板块财务治理指数排名及比较

根据沪市主板、深市主板（不含中小企业板）、深市中小企业板、深市创业板四个上市板块的划分，来比较不同上市板块的上市公司财务治理指数，结果参见表 15-7。

表 15-7　2019 年不同板块上市公司财务治理指数比较

排名	板块	公司数目	平均值	中位值	最大值	最小值	标准差
1	深市中小企业板	922	55.6424	56.1567	74.7421	26.1580	7.2209
2	深市主板（不含中小企业板）	458	55.6093	55.9643	73.8684	30.0785	7.4052
3	深市创业板	743	55.5933	55.5263	77.0053	33.2273	6.5092
4	沪市主板	1446	52.0783	52.3517	78.0296	20.0164	7.5714
	总体	3569	54.1839	54.4916	78.0296	20.0164	7.4548

由表 15-7 可知，深市中小企业板、深市主板（不含中小企业板）和深市创业板上市公司的财务治理水平非常接近，而沪市主板上市公司的财务治理水平在所有板块中最差，且明显低于其他板块。

图 15-5 更直观地反映了不同板块上市公司财务治理指数的差异。可以看到，深市中小企业板、深市主板（不含中小企业板）和深市创业板上市公司财务治理指数均值都高于总体均值，而只有沪市主板上市公司财务治理指数均值低于总体均值，这说明沪市上市公司财务治理水平与深市上市公司相比有一定差距。

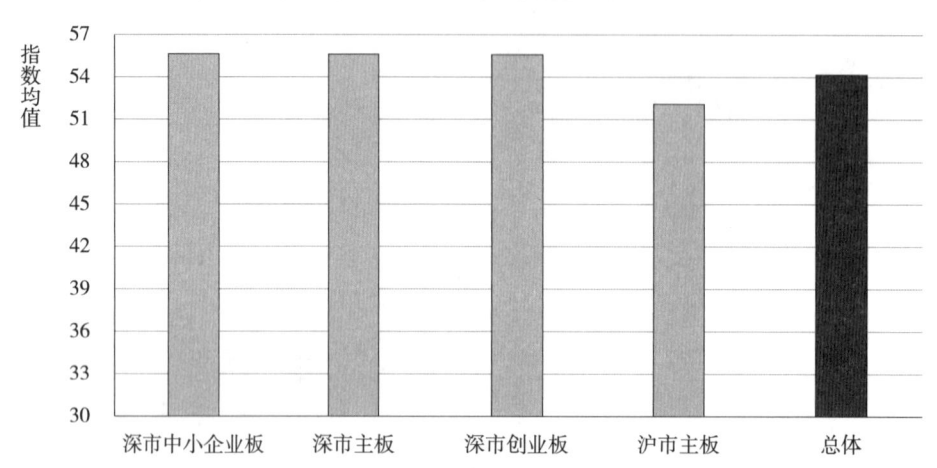

注：深市中小企业板是深市主板的一部分，但本图中的深市主板不含中小企业板。

图15-5 2019年不同板块上市公司财务治理指数均值比较

15.5 本章小结

本章从总体、地区分布、行业属性以及上市板块等多角度全面评价了 2019 年中国上市公司财务治理水平。主要结论如下：

①总体看，3569 家上市公司样本中，财务治理指数最大值为 78.0296，最小值为 20.0164，平均值为 54.1839。大部分公司的财务治理指数分布在 [45，65) 区间，占全部样本的 83.64%。其中，只有 789 家上市公司的财务治理指数分值达到或超过 60 分，占比为 22.11%，相比于 2018 年，及格率提高 9.53 个百分点。

②从地区看，东部地区上市公司财务治理指数均值最高，最低的是东北地区。东、中、西部三个地区上市公司财务治理水平整体上差距不大。

③从行业看，在 18 个行业中，上市公司财务治理水平最好的三个行业是金融业（J）、交通运输、仓储和邮政业（G）、科学研究和技术服务业（M）；上市公司财务治理水平最差的三个行业是综合（S）、住宿和餐饮业（H）、农、林、牧、渔业（A）。各行业间差距总体上不大。

④从上市板块来看，财务治理指数均值从大到小依次是深市中小企业板、深市主板（不含中小企业板）、深市创业板和沪市主板。深市上市公司财务治理水平总体上好于沪市。

第16章 财务治理分项指数排名及比较

第 15 章从总体上对中国上市公司财务治理指数作了排名，并从地区、行业以及上市板块三个角度进行了比较分析。本章按照对财务治理指数四个维度的划分，把财务治理指数分解为财权配置、财务控制、财务监督和财务激励四个分项指数，对 2019 年四个分项指数进行排名和比较分析。

16.1 财务治理分项指数总体比较

本报告选取 2019 年沪深两市 3569 家上市公司作为评价对象。财务治理分项指数按照财务治理指标体系中的四个一级指标来划分。2019 年中国上市公司财务治理四个分项指数的描述性统计结果参见表 16-1。

表 16-1 2019 年上市公司财务治理分项指数描述性统计

分项指数	公司数目	平均值	中位值	最大值	最小值	标准差
财权配置	3569	45.4266	48.3333	84.6046	3.8889	12.8273
财务控制	3569	71.8277	69.8979	94.8136	17.3300	10.7761
财务监督	3569	70.3944	62.5000	93.7500	12.5000	16.5257
财务激励	3569	29.0870	25.0645	66.9262	0.0000	13.1749

从表 16-1 可以看出，财务治理四个分项指数中，财务控制分项指数均值最大，财务激励分项指数均值最小。财务控制和财务监督两个分项指数得分均达到 70 分以上，与去年相比均有所上升；而财权配置和财务激励两个分项指数距离及格线甚远，尤其是财务激励，均值只有 29.0870 分，这说明，中国上市公司财务控制和财务监督相对于财权配置和财务激励表现更好，财权配置和财务激励需要加大改进力度。

图 16-1 更直观地对财务治理四个分项指数进行了对比。可以看到，四个分项指数

的平均值和中位值的排序一致，财务控制分项指数的均值和中位数最高，而财务激励分项指数的均值和中位值都是最低的。

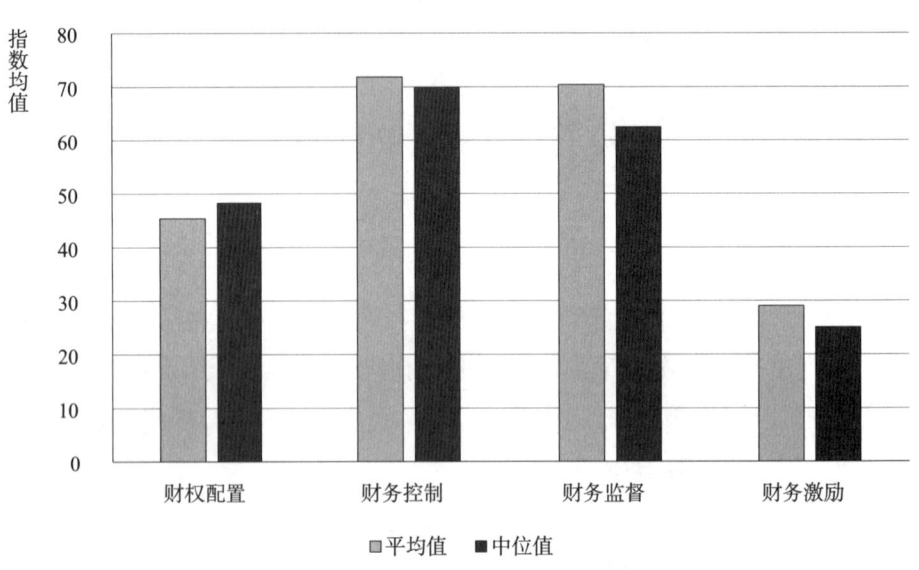

图16-1　2019年上市公司财务治理四个分项指数比较

16.2　财权配置分项指数排名及比较

财权配置分项指数主要考察企业的各利益相关者是否能够行使好自己的财务决策权。本节主要是对财权配置分项指数排名的各种情况进行比较分析。

16.2.1　财权配置分项指数总体分布

基于3569家上市公司财权配置的各项指标，我们得到了每家上市公司的财权配置分项指数。以10分为间隔，可以将财权配置分项指数划分为10个得分区间，各得分区间的分布情况参见表16-2。

表16-2　2019年上市公司财权配置分项指数区间分布

编号	得分区间	公司数目	占比（%）	累计占比（%）
1	[0，10）	5	0.14	0.14
2	[10，20）	88	2.47	2.61
3	[20，30）	375	10.51	13.11
4	[30，40）	973	27.26	40.38

续表

编号	得分区间	公司数目	占比（%）	累计占比（%）
5	[40，50）	1105	30.96	71.34
6	[50，60）	711	19.92	91.26
7	[60，70）	134	3.75	95.01
8	[70，80）	169	4.74	99.75
9	[80，90）	9	0.25	100.00
10	[90，100]	0	0.00	100.00
总计		3569	100.00	—

图 16-2 更直观地显示了财权配置分项指数的区间分布情况。

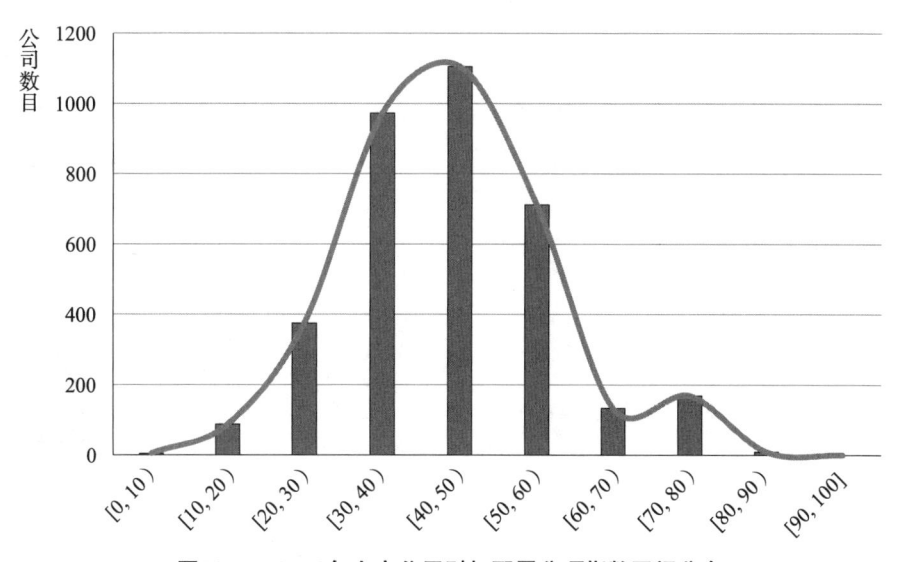

图16-2　2019年上市公司财权配置分项指数区间分布

表 16-2 和图 16-2 显示，2019 年上市公司财权配置分项指数在除了 [90，100] 以外的各个区间均有分布。大多数上市公司都集中在 [30，60) 区间，共有 2789 家公司，占比 78.15%。及格（达到 60 分）的公司仅有 312 家，及格率为 8.74%，相比上年 7.36% 的及格率有所上升。

16.2.2　分地区财权配置分项指数比较

按照东部、中部、西部和东北四个地区的划分标准，我们统计了四个地区上市公司的财权配置分项指数，并按照均值从高到低降序排列，结果参见表 16-3。

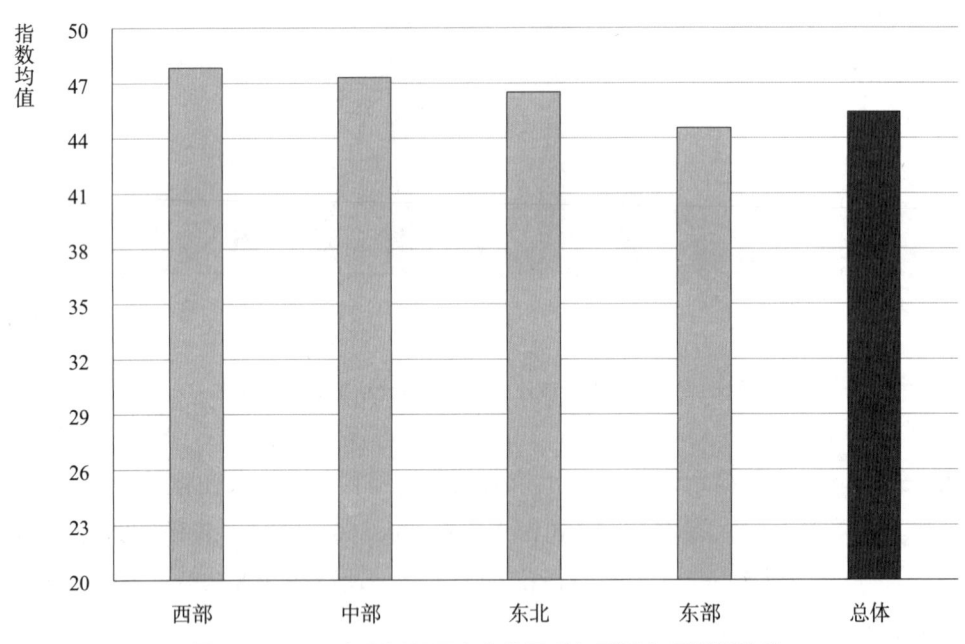

表 16-3　2019 年不同地区上市公司财权配置分项指数比较

排名	地区	公司数目	平均值	中位值	最大值	最小值	标准差
1	西部	475	47.8287	48.3333	74.4444	15.0000	12.2022
2	中部	465	47.3193	48.3333	81.6667	15.0000	13.2585
3	东北	151	46.5104	48.3333	70.5556	15.0000	11.3535
4	东部	2478	44.5449	48.3333	84.6046	3.8889	12.8441
	总体	3569	45.4266	48.3333	84.6046	3.8889	12.8273

从表 16-3 可以看出，四个地区财权配置分项指数均值从高到低依次为西部、中部、东北和东部，均值最大值与最小值之间的绝对差距为 3.2838 分，差距并不很大。

图 16-3 更直观地反映了四个地区上市公司财权配置分项指数的差异。可以看到，西部、中部和东北的上市公司财权配置分项指数均值高于总体均值，只有东部地区的上市公司财权配置分项指数均值低于总体均值，而且西部、中部和东北明显高于东部。

图16-3　2019年不同地区上市公司财权配置分项指数比较

16.2.3　分行业财权配置分项指数比较

根据中国证监会 2012 年修订的《上市公司行业分类指引》，我们对 18 个行业的上市公司财权配置分项指数进行了比较，并按均值大小从高到低降序排列，结果参见表 16-4。

表16-4 2019年不同行业上市公司财权配置分项指数比较

排名	行业	公司数目	平均值	中位值	最大值	最小值	标准差
1	交通运输、仓储和邮政业（G）	102	50.6737	49.2640	72.5029	15.0000	11.6835
2	采矿业（B）	75	50.5525	48.3333	76.1111	15.0000	13.2680
3	建筑业（E）	95	50.3171	48.3333	74.9690	26.1111	11.8155
4	综合（S）	17	49.4194	49.0523	71.4432	26.1111	11.7311
5	电力、热力、燃气及水生产和供应业（D）	109	49.2106	48.3333	81.6667	3.8889	13.6297
6	金融业（J）	107	47.9694	48.3333	71.9807	26.1111	9.8698
7	水利、环境和公共设施管理业（N）	54	47.5350	48.3333	81.6667	22.2222	12.6184
8	房地产业（K）	120	47.4167	48.3333	73.5957	15.0000	11.8152
9	科学研究和技术服务业（M）	45	47.2550	48.3333	70.5556	26.1111	13.4446
10	农、林、牧、渔业（A）	41	46.1993	48.3333	70.5556	15.0000	14.6940
11	文化、体育和娱乐业（R）	57	45.8921	48.3333	70.5556	15.0000	12.3353
12	教育（P）	8	45.7231	48.3333	59.4444	37.2222	7.1785
13	批发和零售业（F）	161	45.5915	48.3333	75.2608	15.0000	12.2631
14	制造业（C）	2231	44.6275	48.3333	84.6046	3.8889	13.0010
15	卫生和社会工作（Q）	12	44.5153	48.3333	59.4444	26.1111	10.8768
16	租赁和商务服务业（L）	52	43.6016	48.3333	59.4968	15.0000	11.6242
17	信息传输、软件和信息技术服务业（I）	273	42.7998	38.1869	70.5556	15.0000	11.7277
18	住宿和餐饮业（H）	9	40.4453	37.2222	59.4444	27.5089	9.7132
	总体	3569	45.4266	48.3333	84.6046	3.8889	12.8273

注：居民服务、修理和其他服务业（O）只有1家上市公司，难以代表该行业整体水平，故排名时剔除。

从表16-4可以看出，18个行业中，财权配置指数均值的最大值和最小值之间的绝对差距为10.2284分，存在一定差距。有13个行业的财权配置分项指数均值高于总体均值，这13个行业的最大均值与总体均值之间的绝对差距为5.2471分；有5个行业的财权配置分项指数均值低于总体均值，总体均值与这5个行业的最小均值的绝对差距为4.9813分。可以看出，高分区行业内部的差距略大于低分区行业。财权配置分项指数均值排名前三位的行业分别是交通运输、仓储和邮政业（G）、采矿业（B）和建筑业（E）；排名最后三位的行业分别是住宿和餐饮业（H）、信息传输、软件和信息技术服务业（I）、租赁和商务服务业（L）。

图 16-4 更直观地反映了不同行业上市公司财权配置分项指数的差异。可以看到，各行业上市公司财权配置分项指数均值呈阶梯状分布，相对差距比较均匀。

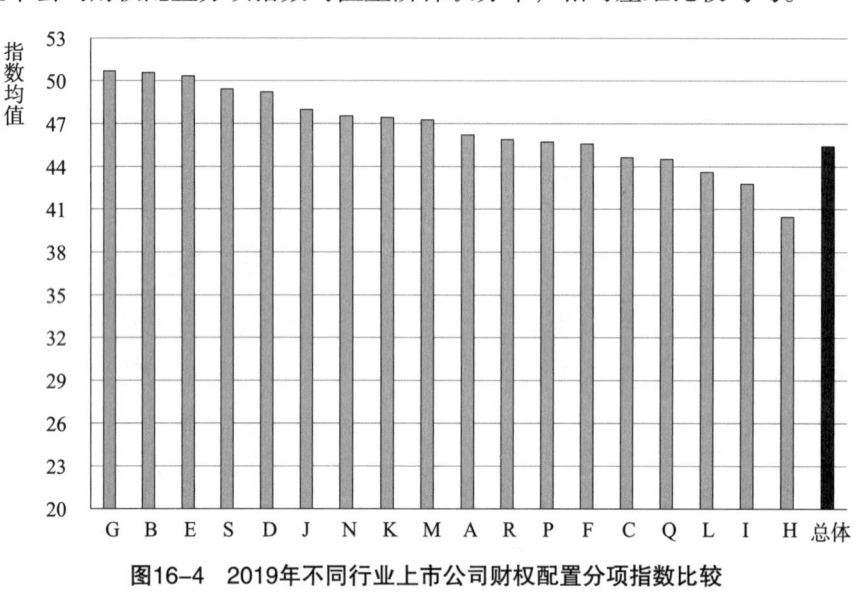

图16-4　2019年不同行业上市公司财权配置分项指数比较

16.3　财务控制分项指数排名及比较

财务控制分项指数包含三方面的内容：一是对上市公司内部控制体系和风险控制体系建设的评估；二是对董事会风险委员会设立的评估；三是对上市公司财务风险状况的评估。本节主要对财务控制分项指数排名的各种情况进行比较分析。

16.3.1　财务控制分项指数总体分布

基于3569家上市公司财务控制的各项指标，我们得到了每家上市公司的财务控制分项指数。以10分为间隔，可以将财务控制分项指数划分为10个得分区间，各得分区间的分布情况参见表16-5。

表 16-5　2019 年上市公司财务控制分项指数区间分布

编号	指数区间	公司数目	占比（%）	累计占比（%）
1	[0，10)	0	0.00	0.00
2	[10，20)	2	0.06	0.06

续表

编号	指数区间	公司数目	占比（%）	累计占比（%）
3	[20, 30)	1	0.03	0.08
4	[30, 40)	62	1.74	1.82
5	[40, 50)	75	2.10	3.92
6	[50, 60)	173	4.85	8.77
7	[60, 70)	1480	41.47	50.24
8	[70, 80)	372	10.42	60.66
9	[80, 90)	1395	39.09	99.75
10	[90, 100]	9	0.25	100.00
总计		3569	100.00	—

图 16-5 更直观地显示了财务控制分项指数的区间分布情况。

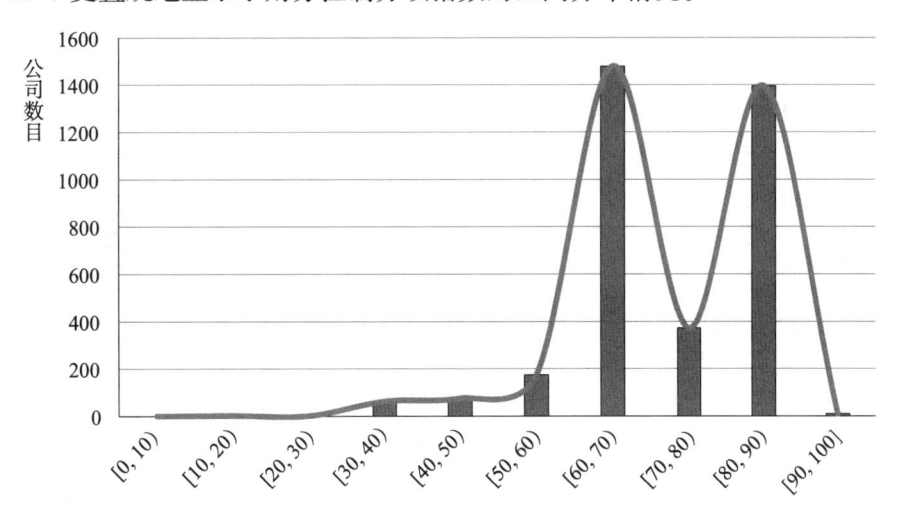

图16-5　2019年上市公司财务控制分项指数区间分布

表 16-5 和图 16-5 显示，2019 年上市公司财务控制分项指数共有 9 个得分区间。财务控制分项指数主要集中在 [60，70) 和 [80，90) 区间，总计有 2875 家公司，占比高达 80.55%。及格（达到 60 分）公司有 3256 家，及格率 91.23%，相比上年 72.06% 的及格率有较大幅度的上升，反映了本年度上市公司财务控制水平进步明显。

16.3.2　分地区财务控制分项指数比较

比较四个地区上市公司财务控制分项指数，并按均值大小进行排序，结果参见表 16-6。

表 16-6 2019 年不同地区上市公司财务控制分项指数比较

排名	地区	公司数目	平均值	中位值	最大值	最小值	标准差
1	东部	2478	72.3484	74.7460	94.6247	17.3300	10.3791
2	中部	465	71.3190	69.6076	88.4606	31.3269	11.0549
3	西部	475	70.6895	69.4751	94.8136	30.7020	11.7716
4	东北	151	68.4309	68.8598	88.3200	31.3668	11.9910
	总体	3569	71.8277	69.8979	94.8136	17.3300	10.7761

从表 16-6 可以看出，四个地区上市公司财务控制分项指数均值从高到低依次为东部、中部、西部和东北。最大均值和最小均值之间的绝对差距为 3.9175 分，差距不大。

图 16-6 更直观地反映了四个地区上市公司财务控制分项指数均值的差异。可以看到，只有东部地区财务控制分项指数均值超过总体均值，其他三个地区的财务控制分项指数均值都低于总体均值。

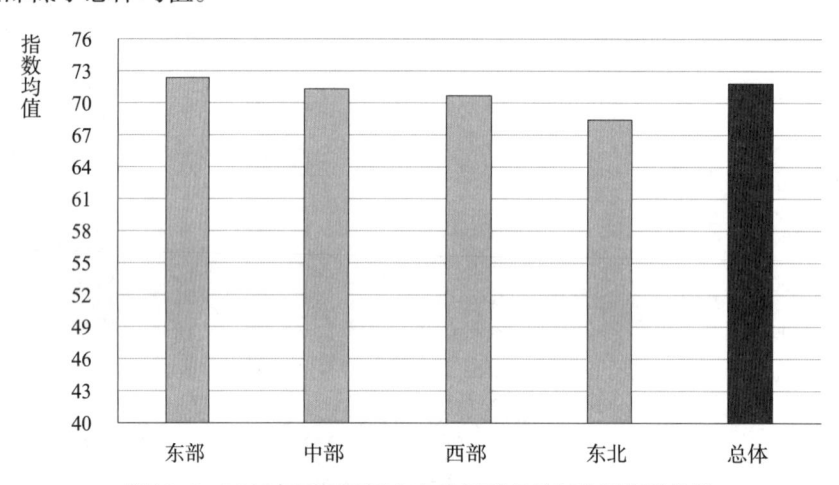

图16-6 2019年不同地区上市公司财务控制分项指数比较

16.3.3 分行业财务控制分项指数比较

2019 年 18 个行业上市公司财务控制分项指数比较参见表 16-7，表中按均值从大到小进行了排序。

表 16-7 2019 年不同行业上市公司财务控制分项指数比较

排名	行业	公司数目	平均值	中位值	最大值	最小值	标准差
1	金融业（J）	107	76.5354	75.5101	88.4606	36.3534	9.3178
2	卫生和社会工作（Q）	12	73.8939	72.9485	82.4652	62.2240	7.4136

续表

排名	行业	公司数目	平均值	中位值	最大值	最小值	标准差
3	租赁和商务服务业（L）	52	73.7399	75.4039	87.9964	37.5897	10.3363
4	住宿和餐饮业（H）	9	73.7134	80.9865	81.6943	54.7932	9.5583
5	信息传输、软件和信息技术服务业（I）	273	73.5074	80.9172	88.1125	36.8826	11.0683
6	水利、环境和公共设施管理业（N）	54	72.7638	69.4782	87.8778	56.3441	8.1552
7	科学研究和技术服务业（M）	45	72.4096	75.2863	87.8683	43.6691	10.2835
8	建筑业（E）	95	72.1325	74.8314	93.8561	37.7422	10.4881
9	交通运输、仓储和邮政业（G）	102	71.9834	69.6077	94.2911	43.8800	10.1271
10	制造业（C）	2231	71.8947	69.8605	94.8136	19.1674	10.7110
11	文化、体育和娱乐业（R）	57	70.8894	73.8549	82.2839	43.8594	10.1197
12	教育（P）	8	70.7376	69.2285	82.9958	62.2280	7.2531
13	采矿业（B）	75	70.4614	69.3263	88.0055	41.7088	9.5918
14	农、林、牧、渔业（A）	41	70.3563	69.2750	87.8220	37.4473	11.9072
15	房地产业（K）	120	70.1497	69.1353	87.6602	36.5502	11.1561
16	电力、热力、燃气及水生产和供应业（D）	109	68.7358	69.0206	87.8509	37.6688	10.2568
17	批发和零售业（F）	161	68.6751	69.0194	88.1039	17.3300	12.2485
18	综合（S）	17	65.2542	63.0609	87.7759	31.1588	11.7981
	总体	3569	71.8277	69.8979	94.8136	17.3300	10.7761

注：居民服务、修理和其他服务业（O）只有1家上市公司，难以代表该行业整体水平，故排名时剔除。

从表16-7可以看出，18个行业中，财务控制指数均值的最大值和最小值之间的绝对差距为11.2812分，差距较大。有10个行业的财务控制分项指数均值高于总体均值，这10个行业的最大均值与总体均值之间的绝对差距为4.7077分；有8个行业低于总体均值，总体均值与这8个行业的最小均值之间的绝对差距为6.5735分。可以看出，低分区行业内部的差距大于高分区行业。财务控制分项指数均值排名前三位的行业分别为金融业（J）、卫生和社会工作（Q），以及租赁和商务服务业（L）；排名最后三位的行业分别为综合（S）、批发和零售业（F），以及电力、热力、燃气及水生产和供应业（D）。

图16-7更直观地反映了不同行业上市公司财务控制分项指数均值的差异。可以看到，金融业（J）较大幅度领先于其他行业，最后一名综合（S）较明显落后于其他行业，其他各行业之间的变化相对比较平缓。

图16-7　2019年不同行业上市公司财务控制分项指数比较

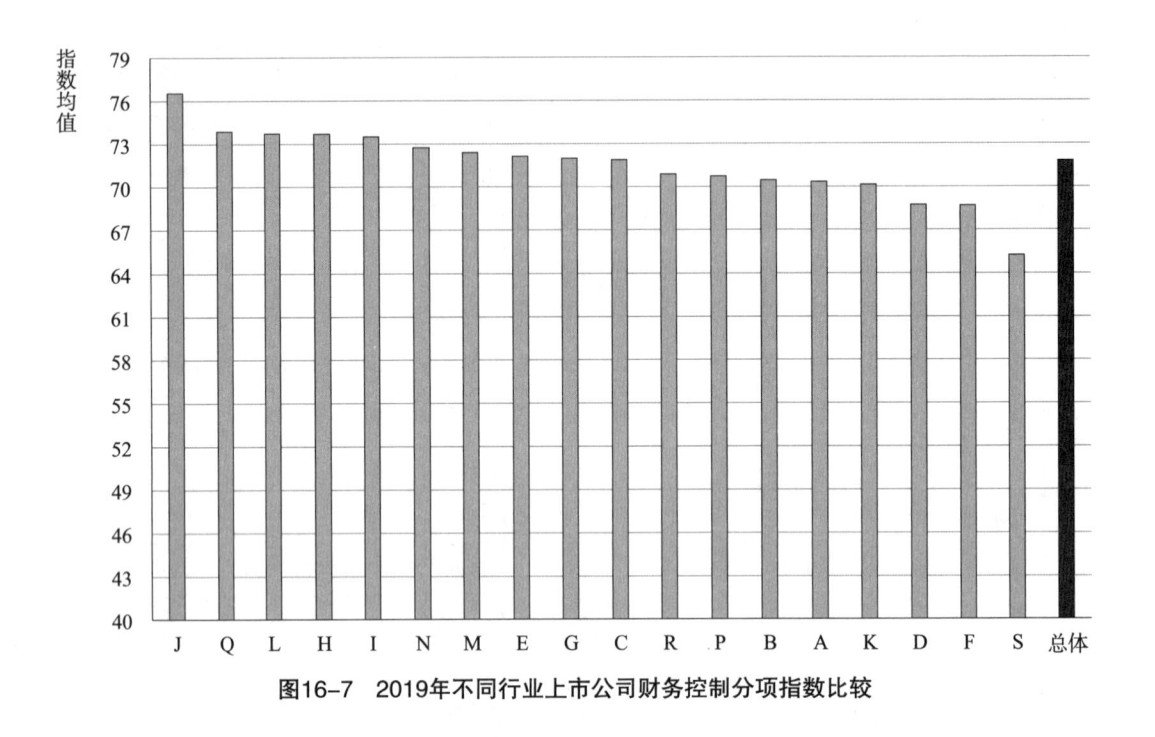

16.4　财务监督分项指数排名及比较

财务监督分项指数主要考察企业各个职能部门及其他利益相关者对财务权力执行过程的监督，包括企业的内部监督机制以及外部监督机制。本节主要对财务监督分项指数排名的各种情况进行比较分析。

16.4.1　财务监督分项指数总体分布

基于3569家上市公司财务监督的各项指标，我们得到了每家上市公司的财务监督分项指数。以10分为间隔，可以将财务监督分项指数划分为10个得分区间，各得分区间的分布情况参见表16-8。

表16-8　2019年上市公司财务监督分项指数区间分布

编号	指数区间	公司数目	占比（%）	累计占比（%）
1	[0，10）	0	0.00	0.00
2	[10，20）	7	0.20	0.20
3	[20，30）	68	1.91	2.10
4	[30，40）	192	5.38	7.48

续表

编号	指数区间	公司数目	占比（%）	累计占比（%）
5	[40，50）	18	0.50	7.99
6	[50，60）	271	7.59	15.58
7	[60，70）	1323	37.07	52.65
8	[70，80）	250	7.00	59.65
9	[80，90）	1395	39.09	98.74
10	[90，100]	45	1.26	100.00
总计		3569	100.00	—

图 16-8 更直观地显示了财务监督分项指数的区间分布情况。

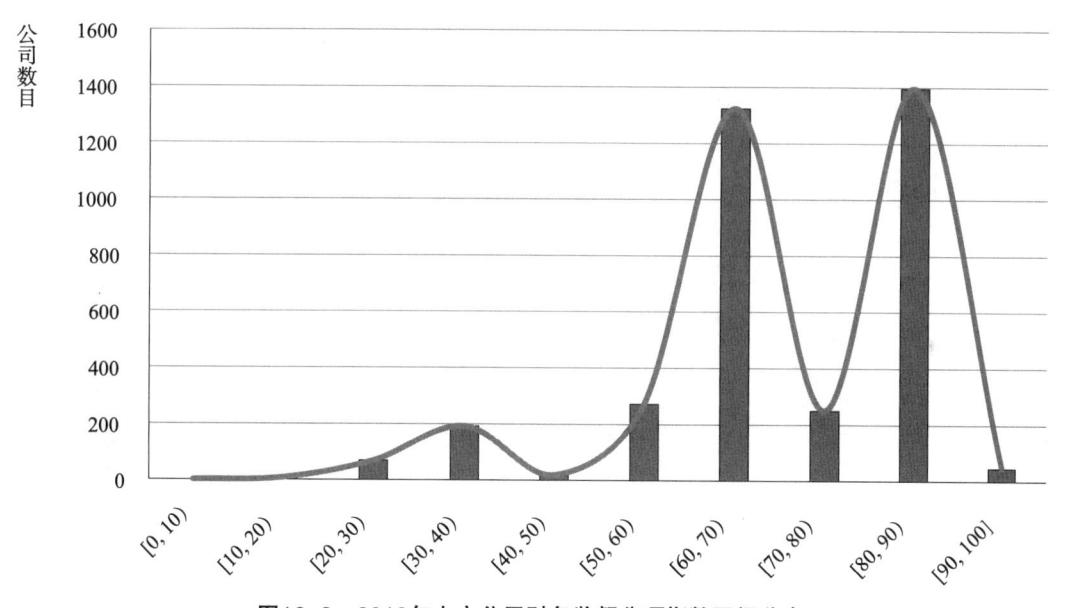

图16-8　2019年上市公司财务监督分项指数区间分布

表 16-8 和图 16-8 显示，2019 年上市公司财务监督分项指数共有 9 个得分区间。财务监督分项指数主要集中在 [60，70）和 [80，90）区间，共有 2718 家公司，占比为 76.16%。及格（达到 60 分）的公司有 3013 家，及格率为 84.42%，相比上年 83.72% 的及格率有所上升。

16.4.2　分地区财务监督分项指数比较

从东部、中部、西部和东北四个地区的划分来看，上市公司财务监督分项指数均值从高到低依次为东部、中部、西部和东北。最高的东部与最低的东北之间的绝对差距为

8.0446 分，具体比较结果参见表 16-9。

表 16-9　2019 年不同地区上市公司财务监督分项指数比较

排名	地区	公司数目	平均值	中位值	最大值	最小值	标准差
1	东部	2478	71.7035	75.0000	93.7500	18.7500	16.0393
2	中部	465	68.2930	62.5000	93.7500	18.7500	16.4609
3	西部	475	67.7632	62.5000	93.7500	12.5000	17.2089
4	东北	151	63.6589	62.5000	87.5000	18.7500	18.9272
	总体	3569	70.3944	62.5000	93.7500	12.5000	16.5257

图 16-9 更直观地反映了四个地区上市公司财务监督分项指数均值的差异。可以看出，只有东部地区上市公司的财务监督分项指数均值高于总体均值，其他三个地区都低于总体均值。

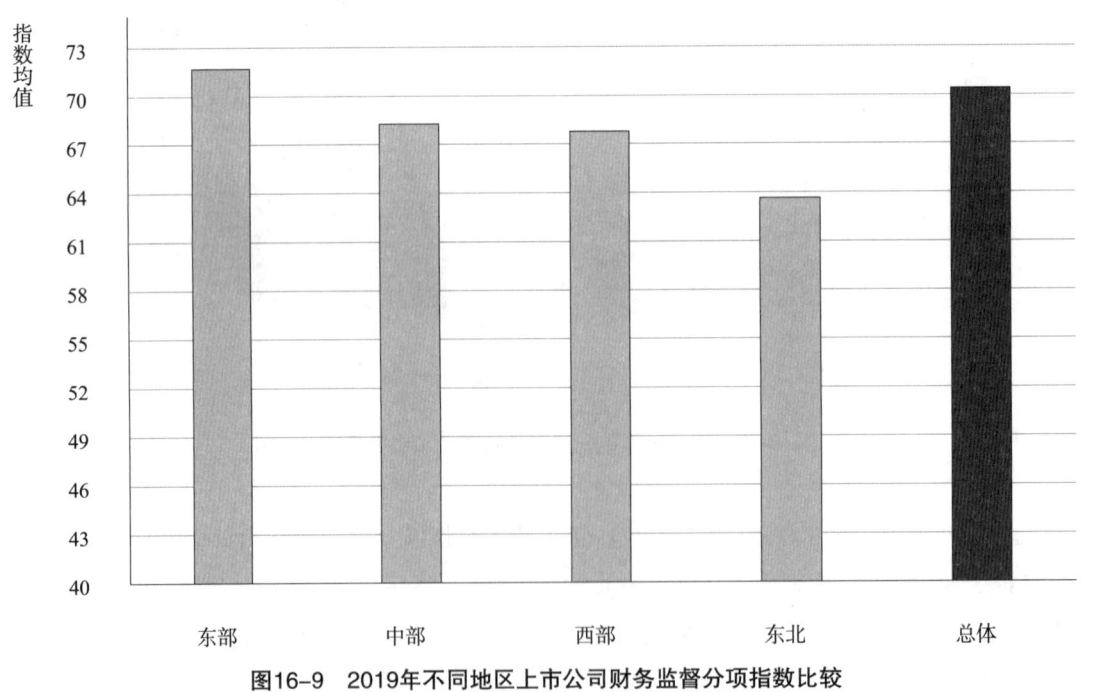

图16-9　2019年不同地区上市公司财务监督分项指数比较

16.4.3　分行业财务监督分项指数比较

2019 年 18 个行业上市公司财务监督分项指数的比较参见表 16-10，表中按均值大小进行了排序。

表 16-10　2019 年不同行业上市公司财务监督分项指数比较

排名	行业	公司数目	平均值	中位值	最大值	最小值	标准差
1	科学研究和技术服务业（M）	45	76.9444	87.5000	93.7500	37.5000	13.1644
2	金融业（J）	107	75.4673	87.5000	93.7500	37.5000	15.3022
3	交通运输、仓储和邮政业（G）	102	73.9583	75.0000	93.7500	25.0000	15.6332
4	建筑业（E）	95	72.3026	75.0000	93.7500	25.0000	15.3804
5	信息传输、软件和信息技术服务业（I）	273	72.2527	75.0000	93.7500	18.7500	16.9726
6	房地产业（K）	120	71.9792	75.0000	93.7500	18.7500	16.8477
7	教育（P）	8	71.0938	68.7500	87.5000	62.5000	9.3424
8	住宿和餐饮业（H）	9	70.1389	62.5000	87.5000	37.5000	16.0776
9	批发和零售业（F）	161	70.0699	75.0000	93.7500	12.5000	18.6059
10	制造业（C）	2231	70.0695	62.5000	93.7500	18.7500	16.1625
11	电力、热力、燃气及水生产和供应业（D）	109	68.9794	62.5000	87.5000	25.0000	15.7461
12	文化、体育和娱乐业（R）	57	68.9693	68.7500	87.5000	25.0000	18.2110
13	采矿业（B）	75	68.4167	62.5000	93.7500	25.0000	17.2872
14	水利、环境和公共设施管理业（N）	54	68.4028	62.5000	93.7500	18.7500	15.7020
15	租赁和商务服务业（L）	52	65.2644	62.5000	93.7500	25.0000	20.6713
16	农、林、牧、渔业（A）	41	64.9390	62.5000	87.5000	25.0000	15.7920
17	卫生和社会工作（Q）	12	61.4583	62.5000	87.5000	25.0000	19.5711
18	综合（S）	17	58.0882	62.5000	87.5000	25.0000	19.7369
	总体	3569	70.3944	62.5000	93.7500	12.5000	16.5257

注：居民服务、修理和其他服务业（O）只有 1 家上市公司，难以代表该行业整体水平，故排名时剔除。

由表 16-10 可知，18 个行业中，排名第一的科学研究和技术服务业（M）和排名最后一位的综合（S）的均值绝对差距为 18.8562 分，差距较大。有 7 个行业的财务监督分项指数均值高于总体均值，这 7 个行业的最大均值与总体均值之间的绝对差距为 6.55 分；另外 11 个行业的财务监督分项指数均值低于总体均值，总体均值与这 11 个行业的最小均值之间的绝对差距为12.3062分。显然高分区行业的内部差距小于低分区行业。财务监督分项指数均值排名前三的行业分别是科学研究和技术服务业（M）、金融业（J），以及交通运输、仓储和邮政业（G）；排在最后三位的分别是综合（S）、卫生和社会工作（Q），以及农、林、牧、渔业（A）。

图16-10更直观地反映了不同行业上市公司财务监督分项指数均值的差异。可以看到，不同行业上市公司财务监督分项指数均值呈阶梯状分布，排名后四位的行业财务监督分项指数均值较明显低于其他行业。

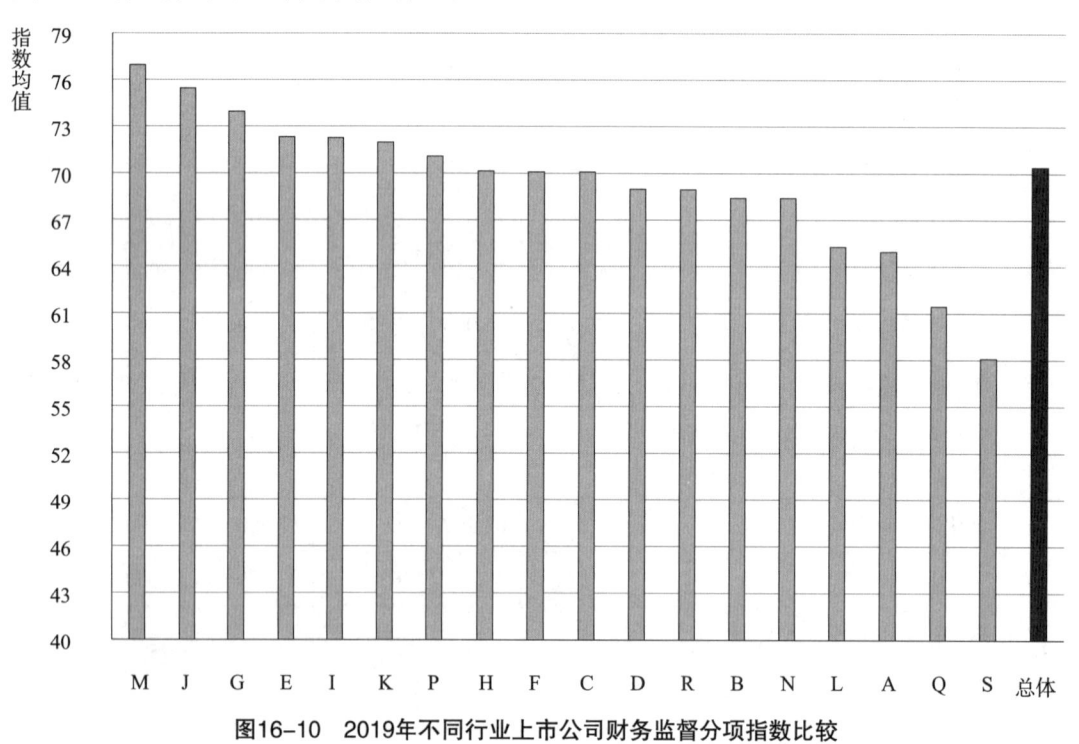

图16-10 2019年不同行业上市公司财务监督分项指数比较

16.5 财务激励分项指数排名及比较

财务激励分项指数主要考察企业是否具有足够有效的财务激励机制。本节就财务激励分项指数从不同角度进行比较和分析。

16.5.1 财务激励分项指数总体分布

基于3569家上市公司财务激励的各项指标，我们得到了每家上市公司的财务激励分项指数。以10分为间隔，可以将财务激励分项指数划分为8个得分区间（公司数目为0的指数区间合并），各得分区间的分布情况参见表16-11。

表 16-11　2019 年上市公司财务激励分项指数区间分布

编号	指数区间	公司数目	占比（%）	累计占比（%）
1	[0，10）	540	15.13	15.13
2	[10，20）	221	6.19	21.32
3	[20，30）	1315	36.85	58.17
4	[30，40）	315	8.83	66.99
5	[40，50）	908	25.44	92.43
6	[50，60）	244	6.84	99.27
7	[60，70）	26	0.73	100.00
8	[70，100]	0	0.00	100.00
总计		3569	100.00	—

图 16-11 更直观地显示了财务激励分项指数的区间分布情况。

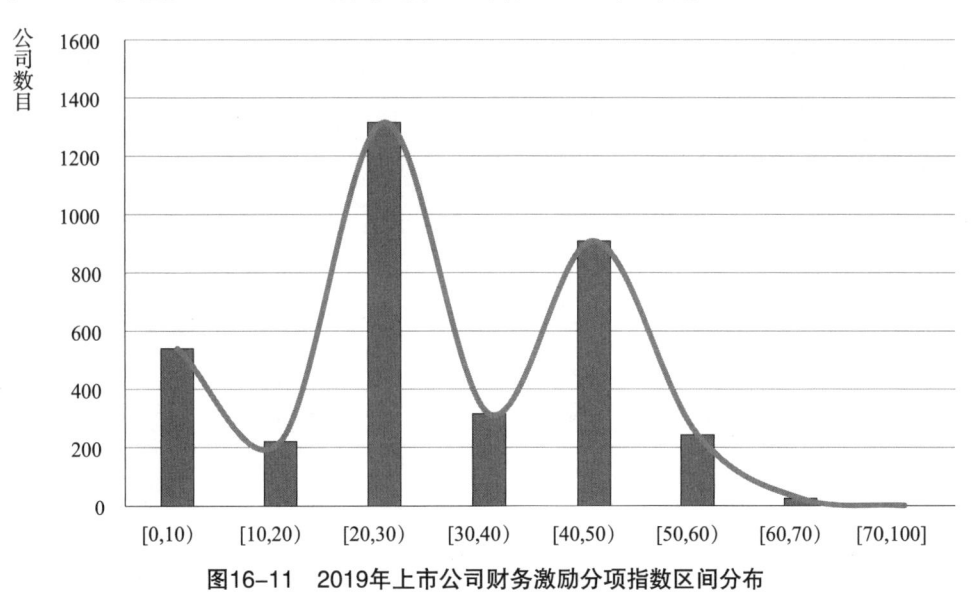

图16-11　2019年上市公司财务激励分项指数区间分布

从表 16-11 和图 16-11 可以看出，财务激励分项指数主要分布在 [0，10）、[20，30）和 [40，50）三个区间，共有 2763 家公司，占比 77.42%。及格（达到 60 分）的公司有 26 家，及格率为 0.73%，相比上年 0.11% 的及格率有所上升。其中，有 10 家上市公司财务激励分项指数为 0 分。

16.5.2 分地区财务激励分项指数比较

将上市公司按照东部、中部、西部和东北四个地区划分，不同地区上市公司财务激励分项指数的比较参见表16-12，表中按均值大小进行了排序。

表16-12　2019年不同地区上市公司财务激励分项指数比较

排名	地区	公司数目	平均值	中位值	最大值	最小值	标准差
1	东部	2478	29.3193	25.0720	66.9262	0.0000	13.1566
2	中部	465	28.6895	25.0537	66.7455	0.0000	13.0383
3	东北	151	28.5580	25.0458	66.7781	0.0000	13.3803
4	西部	475	28.4323	25.0533	66.7016	0.0000	13.3007
	总体	3569	29.0870	25.0645	66.9262	0.0000	13.1749

由表16-12可知，财务激励分项指数均值从高到低依次为东部、中部、东北和西部，各地区差距不大，但整体偏低。

图16-12更直观地反映了不同地区上市公司财务激励分项指数均值的差异。可以看出，只有东部地区财务激励分项指数均值高于总体均值，其他三个地区的财务激励分项指数均值都低于总体均值。

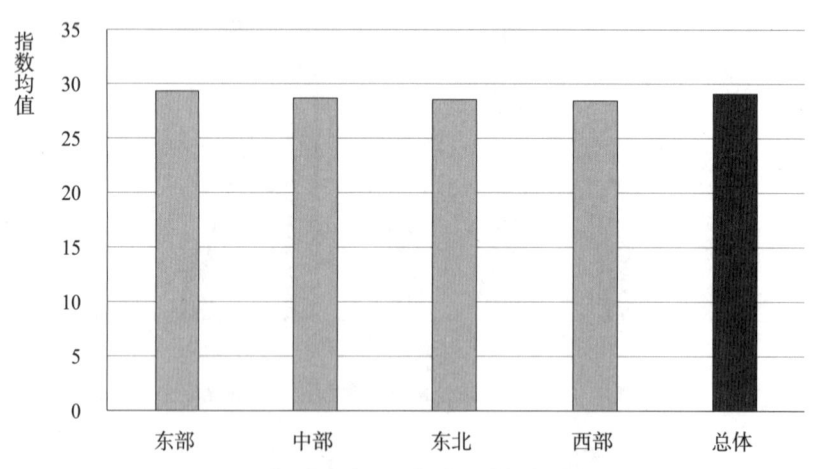

图16-12　2019年不同地区上市公司财务激励分项指数比较

16.5.3 分行业财务激励分项指数比较

2019年18个行业上市公司财务激励分项指数的比较参见表16-13，表中按均值大小进行了排序。

表 16-13 2019 年不同行业上市公司财务激励分项指数比较

排名	行业	公司数目	平均值	中位值	最大值	最小值	标准差
1	卫生和社会工作（Q）	12	37.5233	29.1899	66.7455	16.6683	16.8586
2	交通运输、仓储和邮政业（G）	102	30.5212	26.5123	66.7418	8.3333	14.0346
3	文化、体育和娱乐业（R）	57	30.4407	25.0623	58.3333	8.3333	13.4743
4	水利、环境和公共设施管理业（N）	54	30.2917	25.0572	66.7962	0.0115	14.0301
5	制造业（C）	2231	29.4509	25.0775	66.7781	0.0000	12.9951
6	金融业（J）	107	29.3777	33.3498	50.0980	5.5767	11.6881
7	信息传输、软件和信息技术服务业（I）	273	29.1654	25.0506	66.7488	0.1212	13.8080
8	租赁和商务服务业（L）	52	29.0423	25.0508	58.3800	8.3333	11.7254
9	电力、热力、燃气及水生产和供应业（D）	109	29.0213	25.0754	58.4083	8.3333	13.1984
10	农、林、牧、渔业（A）	41	28.6646	25.0477	66.7488	0.0219	14.5319
11	批发和零售业（F）	161	27.5333	25.0529	66.9262	0.0000	13.8708
12	建筑业（E）	95	27.3183	25.0262	58.3733	0.0273	12.7625
13	科学研究和技术服务业（M）	45	27.2613	25.0284	66.7027	8.3586	11.1628
14	房地产业（K）	120	27.1527	25.0513	66.6796	0.0607	13.1237
15	采矿业（B）	75	25.3812	25.0371	58.3808	0.0356	13.2950
16	综合（S）	17	25.0222	25.0000	50.0000	0.0506	13.9934
17	教育（P）	8	23.9935	25.0036	41.7553	8.3333	12.1215
18	住宿和餐饮业（H）	9	17.6394	16.7563	33.4391	8.3333	9.1601
	总体	3569	29.0870	25.0645	66.9262	0.0000	13.1749

注：居民服务、修理和其他服务业（O）只有 1 家上市公司，难以代表该行业整体水平，故排名时剔除。

从表 16-13 中可以看出，18 个行业中，行业最大均值与最小均值的绝对差距为 19.8839 分，行业间有较大差距。有 7 个行业的财务激励分项指数均值高于总体均值，这 7 个行业的行业最大均值与总体均值之间的绝对差距为 8.4363 分；另外 11 个行业的财务激励分项指数均值低于总体均值，总体均值与这 11 个行业的最小均值之间的绝对差距为 11.4476 分。显然，低分区行业内部的差距大于高分区行业。财务激励分项指数均值排名前三的行业分别是卫生和社会工作（Q），交通运输、仓储和邮政业（G），以及文化、体育和娱乐业（R）；排名最后三位的行业分别是住宿和餐饮业（H），教育（P）和综合（S）。

图 16-13 更直观地反映了不同行业上市公司财务激励分项指数均值的差异。可以看出，除了排名第一的卫生和社会工作（Q）和排名最后一位的住宿和餐饮业（H）外，其他行业的财务激励分项指数均值按从大到小的顺序整体上呈平缓的梯形分布。卫生和社会工作（Q）的财务激励分项指数均值较大幅度高于其他行业，而住宿和餐饮业（H）的财务激励分项指数均值则较大幅度低于其他行业。

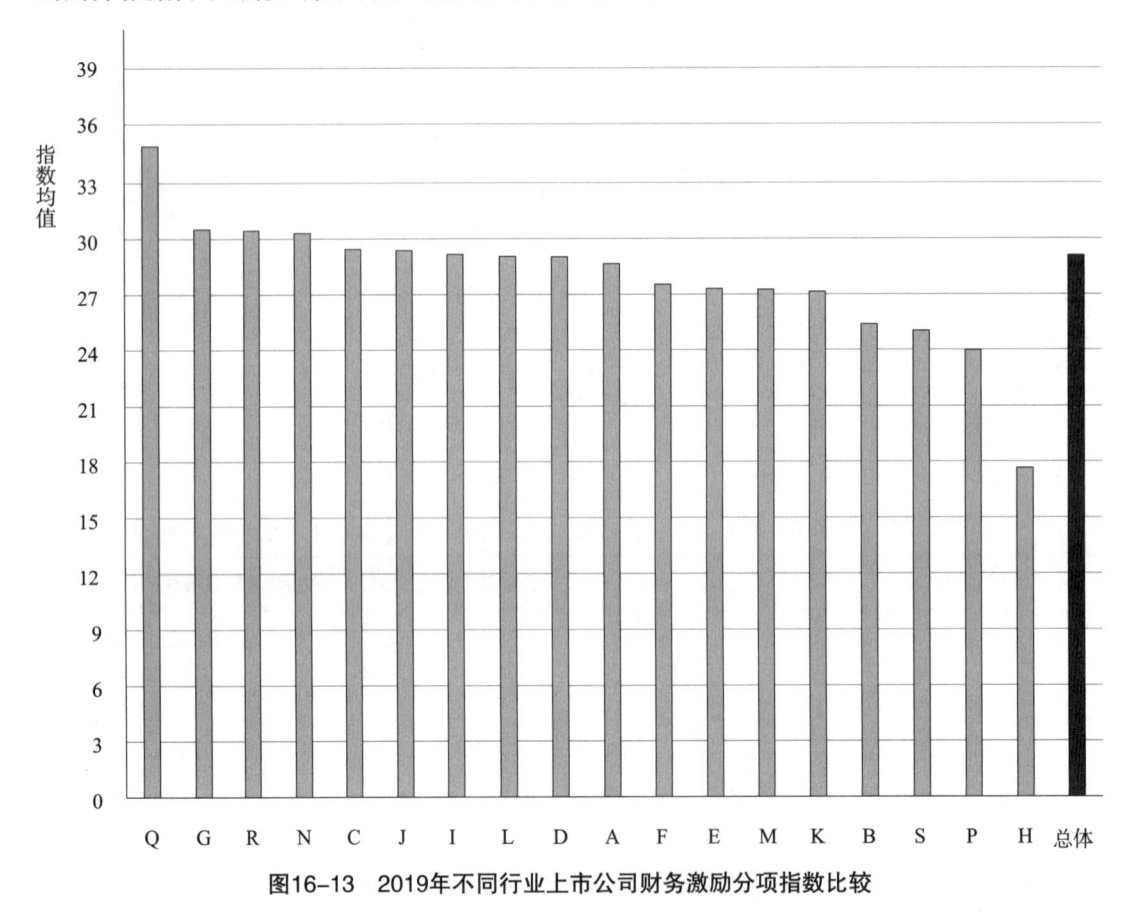

图16-13　2019年不同行业上市公司财务激励分项指数比较

16.6　本章小结

本章从指数分布以及地区、行业三个角度，对 2019 年财务治理指数的四个维度，即财权配置、财务控制、财务监督和财务激励进行了比较分析。主要结论如下：

①财务治理四个分项指数中，财务控制分项指数均值最大，财务激励分项指数均值最小。财务控制和财务监督两个分项指数得分均达到 70 分以上，而财权配置和财务激

励两个分项指数距离及格线甚远。财权配置分项指数主要集中在 [30，60）区间，占比 78.15%；财务控制分项指数主要集中在 [60，70）和 [80，90）区间，占比高达 80.55%；财务监督分项指数主要集中在 [60，70）和 [80，90）区间，占比为 76.16%；财务激励分项指数主要集中在 [0，10）、[20，30）和 [40，50）三个区间，占比 77.42%。

②从地区来看，财权配置分项指数均值从高到低依次为西部、中部、东北和东部；财务控制和财务监督两个分项指数均值从高到低依次均为东部、中部、西部和东北；财务激励分项指数均值从高到低依次是东部、中部、东北和西部。总体来看，东部地区上市公司在除财权配置之外的三个分项上都表现最好，中部地区上市公司在四个分项上都表现相对较好，而其他两个地区在四个分项上表现互有上下。需要指出的是，四个地区在财务激励分项指数上的得分都非常低。

③从行业来看，上市公司财权配置分项指数均值排名前三位的行业分别是交通运输、仓储和邮政业（G），采矿业（B）和建筑业（E）；财务控制分项指数均值排名前三位的行业分别为金融业（J），卫生和社会工作（Q），以及租赁和商务服务业（L）；财务监督分项指数均值排名前三位的行业分别是科学研究和技术服务业（M），金融业（J），以及交通运输、仓储和邮政业（G）；财务激励分项指数均值排名前三位的行业分别是卫生和社会工作（Q），交通运输、仓储和邮政业（G），以及文化、体育和娱乐业（R）。四个分项指数中，各个行业之间的差距都较大，行业最大均值与最小均值的差距都超过了 10 分。

第17章 财务治理指数的所有制比较

根据第1章的控股或所有制类型划分,本章对2019年3569家样本上市公司的财务治理指数及四个分项指数从所有制角度进行比较分析,以了解国有控股公司和非国有控股公司在财务治理方面存在的异同。

17.1 财务治理指数总体的所有制比较

17.1.1 财务治理总体指数比较

不同的所有制会对上市公司财务治理产生影响,表17-1比较了不同所有制上市公司的财务治理指数,并按照均值从高到低的顺序进行了排序。

表17-1 2019年不同所有制上市公司财务治理指数比较

排名	所有制类型	公司数目	平均值	中位值	最大值	最小值	标准差
1	国有绝对控股公司	266	56.7598	57.0759	73.0007	42.5676	6.2352
2	国有强相对控股公司	426	55.8340	56.2747	78.0296	37.2681	7.1820
3	国有弱相对控股公司	418	54.8741	55.4435	71.3521	26.1580	7.0533
4	国有参股公司	903	54.3117	54.6222	76.2346	27.5671	7.4766
5	无国有股份公司	1556	53.0322	53.3799	77.0053	20.0164	7.5864
	总体	3569	54.1839	54.4916	78.0296	20.0164	7.4548

从表17-1可以看出,五类所有制公司的财务治理指数均值都没有达到60分的及格水平。国有绝对控股公司的财务治理指数均值最高,为56.7598分,无国有股份公司的财务治理指数均值最低,为53.0322分。最大值与最小值之间的绝对差距为3.7276分,

差距不大。从中位值看，最高的也是国有绝对控股公司，最低的也是无国有股份公司。从标准差看，无国有股份公司的标准差最大，国有绝对控股公司的标准差最小，五类公司的标准差差异不大，说明五类公司财务治理指数的离散程度相近。

图 17-1 更直观地反映了不同所有制上市公司财务治理指数的差异。可以看出，国有绝对控股公司、国有强相对控股公司、国有弱相对控股公司、国有参股公司的财务治理指数均值高于总体均值，无国有股份公司的财务治理指数均值低于总体均值。

如果按照第一大股东中的国有股份比例从大到小排列，可以看出，随着第一大股东中的国有持股比例的降低，财务治理指数均值呈现出依次递减的现象，这可能意味着，国有持股比例直接影响着财务治理水平，国有持股比例越高，越重视财务治理，但这需要进一步验证。

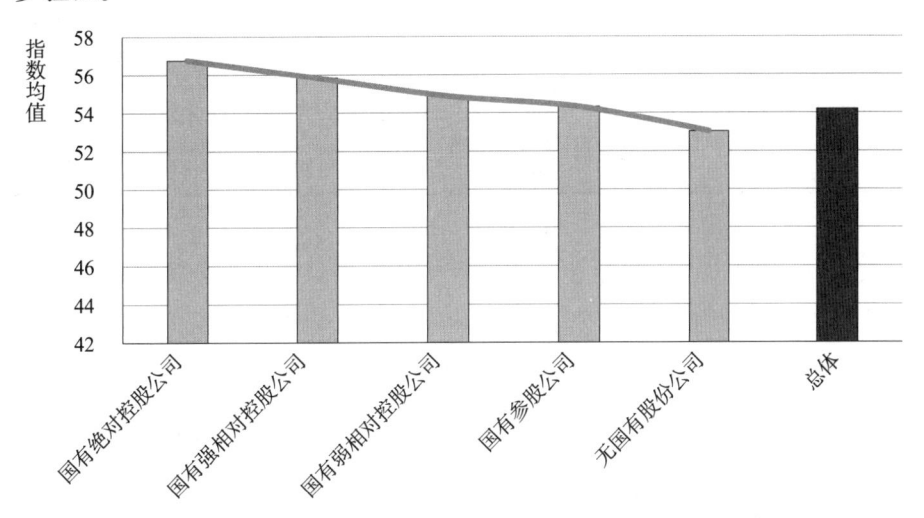

图17-1　2019年不同所有制上市公司财务治理指数均值比较

我们进一步将国有绝对控股公司、国有强相对控股公司和国有弱相对控股公司归类为国有控股公司，将国有参股公司和无国有股份公司归类为非国有控股公司，表 17-2 比较了国有控股公司和非国有控股公司的财务治理指数，并按照均值大小进行了排序。

表 17-2　2019 年国有与非国有控股上市公司财务治理指数比较

排名	所有制	公司数目	平均值	中位值	最大值	最小值	标准差
1	国有控股公司	1110	55.6944	56.0703	78.0296	26.1580	6.9555
2	非国有控股公司	2459	53.5021	53.8499	77.0053	20.0164	7.5715
	总体	3569	54.1839	54.4916	78.0296	20.0164	7.4548

从表 17-2 可以看出，2019 年上市公司中，国有控股公司财务治理指数的均值和中位值都高于非国有控股公司，两类公司财务治理指数均值的绝对差距为 2.1923，差距还是比较明显的。

根据实际控制人的性质，我们将上市公司进一步划分为中央企业（或监管机构）、地方国企（或监管机构）和非国有企业或自然人最终控制的三类上市公司。表 17-3 比较了三类公司的财务治理指数。

表 17-3　2019 年不同最终控制人上市公司财务治理指数比较

排名	最终控制人	公司数目	平均值	中位值	最大值	最小值	标准差
1	中央企业（或监管机构）	393	56.5787	56.4318	78.0296	35.2879	7.1507
2	地方国企（或监管机构）	753	55.3070	55.8782	74.7275	32.4841	6.7409
3	非国有企业或自然人	2423	53.4465	53.8272	77.0053	20.0164	7.5880
	总体	3569	54.1839	54.4916	78.0296	20.0164	7.4548

从表 17-3 可以看出，中央企业（或监管机构）控制的上市公司的财务治理指数的均值和中位值都高于地方国企（或监管机构）控制的上市公司，同时也高于非国有企业或自然人控制的上市公司，差距比较明显；地方国企（或监管机构）控制的上市公司的财务治理指数的均值和中位值都高于非国有企业或自然人控制的上市公司。

17.1.2　财务治理分项指数总体比较

财务治理指数包括财权配置、财务控制、财务监督和财务激励四个分项指数，表 17-4 对五类所有制上市公司的四个财务治理分项指数进行了比较。

表 17-4　2019 年不同所有制上市公司财务治理分项指数均值比较

所有制类型	财权配置	财务控制	财务监督	财务激励
国有绝对控股公司	51.9071	71.5877	75.7519	27.7925
国有强相对控股公司	51.4051	71.5917	73.0487	27.2906
国有弱相对控股公司	48.9252	71.8126	70.4844	28.2741
国有参股公司	44.7378	72.8463	69.5321	30.1307
无国有股份公司	42.1418	71.3464	69.2280	29.4128
总体	45.4266	71.8277	70.3944	29.0870

从表17-4可以看出，五类所有制上市公司的四个财务治理分项指数存在一定差异。图17-2更直观地反映了不同所有制上市公司财务治理四个分项指数的差异。可以看出，在国有绝对控股公司和国有强相对控股公司中，财务监督分项指数最高；在国有弱相对控股公司、国有参股公司和无国有股份公司中，财务控制分项指数最高。而财务激励分项指数在五类公司中都是最低的。随着第一大股东中的国有股比例的降低，财权配置和财务监督分项指数呈逐渐降低趋势，这说明在目前制度和市场条件下，适度较高的国有股比例对于提高公司财权配置和财务监督水平是有一定作用的。随着第一大股东中的国有股比例的降低，财务控制分项指数先上升再下降；财务激励分项指数先下降再上升再下降，略显"S"形状。国有绝对控股公司的财权配置、财务监督高于其他四类公司，说明该类公司中来自国有大股东的监督力度较大。总体来看，在财权配置和财务监督分项指数上，三类国有控股上市公司好于两类非国有控股公司。财务控制和财务激励分项指数，并不能直观反映国有控股公司和非国有控股公司孰优孰劣，还需要具体分析。

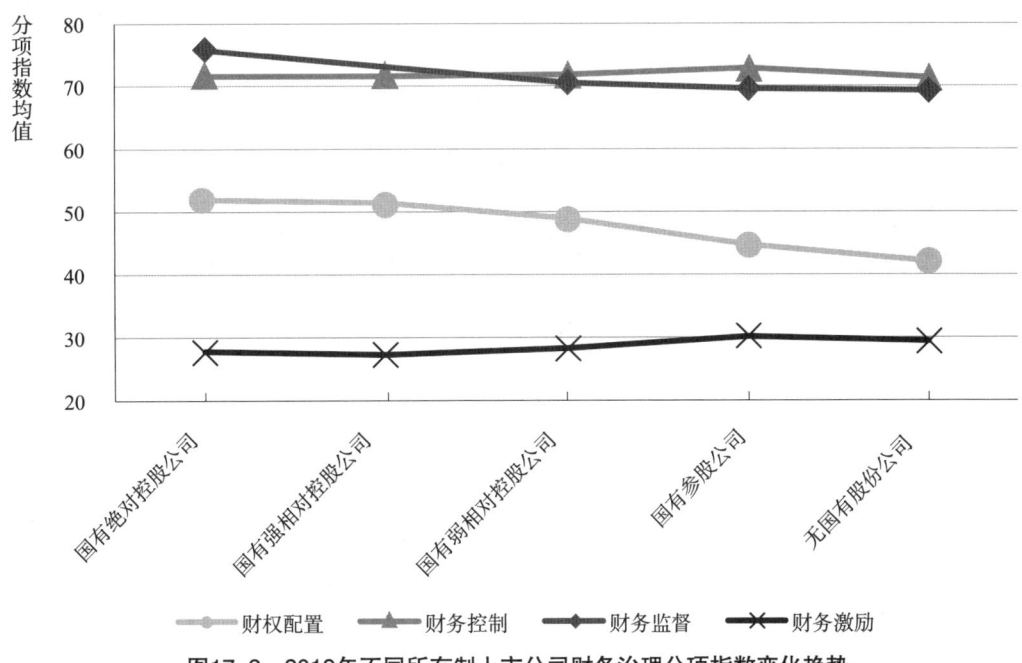

图17-2 2019年不同所有制上市公司财务治理分项指数变化趋势

我们进一步将国有绝对控股公司、国有强相对控股公司和国有弱相对控股公司合并，视为国有控股公司，将国有参股公司和无国有股份公司合并，视为非国有控股公司，两者的比较见表17-5和图17-3。可以看出，在财权配置和财务监督两个分项指数上，国有控股公司明显高于非国有控股公司，另外两个分项指数均是国有控股公司低于非国有控股公司，但两者差距不算大。

表 17-5　2019 年国有与非国有控股上市公司财务治理分项指数均值比较

所有制类型	财权配置	财务控制	财务监督	财务激励
国有控股公司	50.5915	71.6739	72.7309	27.7812
非国有控股公司	43.0951	71.8972	69.3397	29.6764
总体	45.4266	71.8277	70.3944	29.0870

根据实际控制人的类型，我们将上市公司划分为中央企业（或监管机构）、地方国企（或监管机构）和非国有企业或自然人控制的三类上市公司，它们在财务治理四个分项指数均值上的比较参见表 17-6 和图 17-4。可以看出，在财权配置分项指数上，中央企业（或监管机构）控制的上市公司最高，两类国企（或监管机构）控制的上市公司都明显高于非国有企业或自然人控制的上市公司；在财务控制分项指数上，仍是中央企业控制的上市公司最高，但地方国企（或监管机构）控制的上市公司略低于非国有企业或自然人控制的上市公司；在财务监督分项指数上，还是中央企业（或监管机构）控制的上市公司最高，且两类国企（或监管机构）都高于非国有企业或自然人控制的上市公司；在财务激励分项指数上，非国有企业或自然人控制的上市公司最高，中央企业（或监管机构）控制的上市公司次之，最低的是地方国企（或监管机构）控制的上市公司。总体来看，在财权配置、财务控制和财务监督三个分项指数上，两类国企（或监管机构）尤其是中央企业（或监管机构）控制的上市公司明显占优；而在财务激励分项指数上，则是非国有企业或自然人控制的上市公司稍微占优。

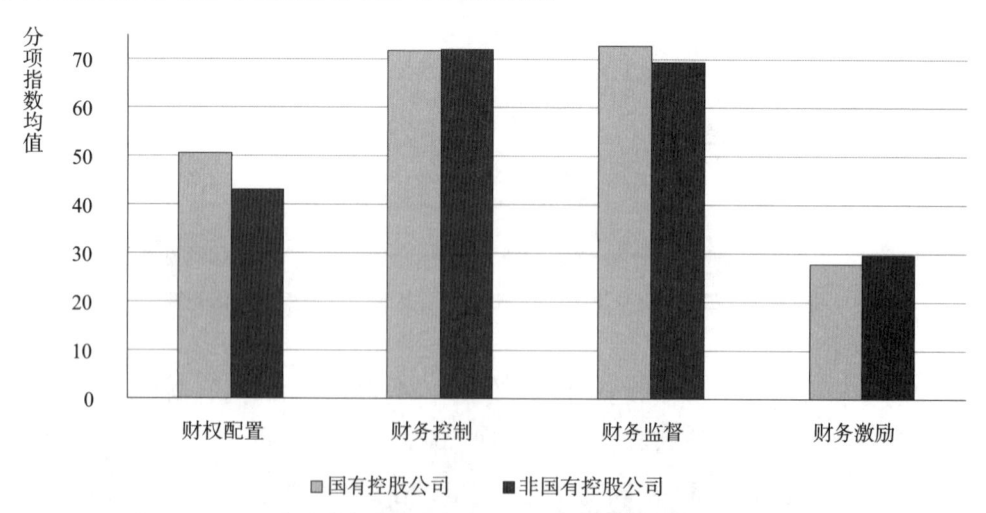

图17-3　2019年国有与非国有控股上市公司财务治理分项指数均值比较

表 17-6 2019 年不同最终控制人上市公司财务治理分项指数均值比较

最终控制人	财权配置	财务控制	财务监督	财务激励
中央企业（或监管机构）	51.8472	72.7875	73.5369	28.1432
地方国企（或监管机构）	50.2547	71.1860	72.0535	27.7338
非国有企业或自然人	42.8847	71.8715	69.3691	29.6606
总体	45.4266	71.8277	70.3944	29.0870

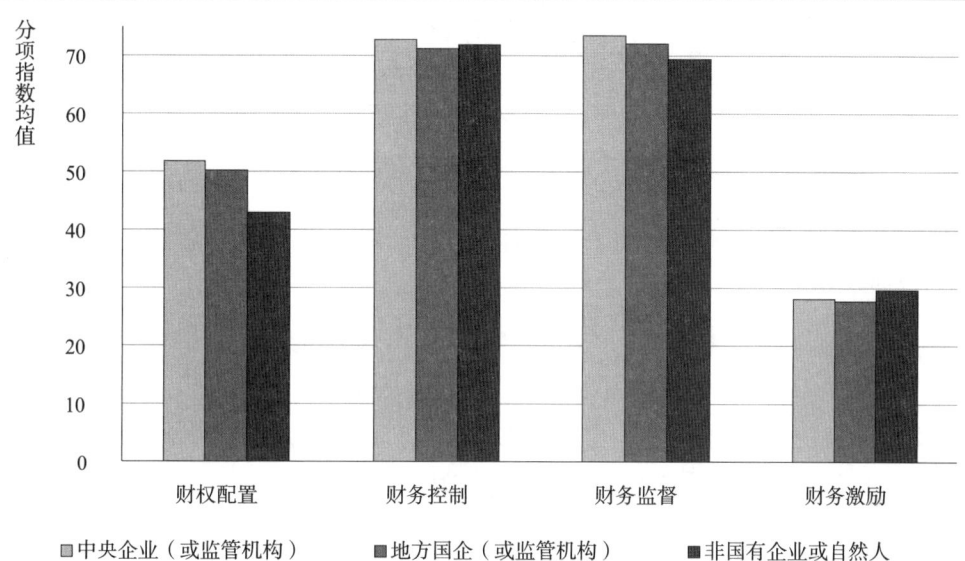

图17-4 2019年不同最终控制人上市公司财务治理分项指数均值比较

17.2 分地区财务治理指数的所有制比较

17.2.1 分地区财务治理总体指数比较

按照国家统计局四个地区的划分，我们统计了四个地区国有控股与非国有控股上市公司的财务治理指数，参见表17-7。

表 17-7 2019 年不同地区国有与非国有控股上市公司财务治理指数比较

地区	所有制类型	公司数目	平均值	中位值	最大值	最小值	标准差
东部	国有控股公司	649	56.2182	56.3630	78.0296	26.1580	6.9992
	非国有控股公司	1829	53.8619	54.1472	77.0053	20.0164	7.3243
	总体	2478	54.4790	54.6252	78.0296	20.0164	7.3143

续表

地区	所有制类型	公司数目	平均值	中位值	最大值	最小值	标准差
中部	国有控股公司	195	55.4583	56.3859	73.8684	37.2681	6.7119
中部	非国有控股公司	270	52.7835	53.0064	70.8251	20.4379	7.9065
中部	总体	465	53.9052	54.4277	73.8684	20.4379	7.5453
西部	国有控股公司	206	55.1220	55.3601	71.3521	37.7741	6.8353
西部	非国有控股公司	269	52.5729	53.2620	69.0294	28.7605	7.9897
西部	总体	475	53.6784	53.9922	71.3521	28.7605	7.6164
东北	国有控股公司	60	52.7603	54.2596	66.0730	35.2879	6.7398
东北	非国有控股公司	91	51.1495	51.6329	74.1928	27.5671	9.1904
东北	总体	151	51.7896	51.8702	74.1928	27.5671	8.3410

从表17-7可以看出，四个地区的国有控股公司财务治理指数的均值和中位值都高于非国有控股公司。

图17-5直观地反映了四个地区不同所有制上市公司财务治理指数均值的差异。可以看出，两类所有制上市公司的财务治理指数均值从高到低均是东部、中部、西部和东北；不论是国有控股公司还是非国有控股公司，东部上市公司财务治理的表现相对最好，而东北上市公司财务治理的表现则相对最差。

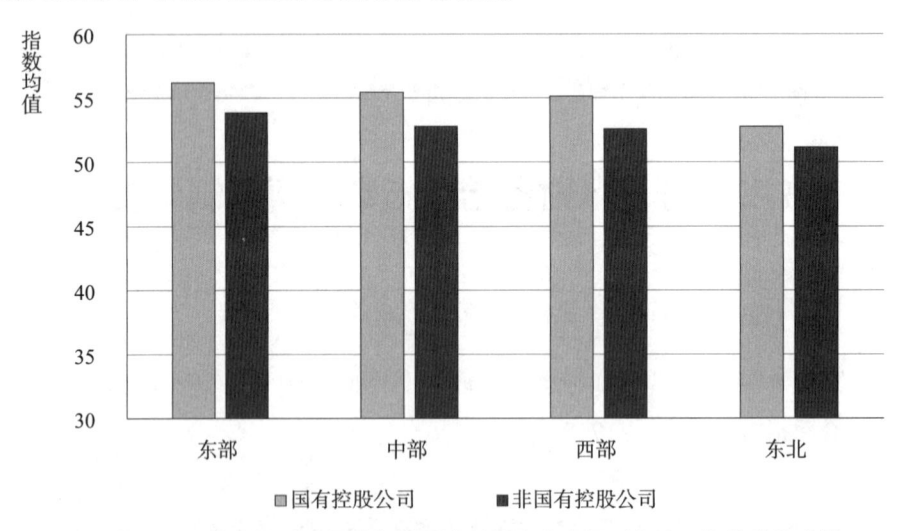

图17-5 2019年不同地区国有与非国有控股上市公司财务治理指数均值比较

17.2.2 分地区财务治理分项指数比较

接下来，我们对四个地区国有控股与非国有控股上市公司的财务治理分项指数均值进行比较分析，参见表17-8。

表 17-8 2019 年不同地区国有与非国有控股上市公司财务治理分项指数均值比较

地区	所有制类型	财权配置	财务控制	财务监督	财务激励
东部	国有控股公司	50.0386	72.0050	74.7207	28.1087
	非国有控股公司	42.5956	72.4702	70.6329	29.7489
	总体	44.5449	72.3484	71.7035	29.3193
中部	国有控股公司	51.9975	71.6693	70.2564	27.9100
	非国有控股公司	43.9406	71.0660	66.8750	29.2525
	总体	47.3193	71.3190	68.2930	28.6895
西部	国有控股公司	51.4883	71.4666	70.5097	27.0233
	非国有控股公司	45.0261	70.0944	65.6599	29.5114
	总体	47.8287	70.6895	67.7632	28.4323
东北	国有控股公司	48.9237	68.8194	66.8750	26.4229
	非国有控股公司	44.9191	68.1748	61.5385	29.9657
	总体	46.5104	68.4309	63.6589	28.5580

由表 17-8 可以看出，四个地区两类所有制上市公司在财务治理四个分项指数上并没有一致的排序。为了便于比较，我们计算出四个地区非国有控股公司财务治理四个分项指数均值与对应的国有控股公司财务治理四个分项指数均值的差值，由此可以反映四个地区两类所有制上市公司财务治理四个分项指数的差异，如图 17-6 所示。可以看出，在财权配置和财务监督两个分项指数上，四个地区均为国有控股公司高于非国有控股公司，财权配置分项指数中两类公司差距最大的是中部，为 8.0569 分；财务监督分项指数中两类公司差距最大的是东北，为 5.3365 分。在财务激励分项指数上，四个地区均为国有控股公司低于非国有控股公司，差距最大的是东北，为 3.5428 分；在财务控制分项指数上，除东部以外，其他三个地区都是国有控股公司高于非国有控股公司，西部地区两类公司差距最大，为 1.3722 分。总体来看，在财权配置、财务控制和财务监督三个分项指数上，国有控股公司明显占优；而在财务激励分项指数上，则是非国有控股公司占优。

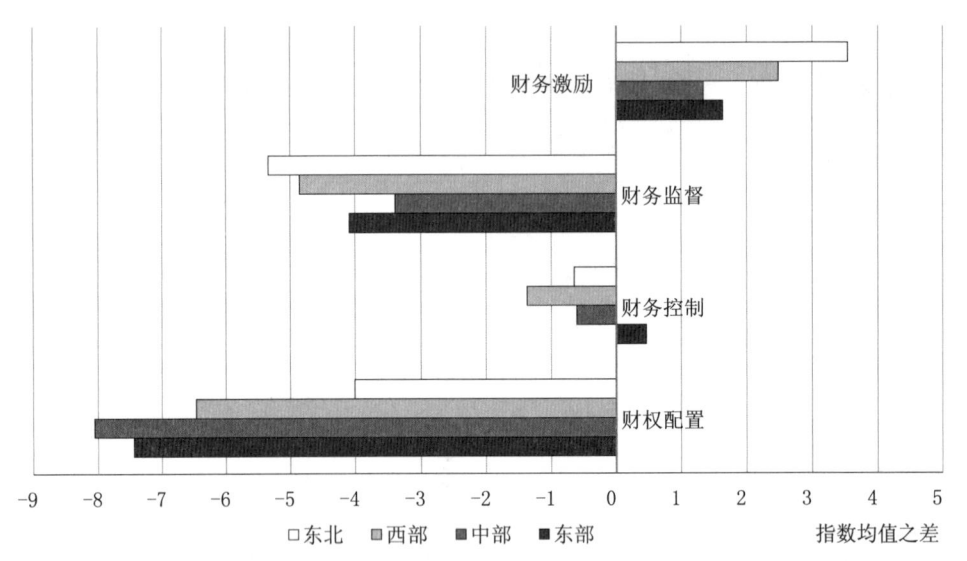

注：指数均值之差=非国有控股公司财务治理分项指数均值-国有控股公司财务治理分项指数均值。

图17-6　2019年不同地区国有与非国有控股上市公司财务治理分项指数差值比较

17.3　分行业财务治理指数的所有制比较

17.3.1　分行业财务治理总体指数比较

这里，我们选择上市公司较多且具有代表性的六个行业，分别是制造业（C）、电力、热力、燃气及水生产和供应业（D）、交通运输、仓储和邮政业（G）、信息传输、软件和信息技术服务业（I）、金融业（J）和房地产业（K），上述六个行业财务治理指数比较参见表17-9。

表17-9　2019年不同行业国有与非国有控股上市公司财务治理指数比较

行业	所有制类型	公司数目	平均值	中位值	最大值	最小值	标准差
制造业（C）	国有控股公司	520	55.5466	55.9221	73.8684	26.1580	6.9188
	非国有控股公司	1711	53.5438	53.6996	74.7421	20.0164	7.4328
	总体	2231	54.0106	54.2857	74.7421	20.0164	7.3650
电力、热力、燃气及水生产和供应业（D）	国有控股公司	79	55.1173	54.5980	69.8188	35.2879	6.4565
	非国有控股公司	30	51.0097	52.6237	65.7667	31.2091	8.8902
	总体	109	53.9868	54.2242	69.8188	31.2091	7.4385
交通运输、仓储和邮政业（G）	国有控股公司	70	58.1695	58.5536	78.0296	41.1638	8.0559
	非国有控股公司	32	53.7537	55.3768	68.2329	32.7756	6.9718
	总体	102	56.7842	56.2412	78.0296	32.7756	7.9991

续表

行业	所有制类型	公司数目	平均值	中位值	最大值	最小值	标准差
信息传输、软件和信息技术服务业（I）	国有控股公司	44	55.5533	55.1241	73.0007	35.3076	7.6329
	非国有控股公司	229	54.2158	54.4954	72.4021	27.7683	7.6095
	总体	273	54.4313	54.5278	73.0007	27.7683	7.6292
金融业（J）	国有控股公司	71	58.0396	58.1775	71.3521	43.1759	5.7121
	非国有控股公司	36	55.9526	57.4983	68.1111	36.2455	7.5101
	总体	107	57.3374	57.6804	71.3521	36.2455	6.4498
房地产业（K）	国有控股公司	58	55.1490	56.4216	67.3177	39.8361	6.5216
	非国有控股公司	62	53.2630	54.3342	69.2447	27.5671	8.0843
	总体	120	54.1746	54.6165	69.2447	27.5671	7.4305

从表17-9可以看出，六个行业的国有控股公司财务治理指数均值都高于非国有控股公司，这基本上可以说明，国有控股公司的财务治理水平高于非国有控股公司。

图17-7更直观地反映了六个行业国有控股公司与非国有控股公司财务治理指数的差异。可以看出，六个行业中，国有控股公司最高的是交通运输、仓储和邮政业（G），非国有控股公司最高的是金融业（J）。两类公司财务治理指数均值最低的都是电力、热力、燃气及水生产和供应业（D）。

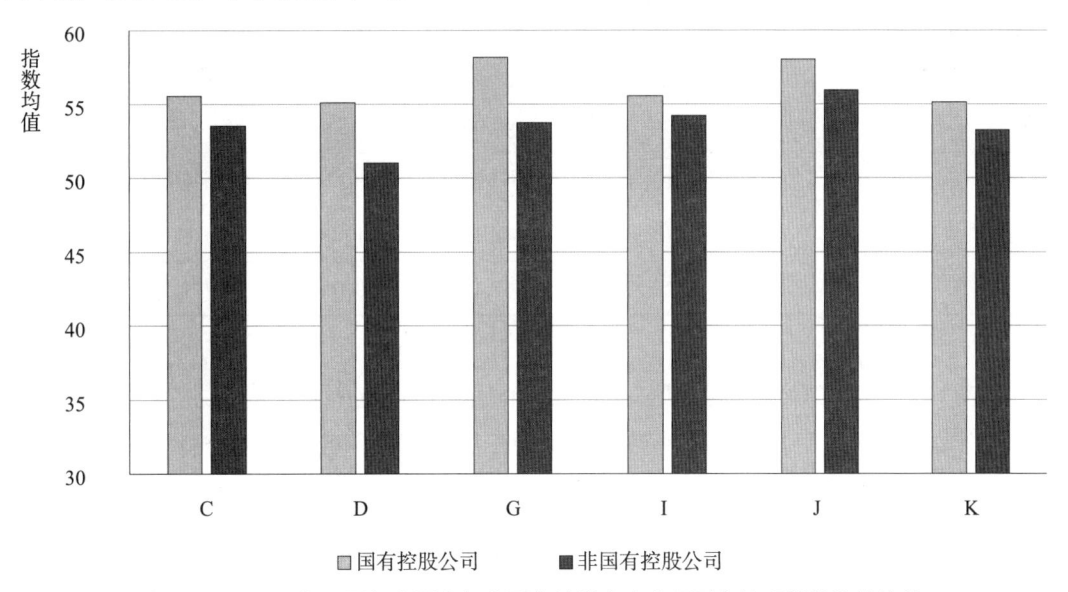

图17-7　2019年不同行业国有与非国有控股上市公司财务治理指数均值比较

17.3.2　分行业财务治理分项指数比较

表17-10对六个行业国有控股与非国有控股上市公司财务治理四个分项指数进行了比较。

表 17-10　2019 年不同行业国有与非国有控股上市公司财务治理分项指数均值比较

行业	所有制类型	财权配置	财务控制	财务监督	财务激励
制造业（C）	国有控股公司	50.5387	71.4978	71.4063	28.7437
	非国有控股公司	42.8310	72.0153	69.6632	29.6659
	总体	44.6275	71.8947	70.0695	29.4509
电力、热力、燃气及水生产和供应业（D）	国有控股公司	51.8780	69.8865	71.1234	27.5812
	非国有控股公司	42.1863	65.7057	63.3333	32.8136
	总体	49.2106	68.7358	68.9794	29.0213
交通运输、仓储和邮政业（G）	国有控股公司	52.9360	73.8650	77.1429	28.7342
	非国有控股公司	45.7249	67.8675	66.9922	34.4302
	总体	50.6737	71.9834	73.9583	30.5212
信息传输、软件和信息技术服务业（I）	国有控股公司	49.2049	70.6528	74.1477	28.2078
	非国有控股公司	41.5692	74.0559	71.8886	29.3494
	总体	42.7998	73.5074	72.2527	29.1654
金融业（J）	国有控股公司	49.0233	77.1141	77.3768	28.6444
	非国有控股公司	45.8908	75.3941	71.7014	30.8241
	总体	47.9694	76.5354	75.4673	29.3777
房地产业（K）	国有控股公司	49.6213	69.2362	75.6466	26.0920
	非国有控股公司	45.3542	71.0043	68.5484	28.1449
	总体	47.4167	70.1497	71.9792	27.1527

由表 17-10 可以看出，与地区一样，六个代表性行业两类所有制上市公司在财务治理四个分项指数上的排序也不一致。为了便于比较，我们计算出六个行业非国有控股公司财务治理四个分项指数均值与对应的国有控股公司财务治理四个分项指数均值的差值，由此可以反映六个行业的两类所有制上市公司在财务治理四个分项指数上的差异，参见图 17-8。可以看出，在财权配置和财务监督分项指数上，六个行业都是国有控股公司高于非国有控股公司；在财务激励分项指数上，六个行业都是非国有控股公司高于国有控股公司；在财务控制分项指数上，交通运输、仓储和邮政业（G）、电力、热力、燃气及水生产和供应业（D）、金融业（J）三个行业的国有控股公司高于非国有控股公司，其他三个行业都是非国有控股公司高于国有控股公司。

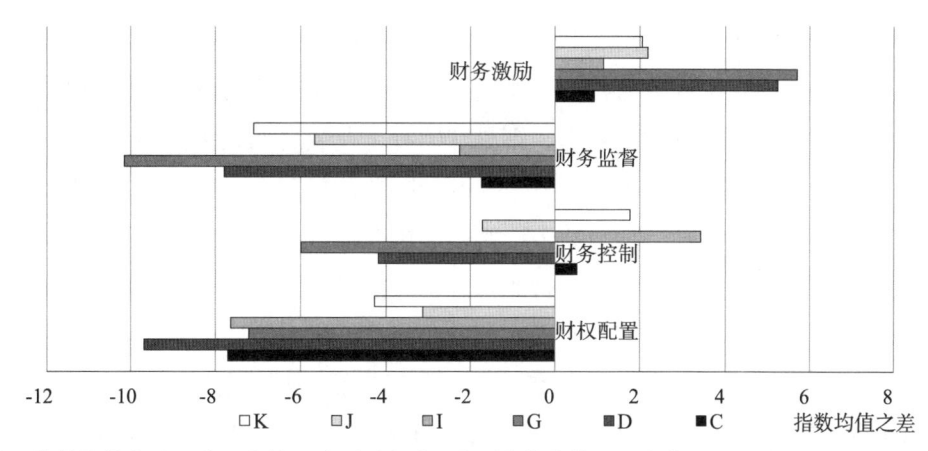

注：指数均值之差 = 非国有控股公司财务治理分项指数均值 - 国有控股公司财务治理分项指数均值。

图17-8　2019年不同行业国有与非国有控股上市公司财务治理分项指数差值比较

17.4　本章小结

本章从所有制角度对2019年沪深两市3569家上市公司财务治理指数及四个分项指数进行了统计和分析，主要结论如下：

（1）关于财务治理总体指数

①五类所有制公司的财务治理指数均值都没有达到60分的及格水平；随着第一大股东中的国有持股比例的降低，财务治理指数均值呈现出依次递减的现象，这可能意味着，国有持股比例直接影响着财务治理水平，国有持股比例越高，越重视财务治理，但这需要进一步验证。②总体上，国有控股公司财务治理指数的均值高于非国有控股公司。③中央企业（或监管机构）控制的上市公司的财务治理指数的均值高于地方国企（或监管机构）和非国有企业或自然人控制的上市公司，非国有企业或自然人控制的上市公司最低。④从地区看，四个地区的国有控股公司的财务治理指数均值都高于非国有控股公司，不论是国有控股公司还是非国有控股公司，东北地区财务治理指数都是最低的。⑤从行业看，六个行业的国有控股公司财务治理指数均值都高于非国有控股公司。

（2）关于财务治理分项指数

①随着第一大股东中的国有股比例的降低，财权配置和财务监督分项指数呈逐渐降低趋势，这说明在目前制度和市场条件下，适度较高的国有股比例对于提高公司财权配置和财务监督水平是有一定作用的；随着第一大股东中的国有股比例的降低，财务控制分项指数先上升再下降；财务激励分项指数先下降再上升再下降，略显"S"形状。国有绝对控股公司的财权配置、财务监督高于其他四类公司，说明该类公司中来自国有大股东的监督力度较大。②在财权配置和财务监督两个分项指数上，国有控股公司明显高于非国有控股公司，另外两个分项指数均是国有控股公司低于非国有控股公司，但两者

差距不算大。③从最终控制人角度，总体来看，在财权配置、财务控制和财务监督三个分项指数上，两类国企（或监管机构）尤其是中央企业（或监管机构）控制的上市公司明显占优；而在财务激励分项指数上，则是非国有企业或自然人控制的上市公司占有一定优势。④从地区看，在财权配置、财务控制和财务监督三个分项指数上，国有控股公司明显占优；而在财务激励分项指数上，则是非国有控股公司占优。⑤从行业看，在财权配置和财务监督分项指数上，六个行业都是国有控股公司高于非国有控股公司；在财务激励分项指数上，六个行业都是非国有控股公司高于国有控股公司；在财务控制分项指数上，交通运输、仓储和邮政业（G），电力、热力、燃气及水生产和供应业（D），金融业（J）三个行业的国有控股公司高于非国有控股公司，其他三个行业都是非国有控股公司高于国有控股公司。

第18章　财务治理指数的年度比较（2010～2019）

2011～2019年，我们对2010年、2012年，以及2014～2018年度的中国上市公司财务治理水平进行了七次测度，今年是第八次测度。本章将从总体、地区、行业和所有制等多个角度，比较分析八个年度中国上市公司财务治理水平，以便了解财务治理水平是否有所提高以及提高程度，以期对财务治理的完善有所启示。

18.1　财务治理指数总体的年度比较

对2010年、2012年，以及2014～2019年八个年度财务治理的评价，样本公司数分别是1722家、2314家、2514家、2655家、2840家、3147家、3490家和3569家，基本上是对全部上市公司的评价。比较八个年度样本上市公司的财务治理指数，以及财权配置分项指数、财务控制分项指数、财务监督分项指数和财务激励分项指数，结果见表18-1。

表18-1　2010～2019年上市公司财务治理指数均值比较

年份	样本量	总体指数	分项指数			
			财权配置	财务控制	财务监督	财务激励
2010	1722	53.5458	51.2195	55.3971	75.8711	31.6957
2012	2314	57.6130	50.0502	56.6335	76.1884	47.5799
2014	2514	52.7871	41.1152	45.2939	72.3846	52.3548
2015	2655	53.1157	41.1131	66.2514	75.8498	29.2487
2016	2840	53.5234	41.2217	70.5093	73.2240	29.1386
2017	3147	53.6690	42.4202	72.3981	72.0349	27.8230
2018	3490	52.0315	45.6415	66.6148	69.8030	26.0665
2019	3569	54.1839	45.4266	71.8277	70.3944	29.0870

由表 18-1 可知，

第一，从财务治理总体指数看，八个年度中，2012 年是最高水平，2014 年下降，2015～2017 年连续上升，2018 年比 2017 略微下降，2019 年比 2018 年上升（参见图 18-1）。2019 年，上市公司财务治理指数均值为 54.1839 分，比 2010 年上升 0.6381 分，但低于最高年份 2012 年 3.4291 分，比 2014～2018 年任何年份都高。

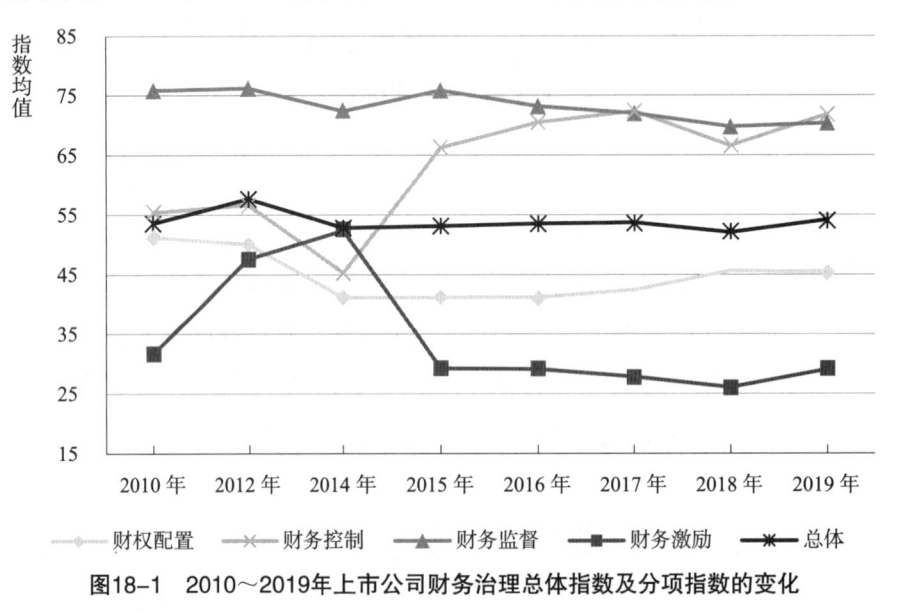

图18-1　2010～2019年上市公司财务治理总体指数及分项指数的变化

第二，从财权配置分项指数看，八个年度中，财权配置分项指数在 2010 年和 2012 年较高；相比 2010 年和 2012 年，2019 年分别下降 5.7929 分和 4.6236 分；相比 2018 年，2019 年下降 0.2149 分。

第三，从财务控制分项指数看，相比 2010 年和 2012 年，2019 年分别上升 16.4306 分和 15.1942 分，上升分值比较大；相比 2018 年，2019 年上升 5.2129 分。

第四，从财务监督分项指数看，相比 2010 年和 2012 年，2019 年分别下降 5.4767 分和 5.7940 分；相比 2018 年，2019 年上升 0.5914 分。

第五，从财务激励分项指数看，相比 2010 年和 2012 年，2019 年分别下降 2.6087 分和 18.4930 分；相比 2018 年，2019 年上升 3.0205 分。

18.2　分地区财务治理指数的年度比较

为体现不同地区上市公司财务治理情况，我们统计了各地区上市公司财务治理指数，以及财权配置、财务控制、财务监督和财务激励四个分项指数的平均值，用来比较不同地区 2010 年、2012 年，以及 2014～2019 年财务治理的差异，结果见表 18-2。

表 18-2　2010～2019 年不同地区上市公司财务治理指数均值比较

地区	年份	总体指数	分项指数				总体指数排名
			财权配置	财务控制	财务监督	财务激励	
东部	2010	54.2146	51.1283	56.4676	77.4541	31.8085	1
	2012	58.3986	48.9966	57.2510	77.5151	49.8318	1
	2014	53.3793	40.6038	45.1748	73.8298	53.9088	1
	2015	53.6273	40.4942	67.0381	77.5093	29.4675	1
	2016	54.0767	40.4768	71.3229	74.6324	29.8747	1
	2017	54.2155	41.6053	73.1176	73.5363	28.6027	1
	2018	52.2457	44.6198	67.1256	70.8747	26.3628	1
	2019	54.4790	44.5449	72.3484	71.7035	29.3193	1
中部	2010	53.2077	52.7984	54.8148	73.7731	31.4444	2
	2012	57.0858	52.3318	54.7187	74.9110	46.3818	2
	2014	52.0075	42.7339	45.1805	70.0613	50.0545	2
	2015	52.4275	42.1399	65.1865	73.5983	28.7853	2
	2016	53.0566	42.8824	70.2286	71.2656	27.8498	2
	2017	52.9763	44.6983	71.1333	69.2263	26.8472	2
	2018	51.9231	48.6101	66.2206	67.6487	25.2131	2
	2019	53.9052	47.3193	71.3190	68.2930	28.6895	2
西部	2010	52.1861	50.6011	52.8689	74.1598	31.1148	3
	2012	55.4520	51.8691	55.6736	73.1988	41.0663	4
	2014	51.6890	42.2169	46.1749	69.6209	48.7432	3
	2015	52.2594	42.9271	64.7037	72.3890	29.0176	3
	2016	52.4414	42.9788	68.1501	70.8282	27.8085	3
	2017	52.5564	44.5665	70.7258	69.2998	25.6337	3
	2018	51.5188	47.6435	65.1659	67.7639	25.5022	3
	2019	53.6784	47.8287	70.6895	67.7632	28.4323	3

续表

地区	年份	总体指数	分项指数				总体指数排名
			财权配置	财务控制	财务监督	财务激励	
东北	2010	51.9042	49.9508	53.8164	71.0177	32.8319	4
	2012	55.8248	51.0780	57.3077	72.4519	42.4615	3
	2014	50.6834	39.9672	44.6691	68.6121	49.4853	4
	2015	50.9549	41.1104	63.5670	70.7306	28.4115	4
	2016	50.6792	41.4111	67.3442	67.0918	26.8695	4
	2017	51.0432	41.2385	70.5879	66.5391	25.8071	4
	2018	50.4978	46.8740	64.0880	65.3943	25.6348	4
	2019	51.7896	46.5104	68.4309	63.6589	28.5580	4

由表18-2可以看出：

第一，从财务治理总体指数看，八个年度中，东部、中部、西部和东北四个地区都是上升和下降交替出现，但变化趋势基本一致（参见图18-2）。相比最高值的2012年，2019年东部、中部、西部和东北分别下降3.9196分、3.1806分、1.7736分和4.0352分；相比2018年，东部、中部、西部和东北分别上升2.2333分、1.9821分、2.1596分和1.2918分。总体看，东部上市公司在所有年份的财务治理表现均最好，东北地区除2012年外，其他年份的财务治理表现均最差。

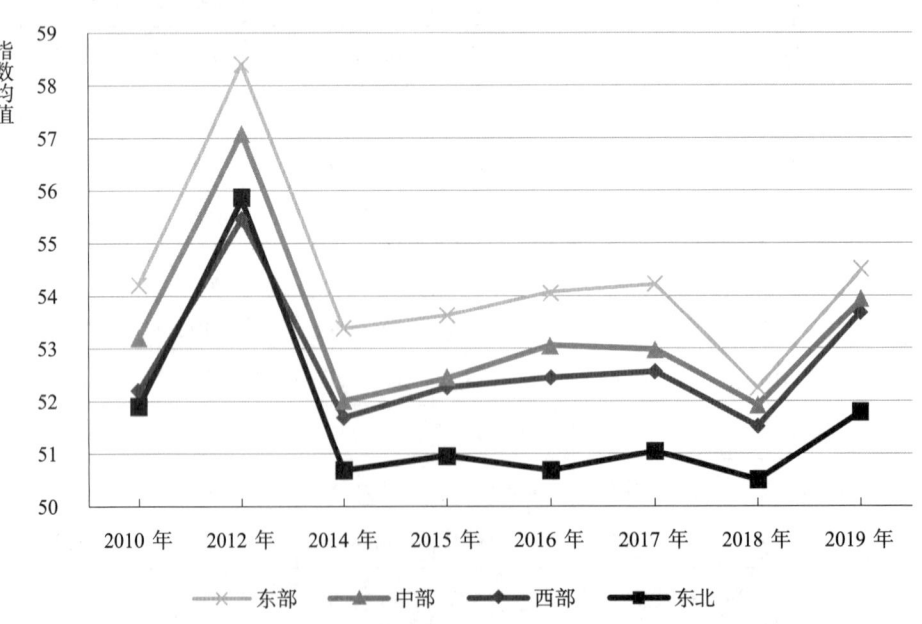

图18-2 2010~2019年不同地区上市公司财务治理总体指数的变化

第二，从财权配置分项指数看，相比 2010 年，2019 年四个地区全部下降，降幅为 2.77～6.59 分，东部降幅最大；相比 2018 年，除了西部上升 0.1852 分以外，其他三个地区都出现下降，降幅为 0.07～1.30 分，中部降幅最大。

第三，从财务控制分项指数看，相比 2010 年，2019 年四个地区都大幅提升，升幅为 14.61～17.83 分，西部增幅最大；相比 2018 年，2019 年四个地区也都是上升的，升幅为 4.34～5.53 分，同样是西部增幅最大。

第四，从财务监督分项指数看，相比 2010 年，2019 年四个地区都是下降的，降幅为 5.48～7.36 分，东北降幅最大；相比 2018 年，东部、中部在 2019 年是上升的，但增幅都没有超过 1 分，而西部、东北则是下降的，西部降幅很小，仅 0.0007 分，东北降幅则为 1.7354 分。

第五，从财务激励分项指数看，相比 2010 年，2019 年四个地区都下降，降幅为 2.48～4.28 分，东北降幅最大；相比 2018 年，2019 年四个地区都是上升的，升幅为 2.92～3.48 分，中部升幅最大。

18.3 分行业财务治理指数的年度比较

用各行业上市公司财务治理总体指数，以及财权配置、财务控制、财务监督和财务激励四个分项指数的平均值来代表各行业上市公司财务治理情况，分别比较不同行业 2010～2019 年八个年度的财务治理水平的差异，结果参见表 18-3。需要注意的是，由于《中国上市公司财务治理指数报告 2011》使用的是《上市公司行业分类（2001 年）》，而之后的报告使用的是《上市公司行业分类（2012 年）》，这两个行业分类标准存在差异，所以 10 个行业有八个年度的数据，8 个行业有七个年度的数据。为便于比较，我们只比较 2012～2019 年的财务治理指数。

表 18-3 2010～2019 年不同行业上市公司财务治理指数均值比较

行业	年份	总体指数	分项指数			
			财权配置	财务控制	财务监督	财务激励
农林牧渔业（A）	2010	49.2926	47.2868	50.8721	72.9651	26.0465
	2012	55.1089	48.6302	52.4306	74.6528	44.7222
	2014	49.1032	37.1629	44.2188	68.2813	46.7500
	2015	50.4630	37.7224	66.2174	72.4702	25.4420
	2016	52.3723	38.0457	71.5614	67.1875	32.6948
	2017	52.7094	40.7712	72.6102	65.4762	31.9802

续表

行业	年份	总体指数	分项指数			
			财权配置	财务控制	财务监督	财务激励
农林牧渔业（A）	2018	49.9439	45.8813	64.8905	61.7378	27.2660
	2019	52.5398	46.1993	70.3563	64.9390	28.6646
采矿业（B）	2010	57.3014	54.1667	62.6953	78.9063	33.4375
	2012	57.2542	53.6879	58.7719	76.2061	40.3509
	2014	54.6737	47.1914	52.0833	72.4638	46.9565
	2015	54.6107	47.5247	64.4930	75.5137	30.9114
	2016	52.5758	44.7274	67.4037	72.0034	26.1685
	2017	51.1777	46.3204	68.6776	69.8480	19.8647
	2018	51.8609	50.9897	63.9959	67.5987	24.8594
	2019	53.7029	50.5525	70.4614	68.4167	25.3812
制造业（C）	2010	52.7870	51.0008	54.5460	74.9391	30.6621
	2012	57.3196	48.8504	56.1136	74.9829	49.3315
	2014	52.8116	40.7191	44.7772	71.8396	53.9106
	2015	52.9852	40.7726	66.7037	75.0935	29.3711
	2016	53.5459	40.9548	71.0868	72.7746	29.3672
	2017	53.7015	42.0299	72.8411	72.0145	27.9204
	2018	51.7881	44.8502	66.8370	69.5736	25.8915
	2019	54.0106	44.6275	71.8947	70.0695	29.4509
电力、热力、燃气及水生产和供应业（D）	2010	54.3403	51.7361	55.6641	77.1484	32.8125
	2012	58.9678	53.9231	59.3344	77.6786	44.9351
	2014	55.0902	43.5469	53.5061	74.1616	49.1463
	2015	54.8764	42.2115	63.9149	78.5815	34.7977
	2016	53.7206	42.9737	68.7831	76.7578	26.3679
	2017	53.2514	45.3511	69.8601	72.3301	25.4642
	2018	50.9979	49.3765	63.5879	67.0238	24.0034
	2019	53.9868	49.2106	68.7358	68.9794	29.0213
建筑业（E）	2010	55.0878	58.0247	56.9444	73.4375	31.9444
	2012	60.8051	55.4524	58.5938	78.4598	50.7143

续表

行业	年份	总体指数	分项指数			
			财权配置	财务控制	财务监督	财务激励
建筑业（E）	2014	53.6685	45.0528	46.9697	73.8636	48.7879
	2015	53.9492	43.7992	65.9048	78.3451	27.7478
	2016	54.2788	44.2997	72.2280	73.0519	27.5356
	2017	53.9259	44.1703	71.3871	72.1528	27.9934
	2018	52.6761	49.1903	65.6501	70.6250	25.2390
	2019	55.5176	50.3171	72.1325	72.3026	27.3183
批发和零售业（F）	2010	54.1386	51.1820	54.3883	76.1968	34.7872
	2012	57.5062	53.1666	60.8750	75.2500	40.7333
	2014	52.5888	41.2445	49.2030	70.8473	49.0604
	2015	53.2726	42.1279	64.1261	76.6156	30.2206
	2016	51.8932	41.2758	67.7222	72.8041	25.7707
	2017	52.3162	43.5221	69.6163	71.2421	24.8843
	2018	51.3520	46.8663	64.8085	69.6265	24.1067
	2019	52.9674	45.5915	68.6751	70.0699	27.5333
交通运输、仓储和邮政业（G）	2010	58.2463	55.2239	62.2201	81.0634	34.4776
	2012	61.7665	56.6762	59.5779	82.6299	48.1818
	2014	55.1145	43.7452	50.5401	77.1605	49.0124
	2015	56.0587	45.3165	63.6881	81.9444	33.2857
	2016	54.3192	46.0027	66.2921	77.9454	27.0364
	2017	54.0626	47.9040	70.3897	73.5417	24.4150
	2018	53.8242	51.2498	64.5213	73.7113	25.8143
	2019	56.7842	50.6737	71.9834	73.9583	30.5212
住宿和餐饮业（H）	2012	55.9314	49.1423	59.3750	71.8750	43.3333
	2014	46.6029	40.5026	43.7500	58.5227	43.6364
	2015	46.6809	34.8243	58.2862	62.5000	31.1130
	2016	47.0656	42.4816	59.0194	63.6364	23.1251
	2017	50.4527	44.6506	68.0188	66.6667	22.4748
	2018	50.9520	47.6498	66.0948	65.9722	24.0913

续表

行业	年份	总体指数	分项指数			
			财权配置	财务控制	财务监督	财务激励
住宿和餐饮业（H）	2019	50.4842	40.4453	73.7134	70.1389	17.6394
信息传输、软件和信息技术服务业（I）	2010	52.4614	48.0193	53.4783	76.5217	31.8261
	2012	55.8042	46.1252	48.5767	78.7129	49.8020
	2014	50.3246	38.2759	34.7481	72.5280	55.7463
	2015	52.8880	36.2358	69.5188	79.0086	26.7888
	2016	53.9917	38.1654	71.2074	75.0000	31.5942
	2017	54.6867	39.2779	73.8938	74.6513	30.9236
	2018	52.3871	42.0853	68.4437	71.2313	27.7881
	2019	54.4313	42.7998	73.5074	72.2527	29.1654
金融业（J）	2010	62.1850	57.9365	69.6429	86.1607	35.0000
	2012	62.6992	50.4308	69.9695	87.9573	42.4390
	2014	53.9330	36.4297	56.5407	81.8314	40.9302
	2015	53.3176	42.8806	74.4261	77.1684	18.7953
	2016	55.7111	39.9407	79.0492	75.4386	28.4161
	2017	55.8318	43.3271	78.6650	74.6753	26.6598
	2018	55.9357	47.4689	72.8150	74.3608	29.0979
	2019	57.3374	47.9694	76.5354	75.4673	29.3777
房地产业（K）	2010	55.1687	51.7460	54.8214	76.9643	37.1429
	2012	58.1007	52.8870	58.7148	78.8292	41.9718
	2014	52.1633	42.6305	44.0341	73.5795	48.4091
	2015	51.9559	43.4657	61.1955	75.6063	27.5561
	2016	53.3262	43.0907	67.2531	74.0000	28.9607
	2017	53.7800	45.0595	69.3932	70.6000	30.0674
	2018	52.9165	48.7524	64.1446	72.5806	26.1882
	2019	54.1746	47.4167	70.1497	71.9792	27.1527
租赁和商务服务业（L）	2012	58.0943	49.0440	57.4405	80.6548	45.2381
	2014	54.7657	41.2503	46.0938	78.3854	53.3333
	2015	53.6921	37.3458	68.6568	76.2019	32.5638

续表

行业	年份	总体指数	分项指数			
			财权配置	财务控制	财务监督	财务激励
租赁和商务服务业（L）	2016	53.4474	38.4302	71.4298	70.9375	32.9921
	2017	52.4975	38.3763	73.5386	71.2798	26.7953
	2018	51.1779	44.4769	67.9925	64.3868	27.8552
	2019	52.9121	43.6016	73.7399	65.2644	29.0423
科学研究和技术服务业（M）	2012	56.3698	44.9235	52.0833	72.9167	55.5556
	2014	53.9702	38.7218	38.0682	77.2727	61.8182
	2015	54.4614	40.4106	68.3486	78.4722	30.6143
	2016	54.2613	41.4610	71.9294	73.3696	30.2852
	2017	53.9235	44.4577	72.9601	69.7266	28.5497
	2018	52.2642	45.8882	67.5902	72.0052	23.5732
	2019	55.9676	47.2550	72.4096	76.9444	27.2613
水利、环境和公共设施管理业（N）	2012	54.2085	46.6709	48.3696	77.4457	44.3478
	2014	52.5266	40.4909	43.5096	71.8750	54.2308
	2015	53.1966	42.9241	67.5955	76.4583	25.8086
	2016	55.0095	41.4772	71.0954	76.1364	31.3289
	2017	54.2497	41.1034	72.0424	71.8750	31.9781
	2018	53.3088	47.1011	66.3963	70.0000	29.7380
	2019	54.7483	47.5350	72.7638	68.4028	30.2917
教育（P）	2012	59.8958	33.3333	62.5000	93.7500	50.0000
	2014	47.3958	33.3333	37.5000	68.7500	50.0000
	2015	56.7766	48.3333	68.3564	68.7500	41.6667
	2016	49.0068	34.3742	57.4618	70.8333	49.0068
	2017	51.3908	32.9526	69.3161	71.8750	31.4195
	2018	48.9604	42.7778	63.4619	62.5000	27.1019
	2019	52.8870	45.7231	70.7376	71.0938	23.9935
卫生和社会工作（Q）	2012	56.9318	50.2272	45.8333	75.0000	56.6667
	2014	50.8067	43.2269	32.8125	67.1875	60.0000
	2015	51.9037	38.9519	68.1866	73.7500	26.7263

续表

行业	年份	总体指数	分项指数			
			财权配置	财务控制	财务监督	财务激励
卫生和社会工作（Q）	2016	53.7651	40.7624	69.1012	71.4286	33.7683
	2017	52.3252	40.0480	70.1254	68.7500	30.3774
	2018	54.2863	50.6782	66.8015	71.8750	27.7906
	2019	54.3477	44.5153	73.8939	61.4583	37.5233
文化、体育和娱乐业（R）	2012	59.3099	52.9273	55.6250	82.1875	46.5000
	2014	52.2369	39.8095	43.5345	76.2931	49.3103
	2015	52.9619	38.3229	64.9135	78.4722	30.1391
	2016	54.5302	41.6635	68.9940	75.9146	31.5486
	2017	54.9002	41.3676	72.1267	74.8698	31.2366
	2018	54.6103	47.6769	66.4333	73.7069	30.6242
	2019	54.0479	45.8921	70.8894	68.9693	30.4407
综合（S）	2012	54.1662	55.3579	48.0114	73.2955	40.0000
	2014	51.9079	47.0067	42.4479	69.0104	49.1667
	2015	51.4724	41.1287	62.7573	72.2500	29.7538
	2016	52.2414	41.1376	66.7459	70.9239	30.1581
	2017	51.4838	42.0461	70.2843	65.2174	28.3875
	2018	47.1910	48.7507	61.0409	58.3333	20.6393
	2019	49.4460	49.4194	65.2542	58.0882	25.0222

注：①由于教育（P）在2012年和2015年只有1家上市公司，2016~2019年各有3家、4家、8家和8家上市公司，所以，2012年和2015年该行业数据难以反映该行业的实际平均水平，故只比较2016~2018年；②居民服务、修理和其他服务业（O）只有1家上市公司，难以代表该行业整体水平，故排名时剔除。

从表18-3可以看出：

第一，从财务治理总体指数看，2012~2019年，18个行业中，有17个行业的上市公司财务治理指数均值在2012年属于最高水平。相比2012年，2019年有16个行业（剔除教育）都出现了下降，降幅为0.40~5.45分，降幅最大的是住宿和餐饮业（H）。相比2018年，2019年除住宿和餐饮业（H）、文化、体育和娱乐业（R）略有下降外，其他16个行业均有上升，升幅为0.06~3.93分，升幅最大的是教育（P）。

第二，从财权配置分项指数看，相比2012年，2019年除科学研究和技术服务业（M）、水利、环境和公共设施管理业（N）两个行业外（剔除教育），其余15个行业都是下降的，降幅为 2.43～8.70 分，降幅最大的是住宿和餐饮业（H），降幅最小的是农林牧渔业（A）。相比 2018 年，2019 年 8 个行业出现上升，升幅为 0.31～2.95 分，教育（P）升幅最大；10 个行业出现下降，降幅为 0.16～7.21 分，住宿和餐饮业（H）降幅最大。

第三，从财务控制分项指数看，相比 2012 年，2019 年全部 17 个行业（剔除教育）都是上升的，升幅为 6.56～28.07 分，升幅最大的是卫生和社会工作（Q），升幅最小的是金融业（J）。相比 2018 年，2019 年 18 个行业全部上升，升幅为 3.72～7.62 分，升幅最大的是住宿和餐饮业（H），升幅最小的是金融业（J）。

第四，从财务监督分项指数看，相比 2012 年，2019 年有 16 个行业（剔除教育）都是下降的，降幅为 1.73～15.40 分，降幅最大的是租赁和商务服务业（L），降幅最小的是住宿和餐饮业（H）；科学研究和技术服务业（M）则是上升的。相比 2018 年，2019 年有 13 个行业上升，升幅为 0.24～8.60 分，升幅最大的是教育（P），升幅最小的是交通运输、仓储和邮政业（G）；有 5 个行业下降，降幅为 0.24～10.42 分，降幅最大的是卫生和社会工作（Q），降幅最小的是综合（S）。

第五，从财务激励分项指数看，相比 2012 年，2019 年全部 17 个行业（剔除教育）都是下降的，降幅为 13.06～28.30 分，降幅最小的是金融业（J），降幅最大的是科学研究和技术服务业（M）。相比 2018 年，2019 年有 15 个行业上升，升幅都在 10 分以下；有 3 个行业下降，降幅为 0.18～6.46 分，降幅最大的是住宿和餐饮业（H），降幅最小的是文化、体育和娱乐业（R）。

图 18-3 显示了 18 个行业财务治理总体指数的变化。从总体指数排名看，2012 年排名前三位的行业是金融业（J），交通运输、仓储和邮政业（G），建筑业（E）；2019 年排名前三位的行业是金融业（J），交通运输、仓储和邮政业（G），科学研究和技术服务业（M）。各年度 18 个行业的排名不尽相同，但综合来看，八个年度里，金融业（J），交通运输、仓储和邮政业（G）有 5 年均处于前三名，表现较好。

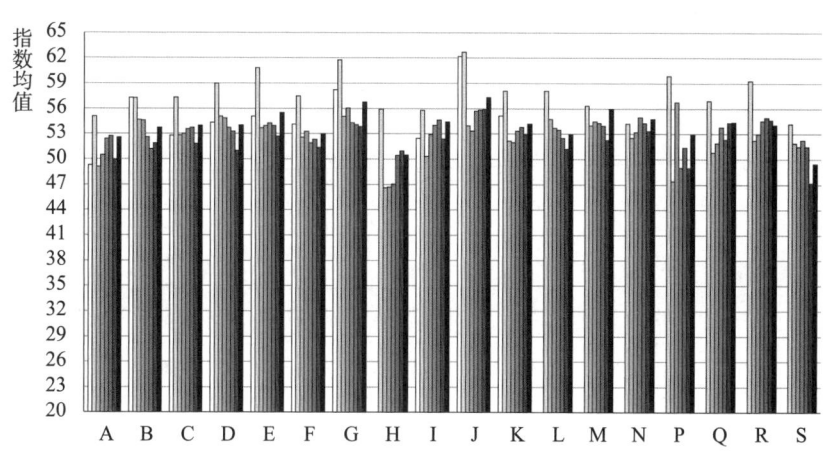

图18-3　2010～2019年不同行业上市公司财务治理总体指数的变化

18.4 分所有制财务治理指数的年度比较

按照五类所有制公司的划分，用各所有制上市公司财务治理总体指数，以及财权配置、财务控制、财务监督和财务激励四个分项指数的平均值来代表各所有制上市公司财务治理情况，分别比较 2010～2019 年八个年度不同所有制上市公司的财务治理水平的差异，结果参见表 18-4 Panel A。另外，进一步将样本按照国有控股公司和非国有控股公司分类，统计信息参见表 18-4 Panel B。

表 18-4 2010～2019 年不同所有制上市公司财务治理指数均值比较

所有制类型	年份	总体指数	分项指数				总体指数排名
			财权配置	财务控制	财务监督	财务激励	
Panel A 按照五类所有制公司分类							
国有绝对控股公司	2010	56.9361	56.2882	58.0586	78.8919	34.5055	1
	2012	60.2658	56.1718	62.4774	79.5516	42.8623	1
	2014	55.8363	45.9251	51.4310	77.3359	48.6532	1
	2015	55.6342	45.3314	65.2675	79.4703	32.4673	1
	2016	54.4177	45.5535	68.3606	78.0000	25.7568	2
	2017	54.0869	47.0012	71.5693	73.8327	23.9444	2
	2018	53.6337	51.6210	65.4281	73.6275	23.8581	1
	2019	56.7598	51.9071	71.5877	75.7519	27.7925	1
国有强相对控股公司	2010	54.0436	53.3522	54.8513	76.4695	31.5014	2
	2012	59.9686	54.3536	62.0605	78.4342	45.0260	2
	2014	54.1256	43.3430	50.1044	73.0310	50.0239	2
	2015	54.3197	44.0420	63.8879	76.9003	32.4487	2
	2016	53.1303	44.1244	68.3274	72.8837	27.1859	4
	2017	53.3406	46.3855	70.4295	71.5123	25.0352	4
	2018	53.3740	51.0791	65.2764	71.2881	25.8524	2
	2019	55.8340	51.4051	71.5917	73.0487	27.2906	2
国有弱相对控股公司	2010	52.7225	51.5832	53.1736	74.5790	31.5544	4

续表

所有制类型	年份	总体指数	分项指数				总体指数排名
			财权配置	财务控制	财务监督	财务激励	
国有弱相对控股公司	2012	57.7006	52.9208	58.7662	75.7711	43.3442	3
	2014	52.3055	42.0644	47.4743	70.8476	48.8356	3
	2015	52.4671	41.7287	64.2727	73.3055	30.5617	4
	2016	52.3695	43.0366	69.0926	69.8289	27.5198	5
	2017	53.0626	44.1147	70.9358	69.9140	27.2859	5
	2018	52.5647	48.5637	66.2617	68.9538	26.4796	3
	2019	54.8741	48.9252	71.8126	70.4844	28.2741	3
国有参股公司	2010	52.1170	47.8697	54.3546	74.7650	31.4787	5
	2012	56.0275	46.5483	54.4527	75.0000	48.1088	5
	2014	52.0085	39.1030	45.3973	70.8979	52.6357	4
	2015	52.8823	40.3522	66.7156	76.2334	28.2280	3
	2016	54.5714	40.1255	72.7376	74.3310	31.0914	1
	2017	54.2392	41.1978	73.8211	72.8859	29.0518	1
	2018	52.2659	44.7690	68.0841	70.0852	26.1254	4
	2019	54.3117	44.7378	72.8463	69.5321	30.1307	4
无国有股份公司	2010	52.8073	49.4929	56.0144	75.1860	30.5357	3
	2012	56.5175	47.0559	52.9753	74.9349	51.1042	4
	2014	51.8716	39.4525	41.2589	71.7437	55.0313	5
	2015	52.1901	38.9159	67.8273	74.8360	27.1811	5
	2016	53.1548	39.2231	70.8705	72.5988	29.9268	3
无国有股份公司	2017	53.5404	40.4659	72.8024	71.9445	28.9489	3
	2018	51.1554	42.9995	66.4436	68.8254	26.3531	5
	2019	53.0322	42.1418	71.3464	69.2280	29.4128	5
Panel B 按照国有控股公司和非国有控股公司分类							
国有控股公司	2010	54.6964	53.9140	55.5250	76.8315	32.5153	1
	2012	59.3317	54.4161	61.1312	77.9055	43.8740	1
	2014	54.1024	43.7334	49.7334	73.6669	49.2758	1

续表

所有制类型	年份	总体指数	分项指数				总体指数排名
			财权配置	财务控制	财务监督	财务激励	
国有控股公司	2015	54.1845	43.7716	64.3925	76.6435	31.9302	1
	2016	53.1947	44.1164	68.5853	73.1293	26.9477	2
	2017	53.4305	45.7837	70.8751	71.5489	25.5145	2
	2018	53.1532	50.3284	65.6589	71.0379	25.5877	1
	2019	55.6944	50.5915	71.6739	72.7309	27.7812	1
非国有控股公司	2010	52.5023	48.7757	55.2810	75.0000	30.9524	2
	2012	56.3770	46.9103	53.3990	75.9536	50.2452	2
	2014	51.9068	39.3627	42.3224	71.5264	54.4157	2
	2015	52.4458	39.4466	67.4166	75.3523	27.5679	2
	2016	53.7102	39.5769	71.6025	73.2779	30.3834	1
	2017	53.7892	40.7264	73.1650	72.2796	28.9856	1
	2018	51.5494	43.6273	67.0256	69.2723	26.2723	2
	2019	53.5021	43.0951	71.8972	69.3397	29.6764	2

从表 18-4 Panel A 可以看出：

第一，从财务治理总体指数看，八个年度中，五类所有制公司整体上都是上升和下降交替出现。国有绝对控股公司 2014～2018 年连续五年下降，国有强相对控股公司 2017～2019 年连续三年上升，无国有股份公司 2015～2017 年连续三年上升。2012 年，五类所有制公司财务治理指数在八个年度中均处于最高水平。相比 2012 年的最高水平，2019 年五类公司财务治理指数均值降幅为 1.71～4.14 分，降幅最大的是国有强相对控股公司，降幅最小的是国有参股公司。相比 2018 年，2019 年五类公司财务治理指数均有不同程度的上升，升幅为 1.87～3.13 分，升幅最大的是国有绝对控股公司，升幅最小的是无国有股份公司。

第二，从财权配置分项指数看，八个年度中，相比 2010 年，2019 年五类公司都是下降的，降幅为 1.94～7.36 分，降幅最大的是无国有股份公司，降幅最小的是国有强相对控股公司。相比 2018 年，2019 年国有参股公司和无国有股份公司略有下降，降幅分别是 0.0312 分和 0.8577 分；其他三类国有控股公司都略有上升，但升幅都没有超过 0.40 分。

第三，从财务控制分项指数看，相比 2010 年，2019 年五类公司都大幅上升，升幅为 13.5～18.64 分，升幅最大的是国有弱相对控股公司，升幅最小的是国有绝对控股公司。相比 2018 年，2019 年五类公司亦都是增加的，增幅为 4.76～6.32 分，增幅最大的是国有强相对控股公司，增幅最小的是国有参股公司。

第四，从财务监督分项指数看，相比 2010 年，2019 年五类公司都是下降的，降幅为 3.14～5.96 分，降幅最大的是无国有股份公司，降幅最小的是国有绝对控股公司。相比 2018 年，2019 年除国有参股公司下降 0.5531 分外，其他四类公司均有所上升，升幅为 0.40～2.13 分，升幅最大的是国有绝对控股公司，升幅最小的是无国有股份公司。

第五，从财务激励分项指数看，相比 2010 年，2019 年都是下降的，降幅为 1.12～6.72 分，降幅最大的是国有绝对控股公司，降幅最小的是无国有股份公司。相比 2018 年，2019 年均是上升的，升幅为 1.43～4.01 分，升幅最大的是国有参股公司，升幅最小的是国有强相对控股公司。

图 18-4 显示了五类所有制公司财务治理总体指数的变化。从总体指数排名看，前四个年度位居第一和第二的都是国有绝对控股公司和国有强相对控股公司，2016 年和 2017 年位居第一和第二的是国有参股公司和国有绝对控股公司，2018 年和 2019 年位居第一和第二的是国有绝对控股公司和国有强相对控股公司。2010 年和 2012 年排名最后的都是国有参股公司，2014 年和 2015 年排名最后的都是无国有股份公司，2016 年和 2017 年排名最后的是国有弱相对控股公司，2018 年和 2019 年排名最后的是无国有股份公司。

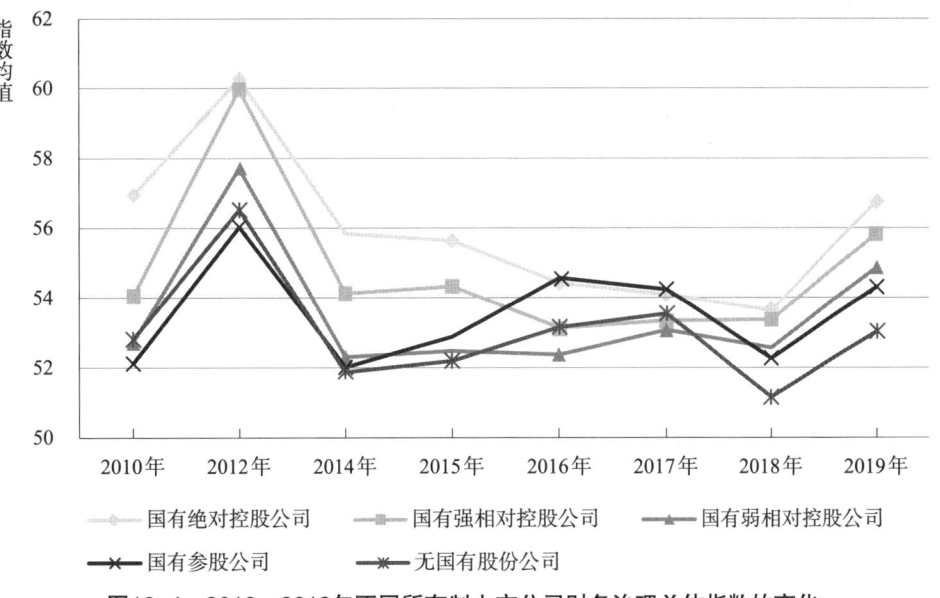

图18-4　2010～2019年不同所有制上市公司财务治理总体指数的变化

从表 18-4 Panel B 可以看出：

第一，从财务治理总体指数看，八个年度中，国有控股公司上升和下降不断交替，非国有控股公司在 2015～2017 年连续上升。两类公司在 2012 年都是最高水平。前四个年度，国有控股公司财务治理指数均值都大于非国有控股公司，但 2016 年和 2017 年被非国有控股公司反超，2018 年和 2019 年国有控股公司又超过了非国有控股公司。相比 2010 年，2019 年两类公司都上升接近 1 分；相比最高时的 2012 年，国有控股公司和非国有控股公司分别下降 3.6373 分和 2.8749 分；相比 2018 年，2019 年国有控股公司和非国有控股公司分别上升 2.5412 分和 1.9527 分。

第二，从财权配置分项指数看，相比 2010 年，2019 年国有控股公司和非国有控股公司分别下降 3.3225 分和 5.6806 分；相比 2018 年，国有控股公司上升 0.2631 分，而非国有控股公司下降 0.5322 分。

第三，从财务控制分项指数看，相比 2010 年，2019 年国有控股公司和非国有控股公司分别上升 16.1489 分和 16.6162 分；相比 2018 年，国有控股公司和非国有控股公司分别上升 6.0150 分和 4.8716 分。

第四，从财务监督分项指数看，相比 2010 年，2019 年国有控股公司和非国有控股公司分别下降 4.1006 分和 5.6603 分；相比 2018 年，2019 年国有控股公司和非国有控股公司分别上升 1.6930 分和 0.0674 分。

第五，从财务激励分项指数看，相比 2010 年，2019 年国有控股公司和非国有控股公司分别下降 4.7341 分和 1.2760 分；相比 2018 年，2019 年国有控股公司和非国有控股公司分别上升 2.1935 分和 3.4041 分。

18.5　分上市板块财务治理指数的年度比较

根据四个上市板块的划分，用各板块上市公司财务治理指数，以及财权配置、财务控制、财务监督和财务激励四个分项指数的平均值来代表各板块上市公司财务治理情况，分别比较不同板块 2010～2019 年财务治理的差异，结果见表 18-5。

表 18-5　2010～2019 年不同板块上市公司财务治理指数均值比较

板块	年份	总体指数	分项指数				总体指数排名
			财权配置	财务控制	财务监督	财务激励	
深市主板（不含中小板）	2010	53.4545	48.3660	57.5844	73.3796	34.4880	3
	2012	55.9850	48.4134	58.2314	75.3590	41.9362	3

续表

板块	年份	总体指数	分项指数				总体指数排名
			财权配置	财务控制	财务监督	财务激励	
深市主板（不含中小板）	2014	50.9725	38.6493	47.5241	69.6868	48.0300	3
	2015	53.4103	40.7794	66.7587	74.4903	31.6127	2
	2016	54.6437	43.2707	74.4964	71.5531	29.2544	3
	2017	54.4191	44.3859	76.2008	69.8281	27.2617	3
	2018	53.5749	47.5724	71.1842	68.2201	27.3228	1
	2019	55.6093	49.3361	75.4861	67.8630	29.7519	2
深市中小企业板	2010	53.8240	53.3458	59.0336	76.8382	26.0784	2
	2012	59.9762	47.2867	62.3549	74.5356	55.7276	1
	2014	54.7218	37.7500	49.7045	72.8790	58.5536	1
	2015	53.9587	39.4652	71.0613	76.3441	28.9643	1
	2016	55.0697	39.4526	75.8259	73.7245	31.2759	2
	2017	55.7968	41.4229	77.7624	73.6103	30.3918	2
	2018	53.4498	45.1842	71.4592	69.3771	27.7787	2
	2019	55.6424	45.4395	75.7178	70.5396	30.8728	1
深市创业板	2010	60.3307	61.9586	66.9492	81.5678	30.8475	1
	2012	52.3863	44.6296	35.2758	76.5792	53.0605	4
	2014	47.8391	39.7698	23.4664	72.1306	55.9895	4
	2015	53.3254	37.8095	71.5965	77.8037	26.0919	3
	2016	55.8157	39.7167	74.7528	77.5918	31.2017	1
	2017	56.3712	41.5710	78.1426	75.2334	30.5378	1
	2018	53.4451	43.1685	71.9474	71.8317	26.8326	3
	2019	55.5933	43.4077	77.9881	71.6184	29.3588	3
沪市主板	2010	53.0055	51.1216	51.8743	76.4168	32.6092	4
	2012	58.3843	54.4969	58.3288	77.6581	43.0534	2
	2014	54.1904	45.4155	49.5719	73.4391	48.3351	2
	2015	52.2759	43.8618	60.2507	75.2888	29.7022	4
	2016	50.8625	42.3180	62.9909	71.5527	26.5884	4

续表

板块	年份	总体指数	分项指数				总体指数排名
			财权配置	财务控制	财务监督	财务激励	
沪市主板	2017	50.5866	42.7949	64.4503	70.1806	24.9207	4
	2018	49.8780	46.5779	59.2301	69.5530	24.1507	4
	2019	52.0783	45.2174	65.0232	70.4746	27.5981	4

从表 18-5 可以看出：

第一，从财务治理总体指数看，八个年度中，深市创业板在 2015～2017 年连续三年上升，沪市主板在 2014～2018 年连续五年下降，其他两个板块的上升和下降变化比较频繁。相比 2010 年，2019 年深市主板（不含中小企业板）和深市中小企业板分别上升 2.1548 分和 1.8184 分；深市创业板和沪市主板则分别下降 4.7374 分和 0.9272 分。相比 2018 年，2019 年四个板块都上升略超 2 分。

第二，从财权配置分项指数看，相比 2010 年，2019 年四个板块除深市主板（不含中小企业板）上升 0.9701 分外都下降，降幅最大的是深市创业板，下降 18.5509 分；降幅最小的是沪市主板，下降 5.9042 分。相比 2018 年，2019 年四个板块除沪市主板下降 1.3605 分外均上升，升幅最大的是深市主板（不含中小企业板），上升 1.7637 分；升幅最小的是深市创业板，上升 0.2392 分。

第三，从财务控制分项指数看，相比 2010 年，2019 年四个板块都较大幅度上升，升幅最大的是深市主板（不含中小企业板），上升 17.9017 分；升幅最小的是深市创业板，升幅 11.0389 分。相比 2018 年，2019 年四个板块也都是上升的，升幅最大的是深市创业板，上升 6.0407 分；升幅最小的是深市中小企业板，上升 4.2586 分。

第四，从财务监督分项指数看，相比 2010 年，2019 年四个板块都下降，降幅最大的是深市创业板，下降 9.9494 分；降幅最小的是深市主板（不含中小企业板），下降 5.5166 分。相比 2018 年，2019 年深市中小企业板和沪市主板都是上升的，分别上升 1.1625 分和 0.9216 分；深市主板（不含中小企业板）和深市创业板都是下降的，分别下降 0.3571 分和 0.2133 分。

第五，从财务激励分项指数看，相比 2010 年，2019 年四个板块中除了深市中小企业板上升 4.7944 分外都是下降的，降幅最大的是沪市主板，下降 5.0111 分；降幅最小的是深市创业板，下降 1.4887 分。相比 2018 年，2019 年四个板块均是上升的，升幅最大的是沪市主板，上升 3.4474 分；升幅最小的是深市主板（不含中小企业板），上升 2.4291 分。

图 18-5 显示了四个板块八个年度财务治理总体指数变化情况。可以看到，深市中小企业板有 4 个年度都位居第一；沪市主板有 6 个年度排在最后一位；另两个板块都有起伏。

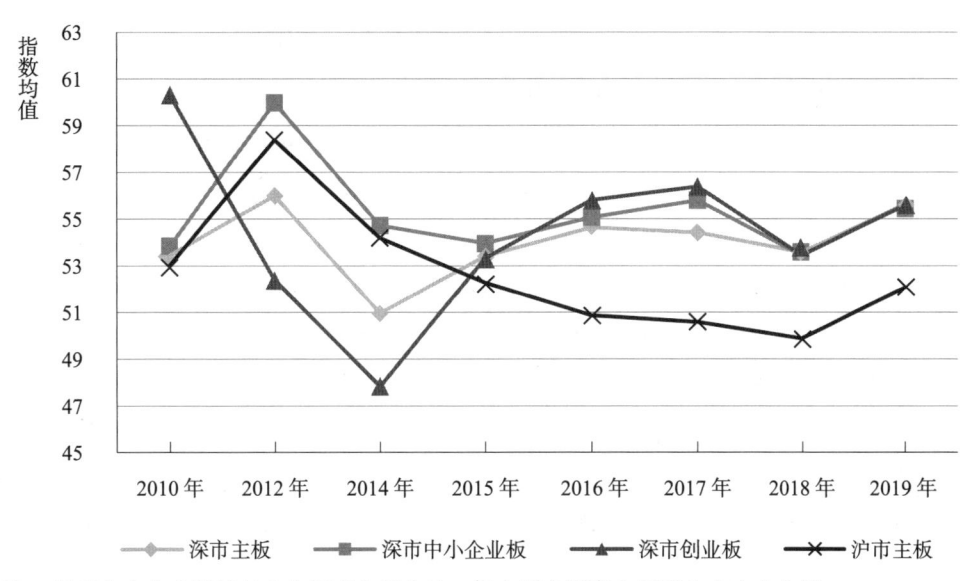

注：深市中小企业板是包含在深市主板中的，但本图中深市主板不含中小企业板。

图18-5　2010～2019年不同板块上市公司财务治理总体指数的变化

18.6　本章小结

本章从总体、地区、行业、所有制类型和上市板块角度比较了2010～2019年中国上市公司的财务治理水平，主要结论如下。

①从财务治理总体指数看，八个年度中，2012年是最高水平，2014年下降，2014～2017年连续上升，2018年比2017略微下降，2019年比2018年上升。在财权配置分项指数上，相比2010年和2012年，2019年分别下降5.7929分和4.6236分；相比2018年，2019年下降0.2149分。在财务控制分项指数上，相比2010年和2012年，2019年分别上升16.4306分和15.1942分，上升分值较大；相比2018年，2019年上升5.2129分。在财务监督分项指数上，相比2010年和2012年，2019年分别下降5.4767分和5.7940分；相比2018年，2019年上升0.5914分；在财务激励分项指数上，相比2010年和2012年，2019年分别下降2.6087分和18.4930分；相比2018年，2019年上升3.0205分。

②从地区看，在财务治理总体指数上，八个年度中，东部、中部、西部和东北四个地区都是上升和下降交替出现，但变化趋势基本一致。相比最高值的2012年，2019年四个地区降幅为1.77～4.04分；相比2018年，四个地区升幅为1.29～2.24分。总体看，东部上市公司在所有年份财务治理表现均最好，东北除2012年外，其他年份财务治理表现均最差。在财权配置分项指数上，相比2010年，2019年四个地区全部下降，东部降幅最大；相比2018年，除了西部上升外，其他三个地区都出现下降，中部降幅最大。在财务控制分项指数上，相比2010年，2019年四个地区都大幅提升，西部增幅最

大；相比2018年，2019年四个地区都上升，同样是西部增幅最大。在财务监督分项指数上，相比2010年，2019年四个地区都下降，东北降幅最大；相比2018年，东部、中部在2019年上升，而西部、东北则下降，但降幅较小。在财务激励分项指数上，相比2010年，2019年四个地区都下降，东北降幅最大；相比2018年，2019年四个地区都上升，中部升幅最大。

③从行业看，在财务治理总体指数上，相比2012年，2019年有16个行业（剔除教育）出现下降；相比2018年，有16个行业上升。在财权配置分项指数上，相比2012年，2019年有15个行业下降；相比2018年，2019年有8个行业上升。在财务控制分项指数上，相比2012年，2019年全部17个行业（剔除教育）都上升；相比2018年，2019年18个行业全部上升。在财务监督分项指数上，相比2012年，2019年有16个行业（剔除教育）下降；相比2018年，2019年有13个行业上升。在财务激励分项指数上，相比2012年，2019年全部17个行业（剔除教育）都下降；相比2018年，2019年有15个行业上升。

④从所有制看，在财务治理总体指数上，八个年度中，五类所有制公司财务治理指数在2012年均处于最高水平。相比2012年，2019年五类公司财务治理指数均值降幅为1.71～4.14分；相比2018年，2019年五类公司财务治理指数均有不同程度的上升，升幅为1.87～3.13分。在财权配置分项指数上，相比2010年，2019年五类公司都下降；相比2018年，2019年国有参股公司和无国有股份公司略有下降，其他三类国有控股公司略有上升。在财务控制分项指数上，相比2010年，2019年五类公司都大幅上升；相比2018年，2019年五类公司亦都是增加的。在财务监督分项指数上，相比2010年，2019年五类公司都下降；相比2018年，2019年除国有参股公司略有下降外，其他四类公司均有所上升。在财务激励分项指数上，相比2010年，2019年都下降；相比2018年，2019年均上升。

⑤从上市板块看，在财务治理总体指数上，相比2010年，2019年深市主板（不含中小企业板）和深市中小企业板上升，而深市创业板和沪市主板则下降；相比2018年，2019年四个板块都上升。在财权配置分项指数上，相比2010年，2019年四个板块除深市主板（不含中小企业板）上升外都下降；相比2018年，2019年四个板块除沪市主板下降外均上升。在财务控制分项指数上，相比2010年，2019年四个板块都较大幅度上升；相比2018年，2019年四个板块也都上升。在财务监督分项指数上，相比2010年，2019年四个板块都下降；相比2018年，2019年深市中小企业板和沪市主板上升，而深市主板（不含中小企业板）和深市创业板都下降。在财务激励分项指数上，相比2010年，2019年四个板块中除了深市中小企业板上升外都下降；相比2018年，2019年四个板块均上升。

第六篇　自愿性信息披露指数

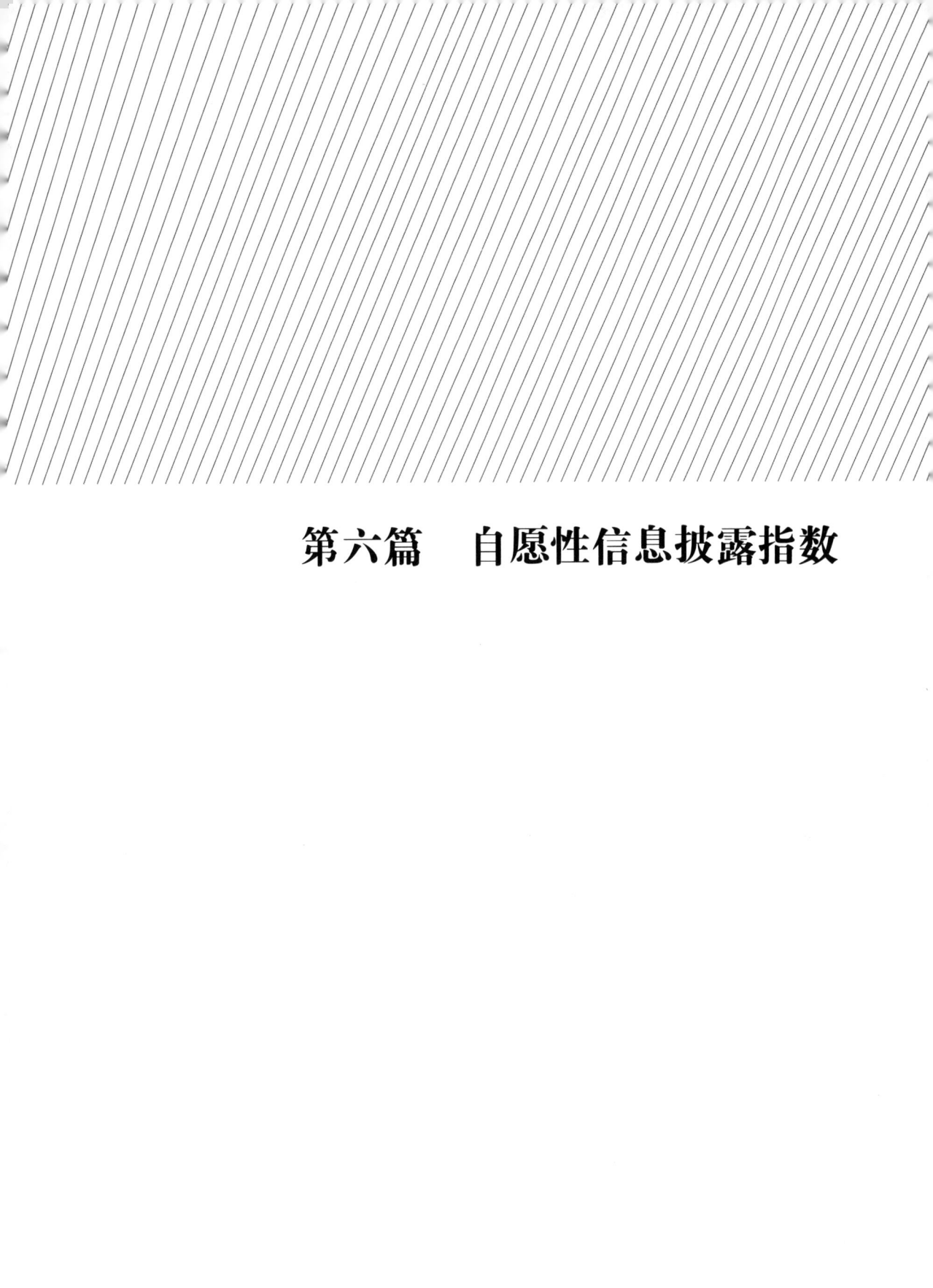

第19章　自愿性信息披露总体指数排名及比较

根据本报告第 1 章自愿性信息披露指数评价方法，以及我们评估获得的 2019 年度 3569 家样本上市公司指数数据，本章对这些上市公司的自愿性信息披露指数进行总体排名和分析，然后分别从地区、行业和上市板块等三个角度进行比较分析。

19.1　自愿性信息披露指数总体分布及排名

基于上市公司和监管机构发布的各类公开数据，我们对 3569 家上市公司自愿性信息披露指数进行了计算，据此可以得到中国上市公司自愿性信息披露指数的总体排名情况。

19.1.1　自愿性信息披露指数总体分布

2019 年上市公司自愿性信息披露指数的总体情况参见表 19-1。

表 19-1　2019 年上市公司自愿性信息披露指数总体情况

项目	公司数目	平均值	中位值	最大值	最小值	标准差	偏度系数	峰度系数
数值	3569	59.7517	60.2431	82.2917	34.3750	7.3222	−0.1551	−0.1425

从表 19-1 可以看出，总体上，2019 年中国上市公司自愿性信息披露水平比较低。自愿性信息披露指数最大值为 82.2917，最小值为 34.3750，平均值为 59.7517，中位值为 60.2431。全部样本的绝对差距较大，最大值高出最小值 47.9167 分。

为了进一步了解上市公司自愿性信息披露指数的具体分布，我们将自愿性信息披露指数按 5 分为一个间隔，区分为 13 个区间。由于 30 分以下和 85 分以上的公司数为 0，可以把 [0，30) 和 [85，100] 各作为一个区间，各区间公司数目分布和所占比重参见表 19-2。

表 19-2 2019 年上市公司自愿性信息披露指数区间分布

分值区间	公司数目	占比（%）	累计占比（%）
[0，30)	0	0.00	0.00
[30，35)	1	0.03	0.03
[35，40)	11	0.31	0.34
[40，45)	75	2.10	2.44
[45，50)	258	7.23	9.67
[50，55)	585	16.39	26.06
[55，60)	788	22.08	48.14
[60，65)	1046	29.31	77.44
[65，70)	547	15.33	92.77
[70，75)	210	5.88	98.66
[75，80)	45	1.26	99.92
[80，85)	3	0.08	100.00
[85，100]	0	0	100.00
总计	3569	100	—

图 19-1 更直观地显示了 2019 年上市公司自愿性信息披露指数分布情况。从表 19-1 可知，上市公司自愿性信息披露指数分布的偏态系数为 -0.1551，基本符合正态分布，为负偏态分布。

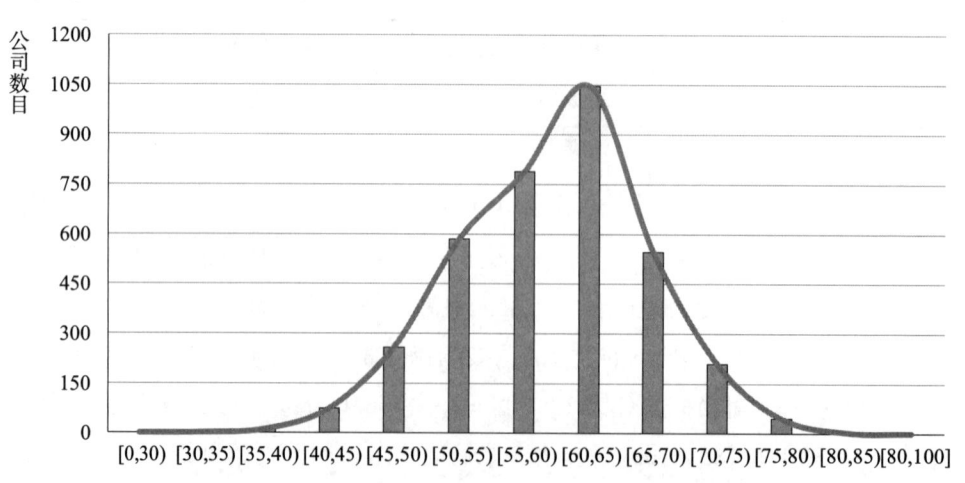

图19-1 2019年上市公司自愿性信息披露指数区间分布

由表 19-2 和图 19-1 可知，2019 年中国上市公司自愿性信息披露指数分布相对比较集中，绝大多数分布在 [50，70）这个区间，有 2966 家公司，占比为 83.10%。其中，分布在 [60，65）的公司最多，有 1046 家，占比为 29.31%。达到及格线（60 分）的有 1851 家，占比为 51.86%，相比 2018 年的 15.79%，提高了 36.07 个百分点，上升幅度很大，但相对来说，指数均值提升幅度没有那么大，只提高了 6.5120 分。

结合之前年度的评价结果[1]，不难得出，中国上市公司披露信息的意愿在逐步地提升，尤其是近两年，上升幅度较大。

19.1.2　自愿性信息披露指数前 100 名

表 19-3 给出了 3569 家上市公司中排名前 100 家公司的自愿性信息披露指数的基本统计数据。可以看出，前 100 名公司的自愿性信息披露指数均值为 75.5770，较 2018 年上升 6.8369 分。

表 19-3　2019 年上市公司自愿性信息披露指数前 100 名

	平均值	中位值	最大值	最小值	标准差
前100名	75.5770	74.8264	82.2917	73.2639	1.9541
总体	59.7517	60.2431	82.2917	34.3750	7.3222

注：因存在指数值相同的公司，故前 100 名公司实际是 102 家公司。

我们对 3569 家上市公司的自愿性信息披露指数从大到小降序排列，指数越高，说明上市公司自愿性信息披露水平越高。表 19-4 是自愿性信息披露指数排名前 100 的上市公司情况。

表 19-4　2019 年上市公司自愿性信息披露指数排名前 100 名

排名	代码	公司简称	指数值	排名	代码	公司简称	指数值
1	000301	东方盛虹	82.2917	4	000061	农产品	79.5139
2	000968	蓝焰控股	80.7292	4	000690	宝新能源	79.5139
3	300057	万顺新材	80.2083	6	000498	山东路桥	79.1667

---

[1] 在对 2009 和 2011 两个年度的评估中，既有自愿性信息披露，也有强制性信息披露，自愿性信息披露水平和强制性信息披露水平存在巨大反差，前者大大低于后者。参见高明华等：《中国上市公司信息披露指数报告 2010》和《中国上市公司信息披露指数报告 2012》，经济科学出版社 2010 年版和 2012 年版。

续表

排名	代码	公司简称	指数值	排名	代码	公司简称	指数值
6	000539	粤电力A	79.1667	35	000931	中关村	75.8681
6	000598	兴蓉环境	79.1667	35	002903	宇环数控	75.8681
9	001896	豫能控股	78.9931	35	300229	拓尔思	75.8681
10	300297	蓝盾股份	78.6458	35	300310	宜通世纪	75.8681
11	603555	*ST贵人	78.4722	35	300528	幸福蓝海	75.8681
12	300406	九强生物	78.2986	35	300712	永福股份	75.8681
13	000027	深圳能源	77.9514	41	002320	海峡股份	75.5208
13	000878	云南铜业	77.9514	41	300722	新余国科	75.5208
13	002153	石基信息	77.9514	41	002716	*ST金贵	75.5208
13	300284	苏交科	77.9514	44	300489	中飞股份	75.3472
17	000883	湖北能源	77.6042	45	000544	中原环保	75.1736
18	002929	润建股份	77.4306	45	000655	金岭矿业	75.1736
18	300767	震安科技	77.4306	45	000819	岳阳兴长	75.1736
18	002847	盐津铺子	77.4306	48	601688	华泰证券	75.0000
18	300049	福瑞股份	77.4306	49	000407	胜利股份	74.8264
22	001965	招商公路	77.0833	49	000793	华闻集团	74.8264
22	002452	长高集团	77.0833	49	002465	海格通信	74.8264
22	300185	通裕重工	77.0833	49	002783	凯龙股份	74.8264
22	000965	天保基建	77.0833	49	300504	天邑股份	74.8264
26	000688	国城矿业	76.7361	54	000633	合金投资	74.6528
26	300168	万达信息	76.7361	54	002306	ST云网	74.6528
26	000607	华媒控股	76.7361	54	300332	天壕环境	74.6528
26	300498	温氏股份	76.7361	54	002503	搜于特	74.6528
30	000166	申万宏源	76.5625	54	002758	华通医药	74.6528
31	300070	碧水源	76.3889	54	300303	聚飞光电	74.6528
31	600332	白云山	76.3889	54	300438	鹏辉能源	74.6528
33	000065	北方国际	76.0417	61	000582	北部湾港	74.4792
33	300421	力星股份	76.0417	61	000961	中南建设	74.4792

续表

排名	代码	公司简称	指数值	排名	代码	公司简称	指数值
63	000155	川能动力	74.3056	77	600958	东方证券	73.9583
63	300008	天海防务	74.3056	77	600999	招商证券	73.9583
63	000806	*ST银河	74.3056	77	300348	长亮科技	73.9583
63	002122	*ST天马	74.3056	77	300377	赢时胜	73.9583
63	002127	南极电商	74.3056	87	000088	盐田港	73.7847
63	002128	露天煤业	74.3056	87	000778	新兴铸管	73.7847
63	002201	九鼎新材	74.3056	89	000627	天茂集团	73.6111
63	002357	富临运业	74.3056	89	000735	罗牛山	73.6111
63	002473	圣莱达	74.3056	89	002237	恒邦股份	73.6111
63	002941	新疆交建	74.3056	89	002305	南国置业	73.6111
63	300091	金通灵	74.3056	89	002021	ST中捷	73.6111
63	000011	深物业A	74.3056	89	300750	宁德时代	73.6111
63	000537	广宇发展	74.3056	95	002368	太极股份	73.4375
63	002080	中材科技	74.3056	95	002146	荣盛发展	73.4375
77	002225	濮耐股份	73.9583	97	000035	中国天楹	73.2639
77	000685	中山公用	73.9583	97	000547	航天发展	73.2639
77	000776	广发证券	73.9583	97	300103	达刚控股	73.2639
77	000401	冀东水泥	73.9583	97	002087	新野纺织	73.2639
77	000963	华东医药	73.9583	97	002140	东华科技	73.2639
77	002938	鹏鼎控股	73.9583	97	000026	飞亚达	73.2639

注：因存在指数值相同的公司，故前100名公司实际是102家公司。

从表19-4可以看出，2019年中国上市公司自愿性信息披露指数前三名是东方盛虹、蓝焰控股和万顺新材，分数都超过了80分。有26家公司连续出现在近两年的前100名中，分别是东方盛虹、蓝焰控股、农产品、山东路桥、粤电力A、兴蓉环境、九强生物、石基信息、苏交科、湖北能源、盐津铺子、温氏股份、碧水源、宇环数控、华泰证券、华通医药、聚飞光电、北部湾港、金通灵、广发证券、冀东水泥、华东医药、东方证券、招商证券、盐田港、罗牛山；有7家公司连续出现在近三年的前100名中，分别是蓝焰控股、农产品、石基信息、碧水源、北部湾港、华东医药和招商证券。

从地区看，前100名（实为102家）公司中，东部、中部、西部和东北各有69家、

16家、16家和1家，分别占所在地区上市公司总数的2.78%、3.44%、3.37%和0.66%。从行业看，进入前100最多的三个行业分别是制造业（C），电力、热力、燃气及水生产和供应业（D），信息传输、软件和信息技术服务业（I），分别有40家、11家和9家，分别占所在行业全部上市公司数的1.79%、10.09%和3.30%。从控股类型看，国有控股公司有44家，非国有控股公司有58家，分别占同类公司总数的3.96%和2.36%。从最终控制人看，中央企业（或监管机构）控制的公司有18家，地方国企（或监管机构）控制的公司有28家，非国有企业或自然人控制的公司有56家，分别占同类公司总数的4.58%、3.72%和2.31%。从上市板块来看，深市主板（不含中小企业板）、深市中小企业板、深市创业板和沪市主板分别有41家、29家、27家和5家，分别占所在板块全部上市公司数的8.95%、3.15%、3.63%和0.35%。

需要注意的是，自愿性信息披露指数得分前100名在某个地区、行业和控股类型中的分布，并不能完全说明该地区、行业和控股类型整体表现就好，因为各地区、行业和控股类型的上市公司数量不同。比如，制造业尽管有40家进入前100名，但比例却低于电力、热力、燃气及水生产和供应业（D），虽然后者只有11家公司进入前100名，但是比例更高。从这个角度看，电力、热力、燃气及水生产和供应业（D）反而表现更好一些。

图19-2为前100名上市公司自愿性信息披露指数分布情况。可以看出，前100名（实为前102名）上市公司自愿性信息披露指数分布比较平坦，除了前3名外，其他99家公司都处于73.26～79.52分不到6.26分的区间内。

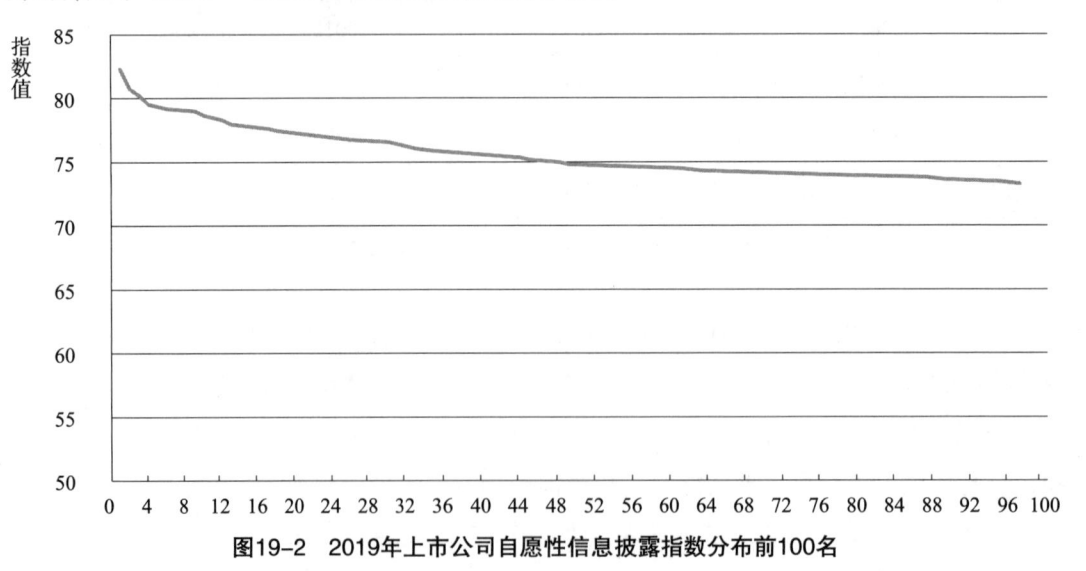

图19-2 2019年上市公司自愿性信息披露指数分布前100名

19.2 分地区自愿性信息披露指数比较

按照东部、中部、西部、东北的地区划分，对各地区上市公司的自愿性信息披露指数进行比较，结果参见表 19-5。

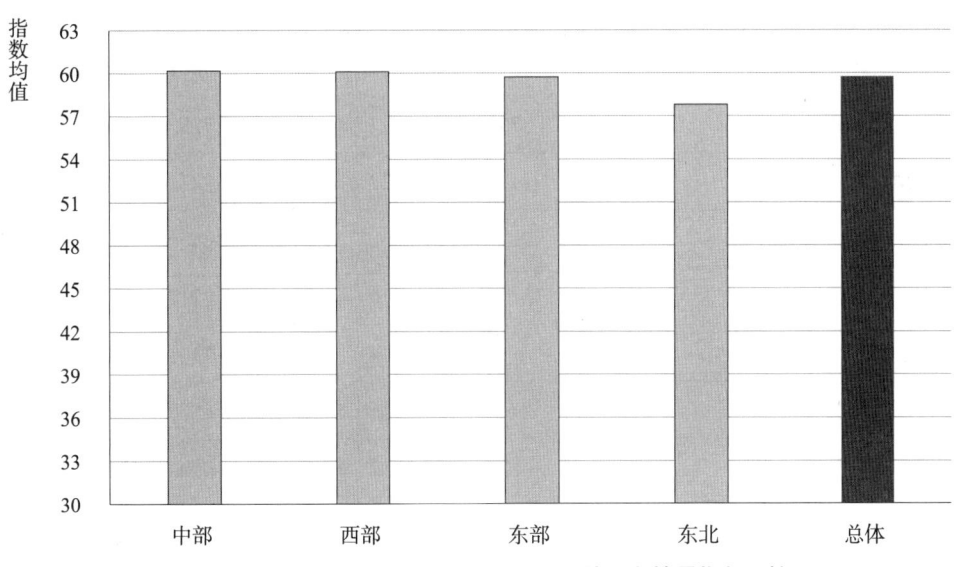

表 19-5　2019 年不同地区上市公司自愿性信息披露指数比较

排名	地区	公司数目	平均值	中位值	最大值	最小值	标准差
1	中部	465	60.1829	60.4167	80.7292	40.1042	7.1627
2	西部	475	60.1232	60.5903	79.1667	41.8403	7.2529
3	东部	2478	59.7200	60.0694	82.2917	34.3750	7.3094
4	东北	151	57.7769	58.3333	75.3472	41.3194	7.8780
	总体	3569	59.7517	60.2431	82.2917	34.3750	7.3222

由表 19-5 可见，各地区上市公司自愿性信息披露指数平均值由大到小分别为中部、西部、东部和东北。中部和西部上市公司自愿性信息披露指数均值高于总体均值，东部和东北地区上市公司自愿性信息披露指数均值低于总体均值。

图 19-3 展示了不同地区上市公司自愿性信息披露指数分布。可以看出，西部、中部和东部地区的上市公司自愿性信息披露指数均值差异较小，东北地区的上市公司自愿性信息披露指数明显低于其他三个地区。

图19-3　2019年不同地区上市公司自愿性信息披露指数比较

19.3 分行业自愿性信息披露指数比较

用各个行业内的上市公司自愿性信息披露指数的平均值来代表各个行业的上市公司自愿性信息披露指数，然后将各行业的上市公司自愿性信息披露指数均值按照从高到低的顺序进行排名，结果见表19-6。

表19-6 2019年不同行业上市公司自愿性信息披露指数比较

排名	行业名称	公司数目	平均值	中位值	最大值	最小值	标准差
1	住宿和餐饮业（H）	9	62.7893	61.8056	74.6528	52.9514	7.0126
2	水利、环境和公共设施管理业（N）	54	62.1689	61.8924	76.3889	43.5764	7.3193
3	金融业（J）	107	61.5103	60.9375	76.5625	43.5764	7.8080
4	建筑业（E）	95	61.3597	62.8472	79.1667	40.1042	7.6900
5	科学研究和技术服务业（M）	45	60.7137	61.8056	77.9514	45.4861	7.2272
6	信息传输、软件和服务业（I）	273	60.6787	61.2847	78.6458	40.9722	6.9815
7	交通运输、仓储和邮政业（G）	102	60.5665	60.6771	77.0833	41.8403	7.8591
8	租赁和商务服务业（L）	52	60.3966	61.5451	79.5139	42.7083	7.6193
9	电力、热力、燃气及水生产和供应业（D）	109	60.3163	59.7222	79.5139	40.6250	8.9594
10	房地产业（K）	120	60.2836	59.6354	77.0833	40.1042	7.7587
11	文化、体育和娱乐业（R）	57	60.2461	60.4167	76.7361	45.6597	6.6963
12	采矿业（B）	75	59.9977	60.5903	80.7292	42.3611	7.9001
13	教育（P）	8	59.7222	61.2847	72.7431	47.9167	7.1561
14	卫生和社会工作（Q）	12	59.5052	59.5486	68.0556	40.1042	7.5513
15	制造业（C）	2231	59.4570	60.0694	82.2917	34.375	7.0807
16	农、林、牧、渔业（A）	41	59.2564	59.2014	76.7361	40.625	7.9134
17	批发和零售业（F）	161	57.4976	56.5972	74.6528	40.625	7.2225
18	综合（S）	17	57.3632	56.4236	73.0903	43.4028	8.4925
	总体	3569	59.7517	60.2431	82.2917	34.3750	7.3222

注：居民服务、修理和其他服务业（O）只有1家上市公司，难以代表该行业整体水平，故排名时剔除。

从表19-6可以看出，在18个行业中，有12个行业的自愿性信息披露指数均值高于总体均值，这12个行业的行业最大均值与总体均值之间的绝对差距为3.0376，其他6个行业的自愿性信息披露指数均值低于总体均值，总体均值与这6个行业的最小均值之间的绝对差距为2.3885。高分区行业上市公司自愿性信息披露的内部差距略大于低分区行业。上市公司自愿性信息披露水平最好的三个行业是住宿和餐饮业（H）、水利、环境和公共设施管理业（N）、金融业（J）；自愿性信息披露水平最差的三个行业是综合（S）、批发和零售业（F）、农、林、牧、渔业（A）。

图19-4进一步显示了行业间上市公司自愿性信息披露水平的差别。可以看出，各行业上市公司自愿性信息披露指数均值集中在[57，63]这一范围内，各行业自愿性信息披露水平有一定差距。

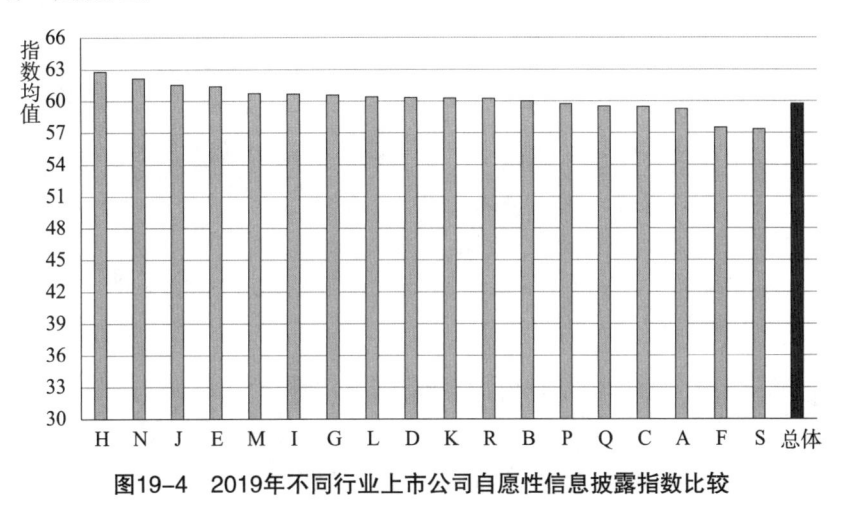

图19-4 2019年不同行业上市公司自愿性信息披露指数比较

19.4 分上市板块自愿性信息披露指数比较

中国上市板块可以划分为深市主板（不含中小企业板）、深市中小企业板、深市创业板和沪市主板，对这四个板块的上市公司自愿性信息披露指数进行比较分析，结果参见表19-7。

表19-7 2019年不同板块上市公司自愿性信息披露指数比较

排名	上市板块	公司数目	平均值	中位值	最大值	最小值	标准差
1	深市主板（不含中小企业板）	458	63.7376	63.7153	82.2917	42.7083	6.8846
2	深市创业板	743	62.8580	62.8472	80.2083	42.3611	5.6141
3	深市中小企业板	922	62.3883	62.8472	77.9514	41.1458	5.8176
4	沪市主板	1446	55.2121	55.0347	78.4722	34.3750	6.6718
	总体	3569	59.7517	60.2431	82.2917	34.3750	7.3222

由表 19-7 可知，不同板块的上市公司自愿性信息披露指数存在一定差异。深市主板（不含中小企业板）上市公司的自愿性信息披露指数均值最高，最低的是沪市主板。总体看，沪市上市公司自愿性信息披露水平远低于深市上市公司，这需要引起沪市和监管机构注意。

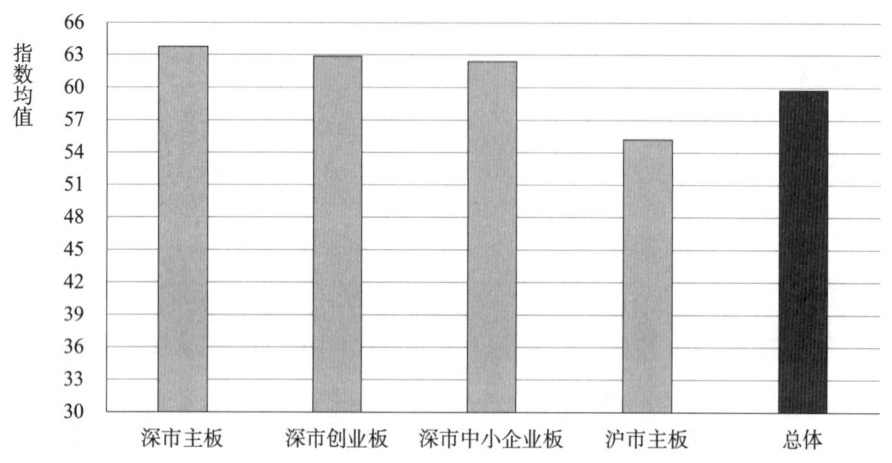

图 19-5 更直观地反映了不同板块上市公司自愿性信息披露指数的差异。

注：图中深市主板不含中小企业板。

图19-5　2019年不同板块上市公司自愿性信息披露指数比较

19.5　本章小结

本章分别从总体、地区、行业及上市板块方面对 2019 年上市公司自愿性信息披露指数进行了比较与分析，主要结论如下：

①从总体看，2019 年上市公司自愿性信息披露指数最大值为 82.2917，最小值为 34.3750，平均值为 59.7517，总体水平较低。83.10% 的上市公司的自愿性信息披露指数分值集中在 [50，70) 这个区间。超过 60 分的公司有 1851 家，占样本上市公司总数的 51.86%。

②从地区看，上市公司自愿性信息披露指数均值由大到小依次为中部、西部、东部和东北（57.7769）。东北明显低于其他三个地区。

③从行业看，上市公司自愿性信息披露水平最好的三个行业是住宿和餐饮业（H）、水利、环境和公共设施管理业（N），金融业（J）；自愿性信息披露水平最差的三个行业是综合（S），批发和零售业（F），农、林、牧、渔业（A）。不同行业有一定差距。

④从上市板块看，上市公司自愿性信息披露指数均值从高到低依次是深市主板（不含中小企业板）、深市创业板、深市中小企业板和沪市主板。沪市主板上市公司自愿性信息披露水平明显低于深市上市公司。

第20章 自愿性信息披露分项指数排名及比较

第19章从总体上对中国上市公司自愿性信息披露指数做了排名,并从地区、行业、上市板块等方面进行了比较分析。本章按照对自愿性信息披露指数四个维度的划分,即把自愿性信息披露指数分解为治理结构、治理效率、利益相关者、风险控制四个分项指数,对2019年四个分项指数进行排名和比较分析。

20.1 自愿性信息披露分项指数总体比较

本报告的上市公司自愿性信息披露指数指标体系包括四个维度(即一级指标),即治理结构、治理效率、利益相关者和风险控制,从而形成四个自愿性信息披露分项指数,这四个分项指数的描述性统计参见表20-1。

表 20-1 2019 年上市公司自愿性信息披露分项指数描述性统计

分项指数	公司数目	平均值	中位值	最大值	最小值	标准差
治理结构	3569	65.7677	68.7500	100.0000	18.7500	14.4200
治理效率	3569	66.1512	68.7500	87.5000	31.2500	8.0051
利益相关者	3569	55.9237	58.3333	100.0000	0.0000	16.2634
风险控制	3569	51.1644	55.5556	88.8889	11.1111	11.0272

从表20-1可以看出,2019年上市公司自愿性信息披露各分项指数只有治理结构和治理效率两个分项指数的平均值超过了60分的及格线。治理效率分项指数均值最高,平均值为66.1512;风险控制分项指数均值最低,为51.1644。治理效率分项指数虽高于其余三个分项指数,但仍然处于较低水平。从标准差来看,四个分项指数的标准差都比较大,说明上市公司在每个分项指数上的差异都比较大,其中治理结构和利益相关者分

项指数的标准差明显大于其他两项，说明各上市公司之间在治理结构和利益相关者自愿性信息披露方面的差异大于其他两个分项指数。

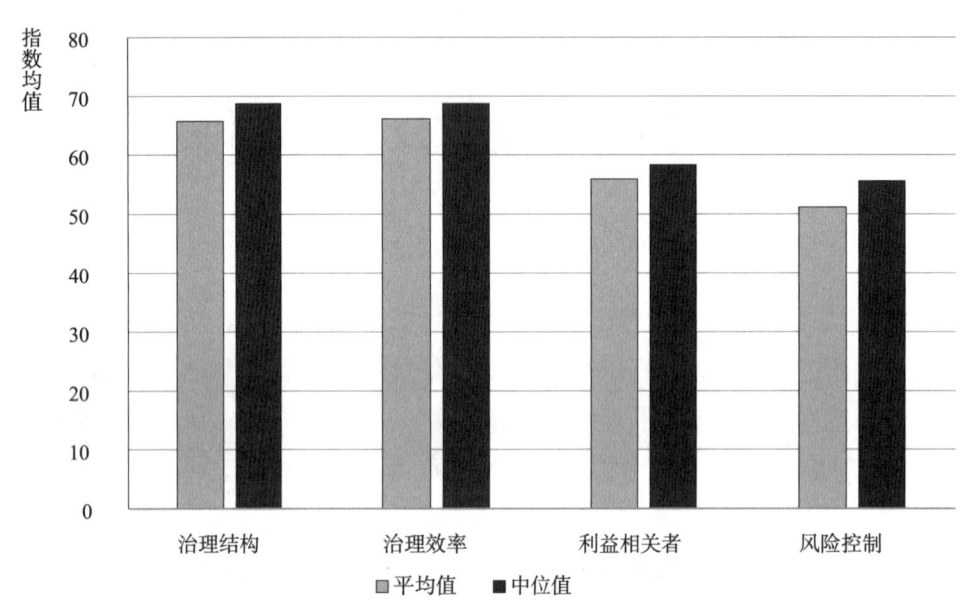

图 20-1 可以更直观地反映出四个分项指数的情况。

图20-1　2019年上市公司自愿性信息披露分项指数比较

需要注意的是，由于各分项指数指标的数量和赋值不同，四个分项指数的可比性有限。例如，治理效率自愿性信息披露分项指数高于其他三个分项指数，但这并不足以说明上市公司的治理效率是较高的，因为信息披露并不是治理效率的全部，况且本报告的自愿性信息披露并未涉及真实性和及时性问题。

20.2　自愿性信息披露治理结构分项指数排名及比较

治理结构方面的自愿性信息披露重在评价公司治理机关以及成员方面的信息披露情况。本节主要对自愿性信息披露治理结构分项指数进行比较分析。

20.2.1　自愿性信息披露治理结构分项指数总体分布

通过对3569家上市公司治理结构方面的自愿性信息披露进行评价，我们得出了每家上市公司自愿性信息披露治理结构分项指数，并进行了排名。按照每10分一个区间，可以将自愿性信息披露治理结构分项指数划分为10个区间段，每个区间段的公司数目和所占比重参见表20-2。

表 20-2　2019 年上市公司自愿性信息披露治理结构分项指数区间分布

指数区间	公司数目	占比（%）	累计占比（%）
[0，10）	0	0.00	0.00
[10，20）	1	0.03	0.03
[20，30）	3	0.08	0.11
[30，40）	203	5.69	5.80
[40，50）	180	5.04	10.84
[50，60）	672	18.83	29.67
[60，70）	991	27.77	57.44
[70，80）	871	24.40	81.84
[80，90）	590	16.53	98.37
[90，100]	58	1.63	100.00
总体	3569	100.00	—

图 20-2 更直观地显示了自愿性信息披露治理结构分项指数的区间分布情况。

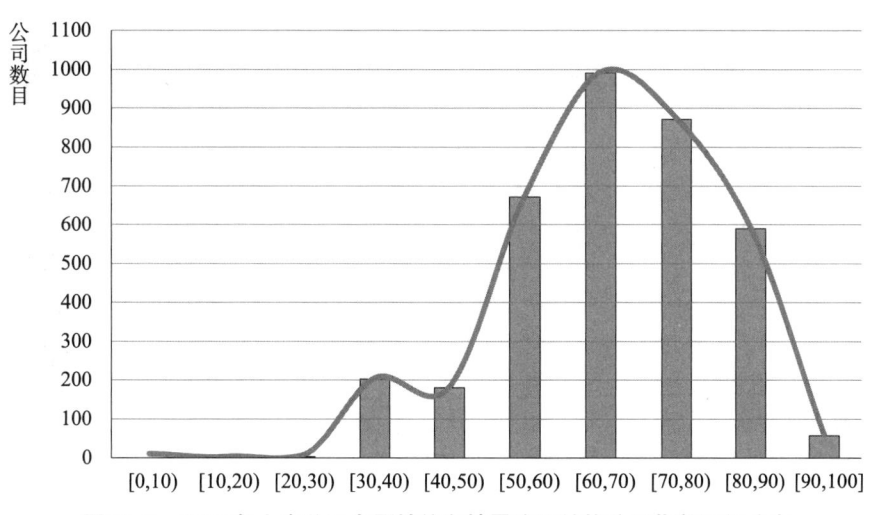

图20-2　2019年上市公司自愿性信息披露治理结构分项指数区间分布

从表 20-2 和图 20-2 可以看出，2019 年上市公司自愿性信息披露治理结构分项指数分布相对较为集中。其中得分在 [50，90）区间的公司最多，为 3124 家，占总体的 87.53%。达到及格线（60 分）的公司有 2510 家，占总样本的 70.33%，相比上年

（18.34%）大幅度提升，说明公司披露治理结构信息的意愿显著加强。

20.2.2 分地区自愿性信息披露治理结构分项指数比较

以各地区上市公司自愿性信息披露治理结构分项指数的平均值来代表各个地区的上市公司自愿性信息披露治理结构分项指数，按照东部、中部、西部和东北四个地区对上市公司自愿性信息披露治理结构分项指数进行排序比较，结果参见表20-3。

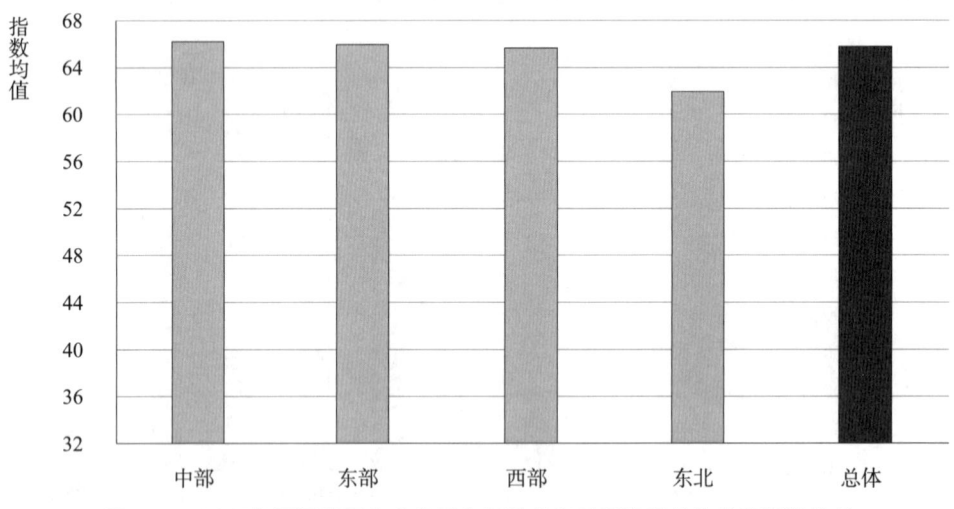

表20-3 2019年不同地区上市公司自愿性信息披露治理结构分项指数比较

排名	地区	公司数目	平均值	中位值	最大值	最小值	标准差
1	中部	465	66.1962	68.7500	100.0000	31.2500	13.9915
2	东部	2478	65.9453	68.7500	100.0000	18.7500	14.3522
3	西部	475	65.6447	68.7500	100.0000	31.2500	14.7700
4	东北	151	61.9205	62.5000	93.7500	31.2500	15.1454
	总体	3569	65.7677	68.7500	100.0000	18.7500	14.4200

图20-3更直观地显示了不同地区上市公司自愿性信息披露治理结构分项指数的差异。

图20-3 2019年不同地区上市公司自愿性信息披露治理结构分项指数比较

从表20-3和图20-3可以看出，不同地区上市公司自愿性信息披露治理结构分项指数之间的绝对差异不大。中部地区指数均值最高，为66.1962；东北地区指数均值最低，为61.9205。只有中部和东部两个地区指数均值高于总体均值。四个地区自愿性信息披露治理结构分项指数的标准差都比较大,说明各地区上市公司自愿性信息披露治理结构分项指数的内部差距较大。

20.2.3 分行业自愿性信息披露治理结构分项指数比较

用各个行业内的上市公司自愿性信息披露治理结构分项指数的平均值来代表各个行业的上市公司自愿性信息披露治理结构分项指数,然后把各个行业的上市公司自愿性信息披露治理结构分项指数均值按照由高到低的顺序进行排名,结果参见表20-4。

表20-4 2019年不同行业上市公司自愿性信息披露治理结构分项指数比较

排名	行业	公司数目	平均值	中位值	最大值	最小值	标准差
1	金融业(J)	107	77.3949	81.2500	100.0000	31.2500	14.7666
2	文化、体育和娱乐业(R)	57	68.4211	75.0000	87.5000	43.7500	12.0773
3	信息传输、软件和信息技术服务业(I)	273	68.3379	68.7500	93.7500	31.2500	13.1298
4	水利、环境和公共设施管理业(N)	54	67.5926	68.7500	93.7500	37.5000	13.4518
5	科学研究和技术服务业(M)	45	67.3611	68.7500	87.5000	37.5000	13.8750
6	建筑业(E)	95	66.9737	68.7500	93.7500	31.2500	14.4431
7	农、林、牧、渔业(A)	41	66.9207	75.0000	87.5000	31.2500	15.7537
8	住宿和餐饮业(H)	9	66.6667	62.5000	87.5000	37.5000	15.5902
9	卫生和社会工作(Q)	12	66.6667	68.7500	81.2500	43.7500	11.5056
10	交通运输、仓储和邮政业(G)	102	65.9314	68.7500	93.7500	31.2500	16.1997
11	制造业(C)	2231	65.4807	68.7500	93.7500	18.7500	14.1358
12	租赁和商务服务业(L)	52	65.1442	62.5000	93.7500	31.2500	13.2212
13	房地产业(K)	120	63.6458	68.7500	93.7500	37.5000	14.3656
14	采矿业(B)	75	63.4167	62.5000	87.5000	31.2500	14.4947
15	电力、热力、燃气及水生产和供应业(D)	109	62.9014	62.5000	93.7500	31.2500	15.1037
16	教育(P)	8	61.7188	59.3750	81.2500	43.7500	13.4184
17	批发和零售业(F)	161	60.1708	62.5000	87.5000	31.2500	14.1706
18	综合(S)	17	58.0882	50.0000	87.5000	31.2500	16.7108
	总体	3569	65.7677	68.7500	100.0000	18.7500	14.4200

注:居民服务、修理和其他服务业(O)只有1家上市公司,难以代表该行业整体水平,故排名时剔除。

由表 20-4 可知，18 个行业中，有 10 个行业的自愿性信息披露治理结构分项指数均值高于总体均值，这 10 个行业的最大均值与总体均值之间的绝对差距为 11.6272，主要是排名第一的金融业远高于其他行业，其与第二位的均值差距就高达 8.9738 分；其他 8 个行业的自愿性信息披露治理结构分项指数均值低于总体均值，总体均值与这 8 个行业的最小均值之间的绝对差距为 7.6795。显然，高分区行业内部的差距大于低分区行业。18 个行业中，排名最高的金融业（J）的自愿性信息披露治理结构分项指数均值与排名最低的综合（S）行业的指数均值相差 19.3067 分，相差很大。自愿性信息披露治理结构分项指数均值排名前三位的行业分别为金融业（J），文化、体育和娱乐业（R），信息传输、软件和信息技术服务业（I）；而综合（S），批发和零售业（F），教育（P）则排名最后三位。

图 20-4 更直观地体现了不同行业上市公司自愿性信息披露治理结构分项指数均值的差异。可以看到，各个行业自愿性信息披露治理结构分项指数均值基本上都集中在 [58, 70] 区间，只有排名第一的金融业除外。除了排名最高的金融业外，其他行业的自愿性信息披露治理结构分项指数均值自大到小的变化比较平缓。

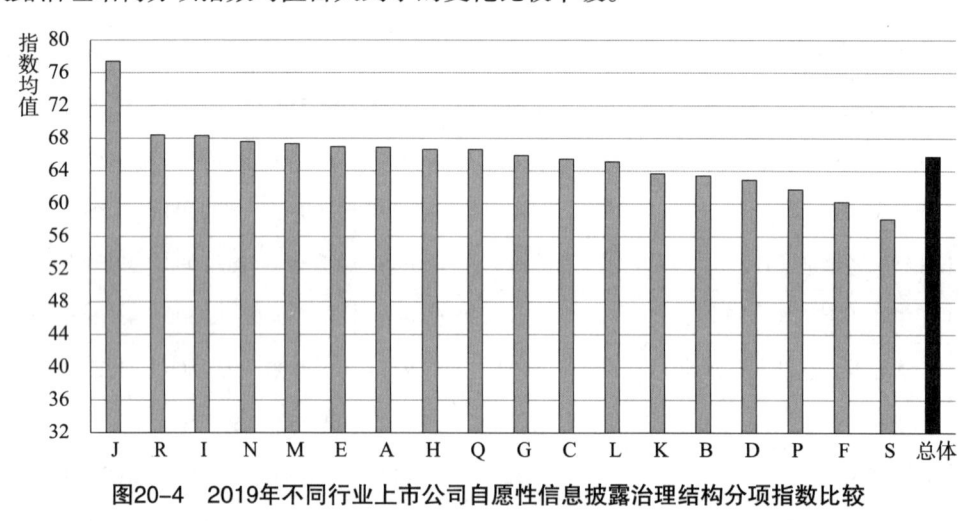

图20-4　2019年不同行业上市公司自愿性信息披露治理结构分项指数比较

20.3　自愿性信息披露治理效率分项指数排名及比较

治理效率方面的自愿性信息披露重在评价公司治理机关运作效率方面的信息披露情况。本节对治理效率分项指数进行比较分析。

20.3.1　自愿性信息披露治理效率分项指数总体分布

通过对 3569 家上市公司自愿性信息披露治理效率分项指数进行评价，我们得出了每家上市公司自愿性信息披露治理效率分项指数，并进行了排名。按照每 10 分一个区间，可以将上市公司自愿性信息披露治理效率分项指数划分为8个区间段（公司数目为0的指数区间合并），每个区间段的公司数目和所占比重参见表20-5。

表20-5 2019年上市公司自愿性信息披露治理效率分项指数区间分布

指数区间	公司数目	占比（%）	累计占比（%）
[0，30）	0	0.00	0.00
[30，40）	6	0.17	0.17
[40，50）	25	0.70	0.87
[50，60）	742	20.79	21.66
[60，70）	1608	45.05	66.71
[70，80）	1146	32.11	98.82
[80，90）	42	1.18	100.00
[90，100]	0	0.00	100.00
总体	3569	100.00	—

图20-5更直观地显示了自愿性信息披露治理效率分项指数的区间分布情况。

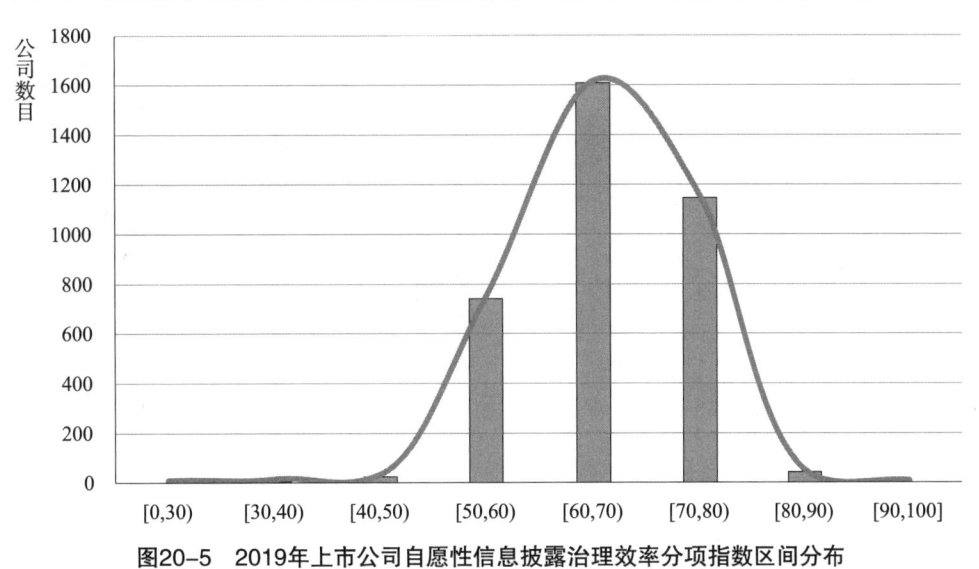

图20-5 2019年上市公司自愿性信息披露治理效率分项指数区间分布

从表20-5和图20-5可以看出，2019年上市公司自愿性信息披露治理效率分项指数分布较为集中。其中得分在[50，80）区间的公司最多，为3496家，占总样本的97.95%。达到及格线（60分）的公司有2796家，占总样本的78.34%，相比上年（63.93%）有较大幅度提高，说明公司披露治理效率信息的意识继续显著提升。

20.3.2 分地区自愿性信息披露治理效率分项指数比较

按照东部、中部、西部和东北四个地区的划分，用各地区上市公司自愿性信息披露治理效率分项指数的平均值来代表各个地区的上市公司自愿性信息披露治理效率分项指数，然后把各个地区的上市公司自愿性信息披露治理效率分项指数按照由高到低的顺序进行排名，结果参见表20-6。

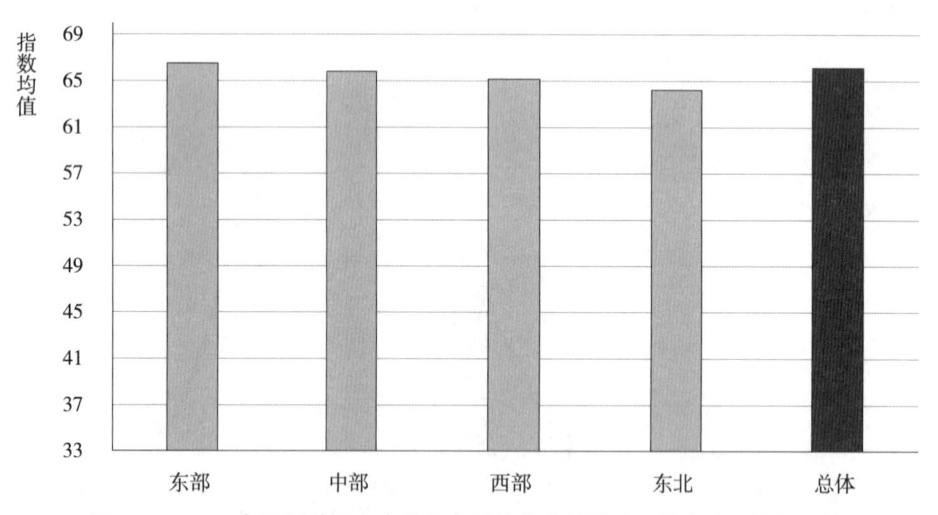

表20-6 2019年不同地区上市公司自愿性信息披露治理效率分项指数比较

排名	地区	公司数目	平均值	中位值	最大值	最小值	标准差
1	东部	2478	66.5204	68.7500	87.5000	37.5000	8.0282
2	中部	465	65.8199	62.5000	87.5000	31.2500	8.0416
3	西部	475	65.1579	62.5000	87.5000	37.5000	7.7273
4	东北	151	64.2384	62.5000	75.0000	50.0000	7.7856
	总体	3569	66.1512	68.7500	87.5000	31.2500	8.0051

图20-6更直观地显示了不同地区上市公司自愿性信息披露治理效率分项指数的差异。

图20-6 2019年不同地区上市公司自愿性信息披露治理效率分项指数比较

由表20-6和图20-6可以看出，不同地区上市公司自愿性信息披露治理效率分项指数均值之间的差距不大。东部地区指数均值最高，为66.5204；东北地区指数均值最低，为64.2384。从标准差上来看，四个地区的标准差比较接近，说明各地区的治理效率分项指数内部差异性相似。

20.3.3 分行业自愿性信息披露治理效率分项指数比较

用各个行业内的上市公司自愿性信息披露治理效率分项指数的平均值来代表各个行业的上市公司自愿性信息披露治理效率分项指数，然后把各个行业的上市公司自愿性信息披露治理效率分项指数按照由高到低的顺序进行排名，结果参见表20-7。

表 20-7 2019 年不同行业上市公司自愿性信息披露治理效率分项指数比较

排名	行业	公司数目	平均值	中位值	最大值	最小值	标准差
1	信息传输、软件和信息技术服务业（I）	273	68.5668	68.7500	81.2500	43.7500	7.7684
2	租赁和商务服务业（L）	52	68.2692	68.7500	75.0000	50.0000	7.6395
3	农、林、牧、渔业（A）	41	68.1402	68.7500	81.2500	56.2500	8.0259
4	水利、环境和公共设施管理业（N）	54	67.2454	68.7500	81.2500	56.2500	7.6957
5	卫生和社会工作（Q）	12	67.1875	68.7500	75.0000	50.0000	8.1190
6	文化、体育和娱乐业（R）	57	66.6667	62.5000	81.2500	50.0000	7.7067
7	制造业（C）	2231	66.4668	68.7500	87.5000	31.2500	8.0328
8	建筑业（E）	95	66.4474	68.7500	81.2500	50.0000	7.3702
9	教育（P）	8	66.4063	68.7500	75.0000	56.2500	6.9439
10	住宿和餐饮业（H）	9	65.9722	68.7500	75.0000	56.2500	7.8567
11	科学研究和技术服务业（M）	45	65.5556	68.7500	75.0000	50.0000	8.0819
12	房地产业（K）	120	65.1042	62.5000	75.0000	50.0000	6.6821
13	批发和零售业（F）	161	64.4022	62.5000	81.2500	50.0000	7.1054
14	综合（S）	17	64.3382	62.5000	75.0000	56.2500	5.9736
15	交通运输、仓储和邮政业（G）	102	63.9706	62.5000	75.0000	50.0000	7.4352
16	采矿业（B）	75	63.8333	62.5000	87.5000	50.0000	7.4508
17	电力、热力、燃气及水生产和供应业（D）	109	63.5321	62.5000	87.5000	50.0000	7.8745
18	金融业（J）	107	61.0397	62.5000	75.0000	43.7500	8.6543
	总体	3569	66.1512	68.7500	87.5000	31.2500	8.0051

注：居民服务、修理和其他服务业（O）只有1家上市公司，难以代表该行业整体水平，故排名时剔除。

由表20-7可以看出，18个行业中，有9个行业的上市公司自愿性信息披露治理效率分项指数均值高于总体均值，这9个行业的行业最大均值与总体均值之间的绝对差距为2.4156；其他9个行业的上市公司自愿性信息披露治理效率分项指数均值低于总体均值，总体均值与这9个行业的最小均值之间的绝对差距为5.1115。显然，低分区行业内部的差距大于高分区行业。自愿性信息披露治理效率分项指数均值排名前三位的行业分别为信息传输、软件和信息技术服务业（I）、租赁和商务服务业（L）、农、林、牧、渔业（A）；而金融业（J）、电力、热力、燃气及水生产和供应业（D）、采矿业（B）则排名最后三位。

图20-7更直观地体现了不同行业上市公司自愿性信息披露治理效率分项指数均值的差异。可以看到，各个行业上市公司自愿性信息披露治理效率分项指数均值集中在区间[61，69]，行业之间的差距不是很大，分布比较平稳。

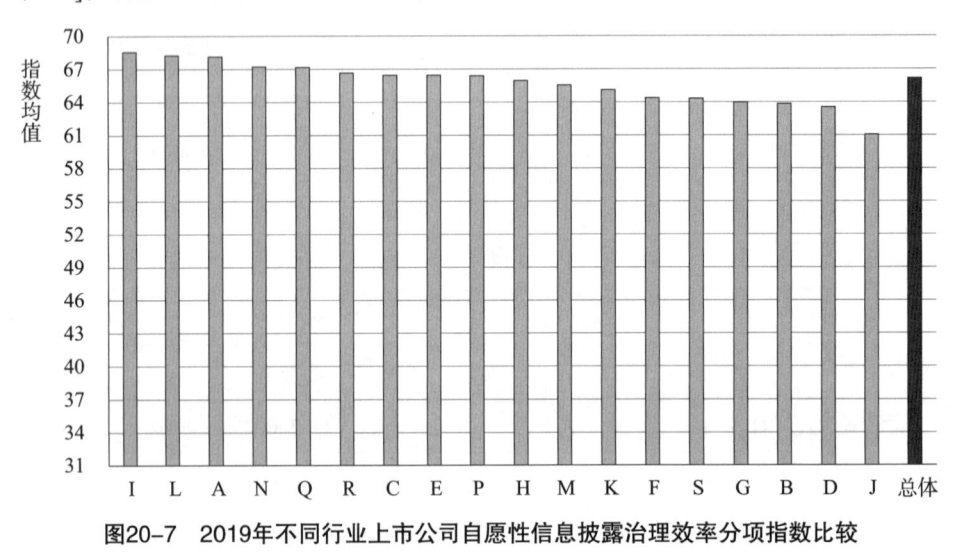

图20-7 2019年不同行业上市公司自愿性信息披露治理效率分项指数比较

20.4 自愿性信息披露利益相关者分项指数排名及比较

利益相关者方面的自愿性信息披露重在评价公司有关各利益相关者的信息披露情况。本节主要对利益相关者分项指数排名的各种情况进行比较和分析。

20.4.1 自愿性信息披露利益相关者分项指数总体分布

通过对3569家上市公司在利益相关者方面的自愿性信息披露进行评价，我们得出每家上市公司自愿性信息披露利益相关者分项指数，并进行了排名。按照每10分一个区间，可以将上市公司自愿性信息披露利益相关者分项指数划分为10个区间段，每个区间段的公司数目和所占比重参见表20-8。

表 20-8　2019 年上市公司自愿性信息披露利益相关者分项指数区间分布

指数区间	公司数目	占比（%）	累计占比（%）
[0，10）	21	0.59	0.59
[10，20）	16	0.45	1.04
[20，30）	168	4.71	5.74
[30，40）	154	4.31	10.06
[40，50）	597	16.73	26.79
[50，60）	1682	47.13	73.91
[60，70）	522	14.63	88.54
[70，80）	107	3.00	91.54
[80，90）	59	1.65	93.19
[90，100]	243	6.81	100.00
总体	3569	100.00	—

图 20-8 更直观地显示了自愿性信息披露利益相关者分项指数的区间分布情况。

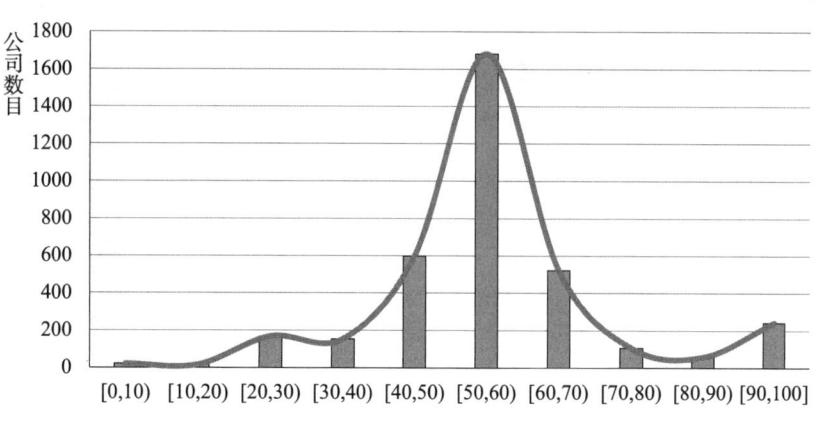

图20-8　2019年上市公司自愿性信息披露利益相关者分项指数区间分布

由表 20-8 和图 20-8 可以看出，自愿性信息披露利益相关者分项指数分布相对比较集中，主要分布在 [40，70）区间，有公司 2801 家，占全部样本的 78.48%，其中 [50，60）区间公司数目达到 1682 家，占全部样本的 47.13%。自愿性信息披露利益相关者分项指数达到及格线（60 分）的公司有 931 家，占 26.09%，相比上年（17.79%）有较大幅度的上升，说明公司披露利益相关者信息的意愿不断加强。

20.4.2 分地区自愿性信息披露利益相关者分项指数比较

按照东部、中部、西部和东北四大地区的划分,用各地区上市公司自愿性信息披露利益相关者分项指数的平均值来代表各个地区的上市公司自愿性信息披露利益相关者分项指数,然后把各个地区的上市公司自愿性信息披露利益相关者分项指数按照由高到低的顺序进行排名,结果参见20-9。

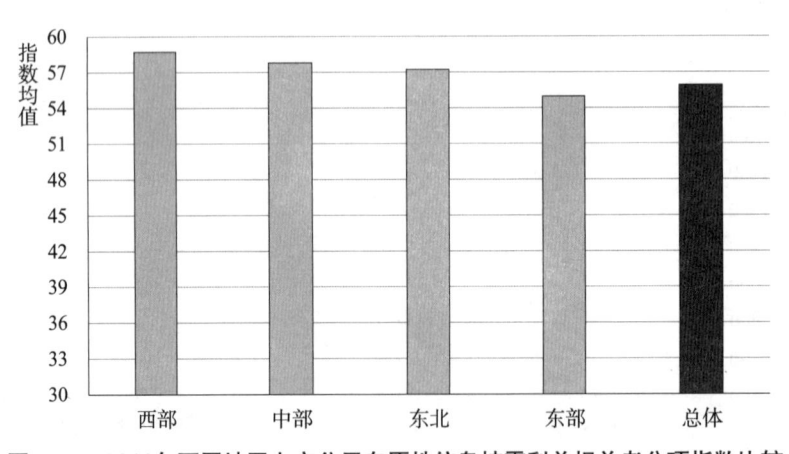

表20-9 2019年不同地区上市公司自愿性信息披露利益相关者分项指数比较

排名	地区	公司数目	平均值	中位值	最大值	最小值	标准差
1	西部	475	58.7193	58.3333	100.0000	8.3333	16.6007
2	中部	465	57.7957	58.3333	100.0000	8.3333	15.9246
3	东北	151	57.2296	58.3333	100.0000	8.3333	17.3607
4	东部	2478	54.9570	58.3333	100.0000	0.0000	16.0928
	总体	3569	55.9237	58.3333	100.0000	0.0000	16.2634

图20-9更直观地显示了不同地区上市公司自愿性信息披露利益相关者分项指数的差异。

图20-9 2019年不同地区上市公司自愿性信息披露利益相关者分项指数比较

由表20-9和图20-9可以看出,西部地区上市公司自愿性信息披露利益相关者分项指数均值最高,为58.7193;东部地区上市公司自愿性信息披露利益相关者分项指数均值最低,为54.9570;最高与最低之间的绝对差距为3.7623,相差比较小;除了东部地区,其他三个地区均超过总体均值。从标准差来看,四个地区的标准差都比较大,说明四个地区自愿性信息披露利益相关者分项指数内部差异较大。

20.4.3 分行业自愿性信息披露利益相关者分项指数比较

各行业上市公司在利益相关者方面的自愿性信息披露水平存在一定的差距。我们用各个行业内的上市公司自愿性信息披露利益相关者分项指数的平均值来代表各个行业的上市公司自愿性信息披露利益相关者分项指数，然后把各个行业的上市公司自愿性信息披露利益相关者分项指数按照由高到低的顺序进行排名，具体排名结果见表20-10。

表20-10　2019年不同行业上市公司自愿性信息披露利益相关者分项指数比较

排序	行业	公司数目	平均值	中位值	最大值	最小值	标准差
1	住宿和餐饮业（H）	9	70.3704	66.6667	91.6667	50.0000	14.7568
2	电力、热力、燃气及水生产和供应业（D）	109	63.9144	58.3333	100.0000	33.3333	19.4553
3	教育（P）	8	63.5417	58.3333	91.6667	41.6667	13.7800
4	房地产业（K）	120	61.7361	58.3333	100.0000	16.6667	17.0951
5	水利、环境和公共设施管理业（N）	54	61.2654	58.3333	100.0000	25.0000	18.2262
6	采矿业（B）	75	61.1111	58.3333	100.0000	25.0000	18.4759
7	交通运输、仓储和邮政业（G）	102	60.1307	58.3333	91.6667	8.3333	16.2374
8	科学研究和技术服务业（M）	45	59.8148	58.3333	100.0000	8.3333	18.1972
9	建筑业（E）	95	58.6842	58.3333	100.0000	16.6667	17.4766
10	租赁和商务服务业（L）	52	58.4936	58.3333	100.0000	16.6667	16.9440
11	文化、体育和娱乐业（R）	57	58.0409	58.3333	100.0000	33.3333	13.6944
12	信息传输、软件和信息技术服务业（I）	273	56.0134	58.3333	100.0000	8.3333	15.7634
13	综合（S）	17	55.3922	41.6667	100.0000	33.3333	20.1994
14	农、林、牧、渔业（A）	41	55.0813	58.3333	100.0000	25.0000	18.3017
15	批发和零售业（F）	161	54.7619	58.3333	91.6667	16.6667	14.0157
16	制造业（C）	2231	54.6728	58.3333	100.0000	0.0000	15.6888
17	卫生和社会工作（Q）	12	54.1667	58.3333	66.6667	25.0000	13.8193
18	金融业（J）	107	51.0125	50.0000	100.0000	25.0000	15.4001
	总体	3569	55.9237	58.3333	100.0000	0.0000	16.2634

注：居民服务、修理和其他服务业（O）只有1家上市公司，难以代表该行业整体水平，故排名时剔除。

由表 20-10 可知，18 个行业中，有 12 个行业的上市公司自愿性信息披露利益相关者分项指数均值高于总体均值，这 12 个行业的行业最大均值与总体均值之间的绝对差距为 14.4467；其他 6 个行业的上市公司自愿性信息披露利益相关者分项指数均值低于总体均值，总体均值与这 6 个行业的最小均值之间的绝对差距为 4.9112。显然，低分区行业内部的差距小于高分区行业。排名前三名的行业是住宿和餐饮业（H）、电力、热力、燃气及水生产和供应业（D）、教育（P），排名后三名的行业是金融业（J）、卫生和社会工作（Q）、制造业（C）。

图 20-10 更直观地显示了不同行业上市公司自愿性信息披露利益相关者分项指数均值的差异。可以看到，排名第一的住宿和餐饮业（H）与排名第二的电力、热力、燃气及水生产和供应业（D）之间差距较大，排名最后的金融业（J）与其他行业差别较大，中间排名的各行业的变化比较平缓。

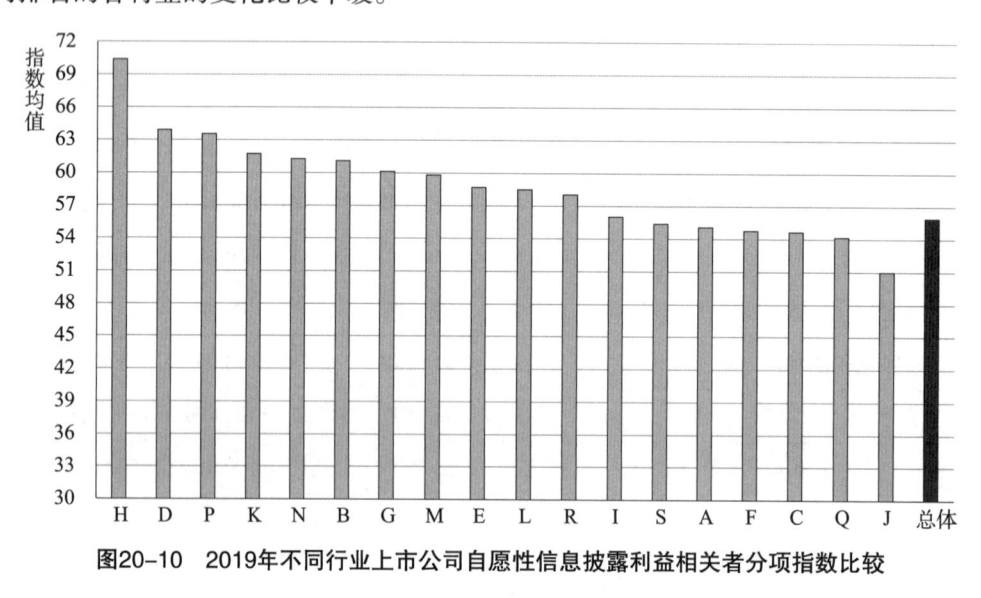

图20-10　2019年不同行业上市公司自愿性信息披露利益相关者分项指数比较

20.5　自愿性信息披露风险控制分项指数排名及比较

风险控制方面的自愿性信息披露重在评价公司对各利益相关者公开公司风险及其控制方面的信息披露情况。本节对风险控制分项指数进行比较分析。

20.5.1　自愿性信息披露风险控制分项指数总体分布

通过对 3569 家上市公司在风险控制方面的自愿性信息披露进行评价，我们得出了每家上市公司的自愿性信息披露风险控制分项指数，并进行了排名。按照每 10 分一个区间，可以将上市公司自愿性信息披露风险控制分项指数划分为 10 个区间段，每个区间段的公司数目和所占比重参见表 20-11。

表 20-11　2019 年上市公司自愿性信息披露风险控制分项指数区间分布

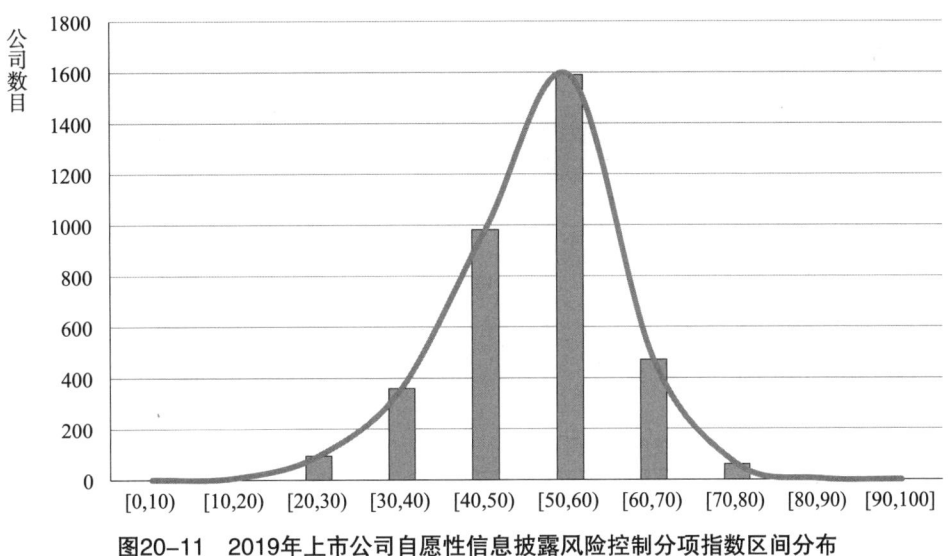

指数区间	公司数目	占比（%）	累计占比（%）
[0，10）	0	0.00	0.00
[10，20）	7	0.20	0.20
[20，30）	94	2.63	2.83
[30，40）	360	10.09	12.92
[40，50）	982	27.51	40.43
[50，60）	1589	44.52	84.95
[60，70）	472	13.22	98.18
[70，80）	61	1.71	99.89
[80，90）	4	0.11	100.00
[90，100]	0	0.00	100.00
总体	3569	100.00	—

图 20-11 更直观地显示了自愿性信息披露风险控制分项指数的区间分布情况

图20-11　2019年上市公司自愿性信息披露风险控制分项指数区间分布

从表 20-11 和图 20-11 可以看出，2019 年上市公司自愿性信息披露风险控制分项指数分布较为集中。其中 [40，60）区间的上市公司最多，有 2571 家，占总样本的 72.04%。达到及格线 60 分的公司仅有 537 家，占总样本的 15.05%，尽管比上年（14.76%）略有提升，但仍很低，说明公司披露自身风险信息的意愿还不强。

20.5.2 分地区自愿性信息披露风险控制分项指数比较

按照东部、中部、西部和东北四个地区的划分,用各地区上市公司自愿性信息披露风险控制分项指数的平均值来代表各个地区上市公司自愿性信息披露风险控制分项指数,然后把各个地区上市公司自愿性信息披露风险控制分项指数按照由高到低的顺序进行排名,结果参见表20-12。

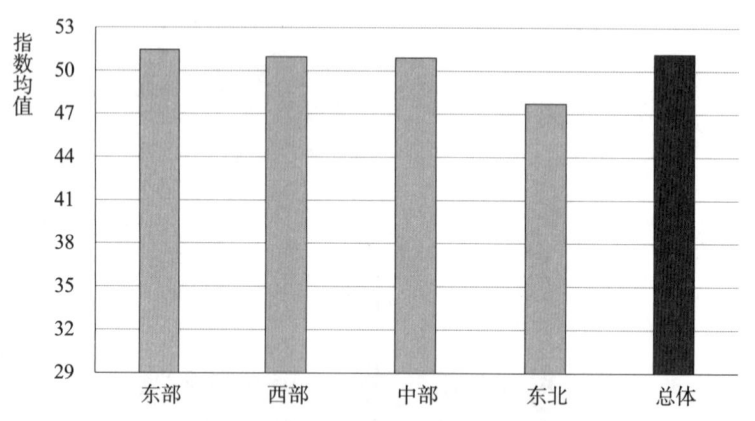

表20-12　2019年不同地区上市公司自愿性信息披露风险控制分项指数比较

排名	地区	公司数目	平均值	中位值	最大值	最小值	标准差
1	东部	2478	51.4573	55.5556	88.8889	11.1111	11.0027
2	西部	475	50.9708	55.5556	77.7778	16.6667	10.7258
3	中部	465	50.9200	55.5556	77.7778	22.2222	11.1059
4	东北	151	47.7189	44.4444	77.7778	22.2222	11.4958
	总体	3569	51.1644	55.5556	88.8889	11.1111	11.0272

图20-12可以更直观地看出四个地区上市公司自愿性信息披露风险控制分项指数的差异。

图20-12　2019年不同地区上市公司自愿性信息披露风险控制分项指数比较

由表20-12和图20-12可以看出,东部地区上市公司自愿性信息披露风险控制分项指数均值最高,为51.4573;东北地区上市公司自愿性信息披露风险控制分项指数均值最低,为47.7189。四个地区中,只有东部地区的风险控制分项指数均值超过了总体均值,其他三个地区均未超过。总体看,四个地区的上市公司自愿性信息披露风险控制分项指数均值差别不大。

20.5.3 分行业自愿性信息披露风险控制分项指数比较

用各个行业上市公司自愿性信息披露风险控制分项指数的平均值来代表各个行业的上市公司自愿性信息披露风险控制分项指数，然后把各个行业的上市公司自愿性信息披露风险控制分项指数按照由高到低的顺序进行排名，结果参见表20-13。

表20-13 2019年不同行业上市公司自愿性信息披露风险控制分项指数比较

排序	行业	公司数目	平均值	中位值	最大值	最小值	标准差
1	金融业（J）	107	56.5940	55.5556	77.7778	22.2222	10.9840
2	建筑业（E）	95	53.3333	55.5556	77.7778	22.2222	10.7967
3	水利、环境和公共设施管理业（N）	54	52.5720	55.5556	77.7778	22.2222	10.7297
4	交通运输、仓储和邮政业（G）	102	52.2331	55.5556	77.7778	22.2222	11.1454
5	综合（S）	17	51.6340	55.5556	66.6667	33.3333	9.2894
6	采矿业（B）	75	51.6296	55.5556	77.7778	22.2222	12.4977
7	制造业（C）	2231	51.2077	55.5556	88.8889	11.1111	10.7373
8	电力、热力、燃气及水生产和供应业（D）	109	50.9174	55.5556	77.7778	22.2222	11.2256
9	批发和零售业（F）	161	50.6556	55.5556	88.8889	22.2222	12.5130
10	房地产业（K）	120	50.6481	55.5556	77.7778	11.1111	13.8367
11	科学研究和技术服务业（M）	45	50.1235	55.5556	55.5556	33.3333	7.6344
12	卫生和社会工作（Q）	12	50.0000	50.0000	66.6667	33.3333	10.6381
13	信息传输、软件和信息技术服务业（I）	273	49.7965	55.5556	77.7778	16.6667	10.0739
14	租赁和商务服务业（L）	52	49.6795	55.5556	66.6667	22.2222	11.0798
15	住宿和餐饮业（H）	9	48.1482	55.5556	55.5556	22.2222	10.4757
16	文化、体育和娱乐业（R）	57	47.8558	44.4444	77.7778	22.2222	10.4974
17	教育（P）	8	47.2222	55.5556	55.5556	22.2222	12.1081
18	农、林、牧、渔业（A）	41	46.8835	44.4444	77.7778	22.2222	12.1499
	总体	3569	51.1644	55.5556	88.8889	11.1111	11.0272

注：居民服务、修理和其他服务业（O）只有1家上市公司，难以代表该行业整体水平，故排名时剔除。

由表20-13可以看出，18个行业中，有7个行业的上市公司自愿性信息披露风险控制分项指数均值高于总体均值，这7个行业的行业最大均值与总体均值之间的绝对差距为5.4296；其他11个行业的上市公司自愿性信息披露风险控制分项指数均值低于总体均值，总体均值与这11个行业的最小均值之间的绝对差距为4.2809。显然高分区行业的内部差距大于低分区行业。上市公司自愿性信息披露风险控制分项指数排名前三位的行业分别为金融业（J），建筑业（E），水利、环境和公共设施管理业（N）。农、林、牧、渔业（A），教育（P），文化、体育和娱乐业（R）则排名最后三位。

图20-13更直观地体现了不同行业上市公司自愿性信息披露风险控制分项指数均值的差异。可以看到，除了排名第一的金融业（J）外，其他行业的自愿性信息披露风险控制分项指数均值自大到小的变化比较平缓。

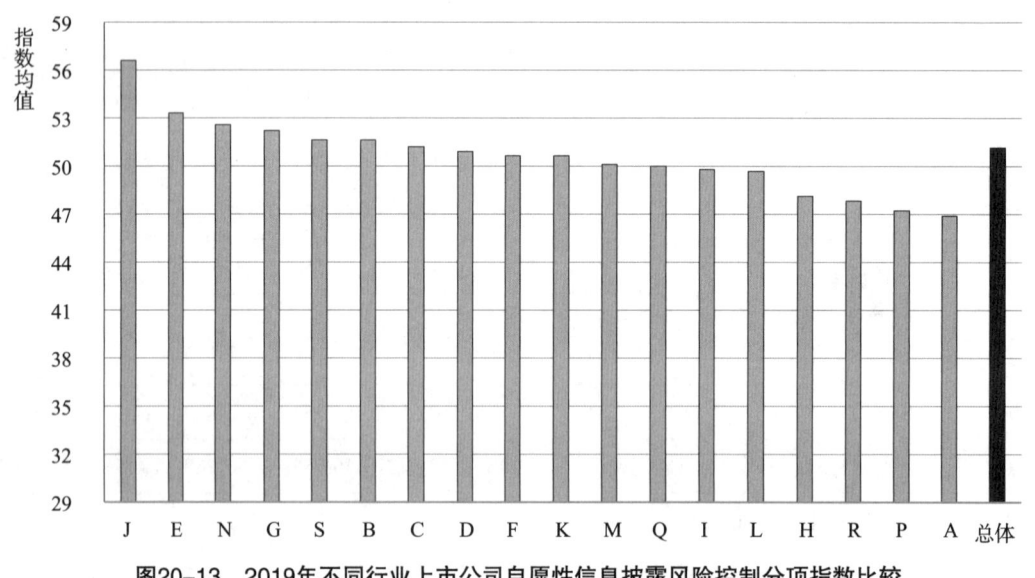

图20-13 2019年不同行业上市公司自愿性信息披露风险控制分项指数比较

20.6 本章小结

本章从指数总体分布以及地区和行业三个方面，对2019年自愿性信息披露的四个分项指数，即治理结构、治理效率、利益相关者、风险控制进行了比较分析，通过分析我们发现：

①从自愿性信息披露四个分项指数比较看，治理效率分项指数均值最高，风险控制分项指数均值最低。从指数分布区间看，四个分项指数的分布都比较集中。其中，治理结构分项指数在[50，90）区间的公司最多，占总体的87.53%；治理效率分项指数在[50，80）区间的公司最多，占总样本的97.95%；利益相关者分项指数在[40，70）区间的公司最多，占全部样本的78.48%；风险控制分项指数在[40，60）区间的公司最多，

占总样本的72.04%。只有治理结构和治理效率两个分项指数的均值超过了60分的及格线，而利益相关者和风险控制分项指数均值均低于60分，未达及格线，这说明公司在利益相关者和风险控制方面的自愿性信息披露还很差。

②从地区来看，自愿性信息披露治理结构分项指数均值从高到低依次是中部、东部、西部和东北地区；治理效率分项指数均值从高到低依次是东部、中部、西部和东北地区；利益相关者分项指数均值从高到低依次是西部、中部、东北和东部地区；风险控制分项指数的均值从高到低依次是东部、西部、中部和东北地区。总体看，在四个分项指数中，东北地区都位居后两位。

③从行业来看，自愿性信息披露治理结构分项指数均值最高的前三名是金融业（J），文化、体育和娱乐业（R），信息传输、软件和信息技术服务业（I）；治理效率分项指数均值最高的前三名是信息传输、软件和信息技术服务业（I），租赁和商务服务业（L），农、林、牧、渔业（A）；利益相关者分项指数均值最高的前三名是住宿和餐饮业（H），电力、热力、燃气及水生产和供应业（D），教育（P）；风险控制分项指数均值最高的前三名是金融业（J），建筑业（E），水利、环境和公共设施管理业（N）。总体来看，各行业在四个分项指数中的表现各有侧重。

第21章 自愿性信息披露指数的所有制比较

根据第1章的控股或所有制类型划分，本章对2019年3569家样本上市公司的自愿性信息披露指数及四个分项指数从所有制角度进行比较分析，以了解国有控股公司和非国有控股公司在自愿性信息披露方面存在的异同。

21.1 自愿性信息披露指数总体的所有制比较

21.1.1 自愿性信息披露总体指数比较

不同的所有制会对上市公司自愿性信息披露产生影响，表21-1比较了不同所有制上市公司总体的自愿性信息披露指数，并按照均值从高到低的顺序进行了排名。

表 21-1 2019年不同所有制上市公司自愿性信息披露指数比较

排序	所有制类型	公司数目	平均值	中位值	最大值	最小值	标准差
1	国有参股公司	903	60.5578	61.2847	82.2917	35.9375	7.2227
2	国有绝对控股公司	266	60.2887	59.9826	79.1667	37.5000	7.5929
3	国有弱相对控股公司	418	59.7758	60.0694	77.6042	39.4097	7.5244
4	国有强相对控股公司	426	59.3905	59.7222	80.7292	41.1458	7.5905
5	无国有股份公司	1556	59.2846	60.0694	80.2083	34.3750	7.1541
	总体	3569	59.7517	60.2431	82.2917	34.3750	7.3222

从表21-1可以看出，五类所有制公司中，国有参股公司和国有绝对控股公司的自愿性信息披露指数均值刚刚达到及格水平，其他三类都没有达到及格水平，但它们之间的差异不大，最大均值和最小均值之差仅为1.2732分。国有参股公司自愿性信息披露指数的均值和中位值都是最高的；无国有股份公司自愿性信息披露指数的均值最低；国有

强相对控股公司自愿性信息披露指数的中位值最低。从标准差来看，国有绝对控股公司最高，无国有股份公司最低，但相差也不大。

图 21-1 按照第一大股东中的国有股份比例从大到小进行了排序，从而更直观地反映了不同所有制上市公司自愿性信息披露指数均值的差异。可以发现，从总体趋势看，随着第一大股东中的国有股东持股比例的降低，自愿性信息披露指数先下降后上升，最后又下降，呈现出一个"S"型。国有参股公司的自愿性信息披露指数得分最高，说明国有股东控股与否，并不一定影响自愿性信息披露。

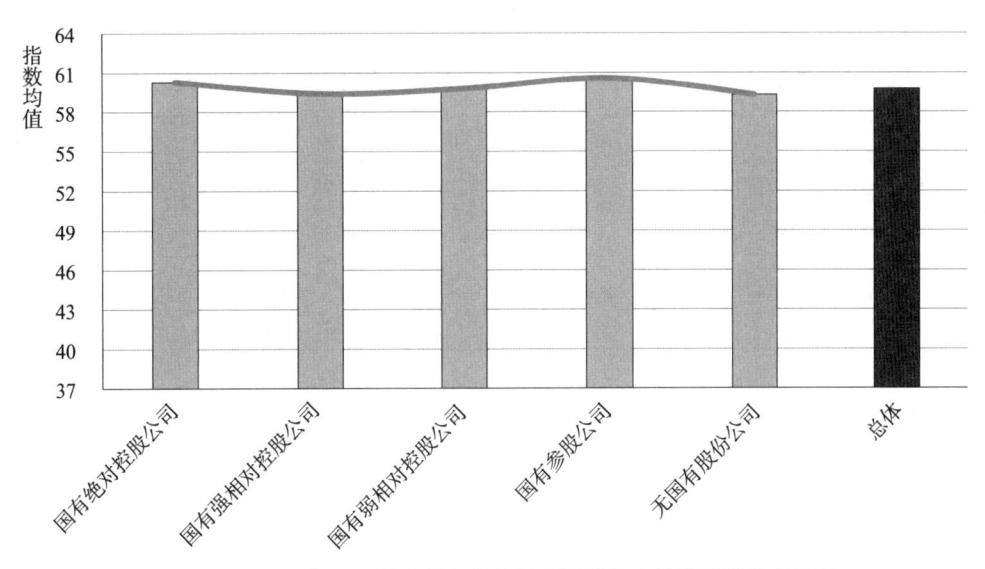

图21-1　2019年不同所有制上市公司自愿性信息披露指数均值比较

我们进一步将国有绝对控股公司、国有强相对控股公司和国有弱相对控股公司归类为国有控股公司，将国有参股公司和无国有股份公司归类为非国有控股公司，表21-2比较了国有控股公司和非国有控股公司自愿性信息披露指数的差异。

表 21-2　2019 年国有与非国有控股上市公司自愿性信息披露指数比较

排序	控股类型	公司数目	平均值	中位值	最大值	最小值	标准差
1	非国有控股公司	2459	59.7522	60.2431	82.2917	34.3750	7.2056
2	国有控股公司	1110	59.7508	59.7222	80.7292	37.5000	7.5742
	总体	3569	59.7517	60.2431	82.2917	34.3750	7.3222

从表21-2可知，非国有控股公司自愿性信息披露指数均值大于国有控股公司，但差距很小，前者仅高出后者 0.0014 分。自愿性信息披露指数的最大值和最小值都来自非国有控股公司。

根据实际控制人的性质，我们还可以将上市公司进一步区分为中央企业（或监管机构）、地方国企（或监管机构）和非国有企业或自然人控制的上市公司三类，表21-3对三类上市公司进行了比较，并按照均值从高到低的顺序进行了排序。可以发现，中央企业（或监管机构）控制的上市公司的自愿性信息披露指数的均值高于非国有企业或自然人和地方国企（或监管机构）控制的上市公司，非国有企业或自然人控制的上市公司的自愿性信息披露指数的中位值高于中央企业（或监管机构）和地方国企（或监管机构）控制的上市公司。不过，它们之间的差距并不大。

表 21-3 2019 年不同最终控制人上市公司自愿性信息披露指数比较

排序	最终控制人	公司数目	平均值	中位值	最大值	最小值	标准差
1	中央企业（或监管机构）	393	60.3924	60.0694	77.9514	43.7500	7.0716
2	非国有企业或自然人	2423	59.7677	60.2431	82.2917	34.3750	7.2027
3	地方国企（或监管机构）	753	59.3660	59.2014	80.7292	37.5000	7.7922
	总体	3569	59.7517	60.2431	82.2917	34.3750	7.3222

21.1.2 自愿性信息披露分项指数总体比较

自愿性信息披露指数包括治理结构、治理效率、利益相关者和风险控制四个分项指数，表21-4对五类所有制上市公司的四个自愿性信息披露分项指数进行了比较。

表 21-4 2019 年不同所有制上市公司自愿性信息披露分项指数均值比较

所有制类型	治理结构	治理效率	利益相关者	风险控制
国有绝对控股公司	65.6250	62.9464	60.1191	52.4645
国有强相对控股公司	62.6467	62.8521	60.0939	51.9692
国有弱相对控股公司	65.0568	65.1017	58.1340	50.8107
国有参股公司	66.3137	67.7810	56.4692	51.6673
无国有股份公司	66.5207	66.9385	53.1545	50.5249
总体	65.7677	66.1512	55.9237	51.1644

从表21-4可以看出，五类所有制上市公司的治理结构和治理效率两个分项指数的均值都达到了及格水平；在利益相关者分项指数上，仅有国有绝对控股公司和国有强相对控股公司的均值达到了及格水平；在风险控制分项指数上，五类所有制公司的均值都未达到及格水平。

自愿性信息披露四个分项指数均值之间存在大小不等的差异，图21-2直观地反映了这种差异。可以发现，随着第一大股东中的国有股比例的降低，治理结构分项指数先下降后逐步提高，在无国有股份公司达到最高；治理效率分项指数呈现先下降后上升再下降的趋势，在国有参股公司达到最高；利益相关者分项指数呈现逐步下降的趋势，说明国有控股对利益相关者的重要性；风险控制分项指数呈现先下降后上升再下降的趋势，但国有绝对控股公司和国有强相对控股公司要好于其他三类公司。

总体上看，无国有股份公司和国有参股公司相对更偏重于治理结构和治理效率方面的信息披露；国有绝对控股公司和国有强相对控股公司相对较注重利益相关者和风险控制方面的信息披露。

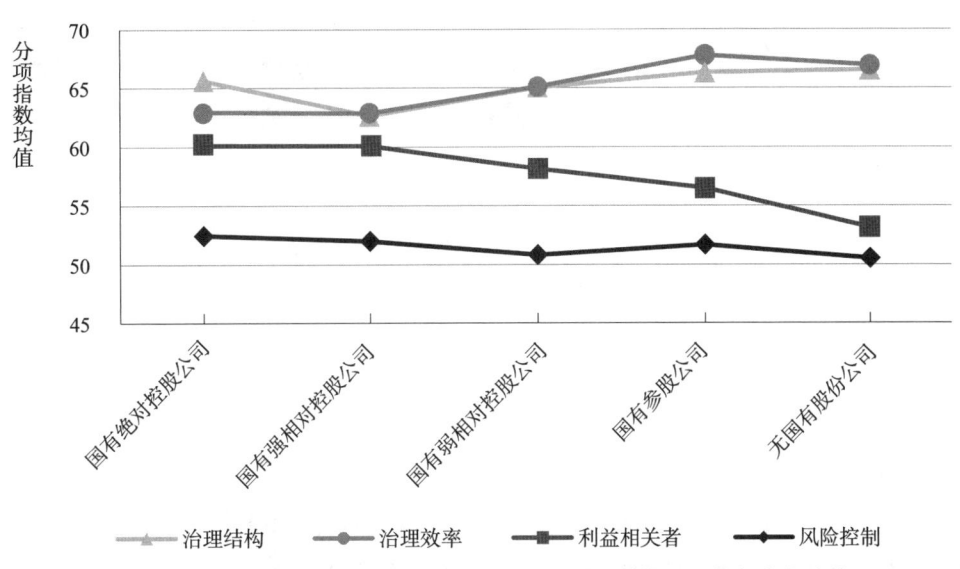

图21-2　2019年不同所有制上市公司自愿性信息披露分项指数变化趋势

我们进一步将国有绝对控股公司、国有强相对控股公司和国有弱相对控股公司归类为国有控股公司，将国有参股公司和无国有股份公司归类为非国有控股公司，两类所有制上市公司自愿性信息披露分项指数均值的比较参见表 21-5 和图 21-3。可以看到，在治理结构和治理效率分项指数上，非国有控股公司自愿性信息披露具有优势；在利益相关者和风险控制分项指数上，国有控股公司自愿性信息披露具有优势。

表 21-5　2019 年国有与非国有控股上市公司自愿性信息披露分项指数均值比较

控股类型	治理结构	治理效率	利益相关者	风险控制
国有控股公司	64.2680	63.7218	59.3619	51.6517
非国有控股公司	66.4447	67.2479	54.3717	50.9444
总体	65.7677	66.1512	55.9237	51.1644

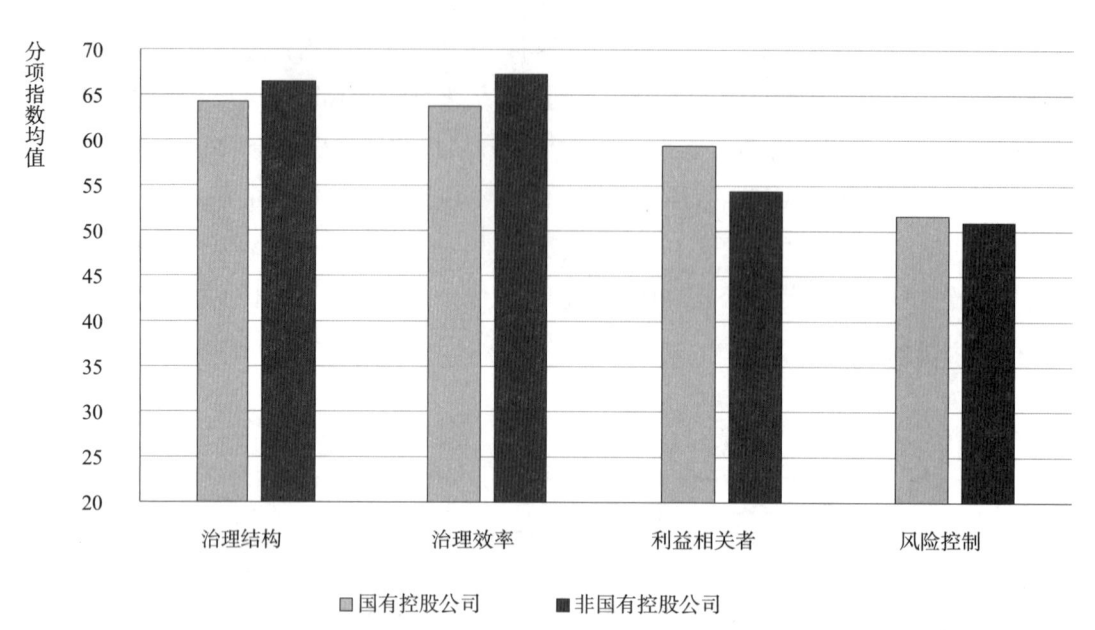

图21-3　2019年国有与非国有控股上市公司自愿性信息披露分项指数均值比较

根据实际控制人的划分，再来比较三类控制人控制的上市公司在自愿性信息披露指数上的差别，三者的比较参见表21-6和图21-4。可以看出，在治理结构分项指数上，中央企业（或监管机构）控制的公司好于地方国企（或监管机构）控制的公司，但低于非国有企业或自然人控制的公司；在治理效率分项指数上，中央企业（或监管机构）控制的公司低于地方国企（或监管机构）控制的公司，并且两者都明显低于非国有企业或自然人控制的公司；在利益相关者分项指数上，中央企业（或监管机构）控制的公司好于地方国企（或监管机构）控制的公司，且这两类公司都明显好于非国有企业或自然人控制的公司；在风险控制分项指数上，中央企业（或监管机构）控制的公司略好于地方国企（或监管机构）控制的公司，且都略好于非国有企业或自然人控制的公司。

表21-6　2019年不同最终控制人上市公司自愿性信息披露分项指数均值比较

最终控制人	治理结构	治理效率	利益相关者	风险控制
中央企业（或监管机构）	65.0922	63.2952	60.7506	52.4314
地方国企（或监管机构）	63.7948	64.0189	58.3444	51.3059
非国有企业或自然人	66.4904	67.2771	54.3885	50.9149
总体	65.7677	66.1512	55.9237	51.1644

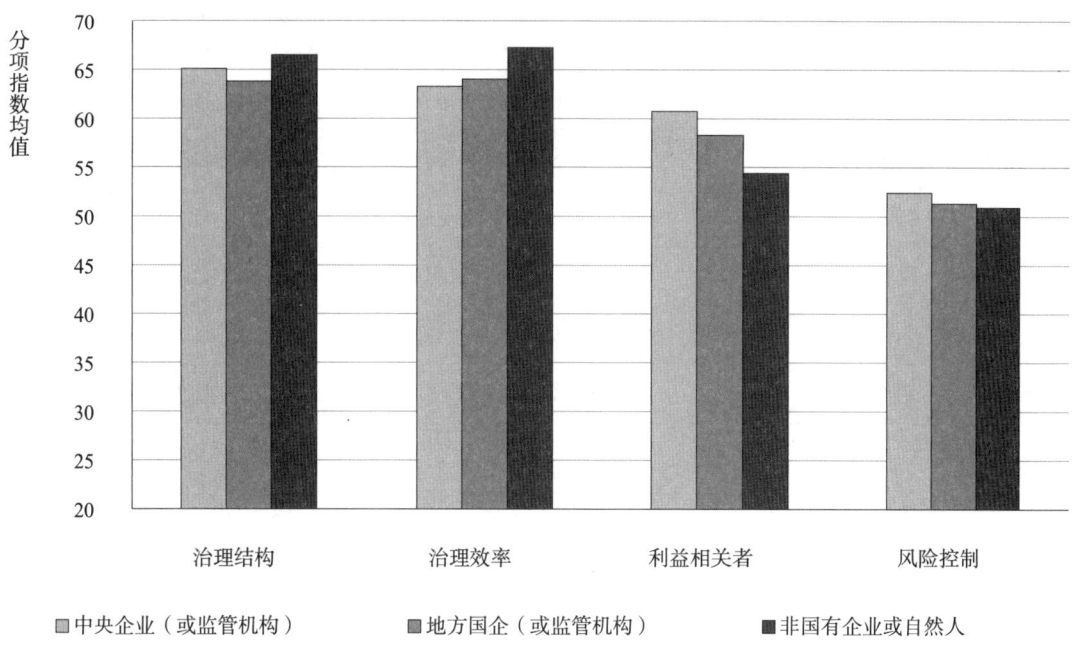

图21-4　2019年不同最终控制人上市公司自愿性信息披露分项指数均值比较

21.2 分地区自愿性信息披露指数的所有制比较

21.2.1 分地区自愿性信息披露总体指数比较

按照四个地区的划分标准，我们进一步统计了不同地区国有控股和非国有控股上市公司的自愿性信息披露指数，参见表21-7。

表21-7　2019年不同地区国有与非国有控股上市公司自愿性信息披露指数比较

地区	所有制类型	公司数目	平均值	中位值	最大值	最小值	标准差
东部	国有控股公司	649	59.7680	59.7222	79.5139	37.5000	7.6305
东部	非国有控股公司	1829	59.7030	60.2431	82.2917	34.3750	7.1919
东部	总体	2478	59.7200	60.0694	82.2917	34.3750	7.3094
中部	国有控股公司	195	60.0677	60.0694	80.7292	40.1042	7.4313
中部	非国有控股公司	270	60.2662	61.1979	77.4306	41.4931	6.9611
中部	总体	465	60.1829	60.4167	80.7292	40.1042	7.1627

续表

地区	所有制类型	公司数目	平均值	中位值	最大值	最小值	标准差
西部	国有控股公司	206	60.2641	61.1979	79.1667	41.8403	7.3551
	非国有控股公司	269	60.0152	60.0694	77.4306	42.3611	7.1717
	总体	475	60.1232	60.5903	79.1667	41.8403	7.2529
东北	国有控股公司	60	56.7737	57.6389	71.7014	43.4028	7.4967
	非国有控股公司	91	58.4383	58.6806	75.3472	41.3194	8.0515
	总体	151	57.7769	58.3333	75.3472	41.3194	7.8780

从表21-7可以看出，东部和西部地区，国有控股公司的自愿性信息披露指数均值都略高于非国有控股公司；中部和东北地区，国有控股公司的自愿性信息披露指数均值都略低于非国有控股公司。

图21-5直观地反映了四个地区国有控股上市公司与非国有控股上市公司自愿性信息披露指数均值的差异。可以看出，在国有控股公司自愿性信息披露上，西部最好，其后依次是中部和东部，东北最差。在非国有控股公司自愿性信息披露上，中部最好，其后依次是西部和东部，东北仍是最差。

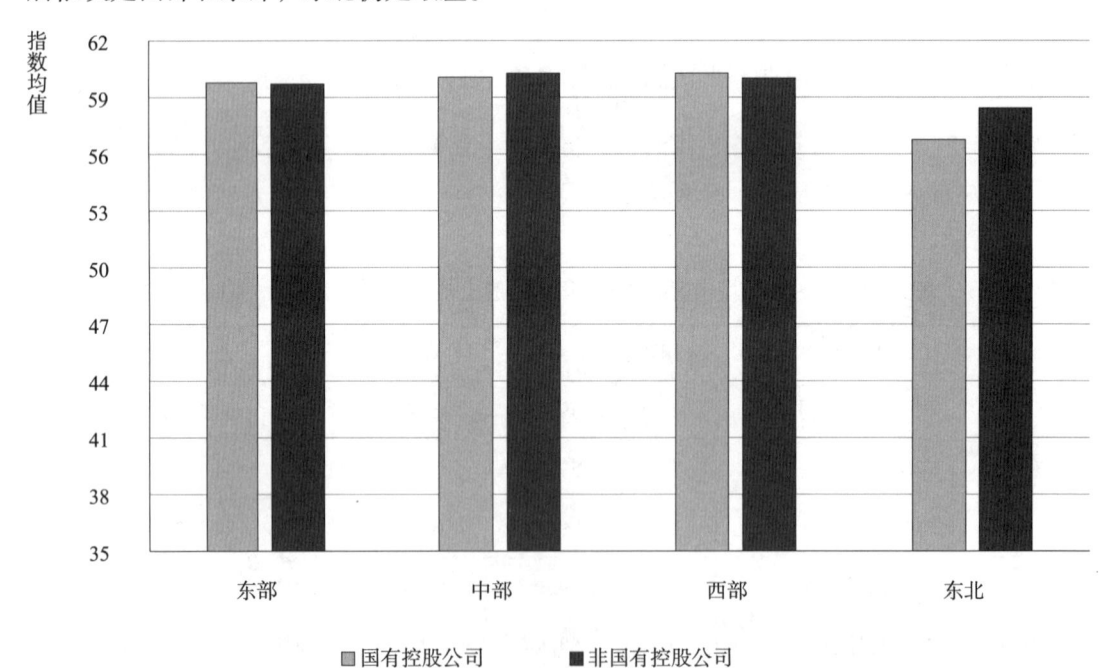

图21-5 2019年不同地区国有与非国有控股上市公司自愿性信息披露指数均值比较

21.2.2 分地区自愿性信息披露分项指数比较

接下来,我们对四个地区国有控股与非国有控股上市公司的自愿性信息披露分项指数均值进行比较分析,参见表21-8。

表21-8 2019年不同地区国有与非国有控股上市公司自愿性信息披露分项指数均值比较

地区	所有制类型	治理结构	治理效率	利益相关者	风险控制
东部	国有控股公司	64.5127	63.4823	58.6287	52.4482
	非国有控股公司	66.4537	67.5984	53.6541	51.1057
	总体	65.9453	66.5204	54.9570	51.4573
中部	国有控股公司	64.8077	64.5513	60.0855	50.8262
	非国有控股公司	67.1991	66.7361	56.1420	50.9877
	总体	66.1962	65.8199	57.7957	50.9200
西部	国有控股公司	64.8665	64.1080	61.0032	51.0788
	非国有控股公司	66.2407	65.9619	56.9703	50.8881
	总体	65.6447	65.1579	58.7193	50.9708
东北	国有控股公司	57.8125	62.2917	59.3056	47.6852
	非国有控股公司	64.6291	65.5220	55.8608	47.7411
	总体	61.9205	64.2384	57.2296	47.7189

由表21-8可以看出,四个地区两类所有制上市公司自愿性信息披露在四个分项指数上并没有一致的排序。为了便于比较,我们计算出四个地区非国有控股公司自愿性信息披露四个分项指数均值与对应的国有控股公司自愿性信息披露四个分项指数均值的差值,由此可以反映四个地区两类所有制上市公司自愿性信息披露四个分项指数的差异,如图21-6所示。可以看出,在治理结构和治理效率两个分项指数上,四个地区都是非国有控股公司优于国有控股公司;在利益相关者分项指数上,四个地区均是国有控股公司优于非国有控股公司;在风险控制分项指数上,东部和西部地区是国有控股公司优于非国有控股公司,中部和东北地区是非国有控股公司略优于国有控股公司。

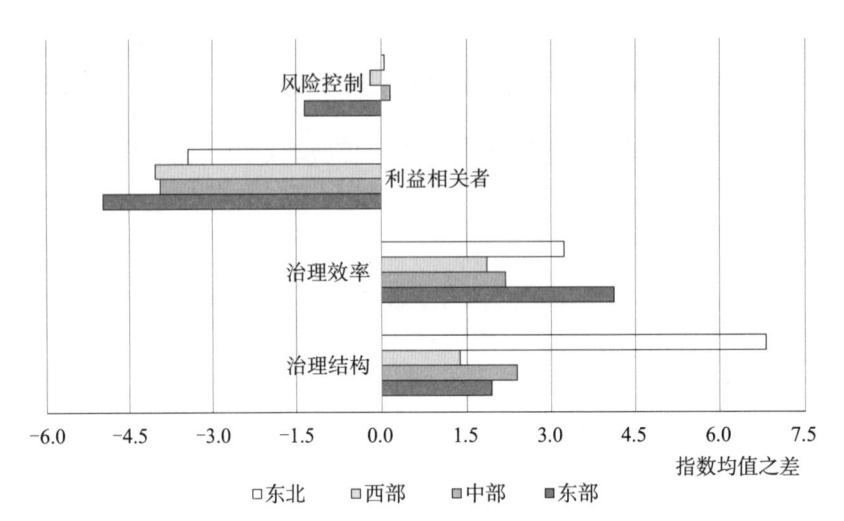

注：指数均值之差＝非国有控股公司自愿性信息披露分项指数均值－国有控股公司自愿性信息披露分项指数均值。

图21-6　2019年不同地区国有与非国有控股上市公司自愿性信息披露指数差值比较

21.3　分行业自愿性信息披露指数的所有制比较

21.3.1　分行业自愿性信息披露总体指数比较

由于上市公司涉及19个行业，各行业上市公司数目不等。这里，我们选择上市公司较多且有较强代表性的六个行业：制造业（C），电力、热力、燃气及水生产和供应业（D），交通运输、仓储和邮政业（G），信息传输、软件和信息技术服务业（I），金融业（J）和房地产业（K），上述六个行业自愿性信息披露指数比较参见表21-9。

表21-9　2019年不同行业国有与非国有控股上市公司自愿性信息披露指数比较

行业	所有制类型	公司数目	平均值	中位值	最大值	最小值	标准差
制造业（C）	国有控股公司	520	59.0956	59.3750	77.9514	37.5000	7.1251
	非国有控股公司	1711	59.5669	60.2431	82.2917	34.3750	7.0635
	总体	2231	59.4570	60.0694	82.2917	34.3750	7.0807
电力、热力、燃气及水生产和供应业（D）	国有控股公司	79	60.1266	58.5069	79.1667	40.6250	9.1621
	非国有控股公司	30	60.8160	62.0660	79.5139	44.4444	8.3817
	总体	109	60.3163	59.7222	79.5139	40.6250	8.9594
交通运输、仓储和邮政业（G）	国有控股公司	70	61.3567	60.8507	77.0833	41.8403	7.6168
	非国有控股公司	32	58.8379	60.1563	74.3056	43.9236	8.1003
	总体	102	60.5665	60.6771	77.0833	41.8403	7.8591

续表

行业	所有制类型	公司数目	平均值	中位值	最大值	最小值	标准差
信息传输、软件和信息技术服务业（I）	国有控股公司	44	58.5227	58.5938	73.4375	46.5278	7.5456
	非国有控股公司	229	61.0929	61.6319	78.6458	40.9722	6.7899
	总体	273	60.6787	61.2847	78.6458	40.9722	6.9815
金融业（J）	国有控股公司	71	62.3924	63.3681	76.5625	43.5764	7.7192
	非国有控股公司	36	59.7704	58.7674	73.9583	48.4375	7.6891
	总体	107	61.5103	60.9375	76.5625	43.5764	7.8080
房地产业（K）	国有控股公司	58	60.7160	60.0695	77.0833	48.4375	7.0722
	非国有控股公司	62	59.8790	59.6354	74.4792	40.1042	8.3298
	总体	120	60.2836	59.6354	77.0833	40.1042	7.7587

从表21-9可以看出，六个代表性行业中，交通运输、仓储和邮政业（G）、金融业（J）以及房地产业（K）三个行业的国有控股公司自愿性信息披露指数均值高于非国有控股公司；其他三个行业的国有控股公司自愿性信息披露指数均值则低于非国有控股公司。

图21-7更直观地反映了六个行业国有控股公司与非国有控股公司自愿性信息披露指数均值的差异。可以看到，六个行业中，国有控股公司自愿性信息披露指数均值最高的行业是金融业（J），最低的是信息传输、软件和信息技术服务业（I）。非国有控股公司自愿性信息披露指数均值最高的行业是信息传输、软件和信息技术服务业（I），最低的行业是交通运输、仓储和邮政业（G）。

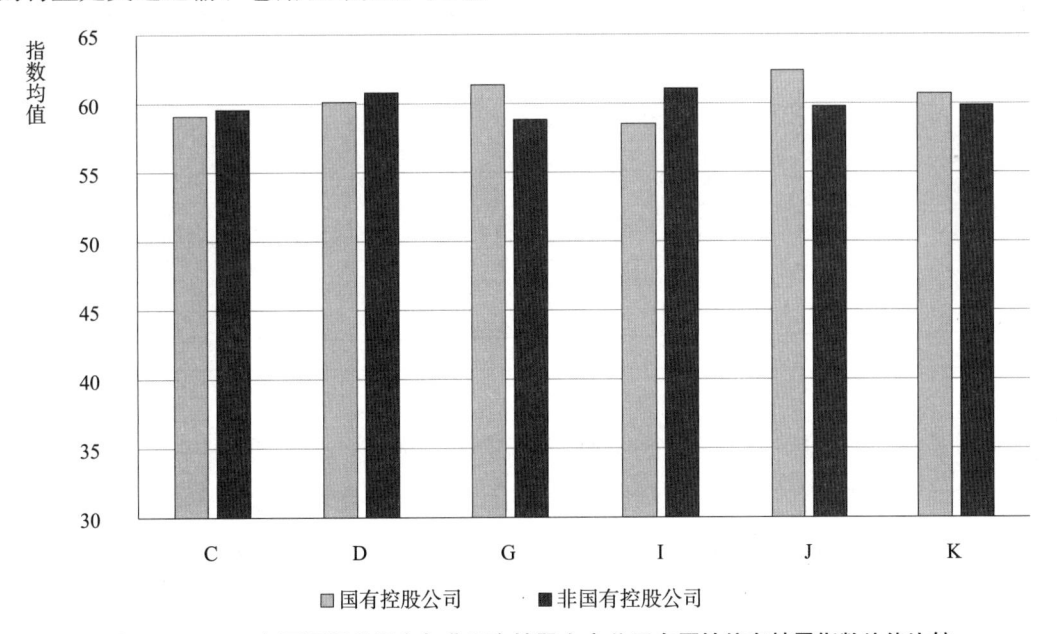

图21-7 2019年不同行业国有与非国有控股上市公司自愿性信息披露指数均值比较

21.3.2 分行业自愿性信息披露分项指数比较

接下来,我们对六个行业国有控股与非国有控股上市公司的自愿性信息披露分项指数进行比较,参见表21-10。

表21-10 2019年不同行业国有与非国有控股上市公司自愿性信息披露分项指数比较

行业	所有制类型	治理结构	治理效率	利益相关者	风险控制
制造业(C)	国有控股公司	62.8005	63.9663	58.7179	50.8974
	非国有控股公司	66.2953	67.2268	53.4434	51.3020
	总体	65.4807	66.4668	54.6728	51.2077
电力、热力、燃气及水生产和供应业(D)	国有控股公司	61.3924	62.9747	64.8734	51.2658
	非国有控股公司	66.8750	65.0000	61.3889	50.0000
	总体	62.9014	63.5321	63.9144	50.9174
交通运输、仓储和邮政业(G)	国有控股公司	66.4286	63.4821	62.7381	52.7778
	非国有控股公司	64.8438	65.0391	54.4271	51.0417
	总体	65.9314	63.9706	60.1307	52.2331
信息传输、软件和信息技术服务业(I)	国有控股公司	62.0739	64.0625	57.1970	50.7576
	非国有控股公司	69.5415	69.4323	55.7860	49.6118
	总体	68.3379	68.5668	56.0134	49.7965
金融业(J)	国有控股公司	80.2817	59.5070	50.2347	59.5462
	非国有控股公司	71.7014	64.0625	52.5463	50.7716
	总体	77.3949	61.0397	51.0125	56.5940
房地产业(K)	国有控股公司	63.7931	64.6552	62.2126	52.2031
	非国有控股公司	63.5081	65.5242	61.2903	49.1935
	总体	63.6458	65.1042	61.7361	50.6481

可以看出,与地区一样,六个行业两类所有制上市公司在自愿性信息披露四个分项指数上的排序也不一致。为了便于比较,我们计算了六个代表性行业非国有控股公司自愿性信息披露四个分项指数均值与对应的国有控股公司自愿性信息披露四个分项指数均值的差值,由此可以反映这六个代表性行业两类所有制上市公司自愿性信息披露四个分项指数的差异,如图21-8所示。

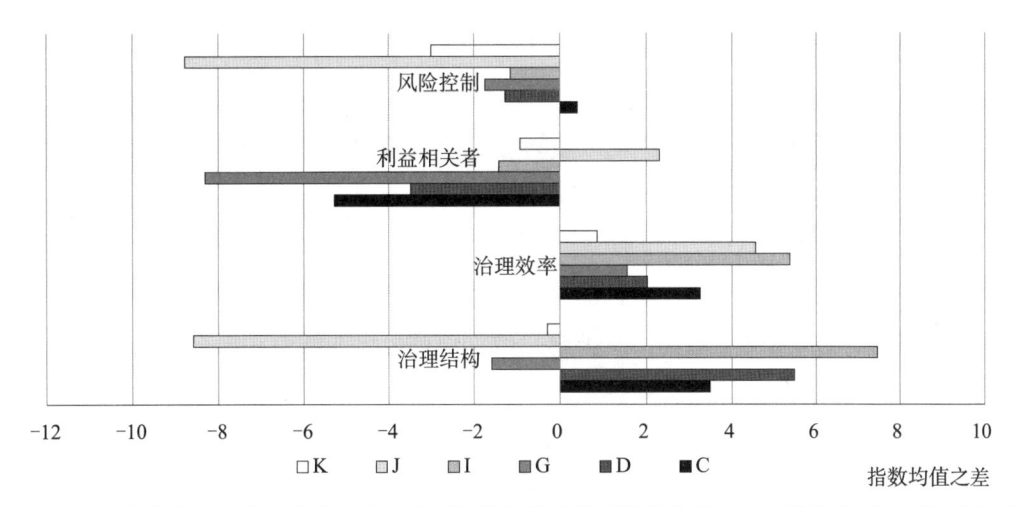

注：指数均值之差＝非国有控股公司自愿性信息披露分项指数均值－国有控股公司自愿性信息披露分项指数均值。

图21-8　2019年不同行业国有与非国有控股上市公司自愿性信息披露分项指数差值比较

由图21-8可以看出，在治理结构分项指数上，信息传输、软件和信息技术服务业（I）、电力、热力、燃气及水生产和供应业（D），以及制造业（C）三个行业的非国有控股公司优于国有控股公司，其他三个行业的国有控股公司则优于非国有控股公司；在治理效率分项指数上，六个行业的非国有控股公司都优于国有控股公司；在利益相关者分项指数上，除金融业（J）非国有控股公司优于国有控股公司外，其他五个行业均是国有控股公司好于非国有控股公司；在风险控制分项指数上，除制造业（C）非国有控股公司优于国有控股公司外，其他五个行业均是国有控股公司好于非国有控股公司。总体看，在六个代表性行业中，国有控股公司在利益相关者和风险控制两个分项指数上表现相对较好；而非国有控股公司则相对更注重治理结构和治理效率两个方面的自愿性信息披露。

21.4　本章小结

本章对2019年沪深两市非国有控股公司与国有控股公司的自愿性信息披露指数及四个分项指数进行了统计和比较分析，结论如下：

（1）关于自愿性信息披露总体指数

①随着第一大股东中的国有股东持股比例的降低，自愿性信息披露指数先下降后上升，最后又下降，呈现出一个"S"型。国有参股公司的自愿性信息披露指数得分最高，说明国有股东控股与否，并不一定影响自愿性信息披露。②非国有控股公司自愿性信息披露指数均值大于国有控股公司，但差距很小。③非国有企业或自然人和地方国企（或

监管机构）控制的公司的自愿性信息披露指数均值都低于中央企业（或监管机构）控制的公司，非国有企业或自然人控制的公司的自愿性信息披露指数均值略高于地方国企（或监管机构）控制的公司。④从地区看，在国有控股公司自愿性信息披露上，西部最好，东北最差；在非国有控股公司自愿性信息披露上，中部最好，东北仍是最差。⑤从行业看，六个代表性行业中，交通运输、仓储和邮政业（G）、金融业（J）以及房地产业（K）三个行业的国有控股公司自愿性信息披露指数均值高于非国有控股公司；其他三个行业的国有控股公司自愿性信息披露指数均值则低于非国有控股公司。

（2）关于自愿性信息披露分项指数

①从总体上看，在治理结构和治理效率分项指数上，非国有控股公司自愿性信息披露具有优势；在利益相关者和风险控制分项指数上，国有控股公司自愿性信息披露具有优势。②在治理结构、利益相关者和风险控制三个分项指数上，都是中央企业（或监管机构）控制的公司好于地方国企（或监管机构）控制的公司；在治理效率分项指数上，中央企业（或监管机构）控制的公司低于地方国企（或监管机构）控制的公司，并且两者都明显低于非国有企业或自然人控制的公司。③从地区看，在治理结构和治理效率两个分项指数上，四个地区都是非国有控股公司优于国有控股公司；在利益相关者分项指数上，四个地区均是国有控股公司优于非国有控股公司；在风险控制分项指数上，东部和西部地区是国有控股公司优于非国有控股公司，中部和东北地区是非国有控股公司优于国有控股公司。④从行业看，在六个代表性行业中，国有控股公司在利益相关者和风险控制两个分项指数上表现相对较好；而非国有控股公司则相对更注重治理结构和治理效率两个方面的自愿性信息披露。

第22章　自愿性信息披露指数的年度比较（2013～2019）

2014～2019年，我们对2013年以及2015～2018年的中国上市公司自愿性信息披露水平进行了五次测度[1]，今年是第六次测度。本章将从总体、地区、行业、所有制和上市板块五个角度，比较分析2013年以及2015～2019年六个年度中国上市公司自愿性信息披露水平，以便了解自愿性信息披露质量是否有所改进以及改进程度，以期对自愿性信息披露制度和水平的完善有所启示。

22.1　自愿性信息披露指数总体的年度比较

2013年，样本上市公司共2464家；2015～2019年，样本上市公司数目分别为2655家、2840家、3147家、3490家和3569家，样本上市公司数目逐年增加，且基本涵盖了全部上市公司。比较2013年以及2015～2019年六个年度的样本上市公司自愿性信息披露总指数，以及治理结构、治理效率、利益相关者和风险控制四个分项指数，结果参见表22-1。

表22-1　2013～2019年中国上市公司自愿性信息披露指数均值比较

年份	样本量	总体指数	分项指数			
			治理结构	治理效率	利益相关者	风险控制
2013	2464	41.6970	34.8189	30.0502	66.3758	35.5429
2015	2655	41.0242	41.7420	41.3724	41.9240	39.0584

---

[1] 2010年和2012年，我们也曾对2009年和2011年的上市公司信息披露水平进行测度，但这两次测度时，自愿性信息披露只是作为信息披露指数的一个维度，还有三个维度分别是强制性、真实性和及时性。由于这两次衡量自愿性信息披露水平的指标数量与2014年开始的专门针对自愿性信息披露指数的测度指标数量有很大差异，所以没有纳入年度比较。

续表

年份	样本量	总体指数	分项指数			
			治理结构	治理效率	利益相关者	风险控制
2016	2840	50.2542	43.4771	45.6294	64.9266	46.9836
2017	3147	49.5507	44.7510	54.8101	51.3214	47.3202
2018	3490	53.2397	46.3968	62.8886	52.4140	51.2592
2019	3569	59.7517	65.7677	66.1512	55.9237	51.1644

由表22-1可知：

第一，从自愿性信息披露总体指数看，2013～2019年期间，2015年小幅下降，2016年大幅上升，2017年再次小幅下降，2018年、2019年连续上升，中国上市公司自愿性信息披露水平呈波动式上升趋势，但近两年上升明显加快（参见图22-1）。与2013年相比，2019年自愿性信息披露指数均值提高18.0547分；与2018年相比，2019年提高7.5120分，但仍未突破60分及格线，中国上市公司自愿性信息披露水平仍然整体偏低。

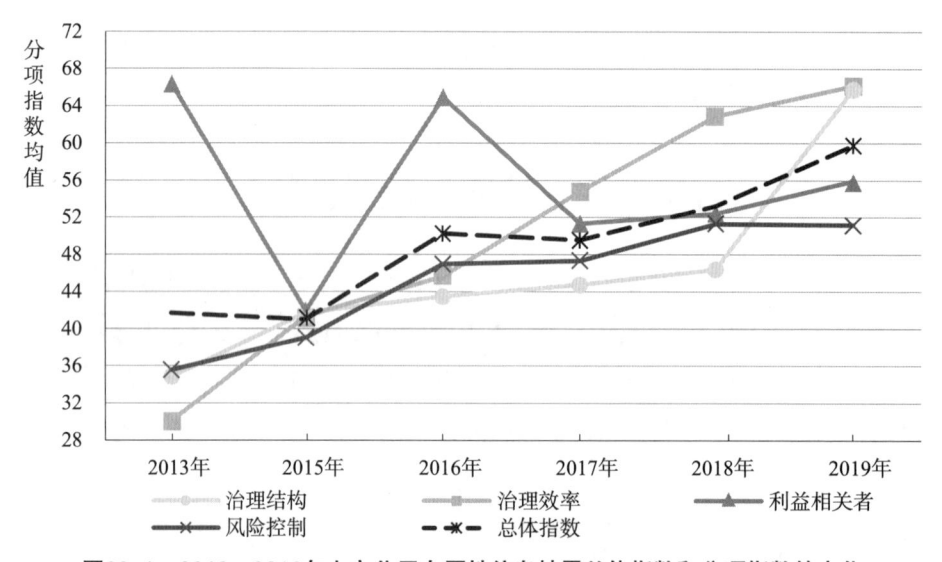

图22-1 2013～2019年上市公司自愿性信息披露总体指数和分项指数的变化

第二，从治理结构分项指数看，2015～2019年连续上升。相比2013年，2019年上升30.9488分；相比2018年，2019年大幅提升19.3709分。

第三，从治理效率分项指数看，其变化趋势与治理结构相同。相比2013年，2019年上升36.1010分；相比2018年，2019年上升3.2626分。

第四，从利益相关者分项指数看，相比2013年，2019年下降10.4521分；相比2018年相比，2019年上升3.5097分。

第五，从风险控制分项指数看，相比2013年相比，2019年上升15.6215分；相比

2018 年，2019 年下降 0.0948 分。

总的来看，上市公司越来越注重治理结构和治理效率方面的自愿性信息披露，但利益相关者和风险控制方面的信息披露则不甚理想。

22.2 分地区自愿性信息披露指数的年度比较

按照四个地区的划分，对不同地区上市公司 2013 年以及 2015～2019 年六个年度自愿性信息披露总体指数和四个分项指数进行比较，结果见表 22-2。

表 22-2　2013～2019 年不同地区中国上市公司自愿性信息披露指数均值比较

地区	年份	总体指数	分项指数				总体指数排名
			治理结构	治理效率	利益相关者	风险控制	
东部	2013	41.8026	35.4570	29.9633	65.9129	35.8772	2
	2015	41.6715	42.3365	42.0331	42.8469	39.4695	1
	2016	50.5258	43.9918	45.8963	65.1298	47.0853	1
	2017	49.4673	45.3601	55.1815	50.0234	47.3042	3
	2018	53.3806	46.9784	63.2160	51.8645	51.4636	2
	2019	59.7200	65.9453	66.5204	54.9570	51.4573	3
中部	2013	42.0024	34.9174	30.7507	67.6309	34.7107	1
	2015	40.5480	41.0950	41.1280	40.8751	39.0941	2
	2016	50.4774	42.9844	45.3906	66.1042	47.4306	2
	2017	49.6468	43.6778	53.8251	53.6374	47.4468	2
	2018	53.5388	45.1542	63.1333	54.1300	51.7377	1
	2019	60.1829	66.1962	65.8199	57.7957	50.9200	1
西部	2013	41.5980	33.6710	29.8592	67.6053	35.2564	3
	2015	39.9074	40.8616	39.6704	41.3403	37.7575	3
	2016	49.8918	42.9033	45.3202	64.4499	46.8938	3
	2017	50.2902	43.6777	54.4994	55.3627	47.6209	1
	2018	52.9414	45.4158	61.8603	53.9446	50.5449	3
	2019	60.1232	65.6447	65.1579	58.7193	50.9708	2

续表

地区	年份	总体指数	分项指数				总体指数排名
			治理结构	治理效率	利益相关者	风险控制	
东北	2013	39.8748	30.0373	29.7108	65.1741	34.5771	4
	2015	37.3252	38.5123	38.4683	34.9178	37.4022	4
	2016	47.1608	39.7959	43.7075	60.4308	44.7090	4
	2017	48.3052	42.2194	53.2313	51.4739	46.2963	4
	2018	50.9799	43.8339	60.0671	51.2864	48.7323	4
	2019	57.7769	61.9205	64.2384	57.2296	47.7189	4

由表 22-2 可以看出：

第一，从自愿性信息披露总体指数来看，东北地区在六个年度中都是最低的，另外三个地区指数值比较接近。东部和中部地区 2013～2017 年呈波动式上升趋势，但 2018 年、2019 年连续上升；西部和东北地区在 2015 年小幅下降之后，2016～2019 年连续上升，其中 2016 年上升幅度最大（参见图 22-2）。相比 2013 年，2019 年四个地区都是上升的，升幅都在 18 分左右；相比 2018 年，2019 年四个地区也都是上升的，升幅都在 7 分左右。

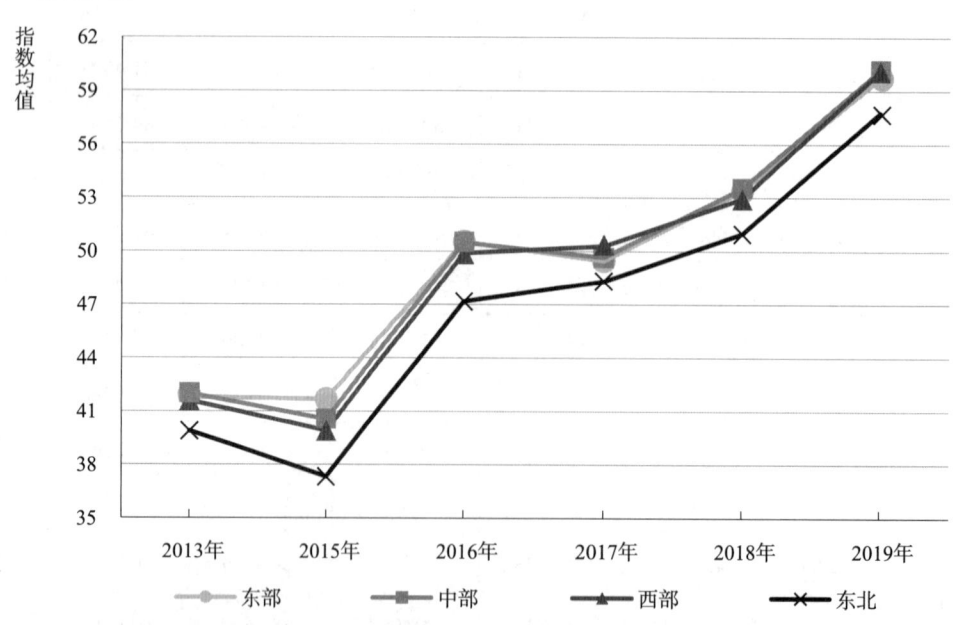

图22-2 2013～2019年不同地区上市公司自愿性信息披露总体指数的变化

第二，从治理结构分项指数看，相比 2013 年，2019 年四个地区都上升，升幅相近，都在 31 分左右；相比 2018 年，2019 年四个地区也都上升，升幅也相近，在 19.5 分左右。

第三，从治理效率分项指数看，相比 2013 年，2019 年四个地区都上升，升幅相近，在 35 分左右；相比 2018 年，2019 年四个地区也都上升，升幅较小，也相近，都在 3 分左右。

第四，从利益相关者分项指数看，相比 2013 年，四个地区都下降，降幅为 7.94～10.96 分，东部降幅最大，东北降幅最小；相比 2018 年，四个地区都上升，升幅为 3.09～5.95 分，东北升幅最大，东部升幅最小。

第五，从风险控制分项指数看，相比 2013 年，四个地区都上升，升幅为 13.14～16.21 分，中部升幅最大，东部升幅最小；相比 2018 年，除了西部上升 0.4259 分外，其他三个地区都出现下降，但降幅不大，东北降幅最大，也只有 1.0134 分，东部降幅最小，仅为 0.0063 分。

22.3 分行业自愿性信息披露指数的年度比较

根据证监会行业分类标准，对不同行业上市公司 2013 年以及 2015～2019 年六个年度自愿性信息披露总体指数和四个分项指数进行比较，结果参见表 22-3。

表 22-3 2013～2019 年不同行业上市公司自愿性信息披露指数均值比较

行业	年份	总体指数	分项指数			
			治理结构	治理效率	利益相关者	风险控制
农、林、牧、渔业（A）	2013	42.3923	35.0962	31.4103	67.7350	35.3276
	2015	39.8975	39.2857	39.8810	42.0635	38.3598
	2016	50.5563	40.9091	48.4375	64.3939	48.4848
	2017	49.5453	43.8988	55.8036	53.7698	44.7090
	2018	52.8540	44.2073	62.8049	53.4553	50.9485
	2019	59.2564	66.9207	68.1402	55.0813	46.8835
采矿业（B）	2013	41.1038	34.8485	30.1136	68.8131	30.6397
	2015	39.7760	40.9247	38.2706	41.3242	38.5845
	2016	48.6706	40.8390	42.1233	63.9269	47.7930
	2017	51.5531	41.8074	53.9696	59.9099	50.5255
	2018	52.6133	43.6678	59.6217	55.7018	51.4620
	2019	59.9977	63.4167	63.8333	61.1111	51.6296

续表

行业	年份	总体指数	分项指数			
			治理结构	治理效率	利益相关者	风险控制
制造业（C）	2013	42.2785	35.4407	28.8908	67.9729	36.8096
	2015	41.8253	42.0342	42.0567	43.9095	39.3009
	2016	50.7704	43.9049	45.8873	66.1408	47.1487
	2017	49.2309	45.0359	54.9577	49.4527	47.4773
	2018	53.3103	46.5077	63.4011	51.7409	51.5917
	2019	59.4570	65.4807	66.4668	54.6728	51.2077
电力、热力、燃气及水生产和供应业（D）	2013	41.3986	28.9557	33.2279	72.4684	30.9423
	2015	37.0065	36.8680	38.0618	35.5805	37.5156
	2016	47.7792	38.8021	44.2708	61.1111	46.9329
	2017	49.6494	40.0485	53.1553	60.5178	44.8759
	2018	52.9481	43.6310	59.8810	56.7460	51.5344
	2019	60.3163	62.9014	63.5321	63.9144	50.9174
建筑业（E）	2013	43.8575	35.9127	34.6230	71.5609	33.3333
	2015	42.4907	42.7817	42.5176	43.8967	40.7668
	2016	51.8331	44.3994	46.5909	65.0433	51.2987
	2017	50.5035	43.9583	54.7222	53.5185	49.8148
	2018	52.6196	44.5833	61.6667	52.8704	51.3580
	2019	61.3597	66.9737	66.4474	58.6842	53.3333
批发和零售业（F）	2013	39.3583	28.0428	32.2780	63.2675	33.8450
	2015	36.5434	35.5017	37.5425	34.2404	38.8889
	2016	45.9542	38.5980	42.6098	58.5023	44.1066
	2017	47.1530	38.4494	53.0459	49.8945	47.2222
	2018	50.7802	39.6341	60.0991	52.5406	50.8469
	2019	57.4976	60.1708	64.4022	54.7619	50.6556
交通运输、仓储和邮政业（G）	2013	40.6076	34.2188	36.0938	60.3125	31.8056
	2015	39.3218	40.8179	40.5093	35.6996	40.2606
	2016	49.3774	40.8046	43.6782	64.5594	48.4674

续表

行业	年份	总体指数	分项指数			
			治理结构	治理效率	利益相关者	风险控制
交通运输、仓储和邮政业（G）	2017	51.0822	43.0556	53.4028	57.5000	50.3704
	2018	54.2347	45.7474	61.3402	58.0756	51.7755
	2019	60.5665	65.9314	63.9706	60.1307	52.2331
住宿和餐饮业（H）	2013	39.9016	37.5000	26.0417	64.5833	31.4815
	2015	40.5303	44.3182	39.7727	43.1818	34.8485
	2016	49.6212	43.7500	47.1591	69.6970	37.8788
	2017	52.0640	43.7500	52.7778	64.8148	46.9136
	2018	55.0154	49.3056	59.0278	64.8148	46.9136
	2019	62.7893	66.6667	65.9722	70.3704	48.1482
信息传输、软件和信息技术服务业（I）	2013	39.8430	38.7195	25.1016	59.6884	35.8627
	2015	42.9143	45.6466	43.5776	42.8161	39.6168
	2016	52.4051	47.5989	47.0339	68.7853	46.2021
	2017	50.9075	49.8927	57.2425	51.4306	45.0644
	2018	53.9931	49.7893	64.7472	51.8102	49.6255
	2019	60.6787	68.3379	68.5668	56.0134	49.7965
金融业（J）	2013	45.5265	60.3198	42.0058	39.7287	40.0517
	2015	45.0078	59.0561	42.8571	33.3333	44.7846
	2016	49.1350	56.9079	46.1623	47.9532	45.5166
	2017	51.5602	59.1721	53.4903	46.1039	47.4747
	2018	54.9025	62.2869	59.9432	44.9811	52.3990
	2019	61.5103	77.3949	61.0397	51.0125	56.5940
房地产业（K）	2013	39.4110	27.9851	32.9758	65.6716	31.0116
	2015	37.6153	39.2258	38.8060	38.4328	33.9967
	2016	49.1722	40.8000	45.0000	62.4000	48.4889
	2017	49.6139	40.3500	53.5500	57.5333	47.0222
	2018	52.1225	42.6915	61.5423	54.5699	49.6864
	2019	60.2836	63.6458	65.1042	61.7361	50.6481

续表

行业	年份	总体指数	分项指数			
			治理结构	治理效率	利益相关者	风险控制
租赁和商务服务业（L）	2013	39.6660	34.2262	30.6548	63.0952	30.6878
	2015	41.0791	38.4615	44.2308	42.9487	38.6752
	2016	49.4488	40.1563	46.8750	63.5417	47.2222
	2017	48.5946	40.1786	53.2738	53.5714	47.3545
	2018	54.0487	44.3396	64.6226	56.6038	50.6289
	2019	60.3966	65.1442	68.2692	58.4936	49.6795
科学研究和技术服务业（M）	2013	40.1910	36.4583	25.0000	54.8611	44.4444
	2015	44.5216	49.6528	44.7917	39.8148	43.8272
	2016	52.1890	51.0870	47.2826	66.6667	43.7198
	2017	50.6782	45.1172	56.6406	54.9479	46.0069
	2018	53.6531	48.1771	63.0208	52.6042	50.8102
	2019	60.7137	67.3611	65.5556	59.8148	50.1235
水利、环境和公共设施管理业（N）	2013	41.9071	38.7019	29.5673	63.4615	35.8974
	2015	43.4491	45.0000	45.0000	42.5000	41.2963
	2016	50.3262	42.4242	48.8636	67.4242	42.5926
	2017	51.0937	43.5938	53.9063	58.9583	47.9167
	2018	54.7674	47.0000	64.6250	55.0000	52.4445
	2019	62.1689	67.5926	67.2454	61.2654	52.5720
教育（P）	2013	34.2014	12.5000	43.7500	58.3333	22.2222
	2015	26.3889	18.7500	31.2500	16.6667	38.8889
	2016	40.3935	29.1667	41.6667	50.0000	40.7407
	2017	50.9983	42.1875	62.5000	52.0833	47.2222
	2018	48.7196	39.8438	57.8125	54.1667	43.0556
	2019	59.7222	61.7188	66.4063	63.5417	47.2222
卫生和社会工作（Q）	2013	38.5995	31.2500	25.0000	61.1111	37.0370
	2015	39.1667	38.7500	41.2500	43.3333	33.3333
	2016	53.0506	41.0714	43.7500	79.7619	47.6190

续表

行业	年份	总体指数	分项指数			
			治理结构	治理效率	利益相关者	风险控制
卫生和社会工作（Q）	2017	47.2222	40.6250	50.0000	53.1250	45.1389
	2018	55.3241	45.3125	65.1042	56.2500	54.6297
	2019	59.5052	66.6667	67.1875	54.1667	50.0000
文化、体育和娱乐业（R）	2013	39.9089	35.4167	33.5938	57.2917	33.3333
	2015	39.0818	43.0556	37.5000	37.5000	38.2716
	2016	49.2420	44.0549	46.9512	59.3496	46.6125
	2017	51.9459	47.7865	57.1615	57.1181	45.7176
	2018	53.6907	47.1983	63.6853	55.3161	48.5632
	2019	60.2461	68.4211	66.6667	58.0409	47.8558
综合（S）	2013	39.0625	22.0109	35.3261	68.4783	30.4348
	2015	32.9722	32.0000	36.0000	29.6667	34.2222
	2016	44.8973	32.3370	41.5761	61.9565	43.7198
	2017	47.7732	35.0543	53.2609	55.4348	47.3430
	2018	49.6941	37.2024	58.9286	51.5873	51.0582
	2019	57.3632	58.0882	64.3382	55.3922	51.6340

注：①由于教育（P）在2013年和2015年只有1家上市公司，2016～2019年各有3家、4家、8家和8家上市公司，所以，2013年和2015年该行业数据难以反映该行业的实际平均水平，故只比较2016～2019年；②居民服务、修理和其他服务业（O）只有1家上市公司，难以代表该行业整体水平，故比较时剔除。

从表22-3可以看出：

第一，从自愿性信息披露总体指数看，各行业上市公司自愿性信息披露水平大致可以分为两个阶段，2016年是拐点，2013年和2015年两个年度自愿性信息披露水平较低，2016～2019年四个年度的自愿性信息披露水平达到了一个更高的梯度（参见图22-3）。相比2013年，2019年所有17个行业（剔除教育）自愿性信息披露指数均值都是上升的，升幅为15.98～22.89分，升幅最大的是住宿和餐饮业（H）；相比2018年，2019年18个行业自愿性信息披露指数均值也都是上升的，升幅为4.18～11.00分，升幅最大的是教育（P）。

图22-3 2013~2019年不同行业上市公司自愿性信息披露总体指数的变化

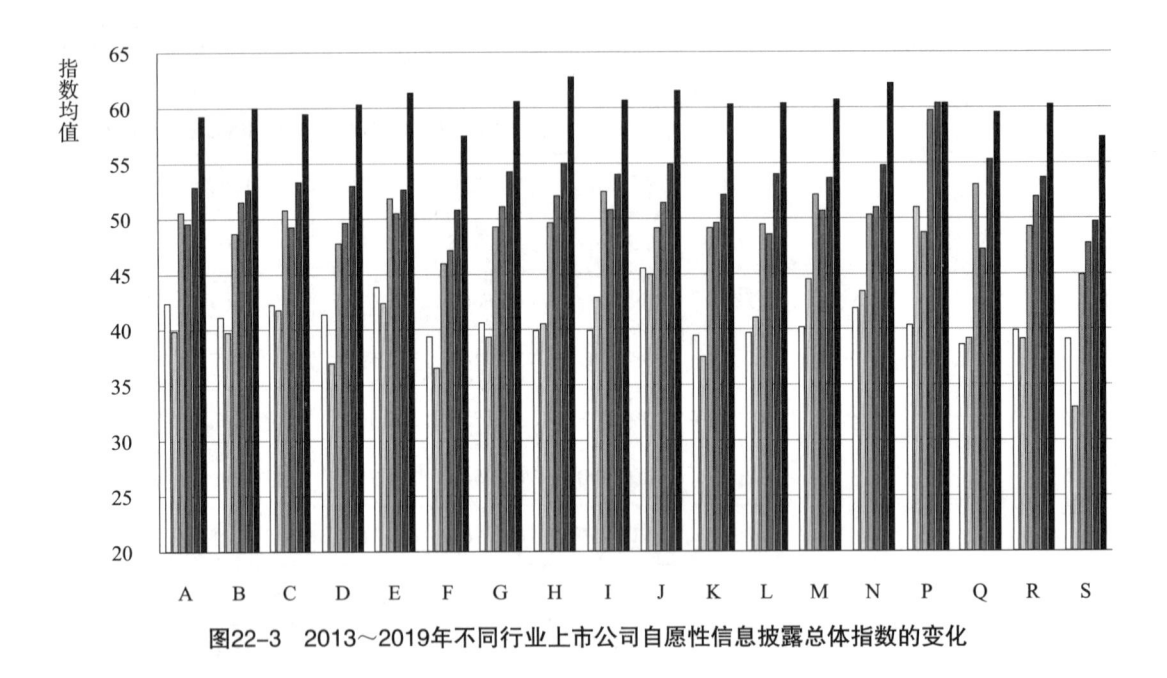

第二,从治理结构分项指数看,相比2013年,2019年17个行业(剔除教育)都显著上升,升幅为17.07~36.08分,升幅最大的是综合(S),升幅最小的是金融业(J);相比2018年,2019年18个行业全部上升,升幅为15.10~22.72分,升幅最大是农林牧渔业(A),升幅最小的是金融业(J)。

第三,从治理效率分项指数看,相比2013年,2019年17个行业(剔除教育)都显著上升,升幅为19.03~43.47分,升幅最大的是信息传输、软件和信息技术服务业(I),升幅最小的是金融业(J);相比2018年,2019年全部18个行业都上升,升幅为1.09~8.60分,升幅最大的是教育(P),升幅最小的也是金融业(J)。

第四,从利益相关者分项指数看,相比2013年,2019年有13个行业下降,降幅为0.18~13.31分,降幅最大的是制造业(C);有4个行业(剔除教育)上升,升幅为0.74~11.29分,升幅最大的是金融业(J)。相比2018年,2019年除卫生和社会工作(Q)下降2.08分外,其他17个行业都是上升的,升幅为1.62~9.38分,升幅最大的是教育(P),升幅最小的是农林牧渔业(A)。

第五,从风险控制分项指数看,相比2013年,2019年17个行业(剔除教育)都显著上升,升幅为5.67~21.20分,升幅最大的是综合(S),升幅最小的是科学研究和技术服务业(M)。相比2018年,2019年有10个行业上升,升幅为0.12~4.20分,升幅最大的是金融业(J);有8个行业下降,降幅为0.19~4.63分,降幅最大的是卫生和社会工作(Q)。

22.4 分所有制自愿性信息披露指数的年度比较

依照第 1 章五种所有制类型的划分，对 2013 年以及 2015～2019 年六个年度自愿性信息披露总体指数和四个分项指数进行比较，结果见表 22-4 Panel A。另外，进一步将样本按照国有控股公司和非国有控股公司分类，比较结果见表 22-4 Panel B。

表 22-4　2013～2019 年不同所有制上市公司自愿性信息披露指数均值比较

所有制类型	年份	总体指数	分项指数				总体指数排名
			治理结构	治理效率	利益相关者	风险控制	
Panel A 按照五类所有制公司分类							
国有绝对控股公司	2013	41.3881	32.4962	33.3206	66.5389	33.1970	3
	2015	38.3369	38.6229	37.6059	37.6836	39.4350	5
	2016	48.6653	40.6000	42.3500	63.4000	48.3111	4
	2017	50.8302	41.5856	54.1586	57.5551	50.0216	1
	2018	53.3578	44.8284	59.0931	57.5490	51.9608	2
	2019	60.2887	65.6250	62.9464	60.1891	52.4645	2
国有强相对控股公司	2013	41.3686	32.2945	32.9178	66.5993	33.6628	4
	2015	38.7039	39.6819	38.9077	36.9745	39.2517	4
	2016	48.5535	40.4769	43.9616	62.7351	47.0404	5
	2017	50.0949	41.0156	53.1948	58.2775	47.8919	2
	2018	52.5463	42.2389	59.6978	56.0837	52.1649	5
	2019	59.3905	62.6467	62.8521	60.0939	51.9692	4
国有弱相对控股公司	2013	40.7636	30.9702	32.6959	65.5162	33.8723	5
	2015	38.7734	38.0502	38.6884	39.7594	38.5954	3
	2016	48.7754	41.3876	44.4382	62.6984	46.5774	3
	2017	49.9035	42.4427	53.6533	56.1605	47.3575	3
	2018	52.6792	45.3295	61.0394	53.3062	51.0417	4
	2019	59.7758	65.0568	65.1017	58.1340	50.8107	3

续表

所有制类型	年份	总体指数	分项指数				总体指数排名
			治理结构	治理效率	利益相关者	风险控制	
国有参股公司	2013	42.2503	34.9275	30.2832	67.6335	36.1572	1
	2015	42.6392	43.0556	43.0348	45.3013	39.1653	1
	2016	52.0457	44.9296	47.2007	68.6268	47.4257	1
	2017	49.5766	45.3104	55.2181	50.2013	47.5764	4
	2018	53.8996	47.0699	64.5064	53.0023	51.0200	1
	2019	60.5578	66.3137	67.7810	56.4692	51.6673	1
无国有股份公司	2013	41.9365	37.1812	27.4791	66.0583	37.0273	2
	2015	42.4706	43.7743	43.2823	43.8938	38.9321	2
	2016	50.5953	45.0386	46.3953	64.4490	46.4981	2
	2017	49.0202	46.8843	55.5453	47.1872	46.4639	5
	2018	53.1762	47.6548	63.9087	50.0582	51.0829	3
	2019	59.2846	66.5207	66.9385	53.1545	50.5249	5
Panel B 按照国有控股公司和非国有控股公司分类							
国有控股公司	2013	41.2072	31.9948	32.9922	66.2781	33.5636	2
	2015	38.6174	38.9235	38.4714	37.9521	39.1224	2
	2016	48.6531	40.8042	43.7257	62.8847	47.1979	2
	2017	50.2108	41.6271	53.5816	57.4004	48.2342	1
	2018	52.7902	43.9526	60.0215	55.4655	51.7212	2
	2019	59.7508	64.2680	63.7218	59.3619	51.6517	2
非国有控股公司	2013	42.0123	36.6369	28.1563	66.4387	36.8171	1
	2015	42.5329	43.5087	43.1909	44.4138	39.0182	1
	2016	51.1639	44.9559	46.7111	66.0869	46.8618	1
	2017	49.2182	46.3241	55.4288	48.2601	46.8599	2
	2018	53.4328	47.4473	64.1208	51.1027	51.0606	1
	2019	59.7522	66.4447	67.2479	54.3717	50.9444	1

由表22-4 Panel A 可以看出：

第一，从自愿性信息披露总体指数看，三类国有控股公司指数值历年比较接近，且变化趋势保持一致，2015年下降，2016～2019年连续上升，其中2016年上升幅度较大（10分左右）；两类非国有控股公司指数值历年也比较接近，且变化趋势保持一致，2015～2019年间除2017年下降外，其余四个年度均上升，其中2016年涨幅较大（参见图22-4）。相比2013年，2019年五类所有制公司自愿性信息披露指数均值都上升18分左右；相比2018年，2019年五类所有制公司自愿性信息披露指数均值上升6.10～7.10分，其中国有弱相对控股公司升幅最大。

第二，从治理结构分项指数看，相比2013年，2019年五类公司都上升，升幅为29.33～34.09分，升幅最大的是国有弱相对控股公司；相比2018年，2019年五类公司也都上升，升幅为18.86～20.80分，升幅最大的是国有绝对控股公司。

第三，从治理效率分项指数看，相比2013年，2019年五类公司都上升，升幅为29.62～39.46分，升幅最大的是无国有股份公司；相比2018年，2019年五类公司也都上升，升幅为3.02～4.07分，升幅最大的是国有弱相对控股公司。

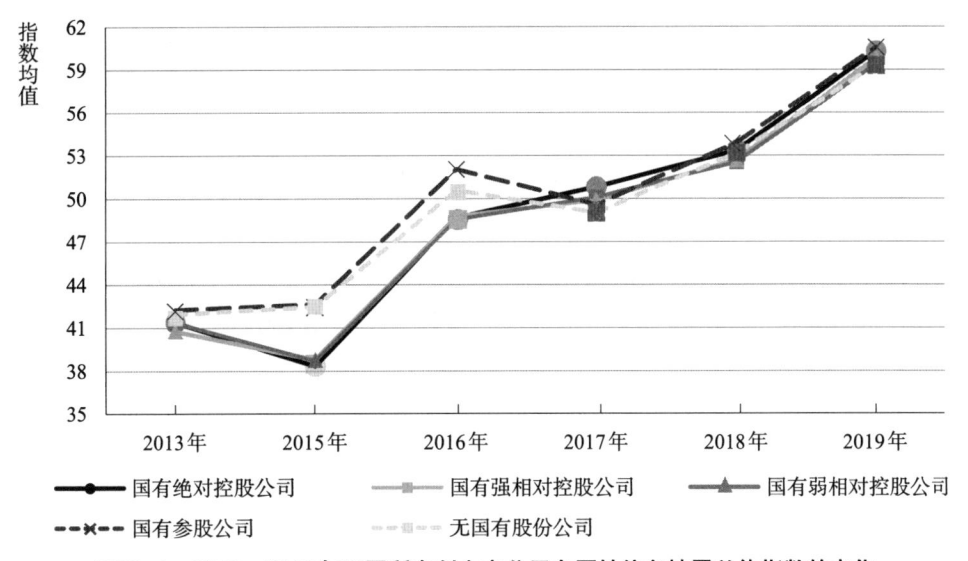

图22-4 2013～2019年不同所有制上市公司自愿性信息披露总体指数的变化

第四，从利益相关者分项指数看，相比2013年，2019年五类公司都下降，降幅为6.41～12.91分，降幅最大的是无国有股份公司；相比2018年，2019年五类公司都上升，升幅为2.57～4.83分，升幅最大的是国有弱相对控股公司。

第五，从风险控制分项指数看，相比2013年，2019年五类公司都上升，升幅为13.49～19.27分，升幅最大的是国有绝对控股公司；相比2018年，2019年国有绝对控股公司和国有参股公司略有上升，其他三类公司都略有下降，升幅、降幅均没有达到1分。

由表22-4 Panel B可以看出：

第一，从自愿性信息披露总体指数看，两类公司中，非国有控股公司自愿性信息披露指数均值除2017年低于国有控股公司外，其余五个年度均高于国有控股公司。相比2013年，2019年两类公司都上升18分左右；相比2018年，国有控股公司和非国有控股公司分别上升6.96分和6.32分。

第二，从治理结构、治理效率两个分项指数看，两类公司在各个年度都呈上升趋势。相比2013年，2019年两类公司治理结构分项指数均值升幅分别为32.27分和29.81份，治理效率分项指数均值升幅分别为30.73分和39.09分；相比2018年，2019年两类公司治理结构分项指数均值分别上升20.32分和19.00分，治理效率分项指数均值分别上升3.70分和3.13分。

第三，从利益相关者分项指数看，相比2013年，国有控股公司和非国有控股公司都下降，降幅分别是6.92分和12.07分；相比2018年，2019年两类公司分别上升3.90分和3.27分。

第四，从风险控制分项指数看，相比2013年，国有控股公司和非国有控股公司都上升，升幅分别是18.09分和14.13分；相比2018年，2019年两类公司都下降了0.1分左右。

22.5 分上市板块自愿性信息披露指数的年度比较

按照四个上市板块的划分，对不同证券板块上市公司2013年以及2015～2019年六个年度自愿性信息披露总体指数和四个分项指数进行比较，结果见表22-5。

表22-5 2013～2019年不同板块上市公司自愿性信息披露指数均值比较

板块	年份	总体指数	分项指数				总体指数排名
			治理结构	治理效率	利益相关者	风险控制	
深市主板（不含中小企业板）	2013	43.3158	37.2591	25.8565	75.9101	34.2375	2
	2015	45.2823	46.1239	43.2135	54.8104	36.9814	2
	2016	55.1700	47.0359	48.7393	77.0386	47.8660	2
	2017	52.7827	47.3663	53.5207	63.8100	46.4338	1
	2018	56.2530	50.4755	64.7419	60.3261	49.4686	2
	2019	63.7376	69.6234	69.2003	67.5582	48.5687	1
深市中小企业板	2013	47.0895	40.8256	28.9319	76.0105	42.5900	1
	2015	47.1809	47.0934	47.6563	53.9203	40.0537	1

续表

板块	年份	总体指数	分项指数				总体指数排名
			治理结构	治理效率	利益相关者	风险控制	
深市中小企业板	2016	55.4747	48.3179	49.9841	75.6590	47.9379	1
	2017	50.4395	47.3246	56.9634	50.1585	47.3114	3
	2018	55.8040	50.5857	67.6750	53.9324	51.0229	3
	2019	62.3883	70.2888	71.1361	57.5560	50.5724	3
深市创业板	2013	37.0677	41.6197	19.4366	51.0329	36.1815	4
	2015	45.0501	49.7079	45.2249	46.1449	39.1225	3
	2016	54.4505	51.9593	50.1736	69.3618	46.3073	3
	2017	51.7443	55.4890	58.1169	47.5379	45.8333	2
	2018	56.3260	54.4841	68.1614	50.7502	51.9083	1
	2019	62.8580	73.3008	71.4502	55.3275	51.3534	2
沪市主板	2013	38.6228	26.5675	36.9687	60.2551	30.7002	3
	2015	32.8748	32.4668	34.3105	25.4671	39.2549	4
	2016	42.4286	34.5189	39.0424	49.9233	46.2298	4
	2017	46.6456	36.6528	52.1662	49.3642	48.3992	4
	2018	48.9996	38.1781	56.4641	49.6907	51.6655	4
	2019	55.2121	57.7930	59.2842	51.5042	52.2668	4

由表22-5可以看出：

第一，从自愿性信息披露总体指数来看，沪市主板在2015年下降后，2016～2019年连续上升；其他三个上市板块都是在2017年下降，其余四个年度上升。四个板块中，沪市主板自愿性信息披露指数均值除在2013年排名第三之外，其余年度都是最后一名；深市创业板的排名在2019年之前逐年攀升，从2013年的最后一名变成了2018年的第一名，2019年又退居第二；深市主板（不含中小企业板）的排名一直比较靠前，继2017年之后，2019年再次成为第一名，其他年度都是第二名（参见图22-5）。相比2013年，2019年四个板块都上升，升幅为15.29～25.80分，升幅最大的是深市创业板；相比2018年，2019年四个板块也都上升，升幅为6.21～7.49分，升幅最大的是深市主板（不含中小板）。

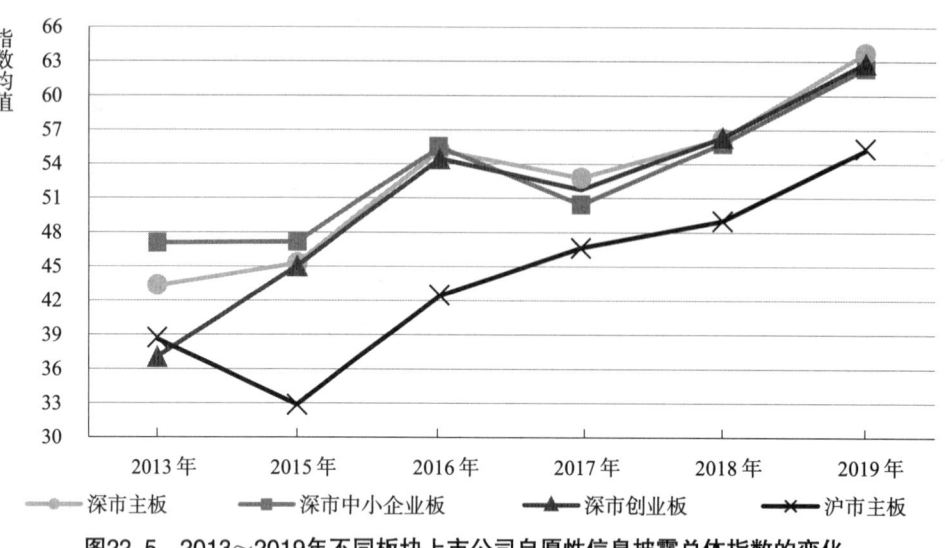

图22-5 2013～2019年不同板块上市公司自愿性信息披露总体指数的变化

第二，从治理结构分项指数看，相比2013年，2019年四个板块都上升，升幅相近，都在31分左右；相比2018年，2019年四个板块也都上升，升幅也相近，都在18分左右。

第三，从治理效率分项指数看，相比2013年，2019年四个板块都上升，升幅为22.31～52.02分，深市创业板升幅最大；相比2018年，2019年四个板块也都上升，升幅为2.82～4.46分，升幅最大的是深市主板（不含深市中小板）。

第四，从利益相关者分项指数看，相比2013年，2019年除了深市创业板上升4.2946分外，其他三个板块都下降，降幅为8.35～18.46分，深市中小板降幅最大；相比2018年，2019年四个板块都上升，升幅为1.81～7.24分，升幅最大的是深市主板（不含中小板）。

第五，从风险控制分项指数看，相比2013年，2019年四个板块都上升，升幅为7.98～21.56分，升幅最大的是沪市主板；相比2018年，2019年除了沪市主板略微上升0.6013分外，其他三个板块都略微下降，降幅都没有超过1分。

22.6 本章小结

本章从总体、地区、行业、所有制和上市板块五个角度比较了2013年以及2015～2019年六个年度的中国上市公司自愿性信息披露总体指数及四个分项指数，主要结论如下：

①从总体看，中国上市公司自愿性信息披露指数呈波动式上升趋势。与2013年相比，2019年提高18.0547分；与2018年相比，2019年提高7.5120分，但仍未突破

60分及格线，自愿性信息披露水平仍整体偏低。在治理结构分项指数上，相比2013年，2019年上升30.9488分；相比2018年，2019年大幅提升19.3709分。在治理效率分项指数上，相比2013年，2019年上升36.1010分；相比2018年，2019年上升3.2626分。在利益相关者分项指数上，相比2013年，2019年下降10.4521分；相比2018年相比，2019年上升3.5097分。在风险控制分项指数上，相比2013年相比，2019年上升15.6215分；相比2018年，2019年下降0.0948分。整体看，上市公司越来越注重治理结构和治理效率方面的自愿性信息披露，但利益相关者和风险控制方面的信息披露则不甚理想。

②从地区看，在自愿性信息披露总体指数上，东北地区在六个年度中都是最低的，另外三个地区指数值比较接近。相比2013年和2018年，2019年四个地区都是上升的。在治理结构和治理效率两个分项指数上，相比2013年和2018年，2019年四个地区都上升。在利益相关者分项指数上，相比2013年，四个地区都下降，东部降幅最大；相比2018年，四个地区都上升，东北升幅最大。在风险控制分项指数上，相比2013年，四个地区都上升，中部升幅最大；相比2018年，除了西部略有上升外，其他三个地区都出现下降，但降幅很小。

③从行业看，在自愿性信息披露总体指数上，相比2013年，2019年所有17个行业（剔除教育）都上升，升幅最大的是住宿和餐饮业（H）；相比2018年，2019年18个行业也都上升，升幅最大的是教育（P）。在治理结构分项指数上，相比2013年，2019年17个行业（剔除教育）都显著上升，升幅最大的是综合（S）；相比2018年，2019年18个行业全部上升，升幅最大是农林牧渔业（A）。在治理效率分项指数上，相比2013年，2019年17个行业（剔除教育）都显著上升，升幅最大的是信息传输、软件和信息技术服务业（I）；相比2018年，2019年全部18个行业都上升，升幅最大的是教育（P）。在利益相关者分项指数上，相比2013年，2019年有13个行业下降，降幅最大的是制造业（C）；相比2018年，2019年有17个行业上升，升幅最大的是教育（P）。在风险控制分项指数上，相比2013年，2019年17个行业（剔除教育）显著上升，升幅最大的是综合（S）；相比2018年，2019年有10个行业上升，升幅最大的是金融业（J）。

④从所有制看，在自愿性信息披露总体指数上，相比2013年，2019年五类公司都上升18分左右；相比2018年，2019年五类公司上升6.10~7.10分。在治理结构分项指数上，相比2013年，2019年五类公司都上升，升幅最大的是国有弱相对控股公司；相比2018年，2019年五类公司也都上升，升幅最大的是国有绝对控股公司。在治理效率分项指数上，相比2013年，2019年五类公司都上升，升幅最大的是无国有股份公司；相比2018年，2019年五类公司也都上升，升幅最大的是国有弱相对控股公司。在利益相关者分项指数上，相比2013年，2019年五类公司都下降，降幅最大的是无国有股份

公司；相比 2018 年，2019 年五类公司都上升，升幅最大的是国有弱相对控股公司。在风险控制分项指数上，相比 2013 年，2019 年五类公司都上升，升幅最大的是国有绝对控股公司；相比 2018 年，2019 年国有绝对控股公司和国有参股公司略有上升，其他三类公司都略有下降。

⑤从上市板块看，在自愿性信息披露总体指数上，相比 2013 年，2019 年四个板块都上升，升幅最大的是深市创业板；相比 2018 年，2019 年四个板块也都上升，升幅最大的是深市主板（不含中小板）。在治理结构和治理效率两个分项指数上，相比 2013 年和 2018 年，2019 年四个板块都上升。在利益相关者分项指数上，相比 2013 年，2019 年除了深市创业板上升 4.2946 分外，其他三个板块都下降，深市中小板降幅最大；相比 2018 年，2019 年四个板块都上升，升幅最大的是深市主板（不含中小板）。在风险控制分项指数上，相比 2013 年，2019 年四个板块都上升，升幅最大的是沪市主板；相比 2018 年，2019 年除了沪市主板略微上升外，其他三个板块都略微下降。

第七篇　高管薪酬指数

第23章 高管薪酬指数排名及比较

根据第1章确定的高管薪酬指数评价方法，以及我们评估获得的2019年度3560家样本上市公司指数数据，首先对这3560家公司的高管薪酬指数进行排名和比较，然后分别从地区、行业和上市板块三个角度依次进行分析和比较，最后对这些上市公司的高管薪酬绝对值进行总体描述。需要说明的是，由于总样本量与前面各篇略有差别，关于地区、行业、上市板块等方面的样本量统计均以3560家总样本量为基准。

23.1 高管薪酬指数总体分布及排名

根据第1章确定的高管薪酬指数评价方法，我们对3560家上市公司高管薪酬指数进行了测算，并以降序方式进行了排名。然后，我们对高管薪酬指数的总体情况进行了统计，并根据四分之一分位法确定了高管薪酬激励过度、激励适中和激励不足的指数区间。最后，我们对激励过度、激励适中和激励不足的前100名公司进行了排名。

23.1.1 高管薪酬指数总体分布

2019年上市公司高管薪酬指数的总体分布参见表23-1。

表 23-1 2019 年上市公司高管薪酬指数总体分布

项目	公司数目	平均值	中位值	最大值	最小值	标准差
激励过度	890	570.2993	281.7609	45843.0702	169.8524	1865.3235
激励适中	1780	85.8309	78.0675	169.6437	32.1663	37.6274
激励不足	890	15.4322	14.8710	32.1347	0.0933	9.0679
总体	3560	189.3483	78.0675	45843.0702	0.0933	959.0552

从表 23-1 可以看出，2019 年上市公司高管薪酬指数最大值为 45843.0702，最小值为 0.0933，平均值为 189.3483，中位值为 78.0675。高管薪酬指数在 169.6437 以上的属于薪酬激励过度，高管薪酬指数在 32.1663 至 169.6437 之间的属于薪酬激励适中，高管薪酬指数在 32.1663 以下的属于薪酬激励不足。在 3560 家上市公司中，激励过度和激励不足的公司各有 890 家，激励适中的公司有 1780 家。激励过度的公司的高管薪酬指数标准差很大，表明激励过度的 890 家公司高管薪酬指数离散程度很大。激励适中和激励不足的公司的高管薪酬指数标准差较小，尤其是激励不足的公司，表明薪酬激励不足的公司的高管薪酬指数更为集中，不同公司高管的薪酬差异性较小。

23.1.2　高管薪酬指数排名

表 23-2 列示了高管薪酬激励过度前 100 名公司，这些公司的高管薪酬指数越大，则表明其薪酬激励越是过度。由于本报告对高管薪酬指数采取从大到小的降序排列，排序为 1-100 的公司即为薪酬激励过度前 100 名公司。

表 23-2　2019 年上市公司高管薪酬指数排名——激励过度前 100 名

排名	代码	公司简称	指数值	排名	代码	公司简称	指数值
1	000670	*ST盈方	45843.0702	14	000662	*ST天夏	3451.9252
2	600896	览海医疗	19345.2393	15	000416	民生控股	3221.6778
3	600647	同达创业	15434.5862	16	600883	博闻科技	3150.5047
4	000502	绿景控股	8480.2415	17	600730	中国高科	3114.9420
5	600695	绿庭投资	8041.5368	18	600086	*ST金钰	2898.6337
6	002188	ST巴士	7156.7607	19	002499	*ST科林	2805.5732
7	000803	*ST金宇	6524.2878	20	600769	祥龙电业	2722.6209
8	600555	*ST海创	6462.8171	21	000007	全新好	2698.7036
9	300029	天龙光电	5462.4820	22	002575	*ST群兴	2440.4280
10	600620	天宸股份	4996.2780	23	300125	聆达股份	2371.1858
11	600421	ST仰帆	3893.6117	24	000820	*ST节能	2229.9307
12	000691	亚太实业	3822.7706	25	600506	香梨股份	2145.2945
13	000613	大东海A	3728.4073	26	002306	ST云网	1971.4759

续表

排名	代码	公司简称	指数值	排名	代码	公司简称	指数值
27	603032	德新交运	1949.4136	53	600696	ST岩石	1327.9624
28	000585	*ST东电	1862.6461	54	000608	阳光股份	1310.7164
29	300076	GQY视讯	1858.7164	55	300235	方直科技	1282.9655
30	002622	融钰集团	1843.9261	56	300417	南华仪器	1277.9911
31	600870	ST厦华	1834.2122	57	300333	兆日科技	1262.0071
32	600766	园城黄金	1795.2691	58	300561	汇金科技	1238.0781
33	000503	国新健康	1749.1565	59	300189	神农科技	1207.2567
34	000611	*ST天首	1737.2042	60	002816	和科达	1204.5763
35	300668	杰恩设计	1733.8812	61	000504	ST生物	1162.3710
36	600838	上海九百	1625.6886	62	600052	浙江广厦	1156.6245
37	600275	ST昌鱼	1588.4831	63	300097	智云股份	1129.6869
38	000886	海南高速	1537.4364	64	002473	圣莱达	1081.0403
39	600892	*ST大晟	1529.9418	65	002072	ST凯瑞	1055.1813
40	000633	合金投资	1529.6001	66	300191	潜能恒信	1055.1521
41	000996	中国中期	1514.0848	67	600246	万通地产	1048.9922
42	000532	华金资本	1506.6977	68	300139	晓程科技	1047.6229
43	300312	邦讯技术	1502.0019	69	600767	ST运盛	1037.8212
44	300379	东方通	1455.0703	70	300346	南大光电	1034.9437
45	600890	中房股份	1427.2485	71	600345	长江通信	1023.6841
46	600247	*ST成城	1425.9774	72	300688	创业黑马	1023.4927
47	600539	ST狮头	1424.8343	73	600355	精伦电子	1021.7462
48	002058	威尔泰	1410.9172	74	002148	北纬科技	976.0062
49	000509	*ST华塑	1383.7957	75	002289	ST宇顺	961.1691
50	000567	海德股份	1371.4406	76	002248	华东数控	947.7694
51	600615	丰华股份	1333.9842	77	603041	美思德	946.1513
52	603655	朗博科技	1328.6075	78	002447	*ST晨鑫	920.9516

续表

排名	代码	公司简称	指数值	排名	代码	公司简称	指数值
79	300653	正海生物	898.3129	90	000017	*ST中华A	832.9043
80	002199	东晶电子	879.7847	91	002192	*ST融捷	830.8759
81	600209	ST罗顿	869.6610	92	002501	*ST利源	830.0031
82	002323	*ST雅博	868.4255	93	300609	汇纳科技	826.8005
83	600783	鲁信创投	865.9625	94	603860	中公高科	814.5400
84	600091	ST明科	860.8892	95	002729	好利来	806.9259
85	300445	康斯特	854.5012	96	600462	*ST九有	797.3992
86	002903	宇环数控	853.0294	97	000835	*ST长动	789.4065
87	603721	中广天择	851.3732	98	300620	光库科技	789.2855
88	603566	普莱柯	847.7181	99	300554	三超新材	783.6401
89	002213	特尔佳	840.1016	100	300521	爱司凯	771.9105

在激励过度前100家公司中，ST公司有33家，在所有202家ST公司中的占比为16.34%，这个比例已经很高，说明这些ST公司的高管薪酬远超其绩效。从地区看，东部、中部、西部和东北各有68家、13家、13家和6家，分别占所在地区上市公司总数的2.75%、2.81%、2.75%和3.97%，从相对值（占比）看，东北上市公司高管激励过度问题较为突出；从行业看，制造业有45家，信息传输、软件和信息技术服务业有14家，房地产业有9家，分别占所在行业上市公司总数的2.02%、5.13%和7.50%，从相对值（占比）看，住宿和餐饮业、教育、综合尽管分别只有2家、1家和2家，但占所在行业上市公司总数的比重却分别达22.22%、12.50%和11.76%，显然这三个行业上市公司高管激励过度问题较为突出；从控股类型看，国有控股公司有14家，非国有控股公司有86家，分别占同类型公司总数的1.26%和3.50%，从相对值（占比）看，激励过度主要体现在非国有控股公司中；从上市板块看，深市主板（不含中小企业板）、深市中小企业板、深市创业板和沪市主板各有22家、20家、22家和36家，分别占各板块上市公司总数的4.86%、2.17%、2.96%和2.49%，从相对值（占比），深市主板（不含中小企业板）上市公司高管激励过度问题较为突出。

图23-1显示了激励过度前100名公司高管薪酬指数的分布情况。可以看出，激励过度前100家公司的高管薪酬指数差异很大，最高值为45843.0702，最低值为771.9105，后面90家的高管薪酬指数和前面10家的高管薪酬指数差距很大。

图23-1　2019年激励过度前100名上市公司高管薪酬指数分布情况

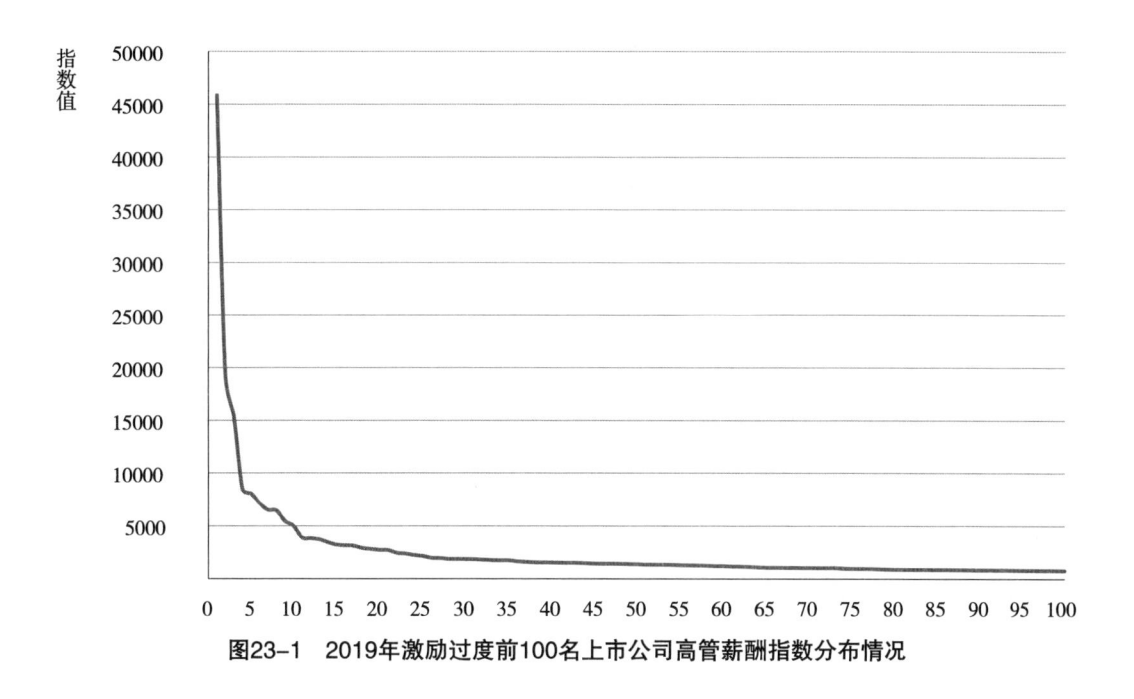

表23-3列示了高管薪酬激励适中前100名公司，这些公司的高管薪酬指数越接近100，则表明其薪酬激励越是适中。

表23-3　2019年上市公司高管薪酬指数排名——激励适中前100名

排名	代码	公司简称	指数值	排名	代码	公司简称	指数值
1453	002270	华明装备	103.6429	1464	600594	益佰制药	102.9494
1454	002331	皖通科技	103.5921	1465	300679	电连技术	102.9097
1455	002512	达华智能	103.5444	1466	600288	大恒科技	102.8121
1456	603399	吉翔股份	103.4370	1467	002262	恩华药业	102.6734
1457	603429	集友股份	103.3051	1468	300465	高伟达	102.6606
1458	002856	美芝股份	103.2815	1469	600161	天坛生物	102.6449
1459	000836	富通鑫茂	103.2334	1470	002785	万里石	102.5778
1460	002469	三维工程	103.2064	1471	002579	中京电子	102.5257
1461	002487	大金重工	103.1542	1472	002687	乔治白	102.4241
1462	600198	大唐电信	103.0417	1473	603181	皇马科技	102.4126
1463	300269	联建光电	102.9607	1474	600860	*ST京城	102.3680

续表

排名	代码	公司简称	指数值	排名	代码	公司简称	指数值
1475	603017	中衡设计	102.2552	1502	300152	科融环境	100.3484
1476	300481	濮阳惠成	102.2398	1503	002635	安洁科技	100.2951
1477	002344	海宁皮城	102.0155	1504	300490	华自科技	100.2472
1478	603028	赛福天	101.9909	1505	000728	国元证券	100.1488
1479	603533	掌阅科技	101.9621	1506	603757	大元泵业	100.1373
1480	600614	*ST鹏起	101.9386	1507	002071	*ST长城	100.0950
1481	603559	中通国脉	101.9226	1508	603161	科华控股	100.0761
1482	002902	铭普光磁	101.9134	1509	600217	中再资环	100.0699
1483	300177	中海达	101.8298	1510	300517	海波重科	99.9774
1484	002275	桂林三金	101.7500	1511	600661	昂立教育	99.9511
1485	002412	汉森制药	101.6673	1512	603638	艾迪精密	99.8995
1486	603356	华菱精工	101.4656	1513	600527	江南高纤	99.8817
1487	002872	ST天圣	101.4539	1514	600338	西藏珠峰	99.8613
1488	002833	弘亚数控	101.2912	1515	603888	新华网	99.7546
1489	600222	太龙药业	101.2861	1516	002546	新联电子	99.7312
1490	300222	科大智能	101.2402	1517	600116	三峡水利	99.6954
1491	002938	鹏鼎控股	100.9046	1518	300712	永福股份	99.6324
1492	002351	漫步者	100.8582	1519	300587	天铁股份	99.5952
1493	603186	华正新材	100.7893	1520	600193	ST创兴	99.5748
1494	002652	扬子新材	100.7080	1521	300136	信维通信	99.3226
1495	002312	三泰控股	100.6994	1522	600370	三房巷	99.2864
1496	600354	*ST敦种	100.6469	1523	002735	王子新材	99.1709
1497	002747	埃斯顿	100.5421	1524	300630	普利制药	99.1369
1498	002910	庄园牧场	100.5165	1525	300430	诚益通	99.0550
1499	000908	景峰医药	100.4405	1526	300674	宇信科技	98.9508
1500	300451	创业慧康	100.4365	1527	600908	无锡银行	98.9433
1501	002832	比音勒芬	100.3499	1528	300512	中亚股份	98.5922

续表

排名	代码	公司简称	指数值	排名	代码	公司简称	指数值
1529	300382	斯莱克	98.5387	1541	603976	正川股份	97.1323
1530	002437	誉衡药业	98.5191	1542	300666	江丰电子	97.0207
1531	002206	海利得	98.4960	1543	002940	昂利康	96.9131
1532	603616	韩建河山	98.4173	1544	300162	雷曼光电	96.8877
1533	300610	晨化股份	98.2302	1545	002678	珠江钢琴	96.8495
1534	300723	一品红	98.1972	1546	300133	华策影视	96.7986
1535	603707	健友股份	98.1658	1547	600299	安迪苏	96.7550
1536	603000	人民网	97.9799	1548	300252	金信诺	96.6944
1537	300007	汉威科技	97.5554	1549	300224	正海磁材	96.6712
1538	300418	昆仑万维	97.3027	1550	600229	城市传媒	96.5079
1539	000880	潍柴重机	97.2499	1551	300591	万里马	96.4257
1540	603583	捷昌驱动	97.1692	1552	600525	长园集团	96.4133

在激励最适中前100家公司中，海波重科（300517）高管薪酬指数为99.9774，最接近100，激励最适中。从地区看，东部、中部、西部和东北各有74家、11家、10家和5家，分别占所在地区上市公司总数的2.99%、2.38%、2.12%和3.31%，从相对值（占比）看，东北上市公司高管激励更适中一些；从行业看，制造业有72家，信息传输、软件和信息技术服务业有9家，建筑业有5家，分别占所在行业上市公司总数的3.23%、3.30%和5.26%，从相对值（占比）看，建筑业高管激励更适中一些；从所有制看，国有控股公司有18家，非国有控股公司有82家，分别占同类型公司总数的1.62%和3.33%，从相对值（占比）看，非国有控股公司高管激励适中的情况更多一些；从上市板块看，深市主板（不含中小企业板）、深市中小企业板、深市创业板和沪市主板各有4家、31家、28家和37家，分别占各板块上市公司总数的0.88%、3.26%、3.77%和2.56%，从相对值（占比），深市创业板上市公司的高管激励更适中一些。

图23-2显示了激励适中前100名上市公司的高管薪酬指数的分布情况。可以看出，激励适中前100名上市公司的高管薪酬指数集中在96.41～103.65，分布比较均匀。

图23-2 2019年激励适中前100名上市公司高管薪酬指数分布情况

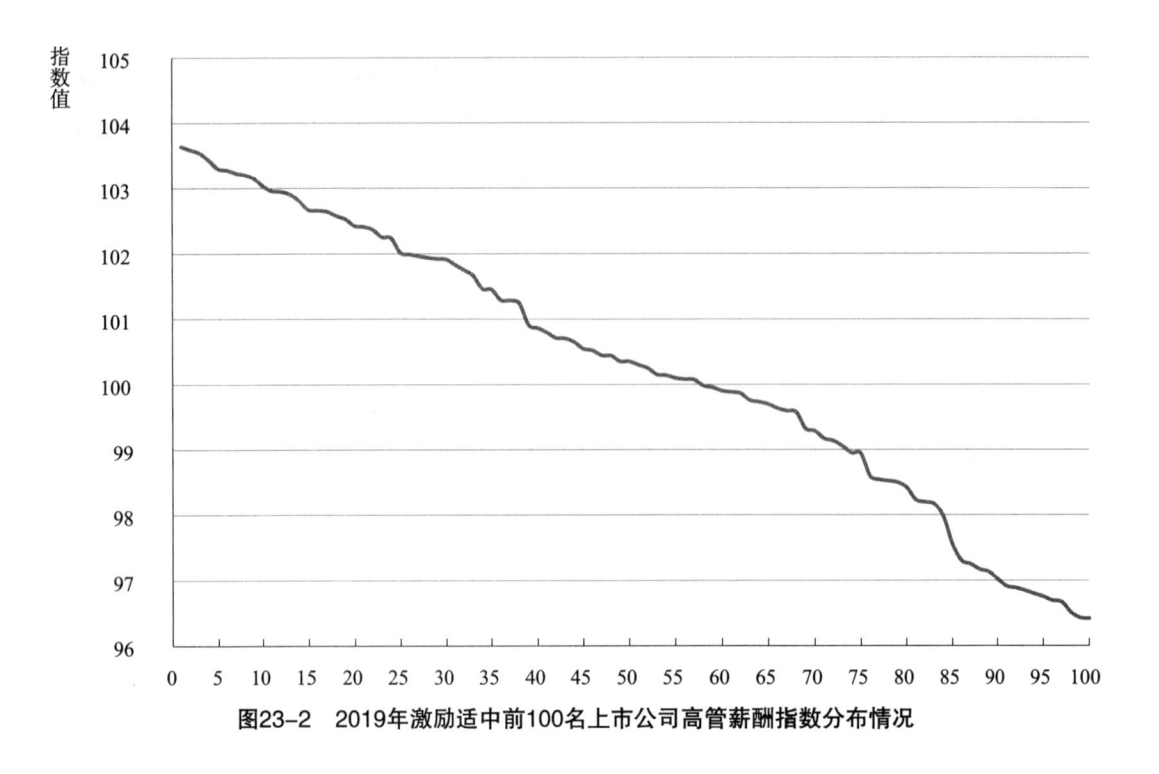

表23-4列示了高管薪酬激励不足前100名公司，这些公司的高管薪酬指数越小，则表明其薪酬激励越是不足。排序为3461～3560的公司为薪酬激励不足前100名公司。

表23-4 2019年上市公司高管薪酬指数排名——激励不足前100名

排名	代码	公司简称	薪酬指数	排名	代码	公司简称	薪酬指数
3461	600502	安徽建工	3.5045	3471	000878	云南铜业	3.1104
3462	601336	新华保险	3.4825	3472	600546	山煤国际	3.0981
3463	000035	中国天楹	3.4642	3473	600741	华域汽车	3.0707
3464	600332	白云山	3.3745	3474	600997	开滦股份	3.0636
3465	600900	长江电力	3.3676	3475	000951	中国重汽	3.0458
3466	600023	浙能电力	3.1965	3476	601611	中国核建	3.0071
3467	600036	招商银行	3.1799	3477	600297	广汇汽车	2.9963
3468	600569	安阳钢铁	3.1773	3478	600782	新钢股份	2.9817
3469	600307	酒钢宏兴	3.1438	3479	600096	云天化	2.9563
3470	000858	五粮液	3.1308	3480	601111	中国国航	2.9274

续表

排名	代码	公司简称	薪酬指数	排名	代码	公司简称	薪酬指数
3481	000338	潍柴动力	2.9140	3509	601919	中远海控	2.0300
3482	601601	中国太保	2.8967	3510	601992	金隅集团	2.0218
3483	601318	中国平安	2.8945	3511	600027	华电国际	2.0086
3484	600339	中油工程	2.8704	3512	000825	太钢不锈	1.9957
3485	600585	海螺水泥	2.8495	3513	600547	山东黄金	1.9816
3486	600408	ST安泰	2.8420	3514	600795	国电电力	1.9647
3487	600871	石化油服	2.8190	3515	600985	淮北矿业	1.9274
3488	600029	南方航空	2.7150	3516	002024	苏宁易购	1.9189
3489	600839	四川长虹	2.6908	3517	600057	厦门象屿	1.8905
3490	601727	上海电气	2.6407	3518	600010	包钢股份	1.8315
3491	601998	中信银行	2.6004	3519	601212	白银有色	1.8055
3492	600153	建发股份	2.5615	3520	600170	上海建工	1.7991
3493	600039	四川路桥	2.5008	3521	601991	大唐发电	1.7822
3494	600688	上海石化	2.4406	3522	600068	葛洲坝	1.7721
3495	600221	海航控股	2.3925	3523	002589	瑞康医药	1.6912
3496	000625	长安汽车	2.3636	3524	002761	多喜爱	1.6262
3497	601225	陕西煤业	2.3364	3525	601898	中煤能源	1.6186
3498	600346	恒力石化	2.2353	3526	000701	厦门信达	1.3976
3499	300226	上海钢联	2.2315	3527	000932	华菱钢铁	1.3863
3500	600808	马钢股份	2.1859	3528	000761	本钢板材	1.3800
3501	601117	中国化学	2.1760	3529	000627	天茂集团	1.3682
3502	000959	首钢股份	2.1618	3530	000709	河钢股份	1.3597
3503	002183	怡亚通	2.1410	3531	601166	兴业银行	1.3504
3504	601138	工业富联	2.1278	3532	601006	大秦铁路	1.3191
3505	600019	宝钢股份	2.1115	3533	601766	中国中车	1.2960
3506	600519	贵州茅台	2.1082	3534	600000	浦发银行	1.2827
3507	600998	九州通	2.1021	3535	000630	铜陵有色	1.2252
3508	000898	鞍钢股份	2.0985	3536	600011	华能国际	1.1575

续表

排名	代码	公司简称	薪酬指数	排名	代码	公司简称	薪酬指数
3537	601328	交通银行	1.1326	3549	601186	中国铁建	0.5962
3538	601600	中国铝业	1.1252	3550	600050	中国联通	0.5636
3539	600188	兖州煤业	1.0926	3551	601988	中国银行	0.4577
3540	601618	中国中冶	1.0537	3552	601628	中国人寿	0.4420
3541	600690	海尔智家	0.9980	3553	601390	中国中铁	0.4114
3542	600704	物产中大	0.9116	3554	601288	农业银行	0.3661
3543	601088	中国神华	0.8680	3555	601668	中国建筑	0.2877
3544	601319	中国人保	0.7632	3556	601398	工商银行	0.2562
3545	601669	中国电建	0.7557	3557	601939	建设银行	0.2509
3546	601800	中国交建	0.7440	3558	600751	海航科技	0.2134
3547	600104	上汽集团	0.7226	3559	600028	中国石化	0.1201
3548	600362	江西铜业	0.7203	3560	601857	中国石油	0.0933

在高管激励最不足的 100 家公司中，从地区看，东部、中部、西部和东北各有 66 家、17 家、12 家和 5 家，分别占所在地区上市公司总数的 2.67%、3.68%、2.54% 和 3.31%，从相对值（占比）看，中部上市公司高管激励不足的问题较为突出。从行业看，制造业有 37 家，金融业有 15 家，建筑业 13 家，批发和零售业有 9 家，分别占所在行业上市公司总数的 1.66%、14.29%、13.68% 和 5.59%，从相对值（占比）看，金融业、建筑业上市公司高管激励不足的问题较为突出。从所有制看，国有控股公司有 85 家，非国有控股公司有 15 家，分别占同类型公司总数的 7.66% 和 0.61%，从相对值（占比）看，国有控股公司高管激励不足的问题较为突出。但需要注意的是，这里我们没有考虑一些国有企业因政府赋予的垄断资源而带来的绩效问题，从而可能高估公司高管的贡献，导致评估结果出现激励不足。另外，也与近些年的限薪政策有关。从上市板块看，深市主板（不含中小企业板）、深市中小企业板、深市创业板和沪市主板各有 15 家、4 家、1 家和 80 家，分别占各板块上市公司总数的 3.31%、0.43%、0.13% 和 5.54%，从相对值（占比），沪市主板上市公司高管激励不足的问题较为突出。

图 23-3 为激励不足前 100 名的上市公司高管薪酬指数的分布情况（按倒数排列，即指数最后一位作为倒数第一位）。可以看出，激励不足前 100 名上市公司高管薪酬指数集中在 0.09～3.51，分布比较均匀。

图23-3　2019年激励不足前100名上市公司高管薪酬指数分布情况

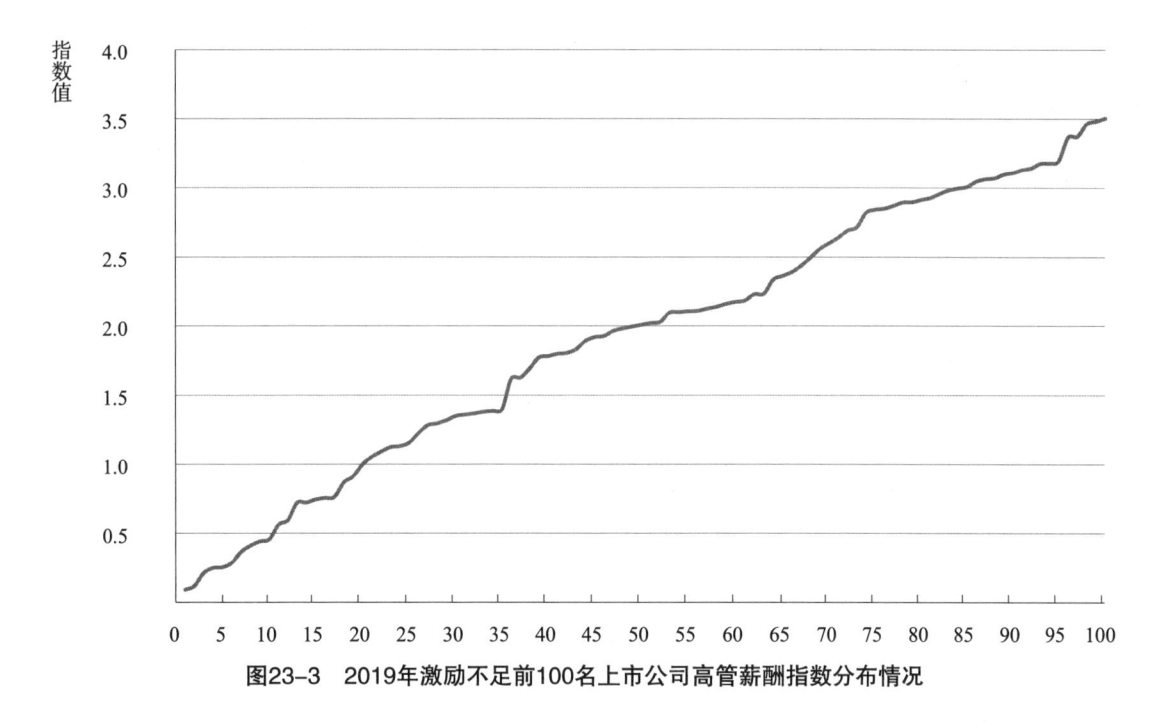

23.2　分地区高管薪酬指数比较

按照东部、中部、西部和东北的地区划分，本节对不同地区的高管薪酬指数进行比较。

表23-5按照高管薪酬指数均值从大到小列示了2019年四个地区的上市公司高管薪酬指数。

表23-5　2019年不同地区上市公司高管薪酬指数比较

区域	公司数目	平均值	中位值	最大值	最小值	标准差
中部	462	237.1907	56.9613	45843.0702	0.7203	2148.5013
东部	2475	183.7220	88.0481	19345.2393	0.0933	644.1789
西部	472	179.2181	69.9479	6524.2878	1.8055	457.5275
东北	151	166.8541	69.0089	2371.1858	1.3800	312.1772
总体	3560	189.3483	78.0675	45843.0702	0.0933	959.0552

从表23-5可以看出，以均值排列，各地区高管薪酬指数由大到小依次为中部、东部、西部和东北，各地区上市公司高管薪酬指数均值存在较大差异；以中位值排列，各地区高管薪酬指数由大到小的次序为东部、西部、东北和中部；从标准差来看，中部上

市公司的高管薪酬指数离散程度最大，东北上市公司高管薪酬指数离散程度最小。

如第 1 章所述，我们按照四分之一分位法将高管薪酬指数划分为激励过度、激励适中和激励不足三个区间。表 23-6 按照激励适中比例从大到小列示了 2019 年不同地区上市公司高管薪酬激励情况。

表 23-6 2019 年不同地区上市公司高管薪酬激励情况比较

地区	公司数目	其中		
		激励适中	激励过度	激励不足
东部	2475	1281（51.76%）	645（26.06%）	549（22.18%）
西部	472	222（47.03%）	121（25.64%）	129（27.33%）
中部	462	212（45.89%）	89（19.26%）	161（34.85%）
东北	151	65（43.05%）	35（23.18%）	51（33.77%）
总体	3560	1780（50.00%）	890（25.00%）	890（25.00%）

注：括号中的数字为某地区上市公司中不同激励类型公司数与该地区全部公司数的比例。

从表 23-6 可以看出，各地区上市公司高管薪酬激励情况存在一定差异。

东部地区高管薪酬激励适中的公司所占比重最大，为 51.76%；其次为西部和中部；东北地区高管薪酬激励适中的上市公司所占比重最小，但比重也达到 43.05%。四个地区中，只有东部激励适中的公司比例超过了 50% 的标准比例，其他三个地区激励适中的比例则都低于 50% 的标准比例。与 2018 年评价结果相比，2019 年东部、中部和东北激励适中的比例出现了下降，只有西部激励适中的公司比例有所上升，上升 2.94 个百分点。

东部地区高管薪酬激励过度的上市公司所占比重最大，其次为西部和东北，中部地区高管薪酬激励过度的上市公司所占比重最小。东部和西部地区薪酬激励过度的公司所占比重高于 25% 的标准比例，而中部和东北地区薪酬激励过度的公司所占比重都低于 25% 的标准比例。与 2018 年相比，2019 年西部和中部地区激励过度的公司比例均有所下降，而东部和东北地区激励过度的公司比例则有所上升。

中部地区高管薪酬激励不足的公司所占比重最大，其次为东北和西部，东部地区高管薪酬激励不足的公司所占比重最小。中部、东北和西部三个地区薪酬激励不足的公司比例都超过 25% 的标准比例，尤其是中部和东北，超过了 30%，只有东部地区高管酬激励不足的公司比例低于 25% 的标准比例，为 22.18%。相比 2018 年，2019 年中部和东北地区激励不足的公司比例均有所上升，东部和西部地区薪酬激励不足的公司比例出现下降。

总体来说，东部地区薪酬激励适中的公司所占比重较大，同时东部地区薪酬激励过度的公司所占比重也较大，中部和东北地区薪酬激励不足的问题较为突出。

图23-4更直观地展现了东部、中部、西部、东北四个地区上市公司高管薪酬激励过度、激励适中和激励不足的情况。图中纵坐标列示的地区顺序由下到上，依次对应的是薪酬激励适中比例由高到低，东部薪酬激励适中比例最高，东北薪酬激励适中比例最低。

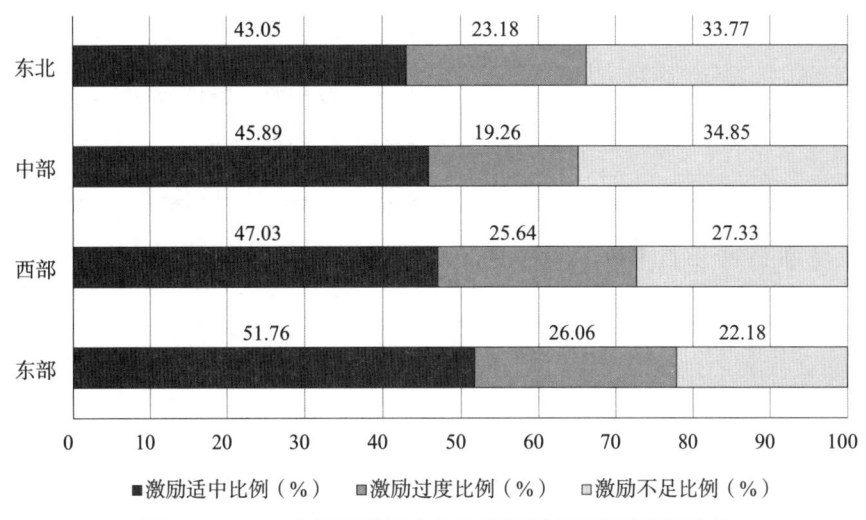

图23-4 2019年不同地区上市公司高管薪酬激励情况比较

23.3 分行业高管薪酬指数比较

表23-7按高管薪酬指数均值由大到小列示了2019年不同行业上市公司高管薪酬指数。可以看到，上市公司高管薪酬指数均值最高的三个行业是卫生和社会工作（Q），住宿和餐饮业（H），教育（P）；最低的三个行业是交通运输、仓储和邮政业（G），电力、热力、燃气及水生产和供应业（D），采矿业（B）。

表23-7 2019年不同行业上市公司高管薪酬指数比较

行业	公司数目	平均值	中位值	最大值	最小值	标准差
卫生和社会工作（Q）	12	1694.9451	84.7684	19345.2393	29.7328	5322.0990
住宿和餐饮业（H）	9	727.1053	183.4557	3728.4073	10.8190	1210.0921
教育（P）	8	520.7850	89.1475	3114.9420	40.7403	990.969
综合（S）	17	489.0556	88.7177	4996.2780	8.4424	1176.6319
科学研究和技术服务业（M）	44	335.2706	168.6318	2371.1858	27.0340	448.2906
房地产业（K）	120	334.5550	68.7294	8480.2415	4.2242	1058.8290

续表

行业	公司数目	平均值	中位值	最大值	最小值	标准差
租赁和商务服务业（L）	52	288.2218	78.8109	7156.7607	1.8905	980.8479
信息传输、软件和信息技术服务业（I）	273	232.9097	142.1766	3451.9252	0.5636	329.6287
金融业（J）	105	223.6816	53.1399	8041.5368	0.2509	845.0112
批发和零售业（F）	161	189.8274	25.7586	15434.5862	0.2134	1226.8008
农、林、牧、渔业（A）	41	188.1596	72.6262	2145.2945	9.8488	376.918
制造业（C）	2227	172.5603	86.9865	45843.0702	0.7203	1010.2814
文化、体育和娱乐业（R）	56	168.6068	98.4468	1156.6245	9.1549	201.0154
水利、环境和公共设施管理业（N）	54	137.6779	85.6320	724.5921	3.4642	148.9138
建筑业（E）	95	105.5812	36.8381	2722.6209	0.2877	302.9059
采矿业（B）	74	101.3388	27.4430	1795.2691	0.0933	251.5785
电力、热力、燃气及水生产和供应业（D）	109	99.6994	38.5460	2805.5732	1.1575	280.6031
交通运输、仓储和邮政业（G）	102	93.0108	39.1747	1949.4136	1.3191	211.9016
总体	3560	189.3483	78.0675	45843.0702	0.0933	959.0552

注：居民服务、修理和其他服务业（O）只有1家上市公司，难以代表该行业整体水平，故排名时剔除。

图23-5直观地显示了不同行业上市公司高管薪酬指数均值的差异。

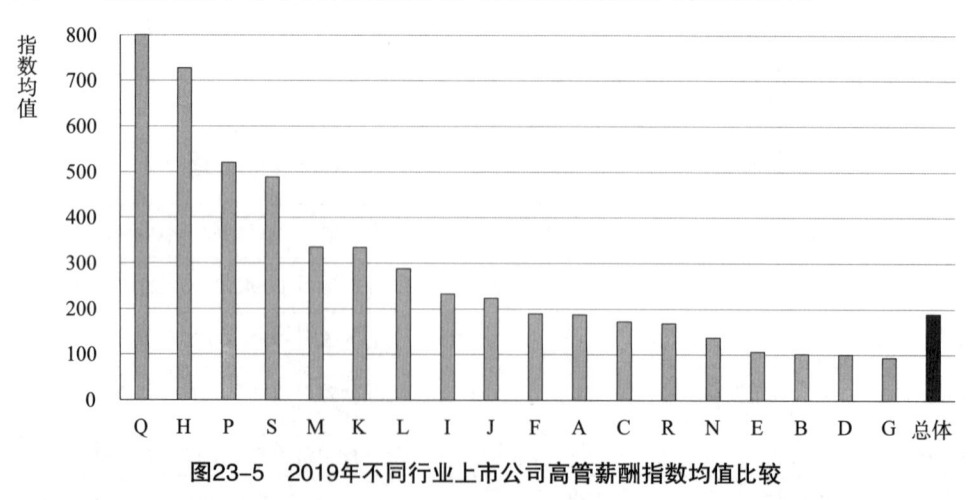

图23-5 2019年不同行业上市公司高管薪酬指数均值比较

从图23-5可以看出，在18个行业中，卫生和社会工作（Q），住宿和餐饮业（H）

两个行业的上市公司高管薪酬指数均值明显高于其他行业,卫生和社会工作(Q)上市公司高管薪酬指数是最低的交通运输、仓储和邮政业(G)的18倍。

高管薪酬指数总体均值为189.3483,18个行业中高管薪酬指数均值高于总体均值的有10个,低于总体均值的有8个。

表23-8按激励适中的公司比例由高到低列示了2019年不同行业上市公司高管薪酬激励情况。

表23-8 2019年不同行业上市公司高管激励情况比较

行业	公司数目	其中		
		激励适中	激励过度	激励不足
水利、环境和公共设施管理业(N)	54	35(64.81%)	13(24.07%)	6(11.11%)
综合(S)	17	11(64.71%)	5(29.41%)	1(5.88%)
教育(P)	8	5(62.50%)	3(37.50%)	0(0.00%)
农、林、牧、渔业(A)	41	25(60.98%)	8(19.51%)	8(19.51%)
卫生和社会工作(Q)	12	7(58.33%)	3(25.00%)	2(16.67%)
制造业(C)	2227	1179(52.94%)	572(25.68%)	476(21.37%)
交通运输、仓储和邮政业(G)	102	50(49.02%)	11(10.78%)	41(40.20%)
信息传输、软件和信息技术服务业(I)	273	133(48.72%)	113(41.39%)	27(9.89%)
文化、体育和娱乐业(R)	56	27(48.21%)	19(33.93%)	10(17.86%)
房地产业(K)	120	57(47.50%)	28(23.33%)	35(29.17%)
建筑业(E)	95	45(47.37%)	8(8.42%)	42(44.21%)
租赁和商务服务业(L)	52	24(46.15%)	15(28.85%)	13(25.00%)
科学研究和技术服务业(M)	44	20(45.45%)	21(47.73%)	3(6.82%)
电力、热力、燃气及水生产和供应业(D)	109	46(42.20%)	13(11.93%)	50(45.87%)
金融业(J)	105	39(37.14%)	24(22.86%)	42(40.00%)
采矿业(B)	74	25(33.78%)	8(10.81%)	41(55.41%)
批发和零售业(F)	161	50(31.06%)	20(12.42%)	91(56.52%)
住宿和餐饮业(H)	9	9(22.22%)	5(55.56%)	2(22.22%)
总体	3560	1780(50.00%)	890(25.00%)	890(25.00%)

注:居民服务、修理和其他服务业(O)只有1家上市公司,难以代表该行业整体水平,故排名时剔除。括号中的数字为某行业上市公司中不同激励类型公司数与该行业全部公司数的比例。

从表 23-8 可以看出，剔除样本量过少的居民服务、修理和其他服务业（O）后，激励适中比例最高的前三个行业为水利、环境和公共设施管理业（N），综合（S），教育（P）；激励过度比例最高的前三个行业为住宿和餐饮业（H），科学研究和技术服务业（M），信息传输、软件和信息技术服务业（I）；激励不足比例最高的前三个行业为批发和零售业（F），采矿业（B），电力、热力、燃气及水生产和供应业（D）。

高管薪酬激励适中比例超过 50%（含 50%）和低于 50% 标准比例的行业分别是 6 个和 12 个；高管薪酬激励过度比例超过 25%（含 25%）和低于 25% 标准比例的行业都是 9 个；高管薪酬激励不足比例超过 25%（含 25%）和低于 25% 标准比例的行业分别是 8 个和 10 个。

进一步观察，我们发现，有的行业上市公司高管薪酬激励适中比例等于或大于 50%，但激励过度比例远大于 25%，激励不足比例远小于 25%，如综合（S）、教育（P）等，这意味着薪酬激励适中比例高的行业并不代表该行业上市公司高管薪酬激励都是合理的。

图 23-6 更直观地展示了 2019 年 18 个行业上市公司高管薪酬激励情况的不同。图中纵坐标列示的行业顺序由下到上，依次对应的是薪酬激励适中比例由高到低，水利、环境和公共设施管理业（N）薪酬激励适中比例最高，住宿和餐饮业（H）薪酬适中比例最低。

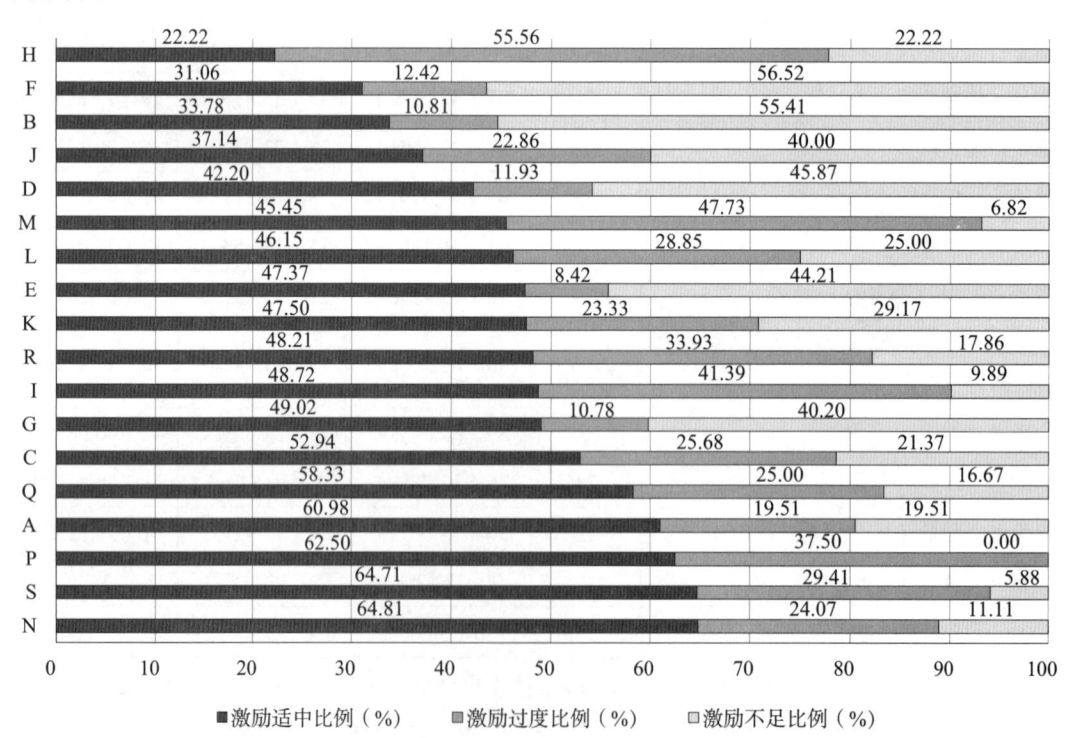

行业	激励适中比例（%）	激励过度比例（%）	激励不足比例（%）
H	22.22	55.56	22.22
F	31.06	12.42	56.52
B	33.78	10.81	55.41
J	37.14	22.86	40.00
D	42.20	11.93	45.87
M	45.45	47.73	6.82
L	46.15	28.85	25.00
E	47.37	8.42	44.21
K	47.50	23.33	29.17
R	48.21	33.93	17.86
I	48.72	41.39	9.89
G	49.02	10.78	40.20
C	52.94	25.68	21.37
Q	58.33	25.00	16.67
A	60.98	19.51	19.51
P	62.50	37.50	0.00
S	64.71	29.41	5.88
N	64.81	24.07	11.11

图23-6 2019年不同行业上市公司高管薪酬激励情况比较

23.4 分上市板块高管薪酬指数比较

根据上市公司四个板块的划分，不同板块上市公司高管薪酬指数情况如表23-9所示。

表23-9 2019年不同板块上市公司高管薪酬指数比较

上市板块	公司数目	平均值	中位值	最大值	最小值	标准差
深市主板（不含中小企业板）	453	300.9570	51.4856	45843.0702	1.2252	2240.7362
深市创业板	742	223.8624	150.7128	5462.4820	2.2315	300.9293
沪市主板	1443	163.4980	58.4023	19345.2393	0.0933	759.1043
深市中小企业板	922	147.1943	79.0652	7156.7607	1.6262	316.1206
总体	3560	189.3483	78.0675	45843.0702	0.0933	959.0552

表23-9按照高管薪酬指数平均值由高到低进行排列，可以看出，深市主板（不含中小企业板）高管薪酬指数均值最高，为300.9570，其后依次是深市创业板和沪市主板，深市中小企业板高管薪酬指数均值最低，为147.1943。深市创业板的高管薪酬指数中位值最高，远高于其他三个板块。从标准差来看，深市主板（不含中小企业板）的离散程度远高于其他三个板块，不同板块上市公司高管薪酬指数离散程度存在较大差距。

表23-10按激励适中公司的比例由高到低列示了2019年不同板块上市公司高管薪酬激励情况。

表23-10 2019年不同板块上市公司高管薪酬激励比较

上市板块	公司数目	其中		
		激励适中	激励过度	激励不足
深市中小企业板	922	529（57.38%）	199（21.58%）	194（21.04%）
深市创业板	742	372（50.13%）	332（44.74%）	38（5.12%）
沪市主板	1443	680（47.12%）	277（19.20%）	486（33.68%）
深市主板（不含中小企业板）	453	199（43.93%）	82（18.10%）	172（37.97%）
总体	3560	1780（50.00%）	890（25.00%）	890（25.00%）

注：括号中的数字为某板块上市公司中不同激励类型公司数与该板块全部公司数的比例。

由表 23-10 可以看出，深市中小企业板激励适中的比例最高，为 57.38%，其后依次是深市创业板和沪市主板，深市主板（不含中小企业板）的比例最低，为 43.93%。深市创业板激励过度的比例最高，为 44.74%，明显高于其他三个板块，深市主板（不含中小企业板）最低，为 18.10%。深市主板（不含中小企业板）激励不足的比例最高，为 37.97%，其后依次是沪市主板和深市中小企业板，深市创业板激励不足的比例最低，仅为 5.12%，远低于其他三个板块。

总体而言，深市中小企业板上市公司高管薪酬激励最为适中，而深市创业板则有较多的上市公司高管薪酬存在激励过度问题，深市主板（不含中小企业板）和沪市主板存在高管薪酬激励不足问题比较突出。

图 23-7 更直观地显示了 2019 年不同板块上市公司高管薪酬激励的差异。图中纵坐标列示的板块顺序由下到上，依次对应的是薪酬激励适中比例由高到低，深市中小企业板上市公司薪酬激励适中比例最高，深市主板（不含中小企业板）上市公司薪酬激励适中比例最低。

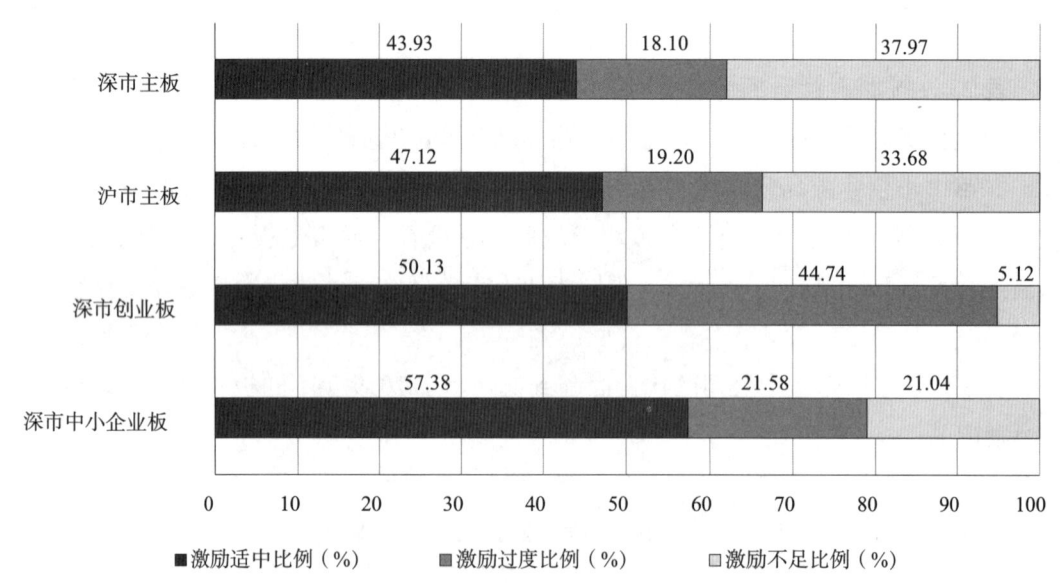

板块	激励适中比例（%）	激励过度比例（%）	激励不足比例（%）
深市主板	43.93	18.10	37.97
沪市主板	47.12	19.20	33.68
深市创业板	50.13	44.74	5.12
深市中小企业板	57.38	21.58	21.04

注：深市中小企业板是深市主板的组成部分，但本图中深市主板不含中小企业板。

图 23-7　2019 年不同板块上市公司高管薪酬激励比较

23.5　高管薪酬绝对值比较

为便于比较高管薪酬绝对值与高管薪酬指数的吻合度，我们对二者进行比较，以区别二者关注的重点，使人们更多地从高管薪酬激励角度去看待高管薪酬的变化，而不是简单化地过度解读高管薪酬绝对值。

23.5.1 高管薪酬绝对值总体情况

我们选取3560家上市公司2019年年度报告披露的薪酬最高的前三位高管的平均薪酬（其中股票期权折算成现金薪酬）来代表上市公司高管薪酬的总体情况，这3560家上市公司高管薪酬绝对值总体情况如表23-11所示。

表23-11　2019年上市公司高管薪酬绝对值总体情况

单位：万元

项目	公司数目	平均值	中位值	最大值	最小值	标准差
数值	3560	105.2533	74.2750	3045.4331	4.5267	127.2207

在3560家上市公司中，2019年度高管薪酬最高额为3045.43万元，最低额为4.53万元，最大值和最小值之间的差距非常大；中位值为74.28万元，平均值为105.25万元，标准差为127.22，表明上市公司高管薪酬的离散程度很大。

表23-12列示了2019年上市公司高管薪酬最高的前10名。

表23-12　2019年上市公司高管薪酬最高前10名

代码	简称	省份	地区	行业	所有制	薪酬均值（万元）	薪酬指数	激励区间
600340	华夏幸福	河北	东部	房地产业	国有参股公司	3045.43	65.0185	激励适中
000961	中南建设	江苏	东部	房地产业	无国有股份公司	1864.47	58.3026	激励适中
600031	三一重工	北京	东部	制造业	国有参股公司	1778.29	52.7892	激励适中
000656	金科股份	重庆	西部	房地产业	无国有股份公司	1665.14	55.1868	激励适中
600507	方大特钢	江西	中部	制造业	国有参股公司	1551.47	226.4516	激励过度
601318	中国平安	广东	东部	金融业	国有弱相对控股公司	1506.27	2.8945	激励不足
300760	迈瑞医疗	广东	东部	制造业	国有参股公司	1469.23	199.3324	激励过度
600887	伊利股份	内蒙古	西部	制造业	国有参股公司	1458.91	36.3208	激励适中
002938	鹏鼎控股	广东	东部	制造业	无国有股份公司	1195.61	100.9046	激励适中
600030	中信证券	广东	东部	金融业	国有弱相对控股公司	1016.36	52.9193	激励适中

注：高管平均薪酬是指薪酬最高的前三位高管的平均薪酬，下同。

从表 23-12 可以看出，2019 年排名前 10 位的上市公司薪酬最高的前三位高管的平均薪酬都超过 1000 万，其中 1000 万～1500 万的公司有 4 家，1500 万～2000 万的公司有 5 家，超过 2000 万的公司有 1 家，为华夏幸福（600340）。从地区看，这 10 家公司东部有 7 家，中部有 1 家，西部有 2 家；从行业看，制造业有 5 家，房地产业有 3 家，金融业有 2 家；从控股类型看，2 家为国有控股公司，8 家为非国有控股公司；从高管薪酬激励情况看，激励过度 2 家，激励适中 7 家，激励不足 1 家。

2019 年上市公司高管薪酬最低的前 10 家公司参见表 23-13。

表 23-13　2019 年上市公司高管薪酬最低前 10 名

代码	简称	省份	地区	行业	所有制	薪酬均值（万元）	薪酬指数	激励区间
600202	哈空调	黑龙江	东北	制造业	国有强相对控股公司	4.53	11.2412	激励不足
300362	天翔环境	四川	西部	制造业	国有参股公司	6.31	33.7621	激励适中
002072	ST凯瑞	山东	东部	信息传输、软件和信息技术服务业	无国有股份公司	7.20	1055.1813	激励过度
600722	金牛化工	河北	东部	制造业	国有弱相对控股公司	7.52	21.4568	激励不足
600191	华资实业	内蒙古	西部	制造业	无国有股份公司	8.47	171.3558	激励过度
600247	*ST成城	吉林	东北	批发和零售业	无国有股份公司	8.84	1425.9774	激励过度
600091	ST明科	内蒙古	西部	制造业	国有参股公司	9.27	860.8892	激励过度
600033	福建高速	福建	东部	交通运输、仓储和邮政业	国有强相对控股公司	11.52	8.9126	激励不足
600408	ST安泰	山西	中部	制造业	无国有股份公司	12.10	2.8420	激励不足
300293	蓝英装备	辽宁	东北	制造业	无国有股份公司	12.56	19.7312	激励不足

从表 23-13 可以看出，在 2019 年高管薪酬最低的 10 家公司中，薪酬最高的前三位高管的平均薪酬都在 13 万元以下。在这些公司中，有 4 家为 ST 公司；从地区看，东部 3 家，中部 1 家，西部 3 家，东北 3 家；从行业看，制造业 7 家，交通运输、仓储和邮政业，批发和零售业，以及信息传输、软件和信息技术服务业各有 1 家；从控股类型看，国有控股公司 3 家，非国有控股公司 7 家；从高管薪酬激励情况看，激励过度 4 家，激励适中 1 家，激励不足 5 家。

结合表 23-12 和表 23-13，我们可以看出，上市公司高管薪酬差异悬殊。排名前 10 名的上市公司呈现出薪酬绝对值高的局面，而排名最后 10 名的上市公司则呈现出薪酬绝对值低的局面，但都出现了高管薪酬激励过度、激励适中和激励不足的情况，这也反映出衡量高管薪酬合理与否要结合公司业绩，即应该考虑相对薪酬。

23.5.2 高管薪酬绝对值的激励区间分布

为了进一步验证高管薪酬绝对值大小与高管薪酬所属激励区间的关系，我们统计了三个薪酬激励区间的高管薪酬绝对值，参见表 23-14。

表 23-14 2019 年上市公司高管薪酬绝对值的激励区间分布

单位：万元

激励区间	公司数目	平均值	中位值	最大值	最小值	标准差
激励适中	1780	101.6836	71.0017	3045.4331	6.3100	136.3406
激励过度	890	105.2609	76.9317	1551.4667	7.2000	111.4786
激励不足	890	112.3850	78.3850	1506.2700	4.5267	122.7154

由表 23-14 可见，激励不足区间的高管薪酬绝对值并不比激励适中和激励过度两个区间的高管薪酬绝对值低，反而更高。尽管这种情况并非出现在各个年度，各个年度出现的情况不尽相同。这种情况与前述分析一样，同样反映了高管薪酬与高管激励之间未必一定是正向关系，这有利于纠正社会对较高或较低的高管薪酬存在的误区，即认为高薪酬就是激励过度，低薪酬就是激励不足，而这种误区导致一刀切的降薪或提薪。

我们进一步将高管薪酬以万元为单位划分为 7 个区间，统计不同区间的公司数目和具体激励情况，详见表 23-15。

表 23-15　2019 年上市公司高管薪酬总体分布和激励情况

薪酬区间（万元）	公司数目	其中		
		激励适中	激励过度	激励不足
≥2000	1	1（100.00%）	0（0.00%）	0（0.00%）
[1500，2000）	5	3（60.00%）	1（20.00%）	1（20.00%）
[1000，1500）	4	3（75.00%）	1（25.00%）	0（0.00%）
[500，1000）	40	13（32.50%）	9（22.50%）	18（45.00%）
[300，500）	104	45（43.27%）	32（30.77%）	27（25.96%）
[100，300）	969	469（48.40%）	246（25.39%）	254（26.21%）
[50，100）	1562	791（50.64%）	394（25.22%）	377（24.14%）
[10，50）	868	454（52.30%）	203（23.39%）	211（24.31%）
<10	7	1（14.29%）	4（57.14%）	2（28.57%）

注：括号中的数字为某区间上市公司中不同激励类型公司数与该区间全部公司数的比例。

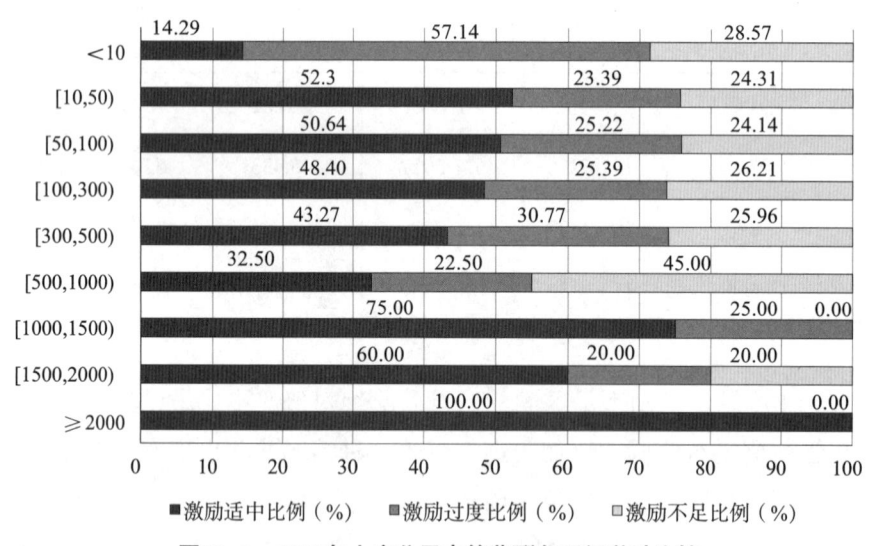

图 23-8 更直观地反映了上市公司不同薪酬区间的激励情况。

图23-8　2019年上市公司高管薪酬各区间激励比较

从表 23-15 和图 23-8 可以看出，薪酬最高的前三位高管的平均薪酬在 2000 万元及以上的上市公司只有 1 家，为激励过度；[1500，2000）和 [1000，1500）两个区间段的激励适中都占 60% 以上，激励过度和激励不足都没有超过 25%，但这两个区间的公司只有 9 家，不具有普遍代表性；薪酬在 10 万元以下的上市公司有 7 家，4 家激励过度，2 家激励不足，1家激励适中；其他各个薪酬区间段都同时存在激励适中、激励过度和激励不足。可以看出，薪酬绝对值的高低并不能代表激励程度的高低。

薪酬小于10万元区间段的上市公司中，激励过度比例却达到了57.14%，反映了该区间尽管薪酬总额少，但绩效更低。薪酬在10万元（含10万元）到300万元三个区间段的上市公司中，激励适中比例都接近50%左右的标准比例，激励过度和激励不足的比例也大都接近于25%的标准比例，分布比较均匀，说明这三个区间是目前中国上市公司高管薪酬激励相对适中的范围。薪酬在300万元（含300万元）到1000万（不含1000万）的两个区间，分布不均匀。

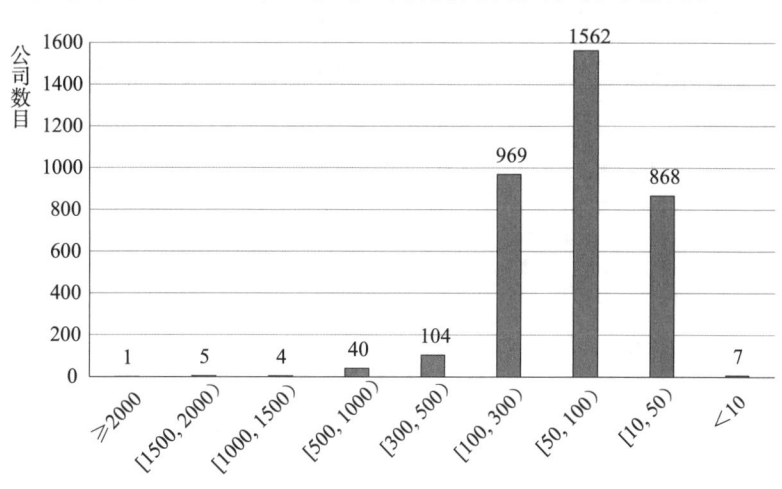

图23-9进一步反映了2019年上市公司高管薪酬绝对值分布情况。

图23-9　2019年上市公司高管薪酬总体分布情况

从图23-9可以看出，绝大部分公司的高管薪酬处于10万～300万元，反映出中国上市公司高管薪酬还不是很高，这与目前的激励制度不到位是有密切关系的。

23.5.3　高管薪酬绝对值的地区、行业和上市板块差异

首先来分析不同地区上市公司高管薪酬的差异。表23-16比较了不同地区上市公司高管薪酬，并按薪酬平均值从高到低进行了排序。

表23-16　2019年不同地区上市公司高管薪酬比较

单位：万元

地区	公司数目	平均值	中位值	最大值	最小值	标准差
东部	2475	112.35	80.14	3045.43	7.20	133.34
西部	472	93.54	61.76	1665.14	6.31	127.19

续表

地区	公司数目	平均值	中位值	最大值	最小值	标准差
中部	462	88.49	61.50	1551.47	12.10	104.78
东北	151	76.89	62.68	449.20	4.53	55.50
总体	3560	105.25	74.28	3045.43	4.53	127.22

从表23-16可以看出，东部地区上市公司薪酬最高前三位高管的平均薪酬的均值最大，其次是西部，中部排名第三，最后是东北，可见上市公司高管薪酬有明显的地区差异。从标准差来看，也是东部地区上市公司高管薪酬标准差最大，说明东部地区上市公司高管薪酬离散程度最大，其次是西部和中部地区，东北地区最小。四个地区中，只有东部上市公司高管薪酬高于总体均值，其他三个地区都低于总体均值。

其次分析不同行业上市公司高管薪酬的差异。表23-17比较了不同行业上市公司高管薪酬，并按薪酬平均值从高到低的顺序进行了排序。

表23-17 2019年不同行业上市公司高管薪酬比较

单位：万元

行业	公司数目	平均值	中位值	最大值	最小值	标准差
房地产业（K）	120	233.20	116.93	3045.43	17.80	372.79
金融业（J）	105	231.10	178.77	1506.27	19.83	200.10
住宿和餐饮业（H）	9	138.64	62.40	722.36	43.05	206.94
租赁和商务服务业（L）	52	135.08	95.69	641.48	22.67	116.40
科学研究和技术服务业（M）	44	119.78	81.00	972.90	25.95	143.62
卫生和社会工作（Q）	12	112.66	106.36	268.01	25.62	76.77
批发和零售业（F）	161	111.75	90.78	610.98	8.84	85.29
文化、体育和娱乐业（R）	56	105.16	73.30	637.51	21.87	108.30
交通运输、仓储和邮政业（G）	102	102.63	72.66	544.28	11.52	84.88
信息传输、软件和信息技术服务业（I）	273	99.15	77.63	570.20	7.20	79.33
教育（P）	8	96.61	97.20	166.43	24.19	45.88
制造业（C）	2227	96.21	70.85	1778.29	4.53	105.80
综合（S）	17	91.42	67.10	290.17	29.14	71.29
采矿业（B）	74	86.42	73.21	378.45	17.40	60.11

续表

行业	公司数目	平均值	中位值	最大值	最小值	标准差
农、林、牧、渔业（A）	41	81.24	54.37	557.83	12.77	105.66
水利、环境和公共设施管理业（N）	54	73.13	57.40	261.68	15.50	50.42
建筑业（E）	109	70.60	61.60	237.00	23.01	33.73
电力、热力、燃气及水生产和供应业（D）	109	70.60	61.60	237.00	23.01	33.73
总体	3560	105.25	74.28	3045.43	4.53	127.22

注：居民服务、修理和其他服务业（O）只有1家上市公司，难以代表该行业整体水平，故排名时剔除。

从表23-17可以看出，上市公司薪酬最高的前三位高管的平均薪酬具有明显的行业差异。18个行业中，7个行业的上市公司高管薪酬高于总体均值，另外11个行业低于总体均值。薪酬最高的三个行业是房地产业（K），金融业（J），住宿和餐饮业（H）；薪酬最低的三个行业是电力、热力、燃气及水生产和供应业（D），建筑业（E），水利、环境和公共设施管理业（N）。从标准差来看，各行业的标准差有很大差异，离散程度不一样。其中房地产业（K）上市公司高管薪酬离散程度最大，标准差为372.79，电力、热力、燃气及水生产和供应业（D），以及建筑业（E）上市公司高管薪酬离散程度最小，标准差都是33.73。

最后考察不同板块上市公司的高管薪酬。表23-18对不同板块上市公司高管薪酬进行了比较。

表23-18 2019年不同板块上市公司高管薪酬比较

单位：万元

上市板块	公司数目	平均值	中位值	最大值	最小值	标准差
深市主板（不含中小企业板）	453	125.41	77.43	1864.47	14.00	165.00
沪市主板	1443	112.18	77.37	3045.43	4.53	149.13
深市中小企业板	922	99.79	74.13	1195.61	7.20	91.78
深市创业板	742	86.27	68.32	1469.23	6.31	81.10
总体	3560	105.25	74.28	3045.43	4.53	127.22

从表23-18可以看出，不同板块上市公司薪酬最高的前三位高管的平均薪酬存在较大差别，其中深市主板（不含中小企业板）高管平均薪酬最高，为125.41万元，其后依次是沪市主板、深市中小企业板和深市创业板。从标准差来看，也是深市主板（不含中

小企业板）的离散程度最大，其后依次是沪市主板、深市中小企业板和深市创业板。四个板块中，深市主板（不含中小企业板）和沪市主板上市公司高管薪酬均值高于总体均值，深市中小企业板和深市创业板上市公司高管薪酬均值低于总体均值。

23.6 本章小结

本章对 3560 家上市公司高管薪酬指数，从地区、行业、上市板块这三个角度进行了对比分析，并对高管薪酬绝对值进行了比较分析。主要结论如下：

①从总体看，2019年上市公司高管薪酬指数最大值为45843.0702，最小值为0.0933，平均值为189.3483，中位值为78.0675。高管薪酬指数在 169.6437 以上的属于薪酬激励过度，高管薪酬指数在 32.1663 至 169.6437 之间的属于薪酬激励适中，高管薪酬指数在 32.1663 以下的属于薪酬激励不足。

②从地区来看，各地区高管薪酬指数由大到小依次为中部、东部、西部和东北，各地区上市公司高管薪酬指数均值存在较大差异。从薪酬激励看，东部地区薪酬激励适中的公司所占比重较大，同时东部地区薪酬激励过度的公司所占比重也较大，中部和东北地区薪酬激励不足的问题较为突出。

③从行业来看，上市公司高管薪酬指数均值最高的三个行业是卫生和社会工作（Q），住宿和餐饮业（H），教育（P）；最低的三个行业是交通运输、仓储和邮政业（G），电力、热力、燃气及水生产和供应业（D），采矿业（B）。从薪酬激励看，有的行业上市公司高管薪酬激励适中比例等于或大于 50%，但激励过度比例远大于 25%，激励不足比例远小于 25%，这意味着薪酬激励适中比例高的行业并不代表该行业上市公司高管薪酬激励都是合理的。

④从上市板块来看，上市公司高管薪酬指数均值从大到小依次是深市主板（不含中小企业板）、深市创业板、沪市主板和深市中小企业板。从薪酬激励看，深市中小企业板上市公司高管薪酬激励最为适中，而深市创业板则有较多的上市公司高管薪酬存在激励过度问题，深市主板（不含中小企业板）和沪市主板存在高管薪酬激励不足问题比较突出。

⑤从高管薪酬绝对值与高管薪酬指数的比较看，上市公司高管薪酬差异显著。薪酬绝对值高的上市公司也存在激励不足，而薪酬绝对值相对低的公司也存在激励过度。因此，衡量高管薪酬合理与否要结合公司绩效，即应该考虑相对薪酬。这有利于纠正社会上对较高或较低的高管薪酬存在的错误认识，即认为高薪酬就是激励过度，低薪酬就是激励不足，而这种误区容易导致一刀切的降薪或提薪。

第24章 高管薪酬指数的所有制比较

本报告对高管薪酬的评价是在考虑企业经营绩效的基础上对高管薪酬进行比较研究，即用指数形式来反映高管薪酬相对于企业绩效的合理程度。国有企业和非国有企业是中国经济的两个基本组成部分，但二者具有各自鲜明的特点，对高管薪酬指数有着重要的、但却不同的影响。那么，国有企业与非国有企业的高管薪酬水平有何差异，两类所有制企业的高管薪酬激励是否与企业绩效吻合？本章将从所有制角度对2019年3560家上市公司高管薪酬的合理性进行比较分析。

24.1 高管薪酬指数总体的所有制比较

本报告按所有制或控股类型，将上市公司分为国有绝对控股公司、国有强相对控股公司、国有弱相对控股公司、国有参股公司和无国有股份公司，本章将对这五类所有制上市公司的高管薪酬指数和绝对值进行比较分析。

24.1.1 高管薪酬指数和绝对值的总体比较

表24-1比较了2019年不同所有制上市公司的高管薪酬指数与高管薪酬绝对值，并按照均值从高到低的顺序进行了排序。

表24-1 2019年不同所有制上市公司高管薪酬指数和薪酬绝对值比较

排序	所有制类型	公司数目	平均值	中位值	最大值	最小值	标准差
高管薪酬指数							
1	国有参股公司	902	243.4593	89.1003	45843.0702	0.9980	1687.5514
2	无国有股份公司	1553	219.1981	110.6459	8480.2415	0.2134	514.7135
3	国有弱相对控股公司	416	132.9728	54.7461	3114.9420	0.9116	307.0346

续表

排序	所有制类型	公司数目	平均值	中位值	最大值	最小值	标准差
4	国有强相对控股公司	425	105.4544	38.7192	15434.5862	0.2562	750.2683
5	国有绝对控股公司	264	52.7663	23.2028	865.9625	0.0933	98.2771
	总体	3560	189.3483	78.0675	45843.0702	0.0933	959.0552
高管薪酬绝对值（单位：万元）							
1	国有弱相对控股公司	416	123.7991	78.3400	1506.2700	7.5200	140.5632
2	国有参股公司	902	122.3242	79.7667	3045.4331	6.3100	174.2981
3	国有绝对控股公司	264	100.0672	78.7000	650.6330	15.5000	81.3803
4	国有强相对控股公司	425	97.2010	76.1633	722.3567	4.5267	80.2530
5	无国有股份公司	1553	93.4557	69.7000	1864.4684	7.2000	104.1775
	总体	3560	105.2533	74.2750	3045.4331	4.5267	127.2207

从表24-1可以看出，就高管薪酬指数而言，国有参股公司的高管薪酬指数均值最高，为243.4593，其后依次是无国有股份公司、国有弱相对控股公司、国有强相对控股公司，高管薪酬指数均值最低的是国有绝对控股公司，为52.7663。国有强相对控股公司相较于其他四类所有制上市公司，更接近100，即其高管的平均激励程度相对更为适中。高管薪酬指数中位值从高到低的位次与平均值略有不同，只有前两名的位次交换了一下，其他不变。从标准差来看，2019年国有参股公司的标准差明显高于其他四类所有制上市公司，为1687.5514，离散程度最高。而国有绝对控股公司的标准差最小，仅为98.2771。2019年不同所有制上市公司高管薪酬指数的离散程度呈现明显的两极分化，而且两极内部之间的差别也都比较大。

就高管薪酬绝对值而言，不同所有制的上市公司，其高管薪酬绝对值存在较大差异。国有弱相对控股公司高管薪酬均值最高，其后分别为国有参股公司、国有绝对控股公司、国有强相对控股公司，无国有股份公司高管薪酬均值最低。从标准差来看，国有参股公司高管薪酬离散程度最大，国有绝对控股公司和国有强相对控股公司的高管薪酬标准差相对小一些。不同所有制上市公司高管薪酬绝对值离散程度也存在较大的差异。

图24-1更直观地反映了不同所有制上市公司高管薪酬指数均值的差异。可以发现，不同所有制上市公司的高管薪酬指数均值相差很大。两类非国有控股公司的高管薪酬指数均值相差不大，且都显著高于三类国有控股公司和总体的高管薪酬指数均值，而三类国有控股公司的高管薪酬指数均值则远低于总体均值，尤其是国有绝对控股公司和国有强相对控股公司。

特别需要关注的是，随着第一大股东中国有股份比例的降低，上市公司高管薪酬指数均值大致表现出逐渐提高的趋势，即国有股份比例越高，其高管薪酬激励相对于企业绩效来说就越低。但两类非国有控股公司中，国有参股公司的高管薪酬指数均值要高于无国有股份公司。还需要注意的是，高管薪酬指数低，尽管从数字上看表明薪酬激励不足，但从客观角度，应该考虑企业业绩是否都是或主要是由高管贡献带来的，因为现实中，不少国有企业还有很强的垄断性质，很多业绩是由垄断特别是政府赋予的垄断资源（包括无形的垄断资源，如特殊政策）产生的。

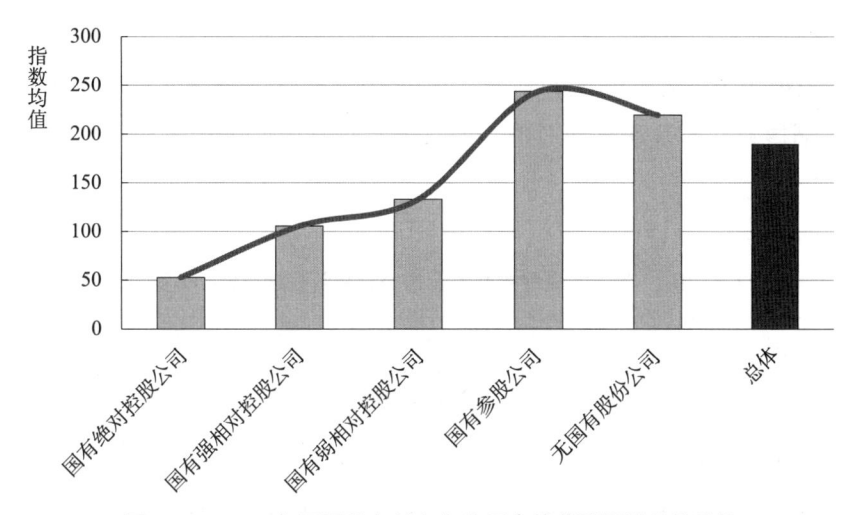

图24-1　2019年不同所有制上市公司高管薪酬指数均值比较

我们进一步将国有绝对控股公司、国有强相对控股公司和国有弱相对控股公司归类为国有控股公司，将国有参股公司和无国有股份公司归类为非国有控股公司，表24-2比较了2019年国有控股公司和非国有控股公司的高管薪酬指数和高管薪酬绝对值，并按照均值从高到低的顺序进行了排序。

表 24-2　2019 年国有与非国有控股上市公司高管薪酬指数和薪酬绝对值比较

排序	所有制类型	公司数目	平均值	中位值	最大值	最小值	标准差
高管薪酬指数							
1	非国有控股公司	2455	228.1120	102.8121	45843.0702	0.2134	1101.8434
2	国有控股公司	1105	103.2263	39.6998	15434.5862	0.0933	505.2146
	总体	3560	189.3483	78.0675	45843.0702	0.0933	959.0552
高管薪酬绝对值（单位：万元）							
1	国有控股公司	1105	107.8992	77.0933	1506.2700	4.5267	107.9424
2	非国有控股公司	2455	104.0624	73.2900	3045.4331	6.3100	134.9855
	总体	3560	105.2533	74.2750	3045.4331	4.5267	127.2207

从表24-2可以看出，从2019年上市公司高管薪酬指数的平均值和中位值来看，非国有控股公司都远高于国有控股公司，其中非国有控股公司高管薪酬指数均值是国有控股公司高管薪酬指数均值的2.21倍。就离散程度而言，非国有控股公司高管薪酬指数的离散程度远高于国有控股公司。就高管薪酬绝对值而言，非国有控股公司高管薪酬的平均值和中位值都小于国有控股公司，而最大值、最小值和标准差都高于国有控股公司。可以看出，非国有控股公司高管薪酬指数明显高于国有控股公司，但非国有控股公司高管薪酬绝对值均值却略小于国有控股公司，这反映了两类所有制上市公司高管薪酬与其绩效的对应程度存在一定的差异。

进一步根据三类最终控制人的划分，比较2019年这三类最终控制人控制的上市公司的高管薪酬指数和高管薪酬绝对值，并按照均值从高到低的顺序进行了排序，参见表24-3。

表24-3 2019年不同最终控制人上市公司高管薪酬指数和薪酬绝对值比较

排序	最终控制人	公司数目	平均值	中位值	最大值	最小值	标准差
高管薪酬指数							
1	非国有企业或自然人	2419	227.3015	103.2064	45843.0702	0.2134	1102.3024
2	中央企业（或监管机构）	390	124.6954	36.7673	15434.5862	0.0933	809.0826
3	地方国企（或监管机构）	751	100.6744	40.4625	6524.2878	0.7203	302.8190
	总体	3560	189.3483	78.0675	45843.0702	0.0933	959.0552
高管薪酬绝对值（单位：万元）							
1	中央企业（或监管机构）	390	125.1942	90.4667	1016.3600	21.0400	114.7204
2	非国有企业或自然人	2419	103.2800	72.5200	3045.4331	6.3100	134.3605
3	地方国企（或监管机构）	751	101.2538	70.3733	1506.2700	4.5267	107.2609
	总体	3560	105.2533	74.2750	3045.4331	4.5267	127.2207

从表24-3可以看出，中央企业（或监管机构）控制的上市公司高管薪酬指数高于地方国企（或监管机构）控制的上市公司，前者的高管薪酬绝对值均值也高于后者。这意味着，中央企业（或监管机构）控制的上市公司的高管薪酬激励高于地方国企（或监管机构）控制的上市公司。另外，中央企业（或监管机构）和地方国企（或监管机构）控制的上市公司的高管薪酬指数都远低于非国有企业或自然人控制的上市公司，但中央企业（或监管机构）控制的上市公司的高管薪酬绝对值却高于非国有企业或自然人控制

的上市公司，地方国企（或监管机构）控制的上市公司的高管薪酬绝对值低于非国有企业或自然人控制的上市公司。

24.1.2 高管薪酬激励区间的总体比较

根据本报告使用的四分之一分位法，我们将高管薪酬指数划分为激励过度、激励适中和激励不足三个区间。表24-4列示了不同所有制上市公司的高管薪酬指数和绝对值情况，并分别按照激励适中的比例和高管薪酬绝对值从高到低的顺序进行了排序。

表24-4 2019年不同所有制上市公司高管薪酬激励区间比较

所有制类型	公司数目	其中		
		激励适中	激励过度	激励不足
高管薪酬指数				
无国有股份公司	1553	826（53.19%）	520（33.48%）	207（13.33%）
国有参股公司	902	468（51.88%）	240（26.61%）	194（21.51%）
国有弱相对控股公司	416	205（49.28%）	70（16.83%）	141（33.89%）
国有强相对控股公司	425	190（44.71%）	45（10.58%）	190（44.71%）
国有绝对控股公司	264	91（34.47%）	15（5.68%）	158（59.85%）
高管薪酬绝对值均值（单位：万元）				
国有弱相对控股公司	416	121.6936	116.6565	130.4062
国有参股公司	902	117.2183	118.4231	139.4678
国有绝对控股公司	264	104.1630	93.5048	98.3313
无国有股份公司	1553	90.7129	97.5255	94.1764
国有强相对控股公司	425	88.3356	110.6414	102.8831

注：括号中的数字为某类所有制上市公司中不同激励类型公司数与该类所有制公司总数的比例。

根据表24-4，从高管薪酬指数来看，无国有股份公司高管薪酬激励适中的比例最高，其次是国有参股公司，这两类公司高管薪酬激励适中的比例都超过50%的标准比例；国有绝对控股公司高管薪酬激励适中的比例最低，为34.47%，远低于50%的标准比例。无国有股份公司高管薪酬激励过度的比例最高，为33.48%，高于25%的标准比例；国有弱相对控股公司、国有强相对控股公司和国有绝对控股公司这三类公司高管薪酬激励过度的比例都远低于 25% 的标准比例。国有绝对控股公司高管薪酬激励不足的比例最高，为 59.85%，远高于 25% 的标准比例；其后依次是国有强相对控股公司和国有弱相对控股公司，也都超过 25% 的标准比例；国有参股公司和无国有股份公司高管薪酬激励不足的比例则都低于 25% 的标准比例。

图 24-2 更直观地展示了 2019 年不同所有制上市公司高管薪酬激励情况的差异。图中纵坐标列示的所有制顺序由下到上，依次对应的是薪酬激励适中比例由高到低，无国有股份公司高管薪酬激励适中比例最高，国有绝对控股公司高管薪酬激励适中比例最低。

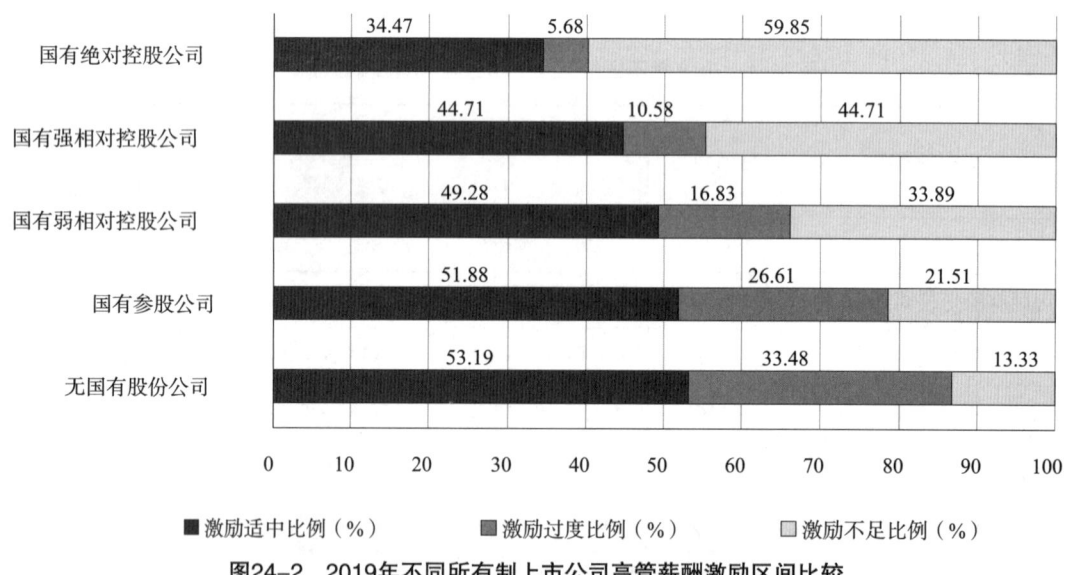

所有制	激励适中比例（%）	激励过度比例（%）	激励不足比例（%）
国有绝对控股公司	34.47	5.68	59.85
国有强相对控股公司	44.71	10.58	44.71
国有弱相对控股公司	49.28	16.83	33.89
国有参股公司	51.88	26.61	21.51
无国有股份公司	53.19	33.48	13.33

图24-2　2019年不同所有制上市公司高管薪酬激励区间比较

从高管薪酬绝对值来看，在激励适中区间，国有弱相对控股公司高管薪酬均值最高，为 121.6936 万元，最低是国有强相对控股公司，高管薪酬均值为 88.3356 万元；在激励过度区间，国有参股公司高管薪酬均值最高，为 118.4231 万元，最低是国有绝对控股公司，为 93.5048 万元；在激励不足区间，国有参股公司高管薪酬均值最高，为 139.4678 万元，最低是无国有股份公司，为 94.1764 万元。从数据可以看出，激励过度区间中的高管薪酬并不一定比激励适中区间的高管薪酬高，也并不一定比激励不足区间的高管薪酬高，激励不足区间的高管薪酬也不一定比另两个区间的高管薪酬低，因为高管薪酬指数反映的是高管薪酬与其绩效的吻合度，只看高管薪酬绝对值是反映不出激励的本质内涵的。

图 24-3 更直观地展示了 2019 年不同所有制上市公司不同激励区间的高管薪酬均值的差异。可以看到，五类所有制上市公司存在于每个激励区间。

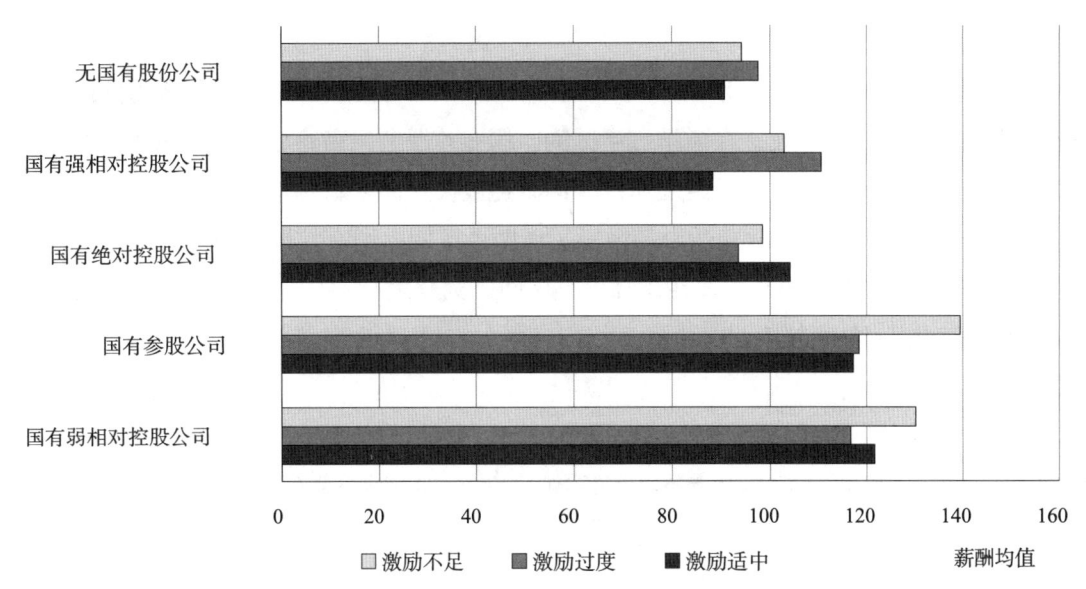

图24-3 2019年不同所有制上市公司不同激励区间高管薪酬均值比较（单位：万元）

我们进一步把五种所有制类型归类为国有控股公司和非国有控股公司两种类型，表24-5列示了两种类型上市公司的高管薪酬指数和绝对值情况。

表 24-5 2019 年国有与非国有控股上市公司高管薪酬激励区间比较

所有制类型	公司数目	其中		
		激励适中	激励过度	激励不足
高管薪酬指数				
国有控股公司	1105	486（43.98%）	130（11.76%）	489（44.25%）
非国有控股公司	2455	1294（52.71%）	760（30.96%）	401（16.33%）
高管薪酬绝对值均值（单位：万元）				
国有控股公司	1105	105.3699	111.9030	109.3485
非国有控股公司	2455	100.2991	104.1248	116.0880

注：括号中的数字为某类所有制上市公司中不同激励类型公司数与该类所有制公司总数的比例。

由表24-5可以看出，从高管薪酬指数角度比较，非国有控股公司高管薪酬激励适中比例较高，为52.71%，大于国有控股公司高管薪酬激励适中比例43.98%，但只是略高于50%的标准比例；非国有控股公司高管薪酬激励过度的比例也较高，为30.96%，高于国有控股公司高管薪酬激励过度的比例11.76%和25%的标准比例；国有控股公司高管薪酬激励不足比例较高，为44.25%，远高于非国有控股公司薪酬激励不足的比例

16.33%和25%的标准比例。

从高管薪酬绝对值角度比较，在激励适中区间，国有控股公司高管薪酬均值比非国有控股公司高出5.07万元；在激励过度区间，国有控股公司高管薪酬均值比非国有控股公司高出7.78万元；在激励不足区间，非国有控股公司高管薪酬均值比国有控股公司高6.74万元。可以看出，在激励适中和激励过度两个区间，国有控股公司高管薪酬绝对值均值都比非国有控股公司高，而在激励不足区间，则反之。

再按三类最终控制人的不同，比较三类上市公司的高管薪酬激励情况，参见表24-6。

表24-6 2019年不同最终控制人上市公司高管薪酬激励区间比较

最终控制人	公司数目	其中		
		激励适中	激励过度	激励不足
高管薪酬指数				
中央企业（或监管机构）	390	170（43.59%）	38（9.74%）	182（46.67%）
地方国企（或监管机构）	751	332（44.21%）	94（12.52%）	325（43.27%）
非国有企业或自然人	2419	1278（52.83%）	758（31.34%）	383（15.83%）
高管薪酬绝对值均值（单位：万元）				
中央企业（或监管机构）	390	130.1097	102.8937	125.2589
地方国企（或监管机构）	751	95.0643	115.5907	103.4300
非国有企业或自然人	2419	99.6219	104.0986	113.8663

注：括号中的数字为不同最终控制人上市公司中不同激励类型公司数与该类所有制公司总数的比例。

由表24-6可以看出，从高管薪酬指数角度看，中央企业（或监管机构）控制的上市公司的高管薪酬激励适中的比例与地方国企（或监管机构）控制的上市公司相差不大，两者都低于50%的标准比例；两类企业高管激励过度和激励不足的比例也相差不大，但激励过度的比例远低于25%的标准比例，而激励不足的比例则远高于25%的标准比例。另外，两类企业高管激励适中和激励过度的比例都远低于非国有企业或自然人控制的上市公司，而激励不足的比例却远高于后者。这意味着，中央企业（或监管机构）和地方国企（或监管机构）控制的上市公司中有44%左右的公司高管薪酬激励适中的同时，也有45%左右的公司存在激励不足问题。

从高管薪酬绝对值角度看，在激励适中和激励不足两个区间，中央企业（或监管机构）控制的上市公司的高管薪酬均值都较大幅度高于地方国企（或监管机构）和非国有企业或自然人控制的上市公司，地方国企（或监管机构）控制的上市公司的高管薪酬均值最低。在激励过度区间，地方国企（或监管机构）控制的上市公司的高管薪酬均值高于中央企业（或监管机构）和非国有企业或自然人控制的上市公司，中央企业（或监管机构）控制的上市公司的高管薪酬均值最低。这同样反映了，高管薪酬低未必激励不足，高管薪酬高仍可能是薪酬激励不足。

24.2 分地区高管薪酬指数的所有制比较

按照东部、中部、西部和东北的地区划分，我们对不同地区不同所有制上市公司的高管薪酬指数和绝对值进行比较。

24.2.1 分地区高管薪酬指数和绝对值的比较

四个不同地区不同所有制上市公司的高管薪酬指数和绝对值的描述性统计参见表24-7。

表24-7 2019年不同地区国有与非国有控股上市公司高管薪酬指数和薪酬绝对值比较

地区	所有制类型	公司数目	平均值	中位值	最大值	最小值	标准差
高管薪酬指数							
东部	国有控股公司	648	117.6414	42.1874	15434.5862	0.0933	638.3747
	非国有控股公司	1827	207.1595	106.4904	19345.2393	0.2134	644.5997
	总体	2475	183.7220	88.0481	19345.2393	0.0933	644.1789
中部	国有控股公司	193	87.5555	29.4876	2722.6209	0.7203	239.9150
	非国有控股公司	269	344.5499	79.3213	45843.0702	1.3682	2803.4020
	总体	462	237.1907	56.9613	45843.0702	0.7203	2148.5013
西部	国有控股公司	204	80.7664	42.4582	2145.2945	1.8315	166.6024
	非国有控股公司	268	254.1590	108.8475	6524.2878	1.8055	578.4040
	总体	472	179.2181	69.9479	6524.2878	1.8055	457.5275
东北	国有控股公司	60	74.3156	34.8190	724.5921	1.3800	119.8235
	非国有控股公司	91	227.8685	86.7477	2371.1858	2.2353	377.9880
	总体	151	166.8541	69.0089	2371.1858	1.3800	312.1772

续表

地区	所有制类型	公司数目	平均值	中位值	最大值	最小值	标准差
高管薪酬绝对值（单位：万元）							
东部	国有控股公司	648	129.2389	93.3850	1506.2700	7.5200	125.6014
	非国有控股公司	1827	106.3548	76.0000	3045.4331	7.2000	135.4741
	总体	2475	112.3463	80.1367	3045.4331	7.2000	133.3402
中部	国有控股公司	193	84.4781	59.1533	589.5000	19.3167	77.1643
	非国有控股公司	269	91.3736	63.5633	1551.4667	12.1000	120.6872
	总体	462	88.4930	61.5000	1551.4667	12.1000	104.7841
西部	国有控股公司	204	74.2860	58.0033	442.8933	13.2933	58.6410
	非国有控股公司	268	108.1943	67.0284	1665.1400	6.3100	159.3067
	总体	472	93.5390	61.7583	1665.1400	6.3100	127.1940
东北	国有控股公司	60	67.0522	58.9533	165.6000	4.5267	34.1718
	非国有控股公司	91	83.3770	67.1700	449.2000	8.8400	65.0806
	总体	151	76.8903	62.6800	449.2000	4.5267	55.5006

根据表24-7可以看出，从高管薪酬指数来看，四个地区国有控股公司的高管薪酬指数均值和中位值都远低于非国有控股公司，说明各地区国有控股公司高管薪酬存在较多的激励不足问题，而非国有控股公司高管薪酬则存在较多的激励过度问题。图24-4直观地反映了四个地区不同所有制上市公司高管薪酬指数均值的差异。

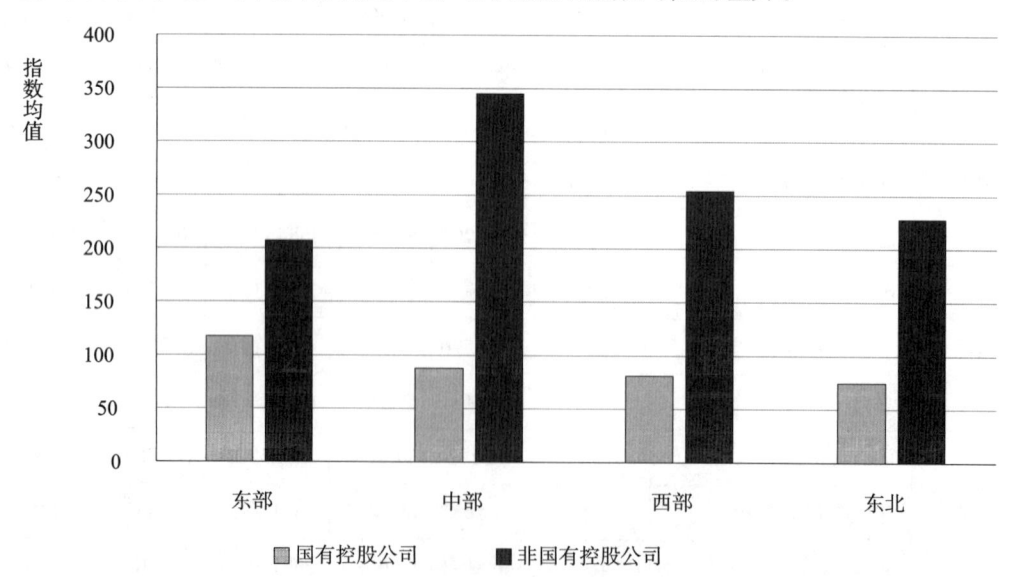

图24-4 2019年不同地区国有与非国有控股上市公司高管薪酬指数均值比较

从高管薪酬绝对值来看，东部地区的国有控股公司高管薪酬均值高于非国有控股公司，其他三个地区的国有控股公司高管薪酬均值则低于非国有控股公司；除了东部地区，其他三个地区的国有控股公司高管薪酬的中位值均低于非国有控股公司。

为了更准确地判断四个地区国有与非国有控股上市公司高管薪酬指数的差异，我们将两种类型上市公司高管薪酬指数均值的倍数计算出来，如表 24-8 所示。

表 24-8　2019 年不同地区国有与非国有控股上市公司高管薪酬指数均值的倍数

指标	东部	中部	西部	东北
国有控股公司高管薪酬指数均值（1）	117.6414	87.5555	80.7664	74.3156
非国有控股公司高管薪酬指数均值（2）	207.1595	344.5499	254.1590	227.8685
（2）/（1）	1.7609	3.9352	3.1468	3.0662

由表 24-8 可知，中部、西部和东北三个地区非国有控股公司高管薪酬指数均值都是国有控股公司高管薪酬指数均值的 3 倍多，比值最高的是中部地区，达到 3.94 倍；最小的是东部地区，为 1.76 倍。

24.2.2　分地区高管薪酬激励区间的比较

表 24-9 列示了四个地区国有控股公司与非国有控股公司的高管薪酬激励情况。

表 24-9　2019 年不同地区国有与非国有控股上市公司高管薪酬激励区间比较

区域	所有制类型	公司数目	其中		
			激励适中	激励过度	激励不足
高管薪酬指数					
东部	国有控股公司	648	296（45.68%）	79（12.19%）	273（42.13%）
	非国有控股公司	1827	985（53.91%）	566（30.98%）	276（15.11%）
中部	国有控股公司	193	72（37.31%）	20（10.36%）	101（52.33%）
	非国有控股公司	269	140（52.04%）	69（25.65%）	60（22.31%）
西部	国有控股公司	204	94（46.08%）	25（12.25%）	85（41.67%）
	非国有控股公司	268	128（47.76%）	96（35.82%）	44（16.42%）
东北	国有控股公司	60	24（40.00%）	6（10.00%）	30（50.00%）
	非国有控股公司	91	41（45.05%）	29（31.87%）	21（23.08%）

续表

区域	所有制类型	公司数目	其中		
			激励适中	激励过度	激励不足
高管薪酬绝对值均值（单位：万元）					
东部	国有控股公司	648	123.4328	122.0293	137.6205
	非国有控股公司	1827	101.5405	105.2593	125.7830
中部	国有控股公司	193	95.3878	111.7472	71.3011
	非国有控股公司	269	82.4774	104.0035	97.6070
西部	国有控股公司	204	67.8168	94.3134	75.5497
	非国有控股公司	268	114.3372	105.2894	96.6618
东北	国有控股公司	60	59.6234	52.3822	75.9292
	非国有控股公司	91	87.5037	78.4147	82.1730

注：括号中的数字为某地区某类所有制上市公司中不同激励类型公司数与该地区该类型所有制全部公司数的比例。

由表24-9可以看出，从高管薪酬指数角度比较，四个地区国有控股公司高管薪酬激励适中比例均低于非国有控股公司，前者都低于50%的标准比例，尤其是中部更低；四个地区国有控股公司高管薪酬激励过度比例均低于非国有控股公司，前者都远低于25%的标准比例，后者都高于25%的标准比例；四个地区国有控股公司高管薪酬激励不足比例均高于非国有控股公司，前者都远高于25%的标准比例。西部和东北国有控股公司和非国有控股公司高管薪酬激励适中的比例差距较小，而四个地区激励过度和激励不足的比例相差都较大。

从高管薪酬绝对值角度比较，在激励适中和激励过度区间，东部和中部两个地区国有控股公司高管薪酬均值高于非国有控股公司，而西部和东北两个地区国有控股公司高管薪酬均值则低于非国有控股公司；在激励不足区间，东部地区国有控股公司高管薪酬均值高于非国有控股公司，而中部、西部和东北三个地区国有控股公司高管薪酬均值则都低于非国有控股公司。

24.3 分行业高管薪酬指数的所有制比较

同前面各章一样，我们选择上市公司数目较多且具有代表性的六个行业，即制造业（C），电力、热力、燃气及水生产和供应业（D），交通运输、仓储和邮政业（G），信息传输、软件和信息技术服务业（I），金融业（J），房地产业（K），对这六个行业的上市公司高管薪酬激励进行比较分析。

24.3.1 分行业高管薪酬指数和绝对值的比较

表 24-10 列示了六个行业上市公司高管薪酬指数和绝对值的描述性统计结果。

表 24-10 2019 年不同行业国有与非国有控股上市公司高管薪酬指数和薪酬绝对值比较

行业	所有制类型	公司数目	平均值	中位值	最大值	最小值	标准差
高管薪酬指数							
制造业（C）	国有控股公司	517	76.2750	42.9756	1858.7164	0.7203	959.0552
	非国有控股公司	1710	201.6711	102.4184	45843.0702	0.9980	1149.2475
	总体	2227	172.5603	86.9865	45843.0702	0.7203	1010.2814
电力、热力、燃气及水生产和供应业（D）	国有控股公司	79	48.7631	24.3225	489.6882	1.1575	66.9555
	非国有控股公司	30	233.8317	101.0590	2805.5732	10.3543	499.4525
	总体	109	99.6994	38.5460	2805.5732	1.1575	280.6031
交通运输、仓储和邮政业（G）	国有控股公司	70	55.5771	35.4409	368.2740	1.3191	71.0011
	非国有控股公司	32	174.8972	72.7959	1949.4136	2.3925	349.7539
	总体	102	93.0108	39.1747	1949.4136	1.3191	211.9016
信息传输、软件和信息技术服务业（I）	国有控股公司	44	167.9349	81.7213	1749.1565	0.5636	272.1729
	非国有控股公司	229	245.3939	154.0020	3451.9252	2.2315	338.1297
	总体	273	232.9097	142.1766	3451.9252	0.5636	329.6287
金融业（J）	国有控股公司	70	78.8167	32.9872	865.9625	0.2509	125.3576
	非国有控股公司	35	513.4115	120.0164	8041.5368	1.3682	1408.8250
	总体	105	223.6816	53.1399	8041.5368	0.2509	845.0112
房地产业（K）	国有控股公司	58	122.5067	66.6915	1537.4364	5.2172	218.5615
	非国有控股公司	62	532.9228	69.3527	8480.2415	4.2242	1429.6178
	总体	120	334.5550	68.7294	8480.2415	4.2242	1058.8290
高管薪酬绝对值（单位：万元）							
制造业（C）	国有控股公司	517	96.8612	72.3700	622.8800	4.5267	81.4784
	非国有控股公司	1710	96.0120	70.3233	1778.2854	6.3100	112.1220
	总体	2227	96.2091	70.8533	1778.2854	4.5267	105.8027
电力、热力、燃气及水生产和供应业（D）	国有控股公司	79	67.7266	60.1667	192.0400	23.0067	30.3025
	非国有控股公司	30	78.1491	66.4000	237.0000	27.3367	40.4493
	总体	109	70.5952	61.6000	237.0000	23.0067	33.7268

续表

行业	所有制类型	公司数目	平均值	中位值	最大值	最小值	标准差
交通运输、仓储和邮政业（G）	国有控股公司	70	89.4851	68.1000	272.6400	11.5233	59.4153
	非国有控股公司	32	131.3881	79.6183	544.2833	43.8900	118.4746
	总体	102	102.6311	72.6600	544.2833	11.5233	84.8778
信息传输、软件和信息技术服务业（I）	国有控股公司	44	98.4773	90.5450	310.0000	29.8333	54.8723
	非国有控股公司	229	99.2833	76.6667	570.1968	7.2000	83.2115
	总体	273	99.1534	77.6300	570.1968	7.2000	79.3318
金融业（J）	国有控股公司	70	245.4361	173.0633	1506.2700	35.8467	221.1894
	非国有控股公司	35	202.4355	187.6167	598.4567	19.8333	145.0235
	总体	105	231.1026	178.7667	1506.2700	19.8333	200.0950
房地产业（K）	国有控股公司	58	168.0130	110.5217	982.4333	24.7867	174.9990
	非国有控股公司	62	294.1850	125.1667	3045.4331	17.8000	482.3170
	总体	120	233.2019	116.9267	3045.4331	17.8000	372.7859

由表 24-10 可以看出，从高管薪酬指数角度分析，六个代表性行业国有控股公司高管薪酬指数均值都远低于非国有控股公司，尤其是金融业（J）差距非常大。这说明各行业国有控股公司高管薪酬存在较多的激励不足问题，而非国有控股公司高管薪酬则存在较多的激励过度问题。图 24-5 直观地反映了六个代表性行业中不同所有制上市公司高管薪酬指数均值的差异。

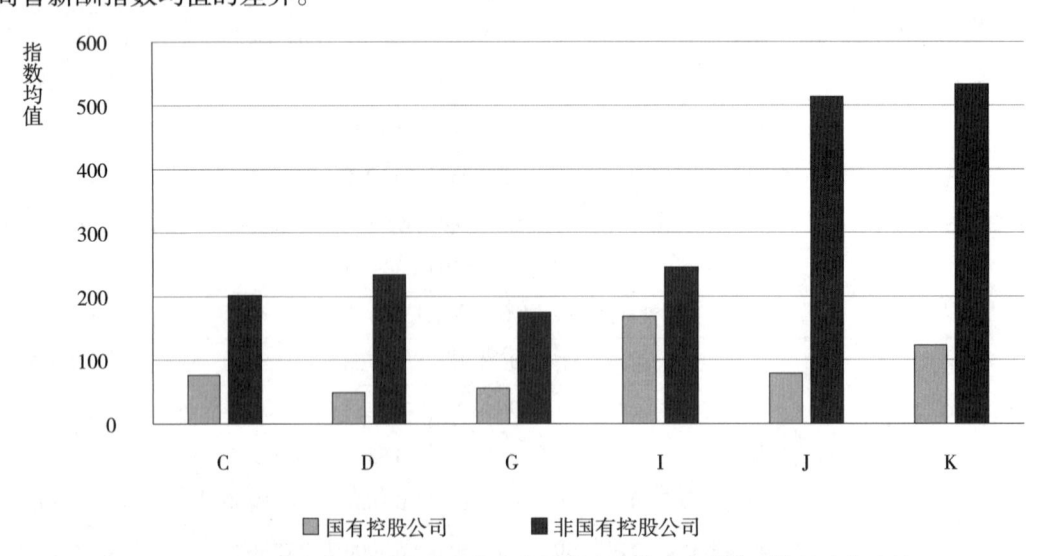

图24-5　2019年不同行业国有与非国有控股上市公司高管薪酬指数均值比较

从高管薪酬绝对值角度分析，制造业（C）和金融业（J）的国有控股公司高管薪酬均值高于非国有控股公司，其他四个行业国有控股公司高管薪酬均值低于非国有控股公司。差距最大的行业是房地产业（K），非国有控股公司高管薪酬均值是国有控股公司的1.75倍，绝对差距达到126.17万元。差距最小的是信息传输、软件和信息技术服务业（I），非国有控股公司高管薪酬均值只是国有控股公司的1.01倍，绝对差距仅为0.81万元，而且两类公司高管薪酬均值都在99万元左右。

进一步比较六个行业国有与非国有控股上市公司高管薪酬指数均值的倍数，参见表24-11。

表 24-11　2019年不同行业国有与非国有控股上市公司高管薪酬指数均值的倍数

项目	C	D	G	I	J	K
国有控股公司高管薪酬指数均值（1）	76.2750	48.7631	55.5771	167.9349	78.8167	122.5067
非国有控股公司高管薪酬指数均值（2）	201.6711	233.8317	174.8972	245.3939	513.4115	532.9228
（2）/（1）	2.6440	4.7953	3.1469	1.4612	6.5140	4.3502

由表24-11可知，金融业（J）非国有控股公司高管薪酬指数均值是国有控股公司的6.51倍，在六个行业中差距最大，但该行业非国有控股公司高管薪酬绝对值却低于国有控股公司；信息传输、软件和信息技术服务业（I）非国有控股公司高管薪酬指数均值是国有控股公司的1.46倍，在六个行业中差距最小。高管薪酬指数和高管薪酬绝对值的不同方向，说明高管薪酬绝对值低，未必激励力度小。

24.3.2　分行业高管薪酬激励区间的比较

表24-12列示了六个行业国有控股和非国有控股上市公司的高管薪酬激励情况。

表 24-12　2019年不同行业国有与非国有控股上市公司高管薪酬激励区间比较

行业	所有制类型	公司数目	其中		
			激励适中	激励过度	激励不足
高管薪酬指数					
制造业（C）	国有控股公司	517	246（47.58%）	55（10.64%）	216（41.78%）
	非国有控股公司	1710	933（54.56%）	517（30.23%）	260（15.21%）

续表

行业	所有制类型	公司数目	其中		
			激励适中	激励过度	激励不足
电力、热力、燃气及水生产和供应业（D）	国有控股公司	79	31（39.24%）	4（5.06%）	44（55.70%）
	非国有控股公司	30	15（50.00%）	9（30.00%）	6（20.00%）
交通运输、仓储和邮政业（G）	国有控股公司	70	34（48.57%）	4（5.71%）	32（45.72%）
	非国有控股公司	32	16（50.00%）	7（21.88%）	9（28.12%）
信息传输、软件和信息技术服务业（I）	国有控股公司	44	23（52.27%）	12（27.27%）	9（20.46%）
	非国有控股公司	229	110（48.03%）	101（44.11%）	18（7.86%）
金融业（J）	国有控股公司	70	27（38.57%）	9（12.86%）	34（48.57%）
	非国有控股公司	35	12（34.28%）	15（42.86%）	8（22.86%）
房地产业（K）	国有控股公司	58	32（55.17%）	9（15.52%）	17（29.31%）
	非国有控股公司	62	25（40.32%）	19（30.65%）	18（29.03%）
高管薪酬绝对值均值（单位：万元）					
制造业（C）	国有控股公司	517	98.6444	91.2699	96.2542
	非国有控股公司	1710	90.5855	101.3734	104.8237
电力、热力、燃气及水生产和供应业（D）	国有控股公司	79	60.6280	56.1097	73.7839
	非国有控股公司	30	87.4318	67.8378	70.4094
交通运输、仓储和邮政业（G）	国有控股公司	70	81.2798	147.1608	90.9938
	非国有控股公司	32	140.0344	60.7281	170.9748
信息传输、软件和信息技术服务业（I）	国有控股公司	44	107.9015	90.2997	85.2967
	非国有控股公司	229	102.0508	101.2729	71.2074
金融业（J）	国有控股公司	70	275.0536	307.9732	205.3624
	非国有控股公司	35	174.3686	218.5912	214.2438
房地产业（K）	国有控股公司	58	135.7389	136.5830	245.4038
	非国有控股公司	62	398.8511	160.1381	290.3095

注：括号中的数字为某行业某类所有制上市公司中不同激励类型公司数与该行业该类型所有制全部公司数的比例。

从表24-12可以看出，从高管薪酬指数角度比较，制造业（C），电力、热力、燃气及水生产和供应业（D）和交通运输、仓储和邮政业（G）国有控股公司高管薪酬激励适中比例低于非国有控股公司，且前者都低于50%的标准比例；信息传输、软件和信息技术服务业（I），金融业（J）和房地产业（K）国有控股公司高管薪酬激励适中比例高于非国有控股公司，金融业（J）国有控股公司高管薪酬适中比例低于50%的标准比例，其他两个行业国有控股公司高管薪酬适中比例都略高于50%的标准比例。六个行业国有控股公司高管薪酬激励过度比例都远低于非国有控股公司，除了信息传输、软件和信息技术服务业（I）外，其余五个行业国有控股公司高管薪酬激励过度比例都低于或远低于 25% 的标准比例；六个行业国有控股公司高管薪酬激励不足比例都高于非国有控股公司，除了信息传输、软件和信息技术服务业（I）外，其他五个行业国有控股公司高管薪酬激励不足比例都高于或远高于 25% 的标准比例。

从高管薪酬绝对值角度比较，在激励适中区间，制造业（C），信息传输、软件和信息技术服务业（I），金融业（J）国有控股公司高管薪酬均值都高于非国有控股公司，其中，金融业（J）国有控股公司高管薪酬高出非国有控股公司 100.69 万元，超过金额远超其他两个行业；另外三个行业则是非国有控股公司高管薪酬高于国有控股公司，其中房地产业超过最多，达到 263.11 万元。在激励过度区间，交通运输、仓储和邮政业（G）以及金融业（J）的国有控股公司高管薪酬均值高于非国有控股公司，其中金融业（J）超过额度为 89.83 万元；其他四个行业的国有控股公司高管薪酬均值都低于非国有控股公司，但差额都不大。在激励不足区间，电力、热力、燃气及水生产和供应业（D）以及信息传输、软件和信息技术服务业（I）国有控股公司高管薪酬均值高于非国有控股公司，但高出不多；其他四个行业则是国有控股公司低于非国有控股公司，其中交通运输、仓储和邮政业（G）低出较多，为 79.98 万元。需要注意的是，在激励过度区间，制造业（C）、电力、热力、燃气及水生产和供应业（D），以及信息传输、软件和信息技术服务业（I）国有控股公司高管薪酬均值低于同类公司激励适中区间的高管薪酬均值；电力、热力、燃气及水生产和供应业（D），交通运输、仓储和邮政业（G），信息传输、软件和信息技术服务业（I），以及房地产业（K）非国有控股公司激励过度区间的高管薪酬均值低于同类公司激励适中区间的高管薪酬均值，这与人们印象中激励过度区间的高管薪酬一般更高似乎不相符。其实，这不难理解，因为本报告的高管薪酬指数是基于企业业绩计算出来的。高管薪酬不高，却激励过度，实际反映了这些企业的业绩比较低下。

24.4　本章小结

本章从所有制层面对 3560 家上市公司的高管薪酬指数和绝对值进行了统计和比较分析，主要结论如下：

①从总体看，非国有控股公司高管薪酬指数均值和中位值都远高于国有控股公司。随着第一大股东中国有股份比例的降低，上市公司高管薪酬指数均值大致表现出逐渐提高的趋势，即国有股份比例越高，其高管薪酬激励相对于企业绩效来说就越低。但两类非国有控股公司中，国有参股公司的高管薪酬指数均值要高于无国有股份公司。需要注意的是，高管薪酬指数低，判断是否属于薪酬激励不足，还需要考虑垄断特别是政府赋

予垄断资源的影响。

从高管薪酬激励区间看，无国有股份公司高管薪酬激励适中的比例最高，国有绝对控股公司高管薪酬激励适中的比例最低；无国有股份公司高管薪酬激励过度的比例最高；国有绝对控股公司高管薪酬激励不足的比例最高。

从高管薪酬绝对值看，非国有控股公司高管薪酬的平均值和中位值都小于国有控股公司。在激励适中区间，国有弱相对控股公司高管薪酬均值最高，最低是国有强相对控股公司；在激励过度区间，国有参股公司高管薪酬均值最高，最低是国有绝对控股公司；在激励不足区间，国有参股公司高管薪酬均值最高，最低是无国有股份公司。从数据可以看出，激励过度区间中的高管薪酬并不一定比激励适中和激励不足区间的高管薪酬高，因为高管薪酬指数反映的是高管薪酬与其绩效的吻合度，只看高管薪酬绝对值是反映不出激励的本质内涵的。

②从地区看，从高管薪酬指数比较，四个地区国有控股公司的高管薪酬指数均值和中位值都远低于非国有控股公司；从高管薪酬绝对值比较，东部地区的国有控股公司高管薪酬均值高于非国有控股公司，其他三个地区的国有控股公司高管薪酬均值则低于非国有控股公司。

从激励区间比较，从高管薪酬指数角度，四个地区国有控股公司高管薪酬激励适中比例均低于非国有控股公司；四个地区国有控股公司高管薪酬激励过度比例均低于非国有控股公司；四个地区国有控股公司高管薪酬激励不足比例均高于非国有控股公司。从高管薪酬绝对值角度，在激励适中和激励过度区间，东部和中部两个地区国有控股公司高管薪酬均值高于非国有控股公司，而西部和东北两个地区国有控股公司高管薪酬均值则低于非国有控股公司；在激励不足区间，东部地区国有控股公司高管薪酬均值高于非国有控股公司，而中部、西部和东北三个地区国有控股公司高管薪酬均值则都低于非国有控股公司。

③从行业看，从高管薪酬指数比较，六个代表性行业国有控股公司高管薪酬指数均值都远低于非国有控股公司，尤其是金融业（J）差距非常大。从高管薪酬绝对值比较，制造业（C）和金融业（J）的国有控股公司高管薪酬均值高于非国有控股公司，其他四个行业国有控股公司高管薪酬均值低于非国有控股公司。

从激励区间比较，在激励过度区间，制造业（C），电力、热力、燃气及水生产和供应业（D），以及信息传输、软件和信息技术服务业（I）国有控股公司高管薪酬均值低于同类公司激励适中区间的高管薪酬均值；电力、热力、燃气及水生产和供应业（D），交通运输、仓储和邮政业（G），信息传输、软件和信息技术服务业（I），以及房地产业（K）非国有控股公司激励过度区间的高管薪酬均值低于同类公司激励适中区间的高管薪酬均值，这与人们印象中激励过度区间的高管薪酬一般更高似乎不相符。这说明，高管薪酬不高，却激励过度（薪酬指数高），实际反映了这些企业的业绩比较低下。

第25章 高管薪酬及指数的年度比较
（2012～2019）

2009～2019年，我们对中国上市公司高管薪酬合理化水平进行了七次测度，今年是第八次测度。本章将从总体、地区、行业、所有制四个角度，并结合四分之一分位法所划分的激励适中、激励过度和激励不足三个激励区间，来比较分析2012年以及2015～2019年六个年度中国上市公司高管薪酬合理化程度和绝对水平，以便了解高管薪酬合理化水平的变化情况，以期对高管薪酬有更加完善的认识。需要注意的是，在比较六个年度高管薪酬绝对额时，不考虑通货膨胀因素。

25.1 高管薪酬的年度比较

2012年样本上市公司只有2310家，2019年样本上市公司已增加至3560家，可见，我国上市公司数量在快速增长。本节将从总体、地区、行业和所有制这四个角度，来比较2012年以及2015～2019年样本上市公司高管薪酬的变化情况。需要说明的是，从2017年度开始，在计算高管薪酬及指数时，对其中当年行权的股票期权，摒弃了以前简单计算期权收益总额的方法，而是按照行权人数，对行权的期权收益进行调整，以使计算出来的薪酬最高的前三位高管的薪酬以及指数更加客观。为便于比较，对之前年度的高管薪酬和指数也进行了同样的调整。

25.1.1 高管薪酬总体的年度比较

表25-1列示了2012年以及2015～2019年高管薪酬的变化情况。

从表25-1可以看出，2012年上市公司高管薪酬均值为63.61万元，2019年为105.25万元，高管薪酬均值七年增幅为41.64万元，年均增长率为7.46%。与2018年相比，2019年上市公司高管薪酬均值增加13.47万元，增长14.68%，出现较快增长。此外，最大值增幅明显，增加1478.78万元，大幅增长94.39%，但最小值同比下降

16.11%，结合 2019 年标准差高于 2018 年，说明 2019 年不同公司高管薪酬离散程度进一步加大。

表 25-1　2012～2019 年上市公司高管薪酬比较

单位：万元

年份	样本量	平均值	中位值	最大值	最小值	标准差
2012	2310	63.61	46.73	1458.33	3.40	68.56
2015	2632	81.60	54.33	3462.22	0.28	119.09
2016	2829	83.60	56.60	2591.61	4.00	108.95
2017	3140	88.59	62.19	2062.00	5.60	98.08
2018	3484	91.78	64.75	1566.65	5.40	101.94
2019	3560	105.25	74.28	3045.43	4.53	127.22
七年增幅		41.64	27.55	1587.10	1.13	—
年均增长率（%）		7.46	6.84	11.09	4.18	—
比上年增幅		13.47	9.53	1478.78	-0.87	—
比上年增长率（%）		14.68	14.72	94.39	-16.11	—

注：①薪酬增幅误差源于原始数据库的四舍五入；②"比上年增幅"和"比上年增长率"均指 2019 年与 2018 年的比较。

25.1.2　分地区高管薪酬的年度比较

依然按照东部、中部、西部和东北四个地区的划分，我们对 2012 年以及 2015～2019 年上市公司高管薪酬的变化情况进行比较，如表 25-2 所示。

表 25-2　2012～2019 年不同地区上市公司高管薪酬比较

单位：万元

地区	年份	平均值	中位值	最大值	最小值	标准差
东部	2012	69.70	52.00	1458.33	3.40	73.77
	2015	90.00	60.02	3462.22	0.28	131.84
	2016	92.40	63.33	2591.61	4.10	119.90
	2017	95.47	66.92	2062.00	5.60	104.51
	2018	97.75	70.19	1460.33	5.40	103.39

续表

地区	年份	平均值	中位值	最大值	最小值	标准差
东部	2019	112.35	80.14	3045.43	7.20	133.34
	七年增幅	42.65	28.14	1587.10	3.80	—
	年均增长率（%）	7.06	6.37	11.09	11.31	—
	比上年增幅	14.60	9.95	1585.10	1.80	—
	比上年增长率（%）	14.94	14.18	108.54	33.33	—
中部	2012	53.41	39.71	776.49	4.40	65.64
	2015	65.67	44.86	1233.70	5.90	87.50
	2016	67.08	45.70	923.76	6.25	81.70
	2017	73.95	51.60	800.84	7.65	75.89
	2018	74.88	53.30	1566.65	7.65	91.91
	2019	88.49	61.50	1551.47	12.10	104.78
	七年增幅	35.08	21.79	774.98	7.70	—
	年均增长率（%）	7.48	6.45	10.39	15.55	—
	比上年增幅	13.61	8.20	−15.18	4.45	—
	比上年增长率（%）	18.18	15.38	−0.97	58.17	—
西部	2012	50.03	37.65	475.92	3.75	45.51
	2015	63.96	41.91	795.43	2.85	81.53
	2016	66.23	46.19	813.65	4.00	84.02
	2017	75.78	50.73	903.77	7.74	89.78
	2018	84.06	56.49	1233.16	8.25	111.75
	2019	93.54	61.76	1665.14	6.31	127.19
	七年增幅	43.51	24.11	1189.22	2.56	—
	年均增长率（%）	9.35	7.33	19.59	7.72	—
	比上年增幅	9.48	5.27	431.98	−1.94	—
	比上年增长率（%）	11.28	9.33	35.03	−23.52	—
东北	2012	57.54	41.20	318.63	5.57	55.77
	2015	68.02	43.33	922.81	4.55	99.19
	2016	63.73	46.76	477.08	9.77	64.78

续表

地区	年份	平均值	中位值	最大值	最小值	标准差
东北	2017	69.10	50.15	496.78	9.98	66.61
	2018	70.36	61.30	449.33	8.84	53.81
	2019	76.89	62.68	449.20	4.53	55.50
	七年增幅	19.35	21.48	130.57	-1.04	—
	年均增长率（%）	4.23	6.18	5.03	-2.91	—
	比上年增幅	6.53	1.38	-0.13	-4.31	—
	比上年增长率（%）	9.28	2.25	-0.03	-48.76	—

注：①薪酬增幅误差源于原始数据库的四舍五入；②"比上年增幅"和"比上年增长率"均指2019年与2018年的比较。

从表25-2可以看出，2012～2019年，四个地区上市公司高管薪酬均值都呈现上涨态势，西部地区高管薪酬均值年均增长率最高，达到9.35%，增幅同样排名第一，达到43.51万元；东部地区增幅为42.65万元，略微低于西部地区，排名第二；中部地区年均增长率为7.48%，排名第二；东北地区增幅和年均增长率均排名末尾。

图25-1更为直观地显示了四个地区在2012～2019年度上市公司高管薪酬均值增幅和增长率的比较结果。很明显，四个地区上市公司高管薪酬都有所增长，增长幅度从高到低依次是西部、东部、中部和东北，年均增长率从高到低依次是西部、中部、东部和东北。

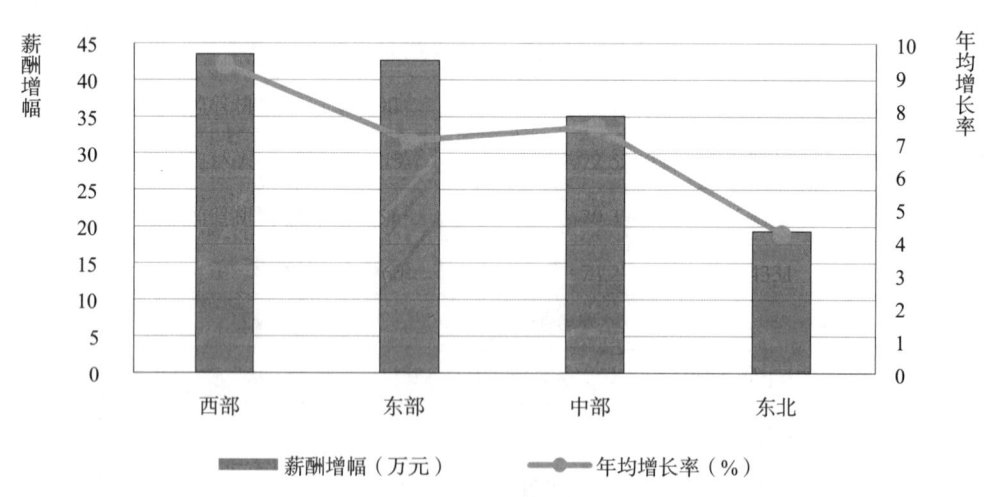

图25-1 2012～2019年不同地区上市公司高管薪酬均值增幅和年均增长率的变化

与2018年相比，2019年四个地区上市公司高管薪酬均值都有所上升，东部地区增幅最大，增加14.60万元；中部地区增长率最大，上升18.18%；东北地区增幅和增长率均最小,分别为 6.53 万元和 9.28%。参见图 25-2。

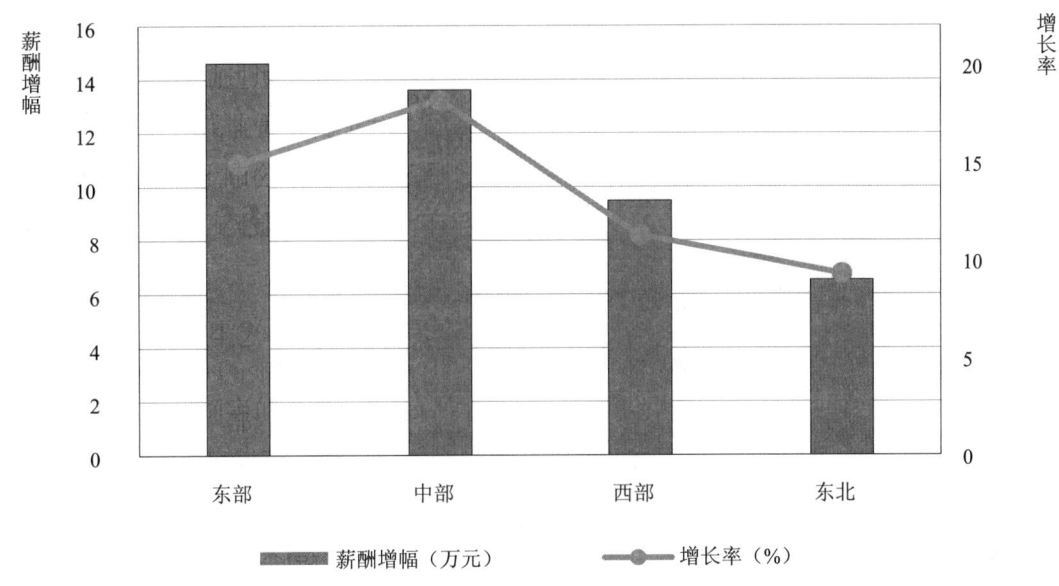

图25-2 2017~2019年不同地区上市公司高管薪酬均值增幅和增长率的变化

25.1.3 分行业高管薪酬的年度比较

各行业在不同年度的经营状况不一,高管薪酬也会受到影响,我们比较了2012年以及2015~2019年上市公司高管薪酬在不同行业的变化情况,如表25-3所示。

表 25-3 2012~2019 年不同行业上市公司高管薪酬比较

单位:万元

行业	年份	平均值	中位值	最大值	最小值	标准差
农、林、牧、渔业(A)	2012	40.39	36.58	115.82	10.40	26.77
	2015	43.88	36.23	224.76	10.89	40.56
	2016	55.38	38.81	300.00	12.00	54.95
	2017	61.29	40.90	383.22	12.64	66.52
	2018	66.66	41.09	407.48	8.25	79.60
	2019	81.24	54.37	557.83	12.77	105.66
	七年增幅	40.85	17.79	442.01	2.37	—
	年均增长率(%)	10.50	5.82	25.18	2.98	—
	比上年增幅	14.58	13.28	150.35	4.52	—
	比上年增长率(%)	21.87	32.32	36.90	54.79	—

续表

行业	年份	平均值	中位值	最大值	最小值	标准差
采矿业（B）	2012	77.63	61.05	606.52	6.67	85.07
	2015	59.80	50.14	322.98	7.33	46.39
	2016	58.88	47.24	298.78	5.67	44.08
	2017	70.31	59.08	460.73	5.67	58.10
	2018	78.16	67.66	310.90	13.55	53.87
	2019	86.42	73.21	378.45	17.40	60.11
	七年增幅	8.79	12.16	-228.07	10.73	—
	年均增长率（%）	1.54	2.63	-6.52	14.68	—
	比上年增幅	8.26	5.55	67.55	3.85	—
	比上年增长率（%）	10.57	8.20	21.73	28.41	—
制造业（C）	2012	55.25	42.55	776.49	4.06	52.23
	2015	73.53	50.27	3462.22	4.00	118.50
	2016	73.05	53.43	908.34	4.00	76.06
	2017	80.16	58.33	2062.00	7.65	89.11
	2018	83.71	61.96	1566.65	7.65	92.25
	2019	96.21	70.85	1778.29	4.53	105.80
	七年增幅	40.96	28.30	1001.80	0.47	—
	年均增长率（%）	8.25	7.56	12.57	1.58	—
	比上年增幅	12.50	8.89	211.64	-3.12	—
	比上年增长率（%）	14.93	14.35	13.51	-40.78	—
电力、热力、燃气及水生产和供应业（D）	2012	52.34	46.60	184.38	13.53	24.93
	2015	55.56	50.69	173.24	14.84	25.12
	2016	59.83	52.41	281.00	14.84	33.57
	2017	60.05	53.70	186.00	14.89	27.70
	2018	64.31	57.52	337.68	12.79	38.11
	2019	70.60	61.60	237.00	23.01	33.73
	七年增幅	18.26	15.00	52.62	9.48	—
	年均增长率（%）	4.37	4.07	3.65	7.88	—

续表

行业	年份	平均值	中位值	最大值	最小值	标准差
电力、热力、燃气及水生产和供应业（D）	比上年增幅	6.29	4.08	-100.68	10.22	—
	比上年增长率（%）	9.78	7.09	-29.82	79.91	—
建筑业（E）	2012	64.99	57.59	250.00	10.33	43.99
	2015	72.31	59.46	203.63	5.90	44.73
	2016	69.38	61.60	240.00	10.03	42.75
	2017	74.58	64.60	196.10	20.82	41.38
	2018	72.86	63.09	168.91	18.85	33.43
	2019	85.45	71.77	248.02	24.66	45.60
	七年增幅	20.46	14.18	-1.98	14.33	—
	年均增长率（%）	3.99	3.19	-0.11	13.24	—
	比上年增幅	12.59	8.68	79.11	5.81	—
	比上年增长率（%）	17.28	13.76	46.84	30.82	—
批发和零售业（F）	2012	71.47	55.29	318.63	3.40	59.00
	2015	76.66	63.42	275.59	9.00	53.89
	2016	91.34	68.72	923.76	14.71	88.63
	2017	98.89	78.62	637.86	9.98	79.75
	2018	100.70	78.76	381.50	8.84	72.04
	2019	111.75	90.78	610.98	8.84	85.29
	七年增幅	40.28	35.49	292.35	5.44	—
	年均增长率（%）	6.59	7.34	9.75	14.63	—
	比上年增幅	11.05	12.02	229.48	0.00	—
	比上年增长率（%）	10.97	15.26	60.15	0.00	—
交通运输、仓储和邮政业（G）	2012	66.22	59.97	242.03	21.35	37.78
	2015	78.41	53.90	774.17	20.47	91.22
	2016	70.29	54.98	300.18	6.25	50.17
	2017	90.77	59.44	603.65	21.15	89.02
	2018	95.50	65.55	716.08	22.81	95.80
	2019	102.63	72.66	544.28	11.52	84.88

续表

行业	年份	平均值	中位值	最大值	最小值	标准差
交通运输、仓储和邮政业（G）	七年增幅	36.41	12.69	302.25	-9.83	—
	年均增长率（%）	6.46	2.78	12.27	-8.44	—
	比上年增幅	7.13	7.11	-171.80	-11.29	—
	比上年增长率（%）	7.47	10.85	-23.99	-49.50	—
住宿和餐饮业（H）	2012	57.95	46.76	145.59	17.34	36.45
	2015	55.54	65.88	97.80	24.22	22.50
	2016	89.48	53.20	420.94	22.70	107.15
	2017	106.71	59.74	501.57	45.67	139.84
	2018	113.11	61.60	563.73	36.23	159.94
	2019	138.64	62.40	722.36	43.05	206.94
	七年增幅	80.69	15.64	576.77	25.71	—
	年均增长率（%）	13.27	4.21	25.71	13.87	—
	比上年增幅	25.53	0.80	158.63	6.82	—
	比上年增长率（%）	22.57	1.30	28.14	18.82	—
信息传输、软件和信息技术服务业（I）	2012	60.10	52.24	442.27	12.00	52.11
	2015	98.78	71.46	634.29	19.31	96.57
	2016	102.88	63.67	2591.61	4.13	203.65
	2017	83.88	65.17	577.33	5.60	70.92
	2018	88.27	68.64	449.33	5.40	71.16
	2019	99.15	77.63	570.20	7.20	79.33
	七年增幅	39.05	25.39	127.93	-4.80	—
	年均增长率（%）	7.41	5.82	3.70	-7.04	—
	比上年增幅	10.88	8.99	120.87	1.80	—
	比上年增长率（%）	12.33	13.10	26.90	33.33	—
金融业（J）	2012	232.95	212.83	701.33	37.80	135.01
	2015	297.09	244.06	1060.12	57.28	212.27
	2016	286.20	183.56	1097.75	13.67	241.94
	2017	245.21	185.13	1302.51	27.85	200.44

续表

行业	年份	平均值	中位值	最大值	最小值	标准差
金融业（J）	2018	226.99	165.02	1406.56	19.91	216.49
	2019	231.10	178.77	1506.27	19.83	200.10
	七年增幅	-1.85	-34.06	804.94	-17.97	—
	年均增长率（%）	-0.11	-2.46	11.54	-8.80	—
	比上年增幅	4.11	13.75	99.71	-0.08	—
	比上年增长率（%）	1.81	8.33	7.09	-0.40	—
房地产业（K）	2012	101.75	66.30	1458.33	6.33	144.63
	2015	137.69	73.23	1350.20	0.28	195.66
	2016	163.39	97.75	1506.81	5.13	218.42
	2017	173.12	106.67	999.27	7.74	171.32
	2018	184.00	102.57	1045.60	18.73	199.94
	2019	233.20	116.93	3045.43	17.80	372.79
	七年增幅	131.45	50.63	1587.10	11.47	—
	年均增长率（%）	12.58	8.44	11.09	15.92	—
	比上年增幅	49.20	14.36	1999.83	-0.93	—
	比上年增长率（%）	26.74	14.00	191.26	-4.97	—
租赁和商务服务业（L）	2012	71.85	60.76	287.33	33.98	55.34
	2015	89.61	70.12	340.63	28.03	65.68
	2016	93.74	69.84	336.33	20.48	75.54
	2017	95.37	72.70	433.99	20.54	76.77
	2018	124.66	87.85	511.66	22.16	105.74
	2019	135.08	95.69	641.48	22.67	116.40
	七年增幅	63.23	34.93	354.15	-11.31	—
	年均增长率（%）	9.44	6.70	12.16	-5.62	—
	比上年增幅	10.42	7.84	129.82	0.51	—
	比上年增长率（%）	8.36	8.92	25.37	2.30	—
科学研究和技术服务业（M）	2012	67.43	75.80	95.77	31.08	24.16
	2015	94.55	85.85	227.31	23.29	51.87

续表

行业	年份	平均值	中位值	最大值	最小值	标准差
科学研究和技术服务业（M）	2016	97.07	76.75	525.00	9.36	102.24
	2017	74.48	68.06	244.29	23.34	45.79
	2018	84.72	72.08	315.41	14.69	55.79
	2019	119.78	81.00	972.90	25.95	143.62
	七年增幅	52.35	5.20	877.13	-5.13	—
	年均增长率（%）	8.55	0.95	39.26	-2.54	—
	比上年增幅	35.06	8.92	657.49	11.26	—
	比上年增长率（%）	41.38	12.38	208.46	76.65	—
水利、环境和公共设施管理业（N）	2012	42.44	36.55	116.71	17.82	22.39
	2015	78.41	49.46	677.96	16.64	116.52
	2016	62.79	47.73	266.78	16.45	51.45
	2017	70.06	60.18	278.41	15.56	46.22
	2018	64.95	55.08	204.96	15.61	41.86
	2019	73.13	57.40	261.68	15.50	50.42
	七年增幅	30.69	20.85	144.97	-2.32	—
	年均增长率（%）	8.08	6.66	12.23	-1.97	—
	比上年增幅	8.18	2.32	56.72	-0.11	—
	比上年增长率（%）	12.59	4.21	27.67	-0.70	—
教育行业（P）	2012	30.29	30.29	30.29	30.29	0.00
	2015	58.33	58.33	58.33	58.33	0.00
	2016	54.57	44.17	86.67	32.87	23.16
	2017	66.71	67.77	98.92	32.39	26.35
	2018	74.32	69.69	182.62	24.11	46.74
	2019	96.61	97.20	166.43	24.19	45.88
	七年增幅	66.32	66.91	136.14	-6.10	—
	年均增长率（%）	18.02	18.12	27.56	-3.16	—
	比上年增幅	22.29	27.51	-16.19	0.08	—
	比上年增长率（%）	29.99	39.47	-8.87	0.33	—

续表

行业	年份	平均值	中位值	最大值	最小值	标准差
卫生和社会工作（Q）	2012	60.33	48.67	92.33	40.00	28.05
	2015	71.50	72.31	112.81	28.55	31.23
	2016	100.77	126.31	203.76	18.91	62.32
	2017	113.09	89.03	263.89	24.80	80.39
	2018	88.45	95.90	166.67	27.17	46.31
	2019	112.66	106.36	268.01	25.62	76.77
	七年增幅	52.33	57.69	175.68	-14.38	—
	年均增长率（%）	9.33	11.82	16.44	-6.17	—
	比上年增幅	24.21	10.46	101.34	-1.55	—
	比上年增长率（%）	27.37	10.91	60.80	-5.70	—
文化、体育和娱乐业（R）	2012	73.75	63.13	201.55	28.42	43.72
	2015	94.79	64.41	442.59	22.82	89.31
	2016	89.74	59.38	681.90	15.33	107.87
	2017	94.21	69.26	727.60	24.69	102.51
	2018	94.18	70.25	689.46	12.99	97.73
	2019	105.16	73.30	637.51	21.87	108.30
	七年增幅	31.41	10.17	435.96	-6.55	—
	年均增长率（%）	5.20	2.16	17.88	-3.67	—
	比上年增幅	10.98	3.05	-51.95	8.88	—
	比上年增长率（%）	11.66	4.34	-7.53	68.36	—
综合（S）	2012	57.60	59.34	125.35	16.57	32.34
	2015	65.40	61.23	229.76	2.85	46.19
	2016	80.62	59.25	381.49	17.75	74.50
	2017	91.76	63.00	443.43	23.10	89.79
	2018	79.60	63.11	273.36	26.49	59.91

续表

行业	年份	平均值	中位值	最大值	最小值	标准差
综合（S）	2019	91.42	67.10	290.17	29.14	71.29
	七年增幅	33.82	7.76	164.82	12.57	—
	年均增长率（%）	6.82	1.77	12.74	8.40	—
	比上年增幅	11.82	3.99	16.81	2.65	—
	比上年增长率（%）	14.85	6.32	6.15	10.00	—

注：①薪酬增幅误差源于原始数据库的四舍五入；②"比上年增幅"和"比上年增长率"均指2019年与2018年的比较；③居民服务、修理和其他服务业（O）只有1家上市公司，难以代表该行业整体水平，且之前年度也没有该行业的公司出现，无法比较，故予以剔除。

从表25-3可以看出，2012～2019年，有17个行业的上市公司高管薪酬均值都有一定程度增长。其中，房地产业（K）薪酬增幅最大，为131.45万元，年均增长率也位居前列；教育（P）年均增长率最高，达到18.02%；金融业（J）是唯一薪酬增幅和年均增长率都为负值的行业。

图25-3更直观地描绘了不同行业2012～2019年上市公司高管薪酬均值增幅和年均增长率的比较结果，可以看出，薪酬增幅最大的三个行业分别是房地产业（K），住宿和餐饮业（H），教育业（P）；薪酬增幅最小的三个行业分别是金融业（J），采矿业（B），以及电力、热力、燃气及水生产和供应业（D）。

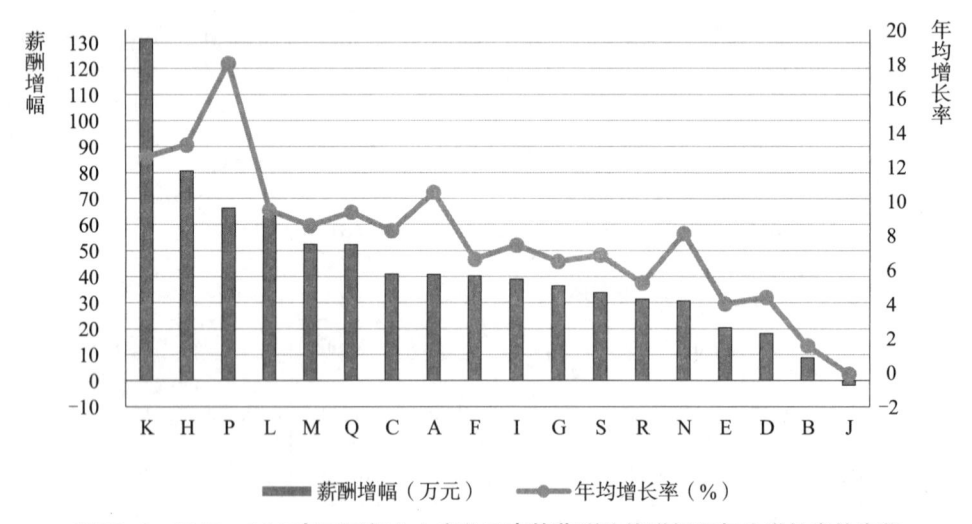

图25-3 2012～2019年不同行业上市公司高管薪酬均值增幅和年均增长率的变化

与2018年相比，2019年所有18个行业的上市公司高管薪酬均值全部上升，这表明本年度各行业上市公司的高管激励都有所增强。其中，薪酬增幅最大的是房地产业

（K），增幅达到49.20万元，增长率为26.74%；增长率最大的是科学研究和技术服务业（M），达到41.38%，增幅为35.06万元；薪酬增幅和增长率最小的都是金融业（J），增幅为4.11万元，增长率为1.81%。

图25-4描绘了不同行业2017～2019年上市公司高管薪酬均值增幅和增长率的比较结果，可以看出，18个行业的高管薪酬增幅和增长率不都是一致的。

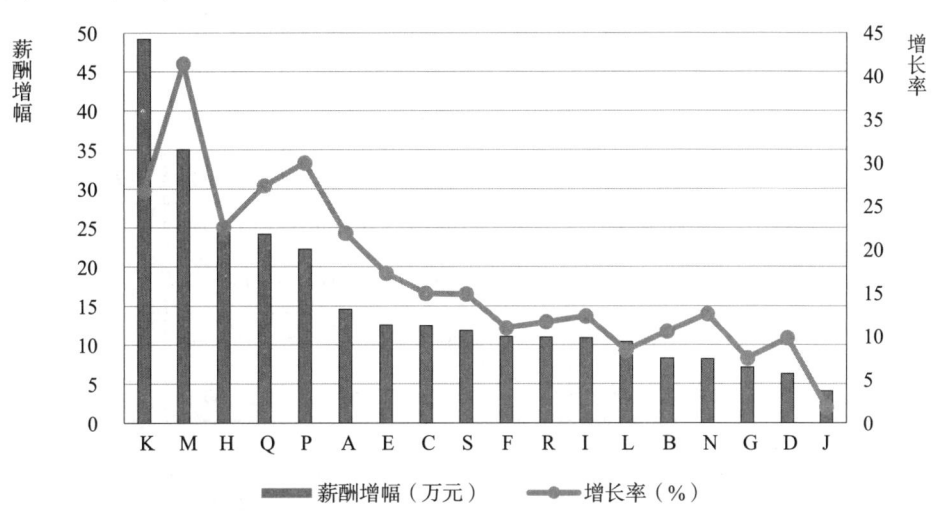

图25-4 2017～2019年不同行业上市公司高管薪酬均值增幅和增长率比较

25.1.4 分所有制高管薪酬的年度比较

不同的所有制会对上市公司高管薪酬产生影响。表25-4比较了2012年以及2015～2019年不同所有制上市公司高管薪酬的变化情况。

表25-4 2012～2019年不同所有制上市公司高管薪酬比较

单位：万元

所有制	年份	平均值	中位值	最大值	最小值	标准差
国有绝对控股公司	2012	64.55	55.79	275.74	7.42	42.10
	2015	75.22	58.51	774.17	4.55	71.71
	2016	74.13	61.28	466.51	6.10	60.84
	2017	84.29	65.94	542.33	13.58	70.17
	2018	96.43	69.66	1460.33	13.55	112.91
	2019	100.07	78.70	650.63	15.50	81.38
	七年增幅	35.52	22.91	374.89	8.08	—

续表

所有制	年份	平均值	中位值	最大值	最小值	标准差
国有绝对控股公司	年均增长率（%）	6.46	5.04	13.05	11.10	—
	比上年增幅	3.64	9.04	-809.70	1.95	—
	比上年增长率（%）	3.77	12.98	-55.45	14.39	—
国有强相对控股公司	2012	66.31	48.35	569.40	5.57	60.60
	2015	72.64	52.90	863.70	6.30	74.47
	2016	79.91	57.80	856.28	6.31	81.91
	2017	87.10	63.96	602.33	9.52	78.22
	2018	87.36	64.08	563.73	8.25	74.59
	2019	97.20	76.16	722.36	4.53	80.25
	七年增幅	30.89	27.81	152.96	-1.04	—
	年均增长率（%）	5.62	6.71	3.46	-2.91	—
	比上年增幅	9.84	12.08	158.63	-3.72	—
	比上年增长率（%）	11.26	18.85	28.14	-45.09	—
国有弱相对控股公司	2012	75.16	47.72	1458.33	6.00	109.49
	2015	85.39	55.01	856.53	7.63	106.89
	2016	92.97	54.06	1068.82	4.10	125.17
	2017	101.53	63.09	999.27	11.52	118.96
	2018	114.14	72.09	1406.56	8.25	144.73
	2019	123.80	78.34	1506.27	7.52	140.56
	七年增幅	48.64	30.62	47.94	1.52	—
	年均增长率（%）	7.39	7.34	0.46	3.28	—
	比上年增幅	9.66	6.25	99.71	-0.73	—
	比上年增长率（%）	8.46	8.67	7.09	-8.85	—
国有参股公司	2012	64.58	46.52	530.00	3.40	65.45
	2015	99.87	58.53	3462.22	4.67	186.11
	2016	99.21	60.94	2591.61	5.20	157.33
	2017	103.26	65.75	2062.00	5.60	136.47
	2018	102.36	70.62	1233.16	9.27	112.49

续表

所有制	年份	平均值	中位值	最大值	最小值	标准差
国有参股公司	2019	122.32	79.77	3045.43	6.31	174.30
	七年增幅	57.74	33.25	2515.43	2.91	—
	年均增长率（%）	9.55	8.01	28.38	9.24	—
	比上年增幅	19.96	9.15	1812.27	-2.96	—
	比上年增长率（%）	19.50	12.96	146.96	-31.93	—
无国有股份公司	2012	58.17	43.68	776.49	3.75	61.17
	2015	75.50	50.63	1271.91	0.28	94.61
	2016	74.30	54.49	923.76	4.00	77.63
	2017	78.42	58.07	800.84	5.67	72.42
	2018	81.15	60.83	1566.65	5.40	85.46
	2019	93.46	69.70	1864.47	7.20	104.18
	七年增幅	35.29	26.02	1087.98	3.45	—
	年均增长率（%）	7.01	6.90	13.33	9.77	—
	比上年增幅	12.31	8.87	297.82	1.80	—
	比上年增长率（%）	15.17	14.58	19.01	33.33	—

注：①薪酬增幅误差源于原始数据库的四舍五入；②"比上年增幅"和"比上年增长率"均指2019年与2018年的比较。

由表25-4可知，2012～2019年，五类所有制上市公司高管薪酬总体都处于增长态势。其中，国有参股公司高管薪酬均值增幅和年均增长率均排名第一位，分别为57.74万元和9.55%；高管薪酬均值增幅和年均增长率最低的是国有强相对控股公司，分别为30.89万元和5.62%。

图25-5更加直观地描绘了2012～2019年不同所有制上市公司高管薪酬均值增幅和年均增长率的比较结果。可以看出，国有参股公司的薪酬增幅和年均增长率都明显高于其他四类公司，国有绝对控股公司和无国有股份公司的薪酬增幅非常接近。

与2018年相比，2019年五类所有制公司高管薪酬均值都是增长的，增幅和增长率最大的都是国有参股公司，分别为19.96万元和19.50%，明显高于其他四类所有制公司；增幅和增长率最低的都是国有绝对控股公司，分别为3.64万元和3.77%。

图25-6描绘了2018～2019年不同所有制上市公司高管薪酬均值增幅和增长率的变化情况。可以看出，高管薪酬均值和增长率从高到低依次均为国有参股公司、无国有

股份公司、国有强相对控股公司、国有弱相对控股公司和国有绝对控股公司。

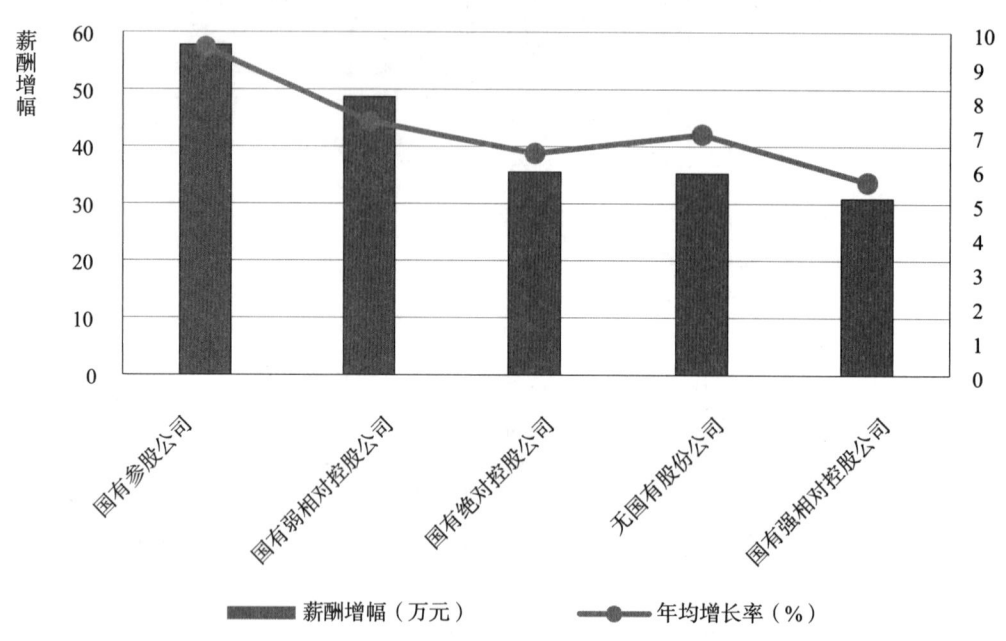

图25-5 2012～2019年不同所有制上市公司高管薪酬均值增幅和年均增长率的变化

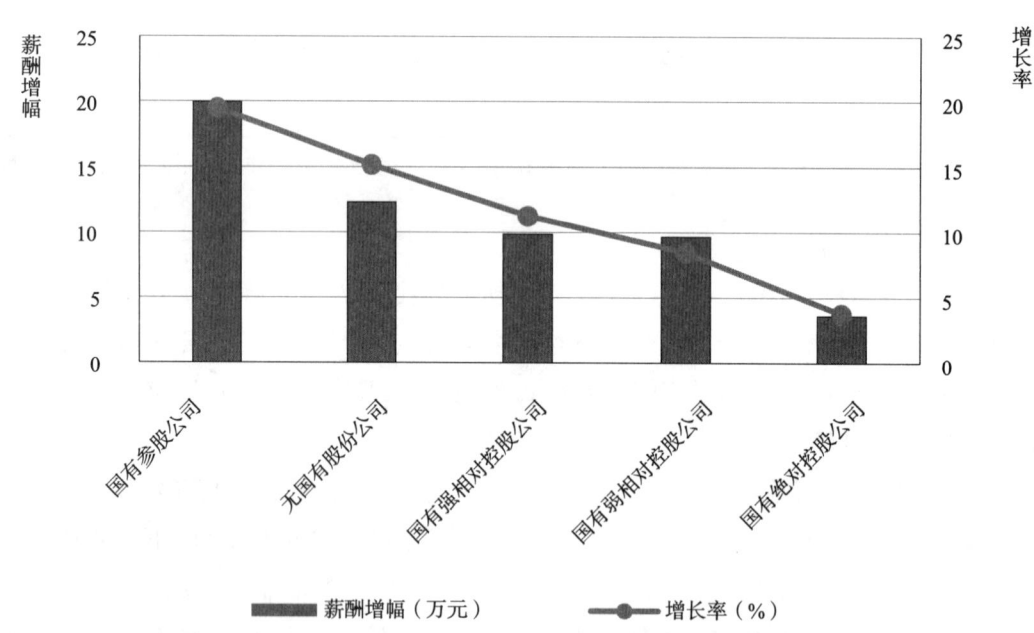

图25-6 2018～2019年不同所有制上市公司高管薪酬均值增幅和增长率比较

我们进一步将国有绝对控股公司、国有强相对控股公司和国有弱相对控股公司归类为国有控股公司，将国有参股公司和无国有股份公司归类为非国有控股公司，表25-5比较了2012～2019年国有控股公司和非国有控股公司高管薪酬的变化情况。

表 25-5　2012～2019 年国有和非国有控股公司高管薪酬比较

单位：万元

所有制	年份	平均值	中位值	最大值	最小值	标准差
国有控股公司	2012	68.61	51.67	1458.33	45.57	75.97
	2015	76.93	55.33	863.70	4.55	84.25
	2016	82.78	56.65	1068.82	4.10	94.68
	2017	91.21	64.25	999.27	9.52	92.46
	2018	98.96	67.43	1460.33	8.25	113.33
	2019	107.90	77.09	1506.27	4.53	107.94
	七年增幅	39.29	25.42	47.94	-41.04	—
	年均增长率（%）	6.68	5.88	0.46	-28.09	—
	比上年增幅	8.94	9.66	45.94	-3.72	—
	比上年增长率（%）	9.03	14.33	3.15	-45.09	—
非国有控股公司	2012	60.01	44.57	776.49	3.40	62.47
	2015	84.53	54.07	3462.22	0.28	136.40
	2016	84.07	56.38	2591.61	4.00	116.27
	2017	87.27	60.80	2062.00	5.60	100.77
	2018	88.69	63.70	1566.65	5.40	96.48
	2019	104.06	73.29	3045.43	6.31	134.99
	七年增幅	44.05	28.72	2268.94	2.91	—
	年均增长率（%）	8.18	7.36	21.56	9.24	—
	比上年增幅	15.37	9.59	1478.78	0.91	—
	比上年增长率（%）	17.33	15.05	94.39	16.85	—

注：①薪酬增幅误差源于原始数据库的四舍五入；②"比上年增幅"和"比上年增长率"均指 2019 年与 2018 年的比较。

从表 25-5 可以看出，2012～2019 年，非国有控股公司高管薪酬增幅和年均增长率分别为 44.05 万元和 8.18%，均高于国有控股公司的 39.29 万元和 6.68%。与 2018 年相比，2019 年国有控股公司和非国有控股公司高管薪酬均值都出现增长，前者的增幅和增长率分别是 8.94 万元和 9.03%，后者的增幅和增长率分别是 15.37 万元和 17.33%，国有控股公司增幅和增长率都明显小于非国有控股公司，显示国企限薪政策仍在发挥着作用。

25.2 高管薪酬指数的年度比较

本节将从总体、地区、行业和所有制四个角度，来比较 2012 年以及 2015～2019 年样本上市公司高管薪酬指数的变化情况。需要说明的是，从本年度评价开始，在计算高管薪酬指数时，采用了高管薪酬对营业总收入求比值方法，而不是对营业收入求比值，以使计算出来的薪酬指数更加客观。为便于比较，对之前年度的高管薪酬指数也进行了同样的调整。

25.2.1 高管薪酬指数总体的年度比较

表 25-6 列示了 2012 年以及 2015～2019 年高管薪酬指数的变化情况。

表 25-6 2012～2019 年上市公司高管薪酬指数比较

年份	样本量	平均值	中位值	最大值	最小值	标准差
2012	2310	130.49	55.90	9915.94	0.08	388.89
2015	2632	208.93	82.03	13844.05	0.08	629.98
2016	2829	220.68	86.09	30477.98	0.06	889.58
2017	3140	202.12	87.84	13978.82	0.11	638.62
2018	3484	192.83	84.07	20168.57	0.10	638.25
2019	3560	189.35	78.07	45843.07	0.09	959.06
七年增幅		58.86	22.17	35927.13	0.01	—
年均增长率（%）		5.46	4.89	24.45	1.70	—
比上年增幅		-3.48	-6.00	25674.50	-0.01	—
比上年增长率（%）		-1.80	-7.14	127.30	-10.00	—

注：①薪酬指数增幅误差源于原始数据库的四舍五入；②"比上年增幅"和"比上年增长率"均指 2019 年与 2018 年的比较。

从表 25-6 可以看出，上市公司高管薪酬指数均值从 2012 年的 130.49 分，逐步上升至 2016 年的 220.68 分，但是之后连续三年下降，在 2019 年已降至 189.35 分，总体呈先升后降的趋势。与 2018 年相比，2019 年上市公司高管薪酬指数均值降低 3.48 分，下降 1.80%。

25.2.2 分地区高管薪酬指数的年度比较

按照东部、中部、西部和东北四个地区的划分，我们对 2012 年以及 2015～2019 年上市公司高管薪酬指数的变化情况进行比较，如表 25-7 所示。

表 25-7 2012～2019 年不同地区上市公司高管薪酬指数比较

地区	年份	平均值	中位值	最大值	最小值	标准差
东部	2012	141.95	62.52	9915.94	0.08	447.87
	2015	204.81	93.83	13844.05	0.08	588.76
	2016	224.33	93.65	30477.98	0.06	950.46
	2017	209.90	95.96	13978.82	0.11	649.75
	2018	200.34	91.86	17250.47	0.10	613.62
	2019	183.72	88.05	19345.24	0.09	644.18
	七年增幅	41.77	25.53	9429.30	0.01	—
	年均增长率（%）	3.75	5.01	10.02	1.70	—
	比上年增幅	-16.62	-3.81	2094.77	-0.01	—
	比上年增长率（%）	-8.30	-4.15	12.14	-10.00	—
中部	2012	92.76	38.16	2874.93	0.54	208.83
	2015	199.38	58.34	6529.41	0.38	638.41
	2016	176.46	61.46	6000.66	0.30	537.01
	2017	184.47	64.22	12450.08	1.03	691.56
	2018	184.42	58.29	20168.57	0.62	975.96
	2019	237.19	56.96	45843.07	0.72	2148.50
	七年增幅	144.43	18.80	42968.14	0.18	—
	年均增长率（%）	14.35	5.89	48.53	4.20	—
	比上年增幅	52.77	-1.33	25674.50	0.10	—
	比上年增长率（%）	28.61	-2.28	127.30	16.13	—

续表

地区	年份	平均值	中位值	最大值	最小值	标准差
西部	2012	126.19	52.33	3120.32	0.50	299.88
	2015	225.94	74.44	10121.59	0.83	737.42
	2016	252.03	80.99	13242.34	1.29	949.31
	2017	196.34	82.23	11300.85	1.43	615.65
	2018	180.11	79.55	5385.24	1.74	392.07
	2019	179.22	69.95	6524.29	1.81	457.53
	七年增幅	53.03	17.62	3403.97	1.31	—
	年均增长率（%）	5.14	4.23	11.11	20.18	—
	比上年增幅	-0.89	-9.60	1139.05	0.07	—
	比上年增长率（%）	-0.49	-12.07	21.15	4.02	—
东北	2012	112.43	56.13	1424.01	0.72	188.43
	2015	239.34	64.92	5817.78	0.96	768.14
	2016	207.71	65.76	7048.30	2.19	641.09
	2017	157.88	67.33	2196.84	2.04	271.98
	2018	136.55	62.74	1697.99	1.36	207.23
	2019	166.85	69.01	2371.19	1.38	312.18
	七年增幅	54.42	12.88	947.18	0.66	—
	年均增长率（%）	5.80	3.00	7.56	9.74	—
	比上年增幅	30.30	6.27	673.20	0.02	—
	比上年增长率（%）	22.19	9.99	39.65	1.47	—

注：①薪酬指数增幅误差源于原始数据库的四舍五入；②"比上年增幅"和"比上年增长率"均指2019年与2018年的比较。

从表25-7可以看出，2012～2019年，四个地区上市公司高管薪酬指数均值都呈现上升态势。其中，中部地区高管薪酬指数均值增幅和年均增长率都是最高，分别为144.43分和14.35%；东部地区高管薪酬指数均值增幅和年均增长率都是最低，分别为41.77分和3.75%。

图25-7更为直观地显示了2012～2019年四个地区上市公司高管薪酬指数均值增幅和增长率的比较结果。四个地区上市公司高管薪酬指数均值增幅和年均增长率从高到低依次都是中部、东北、西部和东部。其中，中部地区高管薪酬指数均值增幅和年均增

长率都明显高于其他三个地区。

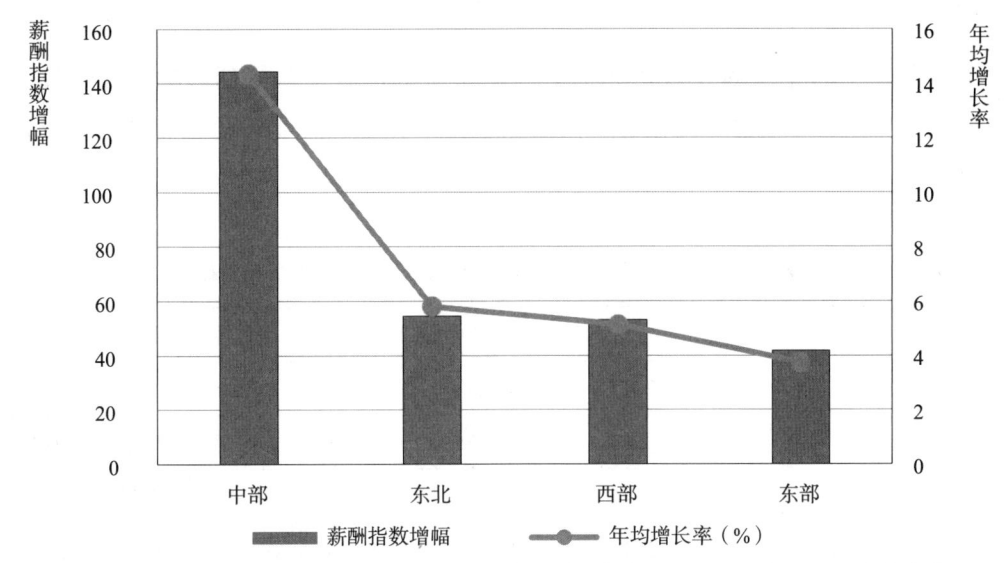

图25-7 2012~2019年不同地区上市公司高管薪酬指数均值增幅和年均增长率的变化

与2018年相比，2019年中部地区和东北地区上市公司高管薪酬指数均值在上升，其中中部地区上升幅度最大，为52.77分，增长速度也最快，为28.61%；东部地区和西部地区上市公司高管薪酬指数均值在下降，其中东部地区下降幅度最大，下降16.62分，下降8.30%。

图25-8显示了2018~2019年四个地区上市公司高管薪酬指数均值增幅和增长率的变化情况。薪酬指数增长幅度和增长速度从高到低依次都是中部、东北、西部和东部，其中中部上市公司高管薪酬指数均值增幅和增长率远大于其他三个地区。

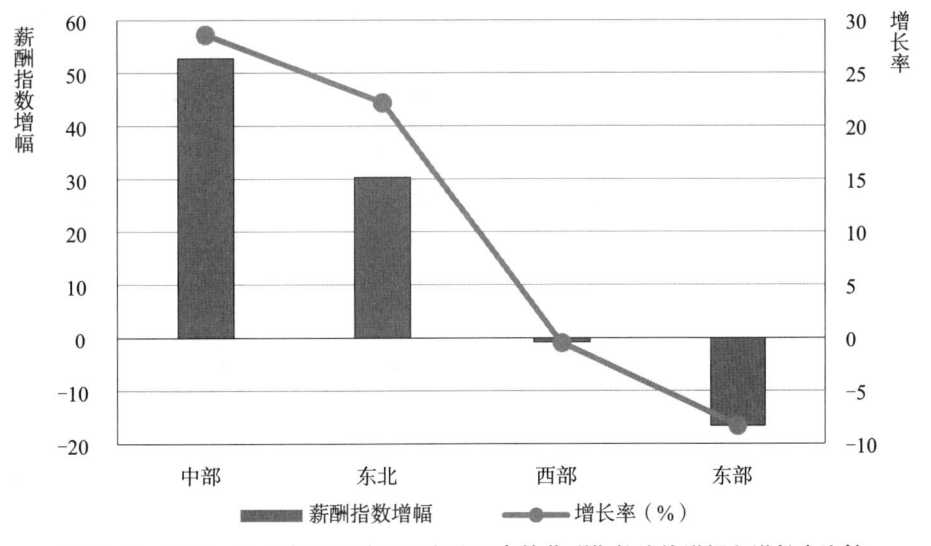

图25-8 2018~2019年不同地区上市公司高管薪酬指数均值增幅和增长率比较

25.2.3 分行业高管薪酬指数的年度比较

各行业在不同年度的经营状况不一，高管薪酬指数也会受到影响，我们比较了2012年以及2015~2019年上市公司高管薪酬指数在不同行业的变化情况，如表25-8所示。

表25-8 2012~2019年不同行业上市公司高管薪酬指数比较

行业	年份	平均值	中位值	最大值	最小值	标准差
农、林、牧、渔业（A）	2012	94.69	71.93	367.25	5.54	87.54
	2015	155.87	79.81	1029.90	13.14	214.40
	2016	165.50	72.17	835.82	8.33	198.40
	2017	168.84	84.49	1024.60	16.79	229.59
	2018	187.56	75.46	1572.25	6.58	297.98
	2019	188.16	72.63	2145.29	9.85	376.92
	七年增幅	93.47	0.70	1778.04	4.31	—
	年均增长率（%）	10.31	0.14	28.68	8.57	—
	比上年增幅	0.60	-2.83	573.04	3.27	—
	比上年增长率（%）	0.32	-3.75	36.45	49.70	—
采矿业（B）	2012	86.06	18.65	1093.37	0.08	191.12
	2015	227.01	35.63	3565.38	0.08	592.22
	2016	334.64	31.64	13242.34	0.10	1551.58
	2017	141.47	31.86	1636.45	0.11	290.21
	2018	174.62	27.56	4668.88	0.10	572.19
	2019	101.34	27.44	1795.27	0.09	251.58
	七年增幅	15.28	8.79	701.90	0.01	—
	年均增长率（%）	2.36	5.67	7.34	1.70	—
	比上年增幅	-73.28	-0.12	-2873.61	-0.01	—
	比上年增长率（%）	-41.97	-0.44	-61.55	-10.00	—
制造业（C）	2012	108.59	56.89	5002.34	0.46	250.43
	2015	182.80	88.14	10121.59	0.38	488.29

续表

行业	年份	平均值	中位值	最大值	最小值	标准差
制造业（C）	2016	176.68	91.03	8195.70	0.47	369.89
	2017	182.94	92.29	12450.08	0.58	484.59
	2018	173.25	89.32	20168.57	0.76	543.14
	2019	172.56	86.99	45843.07	0.72	1010.28
	七年增幅	63.97	30.10	40840.73	0.26	—
	年均增长率（%）	6.84	6.25	37.23	6.61	—
	比上年增幅	-0.69	-2.33	25674.50	-0.04	—
	比上年增长率（%）	-0.40	-2.61	127.30	-5.26	—
电力、热力、燃气及水生产和供应业（D）	2012	77.13	32.63	1592.90	1.15	186.79
	2015	71.76	46.61	559.23	1.89	87.54
	2016	82.05	52.75	677.39	1.60	104.27
	2017	92.74	55.06	1634.12	1.49	182.19
	2018	94.92	44.45	1928.77	1.33	222.84
	2019	99.70	38.55	2805.57	1.16	280.60
	七年增幅	22.57	5.92	1212.67	0.01	—
	年均增长率（%）	3.73	2.41	8.42	0.12	—
	比上年增幅	4.78	-5.90	876.80	-0.17	—
	比上年增长率（%）	5.04	-13.27	45.46	-12.78	—
建筑业（E）	2012	38.78	28.37	207.01	0.27	39.91
	2015	89.95	33.80	2371.57	0.37	283.56
	2016	101.74	41.63	1602.25	0.29	213.56
	2017	82.05	40.85	1234.56	0.28	145.08
	2018	99.69	40.48	1335.11	0.28	199.13
	2019	105.58	36.84	2722.62	0.29	302.91
	七年增幅	66.80	8.47	2515.61	0.02	—
	年均增长率（%）	15.38	3.80	44.50	1.03	—
	比上年增幅	5.89	-3.64	1387.51	0.01	—
	比上年增长率（%）	5.91	-8.99	103.92	3.57	—

续表

行业	年份	平均值	中位值	最大值	最小值	标准差
批发和零售业（F）	2012	74.44	23.77	1426.80	0.16	176.37
	2015	145.17	28.24	4844.17	0.53	518.86
	2016	136.42	31.09	5475.92	1.18	503.65
	2017	180.29	31.02	11060.73	0.40	914.03
	2018	136.99	30.65	7647.21	0.51	622.97
	2019	189.83	25.76	15434.59	0.21	1226.80
	七年增幅	115.39	1.99	14007.79	0.05	—
	年均增长率（%）	14.31	1.16	40.52	3.96	—
	比上年增幅	52.84	-4.89	7787.38	-0.30	—
	比上年增长率（%）	38.57	-15.95	101.83	-58.82	—
交通运输、仓储和邮政业（G）	2012	83.04	42.66	356.15	1.67	94.90
	2015	105.31	65.01	703.69	1.93	132.16
	2016	95.65	46.33	571.27	0.30	122.11
	2017	86.41	47.50	590.51	1.93	119.41
	2018	85.02	40.39	519.77	1.43	115.75
	2019	93.01	39.17	1949.41	1.32	211.90
	七年增幅	9.97	-3.49	1593.26	-0.35	—
	年均增长率（%）	1.63	-1.21	27.49	-3.30	—
	比上年增幅	7.99	-1.22	1429.64	-0.11	—
	比上年增长率（%）	9.40	-3.02	275.05	-7.69	—
住宿和餐饮业（H）	2012	440.45	129.89	1898.26	28.23	626.64
	2015	909.03	247.45	5144.51	36.15	1479.53
	2016	1282.26	180.47	4989.14	12.83	1702.24
	2017	854.76	170.91	4981.70	13.70	1548.08
	2018	637.43	174.53	3334.78	12.51	1052.99
	2019	727.11	183.46	3728.41	10.82	1210.09
	七年增幅	286.66	53.57	1830.15	-17.41	—
	年均增长率（%）	7.42	5.06	10.12	-12.80	—

续表

行业	年份	平均值	中位值	最大值	最小值	标准差
住宿和餐饮业（H）	比上年增幅	89.68	8.93	393.63	-1.69	—
	比上年增长率（%）	14.07	5.12	11.80	-13.51	—
信息传输、软件和信息技术服务业（I）	2012	232.35	169.83	3120.32	0.17	346.30
	2015	307.61	226.81	2617.14	0.38	341.73
	2016	256.22	158.01	2084.40	0.06	301.27
	2017	246.13	169.45	1905.72	0.59	250.18
	2018	246.94	145.74	3456.34	0.57	328.13
	2019	232.91	142.18	3451.93	0.56	329.63
	七年增幅	0.56	-27.65	331.61	0.39	—
	年均增长率（%）	0.03	-2.51	1.45	18.57	—
	比上年增幅	-14.03	-3.56	-4.41	-0.01	—
	比上年增长率（%）	-5.68	-2.44	-0.13	-1.75	—
金融业（J）	2012	135.37	66.92	531.35	0.35	156.37
	2015	112.45	30.10	1816.02	0.28	266.62
	2016	262.26	52.45	7387.03	0.23	980.06
	2017	292.82	69.09	5346.34	0.40	851.33
	2018	360.55	82.91	8605.17	0.34	1212.34
	2019	223.68	53.14	8041.54	0.25	845.01
	七年增幅	88.31	-13.78	7510.19	-0.10	—
	年均增长率（%）	7.44	-3.24	47.42	-4.69	—
	比上年增幅	-136.87	-29.77	-563.63	-0.09	—
	比上年增长率（%）	-37.96	-35.91	-6.55	-26.47	—
房地产业（K）	2012	323.97	88.12	7838.23	6.32	896.59
	2015	480.75	94.63	8729.60	6.00	1311.47
	2016	809.87	83.57	30477.98	3.16	3335.37
	2017	446.60	87.92	12232.29	2.50	1566.18
	2018	398.73	78.22	17250.47	5.90	1693.66
	2019	334.56	68.73	8480.24	4.22	1058.83

续表

行业	年份	平均值	中位值	最大值	最小值	标准差
房地产业（K）	七年增幅	10.59	-19.39	642.01	-2.10	—
	年均增长率（%）	0.46	-3.49	1.13	-5.61	—
	比上年增幅	-64.17	-9.49	-8770.23	-1.68	—
	比上年增长率（%）	-16.09	-12.13	-50.84	-28.47	—
租赁和商务服务业（L）	2012	92.42	39.26	480.99	4.00	131.29
	2015	152.29	55.36	1712.59	3.64	327.11
	2016	140.91	85.15	1378.33	2.25	233.34
	2017	122.54	84.65	614.65	2.67	135.64
	2018	152.42	80.28	1500.86	2.61	238.77
	2019	288.22	78.81	7156.76	1.89	980.85
	七年增幅	195.80	39.55	6675.77	-2.11	—
	年均增长率（%）	17.64	10.47	47.07	-10.16	—
	比上年增幅	135.80	-1.47	5655.90	-0.72	—
	比上年增长率（%）	89.10	-1.83	376.84	-27.59	—
科学研究和技术服务业（M）	2012	231.02	126.89	483.28	29.71	170.83
	2015	259.15	161.95	606.58	46.79	188.57
	2016	363.27	280.28	1544.92	35.15	378.30
	2017	405.57	211.36	3647.66	27.66	648.05
	2018	369.04	157.16	2439.95	31.57	504.46
	2019	335.27	168.63	2371.19	27.03	448.29
	七年增幅	104.25	41.74	1887.91	-2.68	—
	年均增长率（%）	5.46	4.15	25.51	-1.34	—
	比上年增幅	-33.77	11.47	-68.76	-4.54	—
	比上年增长率（%）	-9.15	7.30	-2.82	-14.38	—
水利、环境和公共设施管理业（N）	2012	150.40	116.86	447.86	9.03	124.70
	2015	386.41	156.80	5577.07	12.29	981.55
	2016	392.79	138.71	7048.30	3.65	1187.36
	2017	221.72	122.56	2196.84	17.63	345.38

续表

行业	年份	平均值	中位值	最大值	最小值	标准差
水利、环境和公共设施管理业（N）	2018	158.96	101.04	1007.23	12.67	165.66
	2019	137.68	85.63	724.59	3.46	148.91
	七年增幅	-12.72	-31.23	276.73	-5.57	—
	年均增长率（%）	-1.25	-4.34	7.11	-12.81	—
	比上年增幅	-21.28	-15.41	-282.64	-9.21	—
	比上年增长率（%）	-13.39	-15.25	-28.06	-72.69	—
教育（P）	2012	104.73	104.73	104.73	104.73	—
	2015	132.88	132.88	132.88	132.88	—
	2016	116.16	94.53	174.41	79.55	41.64
	2017	171.65	121.90	390.73	52.07	133.13
	2018	794.51	109.84	4481.53	11.49	1522.97
	2019	520.79	89.15	3114.94	40.74	990.97
	七年增幅	416.06	-15.58	3010.21	-63.99	—
	年均增长率（%）	25.75	-2.27	62.36	-12.62	—
	比上年增幅	-273.72	-20.69	-1366.59	29.25	—
	比上年增长率（%）	-34.45	-18.84	-30.49	254.57	—
卫生和社会工作（Q）	2012	193.76	118.85	420.36	42.07	199.96
	2015	139.63	86.96	312.90	71.71	100.61
	2016	164.54	88.30	421.55	40.80	139.75
	2017	1834.73	100.10	13978.82	33.61	4590.35
	2018	715.02	64.81	7047.72	33.34	2003.19
	2019	1694.95	84.77	19345.24	29.73	5322.10
	七年增幅	1501.19	-34.08	18924.88	-12.34	—
	年均增长率（%）	36.32	-4.71	72.81	-4.84	—
	比上年增幅	979.93	19.96	12297.52	-3.61	—
	比上年增长率（%）	137.05	30.80	174.49	-10.83	—
文化、体育和娱乐业（R）	2012	112.00	84.90	638.19	13.25	143.42
	2015	369.81	111.88	6529.41	15.60	1072.78

续表

行业	年份	平均值	中位值	最大值	最小值	标准差
文化、体育和娱乐业（R）	2016	167.52	106.50	1542.72	9.23	245.48
	2017	146.23	119.60	542.21	11.20	112.75
	2018	154.99	110.73	1170.62	10.78	177.78
	2019	168.61	98.45	1156.62	9.15	201.02
	七年增幅	56.61	13.55	518.43	-4.10	—
	年均增长率（%）	6.02	2.14	8.87	-5.15	—
	比上年增幅	13.62	-12.28	-14.00	-1.63	—
	比上年增长率（%）	8.79	-11.09	-1.20	-15.12	—
综合（S）	2012	850.70	118.05	9915.94	30.66	2171.55
	2015	981.85	117.92	13844.05	24.65	2762.41
	2016	1115.34	165.41	9449.11	27.61	2493.52
	2017	680.28	159.40	6530.44	20.92	1393.39
	2018	738.79	120.59	5758.32	10.98	1453.32
	2019	489.06	88.72	4996.28	8.44	1176.63
	七年增幅	-361.64	-29.33	-4919.66	-22.22	—
	年均增长率（%）	-7.60	-4.00	-9.33	-16.83	—
	比上年增幅	-249.73	-31.87	-762.04	-2.54	—
	比上年增长率（%）	-33.80	-26.43	-13.23	-23.13	—

注：①薪酬指数增幅误差源于原始数据库的四舍五入；②"比上年增幅"和"比上年增长率"均指2019年与2018年的比较；③居民服务、修理和其他服务业（O）只有1家上市公司，难以代表该行业整体水平，且之前年度也没有该行业的公司出现，无法比较，故予以剔除。

从表25-8可以看出，2012～2019年，18个行业中，有16个行业的上市公司高管薪酬指数均值都是增长的，而且差距比较大。其中卫生和社会工作（Q）的高管薪酬指数均值增幅和年均增长率都是最高的，分别为1501.19分和36.32%，这可能与市场对医疗健康需求的快速增长有关。只有综合行业（S）以及水利、环境和公共设施管理业（N）的上市公司高管薪酬指数均值是下降的，降幅分别为361.64分和12.72分。

图25-9更直观地描绘了2012～2019年不同行业上市公司高管薪酬指数均值增幅和年均增长率的变化情况，可以看出，增幅最大的三个行业分别是卫生和社会工作（Q），教育（P），以及住宿和餐饮业（H）；增幅最小的三个行业分别是综合（S），水利、环境和公共设施管理业（N），以及信息传输、软件和信息技术服务业（I）。

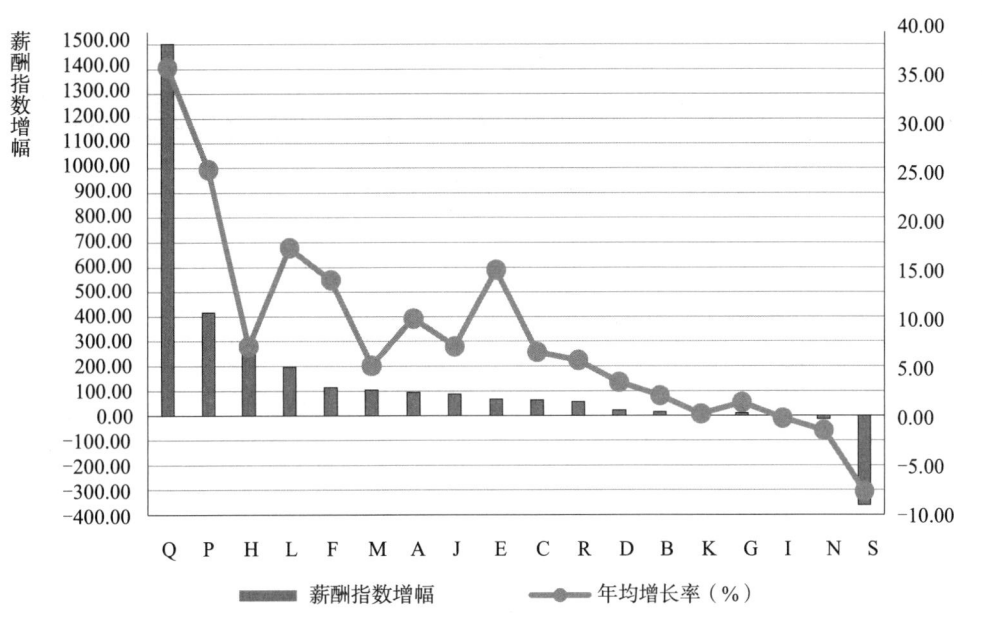

图25-9　2012～2019年不同行业上市公司高管薪酬指数均值增幅和年均增长率的变化

与2018年相比，2019年有9个行业的上市公司高管薪酬指数均值上升，增幅和上升速度最大的行业都是卫生和社会工作（Q），达到979.93分，增长率为137.05%，远高于其他行业。其他9个行业的上市公司高管薪酬均值出现下降，降幅最大的是教育（P），下降273.72分；下降速度最快的是采矿业（B），下降41.97%。

图25-10描绘了2018～2019年不同行业上市公司高管薪酬指数均值增幅和增长率的变化情况，可以看出，18个行业的高管薪酬指数增幅和增长率不都是一致的。

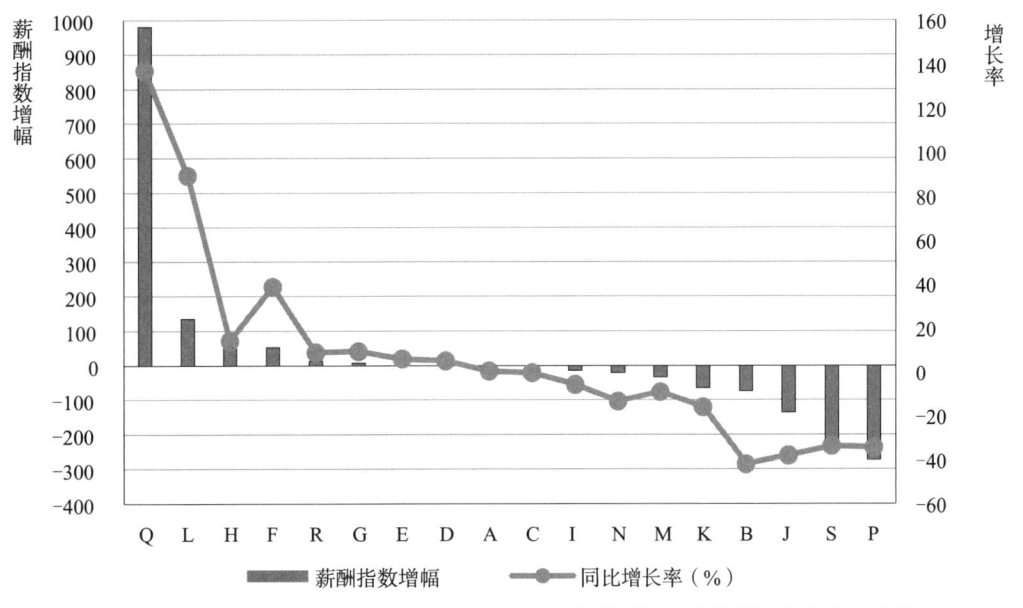

图25-10　2018～2019年不同行业上市公司高管薪酬指数均值增幅和增长率比较

25.2.4 分所有制高管薪酬指数的年度比较

不同的所有制会对上市公司高管薪酬指数产生影响。表 25-9 比较了 2012 年以及 2015～2019 年不同所有制上市公司高管薪酬指数的变化情况。

表 25-9　2012～2019 年不同所有制上市公司高管薪酬指数比较

所有制	年份	平均值	中位值	最大值	最小值	标准差
国有绝对控股公司	2012	40.71	19.11	459.90	0.08	58.83
	2015	57.64	27.52	892.84	0.08	88.80
	2016	61.36	25.93	1263.85	0.06	113.77
	2017	63.60	25.59	1137.84	0.11	113.07
	2018	64.39	25.65	1170.62	0.10	124.92
	2019	52.77	23.20	865.96	0.09	98.28
	七年增幅	12.06	4.09	406.06	0.01	—
	年均增长率（%）	3.78	2.81	9.46	1.70	—
	比上年增幅	-11.62	-2.45	-304.66	-0.01	—
	比上年增长率（%）	-18.05	-9.55	-26.03	-10.00	—
国有强相对控股公司	2012	56.65	29.92	1050.79	0.35	86.49
	2015	114.77	42.33	5577.07	0.28	424.73
	2016	122.51	45.77	7919.14	0.23	521.81
	2017	110.50	45.90	11060.73	0.40	539.60
	2018	94.88	43.60	7647.21	0.34	382.51
	2019	105.45	38.72	15434.59	0.26	750.27
	七年增幅	48.80	8.80	14383.80	-0.09	—
	年均增长率（%）	9.28	3.75	46.80	-4.16	—
	比上年增幅	10.57	-4.88	7787.38	-0.08	—
	比上年增长率（%）	11.14	-11.19	101.83	-23.53	—
国有弱相对控股公司	2012	117.52	47.09	7838.23	1.18	476.85
	2015	220.44	58.52	13844.05	1.35	1056.63
	2016	233.09	58.38	30477.98	0.95	1730.01

续表

所有制	年份	平均值	中位值	最大值	最小值	标准差
国有弱相对控股公司	2017	145.94	65.05	3647.66	1.26	313.63
	2018	148.71	57.74	4481.53	0.36	368.83
	2019	132.97	54.75	3114.94	0.91	307.03
	七年增幅	15.45	7.66	-4723.29	-0.27	—
	年均增长率（%）	1.78	2.18	-12.35	-3.64	—
	比上年增幅	-15.74	-2.99	-1366.59	0.55	—
	比上年增长率（%）	-10.58	-5.18	-30.49	152.78	—
国有参股公司	2012	177.91	70.16	4069.49	0.16	410.85
	2015	239.77	105.41	7899.92	0.53	556.94
	2016	276.05	97.49	16613.61	0.30	1033.87
	2017	216.27	99.54	13978.82	1.77	637.30
	2018	229.06	89.14	17250.47	1.67	811.81
	2019	243.46	89.10	45843.07	1.00	1687.55
	七年增幅	65.55	18.94	41773.58	0.84	—
	年均增长率（%）	4.58	3.47	41.33	29.93	—
	比上年增幅	14.40	-0.04	28592.60	-0.67	—
	比上年增长率（%）	6.29	-0.04	165.75	-40.12	—
无国有股份公司	2012	170.98	85.07	9915.94	1.39	461.96
	2015	271.62	122.31	10121.59	0.38	661.75
	2016	256.70	125.09	7387.03	1.85	558.43
	2017	265.68	127.39	12450.08	0.40	769.14
	2018	230.43	120.37	20168.57	0.51	676.91
	2019	219.20	110.65	8480.24	0.21	514.71
	七年增幅	48.22	25.58	-1435.70	-1.18	—
	年均增长率（%）	3.61	3.83	-2.21	-23.66	—
	比上年增幅	-11.23	-9.72	-11688.33	-0.30	—
	比上年增长率（%）	-4.87	-8.08	-57.95	-58.82	—

注：①薪酬指数增幅误差源于原始数据库的四舍五入；②"比上年增幅"和"比上年增长率"均指2019年与2018年的比较。

由表25-9可知，2012～2019年，五类所有制上市公司高管薪酬指数均值都处于增长态势。其中国有参股公司高管薪酬指数均值增幅最高，为65.55分，年均增长率排名第二，为4.58%；国有强相对控股公司年均增长率最高，为9.28%，增幅排名第二，为48.80分。高管薪酬指数均值增幅最低的是国有绝对控股公司，为12.06分；年均增长率最低的是国有弱相对控股公司，为1.78%。

图25-11更加直观地描绘了2012～2019年不同所有制上市公司高管薪酬指数均值增幅和年均增长率的变化情况。可以看出，五类公司的高管薪酬增幅和年均增长率的差异是比较大的。

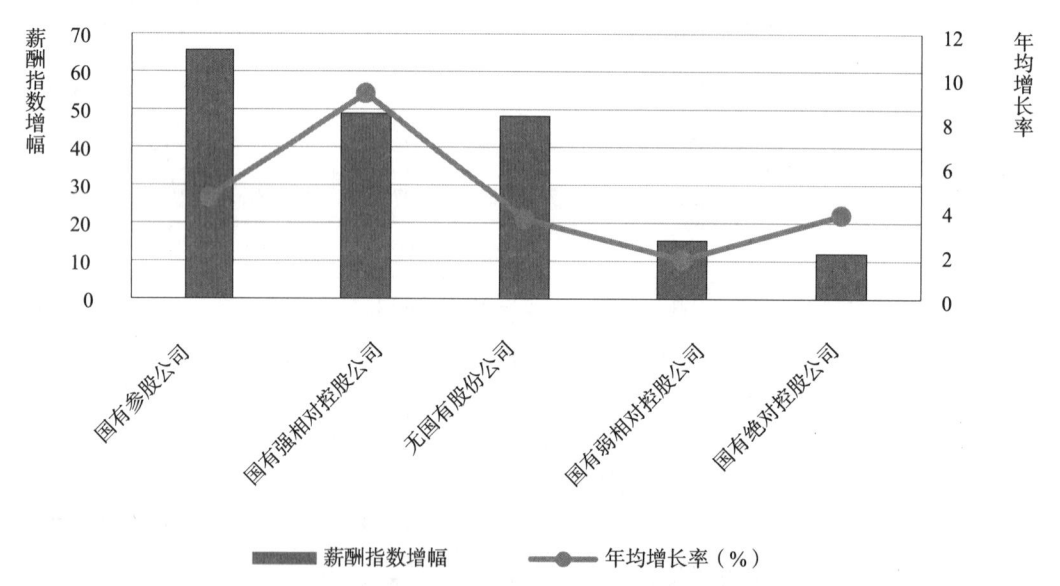

图25-11 2012～2019年不同所有制上市公司高管薪酬指数均值和年均增长率的变化

与2018年相比，2019年国有参股公司高管薪酬指数增幅是最高的，为14.40分，增长率排名第二，为6.29%；国有强相对控股公司增长率位居首位，为11.14%，增幅排名第二，为10.57分；国有弱相对控股公司下降幅度最大，减少15.74分；国有绝对控股公司下降速度最大，下降18.05%。

图25-12描绘了2018～2019年不同所有制上市公司高管薪酬指数均值和增长率的变化情况。可以看出，国有参股公司和国有强相对控股公司高管薪酬指数均值增加，其余三类公司高管薪酬指数均值下降，相互之间差距明显。尤其是国有绝对控股公司，受到限薪政策的较大影响。

我们进一步将国有绝对控股公司、国有强相对控股公司和国有弱相对控股公司归类为国有控股公司，将国有参股公司和无国有股份公司归类为非国有控股公司，表25-10比较了2012～2019年国有控股公司和非国有控股公司高管薪酬的变化情况。

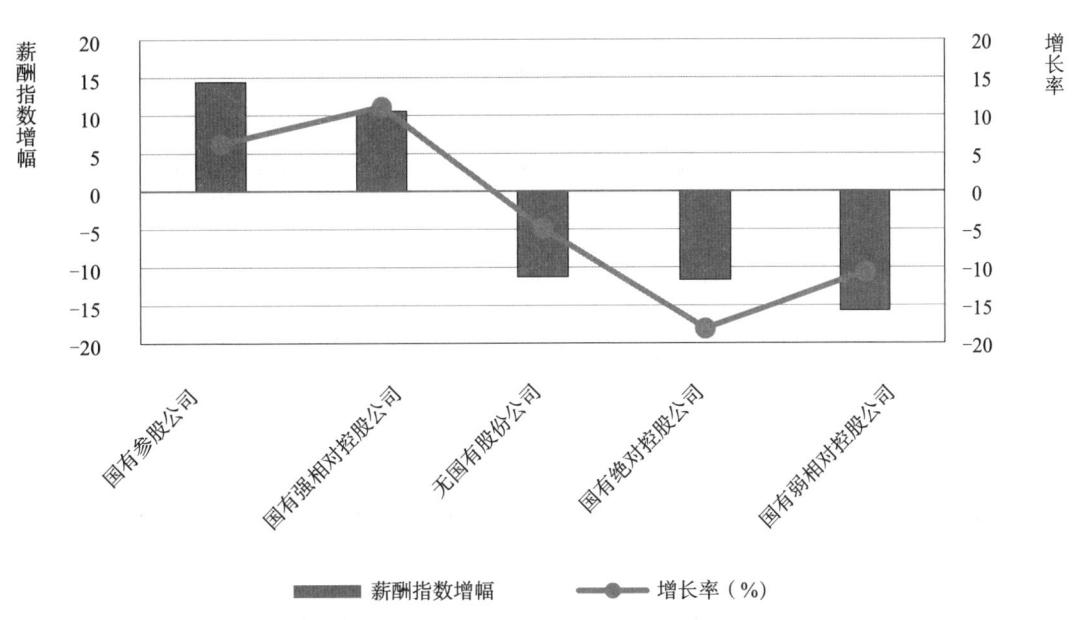

图25-12 2018～2019年不同所有制上市公司高管薪酬指数均值增幅和增长率比较

表25-10 2012～2019年国有控股和非国有控股公司高管薪酬指数比较

所有制	年份	平均值	中位值	最大值	最小值	标准差
国有控股公司	2012	71.38	30.50	7838.23	0.08	277.23
	2015	127.86	42.12	13844.05	0.08	629.13
	2016	143.82	43.33	30477.98	0.06	1050.59
	2017	110.89	44.79	11060.73	0.11	400.85
	2018	106.43	43.22	7647.21	0.10	335.00
	2019	103.23	39.70	15434.59	0.09	505.21
	七年增幅	31.85	9.20	7596.36	0.01	—
	年均增长率（%）	5.41	3.84	10.16	1.70	—
	比上年增幅	-3.20	-3.52	7787.38	-0.01	—
	比上年增长率（%）	-3.01	-8.14	101.83	-10.00	—
非国有控股公司	2012	172.97	80.35	9915.94	0.16	447.74
	2015	259.82	115.76	10121.59	0.38	625.16
	2016	264.29	114.63	16613.61	0.30	780.30
	2017	248.08	117.86	13978.82	0.40	725.30
	2018	229.94	111.12	20168.57	0.51	727.72

续表

所有制	年份	平均值	中位值	最大值	最小值	标准差
非国有控股公司	2019	228.11	102.81	45843.07	0.21	1101.84
	七年增幅	55.14	22.46	35927.13	0.05	—
	年均增长率（%）	4.03	3.58	24.45	3.96	—
	比上年增幅	-1.83	-8.31	25674.50	-0.30	—
	比上年增长率（%）	-0.80	-7.48	127.30	-58.82	—

注：①薪酬指数增幅误差源于原始数据库的四舍五入；②"比上年增幅"和"比上年增长率"均指2019年与2018年的比较。

从表25-10可以看出，2012～2019年，国有控股公司高管薪酬指数增幅为31.85分，低于非国有控股公司的55.14分，但前者年均增长率（5.41%）高于后者（4.03%）。与2018年相比，2019年国有控股公司和非国有控股公司高管薪酬指数均值都出现下降，国有控股公司降幅大于非国有控股公司，减少3.20分，降低3.01%；非国有控股公司降幅为1.83分，降低0.80%，只是轻微减少。这与中国面临的偏紧的国际形势有很大关系。

25.3 不同激励区间高管薪酬的年度比较

25.3.1 激励适中区间高管薪酬的年度比较

表25-11列示了2012～2019年激励适中区间上市公司高管薪酬的变化情况。

表25-11 2012～2019年激励适中区间上市公司高管薪酬比较

单位：万元

年份	样本量	激励适中比例（%）	平均值	中位值	最大值	最小值	标准差
2012	1156	50.04	61.73	45.83	1458.33	3.75	7.20
2015	1316	50.00	74.79	51.69	1350.20	0.28	90.53
2016	1415	50.02	75.56	54.34	1068.82	7.47	79.53
2017	1570	50.00	85.58	60.93	903.77	8.51	87.04
2018	1742	50.00	88.27	62.74	1278.31	10.42	92.13
2019	1780	50.00	101.68	71.00	3045.43	6.31	136.34

续表

年份	样本量	激励适中比例（%）	平均值	中位值	最大值	最小值	标准差
七年增幅	—	—	39.95	25.17	1587.10	2.56	—
年均增长率（%）	—	—	7.39	6.45	11.09	7.72	—
比上年增幅	—	—	13.41	8.26	1767.12	-4.11	—
比上年增长率（%）	—	—	15.19	13.17	138.24	-39.44	—

注：①薪酬增幅误差源于原始数据库的四舍五入；②本表中激励适中比例是指激励适中公司数与全部样本公司数的比例；③"比上年增幅"和"比上年增长率"均指2019年与2018年的比较。

从表25-11可以看出，2012～2019年，在激励适中区间，上市公司高管薪酬均值增加39.95万元，年均增长率为7.39%。与2018年相比，2019年处于激励适中区间的上市公司高管薪酬均值增加13.41万元，增长15.19%。

25.3.2 激励过度区间高管薪酬的年度比较

表25-12列示了2012～2019年度处于激励过度区间上市公司高管薪酬的总体变化情况。

表25-12　2012～2019年激励过度区间上市公司高管薪酬比较

单位：万元

年份	样本量	激励过度比例（%）	平均值	中位值	最大值	最小值	标准差
2012	577	24.98	62.98	47.26	569.40	4.06	57.16
2015	658	25.00	98.83	59.61	3462.22	2.85	172.76
2016	707	24.99	103.30	63.09	2591.61	4.00	158.08
2017	785	25.00	92.23	63.51	2062.00	5.60	109.94
2018	871	25.00	94.07	68.28	1566.65	5.40	110.08
2019	890	25.00	105.26	76.93	1551.47	7.20	111.48
七年增幅			42.28	29.67	982.07	3.14	—
年均增长率（%）			7.61	7.21	15.40	8.53	—
比上年增幅			11.19	8.65	-15.18	1.80	—
比上年增长率（%）			11.90	12.67	-0.97	33.33	—

注：①薪酬增幅误差源于原始数据库的四舍五入；②本表中激励过度比例是指激励过度公司数与全部样本公司数的比例；③"比上年增幅"和"比上年增长率"均指2019年与2018年的比较。

从表 25-12 可以看出，2012～2019 年，在激励过度区间，上市公司高管薪酬均值增加 42.28 万元，年均增长率为 7.61%。与 2018 年相比，2019 年处于激励过度区间的上市公司高管薪酬均值增加 11.19 万元，增长 11.90%。

25.3.3　激励不足区间高管薪酬的年度比较

表 25-13 列示了 2012～2019 年激励不足区间上市公司高管薪酬的变化情况。

表 25-13　2012～2019 年激励不足区间上市公司高管薪酬比较

单位：万元

年份	样本量	激励不足比例（%）	平均值	中位值	最大值	最小值	标准差
2012	577	24.98	67.99	48.70	606.52	3.40	71.37
2015	658	25.00	77.99	55.35	1060.12	4.55	100.41
2016	707	24.99	79.98	55.94	1097.75	4.10	96.55
2017	785	25.00	90.95	62.41	1302.51	9.52	105.84
2018	871	25.00	96.50	65.67	1406.56	8.25	111.47
2019	890	25.00	112.39	78.39	1506.27	4.53	122.72
七年增幅	—	—	44.40	29.69	899.75	1.13	—
年均增长率（%）	—	—	7.44	7.04	13.88	4.18	—
比上年增幅	—	—	15.89	12.72	99.71	-3.72	—
比上年增长率（%）	—	—	16.47	19.37	7.09	-45.09	—

注：①薪酬增幅误差源于原始数据库的四舍五入；②本表中激励不足比例是指激励不足公司数与全部样本公司数的比例；③"比上年增幅"和"比上年增长率"均指 2019 年与 2018 年的比较。

从表 25-13 可以看出，2012～2019 年，激励不足区间的上市公司高管薪酬均值增加了 44.40 万元，年均增长 7.44%。与 2018 年相比，2019 年激励不足区间上市公司高管薪酬均值增加 15.89 万元，增长 16.47%。

25.4　本章小结

本章从总体、地区、行业、所有制四个角度，比较了 2012～2019 年中国上市公司高管薪酬及指数的变化情况，主要结论如下：

①从高管薪酬总体来看，2012～2019 年，高管薪酬均值增幅为 41.64 万元，年均

增长率为 7.46%；相比 2018 年，2019 年上市公司高管薪酬均值增加 13.47 万元，增长 14.68%，出现较快增长。从地区看，2012～2019 年，四个地区上市公司高管薪酬均值都呈现上涨趋势，增长幅度从高到低依次是西部、东部、中部和东北，年均增长率从高到低依次是西部、中部、东部和东北；相比 2018 年，2019 年四个地区上市公司高管薪酬均值都上升，东部地区增幅最大，中部地区增长率最大，东北地区增幅和增长率都最小。从行业看，2012～2019 年，有 17 个行业上市公司高管薪酬均值都有增长，只有金融业（J）下降；相比 2018 年，2019 年所有 18 个行业的上市公司高管薪酬均值全部上升。从所有制看，2012～2019 年，非国有控股公司高管薪酬增幅和年均增长率都大于国有控股公司；相比 2018 年，2019 年国有控股公司和非国有控股公司高管薪酬均值都出现增长，非国有控股公司增幅和增长率都大于国有控股公司。

②从高管薪酬指数总体来看，2012～2019 年，高管薪酬指数均值呈先升后降的趋势；相比 2018 年，2019 年上市公司高管薪酬指数均值下降 1.80%。从地区看，2012～2019 年，四个地区上市公司高管薪酬指数都有所增长，增长幅度和年均增长率从高到低依次都是中部、东北、西部和东部；相比 2018 年，2019 年中部和东北上市公司高管薪酬指数均值上升，而东部和西部上市公司高管薪酬指数均值下降。从行业看，2012～2019 年，有 16 个行业的上市公司高管薪酬指数均值增长，只有综合（S）以及水利、环境和公共设施管理业（N）下降；相比 2018 年，2019 年有 9 个行业的上市公司高管薪酬指数均值上升，9 个行业下降。从所有制看，2012～2019 年，国有控股公司高管薪酬指数均值增幅低于非国有控股公司，但年均增长率高于非国有控股公司；相比 2018 年，2019 年国有控股公司和非国有控股公司高管薪酬指数均值都出现下降，但国有控股公司下降更快。

③2012～2019 年，在激励适中区间，上市公司高管薪酬均值年均增长 7.39%；相比 2018 年，2019 年上市公司高管薪酬均值增长 15.19%。在激励过度区间，上市公司高管薪酬均值年均增长 7.61%；相比 2018 年，2019 年上市公司高管薪酬均值增长 11.90%。在激励不足区间，上市公司高管薪酬均值年均增长 7.44%；相比 2018 年，2019 年上市公司高管薪酬均值增长 16.47%。

第八篇　政策建议

第26章　完善公司治理的政策建议

近几年，基于每年的中国公司治理分类指数数据，我们先后提出强调规范化退市、加强制衡机制建设、"去形式化"等政策建议，并针对中小投资者权益保护、董事会治理、企业家能力建设、财务治理、自愿性信息披露和高管薪酬合理化，提出了一些具体的改进措施。目前，这些方面都取得了一定的成效，但公司治理的规范化仍在路上，距离目标仍相差很多。本章依据本报告公司治理指数所揭示的问题，结合一些典型案例，就公司治理的改进谈一些看法。

26.1　完善的公司治理是最好的企业营商环境

根据中华人民共和国国务院令（第722号，2019年10月）《优化营商环境条例》，营商环境是指企业等市场主体在市场经济活动中所涉及的体制机制性因素和条件。在各种体制机制因素和条件中，公司治理是不可忽视的因素和条件。甚至可以说，完善的公司治理是企业最好的营商环境。

公司治理是依赖于制度尤其法律制度的一套制度体系，如公司法、证券交易法、破产法，有的国家还有专门的投资者保护法、内幕交易处罚法、反欺诈法等，这些法律是公司治理的重要制度安排。党的十八届四中全会提出全面推进依法治国的总目标，依法治国落实到企业，便是依法治企，而依法治企的根本在于公司治理。因此，完善公司治理，本质上就是优化企业的营商环境。

公司治理包括投资者权益保护、董事会治理、企业家能力、财务治理、信息披露、高管薪酬、社会责任、政府监管等诸多方面，本文只分析投资者权益保护、董事会治理和企业家能力的完善和提升对企业（主要是混合所有制企业）发展的影响。

26.1.1　投资者权益平等是企业可持续发展的基石

发展混合所有制是企业发展的主要方向。"混合"意味着同一企业中存在多元股东或产权主体，不同产权主体入股同一企业的目的是寻求投资回报的最大化。对于国企发展混合所有制来说，就必须有非国有资本的进入，混合就是国有资本和非国有资本的混合。既然如此，国企发展混合所有制就需要高度重视和消除混合中国有资本和非国有资本的权利不平等问题，而这恰恰是国企发展混合所有制的难点，也是制度（尤其是法律制度）建设的重点。因为在国有控股公司中，非国有资本所有者无疑属于中小投资者，而我国对中小投资者权益的保护一直颇受人们诟病。由于保护投资者的法律制度很不健全，作为中小投资者，其参与公司治理的权利经常处于"真空"地带，甚至被人为剥夺。

根据本报告对我国上市公司中小投资者权益保护水平的评估，2015～2019年，尽管中小投资者权益保护指数持续上升，但2019年也只有52.1392分，处于较低水平。2019年，中小投资者知情权、决策与监督权、收益权、维权环境四个分项指数分别是61.1028分、46.6984分、43.5789分和57.1766分，除了知情权分项指数略超60分，其他三个分项指数均未达到60分的及格水平。无疑，这是一个令人遗憾的评价结果，但却是符合我国实际的评价结果。一方面，它反映了我国中小投资者权益保护距离国际水平还存在巨大差距；另一方面，更反映了我国提升中小投资者权益保护水平的迫切性。

党的十八届三中全会指出，要不断增强国有经济的活力、控制力和影响力。❶这句话在现实中产生了不少误解，不少民营企业家据此认为，国企发展混合所有制就是新一轮的国进民退。因此，必须正确认识到，对于从宏观上增强国有经济的控制力，是没有问题的，但对于微观上的竞争性国企，发展混合所有制就不能强调国有资本对非国有资本的控制，只能强调国有资本和非国有资本的平等。过度强调国资的控制力，必然会引起非国有资本所有者的恐惧心理。只有实现权利平等，实现双方的公平，国有资本和非国有资本才能有效的混合，进而才能形成国有资本和非国有资本的合力，持续提升企业活力。

26.1.2 董事会治理规范化是企业可持续发展的组织保证

董事会治理是董事会作为治理主体，如何通过一系列正式或非正式制度安排，通过有效治理，实现委托人的利益诉求和公司的可持续发展。对于混合所有制企业尤其是上市公司来说，由于存在多元产权主体，董事会具有尤为重要的意义，可以说，董事会是混合所有制的核心治理机构。由于董事会是全体股东在公司中的代理人，因此，各国公司法都规定选举董事的权利只能属于股东，即由股东大会选举产生董事会，而不是其他

---

❶ 国企改革目标已从"三力"提升到"五力"。2013年11月，党的十八届三中全会通过《中共中央关于全面深化改革若干重大问题的决定》，提出要"不断增强国有经济活力、控制力、影响力"。2015年9月，中共中央国务院在发布《关于深化国有企业改革的指导意见》，提出要"不断增强国有经济活力、控制力、影响力、抗风险能力"。2019年10月，党的十九届四中全会通过《中共中央关于坚持和完善中国特色社会主义制度，推进国家治理体系和治理能力现代化若干重大问题的决定》，提出要"增强国有经济竞争力、创新力、控制力、影响力、抗风险能力"。

任何人，同时享有对董事会的监督权。董事会代表全体股东负责公司的战略制定和对管理层进行有效监督，这是股东赋予董事会的两大职能和权利。为保证董事会对经营层的有效监督，董事会必须独立于经营者，并使董事会为自己的行为独立承担责任，各国的公司法也体现了这一点。

我国目前实践中，董事会治理的形式化比较突出。大多数情况下，都是大股东决定主要董事人选，尤其是董事长和总经理，然后再通过股东大会"选举"，而这种"选举"几乎没有落选的可能性。在这种情况下，中小股东通过股东大会表达自己诉求以及选择自己的代理人成为一种难以实现的奢求，也成为民营资本参与国企混改的主要障碍。

根据本报告对我国上市公司董事会治理水平的评估，2015～2019 年间，上市公司董事会治理指数持续上升，但 2019 年也只有 56.3849 分。2019 年，董事会结构、独立董事独立性、董事会行为，以及董事激励与约束四个分项指数分别是 42.8039 分、61.1200 分、64.3884 分和 57.2274 分。除了独立董事独立性和董事会行为两项略超 60 分外，其他两项均未达到及格水平，尤其是董事会结构，仍非常不健全，远不是经常见诸媒体报道的"建立了完善的董事会结构"或"建立了完善的公司治理结构"的那种状态。

董事会治理存在的一个突出问题表现在董事会职能和经营层职能的混同。我国绝大部分公司，董事长被确定为公司的法人代表，被视作公司的"一把手"，是董事和总经理的领导者，董事长的权利要高于总经理。其实，公司治理的真谛是契约，契约的真谛是各利益主体在法律地位平等基础上的谈判，公司治理正是基于这种契约来规范的。换言之，公司治理层是没有"一把手"概念的，"一把手"概念仅存在于经营层。根据公司法，董事长由董事会选举产生，外部董事或独立董事也可以担任董事长。而董事会是一个会议体，董事的权利是平等的，董事长并非一定是公司的法人代表，他（她）仅仅是"董事会的发言人"或"董事会和股东大会召集人"，并不是凌驾于其他董事和总经理之上的领导者。董事长的职权具有组织、协调、代表的性质，且限于董事会的职责范围内，向总经理授权进行企业正常经营管理工作的是董事会而不是董事长。

董事长成为"一把手"，其本质是把董事长职能置于与总经理职能等同的位置，于是，董事长作为董事会成员所承担的监督角色与经营者作为被监督的角色一体化了。由于董事长基本上都来自大股东，因其是"一把手"，那就很可能把大股东的意志强加于中小股东，这无疑会破坏公司治理层的契约关系和法律权利平等原则。

基于目前董事会治理水平偏低的现实，就必须加大力度实现董事会治理的规范化。①要强化董事会的关键地位，实现治理"形实俱备"；②厘清董事会和经营层职责，树立契约意识；③必须保证由董事会通过经理人市场独立选聘总经理，并对选错人独立承担责任；④健全董事激励和约束机制，规范董事会行为；⑤规范独立董事选择，优化董事会结构。

26.1.3 企业家能力提升是企业可持续发展的活力源

企业家是一种特殊的、稀缺的、具有不可替代性的社会资源，是社会的宝贵财富。企业家是组织创新的推动者和实施者。在一定程度上，企业家决定着企业的兴衰成败。

从公司治理规范化意义上，应在厘清董事会职能的前提下，高度重视总经理或CEO（以下简称"CEO"）的独立性和能动性，应使CEO在法律框架和恪守董事会战略决策的前提下发挥其最大潜能。

根据本报告对我国上市公司企业家能力水平的评估，2015～2017年企业家能力指数连续下降，2018年略有回升，2019年再次下降，且历年都在30分左右，2019年为29.6270分，人力资本、关系网络能力、社会责任能力和战略领导能力四个分项指数分别只有29.6109分、7.0094分、55.7632分和20.6410分。尤其是关系网络能力分项指数极低，这主要是因为它经常被视为企业"寻租"的手段，而近年的强力反腐，使该分项指数进一步趋降。其实，关系网络并非一定是为了"寻租"，正确运用关系网络，是能够为企业带来价值增长的。

企业家能力指数的低分值并非意味着我国企业家的实际能力也是如此低，而是在目前环境下，他们的潜能得不到充分施展。这包括：①我国至今尚未建立起透明的、职业化的经理人市场，使得有能力的企业家既难以培育，也难以脱颖而出；②我国企业尤其是国有企业的企业家普遍采取任命制，而任命制的等级制很严格，企业家潜能难以发挥；③薪酬激励力度过低，尤其是国有企业家，使得经营者的动力不足；④多部门监督导致监督变成过度干预、监督无效或低效，使得总经理无所适从。

无疑，充分发挥企业家潜能是企业长效发展的关键所在。为此，必须进行以下方面的改革和完善：①要保证企业家的独立性，并使企业家对自己的行为独立承担责任；②要加快职业经理人市场的建设步伐，以实现企业家人力资本的职业化和透明化；③要通过加大责任处罚力度、责任清晰到个人，以及足够的激励力度，实现企业家的自我约束，进而降低过高的外部监督成本。

26.2 强化金融企业董事会独立性

金融企业通常包括银行、保险、证券、基金、信托等企业类型，由于金融企业利益相关者的特殊性，金融企业发生风险在较大程度上可能会发展成为系统性风险，其对经济造成的负外部性远大于非金融企业。因此，很多国家和世界组织（如巴塞尔银行监管委员会、世界银行等）都非常重视金融企业的风险防范，而加强金融企业公司治理被视为防范金融企业风险的重要制度安排。在公司治理中，董事会独立性又是核心所在。

26.2.1 金融企业董事会代表谁：利益相关者的特殊性

在我国企业中，由于董事会中大股东代表经常占多数，或者拥有多数的发言权，因此，董事会经常被认为是大股东的代表，它代表大股东利益。显然这是一种错误的认识。从规范的公司治理意义上，董事会应该代表整个公司，而不是代表某个或某类股东。20世纪90年代以后，公司治理的利益相关者价值观被普遍认可，而取代传统的单纯的股东利益价值观，这被认为是公司实现可持续发展的重要制度保障。2019年8月19日，美国"商业圆桌会议"（Business Roundtable）发表《公司的目的》的宣言，强调企业要更重视履行对社会的责任，不再独尊股东利益。这项宣言已经获得美国188位顶尖企业CEO的联合签署。近些年普遍流行的ESG评价（环境保护、社会责任、公司治理）同样强调企业要对更多的利益相关者负起责任来。显然，作为公司战略决策主体的董事会，尽管它是股东选举产生的，但基于公司可持续发展的考虑，也是从全体股东的长远利益着想，必须独立于股东单一利益考虑，要考虑更多的利益相关者，包括股东、员工（含高管）、债权人、供应商、客户、消费者、社会居民等。

金融企业由于其利益相关者的特殊性，更应高度关注利益相关者的利益。以商业银行为例，银行与一般企业最显著的不同在于商业银行资本结构的特殊性。商业银行的资金大部分来自储户的存款，其自身所拥有的资本金所占比重却较低。储户作为债权人，由于非常分散且人数规模庞大，且不具备信息优势，使得在一般企业中能够发挥很大作用的债权人治理在商业银行中的作用却微乎其微。尽管在出现流动性不足时，银行可以通过吸收新的存款来解决，但这并不代表银行运行是稳健的，在貌似稳健的背后可能隐藏着银行实际上的亏损。一旦亏损达到一定程度，就可能导致系统性恐慌，进而影响国家的稳定。银行董事会作为银行的战略决策者，如果拘泥于董事会是股东利益代表的传统观点，那么储户的权益就会被忽略，系统性风险就潜藏很大可能。因此，银行董事会在决策时必须高度注重储户权益的保护，避免资本运营的道德风险，使银行保持适当的杠杆比率、适度的风险程度、足够的清偿能力，以使银行运行足够稳健。

其他金融企业也各有其特殊性。譬如基金公司的基金持有人对基金管理人的委托投资，单一分散的基金持有人的监督职能极易缺失；再譬如保险公司投保人难以了解公司信息，无权参与公司决策，导致投保容易理赔难。因此，金融企业董事会必须认识到这些特殊性，从利益相关者角度来谋划决策，规划发展。

26.2.2 金融企业董事会的核心职责：CEO的选聘、评价和激励

按照国际通行的公司治理准则，董事会有两项职责：一是公司的战略决策；二是对经理层进行有效监督。但我国企业的董事会只有第一项职责，第二项职责则属监事会，

但由于监事会不参与决策,不对决策承担责任,因此其监督效力很不理想。

其中,选择、评价和激励 CEO 是董事会最核心的战略决策,因为 CEO 被视为企业发展的灵魂。而我国把董事长作为企业最高管理者是对公司治理的误解,董事长的准确定位是董事会的召集人,并与其他董事一起负责公司战略决策的制定。

根据公司治理的基本规范,CEO 要能够起到灵魂作用,必须具备几个前提:①董事会要能够选聘到高能力、重诚信的 CEO;②在 CEO 遵纪守法,并且没有背离董事会战略决策方向的前提下,董事会要尊重 CEO 独立经营的权利,不能随意干预,包括不干预 CEO 对下属管理人员的聘用;③董事会要根据对 CEO 贡献的客观评估(也是履行监督职责),给予市场化的足够激励。

金融企业尽管有其特殊性,但其董事会在选择、评价和激励 CEO 方面并无根本性不同。通常,CEO 由董事会提名委员会提名,并最终由董事会决策是否聘用;一旦聘用,则与董事会签订契约,契约的重要内容是实现董事会确定的公司战略目标,并据此获得薪酬。薪酬委员会负责 CEO 聘用后的业绩评价,并据此确定 CEO 应该获得的实际薪酬。如果不能达到董事会的战略目标,则不仅薪酬降低甚至无薪酬,还有很大可能被解聘。

对于金融企业,提名委员会提名的 CEO 人选除了满足能力和忠诚外,还应有如下要求:①对金融企业利益相关者的特点有全面的认知,具有很强的社会责任感,能够均衡处理利益相关者之间的关系;②对金融企业风险的系统性有清醒的认识,有很强的风险意识,能够避免资本逐利性而产生的道德风险;③熟悉和注重金融企业的内部控制,尤其是财务控制,保证企业稳健经营;④了解金融企业的国际公司治理准则,并能够结合国情有效实施,以使企业融入全球化金融体系;⑤全面了解政府对金融企业特殊的监管制度和政策,保证企业合规运行。

那么,如何选择到符合上述要求的 CEO 人才,并充分发挥其最大潜能?答案在于提名委员会和薪酬委员会的高度独立性。提名委员会不独立,提名的 CEO 人选就可能出现迎合、唯亲、随意、不切合金融企业实际等现象;薪酬委员会不独立,则对 CEO 的评价就不可能客观,高估或低估 CEO 贡献,影响 CEO 能力的发挥。

实现董事会中提名委员会和薪酬委员会的独立性,需要董事会中有足够多的独立董事。如美国公司的独立董事占比大都在 2/3 甚至 4/5 以上,很多公司只有 1 名执行董事(一般是 CEO)。从发达国家公司治理的经验看,提名委员会和薪酬委员会中独立董事要达到一半以上,有的国家甚至要求 100%。另外,还有其他专门委员会也要求足够比例的独立董事,比如审计委员会,一般要求全部由独立董事组成,这进一步增加了对独立董事人数的需求。而我国对上市公司独立董事比例的要求是 1/3,这无疑很难保证董事会的独立性。由表 26-1 可以看出,我国金融业上市公司中独立董事占比达到一半的公司比例很低,2018 年只有 5.81%,2019 年又降为 2.80%。尽管金融业上市公司提名委员会和薪酬委员会中独立董事占比达到一半的公司比例都远高于非金融企业，但仍严重偏低，2019年还未达到60%。不难想象，在很多金融企业，两个委员会连同其他要求具有高度独立性的专业委员会（如审计委员会、风险控制委员会），其中的独立董事恐怕大都是重合的，有的甚至是不专业的，尽管看起来很独立，但它们发挥的作用会打很大的折扣。

表26-1 提名和薪酬委员会中独立董事占比达到50%的公司比例

单位：%

独董占比	年度	金融企业	非金融企业	总体
董事会中独董占比达到50%的公司比例	2015	0.00	5.76	5.65
	2016	1.75	5.61	5.53
	2017	3.90	4.72	4.70
	2018	5.81	4.26	4.30
	2019	2.80	4.62	4.57
提名委员会中独董占比达到50%的公司比例	2015	42.55	13.86	14.46
	2016	55.10	14.24	15.14
	2017	60.00	14.61	15.85
	2018	54.88	14.98	16.14
	2019	56.57	16.60	17.94
薪酬委员会中独董占比达到50%的公司比例	2015	44.90	14.01	14.62
	2016	57.14	13.87	14.81
	2017	60.00	14.39	15.55
	2018	59.04	14.46	15.59
	2019	58.10	16.22	17.51

资料来源：北京师范大学公司治理与发展研究中心（高明华教授主持）"中国公司治理分类指数数据库"之"董事会治理指数数据库"。

董事会独立性直接影响着董事会治理的效率。图26-1显示，尽管我国金融业上市公司的董事会治理水平近几年连续上升，且大于非金融业上市公司，但2019年金融业上市公司董事会治理指数均值仅为59.1768分，仍处于较低水平，因此需要加快改进步伐。

以商业银行为例。我国上市商业银行董事会规模在11～17人，独立董事最多6人，占比都是刚刚满足证监会对独立董事占比1/3的基本要求，没有主动增加独立董事人数的银行。各银行基本上都设立了审计、提名、薪酬、风险控制等需要高度独立的董事会专门委员会，但由于独立董事人数所限，大都存在人员高度重复，以及执行董事或外部非独立董事（非执行董事）主导委员会的问题。董事长基本上都是执行董事，其职责存在错位，意味着行长的独立性较差，难以发挥其最大化潜能。2015～2019年，上市银行的董事会治理指数分别是49.8593分、53.0151分、54.2431分、57.1108分和59.5149分，尽管呈上升趋势，但仍很不理想。❶

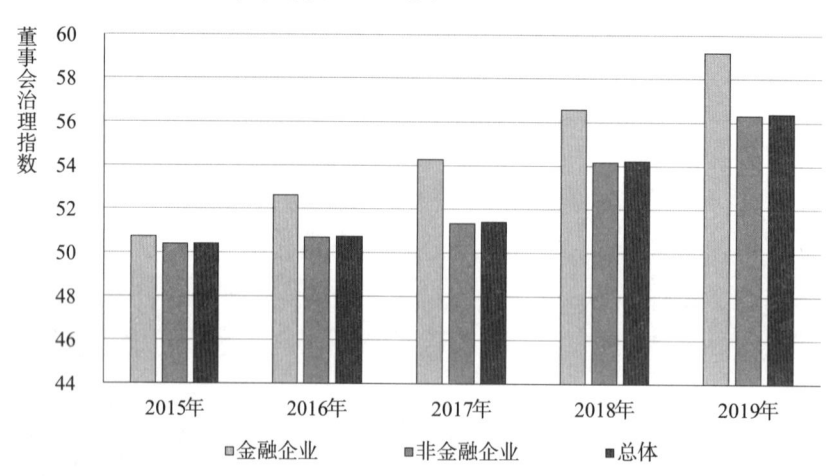

资料来源：北京师范大学公司治理与企业发展研究中心（高明华教授主持）"中国公司治理分类指数数据库"之"董事会治理指数数据库"。

图26-1 金融业和非金融业上市公司董事会治理指数比较

26.2.3 保证金融企业董事会独立性的制度安排：三策并举

公司治理的真谛是契约和合规，现代公司是契约的连接，而契约又依赖于一系列严肃而公正的规则。尊重契约和规则，就会降低委托代理成本，减少代理冲突和道德风险，从而为企业发展提供宽松的治理环境，为企业发展注入持久的动力。

董事会是公司治理的核心，但成为核心的前提是其具有高度独立性。董事会是公司治理的核心，并不意味着董事会对于公司任何事务都有管理的权利，其与股东、高管等利益主体有着清晰的权利边界，相互之间不可逾越。

为实现董事会的独立性，应该着眼于以下三方面的制度安排：

①要切断控制权对股权的过度依存关系，避免大股东或最终控制人对董事会的过度干预。

对董事会控制权的争夺是包括金融企业在内的我国很多企业一直存在的严峻问题，这种争夺直接影响着企业的正常经营。董事会一般由执行董事、外部非独立董事（非执行董事）和独立董事构成，其中执行董事和外部非独立董事大都是股东董事，或是由股东委派的董事。而能够派出董事的股东基本上都是持股比例较高的股东（一般是前十大

---

❶ 资料来源：北京师范大学公司治理与企业发展研究中心（高明华教授主持）"中国公司治理分类指数数据库"之"董事会治理指数数据库"。

股东)。尽管小股东也可以通过累积投票来选出自己的代表进入董事会，但由于我国累积投票并不具有强制性，因此，采用累积投票的公司并不多。据我们统计，2019年我国上市公司中采用累积投票的公司仅有38.97%，其中金融企业为25.23%，低于非金融企业的39.40%。❶ 即使是采用累积投票的公司，形式化也比较突出。由于按股权比例委派董事，于是，董事就大都来源于大股东，尤其是最大股东。而且，由于一致行动人的存在，表面上分散于多个股东的董事选择权，最终也往往集中于一个最终控制人。结果是，大股东或最终控制人控制董事会就成为一种常态。

由于监管和法律制度的不健全，违法成本很低，大股东或最终控制人控制董事会导致董事会不独立，董事会不独立又导致高管层不独立，高管层听命于大股东或最终控制人，因此，内幕交易、不正常关联交易，低价进入高价变现，转移公司资产的可能性大增，最终可能引发企业资金链断裂，对中小投资者造成严重损害。近些年发生的多起金融风险事件，如安邦、明天等，均与这种大股东过度控制存在密切关系。

因此，有必要借鉴发达市场经济的经验，通过制度安排尤其是法律制度安排，切断股权与控制权的过度关联，尽最大可能减少甚至消除大股东或最终控制人对董事会的干扰，以保证董事会的独立运作。

②董事会中独立董事占比应该至少一半，并应从职业化经理人市场选聘，同时建立责任制度。

如前所述，金融企业董事会中独立董事基本上都恰好满足证监会最低1/3的要求，而金融企业董事会又大都设立了审计委员会、提名委员会、薪酬委员会和风险控制委员会，这些委员会对于金融企业非常必要，但要发挥作用，必须保证这些委员会的高度独立性，而实现高度独立性则必须保证独立董事在其中的占比至少一半，甚至更高。而现实中的独立董事人数无法满足独立性，以及相应的专业性，因此，提高董事会中独立董事的占比对于金融企业来说就尤为重要。

但是，仅仅提高董事会中的独立董事占比是不够的，这只是满足了独立董事形式上的独立性，更重要的是要求独立董事必须具有事实上的独立性，即实现独立董事在决策和监督行为上的独立性。如果没有后者，那么独立董事就只是被动举手的附庸和工具。

为此，一方面，必须建立明确的独立董事行为责任制度，就独立董事在决策和监督方面的行为，包括调研、沟通、撰写决策可行性报告、参加董事会现场会议、发言、投票等行为，形成备忘录，一旦发现在决策和监督上存在错误、失误，给公司造成损失，则通过备忘录来明晰每个独立董事的责任和责任大小，并给予对应的、有威慑力的民事、刑事和行政处罚。另一方面，积极推动透明化的、职业化的经理人市场建设，使更多的独立董

---

❶ 资料来源：北京师范大学公司治理与企业发展研究中心（高明华教授主持）"中国公司治理分类指数数据库"之"董事会治理指数数据库"。

事来自这样的市场。透明化,可以保证独立董事的忠诚;职业化,可以保证独立董事才能的专用性。需要说明的是,职业化不是指独立董事是专职董事,而是指他们的才能是专用性资产,资产的专用性使得他们的退路收窄。他们更多的是其他公司现任的、有成就的高管,被聘为独立董事被视为一种声誉,从而产生声誉激励,同时也是一种声誉约束。

③董事长应回归本位,同时尊重CEO的独立性。

在发达国家,董事长由独立董事担任是常态,而在我国,董事长不仅被确定为公司的一把手,而且往往由大股东选派,并担任执行董事,由此使董事会完全受控于大股东或最终控制人,这也是导致董事会不独立的重要因素。

前文提及,董事长的准确定位是董事会的召集人,也就是说,董事长并没有超越其他董事的特别权利。董事长不是某个股东委派来担任此职的,而是股东大会选举产生董事会后,由所有董事推举产生。有的国家,董事长甚至可以轮换,这正是基于董事长作为董事会召集人的基本定位。

近几年已有企业认识到董事长由大股东派出并作为公司一把手的弊端,开始尝试推举独立董事担任董事长,但为数极少,属于个别案例,其中没有金融企业。现有个别国有银行的董事长由非执行董事担任,这有一定进步,但这里的非执行董事不是独立董事,而是大股东的代表,所以进步有限。

也许由于金融企业风险的系统性,加之金融企业中国有企业居多,有人担心由独立董事担任董事长会加剧风险,并可能造成国资流失。这种担心有一定道理,但只要奖惩制度和责任制度到位,这种情况完全可以避免。而且,还可以消除中小投资者被侵害的担忧。

在董事长回归本位的同时,尊重CEO的独立性势所必然。在很大程度上,一个企业的发展成效取决于CEO最大潜能的发挥,以及其对企业的忠诚度。CEO的忠诚依赖于透明的、职业化的经理人市场,对此前文已有分析。而CEO最大化潜能的发挥则取决于独立的经营权。不过,这种独立性有两个约束条件:一是遵纪守法;二是服从董事会的战略决策。在两个约束条件下,其经营权可以无限大。但由于多年来董事长作为一把手的思维惯性,使得CEO的潜能难以得到充分发挥。根据我们对CEO能力的评价,2015~2019年,上市的金融企业和非金融企业的CEO能力指数分别只有29.1822分和34.1506分、30.7738分和30.6932分、28.4293分和29.8115分、28.8896分和30.7287分、26.4030分和29.7266分,❶除了2016年金融企业和非金融企业的CEO能力指数基本持平外,其他四个年份金融企业的CEO能力指数都低于非金融企业,且都处于很低水平,这与金融企业CEO更缺乏独立的经营权有密切关系,这是需要引起反思的。

---

❶ 资料来源:北京师范大学公司治理与企业发展研究中心(高明华教授主持)"中国公司治理分类指数数据库"之"企业家能力指数数据库"。

26.3 合伙人制度的公司治理之道

近些年，合伙制有些"火"，不管是上市公司，如万科、阿里巴巴，还是非上市公司，如华为，都在推行合伙人制度。合伙人制度被认为是一种企业组织制度创新，甚至惊呼"合伙制时代到来了"。其实，此合伙制非彼合伙制，合伙制时代也远未到来。

26.3.1 本质：治理合伙制

传统意义上的合伙制也即法律意义上的合伙制，是与个人业主制企业和公司制企业并行的一种企业组织形式，也是企业发展史上在公司制企业产生之前大量存在的一种企业组织形式，因合伙制企业投资者责任的无限性而导致规模扩张的局限性，随着企业规模扩张需求的不断加大，便自然被有限责任的公司制企业所替代。在有限责任制度下，融资变得便利，规模扩张变得迅速，由此使公司制企业成为全球主流的企业组织形式。

近些年有些"火"的合伙制并非上述法律意义的合伙制，因为它与其他公司制企业一样，是按公司法注册成立的，公司法是其存在和发展的基本法律依据。可以说，这种合伙制是公司制企业内部的组织形式变革，它保留了公司制企业的几乎全部属性。

这种合伙制的本质在于激励，是对创始人以及做出突出贡献的管理人员和员工，给予其治理的权利，包括参与决策、共享收益，共担责任，即所谓共创共享共担，这其实是一种治理合伙制。

本报告之所以称之为"治理合伙制"，是因为这种制度与公司治理的基本规范基本吻合。有人将其称为"管理合伙制"，是不准确的，没有弄明白公司治理和公司管理的区别。

公司治理的本质是契约和合规，是依赖于制度（尤其是法律制度）来规范的；它强调各利益相关者之间的责权利划分，视利益相关者为法律上平等的权利人，他们之间的关系通过契约来维系，权利和责任高度对称；公司治理关注重大决策，决策通过充分沟通和讨价还价来达成，公司治理系统内不存在权威，任何人或主体都不能把自己的意志强加于其他人或主体。公司管理则不同，它属于行政管理系统，强调在既定公司治理模式下实现公司目标；管理系统存在最高权威，那就是首席执行官（或总裁或总经理），下级服从上级；公司管理关注日常决策，强调随机应变，下级必须具有很强的执行力。

仔细研究一下诸如万科、阿里和华为等公司推行的合伙制，可以发现，它们的核心都是治理，而不是管理。共创共享共担基本上都是公司治理问题，而不是纯粹的公司管理问题。

26.3.2 共创：决策参与机制

共创，不能简单理解为共同创业。准确地说，应该是合伙人共同谋划、共同决策，推动企业可持续发展。

合伙人可以分为两类：一是创业合伙人，是共同创业开办公司的合伙人；二是升迁合伙人，是根据业绩升迁到合伙人队伍，是对公司发展做出突出贡献的部分管理人员甚至员工的一种激励。随着企业发展，创业合伙人会逐渐减少，一般有两种情况：一是因意见不合而全身离职并转移股份；二是因健康或能力原因而离职但保留股份，成为纯粹的食利者。相反，升迁合伙人则会随着企业发展而可能逐渐增加。一方面，人才是任何一个企业发展的硬核，需要调动和施展他们的智慧；另一方面，发挥人才的智慧，需要给予足够力度的激励，这种激励绝不仅仅是物质上的，更重要的是精神上的，前者是获取收益，后者就是参与治理决策。一般而言，升迁合伙人是动态的，有的可能因离职而退出，有的可能因能力下降而退出。

参与治理决策是对高端人才的一种尊重和认可，如万科提出的"共识、共创、共享、共担、共商"，其中的"共识""共创""共商"就很好地体现了高端人才在公司治理决策中的参与。

企业发展需要创新，创新单靠个别人或少数人的意志是不可持续的，只有在参与治理决策中才能更好地体现出人才的智慧和能力，并且要具有发挥才干的平台，进而通过优胜劣汰，才能更好地发现和发掘人才的能力。一个人在有创新能力的情况下，有无创新欲望是将潜在能力转换为现实能力的关键所在。很多企业，尤其是较大规模的企业，卧虎藏龙，他们不缺创新能力，缺的是创新欲望。为什么缺少创新欲望，是因为企业制度环境对人的创新欲望有太多的禁锢，因此，需要一个好的平台，合伙人可以说就是这样一个创造个人创新欲望的平台。

公司治理的关键职能是进行战略性决策，战略决策所遵循的基本原则是契约治理。在现代公司治理中，以CEO为首的经理班子拟定战略规划后提交董事会，董事会负责战略决策的论证和批准，董事会的决策规则是一人一票。董事会批准战略决策前的论证很关键，需要调研获得足够的信息，甚至要提供可行性报告，有些发达国家的董事会备忘录通过强化每个董事的责任，保证他们尽心履职。

治理合伙制对现代公司的董事会战略决策机制进行了延伸，即分解为若干相对独立的决策单元，像万科的核心合伙人（GP）、骨干合伙人（SP）、合伙人（JP）分类，尽管他们代表不同的职级，但同时也是一种高度扁平化的适用于不同业务的决策单元。从职级角度看，这与公司治理不同，因为公司治理层面没有职级，只有召集人，只有不同权利人的契约关系。但在每个决策单元，其中的合伙人都是决策参与者，尽管决策单元中可能存在级别高低，但已经接近公司治理的权利人理念，这无疑是一种进步，有利于发挥每个合伙人的能动性，而不至于因严格的等级关系而压抑决策的参与动力。但需要注意的是，在决策单元内，职级观念越淡化越有利于决策的科学性。

合伙人参与决策还有一个依据，那就是他们拥有公司股份。他们持有的股份基本上都是限制性股票，但限制的权利不同。如阿里巴巴，合伙人持有的股票有限售要求，但保证决策权和收益权，尤其是决策权，远大于其他股东，具有提名大部分董事的权利。而像华为，事业合伙人持有的股票为虚拟股票，只享有收益权，没有投票权或决策权。对于前者，合伙人的动力更大。不过要注意的是，如果是上市公司，可能会有内幕交易等方面的风险。如果是非上市公司，给予持股的事业合伙人在各自决策单元内的决策权，其实并不会产生多少负面效果。

26.3.3 共享：收益分享机制

共享，就是共享公司收益，这属于物质激励或收益权范畴，不像享有决策权那样属于精神激励范畴。治理合伙人的"共享"已经不是传统意义上的增加工资和派发奖金，而是合伙人作为公司所有者所享有的剩余分配权。当然，不是所有公司的所有合伙人都享有这种权利。

很多公司的治理合伙人都是拥有股份的，甚至把持有股份作为合伙人的一个要件，如阿里巴巴。但也有公司的部分合伙人只是分享利润，并不持有股份，如万科的JP（最低层次合伙人，属于员工层次）。

从与公司的紧密关系看，持有股份比不持有股份，收益分享机制的效果要好很多，这也是绝大部分公司的合伙人持有股份的重要原因。对于持有股份的合伙人，不仅可以享有决策权（仅指有表决权的股份），还有利于把合伙人利益与公司利益紧密地联系在一起。

但是，因持有股份而产生的合伙人对公司的忠诚和努力能够达到什么程度，不能一概而论，这需要具体分析合伙人所持股份的性质。

阿里巴巴合伙人的人数不多，尽管没有规定上限，但相对于公司规模的扩张，合伙人人数并未相应地扩大，而且基本上限于公司高层，属于拥有战略决策权的一批人。他们拥有的公司股份比例不高，但由于公司股份盘子很大，拥有股份的绝对量仍很高，因此，股权收益是巨大的。其实，对于阿里巴巴，合伙人尤其看重的是对决策权的把控，通过股份共享收益只是把控决策权的前提条件。

华为的事业合伙人人数众多，差不多占员工的一半，根据职级和贡献持有不同数量的股份。他们持有的股票是虚拟股票，由于没有投票权或决策权，共享收益就成为华为事业合伙人最看重之处。在华为事业合伙人共享公司收益的制度变迁中，固定分红曾经是主要的共享方式，之后出于提高激励力度的考虑，改变为对公司净资产增值的共享，这无疑刺激了事业合伙人努力程度的提高。

万科合伙人的收益共享差不多介于阿里巴巴和华为之间。万科的合伙人分三个层次，最高和中间层次的合伙人享有股权，而最低层次的合伙人不享有股权，只是通过财务的独立核算享有利润分配权。但三个层次合伙人均要交纳不同比例的保证金，层级越高，交纳的保证金越高，这与华为等公司合伙人均是获得股份有所不同。通过这种方式，各层次合伙人都提高了工作动力。尽管最低层次合伙人不享有股权，收益共享程度不如前两层次的合伙人，但他们有通过努力以升级为高一级合伙人的激励。

26.3.4 共担：责任承担机制

共担，即共同承担责任。与法律意义上的合伙制企业普通合伙人承担无限责任或有限合伙人承担有限责任不同，治理合伙人的行为是基于公司制企业框架，因此，他们承担的责任更多的是决策失误或错误以及失职的风险责任。

公司治理的基本理念是权利和责任必须对称，享有权利就必须承担对应的责任。有权无责少责，会导致权力膨胀，权力大的人颐指气使，习惯于把自己的不合理意志强加于他人；有责无权少权，则会导致动力不足，尽量少干或不干事，推诿卸责，容易贻误市场机会。两种情况的最终结果，都是不能适应市场，降低企业竞争力，影响企业发展。

治理合伙人赋予了合伙人参与治理决策和分享收益的权利，也必然匹配对应的责任。合伙绝不仅仅是权利的合伙，同时也是责任的合伙。但无论是阿里巴巴，还是万科，抑或华为，都没有对外公开在决策出现错误、失误或失职时如何明确个人责任。不像决策权和收益权相对比较容易明确，比如董事会决策表决的一人一票，每股获得多少分红或增值收益，都很确定，但责任如何与决策权和收益权匹配，发生决策错误、失误或失职时如何明晰个人责任，则是一个难题。一般情况下，某个合伙人决策单元的决策是集体决策，发生决策错误或失误，似乎是集体责任，但集体责任往往意味着平均责任，从而人为减轻了真正失职的合伙人的责任，加重了尽职合伙人的责任，前者得不到应有的处罚，后者得不到应有的免责，久而久之，所有合伙人可能都不愿尽职，甚至越尽职风险越大。

不妨尝试在每个合伙人决策单元推行决策责任备忘录制度，这种制度不是简单地记录决策会议的流程，包括主持、讨论、投票和结果等，尽管这些都很重要，但关键点不在会上，而是会前。就是说，在一项决策议案提交会议前，本决策单元的每个合伙人的调研、沟通、信息获取、可行性报告等行为，都要纳入备忘录，每个合伙人都在备忘录上签字，一旦签字，便对自己的决策行为负有契约的法律责任。假如某项决策事后证明错误或失误，则可以通过备忘录，明晰每个合伙人的责任以及责任大小，也可以根据决策前的尽职行为，决定是否免除某些合伙人的责任以及免责程度。这样，就可以避免会议决策时的滥竽充数，促使每个合伙人不再满足于会议决策，而是关注会前的调研和论证，由此便可以保证最大程度的决策的科学性和可行性。

26.3.5 治理合伙人制度切忌跟风

治理合伙人制度是中国企业在公司制框架下的一种组织制度创新，但不能说，它就是对"资本雇佣劳动"的替代，在实施治理合伙制的公司，资本雇佣劳动也同时存在。在治理合伙人决策单元，合伙人之间是合作关系；在不同职级的合伙人之间，以及合伙人与非合伙人之间，则存在不同程度的资本雇佣劳动关系。

有人认为在资本雇佣劳动制度下，存在股东和经理人之间的信息不对称，以及经理人的短期行为，尤其是存在经理人侵害股东利益的行为，不利于企业的长期发展，而治理合伙人制度可以避免这些问题，因此，认为合伙人时代就要到来了。

这显然不太客观，我国治理合伙人制度有其产生的特定环境，资本雇佣劳动的上述问题也并非必然会发生。

目前世界主流的企业形式还是资本雇佣劳动下的公司制企业，我国公司中资本雇佣劳动发生的问题，就其根源来说，主要在于资本市场和经理人市场的不透明，以及法律制度的不完善。比如美国的集体诉讼集体索赔、反欺诈法、内幕交易处罚法、SOX法案等，都大大降低了股东与经理人之间的信息不对称，以及经理人对股东的侵害行为，加之普遍采用的经理人股票期权，则又大大减少了短期行为。而在我国短期内还难以具备这样的市场和法律环境的条件下，治理合伙人制度无疑具有一定的必然性和必要性，也可以说是适应中国目前国情的一种组织制度选择。

但是，必须注意治理合伙人制度的潜在风险，除了上述的责任风险外，合伙人持股也不是无风险的激励。合伙人持股是治理合伙人激励制度的重要特征，尤其是华为，持股的事业合伙人众多，但华为是非上市公司，尽管这种激励制度与国际通行的规则难以接轨，但也几乎没有什么风险。但对于上市公司，情况就会不同。如果上市公司的合伙人人数很少，持股比例也很低（总计不超过10%），对股权行使有所限制（比如限制出售），风险基本上是可控的，甚至与非上市公司一样，风险很小。但如果上市公司的合伙人人数很多，持股比例较高（总计超过10%），持有的又是普通股，风险就可能很大。主要风险包括：一是存在低职级合伙人对抗董事会或高管的决策的风险，因为持股达到10%，可以提请或自行召开股东大会；二是存在合伙人合谋导致更大范围内幕交易的风险，因为我国内幕交易的成本很低；三是存在集体变现导致公司控制权不稳定的风险；四是在增值收益或分红很少的情况下，有合伙人成为投机者的风险。

因此，对于上市公司，一方面，合伙人人数不宜过多，而且要适时动态调整。另一方面，合伙人所持股份比例总计不要超过10%，并对股权有所限制，比如决策权只能限于所在的决策单元，不享有召集股东大会并在股东大会投票的权利，不能在二级市场出售所持股份，离职时所持股份由公司收回，等等。

总之，治理合伙人制度必须考虑其风险，进而健全相应的配套制度安排，且不同公司不可一刀切，更切忌跟风。

26.4 由当当困境看家族企业控制权的市场化

当当事件对所有家族企业甚至大股东控制企业的公司治理都是一种警示。

2020年4月底，已离职的北京当当网信息技术有限公司（以下简称"当当"）原CEO、联合创始人李国庆带人闯入公司，抢走公章，并宣布"接管"当当，业界震惊。

当当由李国庆和俞渝夫妻创立于1999年，是典型的夫妻创业企业，至今已经走过20余年的发展历程，曾是中国第一批互联网企业中佼佼者，更是互联网图书领域的开拓者，曾在较长时间内稳居线上图书行业领先水平。

2010年12月，当当在美国纳斯达克上市，是中国互联网电商上市第一股。上市发行价为16美元，结果首日开盘即报24.5美元，至收盘报29.91美元，较发行价上涨86.94%。当当的成功上市使其被誉为中国版的亚马逊，一时风光无两。

然而，尽管当当股价曾一度冲高至30多美元，但上市不久就持续阴跌，长期维持在每股7、8美元，直到2016年黯然退市。现今，夫妻矛盾升级，如果处理不当，或者可能分拆，或者可能持续动荡，最终可能使当当步入深渊。

对于当当的坎坷发展史，李国庆这样说，"创业20年，大小数十战，我一直在反思当当的创业历程，从更深的层面来看，不客气地说，我越来越感到，当当是互联网创业的最大耻辱。"反思是好事，但如果不能实现家族企业发展中公司治理的现代化，当当就仍很难走出目前的困境，类似的家族企业也仍会重蹈覆辙。

当当事件把家族企业治理模式再次推上前台，家族企业如何完善公司治理，才能避免类似当当这样的悲剧，并实现企业可持续发展，唤起人们新的思考。

26.4.1 股权高度集中极具潜在危险性

兄弟姐妹共同创业、夫妻共同创业，都存在这种风险，除非兄弟姐妹、夫妻永远和睦如同一体，但这种假设经常不存在。即使是父辈单独创业，在有多个子女的情况下，一旦发生继承权问题，企业同样面临分割的风险。

对于兄弟姐妹共同创业，如果产权清晰，有人愿意退居幕后只做食利者，只让最有能力的某个人来经营企业，倒也不至于导致企业分割。但经常看到的情况，兄弟姐妹中不少人都不想退居幕后，一旦矛盾爆发无法调解，企业就可能被分割。

对于父辈单独创业，我国传统的均分制必然影响着企业的传承。如果父辈很有权威，子女顺从，则继承权问题相对容易解决。但现实中经常看到的情况，当继承权发生时，或者父子反目，或者兄弟姐妹打得不可开交，企业从此走向衰落。

对于夫妻共同创业，一旦夫妻发生利益和决策的冲突，则问题可能更加严重。就像目前的当当，市场看衰声不绝于耳。当当退市后，其股权结构高度集中。天眼查显示，目前当当网的唯一股东是天津当当科文电子商务有限公司，而后者的唯一股东是北京当当科文电子商务有限公司。可见，天津当当和北京当当本质上是一回事。目前北京当当科文电子商务有限公司的股权结构是：李国庆和俞渝夫妻二人，俞渝持有 64.2%，李国庆持有 27.51%，合计持有 91.71%；此外，天津骞程、天津微量和上海宜修分别持有 4.4%、3.61% 和 0.28%，三家小股东合计持有 8.29%。显然，这已经不是一般的股权集中，而是极端地集中在李国庆和俞渝夫妻手中。高度集中的股权结构，以及所有权与控制权的高度重合，造成的后果是极具危险性的。

尽管夫妻发生决策矛盾时执行管理层可能左右为难，并对企业发展产生不利影响，但只要不离婚，就不至于引发企业分割。但一旦离婚，则情形会完全不同。李国庆和俞渝夫妻目前正在进行离婚诉讼，而在此之前也不断爆出夫妻在公司决策中的矛盾，使得李国庆于 2019 年 2 月离开当当，这无疑加大了企业分割的风险。

26.4.2　股权分割矛盾易导致公司动荡

当当是在李国庆和俞渝结婚后创立的，一旦离婚，可能产生争议的问题是：一是二人在工商部门登记的股份比例不同，离婚时是否承认这种不同。二是股份对应股权，股权含有两种权利，即收益权和投票权。收益权对应财产，相对容易分割；而投票权是无形的权利，如何分割？

其实，这种争议只可能是个人理解上的不同所致，从财产权本质角度，并不会必然发生。尽管夫妻双方股份比例不同，但由于公司是婚后创立，除非双方使用婚前财产投资，并有明确公证，否则，双方投入公司的资金就是婚后共同财产，即使借款，也是共同债务。无论双方私下如何约定在公司的股份占比并在工商部门登记，只要离婚不是某一方明显过错引起的，则势必平均分割公司中属于二人的共同财产，即二人股份加总后平均分配。股份分割后，股权分割必会发生，因为股权是依赖于持有的股份的。如果法院判决双方均分二人在公司的股份，那么，股权中的收益权自然均分。至于投票权，如果离婚前公司章程没有约定，那离婚后自然随二人股份均分而均分；如果离婚前公司章程约定了二人不同的投票权，那投票权少的一份势必要求修改公司章程，要求投票权对应股份比例，由于离婚导致的对立，在公司章程中确定二人不同的投票权是很困难的。

那么在双方均分股权（尤其是投票权）后，谁能够实际控制公司？这就要取决于小股东的选择了。但新的问题也会产生，由于小股东人数和股份数量都很少，使得不掌握控制权的一方在公司仍有很大的话语权，利益矛盾仍会造成公司经营的不稳定。因此，最好的选择是不掌握控制权的一方退出，或者成为完全的食利者，或者出售自己的股份。对于前者，可能性几乎不存在，因为他（她）不相信掌握控制权一方的经营能力能够为自己带来可观收益,而且大概率还存在控制权的诱惑,这本来就是二人矛盾发生的重要根源。对于后者,也有两种可能:一种可能是把自己的股份出售给掌握控制权的一方。但由于双方矛盾激化,加之掌握控制权的一方未必买得起,因此出售给其他股东也有可能,如果出售给其他股东,控制权又存在转移到夫妻二人之外其他人的可能性。

还有另一种可能,就是把公司分拆,由于当当业务比较单一,一旦分拆,双方成为竞争对手,而且任何一方实力都缩减一半,都有可能成为其他竞争对手兼并的对象。

无论哪一种情况,对于公司发展都会产生极为不利的负面影响。一方退出当然是最好的结果,但实现的难度很大;而任一方都不退出,公司将可能持续动荡;企业分拆对企业发展则是致命的。

26.4.3 缺乏股权激励结出发展苦果

高度集中的股权结构意味着缺乏股权激励,企业发展成果不能在员工尤其是骨干员工中共享。员工持股是企业提高员工凝聚力,进而增强企业竞争力的重要制度安排。而且,通过员工持股,还可以在一定程度上优化企业的股权结构,使员工有机会参与公司治理,并对大股东形成一定的制衡,从而有利于提高公司决策的科学性和可行性。尤其是,在员工持股中发展起来的合伙人制度,更是刺激了员工的进取意识,因为能够成为合伙人的员工必须是骨干员工,而成为骨干员工意味着享有更多的股份,以及更多的公司治理的参与权。在这方面,华为、阿里巴巴、万科等公司都取得了很好的成效。

在当当,李国庆和俞渝夫妻共持有股份高达91.71%,其他还有外部三个小股东,没有员工激励措施。李国庆对此也反思,曾提及对于创业团队,计划有25%的股权激励,但由于夫妻股份占比过高,创业团队没有议价和表达的空间,导致能力强的远走高飞,能力不强的不敢提出要求,这成为当当"起五更赶晚集"、业务发展单一、被竞争对手超越的重要因素。

相对于当当,阿里巴巴、京东等互联网电商属于后来者,在美国上市时间也比当当晚很长,但当当与它们之间的差距却越来越大。其中阿里巴巴有合伙人制度,合伙人拥有股份,以及相应的决策权和收益权。京东创始人尽管掌握近80%的投票权,但其股份占比很低,而且不是第一大股东,有的高管和员工也拥有股份。员工持股更普遍的是华为,而且推行事业合伙人制度,享有收益权。员工持股尤其是合伙人制度的重要作用在于激励,阿里、华为等公司的快速发展,这种股权激励无疑发挥了较大的促进作用,而当当出现的困局,也在很大程度上是由于缺少这种股权激励。

26.4.4 经营控制权市场化是必然选择

要避免像当当这样的困境,积极推进经营控制权的市场化是必然选择,尤其是企业发展到一定规模时。具体说,就是分家(包括离婚)与企业发展切割,包括夫妻在内的家人更多地走向食利者，但享有监督权和收益权，以及一定的重大决策参与权，法律承认分割后的契约关系，经营控制权交给职业化的经理人。

随着家族企业规模和业务的扩张，家族每个成员对待荣誉和财产的看法就会产生分歧，最终可能发展到为了争夺产权（财产权及对应的决策权）而反目，甚至另立门户，或者破产倒闭。统计显示，中国家族企业的平均寿命只有2.7年，而发达国家很多家族企业却可以经久不衰，如杜邦、宝马、沃尔玛、微软等，一个重要原因就是经营控制权的市场化，有的家族色彩已经很淡，甚至成为完全的公众企业。

通过引入职业经理人实现经营控制权的市场化，可以削弱家族成员的武断决策，避免家族人员内部矛盾对企业的干扰，有效防止企业分割风险，还可以解决家族内缺少可以胜任掌握经营控制权的人的问题。由于经营控制权掌握在职业经理人手中，家族成员所持股份无论是在家族内部变更，还是出售给家族外其他人，都不影响经营控制权的基本稳定，从而可以实现企业的可持续发展。当然，如果家族内有普遍认可的具有很强经营能力的人才，在明晰权利边界的前提下，其也可视同职业经理人。

应该强调的是，家族企业选择职业经理人后，移交给职业经理人的权利仅仅是企业经营的控制权，而家族企业仍占有家族企业的大部分所有权。在这种情况下，一方面，家族成员拥有很多所有权，其所有者心态会使他（她）行使超越其所有者权利的权利，对企业或者职业经理人的活动进行过多的干预；另一方面，职业经理人可能出现"悖德"和"逆向选择"行为，进而出现"内部人控制"现象。

基于上述可能出现的问题，经营控制权市场化至少要具备以下三个前提：

一是规范的公司治理。在规范的公司治理条件下，所有权与控制权的界限非常清晰，拥有所有权的家族成员尽管享有战略上的决策参与权和对经理人的监督权，以及对应股份的收益权，但不能干预经理人的经营决策，即使家族成员担任董事长也是如此，因为董事长只是董事会和股东会的召集人，而非企业的经营者。

二是经理人可以分享企业发展的成果。为了发挥职业经理人的最大潜能，一方面，要给予经理人与其能力和贡献相匹配的薪酬；另一方面，也是更重要的，还要使其享有股权激励，即持有企业部分股份，使经理人和骨干员工通过持股，促使其与企业共成长、共发展，并形成对家族大股东的适度制衡。

三是经理人的职业化和经理人市场的透明化。职业化意味着经理人才能的专用性，经理人做不好将无路可退；透明化意味着经理人将时时受到投资者和市场的监督，一旦做不好，随时有被替换的风险，以此可以保证经理人对投资者和企业的忠诚。这一点需要政府的积极推动。

附：日企访问印象

2019年12月1～7日，我们一行五人访问日本，期间在日本朋友的精心安排下，我们考察了爱普生和索尼两家公司，两家公司高管给我们介绍了公司的发展历史和成就，我们也就自己感兴趣的问题与他们进行了交流。然后，我们体验了两家公司的最新高科技产品。两家公司的技术创新和公司治理给我们留下了深刻的印象。

一、两家企业的发展历史

1. 爱普生公司

爱普生总部位于被称为"东方瑞士"的日本长野县诹访市，我们访问的是该公司位于长野县盐尻市的研发总部。

到达公司前，我们想象着公司一定有着富丽堂皇的建筑，这似乎是国际著名跨国公司该有的标配，但到达公司后，却发现公司的建筑非常普通，然而，它却支撑着盐尻市大部分产值和财政收入。

进入爱普生研发大楼，映入眼帘的是其辉煌的发展历程和历代领先产品展示。

爱普生公司由久雄山崎创立于1942年，初名叫作"大和工业第一工场有限会社"。公司最初是一家手表制造商。1964年，第18届夏季奥运会在东京举行，爱普生特别研发出了水晶精密计时表951和打印型计时码表作为奥运会的计时产品，两项产品大放异彩，公司也由此名声大振，并为日后公司转型和多元化经营创造了深厚的研发基础。

1968年9月，爱普生正式推出全球第一台小型电子打印机EP-101，给全球电子计算机产业带来了相当大的影响和震撼。也因此，1975年公司改名爱普生（Epson），"EP"即电子打印机之意；"SON"本意为儿子，寓意公司希望在电子打印机基础上提供更多有价值的产品和服务。

2003年，爱普生公司在东京证券交易所上市。

至今，爱普生公司产品包括打印、可视通讯、可穿戴、工业机器人、微型器件等多个系列，是数码影像领域的全球领先企业。截至2019年3月，爱普生公司在世界各地拥有员工76647人；有85家公司（含母公司），其中日本本土17家，国外68家。截至2018年底，爱普生公司营业收入10,896亿日元，其中打印产品占66.3%，可视通信产品占18.6%。

2. 索尼公司

我们访问的是位于日本东京都港区的索尼公司总部，很远就可以看到巍峨挺拔的索尼公司总部大楼。在一楼大厅，与爱普生一样，展示着索尼公司辉煌的发展历程和各时期的代表性产品。

索尼公司由井深大和盛田昭夫创立于1946年，初名叫作"东京通信工业株式会社"。1955年，公司产品开始使用"索尼"标识；1958年，公司改名"索尼公司"。同年，在东京证券交易所上市；1970年在纽约证券交易所上市。

进入20世纪70年代后，索尼公司发展进入快车道，在电子、游戏、娱乐、金融四大领域全面推进。但在2008~2014年间，电子产品遭遇持续低迷，不得不开始痛苦地转型升级，2015年电子产品开始扭亏为盈，2017年转型升级完成，利润大幅回升。

索尼公司是全球视听、游戏、通讯和信息技术等领域的先导者。截至2018年底，索尼公司在世界各地拥有员工114,400人，营业收入86,657亿日元，其中电子产品占26.82%，游戏产品占26.67%，金融占14.80%，娱乐占10.15%；从地域看，主要分布在日本、美国、欧洲等地区。

二、两家企业的技术创新

1. 爱普生公司

爱普生公司创立伊始，便把"诚信和努力"以及"创造和挑战"确立为企业精神。2016年，公司制定了面向2025年的公司战略规划，即"索尼2025"，提出要在喷墨、可视、可穿戴和机器人四大领域推动技术创新，同时推动商业化应用。

在喷墨技术创新方面，公司力求改进微针压电技术，以创造一个可持续的打印生态系统；在可视技术创新方面，公司力求改进微显示和投射技术，以创造一种更贴近自然的、高清晰的、身临其境的视频体验；在可穿戴技术创新方面，公司力求打破传统，改进主导技术，以提供一种既能显示身份又时尚的感觉；在机器人技术创新方面，公司力求利用自身高精密度的传感技术大幅提升自动化程度。

在爱普生研发总部展厅，展示着公司创造的多个世界第一和领先产品，如世界第一个便携式、高精度、电池驱动的石英计时器（1963）；世界上第一台微型数字打印机（1968）；世界第一款六位数液晶数字石英手表（1973）；世界上第一台手持电脑（1982）；世界上第一款带有LCD液晶显示屏的手表（1982）；世界上第一台液晶袖珍彩色电视机（1984）；世界上第一台自发电石英表（1988）；世界上第一款彩色液晶摄像机（1988）；世界上第一台720 DPI彩色喷墨打印机（1994）；世界上第一个可编程、内置P-ROM和PLL电路的石英振荡器（1997）；世界上第一个后置扫描透镜（1997）；等等，无不体现着爱普生"创新与挑战"的企业精神。

给我印象最深的还是爱普生的微针压电（Micro Piezo）喷墨打印技术，这种技术已经应用于公司所有的打印产品，包括家用、办公、商用。微压针头只有在显微镜下才可以看到，打印清晰度相当高，工作人员给我们现场打印出来的人像，连皮肤的细微之处都清晰可见。

立体打印也令人印象深刻。现场展示中，把一件衣服套入人体模型中，可以根据用户喜好，打印出用户选择的任何图样和色彩。

更令人叫绝的是利用旧纸张打印新文件，即把已经使用过的旧纸张放进打印设备中，便可以打印出新文件，旧纸张上的字体墨迹全部清除干净。当然，实际过程没有我说的这么简单。这其实是一套连续的程序，包括碎纸、清洗、烘干等。这项技术已经开始商用，但还没有家用。可以想象，一旦这种技术完全成熟并普及，可能会对造纸业产生很大冲击，甚至可能是一场绿色革命。

2. 索尼公司

索尼公司创立伊始，井深大就提出要"建立一个具有自由精神和开放思想的理想工厂"，企业精神就是要"挑战前所未有"。

在索尼公司总部大楼一层展厅，展示着索尼公司各时期的代表性产品。与爱普生公司一样，索尼公司也创造了多个世界第一，如世界上第一个全硅晶体管立体声集成放大器（1965）；世界上第一台激光唱机（1982）；世界上第一台高清摄像机（HDCAM 格式）（1997）；世界上第一个基于蓝紫色激光的专业广播光盘生产系统（2003）；世界上第一台蓝光光盘笔记本电脑（2006）；世界上第一个自适配多声道集成放大器（2009）；世界上第一台可更换镜头的高清摄像机（2010）；世界上第一台 35 毫米全画幅 CMOS 图像传感器数码相机（2012）；世界上第一台配备 35mm 全画幅图像传感器的单镜头无反光镜相机（2013）；等等。可以说，"挑战前所未有"在索尼公司体现的淋漓尽致。

开放创新的精神始终存在于索尼之中。2014 年，公司启动了"索尼加速计划"（SSAP），通过该计划，为创意、孵化、商业化、销售和扩张提供无缝支持。在 2019 财政年度，该计划向索尼以外的创意所有者开放，鼓励更多的人参与进来进行思想交流，旨在创造一种开放创新的新方式。

在索尼产品体验区，我们置身其中，切身感受到高科技产品的魅力。

在游戏区，我们体验了高技术含量的 PS VR。戴上包含蓝色 LED 追踪灯及动态传感器的装置，与 PlayStation Camera 搭配，来到虚拟的海底世界，沉浸其中，360 度立体空间，栩栩如生，具有强烈的真实感。

在显示屏区，黑彩晶超精细技术尽显威力，可平铺多个无边框显示器，从而打造出几乎任何尺寸或宽高比的巨型 LED 视频墙，真正实现了无缝衔接，视频画面毫无拼接的痕迹。而且，观众距声源不同的位置，感觉到的声音是不同的，具有特别强的真实感。

此外，我们还体验了多格式高清系统摄像机、高保真音乐、21∶9荧屏三镜头相机蓝晶手机等产品，切身感受到了索尼公司持续的创新活力。

索尼公司高管给我们介绍说，为了研发新产品，实现索尼电子产品的转型升级，索尼公司曾忍受连续几年的亏损或微利。正是这种持续的创新精神，保证了索尼公司70多年的长盛不衰。

三、两家企业的公司治理

1. 爱普生公司

在爱普生公司，接待我们的公司高管在展示公司基本情况时，首先向我们介绍了现任公司总裁（CEO），而没有提及董事长，这可能与我们的认知很不一致，而这恰恰反映了爱普生公司治理规范性的一个方面，即公司总裁（或CEO）才是一个企业的灵魂人物，董事长则是董事会的召集人。

爱普生对公司治理非常重视，以确保决策透明、公平、及时、果断，促进公司的可持续发展，并不断提升公司价值。

为此，爱普生制定了自己的公司治理准则，内容包括：①尊重股东权利，保障平等；②充分考虑股东、客户、社区、业务伙伴、员工和其他利益相关者的利益；③确保公司透明度；④董事、高管，以及专业审计和监督官员应了解其受托责任，并忠实履行职责；⑤公司应与股东进行建设性对话。

目前，爱普生董事会有12名董事，其中外部董事（均为独立董事，下同）5名。董事会会议通常每月举行一次。

爱普生董事会设有以下专门委员会：一是审计和监督委员会，旨在通过加强对管理层的监督，以及监督和管理的分离，来提升决策效率。该委员会由4人组成，其中3人为外部董事，1人为全职董事（担任主席）。二是合规委员会，负责监督所有合规项目的执行。该委员会由外部董事以及审计和监督委员会成员组成，其中首席合规官（CCO）由董事会选举产生。三是提名和薪酬委员会，旨在确保董事、执行官，以及审计和监督人员的选择及其薪酬的透明度和客观性。该委员会主要由外部董事组成。

爱普生特别重视邀请专业人士对内部董事、外部董事、审计和监督人员、高管人员进行培训。而且根据公司治理准则，从2015财年开始，每年都会要求全体董事完成自我评估，据此对董事会的有效性进行分析和评估，并发布评估结果，由股东和其他利益相关者进行监督。

为了提高业务的灵活性，董事会扩大了对管理层的授权，使董事会只关注最重要的决策。

爱普生设有战略委员会，作为总裁的咨询机构，使总裁能够根据管理层的建议和意见做出正确的决定，以及确定哪些事项需要提交给董事会。该委员会由内部董事、执行官，以及专业的审计和监督官员组成。

2. 索尼公司

在索尼公司，与爱普生一样，接待我们的公司高管在展示公司基本情况时，首先向我们介绍了现任公司总裁（CEO），而没有提及董事长，这同样从一个方面反映了索尼公司治理的规范性。

索尼公司通过两个基本原则来加强公司治理体系，以实现公司的长期价值。

其一，董事会大部分由独立的外部董事组成，对管理层的业务运作实施有效监督，并通过提名委员会、审计委员会和薪酬委员会来维持公司健全和透明的治理框架。

其二，董事会决定公司的基本管理政策和其他重大决策，以及每个高管要承担的重要管理角色及其责任，以促进决策的及时性和有效性。

此外，索尼公司还特别强调董事职能与管理层职能的分离，以保持公司治理的健全和透明。还认为董事会的规模应该适当，以使董事会成员能够积极参与讨论，保证三个委员会的有效运作。

目前，索尼公司董事会有13名董事，其中包括10名外部董事，1名非执行董事，2名执行董事（包括CEO），董事长和副董事长均由外部董事担任。董事会每三个月召开一次。

审计委员会必须由至少3名董事组成，其中大多数必须是外部董事，主席必须是外部董事。目前审计委员会4名成员全部是外部董事。审计委员会的职责是监察董事及公司管理层的业绩，监督和评估独立审计师。其成员应具有适当经验和才能，并具有必要的财务、会计和法律知识。审计委员会成员一般不得成为提名委员会或薪酬委员会的成员，以保证其审计的独立性。对于CEO和其他高管提名的独立审计师候选人，审计委员会要特别进行评估。

提名委员会必须由至少3名董事组成，其中大多数必须是外部董事，至少有一名成员是执行董事，主席必须是外部董事。目前薪酬委员会由5名董事构成，其中4名为外部董事，1名为执行董事（现任CEO）。提名委员会的职责是决定提交给股东大会批准的有关董事任免建议，选聘CEO及其提名的其他高管。对高管的选择，特别注重有助于企业的可持续发展。

薪酬委员会同样必须由至少3名董事组成，其中大多数必须是外部董事，主席必须是外部董事。目前薪酬委员会3位成员全部是外部董事。薪酬委员会的职责是制定董事、高管和其他管理人员的薪酬政策，并根据政策确定董事和高管的薪酬数额及其构成。CEO、COO、CFO及其他具有同等职权的人员不得成为薪酬委员会的成员。

此外，为了加强提名委员会和薪酬委员会之间的合作，一些外部董事可以同时成为两个委员会的成员。

与爱普生相比较，由于爱普生公司只在日本本土上市，而索尼同时在日本和美国上市，因此，索尼的公司治理更先进一些，也更具国际性，这种国际性本质上是向美国公司治理模式的趋同。

26.5 本章小结

本章结合本报告公司治理指数所揭示的问题，通过分析一些典型案例，就公司治理的改进提了一些建议。

①结合2019年10月出台的《优化营商环境条例》，本报告认为，在企业发展所需要的各种体制机制因素和条件中，公司治理是不可忽视的因素和条件。甚至可以说，完善的公司治理是企业最好的营商环境，包括投资者权益的平等保护，这是企业可持续发展的基石；董事会治理的规范化，这是企业可持续发展的组织保证；企业家能力的提升，这是企业可持续发展的活力源；等等。

②金融企业公司治理具有特殊的重要性。由于金融企业利益相关者的特殊性，金融企业发生风险在较大程度上可能会发展成为系统性风险，因此，很多国家和世界组织都非常重视金融企业的风险防范，而加强金融企业公司治理被视为防范金融企业风险的重要制度安排。在公司治理中，董事会要充分考虑金融企业利益相关者的特殊性，强化董事会的独立性。本报告基于金融企业与非金融企业的公司治理数据比较，认为强化金融企业董事会独立性应该三策并举：一是要切断控制权对股权的过度依存关系，避免大股东或最终控制人对董事会的过度干预；二是董事会中独立董事占比应该至少一半，并应从职业化经理人市场选聘，同时建立责任制度；三是董事长应回归本位，同时尊重CEO的独立性。

③合伙人制度是近年来一些上市公司和非上市公司都尝试的一种制度创新。这种合伙制的本质在于激励，是对创始人以及做出突出贡献的管理人员和员工，给予其治理的权利，包括参与决策、共享收益，共担责任，即所谓共创共享共担，因此，本报告认为合伙人制度的本质是一种治理合伙制，有人将其称为"管理合伙制"，是不准确的。但是，必须注意治理合伙人制度的潜在风险，包括责任风险和持股风险。一方面要对合伙人进行人数限制并进行动态调整；另一方面要限制合伙人持股比例，并对股权有所限制。对于合伙人制度，不同公司不可一刀切，更切忌跟风。

④当当事件对所有家族企业甚至大股东控制企业的公司治理都是一种警示。家族企业的股权高度集中极具潜在危险性。家族内部的矛盾很可能导致股权分割，而股权分割又会导致公司动荡；同时，家族企业的股权高度集中也导致缺乏对员工的股权激励，难以吸引高能力人才。解决类似当当困境的出路是实施经营控制权的市场化，这可以削弱家族成员的武断决策，避免家族人员内部矛盾对企业的干扰，有效防止企业分割风险，还可以解决家族内缺少可以胜任掌握经营控制权的人的问题。但实施经营控制权的市场化要具备三个前提：一是规范的公司治理；二是经理人可以分享企业发展的成果；三是经理人的职业化和经理人市场的透明化。

⑤2019年12月，本报告作者访问了日本爱普生和索尼两家公司，两家公司的技术创新和公司治理具有鲜明的特色，对于两家公司的发展发挥了至关重要的作用。因此，将此列入本报告的附录，以供参考。

附：中国上市公司治理分类指数报告系列

［1］高明华．中国上市公司高管薪酬指数报告2009［M］．北京：经济科学出版社，2010．

［2］高明华．中国上市公司信息披露指数报告2010［M］．北京：经济科学出版社，2010．

［3］高明华．中国上市公司高管薪酬指数报告2011［M］．北京：经济科学出版社，2011．

［4］高明华．中国上市公司财务治理指数报告2011［M］．北京：经济科学出版社，2011．

［5］高明华．中国上市公司信息披露指数报告2012［M］．北京：经济科学出版社，2012．

［6］高明华．中国上市公司企业家能力指数报告2012［M］．北京：经济科学出版社，2012．

［7］高明华，杜雯翠．中国上市公司高管薪酬指数报告2013［M］．北京：经济科学出版社，2013．

［8］高明华，张会丽．中国上市公司财务治理指数报告2013［M］．北京：经济科学出版社，2013．

［9］高明华，苏然，方芳．中国上市公司董事会治理指数报告2013［M］．北京：经济科学出版社，2013．

［10］高明华，张祚禄，杨丹．中国上市公司自愿性信息披露指数报告2014［M］．北京：经济科学出版社，2014．

［11］高明华，万峰．中国上市公司企业家能力指数报告2014［M］．北京：经济科学出版社，2014．

［12］高明华，张会丽．中国上市公司财务治理指数报告2015［M］．北京：经济科学出版社，2015．

［13］高明华，蔡卫星.中国上市公司董事会治理指数报告2015［M］.北京：经济科学出版社，2015.

［14］高明华，蔡卫星，赵旋.中国上市公司中小投资者权益保护指数报告2015［M］.北京：经济科学出版社，2015.

［15］高明华，张惠琳.中国公司治理分类指数报告No.15（2016）［M］.北京：中国出版集团东方出版中心，2016.

［16］高明华，曹向东.中国公司治理分类指数报告No.16（2017）［M］.北京：中国出版集团东方出版中心，2018.

［17］高明华，程恒森.中国上市公司治理分类指数报告No.17（2018）［M］.北京：社会科学文献出版社，2018.

［18］高明华，刘波波.中国上市公司治理分类指数报告No.18（2019）［M］.北京：社会科学文献出版社，2019.

后 记

本报告得到了"北京师范大学'双一流'学科建设项目"的支持，是"中国上市公司治理分类指数报告系列"的第19部报告。

今年是很特殊的时期。受疫情影响，学校不得不过紧日子，大幅压缩科研经费，本研究也未能幸免，学校给予的经费支持被压缩至区区几万元。但由于上市公司数量增加，本研究的工作量不减反增。由于本研究高度依赖于自行开发的指数数据，数据又几乎全部来自手工采集，且数据量十分庞大，因此研究人员和数据采集人员的劳务支出是重头，因路径依赖，这部分劳务支出不能减少，只好多方筹集。可以说，本年度报告是在十分困难的情况下完成的。

自2007年开始，我们开发"中国公司治理分类指数"已历经14个年头。中间经历了2007年和2008年因初次开发经验不足而导致数据库丢失的失败，有首部《中国上市公司高管薪酬指数报告No.1（2008）》因不成熟和时间错失而未能出版的遗憾，有每年研究人员和数据采集人员更替（研究力量以在校博士生和硕士生为主，数据采集人员以硕士生和高年级本科生为主）以及上市公司规模大幅扩张导致工作量加大而产生的焦虑，有缺少稳定的数据库系统专业开发人员导致数据库系统不稳定而产生的彷徨，有每年公司治理论坛的各种程序问题而产生的不安，有经费筹集及报账占用大量时间而产生的苦恼……各种痛苦，难以言表。但我们还是快乐着，坚持着，因为我们每年都有收获：当我们每年看到指数报告正式出版的时候，当我们看到研究成果得到社会认可的时候，当我们看到研究团队使用自己开发的数据库在国内外重要期刊发表论文的时候，当我们看到指数数据被政府和企业采用的时候，当看到那么多人在支持和期待我们的时候……有各种各样的喜悦，我们不能不坚持。

本报告是第五次集六类指数（中小投资者权益保护指数、董事会治理指数、企业家能力指数、财务治理指数、自愿性信息披露指数和高管薪酬指数）之大成的一部公司治理指数报告，从中可以多维度、全景式了解中国上市公司的治理水平。从2019年开始，在六类公司治理分类指数的基础上，计算了中国上市公司治理总指数，本年度继续延续这项工作。由于公司治理涉及面很广，不同方面的界限又很难清晰界定，因此，公司治理总指数只能是一个"大约数"。

本报告是集体智慧的结晶。由我设计研究框架、基本思路、指标体系和数据库构架，通过研究团队深入讨论确定。然后开发数据库、采集和录入数据、计算各类指数和总指数，撰写初稿。由于把原先每类指数报告单独出版的6类公司治理指数整合在一部报告中，受篇幅所限，已进行多年的对指数的有效性检验部分（经多年检验，我们的6类指数是可靠的和客观的，无需再重复）以及文献综述（公司治理分类指数文献极少）部分予以删除，主要保留指标体系说明、数据统计分析和政策建议部分。基于多年的已相对成熟的研究范式，参与开发和研究的人员有所减少，基本上是我已毕业和仍在读的博士生和硕士生。但由于上市公司数量的大幅增加，数据采集和录入人员则随之增多，他们主要是北京师范大学经济与工商管理学院和少部分其他院校的研究生，还吸收了数位优秀的高年级本科生。

初稿撰写具体分工如下：导论、第26章：高明华；第1章：高明华、郭传孜；第2、3、4章：郭传孜；第5、6、7章：邵梦影；第8、9、10章：周炳羽；第11、12、13章：朱玥；第14、15章：高方喆；第16、17章：薛佳安；第18、19章：谭祖坤；第20、21章：刘波波；第22、24章：任辉；第23章：高明华、王远东；第25章：程恒森；数据库开发和维护：于学德、郎志强、李茂良。

中国公司治理分类指数报告的评价对象是全部A股上市公司。上市公司数目每年递增，本年度评价的上市公司数目已经达到3569家，占全部A股上市公司的97.01%，只剔除了上市时间短而年报信息不全、截止本报告撰写时未披露年报和退市停牌的公司，基础数据和指数数据已经接近100万。由于同时开发6类指数，数据又全部是第一手资料，且均是手工采集和整理，并录入数据库系统，可以想象，工作量非常庞大，每年指标精准化讨论、数据库修正、数据采集和录入的持续时间都长达半年。以下同学为此做出了很大贡献：

数据试录入（按姓氏字母顺序）：程恒森、郭传孜、刘波波、任辉、邵梦影、王得文、王远东、周炳羽、朱玥。试录入人员必须是之前参与过数据采集和录入的有经验人员。在试录入过程中，试录入人员彼此核查，以保证把问题发现在正式录入之前。

数据采集和录入（按工作量多少排序）：张为栋、崔思璇、李家瑞、杨博星、马睿、胡寒宁、张梦倩、霍子怡、杨珂、郝苗、万琳、韩斐、薛佳安、苗宁柠、陆萍、徐贺婧、徐坤、朱玥、万真真、侯玉娟、杨季枫、邵梦影、刘波波、方昕哲、杨璐、郭传孜、杨慧瑶、丁大程、杨羽鸥、何郡、张慧敏、贾洪图、贺美玲。

数据核实（按工作量多少排序）：程恒森、邵梦影、郭传孜、周炳羽、刘波波、王得文、王远东、薛佳安、朱玥、郝苗、胡寒宁、霍子怡、陆萍、马睿、任辉。

特别要指出的是，博士生郭传孜以及硕士生邵梦影作为数据采集及培训的总指挥，在数据录入培训和协调等工作中付出了大量心血。由于疫情影响，无法现场培训，她们精心制作了培训视频，通过视频会议和微信群耐心答疑。她们在最终数据库的完善、指数计算和核实等工作中，不辞辛苦，任劳任怨，着实让人动容。

2019年开始尝试对个别数据通过AI技术获得，本年度对这几个数据仍采用了这一方法。由于AI的不成熟，更重要的是我们指标体系的非数字性，所以绝大部分数据难以通过AI获取，但开发人员郎志强和李茂良仍付出了大量心血，初步积累了一定的经验。

初稿完成后，我开始"闭关"，对初稿进行修改、补充、完善。由于数据量庞大，且同时开发6类指数和总指数，并有不同维度、不同行业、不同所有制、不同上市板块、不同年度的比较，稍有不慎就会出错，因此，统计分析需要高度的细心和耐心，我几乎对每个数字都做了核实，每天工作都几乎超过16小时，有时甚至是通宵。每年"闭关"期间的高强度工作已经延续了12年。对此，要感谢家人对我这段时间不管家事、不陪他们外出度假（正赶上暑假）的理解！

在研究过程中，研究团队就数据采集、录入、数据库开发、写作思路，甚至后续的数据运用，都多次进行深入讨论，每周二晚是雷打不动的讨论时间，同时通过邮件、微信和电话反复进行沟通和校正，几易其稿才最终定稿。实际上，每一章都不是某个人的独自贡献，而是包含着整个团队（包括以前参与人员）的辛劳、智慧和思想，研究团队的团结和协作精神使我非常欣慰和感动！

感谢中国纺织出版社有限公司，在受疫情影响的情况下，出版社仍给予了一些优惠。尤其感谢本书编辑史岩女士，她对本报告出版付出了很多心血。

本年度报告的纸质版和电子版仍会同步出版。所有年度的六类公司治理指数和总指数数据，以及按行业、按地区（含省份）、按所有制、按上市板块的排名，还有高管薪酬绝对值排名（含评价年度行权的股票期权）将置于北京师范大学公司治理与企业发展研究中心官方网站（www.ccg50.org.cn）。

北京师范大学经济与工商管理学院、北京师范大学公司治理与企业发展研究中心各位同仁对本研究给予了大力支持，在此也谨表谢意！

感谢北京师范大学经济与工商管理学院院长戚聿东教授、党委书记孙志军教授、副书记葛玉良老师、副院长张平淡教授和崔学刚教授对本报告系列的大力支持！

"中国公司治理分类指数报告系列"已历经近14年，出版了6类19部报告（包括本书）。长期以来，该系列报告已经形成了自己的特色和研究范式，这些特色和研究范式的形成，与之前参与过该项研究的同仁的贡献是分不开的，值本报告出版之际，特向他们表示衷心的感谢！他们是（排名不分先后）：张平淡、蔡卫星、杜雯翠、朱松、吕兆德、孙运传、赵峰、李欲晓、曾诚、曾广录、张海燕、肖松、焦豪、张会丽、杨丹、方芳、葛伟、任缙、苏然、谭玥宁、万峰、柯希嘉、于换军、黄晓丰、原玉杰、赵璐、崔磊、郑飞、柴俊超、王慧、孙银英、张文艳、刘常魁、包璐璐、张艳楠、贾鑫、唐小凤、谭世杰、张瑶、宋盼盼、张祚禄、付亚伟、李国文、杨一新、赵旋、刘敏佳、张惠琳、国伊宁、曹沥方、王健忠、曹向东、高婷、万真真等。还要感谢近14年来不同时段参与过数据采集、录入和数据库开发的老师和同学。参与过该项研究的多位同事和博士，都已经成长为教授、副教授和业务骨干，对他们的成长，我由衷地表示祝贺！

此外，还要感谢每年为了主办"中国公司治理论坛"而奔波的诸君，包括李国文、范智展、刘志民、徐丽、靳伟、杨裴、陈显龙、贾洪图、雷桂林、史岩和黄琳等（人员太多，恕不能一一列举）。当然，更要感谢为"中国公司治理论坛"慷慨解囊的企业家们。

本报告作为对中国上市公司治理水平的全景式、多维度和客观性的评估，做了诸多尝试性工作。如果通过本报告的评估，能够对中国公司治理水平的提高有所裨益，将是对我们的极大鼓励。当然，本报告纰漏甚至错误难以避免，希望广大读者批评指正，并电邮至 mhgao@bnu.edu.cn。

北京师范大学公司治理与企业发展研究中心
北京师范大学经济与工商管理学院

高明华

2020 年 8 月 15 日